STUDIEN ZUR DEUTSCHEN
LITERATUR

Band 103

Herausgegeben von Wilfried Barner, Richard Brinkmann
und Conrad Wiedemann

Gottfried Willems

Anschaulichkeit

Zu Theorie und Geschichte der Wort-Bild-Beziehungen
und des literarischen Darstellungsstils

Max Niemeyer Verlag Tübingen 1989

Gedruckt mit Unterstützung der Deutschen Forschungsgesellschaft

Für meinen Lehrer Hans-Henrik Krummacher

CIP-Titelaufnahme der Deutschen Bibliothek

Willems, Gottfried:
Anschaulichkeit : zu Theorie und Geschichte der Wort-Bild-Beziehungen und des literarischen Darstellungsstils / Gottfried Willems. – Tübingen : Niemeyer, 1989)
   (Studien zur deutschen Literatur ; Bd. 103)
NE: GT
ISBN 3-484-18103-6   ISSN 0081-7236

© Max Niemeyer Verlag 1989
Das Werk einschließlich aller seiner Teile ist urheberrechtlich geschützt. Jede Verwertung außerhalb der engen Grenzen des Urheberrechtsgesetzes ist ohne Zustimmung des Verlages unzulässig und strafbar. Das gilt insbesondere für Vervielfältigungen, Übersetzungen, Mikroverfilmungen und die Einspeicherung und Verarbeitung in elektronischen Systemen.
Printed in Germany.
Satz und Druck: Maisch + Queck, Gerlingen
Einband: Heinrich Koch, Tübingen

Inhalt

Einleitung 1

1. Teil
DAS SYSTEM DER WORT-BILD-BEZIEHUNGEN UND DIE ANSCHAULICH-
KEIT DER LITERATUR 19

1. Abschnitt
Aufriß des Felds der Wort-Bild-Beziehungen und Begründung des Begriffs der Anschaulichkeit 21

1. Kapitel
*Die Wort-Bild-Formen und die Frage nach der Anschaulichkeit der
literarischen Rede* 24

 Die Voraussetzungen im Bereich der medialen Kommunikation 26
 Ausgrenzung der literarisch-ästhetischen Formen: methodische Vorüber-
 legung 36
 Die literarisch-ästhetischen Wort-Bild-Formen 40
 Die Dimensionen der Wort-Bild-Beziehungen innerhalb von Wort-Bild-
 Formen 44

2. Kapitel
*Begründung des Begriffs der Anschaulichkeit im Rahmen einer
Theorie der inneren Wort-Bild-Beziehungen* 48

 Zur praktischen Bedeutung des Begriffs der inneren Wort-Bild-Beziehun-
 gen 48
 Die logischen Grundlagen der inneren Wort-Bild-Beziehungen 55
 Die historische Rahmenform der inneren Wort-Bild-Beziehungen 69
 Rückkehr zum literarisch-ästhetischen Bereich 77

3. Kapitel
*Die Wechselbeziehungen von Wort- und Bildkunst und die Frage
nach ihrer Geschichtlichkeit* 80

 Systematischer Aufriß der Wechselbeziehungen von Wort- und Bildkunst 81

Die autochthonen Wort-Bild-Formen: Theater und Film 85
Mimisch-theatralisches und filmisches Darstellungsverfahren als Wort-Bild-Formen 90
Systematischer Aufriß der Wechselbeziehungen zwischen Wort- und Bildkunst einerseits und Wort-Bild-Formen andererseits 99
Die Asymmetrie der Wechselbeziehungen und ihr geschichtlicher Wandel 104

2. Abschnitt
Aufriß einer Geschichte der Wort-Bild-Beziehungen als Grundlage einer Geschichte der Anschaulichkeit 109

4. Kapitel
Vom allegorischen zum mimetisch-illusionistischen Darstellungsstil . . 110

Das Bedeutungsbild 110
Die Wort-Bild-Beziehungen im Zeichen der Allegorese 114
Zwischen Allegorese und mimetischem Illusionismus 122
Die Wechselbeziehungen von Wort- und Bildkunst in der »Goethezeit« . . 130
Der Rekurs auf die Bildkunst bei der Ausgestaltung der Literatur als anschauliche Rede 135
Die Vorstellung von der Wesensgleichheit von Wort- und Bildkunst im Zeichen des Schönen 144
Ausblick auf die Folgen: der Gebildegedanke des Ästhetizismus 151

5. Kapitel
Zur Entwicklung der Wort-Bild-Beziehungen in der Moderne 159

Die Entmimetisierung der Formen im Spiegel der Geschichte des Bilds: die Entwicklung des dokumentarischen Bilds 161
Die Entmimetisierung der Formen im Spiegel der Geschichte des Bilds: die Entwicklung der modernen Kunst 168
Neuer Spielraum für Wort-Bild-Formen: die dokumentarischen Wort-Bild-Formen 179
Die Ausbildung von Wort-Bild-Formen als Aspekt der Entmimetisierung des Bilds 182
Möglichkeiten der Vereinigung von Wort und Bild im avantgardistischen Kunstwerk 192

2. Teil
UNTERSUCHUNGEN ZUR GESCHICHTE DER ANSCHAULICHKEIT 201

Einleitung
Die Bedeutung von Lessings ›Laokoon‹ für die Theorie der Anschaulichkeit 203

1. Abschnitt
Das Prinzip ut pictura poesis und der Übergang vom allegorischen zum
mimetisch-illusionistischen Darstellungsstil 210

Einleitung
Lessings Auseinandersetzung mit dem Prinzip ut pictura poesis 210

6. Kapitel
*Zur Geschichte des Prinzips ut pictura poesis und zum allegorischen
Darstellungsstil des Barock* 216

    ut pictura poesis bei Horaz 216
    Der Begriff der Mimesis als Grundlage des Prinzips ut pictura poesis in
    der Antike 219
    Zum Untergang der Mimesis in der Spätantike und zur Ausbildung des
    rhetorischen Literaturverständnisses 227
    ut pictura poesis bei Harsdoerffer 242
    Zur Anschaulichkeit der allegorischen Bildersprache 253
    Zur Geschehensdarstellung im Barock 262

7. Kapitel
*Das Prinzip ut pictura poesis in der Aufklärung und der Übergang
zum mimetisch-illusionistischen Darstellungsstil* 272

    Von der Wahrheit der Historie zum »allgemein-menschlich« Wahren 272
    Das Prinzip der Naturnachahmung: Illusionismus, Fiktionalität, Autono-
    mie der Kunst 282
    ut pictora poesis: Naturnachahmung als »Malerei« 293
    Die Erneuerung des Mimesisgedanken als Kristallisationspunkt der neu-
    zeitlichen Ästhetik 296
    Der Zusammenhang zwischen der Durchsetzung des mimetischen Illusio-
    nismus, der Kritik an der Allegorie und der Abgrenzung der Künste 301
    Mimetischer Illusionismus und Auflösung der Allegorese auf dem Thea-
    ter 303
    Zum Schwulst-Problem 311
    Die Allegorie als Problem der Malerei 314
    Zum Zerfall der Allegorese und zur Umdeutuung ihrer Elemente in der
    Literatur 317
    Naturnachahmung als Beschreibung 324

2. Abschnitt
Die Wandlungen des Darstellungsstils im Übergang zur Moderne 334

Einleitung
Die Präsenz von Lessings ›Laokoon‹ im 19. Jahrhundert 334

VII

8. Kapitel
Begrenzung und Umgestaltung des mimetischen Illusionismus in der Literatur des 20. Jahrhunderts 340

Die Anfänge der modernen Literatur und ihre Kritik mit den Mitteln der Laokoon-Ästhetik: Modernismus als Abkehr vom mimetischen Illusionismus 340
Möglichkeiten des mimetischen Illusionismus in der Moderne: Film und Unterhaltungsliteratur 348
Zum Darstellungsstil der Unterhaltungsliteratur in der Moderne: Bewußtseinsillusionismus oder filmisches Schreiben? 354
Die innere Grenze des mimetischen Illusionismus in der Moderne 360

9. Kapitel
Der Intuitionismus der Moderne, die Entmimetisierung der Formen und die Ausbildung eines intuitionistischen Darstellungsstils (»Bewußtseinspoesie«) 365

Die Aufwertung der Anschauung als Stätte des »Lebens« und ihre Bedeutung für die Literatur als anschauliche Rede 365
Das Postulat der Lebensunmittelbarkeit 371
Zur Entstehung der Lebensphilosophie und zu ihren Voraussetzungen in der Philosophie des Idealismus 379
Lebensphilosophie und Dichtung (»Artistenmetaphysik«) 391
Das Postulat der Lebensunmittelbarkeit und die Entmimetisierung der Formen 394
Das Befremden als Grundzug der Bewußtseinspoesie 404
Die Prinzipien des intuitionistischen Darstellungsstils 408
Die innere Grenze der Bewußtseinspoesie und die Kunstmittel der Proklamation und der Provokation von Lebensunmittelbarkeit 416

10. Kapitel
Das Formenspektrum der Moderne im Spannungsfeld von mimetischem Illusionismus, Intuitionismus und Artistik 421

Die innere Grenze des literarischen Intuitionismus und die Entwicklung artistisch-montierender Formen (Remimetisierung) 421
Die moderne Literatur zwischen Ent- und Remimetisierung 430
Zur Revision des Bilds der ästhetischen Moderne 437

Literaturverzeichnis 443

Register
Namen und Werke 461
Sachen 468

Einleitung

> Denken ist interessanter als Wissen,
> aber nicht als Anschauen. (Goethe)

Was ist Literatur? Bei allem, was der Literaturwissenschaftler tut, begleitet ihn diese Frage. Bei jedem wichtigen Schritt legt er sie sich aufs neue vor. Denn nur sie vermag ihm zu sagen, ob er sich noch auf dem rechten Weg befindet. Als Literaturwissenschaftler untersucht er ja, was immer er ins Auge faßt, zunächst und vor allem, insofern es Literatur ist. Darin, daß es ihm als Literatur und nicht anders zur Quelle von Erkenntnis wird, liegt die raison d'être seiner Disziplin. Würde er das aus dem Auge verlieren, müßte ihm, was er tut, notwendig ins Beliebige, Dilettantische entgleiten. Die Frage nach dem Wesen der Literatur regiert seine Methode, darum ist sie ihm stets gegenwärtig.

Was also ist Literatur? So wichtig die Frage, so vielfältig die Antworten. So scheint es jedenfalls auf den ersten Blick; ein zweiter Blick mag zeigen, daß, was seit der Jahrhundertwende an Bestimmungen im Gespräch ist, sehr wohl zusammenhängt, ja sich überraschend selbstverständlich zueinander stellt. Literatur – diese Antwort ist heute vielleicht am häufigsten zu hören – ist Fiktion, fiktionale Rede. Der literarische Text spricht nicht, um Sachverhalte zu benennen, sondern um an Erfahrung und Phantasie des Lesers zu appellieren, um seine Subjektivität zu entfalten. Literatur – so eine ältere, immer noch gegenwärtige Variante dieser Bestimmung – baut Welten aus Sprache. Indem sie Sprache ganz aus sich selbst zum Sprechen bringt, entfaltet sie, was an Sinn in ihr liegt. Zum Sprechen gebracht wird Sprache aber durch Form. Literatur – dies ist dementsprechend eine weitere Bestimmung – ist geformte Sprache, ist Struktur, schönes Gebilde. Ein Netz von äußeren und inneren Bezügen läßt eine Gestalt erstehen, die als schönes Ganzes erfahren werden kann. Literatur ist Sprache und Form in einem; als Sprache ist sie Form, als Form Sprache – mit einem Wort: sie ist Formensprache, wie eine weitere Definition lautet. Die Strukturen, die sie schafft, gewinnen selbst wieder die Qualität von Zeichen, werden zu Mitteln des Redens. Sie konstituieren sich nämlich als Ausdruck und werden vom Leser als Ausdruck aufgefaßt und entschlüsselt. Literatur ist mithin – dies eine weitere wichtige Bestimmung – Ausdruck. In ihr manifestiert sich menschliches Bewußtsein, individuelles und kollektives, und mit ihm zugleich sein jeweiliges Unterbewußtes, wiederum sowohl individuell als auch kollektiv. Was zum Ausdruck kommt, mag zunächst auf den Begriff des exemplarischen Individuums einerseits und auf den des Allgemein-Menschlichen andererseits gebracht werden. Diese beiden Kategorien können sodann aber auch verwissenschaftlicht werden; historisiert, psychologisiert, soziologisiert. Dann wird von historischer Persönlichkeit und Mythos, von Trieb und Triebbewältigung, von kollektivem Unterbewußtsein, Interesse und Ideologie die Rede sein. All dies wird in Literatur als Ausdruck Form und als Form Appell, kommt mithin durch Form mittelbar zur Sprache.

Fiktion, Welten aus Sprache, schöne Form, Struktur, Schönheit, Formensprache, Ausdruck – keinen dieser Begriffe kann der Literaturwissenschaftler bei der Beantwortung der Frage »Was ist Literatur?« entbehren, aber sie alle bringen ihn doch in große Verlegenheit, sobald er sich daranmacht, mit einem oder mehreren von ihnen Literatur geradezu zu definieren. In Schwierigkeiten kommt er vor allem, wenn er sich die Literatur des 20. Jahrhunderts einerseits und die der Jahrhunderte vor der Aufklärung andererseits vor Augen stellt, und je besser er sie kennt, je ernster er sie zu nehmen in der Lage ist, desto größer werden für ihn die Probleme. Wie kann Literatur Fiktion heißen, wie eine Welt aus Sprache, wo Tagebuch und Essay, Reportage und Dokumentation mit zu ihren wesentlichen Leistungen zählen? Wie kann sie auf die Vorstellung vom schönen Gebilde gegründet werden, wo Form immer wieder zum Inbegriff des Langweiligen wird und Schönheit im Ruch der Belanglosigkeit steht? Wie kann sie Ausdruck genannt werden, wo so viel experimentiert, reflektiert, konstruiert, montiert wird? Und ähnliche Fragen stellen sich für die Literaturen der voraufklärerischen Epochen: wie soll man von Fiktion reden, wo das erklärte Ziel ein docere cum delectatione (J. C. Scaliger), eine annehmliche Unterrichtung ist und der Gegenstand solchen Unterrichts vielfach durchaus als Realie verstanden wird? Wie soll man autonome Strukturen, schöne, in sich ruhende Gebilde erblicken können, wo Poesie autonom weder ist noch sein kann und auch nicht als wesentlich schön erfahren werden will? Wie will man schließlich Ausdruck nennen, was soweit wie möglich rhetorisch durchreflektiert ist? Allenfalls bei der Literatur des späten 18. und des 19. Jahrhunderts sowie bei bestimmten Schichten und Traditionslinien der Literatur des 20. Jahrhunderts bleiben dem Literaturwissenschaftler solche Fragen erspart – allein daraus ist schon zu ersehen, daß sich jene Begriffe direkt oder indirekt der ästhetischen Doktrin des Idealismus verdanken.

Die Frage »Was ist Literatur?« ist also von neuem aufzurollen. Denn geradezu dispensieren kann sich die Literaturwissenschaft nicht von ihr. Sich mit dem Hinweis auf eine florierende Praxis des Schreibens und Lesens, Forschens und Lehrens zu begnügen, durch die die Antwort immanent gegeben wäre, käme ihrer Selbstaufgabe als Wissenschaft gleich, könnte sie ohne eine explizite Antwort doch noch nicht einmal wissen, ob es sich wirklich um eine florierende Praxis handelte oder nur um leere Betriebsamkeit. Es ist schon von neuem zu fragen, was Literatur überhaupt sei.[1] Dabei kann es nun allerdings nicht mehr nur darum gehen, bekannte und weniger bekannte Definitionen, bewährte alte und denkbare neue Bestimmungen durchzumustern, neu zu gewichten und neu zu systematisieren. Vielmehr muß vor allem versucht werden, die Frage nach dem Wesen der Literatur auf eine neue Art zu stellen, auf eine Weise nämlich, die den Schwierigkeiten Rechnung trägt, an denen die bekannten Definitionen scheitern. Woran liegt es, daß sie alle nicht recht befriedigen können? Denn sie greifen, wie gezeigt, eine wie die andere zwar durchaus Wesentliches, aber gerade wesentlich ist die betreffende Bestimmung immer nur für die Literatur bestimmter Epochen, ja in eben dem Maße, in dem es einer Definition gelingt, das Wesen der Literatur einer Epoche darzustellen, verfehlt sie das anderer Epochen. Da die modernen Definitionen durchweg in der Tradition der idealistischen Ästhetik stehen, gehen sie meist zu Lasten der voraufklärerischen sowie der modernen Literatur.

Das Problem liegt offenbar darin, daß die Frage »Was ist Literatur?« mit einer Wesensbestimmung beantwortet werden soll, die Literatur sich jedoch im Laufe ihrer Geschichte nicht nur in Akzidenzen ihrer Realisation, sondern in ihrem innersten Wesenskern verändert hat; daß sich mithin jeder Versuch einer Wesensbestimmung alten Stils am Faktum ihres Wesenswandels brechen muß. Was ist es denn, was der Literaturwissenschaftler Literatur nennt? Zunächst doch nichts anderes als das, was als Literatur auf ihn gekommen ist, als die Gesamtheit der Texte, der Artefakten, die zu einem bestimmten Traditionszusammenhang gehören, an dessen vorläufigem Ende er sich stehen findet. Als Muster und Nachahmung, Vorbild und Nachbild, Eindruck und Verarbeitung von Eindrücken folgen die literarischen Werke aufeinander und bilden so die literarische Reihe. Diese Kettenbildung ist nun eben wesentlich dadurch gekennzeichnet, daß die Geschichte das, was auf einer Stufe wesentlich heißen mag, auf einer anderen wieder zur Disposition stellen kann. In der einen Epoche ist die Dichtung wesentlich lehrhaft, in der anderen ist sie es wesentlich nicht, in der einen gilt sie wesentlich als organisches Ganzes, in der anderen wesentlich als Lebensfragment, in der einen ist sie wesentlich

---

[1] »Wie steht es mit einer Wissenschaft, die den sie bestimmenden Begriff nicht mehr zu denken weiß? (...) Je mehr sie sich von anderen Wissenschaften legitimieren läßt, je umtriebiger sie sich mit Fragen beschäftigt, die allenfalls am Rande mit denen der Literatur etwas zu tun haben, je mehr sie verschmäht, sich Gedanken zu machen darüber, was der Literaturbegriff in unserer Epoche bedeute, um so weniger bedarf es objektiv dieser Wissenschaft«: H. Arntzen, Der Literaturbegriff, Geschichte, Komplementärbegriffe, Intention, Eine Einführung, Münster 1984, (unpaginierte) Vorbemerkung.

autonom, in der anderen wesentlich engagiert. Einen Text als Literatur einzustufen, kann also zunächst nichts anderes heißen, als seine Zugehörigkeit zum Traditionszusammenhang der Literatur festzustellen.

Natürlich kann die Literaturwissenschaft dabei nicht stehen bleiben. Sie muß schon auch fragen, was es denn ist, das in der literarischen Reihe aufeinanderfolgt, muß es in seinen wesentlichen Zügen erkennen und bestimmen wollen. Aber sie muß das in rückhaltloser Offenheit gegenüber einem möglichen Wesenswandel der Literatur tun. Sie darf sich nicht im mindesten dazu verleiten lassen, ihn mit Blick auf eine jener bekannten, ebenso bequemen wie prätentiösen Wesensbestimmungen platonistischer Machart zu überspringen oder herabzuspielen; zumal wo sie sich als Literaturgeschichte versteht, muß seine Erkenntnis für sie im Vordergrund stehen. Das wiederum kann nun allerdings auch nicht heißen, daß gar nicht mehr nach Bestimmungen Ausschau gehalten werden soll, die für den ganzen Traditionszusammenhang oder zumindest weite Teile von ihm Bedeutung besitzen. Es ist ja eben zu klären, wie weit der Wesenswandel jeweils geht und woran er unter Umständen vorbeigeht. Die Literaturwissenschaft hat also nach Wesensmomenten mit großer historischer Reichweite nicht weniger nachdrücklich zu fahnden als nach Momenten, die sich wandeln. Nur darf sie auf derart Wesentliches nicht mehr als auf eine bestimmungsreiche Wesenheit, eine »Idee«, einen »Idealtypus«, eine »Tiefenstruktur« ausgehen, sondern als auf etwas Elementares. Sie muß Bestimmungen aufsuchen, die wahrhaft elementar sind – was nicht unbedingt einfach heißt, ja gerade das Elementare erweist sich vielfach als das eigentlich Schwierige – und die eben in ihrem elementaren Charakter als Schlüssel zur Literatur in ihrer historischen Vielfalt taugen.

In der vorliegenden Arbeit wird nun vorgeschlagen, es dabei einmal wieder mit einer altehrwürdigen Bestimmung zu versuchen, die ebenso elementar ist, wie sie über die Epochengrenzen hinweg Bedeutung besitzt, die jedoch in der Literaturwissenschaft der letzten Jahrzehnte ganz außer Kurs geraten ist: mit der der Anschaulichkeit. Ist Literatur nicht zunächst und vor allem anschauliche Rede? Und gilt das nicht für das meiste, wenn nicht für alles, was je Literatur hieß und heißt, gleich was in ihm verhandelt, mit welcher Intention und welcher Wirkung es vorgetragen worden sein mag? Immer wird, was in ihm zur Sprache kommt, in seiner Besonderheit entwickelt und nicht nur im allgemeinen abgehandelt, immer, was dieses Besondere ausmacht, in einem bestimmten Maße detaillierend benannt und nicht durch ein bloßes Verweisen auf Gegebenheiten jenseits des Textes in den Zusammenhang der Rede einbezogen; immer spielt bei solchem Ins-Detail-Gehen das sinnenfällige, insbesondere augenfällige Detail eine prominente Rolle, so daß das Besondere gleichsam dem Auge des Lesers unterbreitet wird; und immer wird, der einmal gewählten Stufe des Detaillierens gemäß, eine gewisse Vollständigkeit, innere Geschlossenheit der Detailgebung angestrebt: es wird alles benannt, was dazugehört, um an dem Besonderen einen bestimmten Sinnzusammenhang erfassen zu können.

Wie kommt es, daß die Kategorie der Anschaulichkeit, als enargeia, evidentia, sub oculos subiectio (Cicero) seit der Antike fester Bestandteil der Poetik und bei den idealistischen Ästhetikern und ihren Nachfolgern geradezu eine zentrale Bestimmung von Dichtung,[2] in jüngster Zeit bei all dem Definieren und Neudefinieren von Literatur kaum mehr eine Rolle gespielt hat? Das Elementare steht immer in einem eigentümlichen Zwielicht, in dem es sich bald als allzu selbstverständlich und bald als nur schwer faßlich zeigt, ja gerade in seiner Selbstverständlichkeit erweist es sich als schwer zu fassen; so auch die Anschaulichkeit. Zum einen gilt sie wohl vielfach als zu einfach, um bei einer Wesensbestimmung der Literatur in Betracht gezogen zu werden, zumal jene platonisierende Wesensergründung, um deren Überwindung es hier zu tun ist, nicht nur das Wesentliche bestimmen, sondern zugleich auch Wesentlichkeit dartun, also Bedeutsamkeit, Hochwertigkeit festschreiben will. Der Begriff der Anschaulichkeit läßt kaum etwas von dem erkennen, was hier und da und dort das Pathos der Literaturbetrachtung ausmachen mag. Und zum andern scheint man nicht absehen zu können, wie er methodisch fruchtbar werden soll. Indem er die Literatur von ihrem Hinarbeiten auf die Phantasie des Lesers aus zu begreifen sucht, scheint er in das Niemandsland der reinen Subjektivität zu führen, aus dem der Wissenschaft niemals klare Begriffe, handfeste Kriterien, nachprüfbare Argumente erstehen werden. Was sind das denn für Vorstellungen, die Sprache in einem Leser erweckt? Wie soll man sie in ihrem anschaulichen Charakter fassen, wie sie je neben wirkliche Anschauung stellen können? Und hiervon soll eine wissenschaftliche Auseinandersetzung mit Literatur ihren Ausgang nehmen?

Hinzu kommt, daß der Aspekt der Anschaulichkeit in den bekannten Bestimmungen von Literatur in gewisser Weise mit berücksichtigt scheint, jedenfalls soweit er für die Wissenschaft greifbar ist. Der Begriff der Fiktionalität bestimmt die literarische Rede ja doch als Appell an die Phantasie des Lesers, wenn auch nur global, ohne etwas über das Wie dieses Appellierens zu verraten. In der Konzeption des Ausdrucks ist das Moment der Besonderung mit enthalten; etwas ausdrücken, heißt immer auch, etwas in seiner Besonderheit entfalten, wobei allerdings die Besonderung vor allem von ihrem Zustandekommen beim Ausdrückenden, weniger von ihrer potentiellen Wirkung beim Leser her beschrieben wird. Und in Vorstellungen wie denen von den Welten aus Sprache, der Form, dem schönen Gebilde liegt beschlossen, daß ein Kreis von Aspekten abgeschritten wird, die sich zu

---

[2] Seit A. G. Baumgartens Definition der Dichtung als »oratio sensitiva perfecta«: Meditationes philosophicae de nonnullis ad poema pertinentibus, 1735, § 9.

einem sinnvollen und in seinem Sinnvollsein transparenten Zusammenhang zusammenschließen.

Und dennoch: in diesen und ähnlichen Bestimmungen, wie sie heute geläufig sind, scheint das Element der Anschaulichkeit weniger aufgehoben als übersprungen.[3] Theoriebildung übersteht es aber nie ohne Schaden, wenn sie

---

[3] Die Skepsis, auf die der Begriff der Anschaulichkeit in der Wissenschaft des 20. Jahrhunderts trifft, hat eine ganze Reihe von Ursachen, die letztlich aber alle mit der Auflösung der klassischen Ästhetik zusammenhängen, ihrer theoretischen Grundlagen ebensowohl wie der von ihr postulierten ästhetischen Normen. Eine wichtige Rolle kommt dabei der »Verwissenschaftlichung« der Ästhetik im Geiste des Positivismus zu. In dem Maße, in dem das Anschauen überhaupt nicht mehr wie bei Kant und im Idealismus vom Bewußtsein her gedacht, sondern auf seine sinnesphysiologische Unterlage reduziert wird, muß dann auch dem, worauf der Begriff der Anschaulichkeit abzielt, eine Handgreiflichkeit abverlangt werden, die ihn als Instrument wissenschaftlicher Theoriebildung untauglich scheinen läßt. Das ist z. B. bei Th. A. Meyer der Fall, der in seiner vielbeachteten Studie über das »Stilgesetz der Poesie« (Leipzig 1901) die »innere Bühne der Einbildungskraft« (F. Th. Vischer) mit den Mitteln der zeitgenössischen Sprachpsychologie durchleuchtet. Eine Psychologie des anschaulichen Vorstellens kann aber dem, was die idealistische Ästhetik mit Anschaulichkeit meinte, niemals gerecht werden, insofern ihr eben jene Vertauschung von Bewußtsein und Psyche zugrundeliegt, die E. Husserl im ersten Band seiner »Logischen Untersuchungen« (Halle 1900) als Geburtsfehler des Positivismus kritisiert hat. Meyers »Stilgesetz« bleibt jedenfalls ein entscheidender Bezugspunkt für alle, die eine Reserve gegenüber dem Begriff der Anschaulichkeit formulieren, von W. Kayser (Das sprachliche Kunstwerk, Bern 1948, 12. Aufl., 1967, S. 121–122/S. 408) bis zu P. Böckmann (Das Laokoonproblem und seine Auflösung in der Romantik, in: Bildende Kunst und Literatur, hg. von W. Rasch, Frankfurt 1970, S. 59ff., hier S. 60) und von R. Wellek und A. Warren (Theorie der Literatur, 1949, dt. 1958, Frankfurt 1971, S. 25/S. 298) bis zu Th. W. Adorno (Ästhetische Theorie, Frankfurt 1970, S. 150). Es behält diese seine Funktion auch da, wo der Begriff des Bewußtseins als Ausgangspunkt der Poetik nicht mehr nur durch den der Psyche, sondern durch den der Sprache als des immer schon intersubjektiv vermittelten Bewußtseins ersetzt wird. – An dieser Stelle kann nur angedeutet, nicht dargelegt werden, daß wir sowohl die Vertauschung von Bewußtsein und Psyche als auch die Reduktion von Bewußtsein auf Sprache – oder vielmehr die in beiden wirksame, vom Positivismus etablierte Skepsis ablehnen; hier bekennen wir uns der Einfachheit halber zu den von E. Husserl in seiner Schrift über »Philosophie als strenge Wissenschaft« (1910/11, hg. v. W. Szilasi, Frankfurt 1965) dargelegten Gründen – und daß wir uns auch deshalb wieder in der Lage sehen, mit dem Begriff der Anschaulichkeit zu arbeiten. Es muß hier genügen darauf hinzuweisen, daß der Fortfall der Kategorie der Anschaulichkeit methodisch eine Lücke hinterlassen hat, die zu schließen sowohl ein Erfordernis der Literarästhetik als auch der Literarhistorie ist. Zu Th. A. Meyers Abhandlung s. u., S. 344ff. – Die Auseinandersetzung Th. W. Adornos mit dem Begriff der Anschaulichkeit (Ästh. Theorie, a.a.O., S. 145ff.) zeigt auch noch auf eine andere Weise, daß die Distanz ihm gegenüber mit der Abkehr von den ästheti-

Stufen des Elementaren überspringt; wenn sie allzu rasch über es als das scheinbar Selbstverständliche hinweg zum Tiefsinnigen drängt, an ihm als dem schwer zu Fassenden vorbei auf das Handgreifliche losgeht; wenn sie das Elementare nicht auf eine Weise exponiert, durch die es wahrhaft zur Geltung gebracht ist. Die Literaturwissenschaft muß die Kategorie der Anschaulichkeit explizit konzipieren und als Ausgangspunkt all jener weitergehenden Bestimmungen festhalten, soll ihr der Literaturbegriff nicht ins Mißverständliche, ja Widersinnige entgleiten. Sie muß sich klarmachen, daß das Veranschaulichen die elementare Weise ist, Formensprachlichkeit zu schaffen. Gegenstände nicht nur zu benennen, sondern mit Mitteln der Beschreibung und der bildlichen Rede zu suggerieren, mit einem Wort: sie darzustellen – das ist der elementare Akt von gestaltendem Umgang mit Sprache, aus dem alles weitergehende Gestalten erwächst. Er ist die Keimzelle für alles, was literarische Form heißt, alles Bauen von Strukturen, jedenfalls soweit sie sprechende, sinnvolle Strukturen sind.

Wo man sich das nicht immer wieder vor Augen stellt, kommt in das Reden von Literatur, von den Welten aus Sprache, von Form, Struktur, schönem Ganzen, Formensprache sehr schnell und fast notwendig etwas Schiefes, Bedenkliches hinein. Es verliert sich aus dem Blick, was jener elementare Akt des Darstellens, er allein, plausibel macht: daß und wie Form in der Literatur Funktion ist – so als könne Form bei einem sprachlichen Gebilde überhaupt irgendetwas anderes sein als Funktion, als ein Mitarbeiten am Aufbringen und Modellieren von Inhalten. Der Formbegriff wird verdinglicht und mystifiziert, beides in einem; er verliert sein Wesensmoment der Funktionalität und wird also verdinglicht, behält aber als solchermaßen verdinglichter weiterhin die Aura der Bedeutsamkeit, womit allein er schon mystifiziert ist. Im Sinne einer mißverstandenen Autonomie der Kunst erscheint die entfunktionalisierte Form dann vor allem als Ausfluß eines ominösen inneren Gesetzes, sozusagen eines Goldenen Schnittmusters der Literatur. Die meisten methodischen Irrwege der Literaturwissenschaft unseres

---

schen Normen des 19. Jahrhunderts zusammenhängt. Für ihn, der sich mit aller Kraft der Kunst der Moderne zu stellen versucht, scheint Anschaulichkeit überhaupt unlösbar zur Konzeption einer Kunst des »schönen Scheins« zu gehören und muß daher angesichts der modernen Formen mit ihr zusammen der Kritik verfallen. Daß es eine Anschaulichkeit jenseits des »schönen Scheins« gibt, daß sie eine Geschichte hat, vermag er sich nicht vorzustellen. Sind aber Werke wie Gryphius' Sonn- und Feiertagssonette und Brechts Lehrstücke, die keine Kunst des »schönen Scheins« sind, auf ihre Weise nicht auch anschaulich? Zu Adorno vgl. P. Bürger, Zur Geschichtlichkeit von Anschauung/Anschaulichkeit als ästhetische Kategorie, in: Kolloquium Kunst und Philosophie 1, Ästhetische Erfahrung, hg. v. W. Ölmüller, Paderborn 1981, S. 41–49.

Jahrhunderts lassen sich zu diesem verdinglicht-mystifizierten Formbegriff zurückverfolgen.⁴

Dagegen hilft nur eines: den elementaren Akt der Veranschaulichung ausdrücklich zu denken, an ihm die Funktionalität der literarischen Form gedanklich zu durchdringen, von ihm aus zu den weiterreichenden, komplexeren Systemen der Strukturierung aufzusteigen und die an sie sich knüpfenden Bestimmungen von Literatur plausibel zu machen.⁵ Denn was mit Fiktionalität, Welten aus Sprache, Struktur, schönem Gebilde, Formensprache, Ausdruck gemeint ist, kann ohne Einsicht in die Gegebenheiten, auf die der Begriff der Anschaulichkeit zielt, gar nicht recht verstanden werden. Wie ein Text fiktional sein kann, wie er Sprache weder referentiell noch generalisierend handhaben und dennoch etwas besagen, etwas mitteilen kann, vermag nur die Einsicht in seinen Charakter als anschauliche, darstellende Rede, als Mimesis im weitesten Sinne⁶ verständlich zu machen. Wie literarische Rede

---

4   Hierbei ist vor allem an den Strukturbegriff der sog. »werkimmanenten Methode« gedacht, wie er im Anschluß an den Werkbegriff des George-Kreises formuliert und spätestens seit der Einleitung von F. Gundolfs Goethebuch (Berlin 1916) in der Literaturwissenschaft wirksam geworden ist. Übrigens macht es für die hier berührten Fragen keinen Unterschied, ob solche Struktur als inneres Gesetz einer Persönlichkeit (wie bei Gundolf), einer Epoche (wie in der Geistesgeschichte) oder einer Gattung (wie bei E. Staiger) definiert wird.
5   Kein Ausweg scheint uns das Vorgehen eines W. Benjamin oder Th. W. Adorno zu sein, die den verdinglicht-mystifizierten Formbegriff des Symbolismus nicht zum Gegenstand historischer und soziologischer Reflexionen machen, um seine Konstitutionsbedingungen zu erkunden, also um zu erfragen, unter welchen Voraussetzungen er an seinem historischen und gesellschaftlichen Ort sinnvoll war und auch nur sinnvoll sein konnte (vgl. hierzu u., S. 151ff.); die ihn vielmehr unbefragt übernehmen, wobei er zum Formbegriff überhaupt wird, und ihn erst so einer soziologischen Deutung zuführen.
6   Bei der Verwendung des Begriffs Mimesis wird im folgenden – seiner Geschichte gemäß – eine weitere von einer enger gefaßten Bedeutung zu unterscheiden sein; in dem einen Fall wird er die künstlerische Darstellung überhaupt, in dem anderen die illusionierende Darstellung meinen. Ersteres entspricht der Bedeutung, in der E. Auerbach, Mimesis, Dargestellte Wirklichkeit in der abendländischen Literatur, 2. Aufl., Bern 1959, den Begriff der Mimesis verhandelt; in ihr soll er auf »die Interpretation des Wirklichen durch literarische Darstellung oder ›Nachahmung‹« überhaupt zielen (S. 515). Letzteres mag vorläufig durch den Hinweis auf das erläutert werden, was Auerbach als »homerischen Realismus« (S. 26) innerhalb der so umrissenen Mimesis hervorhebt und durch die Geschichte der »europäischen Wirklichkeitsdarstellung« verfolgt: literarische Darstellung als Versuch, »die Erscheinungen ausgeformt, in allen Teilen tastbar und sichtbar, in ihren räumlichen und zeitlichen Verhältnissen genau bestimmt zu vergegenwärtigen« (S. 8), mit dem Ergebnis, daß der »Vorwurf, Homer sei ein Lügner«, »seiner Wirkung nichts (nehmen)« kann; Homer »hat es nicht nötig, auf die geschichtliche Wahrheit seiner Erzählung zu pochen, seine Wirklichkeit ist stark genug« (S. 15). Das aber heißt:

Welten aus Sprache bauen kann, wie literarische Formen überhaupt etwas zur Sprache bringen können, wie ein Text Ausdruck sein kann und als Ausdruck Appell – all das kann nur die Beschäftigung mit den Problemen klären, für die wir hier den Titel der Anschaulichkeit gebrauchen.

Aber der Begriff der Anschaulichkeit verhilft nicht nur zu einem besseren Verständnis der bekannten Bestimmungen von Literatur. Er hilft auch über die Grenzen hinweg, an denen diese Bestimmungen versagen. Indem er den Blick auf die elementaren Strukturen des Darstellens lenkt, macht er es möglich, die Eigenart jener Literaturen von ihren innersten Prinzipien her zu greifen, denen die geläufigen Definitionen nicht gerecht werden. Die Frage, auf welche Weise literarische Texte anschaulich sind, enthüllt nämlich zunächst und vor allem, auf wie unterschiedlichen Wegen die Literaturen der verschiedenen Epochen Anschaulichkeit anstreben. Wie der Gegenstand beschreibend entfaltet wird, wie ihn die bildliche Rede suggeriert, was daraus an weiterreichenden Strukturen erwächst, aus denen sich die umfassenden Bedeutungszusammenhänge bauen – das alles ist tiefgreifenden Wandlungen unterworfen. Die Einsicht, daß Literatur wesentlich anschauliche Rede ist, ist nur so viel wert, wie sie sich mit der zweiten Einsicht durchdringt, daß Anschaulichkeit eine historische Größe ist; daß sich ihre Möglichkeiten, ihre Aufgaben, ihr Stellenwert im literarischen Diskurs geschichtlich wandeln. Das voll und ganz zu realisieren, es sich mit allen Konsequenzen zu eigen zu machen, wird der Literaturwissenschaft nicht leicht fallen. Normalerweise ist man ja geneigt zu glauben, gerade mit dem Moment der Anschaulichkeit habe man etwas Zeitloses, den Menschen aller Epochen und Kulturen in gleicher Weise Zugängliches in Händen. Hat Anschaulichkeit es nicht mit Wahrnehmung zu tun, und ist Wahrnehmung nicht für alle Menschen dasselbe, vollzieht sie sich nicht stets auf dieselbe durch die Physiologie definierte Weise? Wohl wird eine erkenntniskritisch reflektierte Wissenschaft das Wahrnehmen nicht vollends relativieren wollen und an dem Postulat der für alle Subjekte gleichen »schlichten Wahrnehmung« (Husserl) festhalten – aber davon einmal abgesehen, hat sie eben anzuerkennen, daß und wie sehr es als historische, psychische, soziale Realität durch Unterschiede gekennzeichnet ist; daß »das Sehen an sich (...) seine Geschichte (hat)« (Wölfflin).[7]

In dem Maße, in dem ihr das gelingt, wird ihr die Kategorie der Anschaulichkeit geradezu zu einem Schlüssel werden, der ihr die Literatur in ihrer Geschichtlichkeit aufschließt; der ihr zunächst jene fundamentalen Verände-

---

die Entfaltung des »Sinnlich-Anschaulichen« (S. 41), sie allein, beglaubigt hier, was in der Darstellung als Wahrheit erwächst. – Ob Auerbach damit den homerischen Dichtungen gerecht wird, mag dahingestellt bleiben.
7 H. Wölfflin, Kunstgeschichtliche Grundbegriffe, München 1915, S. 11.

rungen zugänglich macht, die wir Wandlungen des Darstellungsstils[8] nennen wollen, um sie auf dieser Grundlage auch die anderen Momente des Wandels besser verstehen zu lehren. Wenn es richtig ist, daß die Gestaltung der Rede als anschauliche Rede der elementare Akt ist, in dem alle anderen gestalterischen Bemühungen, alle weitergreifenden Strukturen gründen, der mithin die eigentliche Quelle der Formensprachlichkeit ist, dann ist die Formgeschichte der Dichtung zunächst einmal eine Geschichte der Anschaulichkeit, und dann ist die Formgeschichte insgesamt in einer Geschichte der Anschaulichkeit zu fundieren. Denn erst von hier aus kann sich der Literaturwissenschaft das Formenspektrum ganz erschließen, das die Geschichte hervorgebracht hat. Diesen tragenden Boden freizulegen und zu sichern und so dem ganzen Gebäude der Formgeschichte, wie sie etwa P. Böckmann skizziert hat,[9] eine neue, feste Grundlage zu geben, ist das Ziel der vorliegenden Arbeit.

Welche Möglichkeiten hat nun die Wissenschaft, eine solche Geschichte der Literatur als anschauliche, darstellende Rede zu schreiben? Welches sind die Quellen, aus denen sie schöpfen kann, und wie hat sie aus ihnen zu schöpfen? Da sind zunächst natürlich die literarischen Quellen im weitesten Sinne, in erster Linie die dichterischen Texte selbst, in denen sich das Veranschaulichen sprachlich manifestiert. Eine Fülle von sprachlichen Gegebenheiten, wie sie zwar nicht ausschließlich, aber doch besonders massiert in literarischen Texten anzutreffen sind, lassen sich gar nicht anders als mit dem Hinarbeiten auf anschauliche Vorstellungen erklären. Auf sie wird sich der Blick zunächst richten, weil sie besonders sicherer Grund sind, aber er darf natürlich nicht nur auf ihnen verweilen. Letztlich muß die Frage sein, wie ein literarischer Text seine Gegenstände überhaupt aufbringt: wie er seine Personen vorstellt, wie er sie auftreten, handeln, reden läßt, wie er Einblick in ihr Inneres verschafft, wie er sie in einen Raum, eine Gesellschaft hineinstellt, mit Dingen konfrontiert, wie er die Welt der Dinge einbringt; wie präzise oder vage, wie einläßlich, mit welchen Akzenten. Das aber heißt fragen, wie der Text auf Anschauung, Wahrnehmung, Erfahrung von Menschen und Dingen Bezug nimmt, genauer: auf bestimmte Weisen des Anschauens, Wahrnehmens, Erfahrens, des Habens von Welt – auf das, was wir die historische Form der Erfahrung nennen werden.[10] Denn Veranschaulichen heißt immer, auf Anschauung Bezug nehmen, und zwar weniger auf einen bestimmten Fall

---

[8] Die Vorstellung, daß es verschiedene »Stilarten« der »literarischen Darstellung des Wirklichen« gebe, ist recht eigentlich der Grundgedanke von Auerbachs Mimesis-Buch (S. 26). Wir folgen ihm allerdings nur, insofern er sie als historische begreift; daß es zwei die gesamte abendländische Entwicklung prägende Grundmöglichkeiten des Darstellungsstils gebe, vermögen wir uns nicht zu eigen zu machen.
[9] P. Böckmann, Formgeschichte der deutschen Dichtung. 4. Aufl. Darmstadt 1973.
[10] Vgl. hierzu u., S. 72ff.

von Anschauung, anschaulich Gegebenem bzw. einen bestimmten Akt des Anschauens als vielmehr auf bestimmte Formen des Anschauens, des Habens von Anschauung. Zu den dichterischen Texten kommen sodann die Dokumente der Poetik hinzu, in denen die Mittel des Veranschaulichens wie die Möglichkeiten des Beschreibens und der Bildfindung explizit verhandelt werden und in denen sich so die wechselnden Auffassungen von ihren Möglichkeiten und Grenzen, ihrer Verknüpfungen und ihren Funktionen abspiegeln. Schließlich sind auch jene philosophischen Schriften nicht zu vergessen, die Auskunft über den Stellenwert geben, den die Sinnenwelt, den Anschauung, Wahrnehmung, Erfahrung im Weltbild einer Zeit überhaupt haben.

Neben diesen und ähnlichen literarischen Quellen kann die Geschichtsschreibung der Anschaulichkeit aber auch noch eine zweite Gruppe von Quellen befragen: die Welt des Bilds, die Gesamtheit dessen, was in den verschiedenen Epochen an Bildwerken und Abbildungen jedweder Art hervorgebracht worden ist, die ins Bild gebrachte Welt. Sie mit in den Blick zu nehmen, wird die Möglichkeit des Argumentierens um ein Bedeutendes vermehren, ja es scheint, daß die Geschichte der Anschaulichkeit erst so die rechte Sicherheit und innere Festigkeit erlangt. Während das, was an verarbeiteter Anschauung hinter einem anschaulichen Text steht, an ihm immer nur indirekt greifbar wird, in den Weisen des sprachlichen Bezugnehmens, die als solche nichts Anschauliches an sich haben, erlaubt das Bild den direkten Zugriff auf sie, gibt es unmittelbar Einblick in die Art und Weise, wie Anschauung verarbeitet wird; denn es verarbeitet sie wieder zu Anschauung, es ist selbst Anschauung und nicht nur anschaulich.[11] Natürlich gilt das nur für den Ausschnitt aus dem Spektrum der anschaulichen Gegebenheiten, der auf der Wahrnehmung durch das Auge beruht, und auch hier wiederum nur für das, was in das Rechteck des Bilds eingehen kann – Einschränkungen, die bedeutsam genug sind, denn bei der Rede von der Anschaulichkeit der Literatur geht es immer um den Bezug auf das Ganze der Anschauung; sie ändern aber nichts an der Tatsache, daß das Bild in den so umrissenen Grenzen wesentliche Einblicke in das Verarbeiten von Anschauung als Anschauung gewährt. In eben dem Maße, in dem eine Geschichte der Literatur als anschauliche Rede eine Geschichte der historischen Formen des Habens von Anschauung sein muß, wird ihr der Blick darauf, wie sich diese Formen im Bild manifestieren, wo sie sich als wirkliche Anschauung niederlegen können und nicht bloß in Form der Rückbezüglichkeit von Sprache, geradezu unent-

---

[11] »(...) die Betrachtung der bildenden Kunst (besitzt, methodisch,) eine eigentümliche Überlegenheit, denn sie macht Dinge sichtbar, die sonst nur schwer und auf Umwegen bewußt gemacht werden könnten«: H. Sedlmayr, Verlust der Mitte, Die bildende Kunst des 19. und 20. Jahrhunderts als Symptom und Symbol der Zeit, 7. Aufl., Salzburg 1955, S. 11.

behrlich werden; wird sie das Bild mithin stets mit in den Blick nehmen wollen. Insofern wird es im folgenden auch um eine »wechselseitige Erhellung der Künste« gehen, wie O. Walzel seine bekannte programmatische Abhandlung überschrieb, in der er H. Wölfflins »kunstgeschichtliche Grundbegriffe« für die Literaturwissenschaft fruchtbar zu machen versuchte – aber eben nur insofern, und das heißt denn doch: mit sehr andersartiger Zielsetzung und auf ganz andere Weise. Nicht auf den Geist einer Epoche und auf einen Stil als fundamentale Möglichkeit menschlichen Schaffens überhaupt wird es bei der Gegenüberstellung der Künste abgesehen sein, sondern auf die historische Rahmenform des künstlerischen Darstellens, den Darstellungsstil in seinem geschichtlichen Wandel.[12]

Das Bild stets mit in den Blick zu nehmen, kann umso mehr versucht werden, als beide, Wort und Bild, ja keineswegs unabhängig voneinander an die anschauliche Gegebenheit anknüpfen, als sie nicht nur jedes für sich aus ein und derselben Quelle schöpfen, sondern sie bei solchem Erarbeiten und Verarbeiten von Anschauung in stetem Kontakt miteinander voranschreiten und die Ergebnisse auf der einen Seite stets auch bedeutsam für die andere Seite sind. Wort und Bild, das Erarbeiten von Erfahrung im Wort und ihre Gestaltung im Bild, entwickeln sich nebeneinander in einem Prozeß ständiger Wechselwirkung. Das gilt ganz allgemein, in besonderem Maße aber für die literarisch-ästhetische Sphäre. In stetem Austausch exponieren und modellieren Wort und Bild ihre Stoffe, entwickeln sie Symbolsprachen, Typologien und andere formale Mittel, ja oft genug treten sie in Wort-Bild-Formen geradezu zusammen, ob nun in den Formen des Theaters oder des Films, des Emblems oder der Collage, des illustrierten Buchs oder der Konkreten Poesie. Stoffe und Formen entfalten sich in dem einen umfassenden Raum der Wort-Bild-Beziehungen, wie sich überhaupt das Strukturieren und Fixieren der in der Erfahrung gegebenen Anschauung, das Sich-Konstituieren von Thematik, wenn man so will: von Wirklichkeit innerhalb dieses Raums vollzieht. Insofern mag man, wie das im folgenden geschieht, die Anschaulichkeit der literarischen Rede als einen Teilaspekt der Wort-Bild-Beziehungen ansehen, als ein Moment, das zu dem Gesamtkomplex der durch Wort und Bild gemeinschaftlich geleisteten Strukturierung von Anschauung gehört und in diesem Zusammenhang zu beschreiben ist. Wenn die Anschaulichkeit hier ein Aspekt der Wort-Bild-Beziehungen genannt wird, ist mithin nicht gemeint, daß sie nur als ein Bezugnehmen auf wirkliche Bilder, Bildersprachen oder historische Bildtypen zustandekomme – was allerdings auch beobachtet werden kann –; sie wird damit lediglich als ein Bezugnehmen auf jene Proto-Bildlichkeit gekennzeichnet, die aus dem Strukturieren der Anschauung in

---

[12] O. Walzel, Wechselseitige Erhellung der Künste, Berlin 1917. – Dazu s. u., S. 346ff.

der Erfahrung und ihrem Fixieren als erinnerte Erfahrung erwächst, und zwar nicht nur der in visueller Wahrnehmung gegebenen Anschauung, sondern der von anschaulicher Gegebenheit überhaupt, und die gegebenenfalls im Bild in den ihm gezogenen Grenzen in wirkliche Bildlichkeit umgesetzt wird. Nur mit diesen Einschränkungen ist die Geschichte des Bilds heranzuziehen, um die unterschiedlichen geschichtlichen Formen der Gestaltung von Rede als anschauliche Rede, die verschiedenen historischen Stile des Darstellens besser greifen zu können. In solcher Bedeutung ist sie aber unentbehrlich.

Damit sind die Thesen benannt, durch die sich Umriß und Aufbau der vorliegenden Arbeit bestimmen. Sie lauten:

1. Literatur ist wesentlich anschauliche Rede; die Anschaulichkeit ist die elementare Form von Formensprachlichkeit, aus der alle anderen literarischen Formen erwachsen.

2. Anschaulichkeit ist wesentlich eine geschichtliche Größe; Literatur als anschauliche Rede zu untersuchen, kann nur in dem Maße gelingen, in dem dem jeweiligen historischen Darstellungsstil Rechnung getragen wird – aber der Begriff der Anschaulichkeit ist ja auch nur ein »Problemtitel« (Husserl), von dem aus die verschiedenen Darstellungsstile greifbar werden sollen.

3. Eine Geschichte der verschiedenen Darstellungsstile als der verschiedenen historischen Formen anschaulichen Redens läßt sich, wenn überhaupt, so noch am ehesten vor der Folie einer allgemeinen Geschichte der Wort-Bild-Beziehungen schreiben, als deren Teilaspekt dann die Geschichte der Anschaulichkeit von Literatur erscheint.

Die erste Aufgabe ist demgemäß, sich eine Vorstellung von den Wort-Bild-Beziehungen zu verschaffen. Es muß versucht werden, möglichst viele unterschiedliche Erscheinungen zusammenzubringen, in denen Wort und Bild auf die eine oder andere Weise in Beziehung zueinander stehen, die verschiedenen Formen und Dimensionen ihres Aufeinanderbezogenseins zu unterscheiden und zu einem ersten Überblick, einer ersten, wenn auch noch so vorläufig bleibenden Systematisierung zu gelangen. Der Weg führt dabei von den Wort-Bild-Formen als der handgreiflichsten Erscheinung von Wort-Bild-Beziehungen, genauer: von ihren medialen Grundlagen aus über die inneren Wort-Bild-Beziehungen, worunter eben die Anschaulichkeit des Worts und ihr Gegenstück auf seiten der Kunst, der Sprachcharakter des Bilds, verstanden werden, bis hin zu einem systematischen Aufriß der Wechselbeziehungen von Wort- und Bildkunst einerseits sowie dieser beiden Künste und der Wort-Bild-Formen andererseits – einer Zusammenstellung, die im Rahmen der vorliegenden Untersuchung freilich nicht mehr sein kann als ein mehr oder weniger schematischer Katalog des Möglichen.

In einem zweiten Schritt wird dann versucht, die Entwicklung der Wort-Bild-Beziehungen in der Neuzeit in ihren Hauptlinien nachzuzeichnen, zu zeigen, wie sich der gesamte Komplex in einem einheitlichen Wandlungsprozeß verändert. Ausgegangen wird dabei jeweils von den Wandlungen des Bilds als Bild, insofern sich in ihnen, wie angedeutet, die Veränderungen im Haben von Anschauung am handgreiflichsten darstellen. Es wird deutlich, wie die Wort-Bild-Beziehungen bis weit in die Neuzeit hinein zunächst im Banne der Allegorese stehen, wie sie in der Aufklärung nach und nach unter dem Vorzeichen des neuen mimetischen Illusionismus verändert werden und wie die einzelnen Elemente schließlich in der Moderne auf der Grundlage von Intuitionismus und Artistik im Zuge der Entmimetisierung der Formen erneut andere werden. Auffälligster Niederschlag des Wandlungsprozesses ist, daß die Wort-Bild-Formen, die noch in der frühen Neuzeit in so großer Zahl und Vielfalt anzutreffen sind, daß sie den literarisch-ästhetischen Bereich fast dominieren, im Raum der klassischen mimetisch-illusionistischen Ästhetik dem Verdikt des ästhetisch Minderwertigen verfallen, um in der Moderne erneut in den Vordergrund zu treten.

Wenn bei alledem auch zunächst und vor allem an die Anschaulichkeit der Literatur sowie an all das gedacht wird, was ihre historischen Formen verstehen hilft, so bleibt ihre Erörterung hier naturgemäß noch auf Allgemeines beschränkt. In einem weiteren Anlauf muß darum versucht werden, näher auf die konkreten Erscheinungen der Literaturgeschichte einzugehen, die besonderen Fragestellungen der Poetik der einzelnen Epochen zur Sprache zu bringen. Das kann natürlich nicht für die ganze Geschichte der Literatur in der Neuzeit geschehen. Deshalb konzentriert sich die Darstellung im letzten Teil auf die beiden entscheidenden Umbruchsphasen in der neueren Literaturgeschichte, auf den Übergang vom allegorischen zum mimetisch-illusionistischen Darstellungsstil im 17. und 18. Jahrhundert und auf die Auflösung dieses mimetisch-illusionistischen Darstellungsstils, die Entmimetisierung der Formen seit dem Ausgang des 19. Jahrhunderts. Die wichtigsten poetologischen Prinzipien müssen so in den Blick treten, und in der Konfrontation der epochalen Gegensätze müssen sie ein besonders scharfes Profil gewinnen. Die leitenden Gesichtspunkte und die grundlegenden Begriffe können dabei ebenso von der Analyse der Wort-Bild-Beziehungen und ihrer Geschichte bezogen werden, wie die Ergebnisse durch sie ihre letzte Sicherheit erlangen. Ausgangspunkt der Darstellung jener Umbruchsphasen ist in beiden Fällen Lessings ›Laokoon‹. Er war ja und ist offenbar weiterhin mit der Wendung, die er dem alten poetologischen Lehrstück des »ut pictura poesis« gibt, in Deutschland der zentrale Bezugspunkt für die kritische und wissenschaftliche Diskussion von Fragen der Anschaulichkeit und der Wort-Bild-Beziehungen überhaupt.[13] Der Übergang vom allegorischen Darstellungsstil zur Kunst des

---

[13] G. E. Lessing, Laokoon: oder über die Grenzen der Malerei und Poesie (1766). In: Lessing, Werke. Hg. v. H. G. Göpfert. Bd. 6. München 1974. S. 7–187. – Zur

schönen Scheins wird demgemäß als Ausbildung der Laokoon-Ästhetik, die Entmimetisierung der Kunst im Übergang zur Moderne als ihre Begrenzung und Auflösung dargestellt.

Auf eine ganze Reihe von zentralen Fragen der Literaturwissenschaft und von herausragenden Erscheinungen der Literaturgeschichte kann bei diesen Auseinandersetzungen neues Licht fallen. Das gilt vor allem für das Problem von Literatur und Wirklichkeit und seine unterschiedlichen geschichtlichen Ausprägungen, wie sie hier nur anhand der Stichworte Literatur und historische Wahrheit, Allegorie und Symbol, Naturnachahmung, Fiktion, schöner Schein, Autonomie der Kunst, Arabeske, Realismus, Erlebnisunmittelbarkeit, Literatur und Dokument und Montage vergegenwärtigt seien. Die Kategorie der Anschaulichkeit ist ein entscheidender, bisher kaum benutzter Schlüssel zu den damit bezeichneten Fragen. Denn Anschaulichkeit herzustellen, heißt immer, auf Wirklichkeit Bezug zu nehmen; in der Gestaltung des Textes als anschaulichem, in seinem Darstellungsstil liegt stets ein spezifischer Wirklichkeitsbezug, der ebenso unabhängig von dem des Dargestellten wie von den in der Darstellungsintention und der Darstellungswirkung liegenden Bezügen ist. Diese Instanz des Problems von Literatur und Wirklichkeit ist, soweit ich sehe, bisher noch kaum berücksichtigt worden; hier wird versucht, sie systematisch zur Geltung zu bringen, wodurch sich einige der genannten Fragen überraschend klar behandeln lassen.

Wenn sich die vorliegende Untersuchung in ihrem zweiten Teil auf den Übergang vom 17. zum 18. sowie auf den vom 19. zum 20. Jahrhundert konzentriert, so hat das allerdings noch einen anderen Grund als den der notwendigen Eingrenzung des Gegenstandsbereichs. Es sind dies eben die beiden Phasen der Geschichte, in denen sich die Ausbildung und die Auflösung des ästhetischen Systems vollzieht, das mit den Namen von Klassik, Romantik und Idealismus verbunden ist – wir würden mit Blick auf die europäischen Verhältnisse lieber von dem System von Aufklärung, Romantik und Realismus sprechen[14] – und dessen Normen für die Begriffsbildung der neueren Literaturwissenschaft entscheidend geworden sind. Wie in einer Zangenbewegung läßt sich das idealistische System so greifen und in seiner historischen Bedingtheit durchdringen, und daran muß einer modernen Literaturwissenschaft alles gelegen sein. So verfuhr ja zum Beispiel auch W. Benjamin, wenn er seinen Untersuchungen zu Romantik und Klassik zunächst die Abhandlung über den Ursprung des deutschen Trauerspiels und sodann die über das Kunstwerk im Zeitalter seiner technischen Reproduzierbarkeit

---

Bedeutung von Lessings ›Laokoon‹ für die Theorie der Anschaulichkeit in Deutschland s. u., S. 210ff. u. S. 334ff.

[14] Vgl. z. B. die Bandaufteilung des von K. v. See herausgegebenen Neuen Handbuchs der Literaturwissenschaft.

folgen ließ – zwei Arbeiten, die sich wie die vorliegende um der Prüfung überkommener ästhetischer Normen willen dazu genötigt sahen, die Grenzen zwischen den Künsten zu überschreiten, und die überhaupt dazu dienen können, den Umriß der vorliegenden Untersuchung zu erläutern.[15] Bei Benjamin zuerst leuchtet eine Aufgabe auf, die heute, nachdem die Literatur der Moderne allgemein anerkannt ist und nachdem eine vertiefte literarhistorische Forschung die Literaturen der voraufklärerischen Jahrhunderte schärfer in ihrer Eigenart sehen gelehrt hat, als die eigentliche Aufgabe der modernen Literaturwissenschaft vor uns steht: die Aufgabe, die Theorie der Literatur – ob sie kritisch, historisch oder systematisch sein will – in ihrer Methode konsequent von den Grundbegriffen und damit von den ästhetischen Normen des Idealismus zu befreien – wohlgemerkt: in ihrer Methode, denn inhaltlich hat sie sich ja vielfach schon mit ihnen auseinandergesetzt – und ihr eine neue, andersartige Grundlage zu geben.[16]

Diese Neufundierung hat sich auf eine Fülle von theorieeröffnenden und theorieleitenden Vorstellungen zu erstrecken, so zum Beispiel auf die Begriffe der Gattung, der Epoche, des Inhalts und der Form. Vor allem aber muß sie jenes Konzept ersetzen, in dem sie letztlich alle zusammenkommen: die Vorstellung vom literarischen Kunstwerk als schönem Gebilde, dessen Gebildecharakter in einem inneren Gesetz gründet. Ihrer geschichtlichen Grundlagen und ihres geschichtlichen Sinnes beraubt, wurde diese zentrale Konzeption der idealistischen Poetik gegen Ende des 19. Jahrhunderts nicht etwa durch ein neues Denkmodell ersetzt, wie es erstmals der Naturalismus ins Spiel zu bringen versuchte, sondern von Positivismus und Lebensphilosophie in dem oben angedeuteten Sinn zugleich verdinglicht und mystifiziert; das Resultat war der Strukturbegriff der werkimmanenten Methode, wie er sich etwa bei F. Gundolf abzeichnete. Dagegen lief seit den sechziger Jahren eine vehemente Methodenkritik Sturm, aber nachdem sich der Pulverdampf der sogenannten Methodendiskussion verzogen hat, zeigt sich: so viel seither auch anders geworden ist – in jenem zentralen, alles entscheidenden Punkt hat sich bisher nur wenig bewegt. Im Gegenteil: die Forschungsrichtungen, die sich in der Methodendiskussion neu haben etablieren können, Strukturalismus, Literatursoziologie und, mit Abstrichen, Literaturpsychologie, haben, so wie sie weithin betrieben werden, den verdinglicht-mystifizierten Formbegriff auf

---

[15] W. Benjamin, Der Begriff der Kunstkritik in der deutschen Romantik (1919); ders., Goethes Wahlverwandtschaften (1922); ders., Ursprung des deutschen Trauerspiels (1925); ders., Das Kunstwerk im Zeitalter seiner technischen Reproduzierbarkeit (1935/1939); in: W. Benjamin, Gesammelte Schriften, hg. v. R. Tiedemann und H. Schweppenhäuser, Bd. 1, Frankfurt 1974. – Im folgenden werden freilich nur Benjamins Fragen aufgenommen, nicht seine Antworten.

[16] Vergleichbare Überlegungen etwa auch bei R. Wellek, Geschichte der Literaturkritik 1750–1890, 1955, dt. Übers., Neuwied 1959, S. 15–19.

ihre Weise weiter befestigt. Der Strukturalismus sucht mit Hilfe quasi-naturwissenschaftlicher Methoden Strukturgesetze, ohne zuvor zu fragen, was Struktur in der Literatur überhaupt heißen kann, was das eigentlich sein soll, eine literarische Struktur – als könne man die Methodologie einer Disziplin weiterentwickeln, ohne in eine Ontologie ihre Gegenstands einzutreten. Und Literatursoziologie und Literaturpsychologie haben vielfach die Strukturen, die ihnen die werkimmanente Methode zuvor beschrieben hatte, lediglich anders erklärt, eben mit den Mitteln dieses oder jenes soziologischen oder psychologischen Modells; und je forscher sie die Formen erklären, desto weniger fragen sie, was denn das nun eigentlich sei, literarische Form.

Die Literaturwissenschaft steht also bis heute in ihrem innersten Kern, in ihrer Methode, im Bann der ästhetischen Normen des Idealismus. Die Probleme, die ihr daraus erwachsen, sind bereits angedeutet worden: mit Konzepten wie denen der Fiktion, der Welten aus Sprache, des schönen Gebildes, der Formensprache, des Ausdrucks erweist sie sich in ihrer Begrifflichkeit in einem Maße als den Vorstellungen der klassischen Ästhetik verhaftet, daß es ihr schier unmöglich ist, den voraufklärerischen Literaturen bzw. der modernen Literatur gerecht zu werden. Für eine Neufundierung der Literaturwissenschaft bleibt also noch Entscheidendes zu tun. Ihr Kernstück muß die Entmythologisierung der Form sein. Dafür scheint der Begriff der Anschaulichkeit ein geeignetes Mittel.

1. Teil

Das System der Wort-Bild-Beziehungen und die Anschaulichkeit der Literatur

1. Abschnitt

Aufriß des Felds der Wort-Bild-Beziehungen
und Begründung des Begriffs der Anschaulichkeit

> Wort und Bild sind Korrelate, die sich immerfort
> suchen, wie wir an Tropen und Gleichnissen genug-
> sam gewahr werden. So von jeher, was dem Ohr
> nach innen gesagt oder gesungen war, sollte dem
> Auge gleichfalls entgegenkommen. (Goethe)

Die vorliegende Untersuchung macht sich in ihrem ersten Teil einen Aspekt des literarisch-ästhetischen Lebens zum Gegenstand, den sie in Ermangelung einer besseren Bezeichnung mit dem Begriff der Wort-Bild-Beziehungen benennt. Daß es schon zur bloßen Kennzeichnung dieses Felds der Untersuchung an geeigneten Begriffen fehlt, macht deutlich, daß hier eine Perspektive des Fragens allererst wiederzugewinnen ist; eine Perspektive, die bis zum Ende der klassischen Ästhetik eine Selbstverständlichkeit war und die erst bei der positivistischen Wende der Wissenschaft und der damit verbundenen Parzellierung des Denkens verlorenging. Seither gelten die Beziehungen zwischen Wort und Bild, Wort- und Bildkunst, Wissenschaft von der Wort- und Wissenschaft von der Bildkunst nurmehr als Grenz- und Übergangsphänomene, nämlich als Erscheinungen, die sich an den Grenzen der Literatur- bzw. der Kunstwissenschaft zeigen. Die Beschäftigung mit ihnen stellt sich aus dem Blickwinkel des einen wie des anderen Fachs als marginal dar, fast als ein Luxus, den sich eine weitausgreifende, hochspezialisierte Disziplin immerhin gerade noch leisten kann. Und sie werden auch nicht in ihrem ganzen Umfang und als ein großer Zusammenhang betrachtet, sondern lediglich in Einzelaspekten thematisiert. Solche Aspekte finden sich zum Beispiel in Untersuchungen zur Emblematik, zur Allegorese, zur Metapher, zum Bildgedicht, zur Buchillustration, zur Bildergeschichte, zur Ikonologie oder zum Film, aber sie begegnen hier eben kaum je so, daß sie dabei als Aspekte ein und desselben umfassenden und grundlegenden Problemkreises sichtbar werden.[1] Eine Ausnahme stellen lediglich die Bemühungen um eine »wechselsei-

---

[1] »Über die prinzipiellen Wechselbeziehungen zwischen Literatur- und Kunstwissenschaft ist bisher so gut wie nichts geschrieben worden. (...) fast alle Arbeiten, die sich auf diesem Sektor finden, (haben) den Charakter ausgewählter Sonderstudien. (...) Denn sowie man solche Fragen unter einem universalen Gesichtspunkt betrachtet, wird man zwangsläufig in den geschichtlichen Ablauf der gesamten Weltkunst hineingezogen«: J. Hermand, Literaturwissenschaft und Kunstwissenschaft, Stuttgart 1965, 2. Aufl., 1971, S. V. – »Die echten Parallelen (zwischen bildenden Künsten und Literatur), die sich aus dem gleichen oder ähnlichen gesell-

tige Erhellung der Künste« (O. Walzel) dar, wie sie die Germanistik um 1920 unter dem Eindruck der »kunstgeschichtlichen Grundbegriffe« H. Wölfflins beschäftigten, Versuche, denen sie unter anderem eine Reihe ihrer Epochenbegriffe verdankt; sie blieben freilich Episode.[2]

Ohne grundsätzlich hieran anknüpfen zu wollen, wird die vorliegende Untersuchung als erstes versuchen, die Perspektive wiederzugewinnen, in der die Beziehungen zwischen Wort und Bild in ihren verschiedenen Formen und Dimensionen als Gesamtzusammenhang erscheinen. Vielleicht bedurfte es erst der Entwicklung, die das literarisch-ästhetische Leben seit den sechziger Jahren dieses Jahrhunderts genommen hat, damit die Frage nach den Wort-Bild-Beziehungen wieder in solcher Allgemeinheit gestellt werden konnte, ist seither doch die Wort-Bild-Form des Films, vor allem seit der Etablierung des Mediums Fernsehen, mehr und mehr in seinen Mittelpunkt gerückt.[3] Zugleich kam in der Avantgarde-Kunst eine Entwicklung zum Abschluß, die man mit der Formel »Bilder werden Worte« (W. M. Faust) gekennzeichnet hat, und in einer gegenläufigen Bewegung traten in der Literatur Formen in

---

schaftlichen oder geistigen Hintergrund ergeben, sind bisher noch kaum konkret analysiert worden. Es gibt keine Untersuchungen, die am Gegenstand nachweisen, wie zum Beispiel alle Künste zu einer gegebenen Zeit oder in einem gegebenen Milieu ihren Gesichtskreis in Bezug auf die Gegenstände der ›Natur‹ ausweiten oder einengen (...). Hier eröffnet sich der Forschung ein weites, noch kaum berührtes Feld, das greifbare Ergebnisse für den Vergleich der Künste in Aussicht stellt«: R. Wellek, A. Warren, Theorie der Literatur, Frankfurt 1971, S. 136–137. – Was »die grundsätzliche (...) methodologische Frage« anbelangt, die »sich auf die Möglichkeit der eigentlichen und tiefsten Gemeinsamkeiten der einzelnen Künste als treibender Kraft für das Zustandekommen echter Parallelen (richtet)«, ist festzustellen, daß »eine vergleichende geschichtliche Darstellung der Künste, die diese Probleme zusammenfassend löst, noch nicht geschrieben (ist)«: J. Strelka, Methodologie der Literaturwissenschaft, Tübingen 1978, S. 213. – »(...) meist wurde die wissenschaftliche Erschließung beide Medien beteiligender Werke aus der Perspektive jeweils nur einer der betroffenen Einzeldisziplinen unternommen und der Gegenstand der anderen bestenfalls als stoffliche, der Quellenkunde dienende Basis ausgewertet. Die Überlieferungslage fordert aber die Entwicklung von vergleichenden Verfahren, die die Frage nach der Parallelität, Transformation und der Funktionalität der Medienverbindung grundlegend systematisch und historisch klären helfen«: Ch. Meier, U. Ruberg, Einleitung, in: Text und Bild, Aspekte des Zusammenwirkens zweier Künste in Mittelalter und früher Neuzeit, hg. v. Meier u. Ruberg, Wiesbaden 1980, S. 9–18, hier S. 10. – Vgl. D. Sulzer, Poetik synthetisierender Künste und Interpretation der Emblematik, in: Geist und Zeichen, Fs. A. Henkel, Heidelberg 1977, S. 401–426, hier S. 404. – Daß die damit angedeuteten grundlegenden Fragen noch nicht aufgerollt, die Wort-Bild-Beziehungen, wie wir sagen wollen, noch keiner systematischen Analyse zugeführt worden sind, läßt sich bereits äußerlich an den Versuchen ablesen, den Ertrag der an sich gar nicht geringen Zahl von Untersuchungen zusammenzustellen, die über die Grenze der Literatur zur Bildkunst hinüberführen: das Ergebnis ist – wie auch G. Schweikle in seinem lehrreichen Forschungsbericht zur Mediävistik (Versuche wechselseitiger

Erscheinung, in denen Worte Bilder werden; man denke nur an die Konkrete Poesie.[4]

Aber auch ohne solche Entwicklungen wäre die Frage nach dem Gesamtzusammenhang der Wort-Bild-Beziehungen sinnvoll, vor allem deshalb, weil Wort- und Bildkunst in dem einen und einzigen Horizont des literarisch-ästhetischen Lebens produziert und rezipiert werden, wie immer dieses Leben im Laufe seiner Geschichte näher zu bestimmen sein mag: der Sprecher, der Hörer des Worts ist derselbe, der das Bild sieht; der Autor, der Betrachter des Bilds ist immer auch ein Teilnehmer am literarischen Leben. In eben dem Maße, in dem es der Untersuchung gelingt, die Wort-Bild-Beziehungen in ihren verschiedenen Formen und Dimensionen als umfassenden Zusammenhang sichtbar werden zu lassen, wird deutlich werden, daß das, was im Blickwinkel der positivistisch parzellierten Wissenschaft als marginal erscheint, ein zentrales Moment des literarisch-ästhetischen Lebens ist.

Doch wie hat man sich das Feld von Gegenständen, auf das der Begriff der Beziehungen von Wort und Bild zielt, im einzelnen vorzustellen? Wer ihn

---

Erhellung mittelalterlicher Dichtung und Kunst, in: Fs. K. H. Halbach, Göppingen 1972, S. 35–53) feststellt – fast immer merkwürdig beliebig, etwas Zusammengewürfeltes, bei dem Fundamentalstes unverbunden neben Speziellstem steht; als Beispiele seien genannt: G. Bebermeyer, Literatur und bildende Kunst, in: Reallexikon der deutschen Literaturgeschichte, Bd. 2, 2. Aufl., 1965, S. 82–103; W. Stammler, Schrifttum und Bildkunst im deutschen Mittelalter, in: Deutsche Philologie im Aufriß, Bd. 3, 2. Aufl., 1962, Sp. 613–698; R. Wellek, A. Warren, Theorie der Literatur, Frankfurt 1971 (S. 131–143: Die Literatur und die anderen Künste); G. Kranz, Das Bildgedicht in Europa, Paderborn 1973 (S. 19–41: Beziehungen zwischen Malerei und Dichtkunst); J. Strelka, Methodologie der Literaturwissenschaft, Tübingen 1978 (S. 210–227: Methodische Bezüge zu anderen Künsten); D. Harth, G. vom Hofe, Unmaßgebliche Vorstellung einiger literaturtheoretischer Grundbegriffe, in: Erkenntnis der Literatur, hg. v. D. Harth u. P. Gebhardt, Stuttgart 1982, S. 8ff. (S. 13–15: Bild). Diese und ähnliche Versuche machen deutlich, daß die Beziehungen zwischen Wort- und Bildkunst nur im Zusammenhang der Wort-Bild-Beziehungen überhaupt sinnvoll erörtert werden können; daß nicht allein auf die Beziehungen der beiden Künste gesehen werden darf, sondern darüber hinaus nach ihren medialen Grundlagen, dem Zeichencharakter von Wort und Bild, den Möglichkeiten des Worts, sich auf Anschauung zu beziehen, und denen des Bilds zu sprechen sowie den dabei wirksamen »weltanschaulichen« Voraussetzungen gefragt werden muß, so wie wir das im folgenden versuchen wollen.

2 Zur »wechselseitigen Erhellung der Künste« s. ihre Darstellung und Kritik bei P. Böckmann, Formgeschichte der deutschen Dichtung, S. 44–46; R. Wellek, A. Warren, Theorie der Literatur, S. 138–143; J. Hermand, Literaturwissenschaft und Kunstwissenschaft, S. 11–20 u. S. 28–50.

3 Vgl. hierzu etwa S. Vietta, Literatur- und Medienwissenschaft, in: Erkenntnis der Literatur, hg. v. D. Harth u. P. Gebhardt, S. 298 u. S. 307.

4 W. M. Faust, Bilder werden Worte, Zum Verhältnis von bildender Kunst und Literatur im 20. Jahrhundert, München 1977, S. 7.

zum ersten Mal hört, der wird wohl zunächst und vor allem an Gebilde denken, in denen sich das Wort mit dem Bild, das Bild mit dem Wort verbindet, an Erscheinungen wie das illustrierte Buch, die illustrierte Flug- und Zeitschrift, wie das mit einer Inschrift, Auf- oder Unterschrift versehene Bild, wie das Emblem, der Bilderbogen, die Bildergeschichte oder der Comic strip, wie Theater und Film. Die Frage nach den Wort-Bild-Beziehungen stellt sich hier als Frage nach den Wechselbeziehungen, die Wort und Bild innerhalb von Wort-Bild-Formen eingehen: was leistet innerhalb eines solchen Gebildes das Wort, was das Bild, wie nehmen sie aufeinander Bezug, wie ergänzen sie einander, wie verbinden sie sich technisch, inhaltlich und formal zu einem Ganzen, welche Möglichkeiten des Redens eröffnen sich durch ihre Vereinigung, usw. Die Geschichte des literarisch-ästhetischen Lebens ist reich an solchen Formen, vor allem im Mittelalter und der frühen Neuzeit[5] sowie im 20. Jahrhundert.[6] Sie alle zusammengenommen bilden jedoch nur einen kleinen Ausschnitt aus dem Gegenstandsbereich, den eine Untersuchung der Wort-Bild-Beziehungen ins Auge zu fassen hat. Allerdings ist es der Sektor, auf dem sich diese Beziehungen am leichtesten greifen und am überzeugendsten darlegen lassen, manifestieren sie sich hier doch schon innerhalb jedes einzelnen Artefakts, ja dessen Sich-Konstituieren als Ganzes beruht auf nichts anderem als ihnen. Das heißt, daß ihre Analyse bei ihnen unabweislich ist und daß sie sich auf Gegebenheiten erstreckt, die sowohl komplex als auch überschaubar sind. Insofern mögen Wort-Bild-Formen der vorliegenden Untersuchung als Leitfaden dienen, um zu jenen Aspekten in den Beziehungen von Wort und Bild vorzudringen, die ihr eigentlicher Gegenstand sind.

1. Kapitel

Die Wort-Bild-Formen und die Frage nach der Anschaulichkeit der literarischen Rede

Das literarisch-ästhetische Leben hat im Laufe seiner Geschichte eine ganze Reihe von Wort-Bild-Formen hervorgebracht; nie jedoch war ihre Zahl und

---

[5] Vgl. hierzu z. B. Ch. Meier, U. Ruberg, Einleitung, in: Text und Bild, a.a.O., S. 9.
[6] Es ist in zweifacher Hinsicht schief, von einer »Dominanz der visuellen Medien in der modernen Industriegesellschaft« zu reden (S. Vietta, a.a.O., S. 307): nicht die visuellen Medien herrschen vor, sondern Wort-Bild-Medien; und es ist zu bedenken, daß es eine vergleichbare Bedeutung der Wort-Bild-Formen bereits in voraufklärerischer Zeit gegeben hat.

Vielfalt so groß, standen sie so sehr im Vordergrund wie in der Gegenwart.[1] Das gilt allerdings nicht allein für das literarisch-ästhetische Leben; es betrifft den gesamten Bereich des öffentlichen Lebens, verstanden als Feld medialer Kommunikation. Fast überall haben sich Wort-Bild-Formen durchgesetzt, und in manchen Bereichen haben sie geradezu eine Leitfunktion übernommen.[2] Eine Untersuchung literarisch-ästhetischer Wort-Bild-Formen muß das mit ins Auge fassen, nicht nur weil damit das Feld bezeichnet ist, auf dem sich Literatur und Kunst behaupten müssen, der weitere Horizont, innerhalb dessen sie sich entwickeln. Vor allem ist zu bedenken, daß das literarisch-ästhetische Leben, insofern es Teil des öffentlichen Lebens ist, beim Herstellen einer wie auch immer zu umreißenden Öffentlichkeit grundsätzlich auf die Formen medialer Kommunikation angewiesen ist, die es gibt, auf Buch, Theater, Architektur, Ausstellungswesen, Presse, Hörfunk, Kino oder Fernsehen. Sie bilden gleichsam die technische Unterlage, auf der sich seine spezifischen Formen ausbilden, den Rahmen des Möglichen. Das gilt ganz allgemein, nicht nur im Fall der Wort-Bild-Formen, fällt bei ihnen aber besonders ins Auge, da ihre Vereinigung zunächst immer auch ein technisches Problem ist. Die Frage nach Eigenart und Leistung literarisch-ästhetischer Wort-Bild-Formen führt so zunächst auf die Voraussetzungen im Bereich medialer Kommunikation.[3]

---

[1] Bei einem Autor, der sich der neuesten Kunst besonders eng verbunden fühlt, hat dies sogar schon zu dem Versuch geführt, die Theorie der Kunst als eine »Bildersprachlehre« zu fassen: S. D. Sauerbier, Wörter, Bilder und Sachen, Heidelberg 1985.

[2] »(...) daß in fast allen Lebensbereichen die sprachliche Verständigung durch Bilder erweitert und verändert wird«, ist auch der Ausgangspunkt für M. Muckenhaupt, Text und Bild, Grundfragen der Beschreibung von Text-Bild-Kommunikation aus sprachwissenschaftlicher Sicht, Tübingen 1986, S. XV. Muckenhaupt klammert ästhetische Aspekte grundsätzlich aus (S. 9). Auch wir sehen keine Möglichkeit, bei ästhetisch-historischen Untersuchungen wie den vorliegenden an eine »Gebrauchstheorie von Text und Bild« (S. XV) anzuknüpfen.

[3] Im folgenden werden einige Überlegungen der neueren Kommunikations-, Medien- und Zeichentheorie aufgenommen, freilich ohne daß sich die Untersuchung geradezu auf den Boden dieser Wissenschaftsrichtungen stellen wollte. Die Begriffe der Kommunikation, des Mediums und des Zeichens weisen auf Instanzen des ästhetisch-literarischen Geschehens hin, die in der überkommenen ästhetischen Theoriebildung nicht systematisch entfaltet worden sind und die doch mit ins Auge gefaßt werden müssen, wenn eine systematische Theorie der Künste gelingen soll; insofern ist ihnen hier Rechnung getragen worden. Daß aber die Literaturwissenschaft, wenn sie nur erst kommunikationstheoretisch, medienwissenschaftlich oder semiologisch betrieben würde, zu wahrer Wissenschaftlichkeit erlöst werden könnte, wie das etwa M. Bense (Zeichen und Design, Semiotische Ästhetik, Baden-Baden 1971, S. 7), S. J. Schmidt (Grundriß der Empirischen Literaturwissenschaft, Bd. 1, Braunschweig 1980, S. VIII u. ö.) und W. Faulstich (Ein-

Die Voraussetzungen im Bereich der medialen Kommunikation

In einem bestimmten Sinne, einem sehr allgemeinen Verständnis, kommt aller kommunikative Austausch medial zustande. Was zum Gegenstand von intersubjektivem Austausch werden soll, muß geäußert werden, muß sich in einer sinnlich wahrnehmbaren Gestalt wie zum Beispiel einer sprachlichen Äußerung objektivieren. Nur mittels einer solchen Objektivation, eines Ausdrucks (W. Dilthey), einer sinnhaltigen Form (E. Betti) kann sich ein derartiger Austausch vollziehen; sie ist gleichsam das Medium der Kommunikation.

Aber so ist der Begriff des Mediums im allgemeinen nicht gemeint, wo von medialer Kommunikation die Rede ist.[4] Nicht an jene Objektivationen ist gedacht, sondern an bestimmte gesellschaftliche Einrichtungen, die gleichsam als Plattform für solche Objektivationen dienen können und nur insofern Mittler sind; die nämlich in der Lage sind, sie einem Publikum darzustellen.[5] Das Medium, verstanden als Institution zur Verbreitung von »Informationen«, »Nachrichten«, »Botschaften«, genauer: von bedeutungshaltigen Formen, hat eine technische und eine organisatorisch-distributorische Seite. Die bedeutungshaltige Form in einer verbreitbaren Form zu fixieren, ist eine Frage der Technik; in der Gesellschaft den Raum zu schaffen, innerhalb dessen ein Publikum entsteht, ist eine organisatorische Aufgabe. Unter Technik sind dabei alle Verfahren zu verstehen, mit deren Hilfe ein Fixieren in verbreitbarer Form vorgenommen werden kann, von der Mnemotechnik und der Schrift bis hin zur elektronischen Medientechnik der Gegenwart. Daß die technische und die organisatorisch-distributorische Seite, die Organisation des Mediums nach innen und nach außen, nur die beiden Seiten einer Medaille sind, leuchtet unmittelbar ein. Technische Entwicklungen sind die Vor-

---

leitung zu Kritische Stichwörter zur Medienwissenschaft, München 1979, S. 18ff.) allen Ernstes anzunehmen scheinen, vermögen wir nicht zu glauben. Wir halten es für keinen Fortschritt, wenn die literarischen Gebilde auf das reduziert werden, was sich unter einen wie auch immer definierten und wie differenziert auch immer gehandhabten Kommunikations-, Medien- oder Zeichenbegriff bringen läßt. Eine Empirie, die gegenüber Gegenständen, die zunächst und vor allem Eröffnung und Niederlegung von Sinn sein wollen, die Kategorie des Sinns um einer vermeintlichen Wissenschaftlichkeit willen konsequent zu umgehen versucht, ist unseres Erachtens ein Nonsens. Das haben H. Rickert (Die Probleme der Geschichtsphilosophie, 1904, 3. Aufl., Heidelberg 1924, S. 12ff.) und E. Husserl (Philosophie als strenge Wissenschaft, 1910/11, 2. Aufl., Frankfurt 1965, S. 13ff.) in ihrer Kritik der »naturalistischen«, nämlich postivistischen Philosophie mit Argumenten dargetan, die wir nach wie vor für triftig halten.

4 Zu den verschiedenen Definitionen von »Medium« s. F. Knilli, Medium, in: Kritische Stichwörter zur Medienwissenschaft, a.a.O., S. 230–251, hier S. 230–233.

5 Vgl. H. Schanze, Medienkunde für Literaturwissenschaftler, München 1974, S. 28; ders., Literaturgeschichte als Mediengeschichte? in: Literaturwissenschaft – Medienwissenschaft, hg. v. H. Kreuzer, Heidelberg 1977, S. 131ff., hier S. 132.

aussetzung dafür, daß das Institut eines Mediums entsteht, und umgekehrt ist die Entfaltung und Nutzung einer Technik auf die gesellschaftliche Institutionalisierung eines Mediums angewiesen.

Welches sind nun die Medien, innerhalb deren Wort und Bild[6] zusammenkommen? Soweit ich sehe, haben hierfür in der Geschichte des literarisch-ästhetischen Lebens vor allem vier mediale Bereiche Bedeutung erlangt: die Architektur, das Buch- und Zeitschriftenwesen, der Bereich des Theatralischen im weitesten Sinne sowie Film und Fernsehen. Es mag überraschen, daß die Architektur hier mit genannt wird, doch können ein öffentlicher Platz, ein Forum, ein Tempel, eine Kathedrale, die Fassade und die Repräsentationsräume eines Palasts, eines öffentlichen Gebäudes oder eines Bürgerhauses sehr wohl mediale Bedeutung erlangen.[7] Sobald die Architektur bautechnische Aufgaben nicht nur löst, sondern ihre Lösung an den Bauformen demonstriert, gewinnt sie Zeichencharakter,[8] und in dem Maße, in dem bei solchem Demonstrieren die Funktion der baulichen Anlage mit zur Darstellung kommt, in dem ein Bauherr sich selbst darstellt, eine Institution sich manifestiert, ein bestimmtes Welt- und Gesellschaftsbild propagiert wird, wird sie zum Medium.[9] Wenn man zunächst vielleicht zögert, sie unter die Medien zu zählen, so deshalb, weil sich bei ihr nicht jenes Multiplizieren sinnhaltiger Formen bzw. ihrer Träger beobachten läßt, das für andere Medien charakteristisch ist; die sinnhaltige Form ist hier ein Unikat. Nichtsdestoweniger weist die Architektur die Merkmale eines Mediums auf. Ihre

---

6 Wir sehen also die Medien nicht einfach nur als Umschlagplatz »ikonischen« und »symbolischen« Zeichenmaterials, sondern damit zugleich als Plattform von »Wort« und »Bild«, und das heißt von sprachlich bzw. bildlich realisierten »sinnhaltigen Formen«. Als konkrete kulturelle Gebilde manifestieren sie sich wohl in Zeichensystemen, die medial weitergetragen werden, sind aber als deren Leistung eben mehr als sie, nämlich Gebilde, in denen Sinn niedergelegt ist. Wenn hier an den Begriffen Wort und Bild festgehalten wird, so soll damit angezeigt werden, daß dieser Sinn immer auch als solcher zu denken ist und daß dieser Akt durch die Beschreibung des Funktionierens von Zeichensystemen nicht ersetzt werden kann. Ein Artefakt, ja die ganze Kultur kann sehr wohl als Zeichensystem betrachtet werden, und in gewisser Hinsicht muß dies auch geschehen, aber die These, daß sie im Grunde nichts anderes sei bzw. daß sie der Wissenschaft nichts anderes sein könne (so etwa bei U. Eco, Zeichen, 1973, dt. Übers., Frankfurt 1977, S. 185–186), halten wir für eine unzulässige Reduktion der Phänomene. – Zu den Begriffen Ikon und Symbol s. Ch. Peirce, Pragmatismus-Vorlesungen (1903), in: Peirce, Schriften, hg. v. K.-O. Apel, 2 Bde., Frankfurt 1967–1970, Bd. 2, S. 299ff., hier S. 324–325; dazu auch K.-O. Apels Einführung, ebenda, S. 82–83.
7 Bei H. Schanze, Medienkunde, und W. Faulstich, Kritische Stichwörter zur Medienwissenschaft, fehlt die Architektur; anders U. Eco, Einführung in die Semiotik, München 1972, S. 293ff.
8 Eco, Semiotik, a.a.O., etwa S. 298, 306, 313.
9 Ebenda, S. 307. – Vgl. z.B. auch H. Sedlmayr, Architektur als abbildende Kunst, Wien 1948 (Sitzungsber. d. Österr. Akad. d. Wiss., Phil.-hist. Klasse, Bd. 225, 3).

sinnhaltigen Formen sind in die Öffentlichkeit hineingestellt oder stellen sich der Öffentlichkeit dar, wenn sie einen Raum des Öffentlichen nicht geradezu erst schaffen, und jedermann kann ihnen zum Beispiel bei der Benutzung der baulichen Anlage begegnen. Dieses Begegnen und Wiederbegegnen ist die Distributionsform des immobilen Mediums. Der Prophet kommt hier nicht zum Berg, sondern der Berg zum Propheten; er bleibt darum aber doch ein Prophet.

In dem Maße, in dem Architektur als Medium genutzt werden soll, wird sie dazu tendieren, sich bildnerischer und sogar literarischer Möglichkeiten zu bedienen, denn sie erlauben ihr die Formulierung einer sehr viel differenzierteren und detaillierteren »Botschaft«. Insofern können Bild und Wort innerhalb architektonischer Formen zusammentreffen, sei es daß sie unmittelbar nebeneinandertreten oder nur mittelbar im Gesamtzusammenhang des baulichen Ensembles zusammenkommen. Hier sei nur daran erinnert, welche Bedeutung Bildwerken und Inschriften bei antiken öffentlichen Bauten zukommt. Zur Plastik und zum Tafelbild gehört überhaupt in den meisten Epochen ihrer Geschichte ein bestimmter Stellenwert in einem architektonischen Bezugsrahmen fest mit dazu.[10] Insofern ist die Architektur lange Zeit ein wichtiges Medium der Kommunikation gewesen.

Ein weiteres Medium, innerhalb dessen Wort und Bild zusammentreten können, ist das Buch. Man spricht in diesem Fall vom illustrierten Buch,[11] doch ist das ein nicht unproblematischer Begriff. Denn Illustrationen sind Bilder, die einem Text funktionell untergeordnet sind, die ihn nur mit bildlichen Mitteln erläutern und insofern eine mehr oder weniger entbehrliche Beigabe sind. Das mag auf eine Vielzahl, ja für das Gros der Bücher mit Bildern zutreffen, und insofern hat die Bezeichnung »illustriertes Buch« ihre Berechtigung, aber es gilt keineswegs für alle hier anzutreffenden Wort-Bild-Formen.[12] In nicht wenigen Fällen ist der Bild-Bestandteil selbständiger, gewichtiger, kommt ihm größere Bedeutung für die Konstitution des Ganzen zu, so daß nicht eigentlich von Illustrationen die Rede sein kann.

So ist es gerade auch bei vielen Handschriften des Mittelalters, die hier an erster Stelle zu nennen sind.[13] Man wird vielleicht wie bei der Architektur

---

[10] Vgl. H. Sedlmayr, Verlust der Mitte, Die bildende Kunst des 19. und 20. Jahrhunderts als Symptom und Symbol der Zeit, 7. Aufl., Salzburg 1955, 3. Kap.: Die Zerspaltung der Künste.

[11] Die einschlägige Literatur bei E. Geck, Grundzüge der Geschichte der Buchillustration, Darmstadt 1982.

[12] Das wird noch bei H. Kunze, Geschichte der Buchillustration in Deutschland, Das 15. Jahrhundert, 2 Bde., Leipzig 1975, nicht recht deutlich, wenn er die Illustration immer wieder bloß von dem »Urgrund der Buchzier« her deutet (Textband, S. 34) oder sie unter das Motto »dem Texte dienen« stellt (S. 36).

[13] Hierzu z. B. K. Weitzmann, Illustration in Roll and Codex, 2. Aufl., Princeton 1970.

beim Buch als Handschrift zögern, von einem Medium zu reden. Zwar ist bei ihm eine gewisse Multiplikation der sinnhaltigen Form durch Abschreiben und Kopieren möglich, doch bleibt sie deutlich begrenzt. Aber auch hier entsteht ein Publikum vor allem durch die Begegnung bei der Benutzung, die grundsätzlich in einer beliebigen Zahl von Fällen möglich ist. Solange das Buch Handschrift ist, stellt die Kombination von Wort und Bild natürlich kein prinzipielles technisches Problem dar: beides läßt sich nebeneinander auf der Schreibfläche aufbringen. Das ändert sich erst mit der Einführung des Buchdrucks. Bis zur Erfindung fotomechanischer Verfahren bleiben die Möglichkeiten zur Vervielfältigung von Bildern, was den Arbeitsaufwand und die Flexibilität der Verfahren anbelangt, hinter denen zur Vervielfältigung von Texten zurück. Das gilt für die Lithographie immer noch ebenso wie zuvor für den Holzschnitt und den Kupferstich.[14]

In verschärfter Form stellt sich das Problem einer Technik zur Vereinigung von Wort und Bild im Zeitschriftenwesen, in dem es besonders auf Schnelligkeit ankommt. Dennoch hat das Bild schon beim Flugblatt und beim Kalender des 16. und 17. Jahrhunderts, in denen man Vorläufer der Zeitschrift sehen kann, seinen festen Stellenwert.[15] In den Wochenschriften und den Tageszeitungen späterer Jahrhunderte geht das Bild freilich ganz zurück. Erst gegen Ende des 19. Jahrhunderts ermöglichen neue Drucktechniken die illustrierte Wochenschrift, deren Name bezeichnenderweise zu dem der Illustrierten zusammenschmilzt,[16] und bis in die Gegenwart hinein hat sich das Bild auch in den Tageszeitungen – zumindest eines bestimmten Typs – durchgesetzt.

Der dritte mediale Bereich, der hier zu nennen ist, ist der des Theatralischen im weitesten Sinne.[17] In solchem weitgefaßten Verständnis reicht er von der Institution des Sängers, etwa des Minne- oder Meistersängers, bzw.

---

[14] E. H. Lehmann, Bild in der Presse: Die Entwicklung bis zur Mitte des 19. Jahrhunderts, in: Handbuch der Zeitungswissenschaft, hg. v. W. Heide, Leipzig 1940, S. 594ff., hier S. 598–599.
[15] K. Schottenloher, Flugblatt und Zeitung, Berlin 1922, S. 17 u. ö. W. Harms, M. Schilling, Zum illustrierten Flugblatt der Barockzeit, in: Illustrierte Flugblätter des Barock, hg. v. W. Harms u. a., Tübingen 1983, S. VIIff., etwa S. VIII.
[16] Vgl. hierzu etwa Handbuch der Publizistik, hg. v. E. Dovifat, Bd. 2, Berlin 1969, S. 48ff.: Publizistik des Bildes.
[17] Den Ansatzpunkt für eine solche Auffassung des Theatralischen im weitesten Sinne bietet A. Kutscher, Grundriß der Theaterwissenschaft, 1932/1936, München 1949, S. 43ff., wo es vom Begriff des Mimus her aufgerollt wird. Die Grenzen seiner Konzeption sollen jedoch nicht übersehen werden; dazu etwa D. Diederichsen, ,Theaterwissenschaft und Literaturwissenschaft, in: Euph. 60, 1966, S. 402–414, hier S. 408ff.

des Erzählers, also des Rhapsóden, Spielmanns, Harfenisten oder Moritatensängers, bis hin zum Theater im eigentlichen Sinne und zur Oper. Die Distributionsform ist hier der Vortrag vor versammeltem Publikum, vor allem der an mimisches Agieren gebundene Vortrag, also die Aufführung, die ihrerseits in ein gestaltetes Bühnen-Ambiente hineingestellt sein kann. Was dabei zu Vortrag oder Aufführung kommt, ist – zumindest in Grundzügen – vorab fixiert und als Fixiertes auf vielfache Reproduktion hin angelegt. Allein schon dadurch unterscheidet es sich von einem nichtliterarischen Vortrag wie einer Rede. Insofern das Wort hier an das mimische Agieren gebunden ist und dieses Agieren womöglich gar in ein Bühnenbild hineingestellt ist, insofern sich die Aufführung also an Auge und Ohr zugleich wendet, ist das Medium des Theatralischen bei einer Erörterung der Wort-Bild-Formen mit ins Auge zu fassen, zumal der Film in manchen seiner Erscheinungen nicht viel mehr als fotografisch fixiertes Theater ist. Für die Institution des Sänger-Erzählers scheint das nicht zu gelten; man denke aber auch an den Moritatensänger mit Bildertafel und Zeigestock.[18]

Schließlich ist auf den weiten Bereich des Filmischen als die eigentliche Domäne integrierter Wort-Bild-Formen zu verweisen. Dabei muß zunächst zwischen Stumm- und Tonfilm unterschieden werden. Während der Stummfilm das Wort nur als Zwischentitel kennt, also als eingeblendeten schriftlichen Text, der zu lesen, nicht zu hören ist, ist es im Tonfilm vor allem als gesprochenes Wort Bestandteil des Tons.[19] Bild und Ton sind im Tonfilm Resultat technischer Verfahren, im einen Fall der Fotografie, im anderen der elektromagnetischen Klangaufzeichnung. Der Film kennt vor allem zwei Distributionsformen, das Filmtheater oder Kino und das Fernsehen, doch ist in naher Zukunft mit der Etablierung neuer Formen zu rechnen.

Damit dürften die Medien benannt sein, innerhalb deren Wort und Bild zusammenkommen können. Es sind sehr unterschiedliche Erscheinungen, die bei dieser Zusammenstellung nebeneinandergerückt worden sind, ja wenn man sie zu überschauen versucht, fällt zunächst wohl nichts so sehr ins Auge wie ihre Heterogenität. Das betrifft nicht nur die Art und Weise, in der Wort und Bild in ihnen zusammenkommen; es gilt bereits für das, was dabei jeweils überhaupt Wort und Bild heißt. Mit dem Wort ist in dem einen Falle ein schriftlich niedergelegter Text und in anderen Fällen die gesprochene Rede gemeint, wobei noch einmal zwischen einem in lebendigem Vortrag mnemotechnisch reproduzierten Text und seiner Dokumentation mit den Mitteln moderner Klangaufzeichnungstechnik zu differenzieren ist. Noch größer

---

[18] Dazu L. Petzoldt, Bänkelsang, Stuttgart 1974, S. 1.
[19] Hierzu etwa S. Kracauer, Theorie des Films, 1960, dt. Übers., 3. Aufl., Frankfurt 1979, S. 147ff.

sind die Unterschiede beim Bild. Hier ist in der versuchten Zusammenstellung bald von dem einzelnen, auf eine Fläche aufgebrachten und also zweidimensionalen Bild, bald von einer Folge solcher Bilder und bald von dem durch eine filmische Bildfolge erzeugten bewegten Bildphänomen auf der Leinwand bzw. dem Bildschirm, ja es ist sogar von Dreidimensionalem, von plastischen Bildwerken und von den durch die Beobachtung mimischen Agierens sich einstellenden optischen Eindrücken die Rede. Kann es denn sinnvoll sein, so verschiedenartige Phänomene unter dem Titel des Worts bzw. des Bilds zusammenzufassen?

Die Antwort auf diese Frage kann nur eine allgemeine Theorie des Worts und des Bilds geben, die bei Begriffen wie denen der Erfahrung, der Wahrnehmung, der Begriffsbildung und der Darstellung anzusetzen versucht.[20] Einstweilen mag der Hinweis genügen, daß bei der Rezeption, der Aufnahme, Aufschlüsselung, subjektiven Auswertung der verschiedenen Formen des Worts bzw. des Bilds im großen und ganzen ja doch jeweils dieselben menschlichen „Vermögen" betätigt werden, eben jene „Vermögen", die dazu befähigen, am Sprachgeschehen teilzunehmen bzw. dem Auge Dargebotenes verstehend aufzunehmen.

Im übrigen ist an dieser Stelle das Augenmerk auf die Verschiedenartigkeit dessen zu lenken, was in den verschiedenen Medien die Seite des Worts bzw. die des Bilds vertritt. Am deutlichsten zeigt sie sich wohl unter dem Aspekt der Rezeption. Während das gesprochene Wort den Hörer unmittelbar in das Sprachgeschehen hineinversetzt und ihm dabei nicht mehr als passive Teilnahme abverlangt, liegt das geschriebene Wort dem Leser als toter Buchstabe, also in verdinglichter, gleichsam versiegelter Form vor, und er muß es sich erst durch die Aktivität des Lesens aufschließen und aneignen. Damit hängt zusammen, daß das Tempo, in dem der Text aufgenommen wird, für den Hörer ein vorgegebener Faktor ist – mit allen Konsequenzen, die das für die Rezeption hat –, während der Leser es selbst bestimmen kann.

Dieser Unterschied begegnet erneut bei der Rezeption starrer und bei der bewegter Bilder. Das Tafelbild, die Plastik, die Fotografie, aber auch die Bildfolge einer Bildergeschichte stehen zu freier Betrachtung dahin, während das filmische Bild dem Zuschauer das Tempo des Betrachtens diktiert. Hinzukommt, daß das bewegte Bild die Möglichkeit hat, den Blick des Betrachters durch die Kamerabewegung oder durch die Bewegung des Dargestellten zu führen, also die subjektive Auswertung des dargebotenen optischen Materials zu steuern. Demgegenüber ermöglicht, ja fordert das unbewegte Bild oder Bildwerk das freie Wandern des Blicks im Wechselspiel der Total- und Partialerfassungen. Zwar hat auch das unbewegte Bild seine Möglichkeiten,

---

[20] Näheres u., S. 55ff.

den Blick zu lenken, sowohl vom gewählten Gegenstand her als auch durch seine formale Präsentation und Pointierung, doch verfügen Theater und Film außer über die Möglichkeiten des Bewegens zusätzlich auch über sie.

Schließlich sei noch darauf hingewiesen, auf wie verschiedene Weise sich die Rezeption eines zwei- oder dreidimensionalen Bildwerks vollzieht. Während das zweidimensionale Bild seinen Betrachter auf einen bestimmten Blickpunkt fixiert, setzt ihn das dreidimensionale Bildwerk gleichsam in Bewegung, verlangt es von ihm doch ein vielfaches Wechseln des Blickpunkts, um es als Ganzes erfassen zu können. Das gilt freilich nicht von der theatralischen Aktion, jedenfalls nicht von der auf der Guckkastenbühne ausgeführten; indem das Theater den Zuschauer an einen festen Platz bannt, nimmt es die Dreidimensionalität der mimischen Aktion gleichsam in die Zweidimensionalität zurück. Das Umgekehrte geschieht beim Film: zwar ist das Bild auf der Leinwand bzw. auf dem Bildschirm nur zweidimensional, doch hat die Kamera die Möglichkeit, den Zuschauer immer wieder in einen anderen Blickwinkel zu stellen und so den Eindruck von Räumlichkeit zu erzeugen.[21] Allerdings ist das Wechseln des Blickpunkts nicht in das Belieben des Zuschauers gestellt; auch dies wird ihm vom Film diktiert.

So verschieden stellt sich also dar, was in den angeführten Medien als Wort und Bild zusammenkommt. Dementsprechend unterschiedlich sind die Formen, in denen sich Wort und Bild vereinigen. Ein erster gravierender Unterschied ist darin zu sehen, daß einige Formen sich ausschließlich aus Worten und Bildern zusammensetzen, während sie bei anderen Formen in einen übergeordneten Bezugsrahmen hineingestellt werden, der noch anderes mit einbegreift. Das illustrierte Buch und die illustrierte Zeitschrift enthalten ausschließlich Worte und Bilder. Beim Film hingegen ist das Wort nur Teil des Tons, und der gibt auch Geräusche, ja Musik mit wieder; ähnliches gilt für das Theater, wenngleich das Wort hier im allgemeinen eine stärkere Position hat als im Film. Bei der Architektur schließlich sind die Bauformen im eigentlichen Sinne dominierend, und Wort und Bildwerk haben stets einen mehr oder weniger untergeordneten Stellenwert. Es ist aber ein Unterschied, ob Wort und Bild allein aufeinandertreffen, ob sie sich ausschließlich aufeinander beziehen oder ob sie in das Verweisungssystem eines übergreifenden Rahmenwerks integriert sind und nur innerhalb seiner zueinander in Beziehung treten.

Weiterhin ist zu fragen, welche Arten von Wort und Bild jeweils im einzelnen zusammentreten und welche Weise der Vereinigung dadurch allenfalls möglich wird. Hier sind vor allem zwei Formen hervorzuheben: die Verbindung von geschriebenem Wort und starrem Bild und die von gespro-

---

[21] Vgl. K. Hamburger, Die Logik der Dichtung, 1957, 2. Aufl., Stuttgart 1968, S. 177.

chenem Wort und bewegtem Bild. Neben ihnen finden sich auch andere Möglichkeiten, die Vereinigung von geschriebenem Wort und bewegtem Bild zum Beispiel im Stummfilm und die von gesprochenem Wort und starrem Bild etwa in der sogenannten Multivision,[22] doch begegnet man den beiden erstgenannten Möglichkeiten zweifellos am häufigsten. Beim illustrierten Buch, bei Flugblatt und Kalender, bei der illustrierten Zeitschrift und beim Plakat erscheint das Wort in der Form des geschriebenen Textes und verbindet sich mit einem, mehreren oder einer Folge von unbewegten Bildern. Aber ob sie sich tatsächlich verbinden, was sich zu verbinden hier allenfalls heißen kann, ist recht eigentlich die Frage. Denn Wort und Bild treten dabei nebeneinander auf der Textfläche in Erscheinung, sie können vom Rezipienten nicht gleichzeitig erfaßt werden, sondern nur in verschiedenen aufeinanderfolgenden Schritten, deren Abfolge geregelt und deren Ergebnisse integriert werden müssen. Was diese Schritte so scharf gegeneinander abhebt und die vereinheitlichende Aneignung von Text und Bild geradezu zu einer Aufgabe macht, ist, daß das geschriebene Wort und das Bild auf sehr unterschiedliche Weise aufgenommen werden und der Übergang von dem einen zum anderen ein grundsätzliches Umschalten verlangt. Sich lesend in Sprache hineinzubegeben, Schrift als Sprache zu realisieren und das so Gesagte in sich aufzunehmen, ist etwas ganz anderes als ein Bild zu betrachten und sich in das Abgebildete zu vertiefen.[23]

Was das heißt, wird besonders im Vergleich mit dem Theater und dem Film als der Vereinigung von gesprochenem Wort und bewegtem Bild deutlich. Im Normalfall wird sich die Aufgabe, die Rezeption von Wort und Bild zu koordinieren, Worte und Bilder aufeinander zu beziehen und so zu einem Gesamteindruck zu gelangen, hier gar nicht erst stellen. Denn das Bild erreicht den Zuschauer über das Auge, das Wort als Ton über das Ohr, sie gelangen also auf verschiedenen Wegen zu ihm, so daß sie von daher einander nicht in die Quere kommen können. Und durch die Gleichzeitigkeit, mit der sie bei der Bindung an das Mimische erzeugt werden, bzw. durch die Synchronisation, den gleichzeitigen Ablauf von filmischer Bild- und Wortfolge, sind sie hier immer schon koordiniert und aufeinander bezogen. Ihre Koordination vollzieht sich dabei analog zu der von optischen und akustischen

---

[22] Das sind Dia-Reihen, die zu einer synchron ablaufenden Tonspur gezeigt werden.
[23] Dies gilt auch dann, wenn man davon ausgeht, daß Wort und Bild, was ihren jeweiligen Zeichencharakter anbelangt, wesentlichen geschichtlichen Wandlungen unterliegen und über solchen Veränderungen geradezu wesensgleich werden können, wie das M. Foucault, Die Ordnung der Dinge, Frankfurt 1974, S. 56ff., besonders S. 64f. u. S. 75f., für die frühe Neuzeit postuliert. Auch wenn man sich die »Signatur der Dinge« ganz und gar an die »Signatur der Schrift« angeglichen denkt, bleibt das Entziffern der Schrift ein von dem Entziffern der Signatur der Dinge im Bild deutlich zu unterscheidender Vorgang.

Reizen bzw. sprachlichen Botschaften in der non-medialen, der »natürlichen« Wahrnehmung.

Der Blick auf die Unterschiedlichkeit dessen, was in den verschiedenen Medien Wort und Bild heißt, auf die Weise, in der Wort und Bild in ihnen gleichsam zustandekommen, hat nicht nur für die Frage Bedeutung, welche Wort-Bild-Systeme dadurch jeweils möglich werden. Insofern mit ihr die Technik berührt ist, mit der die verbale und die visuelle „Botschaft" fixiert werden, führt sie zugleich auch auf die verschiedenen Möglichkeiten zur Herstellung von Öffentlichkeit und damit auf die nach Art und Umfang verschiedenen Formen von Publikum, die sich die verschiedenen Medien schaffen. Um was für ein Publikum es sich handelt, ist aber von großem Belang für die Art und Weise, in der ein Wort-Bild-System genutzt wird.

Die Architektur fixiert ihre »Botschaften« mit den Mitteln des Handwerks und der Technik in Materialien handwerklich-technischer Bearbeitung; in Stein, Erz, Holz, Farbe usw. Die sinnhaltigen Formen, in denen sie niedergelegt sind, sind deshalb – so wurde oben gesagt – immobile Unikate, und ein Publikum kann nur dadurch entstehen, daß man ihnen bei der Benutzung der baulichen Anlage begegnet und wiederbegegnet. Damit ist der mediale Charakter der Architektur aber noch nicht vollständig beschrieben. Ein Prozeß wie zum Beispiel der der Ausbreitung der gotischen Kathedrale im hohen und späten Mittelalter ist unter anderem ja auch eine Form, in der die christliche Heilslehre und bestimmte Frömmigkeitsformen weitergetragen werden bzw. Allgegenwart im Alltag erlangen. Die Ausbreitung einer »Botschaft« vollzieht sich also nicht nur im Umgang mit der einzelnen baulichen Anlage, sondern auch durch den Einfluß, den bestimmte Bauten auf andere ausüben. Freilich heißt Verbreitung hier nicht mechanische Multiplikation einer sinnhaltigen Form, sondern variierende Wiederholung. Das Medium Architektur stellt sich dabei unter dem Aspekt der Fixierung als besonders stabil, unter dem der Verbreitung als besonders schwerfällig und zugleich doch auch als flexibel dar, denn die betreffende »Botschaft« kann mit jedem Exemplar den besonderen Umständen, etwa den örtlichen Gegebenheiten, angepaßt werden.

Um variierende Wiederholung, nicht um mechanische Reproduktion, handelt es sich auch beim Theater. Allerdings ist der Spielraum der Variationen – sieht man von improvisatorischen Formen wie der Commedia dell'arte ab – hier wesentlich kleiner als bei der letztgenannten Erscheinung aus dem Bereich der Architektur. In eben dem Maße ist die Frequenz der Wiederholungen zumindest potentiell größer. Eine theatralische Veranstaltung kann im allgemeinen mit sehr viel geringerem Aufwand sehr viel öfter wiederholt werden, als sinnhaltige Formen von Architektur reproduziert werden können. Im übrigen ist das Theater natürlich ein höchst mobiles Medium. Es ist so mobil wie seine Schauspieler, es sei denn, es bindet sich an die immobile

Apparatur eines Bühnenhauses. Andererseits erreicht das Theater immer nur so viele Menschen, wie sich als Publikum um eine Aufführung scharen lassen. Und über die »Botschaften«, die es verbreitet, können sie nicht beliebig verfügen, sondern immer nur in den Momenten der Aufführung.

Das handgefertigte Buch kann in seinen Möglichkeiten, sich ein Publikum zu schaffen, zwischen Architektur und Theater angesiedelt werden. Was das Fixieren und Reproduzieren der sinnhaltigen Formen anbelangt, ist es eher mit der Architektur als mit dem Theater zu vergleichen. Andererseits ist es mobil, nämlich transportabel, und als vorgelesenem und vorgezeigtem Buch erwächst ihm sein Publikum auf eine Weise, die der des Theaters entspricht.

Die Grenzen, die den Medien Architektur, Theater und auch dem handgefertigten Buch bei der Schaffung von Öffentlichkeit gezogen sind – Schranken, die sich, wie gezeigt, aus dem Material ergeben, in dem sie sinnhaltige Formen fixieren, eben aus den handwerklich-technisch zu bearbeitenden Materialien bzw. aus dem Mimischen – fallen fort, sobald die sinnhaltigen Formen technisch reproduzierbar werden, genauer gesagt: sobald die materiellen Träger der sinnhaltigen Formen mit Hilfe technisch-apparativer Verfahren mechanisch multiplizierbar werden. Seit der Erfindung des Buchdrucks lassen sich sinnhaltige Formen in quasi identischer Gestalt beliebig oft reproduzieren, und dies mit einem höchst mobilen Ergebnis.[24] Das Publikum wird

---

[24] Für das Kunstwerk beginnt das »Zeitalter seiner technischen Reproduzierbarkeit« also nur dann nicht früher als um die Jahrhundertwende, wenn man dabei wie W. Benjamin ausschließlich an die Bildende Kunst denkt (W. Benjamin, Das Kunstwerk im Zeitalter seiner technischen Reproduzierbarkeit, a.a.O., S. 471–508). Die Thesen zur Sozialgeschichte des Kunstwerks, die Benjamin an Begriffe wie die der Echtheit, der Aura und des Kultwerts knüpft, können also allenfalls für den Bereich der Bildenden Kunst Geltung beanspruchen. Sie auf die Literatur zu übertragen, wie das in den letzten Jahren immer wieder geschehen ist, entbehrt angesichts der Geschichte des Buchdrucks jeder Grundlage. Schon Leonardo da Vinci hat ein ausgeprägtes Bewußtsein von der »technischen Reproduzierbarkeit« des literarischen Werks, hebt er das Gemälde doch unter anderem damit über die Dichtung, daß es keine endlose Nachkommenschaft zeuge wie das Buch: »questa non fa infiniti figliuoli, come fa li libri stampati« (Leonardo da Vinci, Libro di Pittura, it. dt. Ausg. v. H. Ludwig, Wien 1882, Bd. 1, S. 10). Das berührt übrigens nicht nur die Wirkung Benjamins in die Literaturgeschichtsschreibung hinein – es relativiert auch seine eigenen Thesen zum revolutionären Charakter des Films. Denn das Auftreten des Films im literarisch-ästhetischen Leben des 20. Jahrhunderts kann nicht nur vor dem Hintergrund der Kunstgeschichte gesehen werden. Auch die Geschichte der Literatur, mit der den Film mindestens ebensoviel verbindet wie mit der Bildenden Kunst (vgl. etwa J. Monaco, Film verstehen, Geschichte und Theorie des Films, 1977, dt. Übers., Hamburg 1980, S. 31–40: Film, Fotografie und Malerei; S. 40–49: Film und Roman sowie Theater), ist dabei mit zu berücksichtigen, und in ihr liegen die Verhältnisse schon lange anders, als Benjamin für die Zeit vor dem Film feststellt, jedenfalls wenn man hinter die Literaturkonzeption der Mallarmé und St. George zurück-

damit zum Massenpublikum; genauer gesagt, hört es auf, »Präsenzpublikum« zu sein, d. h. die Kommunikation ist nicht mehr an einen bestimmten Ort, eine bestimmte Zeit oder an beides gebunden, an dem bzw. zu dem ein Publikum zusammenkommt und sich als solches erfährt. Es wird damit zum »dispersen Publikum«, zum anonymen Massenpublikum.[25] Natürlich sind nach wie vor Faktoren wirksam, die die Distribution begrenzen, Momente wie der Analphabetismus oder die ökonomischen Voraussetzungen des Bucherwerbs, doch ist ihre Wirkung nicht mit den Grenzen etwa des Mediums des handgefertigten Buchs zu vergleichen.

Eine weitere Schranke fällt mit der Entwicklung von Medien auf der Basis elektromagnetischer Sendetechnik. Seither ist die Verbreitung von Wort und Bild nicht einmal mehr an das Transportieren von stofflichen Unterlagen wie bedrucktem Papier, Filmkopie oder Schallplatte gebunden. Ihr eröffnet sich damit, was die Quantität und die Geschwindigkeit des Umschlags von »Botschaften« sowie die Reichweite ihrer Ausbreitung anbelangt, noch einmal eine neue Dimension.

Alle diese – hier nur grob zu umreißenden – Unterschiede muß im Auge behalten, wer nach Eigenart und Leistung der Wort-Bild-Formen fragt, die das literarisch-ästhetische Leben in seiner Geschichte hervorgebracht hat. Die Medien stellen gleichsam die Plattform dar, auf der es sich abspielt; die Möglichkeiten, die sie ihm zu einem bestimmten Zeitpunkt zur Verfügung stellen, bezeichnen die äußere Grenze dessen, was es in dieser Zeit an Formen hervorzubringen vermag – wobei natürlich nicht vergessen werden darf, daß vom literarisch-ästhetischen Leben wiederum Impulse zur Entwicklung der Medien ausgehen. Die technischen Möglichkeiten, die sie jeweils zur Fixierung sinnhaltiger Formen bereithalten, sind der allgemeinste Rahmen der künstlerischen Produktion, die distributorischen Institutionen der Rahmen der Rezeption. Insofern erscheint das literarisch-ästhetische Leben als ein Ausschnitt aus dem Bereich der medialen Kommunikation, erscheinen seine Formen als Vehikel und Resultat einer bestimmten Weise, sich der Möglichkeiten der Medien zu bedienen. Dieser Ausschnitt ist nun näher zu bezeichnen.

Ausgrenzung der literarisch-ästhetischen Formen:
methodische Vorüberlegung

Aus dem Gesamtbereich der medialen Kommunikation ist der Sektor auszugrenzen, der die literarisch-ästhetischen Formen umfaßt – wie kann das ge-

---

geht. Auch Benjamin wird also noch ein Opfer der positivistischen Separierung von Kunst- und Literaturtheorie.
[25] G. Maletzke, zitiert nach H. Schanze, Medienkunde, a.a.O., S. 29.

schehen? Eine Möglichkeit, die sich anzubieten scheint, ist in der Einleitung ausdrücklich ausgeschlossen worden: es kann nicht im Rekurs auf eine bestimmte vorab feststehende Definition von Kunst und Literatur versucht werden. Der Grund ist die Einsicht, daß die Kulturgegenstände geschichtlich sind und in ihrer Geschichte Wandlungen unterworfen sind, die ihr Wesen berühren. Wenn in der Einleitung von der Frage nach dem Wesen der Literatur gesagt worden ist, sie stelle sich in jeder Epoche anders, so gilt das natürlich auch für die allgemeinere Frage, welchen Formen medialer Kommunikation das Prädikat literarisch-ästhetisch zuzuerkennen sei. Auch die Grenzen des Ausschnitts, um dessen Bestimmung es nun geht, sind in der Geschichte ständig in Bewegung. Sie sind es in einem Maße, daß bereits zu fragen ist, ob der Begriff des Literarisch-Ästhetischen eine so generelle Verwendung finden kann wie hier; ob damit nicht immer schon nachaufklärerische Vorstellungen auf die gesamte Kulturgeschichte, insbesondere auf die voraufklärerischen Verhältnisse projiziert werden. Es ist aber recht eigentlich das Ziel der vorliegenden Untersuchung, die Voraussetzungen für eine Geschichtsschreibung der Kunst und Literatur zu schaffen, die diesen fundamentalen Wandlungen Rechnung trägt.

Schon in der Einleitung ist angedeutet worden, daß es keine Lösung wäre, die Frage nach dem Wesen der Kunst und Literatur gänzlich fallenzulassen. In eine kunst- oder literaturgeschichtliche Untersuchung einzutreten, heißt immer auch, einen bestimmten Begriff von Kunst bzw. von Literatur zu betätigen, ob der Untersuchende sich das klarmacht oder nicht; es ist die Bedingung der Möglichkeit einer jeden solchen Untersuchung. Am deutlichsten manifestiert sich das eben in der Eingrenzung des ins Auge gefaßten Gegenstandsbereichs. Aus dem unendlichen Feld möglicher Gegenstände dieses auszuwählen und jenes wegzulassen, ist die Voraussetzung dafür, daß eine Untersuchung überhaupt zustandekommen kann. Dabei geht es vor allem darum, einen sinnvollen Zusammenhang zu konstruieren, d.h. einen konsistenten Gegenstandsbereich auszugrenzen. Insofern kann der Kunst- bzw. der Literaturbegriff auch als Exponent der Konsistenz des Gegenstandsbereichs angesehen werden.

Die Aufgabe, aus dem Bereich medialer Kommunikation einen bestimmten Ausschnitt als literarisch-ästhetisches Leben auszugrenzen, führt somit erneut vor die Frage, wie die Einsicht in die methodische Unabdingbarkeit eines bestimmten Begriffs des untersuchten Gegenstands, hier des Literarisch-Ästhetischen, mit der in seine Geschichtlichkeit und geschichtliche Wandelbarkeit zusammenzubringen sei. Um hierauf eine Antwort finden zu können, muß man sich Rechenschaft davon geben, daß von Geschichte und Geschichtlichkeit zu reden, immer heißt, Traditionszusammenhänge ins Auge zu fassen, Tradierungsprozesse, an deren vorläufigem Ende man selbst steht. Mag das, was in den verschiedenen Epochen Kunst und Literatur heißen kann und muß, auch noch so unterschiedlich sein – es gehört doch einem einheitlichen Traditionszusammenhang an, der bis in die Gegenwart reicht, insbesondere bis hin zu dem, der es zum Gegenstand seiner Untersuchungen macht. Tradiert und rezipiert zu werden, kennzeichnet die Seinsweise der Praktiken des literarisch-ästhetischen Lebens, der gesellschaftlichen Einrichtungen, die sie tragen, der Werke, die in diesem Rahmen entstehen, und der Stoffe, Motive, Formen und Kunstmittel, die sie prägen. Bei solchem Tradieren können alle genannten Elemente ebensowohl unverändert übernommen wie umgebildet oder nach und nach durch immer neue ersetzt werden – den einen und einzigen Fall ausgenommen, daß alle Elemente gleichzeitig ausgetauscht würden. Das ist ja eben der Grund dafür, daß die verschiedenen Erscheinungen, die die Kunst- und Literaturgeschichte hervorgebracht hat, im direkten Zugriff kaum je auf einen gemeinsamen Nenner zu bringen sind; daß der Zusammenhang, in dem sie stehen, zunächst nur als Traditionszusammenhang bestimmt werden kann.

Die Einsicht, daß die Geschichte der Kunst und Literatur als ein Traditionszusammenhang zu begreifen ist, bezeichnet freilich wie die Schwierigkeit der Aufgabe so auch den Weg zu ihrer Lösung. Der Bereich des Literarisch-Ästhetischen ist gar nicht erst von der Wissenschaft auszugrenzen – er liegt ihr immer schon als ausgegrenzter vor. Seine Grenzen markiert eben der oben angedeutete Tradierungsprozeß. Die Wissenschaft hat sie nicht erst neu zu ziehen, sondern lediglich aufzusuchen und nachzuzeichnen. Ausgehend von dem, was in der Gegenwart als Kunst und Literatur gilt bzw. was als Kunst und Literatur auf die Gegenwart gekommen ist, verfolgt sie den Tradierungsprozeß über Phänomene wie die gattungsgeschichtliche Reihenbildung, die Überlieferungsgeschichte der Stoffe, die Entwicklungsgeschichte der Poetik und Ästhetik und die Geschichte der Institutionen des literarisch-ästhetischen Lebens als gesellschaftlicher Einrichtungen in die Vergangenheit zurück. Dabei entsteht ganz von selbst ein Bild jenes Ausschnitts aus dem Bereich medialer Kommunikation, der literarisch-ästhetisch zu nennen ist.

Aber kann die Wissenschaft die Grenzen, die durch den Traditionszusammenhang vorgezeichnet sind, einfach hinnehmen? Hat sie nicht womöglich irrige oder überholte Auffassungen von Kunst und Literatur zu korrigieren, die für jenen Grenzverlauf mit verantwortlich sind, ja beweist sie sich als Wissenschaft nicht gerade in der Fähigkeit zu solchen Korrekturen? Wo so gefragt wird, ist eine Vorstellung von Kunst- und Literaturwissenschaft am Werk, die selbst kritisch zu befragen ist. Sie gründet in einer Konzeption von Wissenschaftlichkeit, durch die die Kulturwissenschaften stillschweigend an die Naturwissenschaften angeglichen und ihr Gegenstand »naturalisiert« (Husserl) wird. Hinter den Traditionszusammenhang der Kunst- und Literaturgeschichte und die Auffassungen von Kunst und Literatur, die sich in ihm manifestieren, kann die Wissenschaft nicht zurückgehen, ja gar nicht zurückgehen wollen. Denn im Gegensatz zu einem Naturding ist ein »Ding« der Kultur, ein Artefakt, das, was es ist, einzig in dem Sinne, in dem es von seinem Urheber im Blick auf seine potentielle Benutzung oder Rezeption gemeint ist. Von dem Sinn abzusehen, in dem es bei seiner Erstellung gemeint ist, heißt, es als Artefakt vernichten. Insbesondere gilt, daß ein künstlerisch-literarisches Gebilde, wenn es in einem anderen Verständnis von Kunst und Literatur als dem einer wissenschaftlichen Betrachtung unterzogen wird, den sein Urheber im Sinn hatte, in seinem Kunst- und Literatursein zerstört wird. Erst über dem Versuch, dieses sein ursprüngliches »Gemeintsein-als« wiederzugewinnen, wird das Artefakt zum Gegenstand einer Kunst- und Literaturwissenschaft. Insofern kann die Wissenschaft nicht hinter die Auffassungen von Kunst und Literatur zurückgehen, die sich im Traditionszusammenhang ihrer Geschichte manifestieren.

Dies zu sagen, heißt, einer Auffassung entgegenzutreten, die nicht nur überaus populär ist, sondern auch in der ästhetischen Theorie unseres Jahrhunderts immer wieder mit großem metaphysischem oder szientistischem Aufwand vorgetragen worden ist, der Vorstellung nämlich, wenn man bei der Auseinandersetzung mit Kunst und Literatur wie die vorliegende Untersuchung stets nach den Begriffen der Kunst und Literatur frage, wie sie in der Geschichte von Poetik und Ästhetik greifbar werden, so sei man nicht recht »bei der Sache«. Das Gegenteil ist richtig: in einer Kulturwissenschaft gibt es keinen anderen Weg zu den »Sachen« als diesen; losgelöst von dem Sinn, in dem es ursprünglich gemeint ist, liegt das Artefakt noch gar nicht als solches vor.

Und ein Zweites folgt aus der Erkenntnis, welche Bedeutung die Kategorie des Traditionszusammenhangs für die Kunst- und Literaturwissenschaft hat. Der Gedanke, die Wissenschaftlichkeit einer Disziplin erweise sich gerade darin, daß sie die Auffassungen von ihrem Gegenstand, die sie vorfindet, als falsche, schiefe, unklare oder unvollständige darzutun und durch Begriffe oder Modelle zu ersetzen vermag, die sie allererst definierend einführt, bedeutet bei einem Kulturgegenstand wie Kunst und Literatur nichts anderes als die Vernichtung ihres Gegenstands und damit ihre Selbstaufhebung als Wissenschaft. Das ist der wichtigste Grund dafür, warum sich die vorliegende Untersuchung weder an die Entwürfe einer neopositivistischen, empiristischen oder strukturalistischen Wissenschaft der Kunst und Literatur, die in den letzten Jahren in großer Zahl vorgetragen worden sind, anschließt, noch sich auf den Boden einer der vorliegenden Metaphysikern oder Ontologien der Kunst stellt. Die Frage nach dem Wesen von Kunst und Literatur kann nur so zum Thema von Wissenschaft werden, daß die verschiedenen Auffassungen, die in den gegenwärtigen Praktiken des literarisch-ästhetischen Lebens sowie in jenen älteren Praktiken wirksam sind, die sich am Leitfaden des Traditionszusammenhangs erschließen, in all ihrer Unterschiedlichkeit »zur

Ausweisung gebracht« (Husserl) und daß die darin sich manifestierenden Setzungen benannt und systematisch dargestellt werden.

Was folgt nun aus diesen methodischen Überlegungen für die Frage, von der sie ausgegangen sind, die Aufgabe, bestimmte Wort-Bild-Formen als literarisch-ästhetische aus dem Gesamtbereich der medialen Kommunikation auszugliedern? Offensichtlich kann es dabei zunächst nur um den Versuch gehen, die Formen zusammenzustellen, die in diesem oder jenem Sinne als literarisch-ästhetisch gelten oder gegolten haben, ob bei ihren Produzenten oder ihren Rezipienten, wozu auch ihre kritischen oder wissenschaftlichen Theoretiker zu zählen sind.

Die literarisch-ästhetischen Wort-Bild-Formen

Bei einem Blick auf die Gegenwart fällt als erstes das Wort-Bild-System des Films ins Auge, genauer gesagt: die Form des Spielfilms, wie sie sich von den Formen des reportierend-dokumentierenden Tatsachenfilms abhebt.[28] Diese dokumentarischen Formen sind allerdings mit anzuführen, denn auch sie können literarisch-ästhetische Aspekte haben.[29] Sie gehören hierher, insofern sie die filmischen und anderen Mittel der Dokumentation mehr oder weniger bewußt und konsequent gestalten, ihre »Botschaft« mit Hilfe der Gestaltung der Mittel formulieren. Als solche heben sie sich von den reinen Gebrauchsformen des Films ab, die ein bloßes abfotografierendes Dokumentieren darstellen. Eine ähnliche Unterscheidung kann auch bei anderen Gebrauchsformen vorgenommen werden, etwa bei bestimmten Erscheinungen der Werbung oder beim Bildbericht der illustrierten Zeitschrift.[30] Neben dem Spielfilm steht das Theater, das wohl mit allen seinen Formen dem literarisch-ästhetischen Leben zugerechnet werden darf. Gleichsam das fiktionale Gegenstück zum Bildbericht sind der Fotoroman[31] und andere Formen der Bildergeschichte,[32] vor allem der Comic strip.[33] Sie finden sich sowohl in Zeitschriften als auch in Buchform, wo sie einen Teil der Produktion von

---

[28] S. Kracauer, Theorie des Films, a.a.O., S. 63, unterscheidet «Storyfilm und Filme ohne Spielhandlung«, bei letzteren »Experimentalfilm und Tatsachenfilm«, und hier wiederum »Lehrfilm«, »Wochenschau« und »Dokumentarfilm«.
[29] Kracauer, S. 67.
[30] F. H. Mösslang, Das Foto als publizistisches Mittel, in: Handbuch der Publizistik, a.a.O., Bd. 2, S. 91ff., hier S. 101.
[31] Dazu H. Stiehler, Versuch über den Fotoroman, in: Akzente 22, 1975, S. 458–477 und 560–575; ein Beispiel für diese vor allem in den romanischen Ländern als Trivialliteratur gepflegte Form in: Kursbuch 59, 1980, S. 131–143.
[32] Hierzu etwa K. Riha, Bilderbogen, Bildergeschichte, Bildroman, in: Erzählforschung 3, 1978, S. 176–192.
[33] Dazu z.B. Vom Geist des Superhelden, Zur Theorie der Bildergeschichte, hg. v. H. D. Zimmermann, Berlin 1970.

»illustrierten« Büchern ausmachen. Freilich zählen sie hier zu der Gruppe der Bücher, auf die der Begriff der Illustration nicht zutrifft, weil das Bild nicht einfach nur Beigabe zu einem in sich geschlossenen Text ist, sondern integraler, konstitutiver Teil des Gesamttextes. Eine solche das Ganze mitkonstituierende, tragende Bedeutung haben die Bilder vielfach etwa auch im Kinder- und Jugendbuch[34] und sodann zum Beispiel in den sogenannten »Malerbüchern«.[35]

Ein Bereich, der hier besondere Beachtung verdient, ist der der avantgardistischen Kunst und Literatur. Spätestens seit Kubismus, Futurismus und Dadaismus entstehen eine Fülle von Formen, in denen Wort und Bild, Literarisches und Bildnerisches zusammengehen. Schon in der Zeit des Jugendstils wird die Einheit von Kunst und Leben und in ihrem Zeichen das Gesamtkunstwerk postuliert, an dem alle Künste beteiligt sind, was u.a. zu einer Blüte des illustrierten Buchs führt. Futurismus und Dadaismus radikalisieren diese Forderungen und öffnen damit einen Raum für Formen, die bis in die siebziger Jahre hinein ihre Wirkung haben und gerade in ihnen noch einmal große Bedeutung erlangen.[36] Dazu gehören zunächst die Versuche einer theatralischen Realisierung des Gesamtkunstwerks, die von den Veranstaltungen des Cabaret Voltaire im Zürich des Ersten Weltkriegs bis zu den Multimedia-Experimenten der sechziger Jahre reichen.[37] Sodann sind jene Formen zu nennen, in denen sich gleichsam die eine Kunst für die andere öffnet. Hier seien nur die Collage, die vielfach neben bildnerischem, insbesondere fotografischem Material auch Textfragmente enthält,[38] die Konzeptkunst, die gleichsam nur eine literarische Anweisung auf eine bildnerische Idee gibt,[39] und die Aktionskunst genannt, die sich in Happening, Fluxus, Performance und ähnlichem dem Theatralischen annähert.[40] Daß die Nachbarschaft von Film, Plakat und illustrierter Zeitschrift bei der Entwicklung dieser Formen eine Rolle spielt, liegt auf der Hand. Ihre Nähe zur Literatur läßt sich auch mit Formen belegen, die als ihr Echo in der Literatur begriffen werden können. So verweist z. B. die Collage einerseits auf das Simultangedicht und

---

[34] S. etwa die Zusammenstellung von K. E. Maier, Jugendliteratur, 8. Aufl., Bad Heilbrunn 1980, S. 15–47: Das Bilderbuch (mit Bibliographie).
[35] E. Kastner, Das Malerbuch des 20. Jahrhunderts, in: Antiquariat 19, 1969, S. 1–31.
[36] W. M. Faust, Bilder werden Worte, München 1977.
[37] Einiges dazu z. B. in: Grenzverschiebung, Neue Tendenzen in der deutschen Literatur der 60er Jahre, hg. v. R. Matthaei, Köln 1970. Ferner z. B. der in vielem zu pauschal angelegte Ausstellungskatalog: Gesamtkunstwerk, hg. v. H. Szeemann, Zürich 1983.
[38] H. Wescher, Die Geschichte der Collage, Köln 1974.
[39] Hierzu z. B. A. Schug, Kunst – Sprache – Denken – Wirklichkeit, Über einen Aspekt konzeptueller Kunst, in: Kunst bleibt Kunst, Katalog Köln 1974, S. 38–51.
[40] J. Schilling, Aktionskunst, Identität von Kunst und Leben? Luzern 1978.

andererseits auf die Formen der visuellen Poesie, als Teil dessen, was Konkrete Poesie genannt worden ist.[41] Und so hat die Aktionskunst in der dramatischen Literatur und den Aufführungspraktiken des Theaters der siebziger Jahre einen gewissen Widerhall gefunden. Schließlich sei hier noch auf die Ausbildung der Fotosequenz und ihre Weiterbildung zu einem Wort-Bild-System wie der Story Art[42] sowie auf die Einbeziehung der Fotosequenz in Lyrikbände wie z. B. die R. D. Brinkmanns[43] hingewiesen.

Geht man ins 19. Jahrhundert zurück, so zeigt sich ein deutlich verändertes Bild. Wort- und Bildkunst gehen im allgemeinen streng getrennte Wege und kommen außer im Theater allenfalls im Rahmen der Architektur – etwa noch in den großen Repräsentations-, Denkmals-, Theater- und Museumsbauten des wilheminischen Kaiserreichs – zusammen. Beides, Theater und Architektur, gilt freilich als am Rand des eigentlich Künstlerischen angesiedelt.[44] Daneben gibt es natürlich auch im 19. Jahrhundert das illustrierte Buch, aber dabei ist das Bild im allgemeinen wirklich nur Illustration.[45] Eine konstitutive Bedeutung kommt ihm vor allem in der didaktischen und satirischen Literatur, im Kinder- und Jugendbuch einerseits[46] und in humoristischen Bilderbögen andererseits,[47] zu. Deshalb wurden die Bildergeschichten W. Buschs, in denen das Bild konstitutive Bedeutung hat, zu ihrer Zeit und auch später noch als Kinder- bzw. als humoristische Literatur mißverstanden; es war dies das einzige, womit sie sich seinerzeit vergleichen ließen.[48]

---

[41] Statt alles weiteren: H.-G. Kemper, Vom Expressionismus zum Dadaismus, Kronberg 1974 (S. 13: Dada als Synthese der modernen Kunst; S. 26: Das Simultangedicht; S. 206: Die Collage); Th. Kopfermann, Theoretische Positionen zur Konkreten Poesie, Tübingen 1974 (S. 89–92: Methoden und Formen).
[42] Hierzu etwa die Beiträge zur Ausstellung Text-Foto-Geschichten, Heidelberg Bonn Krefeld 1979, in: Kunstforum 33, 1979, S. 5–243.
[43] R. D. Brinkmann, Westwärts 1 & 2, Reinbek 1975.
[44] Vgl. hierzu etwa F. Th. Vischer, Ästhetik, Reutlingen Leipzig Stuttgart 1846–1857, 3. Teil, S. 167–172: Die anhängenden Künste; S. 168: die Baukunst, S. 170/171: die Mimik.
[45] A. Rümann, Das illustrierte Buch des 19. Jahrhunderts in England, Frankreich und Deutschland, 1790–1860, Leipzig 1930.
[46] Dazu etwa Das Bilderbuch, Geschichte und Entwicklung des Bilderbuchs von den Anfängen bis zur Gegenwart, hg. v. K. Doderer u. H. Müller, Weinheim 1973, S. 99ff.
[47] W. Brückner, Populäre Druckgraphik Europas, Deutschland, Vom 15. bis zum 20. Jahrhundert, München 1969, S. 3ff. – E. Hilscher, Der Bilderbogen im 19. Jahrhundert, München 1977.
[48] Zum Verhältnis der Buschschen Bildergeschichte zum Kinderbuch vgl. G. Ueding, Wilhelm Busch, Frankfurt 1977, S. 11ff., S. 25ff. u. ö., der allerdings selbst in seinem methodischen Zugriff noch unter dem Einfluß des Klischees von W. Busch als Kinderbuchautor steht, das er in seinen ästhetischen Voraussetzungen nicht durchschaut.

Eine besondere Rolle spielt die romantische Buchillustration, insofern sie sich dem Konzept der Universalpoesie verpflichtet weiß.[49]

Diese Verhältnisse, die durch die grundsätzliche Trennung von Wort- und Bildkunst, die Vereinigung von Wort und Bild vor allem in Architektur und Theater, die freilich eben deshalb als am Rande des eigentlich Ästhetischen stehend gelten, sowie im illustrierten Buch mit deutlicher Unterordnung des Bildes gekennzeichnet sind, begegnen im großen und ganzen auch in der »Goethezeit« und in der zweiten Hälfte des 18. Jahrhunderts.[50] Sie stellen den durch die Aufklärung geschaffenen Zustand dar. Daneben gibt es im bürgerlichen geselligen Leben und in der höfischen Kultur mancherlei Gelegenheit zur Vereinigung von Wort und Bild. Man denke etwa an die Gedichte mit gemalten Bändern.[51] Die verschiedenen Formen theatralisch-repräsentativer Veranstaltungen wie Opern, Aufzüge, Mummereien, Ballette und ähnliche Spektakel des höfischen Lebens weisen ins 17. Jahrhundert zurück.[52]

Im 18. Jahrhundert lassen sich auch die Ausläufer jenes bis ins 16., ja 15. Jahrhundert zurückreichenden populären volkssprachlichen Schrifttums noch greifen, das manche Wort-Bild-Form hervorgebracht hat. So sind z. B. die sogenannten Volksbücher vom Beginn ihrer Druckgeschichte an meist durchgängig – mit einem Holzschnitt pro Kapitel – illustriert gewesen.[53] Im Kalenderschrifttum haben Illustrationen ihren festen Stellenwert, wie auch im Flugschrifttum, etwa den Einblattdrucken der Zeit vor, während und nach dem 16. Jahrhundert.[54] Neben solchen volksläufigen Schriften stehen in der Zeit vom 15. bis zum 18. Jahrhundert mancherlei gelehrte Bilderbücher, etwa die Imagines der Humanisten,[55] vor allem aber die für das Denken und die Kultur der Zeit so charakteristischen Emblembücher.[56] Schließlich sei hier auch der Tradition des Figurengedichts gedacht, jener eigentümlichen Form

---

49 A. Fischer, Die Buchillustration der deutschen Romantik, Berlin 1933.
50 Hierzu etwa A. Langen, Die Wechselbeziehungen zwischen Wort- und Bildkunst in der Goethezeit, in: Wirk. Wort 3, 1952/53, S. 73–86.
51 Das bekannteste Beispiel dafür dürfte Goethes ›Kleine Blumen, kleine Blätter‹ sein (HA 1, S. 26–27); dazu H. Meyer, Zarte Empirie, Stuttgart 1963, S. 160–178.
52 Dazu R. Alewyn, K. Sälzle, Das große Welttheater, Die Epoche der höfischen Feste, Hamburg 1959.
53 U. a. zu entnehmen der Einleitung von P. Heitz, F. Ritter, Versuch einer Zusammenstellung der deutschen Volksbücher des 15. und 16. Jahrhunderts, Straßburg 1924, S. 14.
54 W. Brückner, Populäre Druckgraphik, a.a.O., S. 7ff.
55 Vgl. etwa H. Rosenfeld, Das deutsche Bildgedicht, Leipzig 1935, S. 40–45: Das Renaissancebilderbuch und seine Epigrammatik.
56 Dazu A. Schöne, Emblematik und Drama im Barock, 1964, 2. Aufl., München 1968, S. 17ff.: Einführung in die Emblematik. – D. Sulzer, Poetik synthetisierender Künste und Interpretationen der Emblematik, a.a.O., S. 415ff.

der Vereinigung von Wort und Bild, die dadurch entsteht, daß dem Druckbild eines Textes ikonische Züge verliehen werden.[57]

Je weiter man vom 18. Jahrhundert aus in die frühe Neuzeit und das Spätmittelalter zurückgeht, desto größer und bedeutender scheint der Anteil der Wort-Bild-Formen am literarisch-ästhetischen Leben zu werden. Das gilt sowohl für Buch und Flugschriftenwesen als auch für die Architektur, und hier besonders für die Malerei. Daß einem literarisch-ästhetischen Text Bilder und Bildern in Form von Auf-, In-, Unterschriften und Spruchbändern Texte beigegeben werden, ist fast der Normalfall.[58] Zum Teil erscheinen dieselben Wort-Bild-Formen im Buch und im architektonischen Rahmen; man denke nur an die Totentänze des Spätmittelalters, die ebenso als Blockdruck oder Einblattdruck begegnen wie als Wandgemälde.[59] Aus früherer Zeit seien hier schließlich noch die illustrierten Lieder- und Epenhandschriften des hohen und späten Mittelalters,[60] die tituli des frühen Mittelalters,[61] die illustrierten Handschriften der Spätantike[62] und das antike Epigramm[63] erwähnt, insofern es mit wirklichen Bildwerken verbunden war.

Die Dimensionen der Wort-Bild-Beziehungen innerhalb von Wort-Bild-Formen

In diesen und anderen Formen begegnet man Wort und Bild gemeinsam. Sie treten dem Rezipienten als Teile eines Ganzen entgegen, als Faktoren, die gemeinschaftlich eine »Botschaft« formulieren. Die Frage nach den Beziehungen von Wort und Bild stellt sich bei ihnen also zunächst als Frage nach der Art und Weise, in der sie einen Zusammenhang, ein Ganzes bilden – wie straff oder wie lose dieser Zusammenhang auch immer organisiert sein mag. Das ist eine Frage mit vielen Aspekten.[64] Sie lassen sich in drei Gruppen

---

[57] J. Adler, U. Ernst, Text als Figur, Visuelle Poesie von der Antike bis zur Moderne, Katalog Wolfenbüttel 1987.
[58] G. Bebermeyer, Literatur und bildende Kunst, in: Reallexikon der deutschen Literaturgeschichte, 2. Aufl., Bd. 2, S. 82–103, hier S. 85.
[59] H. Rosenfeld, Der mittelalterliche Totentanz, 2. Aufl., Köln 1968.
[60] N. H. Ott, Einleitung, in: H. Frühmorgen-Voss, Text und Illustration im Mittelalter, München 1975, S. IX–XXXI.
[61] Dazu z. B. W. Stammler, Schrifttum und Bildkunst im deutschen Mittelalter, in: Deutsche Philologie im Aufriß, 2. Aufl., Bd. 3, Sp. 613–698, hier Sp. 614–615; H. Rosenfeld, Das deutsche Bildgedicht, a.a.O., S. 17–25.
[62] Dazu vor allem K. Weitzmann, Illustrations in Roll and Codex, 2. Aufl., Princeton 1970.
[63] Z. B. H. Rosenfeld, Das deutsche Bildgedicht, a.a.O., S. 11–16; G. Kranz, Das Bildgedicht in Europa, Paderborn 1973, S. 85–88.
[64] Für die Buchillustration gibt K. Weitzmann, Illustrations in Roll and Codex, a.a.O., eine Analyse dieses Fragenkreises. Er unterscheidet »the general relation between literature and the representational arts«, »the physical relation between

ordnen. Die Momente, durch die sich ein Zusammenhang von Wort und Bild herzustellen vermag, können erstens in der Funktion des Gebildes, zweitens in dem Material, aus dem es besteht, also seinen Inhalten, seinem Stoff, und drittens in seiner Faktur zu suchen sein – wenn man so will, in den Bereichen der Pragmatik, der Semantik und der Syntax. Daß diese wiederum untereinander in einem Verhältnis mannigfaltiger Wechselbeziehungen stehen, versteht sich von selbst.

Der Zusammenhang von Wort und Bild kann zunächst einfach von der Funktion einer Wort-Bild-Form her gegeben sein. So kann zum Beispiel eine illustrierte Handschrift oder eine Prachtausgabe um bestimmter Repräsentationszwecke willen entstehen.[65] Dem Auftraggeber bzw. dem Käufer geht es dann vor allem um das Demonstrieren seines Reichtums, seines Status oder seines Selbstverständnisses. Ein anderer Grund für die Entstehung eines illustrierten Buchs kann die Rücksicht auf einen bestimmten Adressatenkreis sein: das Buch soll sowohl dem Lesekundigen als auch dem Analphabeten etwas zu bieten haben.[66] Oder der Autor kann bestimmte didaktische Ziele, etwa das des Lesenlernens mit Hilfe von Bildern, im Auge haben.[67]

Im ersten Fall kann sich die Gemeinsamkeit von Wort und Bild schon in der bloßen Funktion, dem Ausstattungs- und Repräsentationsgedanken, erschöpfen. Das heißt, daß die nebeneinanderstehenden Text- und Bildteile nichts oder nur wenig miteinander zu tun zu haben brauchen, sowohl was den konkreten Inhalt, das Material, als auch was seine Gestaltung, die Faktur der Darstellung, anbelangt. Zwar wird im allgemeinen die Gesamtheit der in einem solchen Werk vereinigten Bilder und Texte zumindest ein- und demselben Stoffkreis entstammen, im Falle einer spätmittelalterlichen Prachthandschrift zum Beispiel dem der ritterlichen Welt. Aber die auf einer bestimmten Seite nebeneinander angeordneten Bilder und Textteile müssen nicht unmittelbar aufeinander zu beziehen sein, müssen einander nicht unmittelbar ergänzen oder kommentieren. Sie müssen sich weder in den Stoff teilen, etwa indem die Bilder die Personen zeigen, die im Text agieren, noch müssen sie ihrer Faktur nach aufeinander bezogen sein, etwa indem der Text in den betreffenden Zusammenhang Gehöriges ausläßt und statt dessen auf ein bestimmtes Bild verweist. Der Zusammenhang von Wort und Bild kann hier ein denkbar loser sein. Er ergibt sich dann eben lediglich aus der Sphäre des Stoffs und in ihm aus der Funktion des Ganzen.

the miniature and the text«, »the relation between the miniature and the text with regard to content« und »the relation between text criticism and picture criticism«.
[65] N. H. Ott in H. Frühmorgen-Voss, Text und Illustration im Mittelalter, a.a.O., S. XXVIII–XXX.
[66] S. hierzu u., S. 113.
[67] Zu den möglichen didaktischen Intentionen und ihrer Realisierung s. K. E. Maier, Jugendliteratur, a.a.O., S. 32ff.

Bei den beiden anderen beispielhaft angeführten Funktionen, der der Rücksichtnahme auf einen in Lesekundige und Analphabeten geteilten Kreis von Rezipienten und der der didaktischen Zwecksetzung, ist der Zusammenhang schon viel enger. In dem einen Fall wird es in der Regel darum gehen, das im Text Dargebotene im Bild noch einmal zu sagen, in dem anderen umgekehrt darum, das im Bild Fixierte als Text vorzustellen. Ein und derselbe Stoff wird also zweimal dargeboten. Das Formprinzip, das die Vereinigung von Wort und Bild regelt, ist hier somit das der Verdoppelung. Für die Faktur der Wort-Bild-Form folgt daraus zweierlei, den beiden Aspekten entsprechend, die an ihr zu unterscheiden sind. Denn die Faktur hat gleichsam eine äußere Seite, die technische Vereinigung von Wort und Bild im Rahmen der vom Medium her vorgegebenen Möglichkeiten, und eine innere, die Gestaltung des Worts als Wort mit Blick auf das Bild und die des Bilds als Bild mit Rücksicht auf das Wort. Die äußere Faktur wird im Fall einer solchen doppelten Wiedergabe eines Stoffs darauf angelegt sein, seine textliche und seine bildliche Realisation einander möglichst eindeutig zuordnen, die innere Faktur, das eine möglichst vollständig und klar im anderen wiedererkennen zu lassen.

Noch enger ist der Zusammenhang von Wort und Bild natürlich da, wo sie sich grundsätzlich in den Stoff der Darstellung teilen, d.h. wo die Gesamtheit dessen, was in und durch eine Wort-Bild-Form an Inhalt aufgebracht wird, eigenständige Beiträge sowohl auf Seiten des Worts als auch auf der des Bilds umfaßt. Das gilt besonders für die Formen, bei denen sich eine solche Teilung des Stoffs schon von der Konstruktion des Mediums her ergibt, etwa für theatralische und filmische Formen. Der Gesamtinhalt wächst hier allererst aus den sprachlichen und bildlichen Bestandteilen zusammen. Er ist die Leistung der inneren Faktur des Gebildes. Insofern gewinnt der Zusammenhang von Wort und Bild hier eine neue Qualität, ja im strengen Sinne möchte man erst bei einem solchen Ineinandergreifen und Ineinanderarbeiten der beiden Seiten von Wort-Bild-Beziehungen sprechen. Welche Teile des Materials werden durch das Wort und welche im Bild thematisiert? Hat das Wort oder das Bild einen größeren Anteil an der Entfaltung des Stoffs, oder ist das Verhältnis ausgeglichen? Wie stellen beide Seiten einander in Rechnung? Wie knüpft das eine an das andere an, nimmt das eine das im anderen Gegebene auf? Handelt es sich dabei jeweils um notwendige Ergänzungen, um Präzisierungen oder um bloßes Beiwerk? Entsteht eine Spannung zwischen beiden Seiten, relativieren sie einander oder heben sie einander womöglich gar auf? In solchen und ähnlichen Fragen erschließt sich, was hier Wort-Bild-Beziehungen heißt.

Von diesen Überlegungen zur inneren Faktur der Wort-Bild-Formen aus vermag man nun unmittelbar ins Zentrum des Problems der Wort-Bild-Beziehungen zu gelangen. Wo Wort und Bild sich in den Stoff der Darstellung teilen, wo sie den ihnen überantworteten Teil mit ihren je eigenen Mitteln zur Darstellung bringen, da begegnet das darstellende Wort dem darstellenden Bild. Darzustellen heißt beim Wort aber, daß es seine Gegenstände nicht einfach nur benennt, sondern nach den Möglichkeiten der Sprache vergegenwärtigt; daß es sie beschreibt, erläutert, bewertet, wenn nicht gar mit den Mitteln bildlichen Redens veranschaulicht und kommentiert. Und beim Bild bedeutet Darstellung, daß nicht einfach nur ein Abbild des Gegenstands, mechanisch reproduzierter Sinnenschein gegeben wird, sondern daß er im Licht bestimmter Kenntnisse, Erlebnisse, Empfindungen oder Überlegungen gezeigt wird. Das darstellende Wort ist immer auch anschauliches Wort, das darstellende Bild immer auch sprechendes Bild. In einer Wort-Bild-Form, in der beide Elemente einen selbständigen Anteil an der Darstellung haben, trifft mithin die immanente Bildlichkeit des darstellenden Worts auf die reale Anschauung des Bilds und das immanente Vielsagende des darstellenden Bilds auf das reale Reden des Worts. Die Frage nach den Beziehungen von Wort und Bild innerhalb von Wort-Bild-Formen, nach der inneren Faktur der Wort-Bild-Form, also nach der Gestaltung des Worts mit Rücksicht auf das Bild und des Bilds mit Rücksicht auf das Wort, spitzt sich hier somit zu der Frage zu, wie sich die Anschaulichkeit des Worts zu der im Bild wirklich gegebenen Anschauung und das Reden des Bilds zum wirklich redenden Wort verhalten.

Damit ist die Dimension der Wort-Bild-Beziehungen benannt, in der sich Art und Umfang der Integration von Wort und Bild entscheiden. Von ihr sei im folgenden als von dem inneren Bezug von Wort und Bild die Rede. Dieser innere Bezug ist der Schlüssel zu der Art und Weise, in der Wort und Bild innerhalb einer Wort-Bild-Form ein Ganzes bilden; in der sie gemeinschaftlich zur Formulierung der »Botschaft« beitragen. Zwar betrifft er unmittelbar nur Fragen wie die, ob und wie die »Strategien« des Veranschaulichens da zurückgenommen werden, wo der Text auf Bilder verweisen kann, ob im umgekehrten Fall auf eine gedanklich ausgearbeitete Strukturierung des Bilds verzichtet wird, ob solche ikonologisch zu beschreibenden Strukturen, etwa allegorische Bildelemente, im Text aufgegriffen und weitergeführt werden oder in einem Spannungsverhältnis zum Text stehen. Aber erst im Licht dieser Fragen lassen sich die anderen Dimensionen der Wort-Bild-Beziehungen zutreffend kennzeichnen, Aspekte wie die, wie, warum und mit welchem Ergebnis sich Wort und Bild in den Stoff teilen, warum das eine als Bild und das andere im Wort gegeben wird, wie der Stoff im Wort mit Blick auf das Bild und im Bild mit Rücksicht auf das benachbarte Wort pointiert wird.

2. Kapitel

Begründung des Begriffs der Anschaulichkeit im Rahmen einer Theorie der inneren Wort-Bild-Beziehungen

Mit den inneren Beziehungen von Wort und Bild ist ein Problemkreis bezeichnet, der nicht nur die Wort-Bild-Formen selbst betrifft. Die Frage, was Anschaulichkeit des Worts eigentlich heiße, was damit präzise gemeint sein könne, welche literarischen »Strategien« es gegeben habe und gebe, die einer wie auch immer verstandenen Anschaulichkeit dienten, und im Sinne welcher Ziele sie in ihrer Geschichte eingesetzt worden seien, stellt sich überall in der Literatur, nicht nur da, wo sie auf wirkliche Bilder trifft – wie sich die Frage, was unter dem Reden eines Bilds zu verstehen sei, wodurch ein Bild zu einem sprechenden Bild werde, welche Verfahren die Geschichte der Kunst hervorgebracht habe, um Bilder reden zu lassen, und wie sie jeweils eingesetzt worden seien, überall in der Kunst stellt.

Aber um uns vor diese allgemeinsten Fragen der Literatur und Kunst führen zu lassen, sind wir in die Analyse der Wort-Bild-Formen eingetreten. Wir haben uns ihnen auf diesem Wege genähert, weil sie sich hier auf unabweisliche Art stellen und auf eine geradezu handgreifliche Weise manifestieren, insofern sie eben die Dimension bezeichnen, in der sich die Integration von Wort und Bild innerhalb der Wort-Bild-Formen entscheidet, in der diese Formen sich also als solche konstituieren. Die besondere Wendung, die die Probleme des inneren Bezugs von Wort und Bild innerhalb von Wort-Bild-Systemen erfahren, ist für uns der Schlüssel zu ihrem Verständnis.

Der Gegenstand einer Untersuchung der Beziehungen von Wort und Bild weitet sich damit über die Wort-Bild-Formen aus, auf die er zunächst begrenzt worden ist. Der Blick fällt nun nicht mehr nur auf die äußere und innere Faktur solcher Formen sowie auf den inneren Bezug von Wort und Bild, der ihnen zugrundeliegt, sondern auf eine bestimmte Seite von Literatur und Kunst überhaupt: auf die innere Bildlichkeit des literarischen Worts und die innere Sprachlichkeit des künstlerischen Gebildes. Sie sollen hier unter dem Begriff der inneren Wort-Bild-Beziehungen zusammengefaßt werden.

Zur praktischen Bedeutung des Begriffs der inneren Wort-Bild-Beziehungen

Aber kann es sinnvoll sein, das Feld der Untersuchung so weit abzustecken? Kann es zu sinnvollen Ergebnissen führen, wenn in solcher Allgemeinheit nach der Anschaulichkeit von Literatur und der Sprachlichkeit von Bildender Kunst gefragt wird und wenn die beiden Fragen darüber hinaus zu dem einen Thema der inneren Wort-Bild-Beziehungen zusammengefaßt werden? Zwar hat dieses Vorgehen die längste Zeit der Geschichte von Literatur und Kunst, Literatur- und Kunsttheorie für sich. Denn bis zur Mitte des 19. Jahrhunderts, bis zum Ende der klassischen Ästhetik war es selbstverständlich, Literatur und Kunst unter solchen und ähnlichen Aspekten zu vergleichen. Ut pictura poesis, heißt es schon bei Horaz.[1] Der Dichter – so Aristoteles – ist ein »Nachahmer« der Wirklichkeit »genau wie der Maler oder ein anderer Bildner«; wie diese »in Farben und Formen vielerlei abbilden und nachahmen«, so er »mit dem Worte«.[2] Diese antike Vorstellung ist für die humanistische Poetik verbindlich: »es wird die Poeterey ein redendes Gemähl / das Gemähl aber eine stumme Poeterey gennenet / nicht nur wegen der Freyheit dieser verbrüderten und verschwesterten Kunste / in dem wir nach beliebten Einfällen / Reden im Gemähl und Mahlen in der Rede; sondern auch wegen der Bilder welche mit Kunstartiger Zierlichkeit dardurch vorstellig gemacht werden (...)«.[3] Zwar hat die spätere Aufklärung ein solch planes Ineinssehen von Literatur und Kunst kritisiert, doch auch nach Lessings ›Laokoon‹, ja gerade durch ihn bleibt es üblich, das »Reden« des Bilds mit Blick auf die Poesie und das »Malen« der Poesie mit Blick auf die Bildkunst zu kennzeichnen.[4] Noch in der Ästhetik von F. Th. Vischer ist ein wesentlicher Teil der Lehre vom Ausdruck in der Malerei der Abgrenzung gegen die Möglichkeiten der Dichtung und ein nicht weniger wichtiger Teil der Lehre von der Anschauung in der Dichtung der Abgrenzung gegen die Möglichkeiten der Malerei gewidmet[5] – was natürlich die Annahme einer grundsätzlichen Vergleichbarkeit der Möglichkeiten von Literatur und Kunst voraussetzt.[6]

Aber der Hinweis auf die Traditionen poetologischen und ästhetischen Denkens kann natürlich die Bedenken alleine nicht ausräumen, die sich dagegen erheben, die inneren Wort-Bild-Beziehungen als einen großen Themenzusammenhang zu postulieren. Diese Bedenken knüpfen sich zunächst an die Frage, ob die Rede von der inneren Bildlichkeit des literarischen Worts nicht ebenso wie die von der inneren Sprachlichkeit des künstlerischen Gebildes nur eine Metapher sei. Sind die anschaulichen Wirkungen, die ein literarischer Text hervorzurufen vermag, wirklich der Anschauung, die ein Bild gibt, und die Botschaften, die ein Bild zu übermitteln vermag, wirklich dem Reden eines Textes vergleichbar? Ist ein solcher Vergleich einem methodisch gere-

---

[1] Horaz, ars poetica, v. 361. – Näheres hierzu s. u., S. 216ff.
[2] Aristoteles, Poetik, 1460b; vgl. 1447a. Zitat nach der Übers. v. O. Gigon, Stuttgart 1961, S. 63.
[3] G. Ph. Harsdörffer, Poetischer Trichter, 3 Teile, 1648–1653, ND Darmstadt 1969, 3. Teil, S. 101–102.
[4] Näheres hierzu s. u., S. 204ff.
[5] F. Th. Vischer, Ästhetik, a.a.O., 3. Teil, S. 597ff. bzw. 1164ff. u. 1215ff.
[6] Näheres s. u., S. 213ff. u. 293ff.

gelten Vorgehen zugänglich? Muß er sich nicht notwendig im Bereich subjektiver Anmutungen bewegen? Diese Zweifel können sich beim Blick auf die Probleme, die die Kunstwissenschaft – jedenfalls in Deutschland – mit der Integration der Ikonologie als der Theorie des Redens von Bildwerken in das System ihrer angestammten Methoden hat, nur verstärken.[8] Und sie werden bei dem Gedanken vollends drückend, wie intersubjektiv prüfbare Aussagen über die anschaulichen Vorstellungen, die Poeme erwecken, möglich werden sollen, zumal wenn man an Werke weit zurückliegender Epochen und ihr Publikum denkt. Wird man diese Fragen, wenn überhaupt, nicht tunlichst im Rahmen der Einzeldisziplinen erörtern, die in der nur ihnen möglichen Nähe zu den konkreten historischen Gegenständen, in der Beschränkung auf die Verhältnisse bestimmter Epochen und dicht am einzelnen Text bzw. am einzelnen Bild, entscheiden können, was davon allenfalls einer Argumentation zugänglich ist?

Dem ist zunächst entgegenzuhalten, worauf bereits eingangs hingewiesen worden ist: daß ein solches Sich-für-sich-Halten von Literatur- und Kunstwissenschaft zumindest im 20. Jahrhundert und vor allem in der Gegenwart angesichts der Bedeutung von Wort-Bild-Formen gar nicht mehr möglich ist. Nähe zu den konkreten historischen Gegenständen bedeutet hier gerade auch, die Wort-Bild-Formen in ihrer ganzen Fülle und Breite zur Kenntnis zu nehmen, Erscheinungen wie Film, Werbung, Bildergeschichte, Collage und visuelle Poesie, und sich ihnen als Wort-Bild-Formen zu stellen, d.h. sie nicht in einen von der Kunst- und einen von der Literaturwissenschaft zu bearbeitenden Teil zu zerlegen, sondern sie auf eine Weise zu behandeln, die den inneren Wort-Bild-Beziehungen Rechnung trägt.

Nähe zu dem konkreten historischen Material bedeutet aber auch dann, mit dem Problemkreis der inneren Wort-Bild-Beziehungen in seinem ganzen Umfang und in voller Allgemeinheit konfrontiert zu sein, wenn man auf die zahlreichen Erscheinungen einzugehen versucht, in denen sich die Wechselbeziehungen zwischen Wort- und Bildkunst sowie zwischen jeder von beiden und Wort-Bild-Systemen wie dem Film niederschlagen. Das sei zunächst an einem Beispiel aus der Gegenwart erläutert, dem der Literaturverfilmung. Ihr hat die Literaturwissenschaft in jüngster Zeit ja einige Aufmerksamkeit geschenkt,[9] und überhaupt ist mit ihr wohl dasjenige Thema bezeichnet, bei dem sie sich zuletzt noch am weitesten auf Fragen aus dem Bereich der Beziehungen von Wort und Bild eingelassen hat.

---

[8] Vgl. O. Pächt, Kritik der Ikonologie, in: Ikonographie und Ikonologie, hg. v. E. Kaemmerling, Bd. 1, Köln 1979, S. 359–376.
[9] Literatur bei I. Schneider, Der verwandelte Text, Wege zu einer Theorie der Literaturverfilmung, Tübingen 1981.

Freilich hat sie es, soweit ich sehe, meist auf eine Weise getan, bei der der Komplex der inneren Wort-Bild-Beziehungen mehr oder weniger ausgeklammert bleibt. Das gilt jedenfalls dort, wo sie sich ihm auf medienwissenschaftlicher Grundlage genähert hat. Buch und Film erscheinen dabei als zwei verschiedene Medien zur Verbreitung von Literatur,[10] und mit Verfahren wie »contents analysis« und Statistik sollen die Inhalte, die so verbreitet werden, und die Formen ihrer Verbreitung aufgezeigt und soziologisch charakterisiert werden.[11] So vorzugehen, mag seine sozialwissenschaftliche Berechtigung haben, ist für die Literaturwissenschaft jedoch grundsätzlich ohne Wert. Buch und Film als zwei verschiedene Medien von Literatur zu apostrophieren, kann ja wohl nur ein Mißverständnis sein, eine Anmutung, die auf der allzu simplen Vorstellung beruht, nach der die sprachliche Gestalt eines literarischen Werks gleichsam nur die Verpackung seiner Aussage ist und dieser sein eigentlicher Inhalt ebenso aus seiner jeweiligen Form herausgewickelt werden und anders vermittelt werden kann, wie er in sie eingepackt worden ist. Literaturwissenschaft fängt aber recht eigentlich mit der Einsicht an, daß der Inhalt eines Poems wesentlich die Leistung seiner sprachlichen Gestalt ist; daß von ihr abzusehen, ihn aufzulösen heißt.

Unter welchem Aspekt also auch immer die Literaturwissenschaft sich mit Literaturverfilmung befassen mag – stets muß ihre erste Frage sein, wie aus literarischer Struktur filmische Struktur wird. Der Begriff der Struktur fungiert hier als Inbegriff der in eine Arbeit eingegangenen sprachlich-literarischen bzw. bildnerischen und sonstigen gestalterischen Leistungen, die an der Konstituierung seines »Inhalts«, seiner »Idee« oder »Botschaft« mitwirken. Wie wird aus einer Struktur, die ganz aus der Sprache und ihren Möglichkeiten herausgesponnen ist, eine Darstellung, die Inhalt primär als Augenschein darbietet? Diese Frage stellt sich zunächst ganz handfest als Frage nach den Übereinstimmungen und Abweichungen, wie sie zwischen dem Film und seiner literarischen Vorlage in Momenten wie dem der Handlungsführung, des Charakterprofils der Figuren oder der Gestaltung des Raums, der Szenerie, zu beobachten sind. Dabei wird man notwendig auf Fragen wie die folgenden geführt: was teilt der Text über das Aussehen der Personen, über Landschaften, Räume und Gegenstände mit und was kehrt davon im Film als reale Anschauung wieder? Wie füllt der Film, der in seinen Bildern das Sichtbare nur in vollkommener Konkretheit geben kann, die »Leerstel-

---

[10] H. Schanze, Literaturgeschichte als Mediengeschichte?, a.a.O., S. 131: die gegenwärtige Situation sei dadurch gekennzeichnet, daß »›literarische‹ Muster weithin über technische Medien distribuiert« würden.
[11] Dazu etwa F. Knilli, Die Schwierigkeiten beim Einbau (!) der Massenmedien in die Literaturwissenschaft, in: Literaturwissenschaft – Medienwissenschaft, hg. v. H. Kreuzer, Heidelberg 1977, S. 122–129.

len«¹² aus, die der Text notwendig gelassen hat, insofern er mit sprachlichen Mitteln immer nur ausgewählte Züge skizzieren kann? Wie ist im Text das Sichtbare mit Bedeutung eingefärbt, was legt er zum Beispiel in die Beschreibung des Aussehens einer Person an Hinweisen auf ihren Charakter, wie ordnet er Landschaften, Räume und Gegenstände Handlungs- und Sinnzusammenhängen zu, nimmt der Film davon etwas auf und, wenn ja, mit welchen Mitteln? Bleibt das Herstellen solcher Bedeutungszusammenhänge in ihm vor allem dem Wort überlassen, z.B. dem Dialog oder dem Erzählerkommentar aus dem Off, werden sie mit Hilfe ikonologischer Strukturen oder filmischer Codes in Bilder umgesetzt oder teilen sich Wort und Bild in diese Aufgabe und, wenn ja, mit welchen Anteilen? Wie schließlich will man diese und ähnliche Fragen untersuchen, ohne sich zugleich grundsätzlich von den verschiedenartigen Möglichkeiten von Wort und Bild und hier insbesondere von den Möglichkeiten der inneren Bildlichkeit des Worts und der inneren Sprachlichkeit des Bilds Rechenschaft zu geben, ist doch bei allen Unterschieden von Poem und Film in Fragen der Handlungsführung, Personen- und Raumgestaltung mit abzuklären, inwieweit sie hierauf zurückzuführen sind?¹³

Diese Hinweise mögen genügen um zu zeigen, inwiefern der Problemkreis der inneren Wort-Bild-Beziehungen im Fall der Literaturverfilmung eine ganz handgreifliche Bedeutung hat. Über Literaturverfilmungen zu reden heißt notwendig, das Potential eines literarischen Textes an anschaulichen Wirkungen mit der real gegebenen Anschauung des filmischen Bilds und die innere Sprachlichkeit von Bildern mit dem realen Reden eines Textes zu konfrontieren, ja mehr noch, diese beiden Aufgaben erweisen sich als zutiefst ineinander verschlungen. Insofern lautet die Frage hier gar nicht, ob die Probleme der inneren Bildlichkeit des Worts und der inneren Sprachlichkeit des Bilds zu einem Thema zusammenzufassen sind oder nicht, sondern nur, wie dies geschehen kann. Ohne eine Theorie der inneren Wort-Bild-Beziehungen ist es nicht möglich, einen Gegenstand wie den der Literaturverfilmung auf sinnvolle Weise zu erörtern.

---

12 R. Ingardens – letztlich auf E. Husserl zurückgehenden – Begriff der »Unbestimmtheitsstelle« hat vor allem W. Iser unter dem Namen der »Leerstelle« als Merkmal der literarischen Rede herausgestellt; zuletzt in: Iser, Der Akt des Lesens, München 1976, S. 267ff. u. S. 284ff.
13 Ein erster Versuch in dieser Richtung liegt vor mit I. Schneider, Der verwandelte Text, a.a.O., wo die »Transformation« des »Erzählens« von der Literatur in den Film im wesentlichen auf semiotischer Grundlage entwickelt wird. Dabei kommt freilich lediglich das Allerelementarste der Erzählformen zur Sprache, kaum die Dimension von Struktur, in der sich allererst die literarische Sinnbildung vollzieht. Das scheint in dem semiotischen Zugriff mit begründet zu sein und bestärkt uns jedenfalls in unserer Entscheidung, von Anfang an darüber hinausgehen zu wollen.

Das aber gilt für den gesamten Bereich der Wechselbeziehungen zwischen Wort- und Bildkunst bzw. zwischen jeder von beiden und Wort-Bild-Systemen wie dem Film. Überall lassen sich hier die konkret sich stellenden Aufgaben nur im Rekurs auf eine Theorie der inneren Wort-Bild-Beziehungen bearbeiten. Der weite Bereich der Wechselbeziehungen wird im folgenden noch ausführlicher zu erörtern sein. Hier seien nur zwei weitere Beispiele herausgegriffen, um an ihnen die Notwendigkeit einer Theorie der inneren Wort-Bild-Beziehungen anzudeuten: das Rilkesche Bild- und Dinggedicht und die Diskussion der Literatur als Stoffquelle für die Malerei zu Beginn des 18. Jahrhunderts.

Auch die Auseinandersetzung mit dem Bildgedicht Rilkes[14] erfordert eine solche Theorie, wenn man nur halbwegs gewillt ist, mit dem Bestandteil »Bild« in »Bildgedicht« ernst zu machen. Ja darüber hinaus ist sogar zu fragen, ob man ihrer nicht für den gesamten Bereich dessen bedarf, was unter den Begriff des Dinggedichts gefaßt worden ist,[15] insofern in ihm eine pointierte Bemühung um die Dinge der Wahrnehmungswelt am Werk ist, ein Darstellungswille, der sich der Bildenden Kunst benachbart weiß, sich an den Werken eines Cézanne und Rodin zu schulen vermag[16] und von dem man bemerkt hat, er wende sich mit Vorliebe Gegenständen zu, die »mehr oder weniger durch die Kunst und den Mythos stilisiert« seien.[17]

Mit dem Bestandteil »Bild« in »Bildgedicht« ernst zu machen, das heißt, die Mittlerschaft von Bildwerk und Bildender Kunst stets mitzureflektieren. Was an jenen Bildwerken – so wird man dann fragen – ist dazu angetan, das lyrische Ich anzusprechen, und sind es vor allem die sprechenden Momente, die im Gedicht aufgegriffen werden, oder sind es eher andere Züge? Und wie spricht das lyrische Ich – so wird man weiterfragen – von dem, was am Bildwerk stumm ist; wie gelingt es ihm, das, was an ihm bloßer Sinnenschein ist, die farblichen Valeurs, die zeichnerische Formgebung, in Sprache, nämlich in eine lebendige literarische Struktur umzusetzen, und wie gebraucht es dabei die Kunstmittel der Veranschaulichung? Es bedarf keiner Erläuterung, daß diese beiden Fragenkreise nur gemeinsam zu klären sind. Und ohne sich

---

[14] Zusammenstellung der Rilkeschen Bildgedichte und bibliographische Hinweise bei G. Kranz, Das Bildgedicht in Europa, a.a.O., S. 178–180.

[15] Spätestens seit K. Oppert, Das Dinggedicht, Eine Kunstform bei Mörike, Meyer und Rilke, in: DVjs. 4, 1926, S. 747ff.; dazu etwa K. Hamburger, Die phänomenologische Struktur der Dichtung Rilkes, 1966, in: Rilke in neuer Sicht, hg. v. K. Hamburger, Stuttgart 1971, S. 83–158.

[16] Dazu H. Meyer, Rilkes Cézanne-Erlebnis, und Die Verwandlung des Sichtbaren, Die Bedeutung der modernen bildenden Kunst für Rilkes späte Dichtung, in: Meyer, Zarte Empirie, Stuttgart 1963, S. 244–286 u. 287–336.

[17] A. Stahl, Rilke-Kommentar zum lyrischen Werk, München 1978, S. 26–27.

dem ganzen Komplex zu stellen, vermag man dem Charakter der Gedichte als Bildgedichte nicht gerecht zu werden.

Beim Dinggedicht allgemein scheint zunächst nur die eine Seite der inneren Wort-Bild-Beziehungen zu berücksichtigen, die der inneren Bildlichkeit des Worts. Denn sein Ausgangspunkt ist der Anblick eines Dings der Wahrnehmungswelt, und es stellt sich die Frage, auf welche Weise dieser Anblick, eben die dem Ding zugehörige Anschauung, im Gedicht zu Sprache wird. Insofern hier nicht das Bild dazwischentritt, um das stumme Antlitz des Dings schon mit seinen Mitteln zum Reden zu bringen und dem Gedicht damit Anknüpfungspunkte anzubieten, fehlt zunächst der Bereich der inneren Sprachlichkeit des Bilds. Er kommt jedoch wieder ins Spiel, sobald man fragt, was es denn sei, das hier fehlt und beim Bildgedicht hinzukommt, und wie es angeht, daß auch beim Dinggedicht und gerade bei ihm die Kunst eines Cézanne Vorbild sein kann. Und er wird vollends unentbehrlich, wenn man der Frage nachgeht, warum die Dinge des Dinggedichts meist »durch die Kunst und den Mythos stilisiert« sind, warum sich Rilkes lyrisches Ich also bevorzugt Gegenständen zuwendet, die gleichsam ein ikonologisches Vorleben haben.

Als drittes Beispiel für die praktische Bedeutung einer Theorie der inneren Wort-Bild-Beziehungen sei jene Diskussion der bildnerischen Gestaltung literarischer Stoffe hier schon einmal kurz ins Auge gefaßt, die im ausgehenden 17. Jahrhundert entflammte und deren bekanntester Beitrag in Deutschland Lessings ›Laokoon‹ ist. M. Duchamp hat einmal gesagt, die gesamte Malerei vor dem Impressionismus sei literarisch gewesen. In der Tat liegt hier dem Gemälde im allgemeinen ein Substrat zugrunde, das im weitesten Sinne literarisch genannt werden kann, ein inhaltlich bestimmter Auftrag, ein Programm, eine vom Maler selbst gewählte Thematik, die vor der eigentlich malerischen Tätigkeit feststeht und die in ein sprechendes Bild umzusetzen ist. Als solche literarischen Substrate sind z. B. die biblische Geschichte, Vorstellungen des ritterlich-höfischen Kreises und humanistische Themen, also der antiken Mythologie, Geschichte und Literatur entnommene Stoffe, von Bedeutung gewesen.[18]

Ihre Umsetzung in ein sprechendes Bild konnte freilich nur unter zwei Bedingungen gelingen. Zum einen mußte der Stoff dem potentiellen Betrachter als solcher bereits vorab bekannt sein. Und zum anderen mußten ihm wie dem Maler bestimmte »ikonologische Codes« vertraut sein, d. h. er mußte wissen, daß bestimmte Methoden, Objekte und Arrangements des Abbildens

---

[18] J. Białostocki, Skizze einer Geschichte der beabsichtigten und der interpretierenden Ikonographie, in: Ikonographie und Ikonologie, hg. v. E. Kaemmerling, a.a.O., S. 15–63, hier S. 26. – Vgl. H. Sedlmayr, Verlust der Mitte, a.a.O., S. 89: Tod der Ikonologie.

Zeichencharakter haben, und der jeweilige Zeichensinn mußte ihm geläufig sein; hier sei nur beispielhaft an die Kennzeichnung antiker Götter und christlicher Heiliger durch Attribute erinnert.[19] Jemandem, der Stoff und ikonologische Codes nicht kennt, kann sich das literarische Substrat eines Bilds nicht erschließen.

Lebte ein P. P. Rubens zu Beginn des 17. Jahrhunderts noch in einem ungebrochenen Zutrauen zu den Möglichkeiten allegorischer Bildgestaltung, mit deren Hilfe er sich jedem erdenklichen Thema gewachsen glaubte, so setzt gegen Ende des Jahrhunderts eine breite kritische Diskussion über Eigenart und Grenzen eines solchen Malens ein. Schon G. P. Bellori betont 1695, »daß nicht alles, was in schriftlicher Form als gut gilt, auch malerisch gut sein muß«;[20] ihm folgen Autoren wie Dubos, Caylus, Richardson, Diderot, Winckelmann und Lessing. Die Ursachen für diesen Wandel sind vielfältig. Eine wichtige Ursache ist sicher die immer größer und damit unüberschaubarer werdende Zahl von möglichen Bildgegenständen.[21] Die Frage ist nun nicht mehr nur, wie ein bestimmter Vorwurf in ein sprechendes Bild umzusetzen sei, sondern auch, ob es sich dabei überhaupt um einen umsetzbaren Gegenstand handle. Bei solchem Durchmustern der Literatur nach Werken und hier wiederum nach Stellen, die für eine bildliche Darstellung geeignet sind, erweisen sich die Fragen nach der inneren Bildlichkeit des Worts und der inneren Sprachlichkeit des Bilds erneut als aufs engste miteinander verknüpft. Was ein Text ist, der als anschaulich im Sinne einer Eignung zur Veranschaulichung im Bild gelten kann, hängt untrennbar mit den Möglichkeiten des Bilds zu sprechen zusammen, nämlich mit seiner Fähigkeit, die im Text mit den Momenten des Anschaulichen verknüpften Bedeutungsstrukturen in ikonologische Strukturen zu überführen.

Die logischen Grundlagen der inneren Wort-Bild-Beziehungen

Nach diesen Beispielen aus dem Bereich der Wechselbeziehungen von Wort-, Bild- und Wort-Bild-Kunst ist nun zumindest in groben Zügen die Perspektive aufzuzeigen, in der auch aus allgemeinen Erwägungen einsehbar wird, daß die Rede von der inneren Bildlichkeit des literarischen Worts, der inneren Sprachlichkeit des künstlerischen Bildwerks und dem inneren Bezug von Wort und Bild nicht ins Leere greift; in der ihr fundamentum in re sichtbar wird.

Wenn das anschauliche Wort mit wirklicher Anschauung, das sprechende Bild mit wirklicher Sprache verglichen wird, so ist die Grundlage dafür zu-

---

[19] E. Panofsky, Studien zur Ikonologie, 1939, Köln 1980, S. 32-33 u. ö.
[20] J. Białostocki, Skizze einer Geschichte der Ikonographie, a.a.O., S. 27.
[21] Białostocki, S. 40.

nächst einfach dies, daß sowohl mit dem Wort als auch mit dem Bild darstellend Wirklichkeit entworfen, auf Wirkliches Bezug nehmend eine Darstellung gegeben wird – wenngleich natürlich auf verschiedene Art und Weise – und daß es letztlich ein und dieselbe Wirklichkeit ist, auf die sich die beiden Systeme jeweils mit ihren Mitteln darstellend beziehen; ohne einen wie auch immer zu definierenden Bezug auf Wirklichkeit gibt es kein Darstellen. Der Dichter, so heißt es bei Aristoteles, ist ein »Nachahmer« der Wirklichkeit »genau wie der Maler oder ein anderer Bildner«: Wort und Bild sind zwei Möglichkeiten der Mimesis, zwei verschiedene Möglichkeiten zur Darstellung von Wirklichkeit bzw. von möglicher Wirklichkeit, um sogleich auch den fiktionalen Darstellungen Rechnung zu tragen. Wirklichkeit überhaupt oder ein einzelnes Stück möglicher Wirklichkeit wie zum Beispiel der mit der Schlange kämpfende Laokoon kann sowohl im Medium des Worts als auch in dem des Bilds dargestellt werden. Und wo eine Darstellung mit sprachlichen Mitteln versucht worden ist, kann der Hörer oder Leser hinter das Wort auf das Dargestellte zurückgehen, um es zum Gegenstand eines Bildes zu machen, wie umgekehrt der Betrachter eines Bilds hinter das Bild auf das Abgebildete zurückgehen kann, um es im Wort darzustellen. Das ist die allgemeinste Grundlage dafür, daß sich mit sprachlichen und bildnerischen Mitteln unternommene Darstellungen nebeneinanderrücken lassen.[22]

Aber ein solches »Übersetzen« vom Wort ins Bild bzw. vom Bild ins Wort unterliegt doch gewissen Einschränkungen; das ruft gerade das Stichwort des Laokoon in Erinnerung. Denn die Art, wie sich die beiden Systeme darstellend auf Wirklichkeit beziehen, ist durchaus verschieden, und das bringt es mit sich, daß sie, was sie darstellen, jeweils ganz unterschiedlich akzentuieren. Auch wenn es sich dabei um ein und dasselbe Stück der Wirklichkeit handeln würde, müßten sie doch dadurch, daß sie es anders zeigen, an ihm anderes zeigen, den Rezipienten also mit anderem konfrontieren. Der Bildhauer zeigt dem Betrachter das schmerzverzerrte Gesicht des schreienden Laokoon, der Autor nennt ihm das Faktum seines Schreiens und hebt an ihm gewisse Ausdrucksmomente hervor. Eben diese unterschiedliche Akzentuierung ist es, die bei jenem »Übersetzen« vom Wort ins Bild oder vom Bild ins Wort nicht einfach mit hinübergenommen werden kann. Es bedarf vielmehr besonderer Anstrengungen, um die betreffenden Aspekte auch auf dem Boden des jeweils anderen Zeichensystems zu thematisieren. Wem vom Schreien des Laokoon gesprochen wird, der wird dabei nicht unbedingt an sein schmerzverzerrtes Gesicht denken, es sei denn, es wird ihm beschrieben, und auch dann wird sein Eindruck noch immer ein anderer sein als der beim

---

[22] Das ist z. B. auch der Ausgangspunkt von M. Muckenhaupt, Text und Bild, Grundfragen der Beschreibung von Text-Bild-Kommunikation aus sprachwissenschaftlicher Sicht, Tübingen 1986; s. etwa S. XV u. S. 11.

Anblick der Statue. Und wer die Statue betrachtet, dem wird sich eine Bedeutung der im Gesicht angelegten Audrucksmomente nur sehr allgemein zu erkennen geben, wenn sie ihm nicht gänzlich verschwommen bleibt. Auch muß in diesem Fall offenbleiben, inwieweit sich mit zusätzlichen bildnerischen Anstrengungen eine Subtilität und Sicherheit der Bedeutungsmomente erreichen ließe, die mit der eines Textes vergleichbar wäre.

Bezeichnet der Gedanke, daß Wort und Bild gleichermaßen Systeme zur Darstellung der einen Wirklichkeit bzw. zu einem Darstellen unter Bezugnahme auf die eine Wirklichkeit sind, die Voraussetzung dafür, sie überhaupt miteinander vergleichen zu können, so sind die Unterschiedlichkeit der Mittel, mit denen sie diese Darstellung bewerkstelligen, sowie die Unterschiedlichkeit des Ergebnisses die Ursachen dafür, diesen Vergleich dann auch tatsächlich durchzuführen. Wie die Verbindung von Wort und Bild in Wort-Bild-Formen nur dadurch sinnvoll ist, daß sie beide Unterschiedliches leisten und insofern fähig sind, einander zu ergänzen, so liegen auch die Möglichkeiten und der Sinn der Gegenüberstellung von Wort und Bild sowie der vielfältigen Wechselbeziehungen, die sich hieraus im Laufe der Geschichte des literarisch-ästhetischen Lebens ergeben haben, zunächst einmal in ihrer Unterschiedlichkeit begründet. Was das »Übersetzen« vom Wort ins Bild bzw. vom Bild ins Wort so schwierig macht, ist also ebendasselbe, was den Anstoß dazu gibt, es mit einem solchen »Übersetzen« überhaupt zu versuchen.

Worauf nun jene Unterschiedlichkeit beruht, mit der beide Systeme darstellen und darstellend Akzente setzen, scheint auf der Hand zu liegen, ist in seinem genauen Inhalt, seinen Voraussetzungen und Konsequenzen jedoch nur sehr schwer zu durchdringen. Was auf der Hand liegt, ist dies: während sich das Wort ausschließlich durch das Geben von Bedeutungen, durch das Entfalten von Bedeutungszusammenhängen auf die Wirklichkeit bezieht, knüpft das Bild auch an den Augenschein des Wirklichen an, um ihn in gewissen Grenzen zum Zweck der Darstellung zu wiederholen. Das Bild entnimmt der Erfahrungswirklichkeit, wie sie im Sinnenschein, genauer: im Augenschein gegeben ist, Elemente, vor allem Formzüge und Farben, um sie im Zuge der Darstellung zu reproduzieren, und eben daß sie sie als reproduzierte erneut dem Auge darbietet, daß sie sie in der Kopie erneut wahrnehmbar macht, ist die Basis seines darstellenden Verfahrens.

Ein solches Darstellen im Zusammenhang mit einem kopierenden Sich-Anlehnen an Wirkliches kennt das Wort nur in einem einzigen Fall. Damit ist nicht der der Lautmalerei gemeint. Denn im lautmalenden Wort ist das Kopieren einer bestimmten lautlichen Realität so weit hinter der Formierung eines standardisierten Wortlauts zurückgetreten, daß jene Realität ohne die vom Wortlaut angezeigte Wortbedeutung nicht wiedererkannt würde; und das bloße Kopieren von lautlichen Realitäten kann noch gar nicht Wort heißen. Abgezielt ist vielmehr auf die Realität des Worts selbst: nur sie, nur die Wirklichkeit der Sprache, kann das Wort durch Kopieren zur Darstellung bringen.[23] Das ist übrigens der Grund dafür, warum die direkte Rede in der erzählenden Literatur den »höchsten Grad ablauftreuer Wiedergabe« bezeichnet, als »relativ unmittelbarste, d. h. wirklichkeitsnächste Form der Geschehensdarbietung« fungiert (E. Lämmert).[24] Von allem anderen Wirklichen kann es nur dadurch reden, daß es sich durch das Geben und Verknüpfen von Bedeutungen auf es bezieht. Von jenem Sinnenschein, in dem die Erfahrungswirklichkeit sich der sinnlichen Wahrnehmung darstellt und durch den sie – auch in der Kopie des Bilds – erfahrbar wird, enthält das Wort unmittelbar nichts. Denn das sinnliche Substrat der Sprache, der Sprachlaut bzw. das Schriftzeichen, hat als Faktum der sinnlichen Wahrnehmung keinerlei Bezug zur jeweils dargestellten Wirklichkeit; es dient lediglich dazu, zu den Bedeutungszusammenhängen hinzuführen, die diese Darstellung allererst leisten.[25] Kein Phänomen des literarisch-ästhetischen Lebens lenkt die Aufmerksamkeit so nachdrücklich auf diesen Sachverhalt wie die visuelle Poesie vom humanistischen carmen figuratum bis zum modernen Textbild – wie umgekehrt hier auch der systematische Ort ist, von dem aus die visuelle Poesie zu deuten ist. Wenn sie die sinnliche Seite des Schriftzeichens und seine optische Präsentation auf der Textfläche akzentuiert oder für bestimmte ikonische Wirkungen nutzt, so bezeugt sie damit den unsinnlichen, wahrnehmungsfernen Ausgangspunkt allen sprachlichen Darstellens, auch und gerade da, wo es wie im literarisch-ästhetischen Bereich auf anschauliche Wirkungen ausgeht.

Auf der anderen Seite hat das Bild, was das Entwickeln von Bedeutungszusammenhängen anbelangt sowie die Möglichkeiten eines Darstellens aus der Entfaltung solcher Zusammenhänge heraus, deutlich seine Grenzen. Wohl kommt es, schon als bloßes Ikon betrachtet, also als Zeichen, das sich durch das Reproduzieren von Augenschein für das Auge auf die Wirklichkeit bezieht, nur durch ein Setzen von Bedeutung, durch ein Meinen von diesem oder jenem, ein meinendes Fixieren als dieses oder jenes, eben ein Bedeutung setzendes Filtern des in der Erfahrung gegebenen Sinnenscheins zustande,[26] und überdies auch nur so, daß es sich dabei bestimmter konventioneller Formen des Verbildlichens, wenn man so will, bestimmter »ikonischer Co-

---

[23] Das hat in gewisser Weise schon Leonardo da Vinci (Libro di Pittura, a.a.O., S. 24/25) bemerkt: »Solo il vero uffitio del poeta è fingere parole di gente, che insieme parlino, e sol' queste rappresenta al senso dell' audito tanto, come naturali, perchè in se sono naturali create dall' humana voce«.
[24] E. Lämmert, Bauformen des Erzählens, 3. Aufl., Stuttgart 1968, S. 200 u. 201.
[25] Vgl. Ch. Peirce, Pragmatismus-Vorlesungen, a.a.O., S. 325; dazu aber U. Eco, Zeichen, a.a.O., S. 63ff.
[26] Vgl. hierzu etwa die Bemerkungen von U. Eco, Zeichen, S. 135f., zu »Wahrnehmung und Namensgebung« (im Anschluß an E. Husserls Logische Untersuchungen).

des« bedient, die zugleich Formen des Setzens von Bedeutung sind. Auch im Bild ist also stets Bedeutung niedergelegt, auch an ihm tut Bedeutung sich kund, und es wird selbst als bloßes ikonisches Zeichen nur dem verständlich, der es mitsamt dieser Bedeutung aufzufassen vermag; darauf wird noch näher einzugehen sein. Aber was sich in ihm an Bedeutung manifestiert, ist keineswegs so geartet, daß sich aus ihm umfassende Bedeutungszusammenhänge bauen und entsprechende Darstellungen entwickeln ließen. Je mehr das Bild bloßes Abbild ist, reproduzierter Augenschein, desto deutlicher erschöpft sich seine Bedeutung im Meinen eines Individuellen, über das das Darstellen nicht hinausführen kann.[27] Allgemeinere Bedeutungsmomente, die eine weiter gespannte Darstellung erlauben würden, bleiben, sofern sie kenntlich werden, stets mehr oder weniger vage, undeutlich, vieldeutig und in dieser ihrer Vieldeutigkeit arm an Bestimmtheiten, also ihrem Inhalt nach beschränkt. Jene Eindeutigkeit der Bedeutungen, die erst die Entfaltung weitgespannter, inhaltlich reicher, komplizierter Bedeutungszusammenhänge erlaubt, ist auf die Klarheit des Begriffs angewiesen, und die wiederum bedarf, um sich mitteilen zu können, der Benennung durch die Sprache.[28]

Um dieser und ähnlicher Gegebenheiten willen hat man immer wieder – freilich nicht jederzeit – aus der Unterschiedlichkeit des darstellenden Verfahrens auf eine Eignung für bestimmte »Seiten« der Realität geschlossen. Daß dies nicht völlig aus der Luft gegriffen ist, kann man sich an einem einfachen Beispiel vor Augen führen: dem des Porträts. Man wird wohl immer dazu neigen, das Aussehen einer Person im Bild und dazu ihren Namen, ihre Titel, also gewissermaßen ihre gesellschaftliche Stellung, im Wort festzuhalten. Das ist ein besonders einfacher und sinnvoller Weg, und anders vorzugehen, erschiene unnatürlich. Gerade das Beispiel des Porträts kann freilich auch davor warnen, das Prädikat »unnatürlich« allzu hoch zu bewerten. Denn wie die Geschichte zeigt, kann es auch Gründe geben, den umgekehrten Weg zu gehen. Das Aussehen einer Person kann auch im Wort gegeben werden, als Beschreibung, z. B. in einem Steckbrief. Und der Name kann auch als Bild fixiert werden – nämlich als Wappen. Beides sind übrigens Fälle, die für die Geschichte der Wort-Bild-Beziehungen besonders aufschlußreich sind. Das gilt vor allem für das Wappen, das nicht umsonst zu einem Kristallisationspunkt der Emblematik wird.[29]

Das bekannteste Beispiel für eine Theorie, nach der sich Wort und Bild zur Darstellung verschiedener »Seiten« der Wirklichkeit eignen, ist die von

---

[27] Vgl. S. Langer, Philosophie auf neuem Wege, Das Symbol im Denken, im Ritus und in der Kunst, 1942, dt. Ausg., Frankfurt 1965, S. 102.
[28] Ebenda, S. 102–103.
[29] A. Schöne, Emblematik und Drama im Barock, a.a.O., S. 42ff.: Verwandtschaft (der Emblematik) mit der Impresenkunst.

Lessing im ›Laokoon‹ entwickelte Anschauung, der gemäß sich das Bild besonders zur Wiedergabe dessen eignet, was im Nebeneinander des Raumes gegeben, räumlich erfahrbar ist, und das Wort zur Entwicklung dessen, was sich im Nacheinander der Zeit, in zeitlichen Verläufen als Zusammenhang manifestiert. Bekanntlich schließt diese These auch ihre Umkehrung mit ein: das Bild eignet sich nicht zur Wiedergabe von Geschehen und hat darum nur insoweit auf es einzugehen, als es das darzustellende Räumliche zu einem bestimmten Zeitpunkt, in einer bestimmten Phase seines Sich-Veränderns in der Zeit zu ergreifen hat. Und dem Wort ist das Räumliche grundsätzlich entzogen, so daß es sich sinnvollerweise nur insofern um es zu bemühen hat, als sich das von ihm dargestellte Geschehen im Raum vollzieht.[30] Analog dazu könnte zum Beispiel von dem oben gewählten Ausgangspunkt aus und in konsequenter Beschränkung auf eine bloß formale Bestimmung gesagt werden, das Bild eigne sich vor allem für die abbildbare »Seite« der Realität, die im Augenschein erfahrbar wird, das Wort hingegen für jene »Seiten«, die sich allererst in der Entfaltung umfangreicher Bedeutungszusammenhänge fassen und darstellen lassen.

Die Rede von der Eignung für verschiedene »Seiten« der Wirklichkeit – so mißverständlich sie im Grunde genommen ist – macht es darüber hinaus immerhin auch möglich zu erklären, oder zumindest in Richtung einer Erklärung dafür zu deuten, warum zwischen den Darstellungssystemen des Worts und des Bilds bei aller Unterschiedlichkeit dann doch immer wieder eine Beziehung hergestellt worden ist und wird und warum in eben der Weise, wie das beim sprechenden Bild und beim anschaulichen Wort geschieht. Denn über den Aufweis hinaus, daß beides Systeme zur Darstellung von bzw. in Bezug auf Wirklichkeit sind, daß sie es auf verschiedene Weise sind und sie darum einander ergänzen bzw. sich aneinander schulen oder einander beeinflussen können, ist nun noch zu fragen, warum sie sich überhaupt auf dem Boden ihrer ureigensten Möglichkeiten zusätzlich auch um die des jeweils anderen Systems bemühen sollen; was damit gewonnen ist.[31]

Daß das Bild zu sprechen und das Wort anschaulich zu sein versucht, bedeutet im Horizont der These von der Eignung für verschiedene »Seiten« der Wirklichkeit, daß sie die Darstellung nicht ausschließlich auf die »Seite« abstellen, die ihnen unmittelbar zugänglich ist, sondern darüber hinaus auch jene andere so weit als möglich mit einbeziehen wollen, die sich ihnen zu entziehen scheint – und damit zugleich eben diejenige »Seite«, die die Domäne des jeweils anderen Systems ist. Als Grund erscheint hier also das Streben nach einer möglichst »allseitigen« Darstellung. Der Gedanke eines

---

[30] Ausführlicher u., S. 205.
[31] Auf einen »psychologischen Urantrieb des Übersetzens« (H. Rosenfeld, Das Bildgedicht, a.a.O., S. 6) wollen wir uns nicht hinausreden.

»allseitigen« Redens hat in der Geschichte des literarisch-ästhetischen Lebens ja vielfach eine erhebliche Rolle gespielt. Hier sei nur an das Konzept der »Totalität« in der klassischen deutschen Ästhetik und bei ihren Nachfolgern erinnert.[32] Im Unterschied zu Redeweisen wie z. B. denen der Wissenschaften mit ihrer energischen methodischen Einseitigkeit soll die Kunst auf eine Weise reden, bei der möglichst viele Seiten der Welt zur Geltung kommen, so wie sie im Erleben ineinanderspielen.

Freilich ist die Geschichte der Versuche anschaulichen Redens und vielsagenden bildnerischen Gestaltens länger als die des Gedankens der »Totalität«. Sie könnte also wohl in bestimmten Epochen, nicht jedoch generell für sie verantwortlich gemacht werden. Zudem ist der Bezug, der sich auf ihrem Boden zwischen Wort und Bild ergibt, nur sehr allgemein. Die Einbeziehung der genuinen Möglichkeiten des jeweils anderen Darstellungssystems erscheint dann lediglich als Teil jenes generellen Strebens nach »Allseitigkeit«; innerhalb dessen sind sie gar nicht mehr als die Möglichkeiten des jeweils anderen Systems kenntlich. Überhaupt vermag die Rede von den »Seiten« der Wirklichkeit nicht recht zu befriedigen. Sie suggeriert ein Maß an Trennbarkeit dessen, was als »Seiten« angesprochen wird, das so offenbar nicht angenommen werden kann. Was im Augenschein und was in Bedeutungszusammenhängen optimal darstellbar ist, ist viel zu sehr ineinander verschlungen, als daß es sich geradezu als die beiden »Seiten« der Wirklichkeit auseinandernehmen und auf Begriffe mit größerer praktischer Bedeutsamkeit bringen ließe. Und sie führt zu der falschen Vorstellung, als seien die beiden Darstellungssysteme einander ebenbürtig. Daß das nicht zutrifft, kann man schon äußerlich daran erkennen, daß zwar alles, was im Bild darstellbar ist, auch mit Worten bezeichnet werden kann, nicht jedoch umgekehrt. Schließlich sagt die Rede von den beiden »Seiten« der Wirklichkeit auch nichts über das Wie des Bemühens um die Möglichkeiten des jeweils anderen Zeichensystems; nämlich darüber, wie es denn angeht, daß das Wort in seine besondere Weise des Darstellens Momente hineinnehmen kann, die es gleichsam am Bild erblickt hat, und das Bild Momente, die es dem Wort abgelauscht hat; wodurch dies überhaupt möglich ist, was diese Möglichkeit im einzelnen beinhaltet und wo ihre Grenzen liegen.

Diese Fragen müssen aber beantwortet werden, wenn die Rede von der inneren Bildlichkeit des Worts und der inneren Sprachlichkeit des Bilds einen genauen Sinn und das Konzept der inneren Wort-Bild-Beziehungen eine stichhaltige Begründung erhalten sollen. Das sei nunmehr versucht, jedenfalls soweit es im Rahmen dieser Vorüberlegungen möglich und sinnvoll ist. Dazu

---

[32] Wie es etwa von Hegels Ästhetik aus entwickelt wird: Hegel, Vorlesungen über die Ästhetik, 3 Bde., Frankfurt 1970, Bd. 1, S. 147ff.

muß zunächst eine weitere, letzte Dimension der Wort-Bild-Beziehungen erschlossen werden.

Anders als das Bild gibt das Wort, so wurde festgestellt, von jenem Sinnenschein, in dem sich die Erfahrungswirklichkeit der sinnlichen Wahrnehmung darbietet – und im vorliegenden Zusammenhang geht es nur um die Erfahrungswirklichkeit als Bezugsfeld allen Darstellens – unmittelbar nichts. Damit ist jedoch noch nicht alles gesagt. Mittelbar ist es nämlich durchaus mit der Sphäre des Sinnenscheins verbunden. Denn die Bedeutungen, die es entfaltet, sind grundsätzlich auf die Welt des in sinnlicher Wahrnehmung Gegebenen bezogen, sei es auf direkte oder indirekte Weise. Das gilt zunächst und vor allem für jene Ebene im Prozeß der Bedeutungserzeugung, auf der die Inhalte recht eigentlich aufgebracht werden, für die Ebene der inhaltstiftenden Bedeutungen oder Begriffe. Diese gehen ihrem Inhalt nach auf jene Auseinandersetzung mit Wirklichkeit zurück, die in der Anschauung stattfindet, und sind darauf angelegt, sich im Begreifen von Anschauung zu erfüllen. Anschauung, das passive Moment an der Erfahrung, also die dem Subjekt unverfügbare, von ihm bloß hinzunehmende Gegebenheit, aus deren Verarbeitung Erfahrung erwächst, verdankt sich aber immer auf die eine oder andere Weise der sinnlichen Wahrnehmung. »Alles Denken (...) muß sich, es sei geradezu (direkte) oder im Umschweife (indirekte), (...) zuletzt auf Anschauung, mithin (...) auf Sinnlichkeit beziehen«. »Vermittelst der Sinnlichkeit (...) werden uns Gegenstände gegeben, und sie allein liefert uns Anschauungen; durch den Verstand aber werden sie gedacht, und von ihm entspringen Begriffe« (Kant).[33]

Wenn Wirklichkeit, als das Feld, auf das alles Darstellen direkt oder indirekt bezogen ist, der Inbegriff aller wirklichen und möglichen Erfahrung ist; wenn ferner Erfahrung in Anschauung sich erfüllendes Begreifen und begriffene Anschauung ist, sei diese nun durch Tätigkeit in die Wege geleitet oder nicht; und wenn Anschauung entweder unmittelbar in der sinnlichen Wahrnehmung oder durch Vermittlung von sinnlicher Wahrnehmung zur Gegebenheit gelangt – so liegt im Begriff grundsätzlich ein Bezug zum Sinnenschein des Wahrnehmbaren, ja ohne diesen Bezug würde er geradezu aufhören, der Begriff zu sein, der er ist, und so wohnt jenem Erzeugen von Bedeu-

---

[33] I. Kant, Kritik der reinen Vernunft, hg. v. R. Schmidt, Hamburg 1956, S. 63. – Vgl. E. Husserl, Logische Untersuchungen, 2. Aufl., ND Tübingen 1968, Bd. 2, 2, S. 24: »der bedeutungsverleihende Gedanke (ist) auf Anschauung gegründet und dadurch auf ihren Gegenstand bezogen«; und »Wahrnehmung ist der Urmodus der Anschauung«: E. Husserl, Die Krisis der europäischen Wissenschaften und die transzendentale Phänomenologie, hg. v. W. Biemel, Den Haag 1954, S. 107. – Stark vereinfacht etwa bei R. Arnheim, Anschauliches Denken, Zur Einheit von Bild und Begriff, Köln 1972, S. 219: »Wörter deuten auf Wahrnehmungen«. – Vgl. z. B. auch U. Eco, Zeichen, a.a.O., S. 135–136.

tungen, durch das das Wort darstellt, und in dem, wie oben angedeutet, die Begriffe als die inhaltstiftenden Bedeutungen fungieren, ein ebensolcher grundsätzlicher Bezug zum Sinnenschein inne.

Das bedürfte natürlich einer Erörterung, die über diese ersten Hinweise hinausginge. Hier sei nur so viel festgehalten: die Begriffe oder inhaltstiftenden Bedeutungen, die das Rückgrat der sprachlichen Bedeutungserzeugung bilden, sind, eben insofern sie bestimmte Inhalte aufbringen, auf mögliche Anschauung einer bestimmten Art bezogen, und Anschauung ist im Raum der Erfahrungswirklichkeit immer durch sinnliche Wahrnehmung vermittelt, wenn sie nicht überhaupt als Sinnenschein gegeben ist. Letzteres trifft in besonderem Maße auf den Bereich der »natürlichen Erfahrung« zu, also auf all das, was in Reichweite der Wahrnehmungsmöglichkeiten des einzelnen Menschen liegt, was seiner »Lebenswelt« angehört. »Erfahrung (ist) eine rein in der Lebenswelt sich abspielende Evidenz«. »Die Lebenswelt ist ein Reich ursprünglicher Evidenzen. (...) jede in diese Sphäre gehörige (...) Induktion hat den Sinn einer Induktion von Anschaubarem, eines möglicherweise als es selbst Wahrnehmbaren oder als wahrgenommen-gewesen Erinnerbaren« (Husserl).[34] Für diesen Bereich gilt somit, daß dem Begriff, auch wenn er selbst keinerlei Sinnenschein enthält, grundsätzlich ein Bezug auf einen derartigen Sinnenschein innewohnt.

Diesen Gegebenheiten entspricht auf Seiten des Bilds ein ganz ähnlich gelagerter Sachverhalt, gleichsam die Umkehrung der Verhältnisse beim Wort. Wie die Sprache nichts zum Sagen, nämlich »der Geist nichts zum Denken hätte, wenn das Sinnesmaterial nicht in ihm verbliebe«, so sind »Wahrnehmungsinhalte nur deshalb für das Denken verwendbar (...), weil die Wahrnehmung Typen und nicht bloß Einzelfälle sammelt« (R. Arnheim),[35] so kommen Wahrnehmungsinhalte überhaupt nur dadurch zustande, daß in allem Wahrnehmen ein Typen bildendes, schematisierendes »Meinen« (Husserl) am Werk ist, ein »meinendes«, und das heißt: Bedeutung setzendes Fixieren des im Sinnenschein Gegebenen als dieses oder jenes, das von der Sprache nicht zu trennen ist. Das gilt bereits für das Wahrnehmen selbst, wie es allem Abbilden und allem Bilderschaffen überhaupt als sein Fundament vorausliegt. Die »Unbefangenheit des Auges« »ist eine Fabel« (E. H. Gombrich); die Wahrnehmung ist von »Begrifflichem, Vorstellungsmäßigem« »durchdrungen«,[36] sie ist nämlich »zielstrebig und selektiv«:[37] »(...) alles, was wir für unsere ›Gesichtswahrnehmungen‹ halten, (wird) immer wieder davon

---

34 Husserl, Krisis, S. 130–131.
35 R. Arnheim, Anschauliches Denken, a.a.O., S. 13.
36 E. H. Gombrich, Kunst und Illusion, Eine Studie über die Psychologie von Abbild und Wirklichkeit in der Kunst, 5. Aufl., Stuttgart 1978, S. 327.
37 Arnheim, Anschauliches Denken, S. 29.

beeinflußt und geformt (...), was wir zu sehen glauben (oder was wir wissen)«.[38] Insofern kann man geradezu von einer »Dominanz unseres begrifflichen Wissens über die sinnliche Wahrnehmung« sprechen,[39] in Form jener Sinn setzenden »Suche nach (...) Sinn«, die sich niemals »ausschalten« läßt und ohne die die Welt »rettungslos in Mehrdeutigkeit versinken« würde.[40]

Erweist sich mithin das Wahrnehmen selbst schon auf solche Weise als vom Begreifen durchdrungen, so gilt das erst recht, ja in potenzierter Form von seiner Verarbeitung im Bild; in seiner Fixierung als Bild läßt es sich geradezu mit Händen greifen. Ohne ein Setzen von Bedeutungen, und das heißt: ohne die Mitwirkung von Begriffen käme ein Bild überhaupt nicht als solches zustande. Etwas abzubilden, heißt noch viel weniger als etwas wahrzunehmen einfach nur, sich dem Gegebenen in einer Haltung reiner Passivität zuzuwenden. Ein Abbild entsteht allererst dadurch, daß das Gegebene der Anschauung in einem Akt ordnend-pointierenden Auswählens ergriffen, daß es nämlich begriffen, begreifend durchdrungen wird. Ein derartiges Selegieren ist schlechthin unumgänglich, muß bei allem Abbilden doch eine prinzipiell unbegrenzte Zahl von Sinnesdaten in eine prinzipiell begrenzte Zahl umgesetzt werden. Sie muß aus der Dreidimensionalität in die Zweidimensionalität überführt, es muß ein Blickpunkt fixiert, ein Bildfeld begrenzt werden, usw. Ohne die Mitwirkung von Begriffen, ohne das Setzen von Bedeutungen ist diese Selektion nicht zu denken, sie ist notwendig zugleich ein Akt der Bedeutungsstiftung. Die Darstellung von Bedeutung in begrifflicher Klarheit aber obliegt dem Wort. Die Sprache ist es, in der sich Bedeutungen in Allgemeinheit konstituieren und Bedeutungszusammenhänge entfalten, nur in ihr und den von ihr abgeleiteten Symbolsystemen lassen sie sich in reiner, klarer, scharf umrissener Gestalt entwickeln.[41] Insofern somit der Augenschein, den

---

[38] Gombrich, Kunst und Illusion, S. 427.
[39] Ebenda, S. 245. – Vgl. z. B. auch N. Goodman, Sprachen der Kunst, Ein Ansatz zu einer Symboltheorie, Frankfurt 1979, S. 18–21.
[40] Gombrich, Kunst und Illusion, S. 428. – Von einem »sehenden Sehen« als einem »von allem Vorwissen oder von allen Gewißheiten aus nichtoptischen Erfahrungen weithin gereinigten Erkenntnisakt« (M. Imdahl, Bildautonomie und Wirklichkeit, Mittenwald 1981, S. 14) kann also keine Rede sein; insbesondere vermag die »Unterscheidung zwischen sehendem und wiedererkennendem Sehen« (ebenda, S. 10) nur bei hinreichender Ungenauigkeit der Rede etwas zu besagen, denn auch alles noch so »sehende Sehen« ist, insofern es sich in der Zeit vollzieht, ein »wiedererkennendes Sehen«, wie alles »wiedererkennende Sehen« nicht bloß ein gewohnheitsmäßiges Abhaken von Bekanntem, sondern als aktuelles ein wahrhaft »sehendes Sehen« ist.
[41] »(...) die beiden Akte, deren einer uns das volle Wort und deren anderer die Sache konstituiert, schließen sich intentional zur Akteinheit zusammen«. Ein Objekt »rot nennen (...) und als rot erkennen sind im Grunde genommen bedeutungs-identi-

das Bild darbietet, begriffene und vom Begreifen zeugende Anschauung ist und insofern Bedeutungen primär sprachlich vermittelt sind – insofern kann vom Bild gesagt werden, daß ihm ein Bezug zum Wort immanent sei, ja daß ihm dieser Bezug geradezu zu Grunde liege.[42]

Damit hat sich eine weitere Dimension der Beziehungen zwischen Wort und Bild erschlossen. Es ist eine Weise des inneren Verknüpftseins, die vor und unabhängig von allen anderen Formen der Verknüpfung gegeben ist, insbesondere auch vor denen eines ausdrücklichen Verknüpfens, ihre logische Grundlage, wenn man so will, diejenige Beziehung, die noch in der größtmöglichen Beziehungslosigkeit fortbesteht. Die Verhältnisse auf Seiten des Worts erscheinen dabei gleichsam als die Umkehrung derer auf Seiten des Bildes. So wie dem Wort, das als Wort nichts vom Sinnenschein des von ihm bezeichneten Wirklichen enthält, in den oben angedeuteten Grenzen ein grundsätzliches Bezogensein auf möglichen Sinnenschein innewohnt, so ist dem Bild, das als bloßes Abbild keine Bedeutungszusammenhänge zu entwickeln vermag, ein grundsätzliches Bezogensein auf die Bedeutungsentfaltung durch das Wort immanent: im Wort liegt gleichsam immer ein verdunkeltes Bild, im Bild immer ein verstummtes Wort beschlossen.

Freilich entsprechen sich die Verhältnisse auf beiden Seiten nicht völlig, und es ist wichtig, sich diese Asymmetrie klar vor Augen zu stellen. Während das Bild in seinem Zustandekommen auf inhaltstiftende Bedeutungen und damit auf die Mittlerschaft des Worts als des eigentlichen Orts der Bedeutungsentfaltung geradezu angewiesen ist, ist das Wort zunächst einfach nur auf Sinnenschein und damit noch nicht eigentlich auf das Bild bezogen. Denn zum einen ist Sinnenschein nicht gleich Augenschein, und nur ihn vermag das Bild wiederzugeben; immerhin ist mit ihm aber der für das Augentier Mensch wichtigste Teil des Sinnenscheins bezeichnet. Und zum andern ist der Augenschein der Wahrnehmung etwas anderes als der des Bildes. Im Bild stellt er sich als aus dem Fluß der Wahrnehmung herausgelöst und fixiert dar, und als fixierter ist er ein gegenüber den Wahrnehmungen einerseits reduzierter, andererseits zusätzlich organisierter Sinnenschein. Allerdings wenn vom Wort und hier wiederum vom Begriff gesagt wird, sie seien ihrem Inhalt nach auf möglichen Sinnenschein einer bestimmten Art bezogen, so ist auch das, was dabei Sinnenschein heißt, nicht der Fluß der Wahrnehmung selbst; auch bei

---

sche Ausdrücke«: Husserl, Logische Untersuchungen, Bd. 2, 2, S. 28. – Vgl. L. Hjelmslev, Prolegomena zu einer Sprachtheorie, dt. Übers., München 1974, S. 54: die »Inhaltssubstanz«, der Gedanke, lebt ausschließlich dank der »Ausdruckssubstanz«, der Lautkette, sie hat in keinem Sinne selbständige Existenz.

[42] Vgl. auch S. Langer, Philosophie auf neuem Wege, a.a.O., S. 102: um einer Bedeutung fähig zu sein, muß das im Bild Dargebotene schematisch sein, was ohne Hilfe von Worten nicht gelingen kann.

ihm handelt es sich um einen reduzierten und pointierten, nämlich vom Begriffsinhalt gleichsam in groben Zügen vorgezeichneten und damit fixierten Sinnenschein. Kant spricht in diesem Zusammenhang auch von dem »Schema« als »Verfahren der Einbildungskraft, einem Begriff sein Bild (!) zu verschaffen«.[43] Insofern kann die mit dem Wort verbundene »Anweisung« auf möglichen Sinnenschein einer bestimmten Art dann doch wieder neben den des Bilds gerückt werden, ja es mag sogar möglich sein, sie ihrem Inhalt nach mit wirklichen Bildern, insbesondere mit bestimmten Konventionen der Verbildlichung von Erfahrungswirklichkeit, zu konfrontieren.

Im Wort liegt immer der Bezug auf einen quasi-bildlichen Sinnenschein beschlossen, und dem Bild wohnt immer der Bezug auf eine letztlich nur durch das Wort zu leistende Bedeutungssetzung inne – damit ist die allgemeinste Dimension in den Beziehungen von Wort und Bild bezeichnet, die elementare Form, die zugleich die Grundlage aller anderen Beziehungen ist. Man mag sich die Allgemeinheit dieses Bezugs noch einmal an zwei Phänomenen aus dem Bereich der Rezeption von Wort und Bild klarmachen. Zum einen gilt, daß alles Rezipieren wie übrigens auch alles Produzieren von Rede von einem mehr oder weniger deutlichen anschaulichen Vorstellen begleitet ist. Das ist gleichsam der psychologische Niederschlag der – für sich betrachtet keineswegs psychologisch zu verstehenden – Tatsache, daß das Wort immer auf einen quasi-bildlichen Sinnenschein bezogen ist. Und zum andern ist festzustellen, daß zum Betrachten eines Bilds das Auffinden eines bestimmten begrifflichen Substrats immer mit dazugehört, wobei die Bandbreite dessen, was man sich unter dem begrifflichen Substrat vorzustellen hat, von Sätzen wie »Heinrich IV. von Frankreich empfängt das Bildnis der Maria Medici« bis zu Begriffen wie »Monochrom Blau« reicht.[43a] Hierin kommt der notwendige Anteil des Worts am Zustandekommen des Bilds zum Ausdruck.

Diese allgemeinste Dimension der Wort-Bild-Beziehungen stellt die Grundlage für alle anderen Beziehungen dar. Zunächst und vor allem liegt in ihr die Möglichkeit zu dem beschlossen, was hier innere Wort-Bild-Beziehungen genannt worden ist, also die Möglichkeit zu einer anschaulichen Gestaltung des Worts und vielsagenden Gestaltung des Bilds. Es ist eben jenes grundsätzliche Bezogensein des Worts auf einen möglichen Sinnenschein, was es möglich macht, ihm eine Gestalt zu geben, die anschaulich

---

[43] Kant, Kritik der reinen Vernunft, a.a.O., S. 199.
[43a] Daß das Sehen, dem sich die moderne Malerei seit Cézanne verschrieben habe, als ein »gegenstandsfreies« zugleich ein »begriffsfreies Sehen« sei (M. Imdahl, Bildautonomie und Wirklichkeit, a.a.O., S. 15), wird gerade durch das Beispiel Cézanne schlagend widerlegt: wie könnte das Bildsujet auf geometrische Figuren und abstrakte Farbrelationen reduziert werden ohne bewußte oder unbewußte Mitwirkung der betreffenden geometrischen und Farbbegriffe!

genannt werden kann. Der Bezug zum Sinnenschein bleibt dann nicht einfach sich selbst überlassen, sondern wird als Möglichkeit ergriffen und genutzt: das verdunkelte Bild, das im Wort beschlossen liegt, wird aufgehellt.

Das bedeutet im allgemeinen zweierlei, zum einen, daß der Bezug zum Sinnenschein grundsätzlich eine Verstärkung erfährt, und zum andern, daß ihm bei solchem Verstärken immer auch ein bestimmter Akzent, eine bestimmte Bedeutungsrichtung gegeben wird. Das einfachste Beispiel für den ersten Aspekt, zugleich ein besonders schlagendes Beispiel, verkörpert eine bestimmte Gruppe poetischer Tautologien, jener »weißen Schimmel«, die überall in der Literatur anzutreffen sind. In der Geschichte der Poetik haben das Aristotelische Beispiel der »weißen Milch«[44] und das Quintilianische Paradigma der »weißen Zähne«[45] eine gewisse Berühmtheit erlangt. Wenn etwa im Rahmen des Schönheitspreises statt von Lippen von roten Lippen die Rede ist, so erfährt man dabei natürlich nichts Neues: alle Lippen sind mehr oder weniger rot. Dennoch muß ein solches »pleonastisches Epitheton« (H. Lausberg)[46] nicht sinnlos sein, auch dann nicht, wenn sich wirklich keine über die Tautologie hinausgehende Funktion feststellen läßt. Es kann auch so einen Sinn haben, eben den, den Bezug auf den Sinnenschein zu akzentuieren, das Realisieren der Bedeutung »Lippen« als bloßer Begriff dadurch zu verhindern, daß ein bestimmtes, die zugehörige sinnliche Wahrnehmung prägendes Merkmal zusätzlich bewußt gemacht wird. Zugleich ist deutlich, daß dies die einzige Funktion ist, die es als pleonastisches Epitheton haben kann, und daß es ohne sie in der Tat sinnlos wäre. Am Begriff der Anschaulichkeit führt hier kein Weg vorbei. Und umgekehrt zeichnet sich hier bereits ab: die Tautologie ist das Prinzip, gleichsam die Keimzelle, aller Mittel der Veranschaulichung.

Freilich bleiben solche poetische Tautologien die Ausnahme. Häufiger als sie sind Wendungen anzutreffen, in denen sie sich zur Metapher oder zum Vergleich ausgeweitet haben. Es heißt dann nicht einfach nur »rote Lippen«, sondern »Lippen rot wie Blut«. Im Zentrum dieses Vergleichs bleibt aber die veranschaulichende Tautologie weiterhin erkennbar. Durch die Ausweitung zum Vergleich kommt darüber hinaus nun auch der zweite der oben angeführten Aspekte ins Spiel: der Bezug zum Sinnenschein kann nur so verstärkt werden, daß ihm ein bestimmter Akzent gegeben wird, der zur Grundlage neuer Bedeutungsstrukturen zu werden vermag. So kann zum Beispiel im Rahmen des Schönheitspreises mit Wendungen wie »Lippen rot wie Blut«, »Schultern weiß wie Schnee«, »Haar schwarz wie Ebenholz« im Zuge der

---

[44] Aristoteles, Rhetorik, 1406a.
[45] Quintilian, Institutio oratoria, 8, 6, 40.
[46] H. Lausberg, Handbuch der literarischen Rhetorik, 2. Aufl., München 1973, S. 342–343.

Veranschaulichung zugleich ein bestimmtes Schönheitsideal eingekreist, gleichsam beim Leser abgerufen werden. Doch sind solche Aspekte mit sinnvollen Ergebnissen nur für bestimmte historische Stufen der Literatur zu erörtern; das wird im folgenden gezeigt werden.

Und es ist eben jenes grundsätzliche Bezogensein des Bilds auf die Bedeutungsentfaltung durch das Wort, was es möglich macht, ihm eine Gestalt zu geben, die vielsagend genannt werden kann. Analog zu den Verhältnissen beim anschaulichen Wort bedeutet eine solche sprechende Gestaltung des Bilds, daß man die Bedeutungsmomente, die am Zustandekommen des Bilds beteiligt sind, z. B. die Begriffe, die das Erzeugen und Wiedererkennen eines Abbilds leisten, nicht einfach als in das Bild eingegangen auf sich beruhen läßt, sondern daß man ihren Bedeutungs- bzw. Begriffscharakter unterstreicht und nutzt, so daß sich der Betrachter genötigt sieht, sie als Bedeutung, als Begriff zu realisieren: das im Bild stumm beschlossen liegende Wort wird erneut zum Reden gebracht. Das kann z. B. so geschehen, daß beim Geben eines Abbilds die illusionserzeugenden sinnlichen Momente reduziert und die den Begriffsinhalt ausmachenden Momente mit mehr oder weniger schematischer Regelmäßigkeit und Deutlichkeit vorgetragen werden. Man mag sich das an graphischen Symbolbildern oder an Lottokärtchen vergegenwärtigen. Als historischer Prozeß läßt es sich in der christlichen Spätantike verfolgen, wo aus der illusionistischen Malerei des Hellenismus die Malerei des Mittelalters wird, die man eine Bedeutungsmalerei nennen könnte.

Eine andere wichtige »Strategie«, mit deren Hilfe der Sprachcharakter des Bilds herausgekehrt und ausgestaltet werden kann, lenkt den Blick auf die Gegenstände, deren anschauliches Gegebensein weder ausschließlich innerhalb noch ausschließlich außerhalb des Bereichs der sinnlichen Wahrnehmung angesiedelt ist, bei denen der Sinnenschein vielmehr sowohl Mittler als auch Teil ihrer anschaulichen Gegebenheit ist. Damit sind Gegenstände wie Wahrnehmungsvorgänge, Gefühle, das Denken als psychischer Vorgang, Willensentschlüsse und Handlungen von Menschen gemeint, also Gegenstände, die sowohl eine physische als auch eine psychische oder geistige Seite haben. Nun fungiert die sinnlich-wahrnehmbare Seite – Gestik, Mimik, Tätigkeit – in kommunikativen Zusammenhängen bekanntlich als Anzeichen für die jeweils zugehörige psychisch-geistige Seite.[47] Sie abzubilden heißt mithin stets, zu einem Hinausgehen über das bloße Erfassen des Abbilds aufzufordern, zu einem rückschließenden Realisieren des gesamten Wahrnehmungs-, Gefühls-, Denk- oder Handlungsprozesses, und das kann nur so geschehen, daß der Betrachter das in der Abbildung Gegebene zu einem Bedeutungszusammenhang ergänzt, also zu einem mehr oder weniger deutli-

---

47 Nach U. Eco, Zeichen, S. 45, »expressive« Zeichen.

chen Konzipieren von Begriffen übergeht. So sieht sich zum Beispiel der Betrachter der Tischbeinschen Skizze des lesenden römischen Goethe dazu eingeladen, über das Erfassen der geneigten Kopfhaltung, des ruhigen, nach innen gekehrten Gesichtsausdrucks, der Blickrichtung der Augen und der Stellung des aufgeschlagenen Buchs als solcher hinauszugehen und den Bedeutungszusammenhang »Lesen« zu denken. Man mag einwenden, daß der Anteil des Begriffs des Lesens am Verstehen dieses Bildes nicht viel größer sei als der des Begriffs Haus an der Rezeption des Abbilds eines Hauses. Doch sobald man mit Bildern konfrontiert wird, die eine größere Zahl von gestischen, mimischen und Handlungsdetails miteinander kombinieren, erkennt man, daß der Bedeutungscharakter der so ins Spiel gebrachten Bedeutungsmomente eine Akzentuierung erfährt. Man muß solche Bilder gleichsam lesen, also Bedeutungsmoment auf Bedeutungsmoment als solches realisieren und denkend zu den anderen in Beziehung setzen, um sie verstehen zu können. Es ist höchst aufschlußreich, daß die Malerei der Renaissance und insbesondere die von der Gegenreformation initiierte Kunst, die Erwartungen, wie sie von der mittelalterlichen Bedeutungsmalerei her bestanden, mit den neuen Vorstellungen von malerischem Illusionismus zu verbinden hatte, die Möglichkeiten des Gestischen und Mimischen gezielt ergriffen und unter anderem, wie es scheint, in Anlehnung an die Actio-Lehre der antiken Rhetorik ausgebaut hat.[48] Sie hat dies freilich auf eine Weise und mit einer Konsequenz getan, durch die das Mimisch-Gestische aufhörte, bloßes Anzeichen zu sein, und zum konventionellen Zeichen, zum Zeichen durch Übereinkunft, wurde: das Mienenspiel eines Trauernden ist wohl ohne weiteres als Anzeichen von Trauer erkennbar, eine Geste wie die des Segnens jedoch nur für den, der an bestimmten Traditionen teilhat. Immerhin bleibt festzuhalten, daß es gerade Gegenstände mit dem Charakter eines Anzeichens gewesen sind, die zum Ausgangspunkt für die Entwicklung solch konventioneller visueller Zeichen wurden.

Die historische Rahmenform der inneren Wort-Bild-Beziehungen

Mit den konventionellen Zeichenstrukturen des Bilds, dem, was man ikonologische Codes nennen könnte, ist die Ebene bezeichnet, auf der der Sprachcharakter des Bilds vollends zu Tage tritt. Doch wie beim Wort von der Akzentuierung des Bezugs zum Sinnenschein kann beim Bild von einem derartigen Heraustreiben des Sprachcharakters allein in historischen Zusam-

---

[48] Einen ersten Einblick in die breite Literatur des 17. Jahrhunderts zur Gebärdensprache gibt E. Bonfatti, Vorläufige Hinweise zu einem Handbuch der Gebärdensprache im deutschen Barock, in: Virtus und Fortuna, Fs. H.-G. Roloff, Bern usw. 1983, S. 393-405.

menhängen sinnvoll gehandelt werden. Hier war zunächst nur grundsätzlich klarzustellen, daß das Bezogensein des Worts auf einen quasi-bildlichen Sinnenschein die Grundlage für seine Ausgestaltung zum anschaulichen Wort und das Bezogensein des Bilds auf die Bedeutungsentfaltung im Wort die Basis für seine Ausgestaltung zum sprechenden Bild darstellt, und darüber hinaus war anzudeuten, wie sie jeweils als eine solche Grundlage zu fungieren vermögen, wie sie als Möglichkeit ergriffen und zur Quelle bestimmter gestalterischer Verfahren werden können; dabei konnte auf Beispiele nicht verzichtet werden. Diese Beispiele lassen sich jedoch streng genommen nur im Rahmen historischer Theoriebildung zutreffend kennzeichnen, wie die Art und Weise der Veranschaulichung des Worts bzw. der Versprachlichung des Bilds überhaupt nur in historischen Zusammenhängen zu fassen sind.

Schon die Frage, ob es sich bei einer Wendung wie der von den »roten Lippen« wirklich um nichts als eine veranschaulichende Tautologie handelt, kann nur am konkreten Fall und im historischen Kontext entschieden werden. Die Farbadjektive fungieren vielfach ja auch als Träger besonderer Bedeutungen. So gilt rot zum Beispiel als Farbe der Liebe oder des Lebens. In dem Maße, in dem das Farbadjektiv dazu dient, ein Sinnmoment ins Spiel zu bringen, tritt der Aspekt des Tautologischen in den Hintergrund, ohne daß er freilich je ganz verschwinden könnte. Nur der Blick auf den historischen Kontext kann aber klären, ob mit einem solchen Sinnmoment gerechnet werden muß, und, wenn ja, auf welche Weise mit ihm zu rechnen ist; ob es mit der Farbe rot grundsätzlich, also vor aller dichterischen Gestaltungsbemühung, verknüpft ist, ob es sich mithin um eine konventionelle Bedeutung handelt, oder ob es ihm erst im Zuge der Gestaltung zuwächst. Bei ersterem mag man an Beispiele aus der Barockliteratur denken, bei letzterem an ein Werk wie G. Kellers »Romeo und Julia auf dem Dorfe«, wo der Farbe rot zusammen mit der Kontrastfarbe schwarz eine besondere Funktion zukommt; übrigens steht diese Funktion noch deutlich in der Tradition jener älteren Bedeutungskonventionen. Ähnliches gilt auch für den Sprachcharakter des Bilds. Ob zum Beispiel eine bestimmte Miene oder Geste einfach als Miene und Geste zu betrachten sind, ob sie als Anzeichen aufzufassen oder wie ein Zeichen zu lesen sind, kann immer nur vor der Folie der Epoche beurteilt werden.

Es kommt nun darauf an zu erkennen, in welchem Maße die inneren Wort-Bild-Beziehungen geschichtlich sind, und sich die verschiedenen Dimensionen und Aspekte ihrer Historizität klar vor Augen zu stellen. Ein Beispiel mag dabei weiterhelfen. Die Anfangspartien von Wernhers Verserzählung ›Von dem Helmbrehte‹, dem Bauernsohn, der Ritter werden möchte, sind von einem langen Dialog zwischen Vater und Sohn Helmbrecht beherrscht, in denen das Für und Wider des Strebens weg aus der bäuerlichen Welt hin zum Hof erörtert werden. Er endet mit Abschied und Ausritt des

Sohns: »hin drâte er über den gater«.⁴⁹ Die ältere Literarhistorie hat diese Wendung zusammen mit einigen anderen vergleichbaren Stellen als Beleg für die anschauliche Erzählweise des »Realisten« Wernher genommen, der mit wenigen sicheren Strichen vor seinem Leser bzw. Zuhörer die Szenerie der Handlung erstehen lasse. Demgegenüber würde die neuere Forschung wohl eher an die Bedeutung erinnern, die der Zaun im mittelalterlichen Rechtsdenken einnimmt:⁵⁰ Helmbrecht verläßt hier den umfriedeten Bereich des väterlichen Hofs, wo sein Platz ist und wo er Schutz genossen hat; letztlich verläßt er mit ihm seinen Platz in der göttlichen Weltordnung. Nimmt man hinzu, daß Wernher niemals wirklich eine zusammenhängende Szenerie entwirft, ja Inkonsequenzen bei der Gestaltung von Raum und Zeit in Kauf nimmt wie andere Erzähler seiner Zeit auch, so wird man sagen müssen, daß es hier nicht eigentlich um ein anschauliches, sondern um ein bedeutsames Erzählen gehe.

Dennoch ist die erörterte Stelle nach wie vor anschaulich zu nennen. Daß Helmbrecht den Friedensbereich des väterlichen Hofs verläßt, hätte ja auch explizit, nämlich abstrakt gesagt werden können. Aber das ist nicht geschehen. Der Sachverhalt wird sinnbildlich, und das heißt eben bildlich, dargestellt. Nur ist die Ursache für die Formulierung im Bild nicht so sehr im Willen des Autors zu anschaulichem Gestalten als vielmehr jenseits dessen in dem zu suchen, was man das anschauliche Denken des Mittelalters genannt hat.⁵¹ Dazu müssen hier einige Andeutungen genügen. Bekanntlich hat sich der Mensch des Mittelalters und der frühen Neuzeit vielfach auf eine eigentümlich handhaft-konkrete Weise auf Gegebenheiten bezogen, von denen wir heute auf abstrakt-begriffliche Weise zu denken gewohnt sind, ob es sich dabei um Gegebenheiten aus der Sphäre des Rechts, der Religion, der Politik, anderer Bereiche des kulturellen Lebens oder der Natur handelt. Der Zaun ist – um bei dem gewählten Beispiel zu bleiben – nicht nur das, was die Grenze des Bereichs des Hausfriedens anzeigt, sondern er ist im Horizont des mittelalterlichen Menschen diese Grenze wirklich, auf eine Weise, die man fast magisch nennen möchte. Der Besitz der Königskrone ist nicht nur ein Attri-

---

49 Wernher der Gartenaere, Helmbrecht, hg. v. F. Panzer, 8. Aufl., bearb. v. K. Ruh, Tübingen 1968, V. 224-648, hier V. 648.
50 Zumal wenn der »Erzählverlauf« als »Vorgang des Rechtslebens« interpretiert wird. B. Boesch, Die Beispielerzählung vom Helmbrecht, in: DU 17, 1965, H. 2, S. 36-47, hier S. 41. – Zur Sache vgl. das Stichwort ›Zaun‹ im Handwörterbuch des deutschen Aberglaubens, Nachtragsband, Sp. 991ff., hier Sp. 991-992.
51 Zur Kennzeichnung der »mittelalterlichen Denk- und Sehweise« sei hier nur beispielhaft auf die Arbeiten von P. E. Schramm zur mittelalterlichen »Staatssymbolik« hingewiesen; allererst in den Insignien und Bräuchen, durch die sich der Herrscher als Herrscher darstellt, wird die mittelalterliche Staatsauffassung greifbar: P. E. Schramm, Die Anerkennung Karls des Großen als Kaiser, in: HZ 172, 1951, S. 449-515; ders., Die Geschichte des mittelalterlichen Herrschertums im Lichte der Herrschaftszeichen, in: HZ 178, 1954, S. 1-24.

but und Zeichen des Königtums, sondern er ist als solcher unabdingbarer Bestandteil des wahren Königtums.[52] Das Sakrament der Eucharistie ist nicht nur ein geistiges Zeichen der Nähe Gottes, sondern in ihm ist Gott auf handhaft-fleischliche Weise nah.

Entscheidend ist nun sich klarzumachen, daß es im Horizont dieses anschauungsbezogenen Denkens keinen anderen Weg gibt, sich der genannten Gegebenheiten zu versichern, als eben jene handhaft-konkrete Art; daß es hier keine zweite Instanz des Denkens gibt, keine zweite Ebene, auf der sie auch anders, zum Beispiel abstrakt wissenschaftlich, dargestellt und gedacht werden könnten und vor deren Hintergrund sich der bildhafte Ausdruck als anschaulich abheben könnte. Das aber heißt, daß manches, was von einem späteren Standort aus als Kunstmittel zur anschaulichen Gestaltung des Worts erscheinen muß, der Art zuzurechnen ist, wie man die in Rede stehende Sache überhaupt denkend faßt. Ähnliches läßt sich für das Bild feststellen. Zum »anschaulichen Denken« gehört ja, was meist vergessen wird, ein »denkenderes Anschauen« als sein Gegenstück notwendig mit dazu. Wie das »Mittelalter (...) durch das Bestreben beherrscht ist, das Unsichtbare sinnfällig zu machen«, so ist es »andererseits bereit (...), im Sinnfälligen Unsichtbares aufzuspüren« (P. E. Schramm).[53] Dementsprechend erwächst vieles von dem, was aus heutiger Sicht als ikonologischer Code anzusprechen sein mag, gar nicht erst aus dem Bestreben, möglichst vielsagende Bilder zu erstellen, sondern gehört bereits der Art und Weise zu, wie Welt überhaupt gesehen wird, eben jenem »denkenderen«, auf das Auffinden von Sinn und Bedeutung ausgerichteten Anschauen.

Mit anderen Worten: was auf einer bestimmten historischen Stufe als literarische »Strategie« zur Veranschaulichung des Worts bzw. als künstlerisches Mittel zur Versprachlichung des Bilds fungiert, kann auf einer anderen historischen Stufe ganz andere Ursachen haben und anderen Wirkungen dienen. Damit erschließt sich nun eine weitere Dimension der Beziehungen von Wort und Bild, die vor und unabhängig von allen äußeren und inneren Wort-Bild-Beziehungen gegeben ist, wie sie sich im literarisch-ästhetischen Leben ausbilden können, eine ihrer wesentlichen Grundlagen, auf die sie mit Notwendigkeit immer rückbezogen sind. In ihr sind jene inneren Beziehungen zwischen Anschauen und Begreifen, zwischen dem Schematisieren des Sin-

---

[52] »Für das Mittelalter, das das Sinnenfällige braucht und, wo es nicht vorhanden ist, es schafft, ist (!) der Herrscher sein Staat«: P. E. Schramm, Die Anerkennung Karls des Großen, a.a.O., S. 514; und »die Zeichen, die ein Herrscher sich anlegt, sind (...) geradezu er selbst«: P. E. Schramm, Die Geschichte des mittelalterlichen Herrschertums, a.a.O., S. 11.
[53] P. E. Schramm, Die Anerkennung Karls des Großen, S. 512.

nenscheins und dem Sprechen angesiedelt, die sich jeweils auf einer bestimmten Stufe dessen ergeben, was man die geschichtliche Form der Erfahrung nennen könnte.⁵⁴

---

⁵⁴ Der Begriff der »historischen Form der Erfahrung« zielt auf ebendenselben Bereich, der andernorts in der Tradition der positivistischen Gesellschafts- und Kulturtheorie von Begriffen wie denen der »mentalité«, der »«mental habits« oder des »Habitus« aus gekennzeichnet wird. Wichtige Stationen dieses Denkens sind z. B. Lévy-Bruhl, der unter dem Titel der »fonctions mentales dans les sociétés inférieures« von prälogischen Erfahrungs- und Anschauungsmustern handelt, E. Cassirer mit seiner von Lévy-Bruhl abhängigen »Philosophie der symbolischen Formen«, die von der französischen Historikerschule um M. Bloch, L. Febvre und die Zeitschrift »Annales« geförderte Mentalitätsgeschichte, die inzwischen auch in Deutschland mit Erfolg betrieben wird, sodann C. Lévi-Strauss, der den Mentalitätsbegriff in den Horizont des Strukturalismus rückt, und, an ihn anknüpfend, jüngere Strukturalisten wie M. Foucault und P. Bourdieu. – M. Foucault, Die Ordnung der Dinge, Eine Archäologie der Humanwissenschaften, 1966, Frankfurt 1974, postuliert als Ziel seiner »archäologischen« Methode (S. 12) die Kennzeichnung des »spezifischen epistemologischen Raums einer bestimmten Epoche« als »positives Unbewußtes des Wissens« dieser Zeit (S. 11), das das »Wissen« (S. 10), die »empirischen Ordnungen« (S. 22), die »Ordnungscodes« einer »Kultur« (S. 24) ebenso fundiert wie ihre »wissenschaftlichen Theorien« (S. 22), ihre »Reflexion über die Ordnung« (S. 24). Es geht ihm insofern um den grundlegenden Wandel der »Seinsweise der Dinge und der Ordnung, »die die Dinge dem Wissen anbietet, indem sie sie aufteilt« (S. 25). – Auch kann der Begriff der »historischen Form der Erfahrung« mit dem des »Habitus« verglichen werden, den P. Bourdieu, Zur Soziologie der symbolischen Formen, 1970, Frankfurt 1983, im Anschluß an E. Panofsky entwickelt; er spricht von ihm als von einem »System verinnerlichter Muster (...), die es erlauben, alle typischen Gedanken, Wahrnehmungen und Handlungen einer Kultur zu erzeugen« (S. 142). – Wenn wir hier von »Formen der Erfahrung« und nicht von »mentalen Habitus« reden, so weil wir der geschichtlich-gesellschaftlichen Vermitteltheit der Erfahrung, wie sie sich im unbewußt bleibenden Fungieren solcher Habitus manifestiert, zwar Rechnung tragen wollen, aber ohne sie zu verabsolutieren, was zu Recht als »soziologistische Reduktion« gegeißelt worden ist (Bourdieu, S. 19). In der Tradition des Kantischen Denkens, der Hermeneutik und der Phänomenologie begreifen wir Erfahrung als Akteinheit von sinnlicher Wahrnehmung, Reproduktion von Habitus und aktueller Produktion von Sinn, wobei die aktuelle Sinnproduktion prinzipiell die Aufhebung von Habitus in sich begreifen kann. Der Strukturalismus streicht wie alle anderen in der Tradition des Positivismus stehenden, der Schimäre einer Naturwissenschaft der Kultur nachjagenden Theorien (vgl. Bourdieus Physikalismus: S. 11–12, S. 16 u. ö.) aus diesem Ensemble das Moment der aktuellen Sinnsetzung, indem er es zum bloßen Schein des subjektiven Bewußtseins erklärt; damit reduziert er eben Erfahrung auf Verhalten, aus keinem anderen Grund als dem, weil er nur dies auf quasi-naturwissenschaftliche Weise glaubt erforschen zu können, und dazu ist er entschlossen. »Der Sinn der (...) Handlungen (gehört) nicht dem Subjekt, das sie ausführt, sondern dem kompletten System der Beziehungen, innerhalb dessen und durch das sie sich vollziehen« (S. 18–19); Bourdieu versteigt sich sogar zu der in ihrer Abstrusität entlarvenden Behauptung, das »System der Beziehungen« »be-

Im allgemeinen wird man die Wandlungen, auf die dabei abgezielt ist, eher mit dem Begriff des Weltbilds verknüpfen. Demgegenüber soll hier der Akzent auf den Vorgang, das Verfahren gelegt werden, aus dem ein solches Weltbild hervorgeht und auf das es zurückverweist. Denn es ist zunächst und vor allem die Art und Weise, wie Wirklichkeit lebensweltlich in Erfahrung gebracht und als Erfahrung fixiert wird, was einem historischen Wandel unterworfen ist, mit ihr freilich zugleich dann auch das, was sich in solchem Erfahren als Wirklichkeit zeigt, ja recht betrachtet allererst als Wirklichkeit konstituiert.[55]

»Das Sehen an sich hat seine Geschichte« (H. Wölfflin).[56] »Innerhalb großer geschichtlicher Zeiträume verändert sich mit der gesamten Daseinsweise der menschlichen Kollektive auch die Art und Weise ihrer Sinneswahrnehmung« (W. Benjamin).[57] »Die Unschuld des Auges ist eine Fabel«,[58] Sehen realisiert sich immer nur als »Beziehung zwischen Konvention, geistiger Ein-

---

sitze größere Realität (!) als die Individuen« (S. 21). – Daß der Gedanke der unbewußt fungierenden geschichtlichen Systeme von »mental habits« in dieser Weise verabsolutiert, das Habituelle gerade durch die völlige Negation des Aktuellen herausgekehrt wird, nimmt ihm jede Möglichkeit, fruchtbar zu werden, und dies in doppelter Hinsicht. Zum einen wird so eine Historiographie, die diesen Namen verdient, gerade nicht möglich, insofern die historische Dynamik hier nicht gefaßt werden kann; das könnte nur gelingen, wenn die die Habitus aufhebende aktuelle Sinnproduktion systematisch mit bedacht würde. Über den Begriff des Systems der Beziehungen lassen sich nur statische innere Gesetze von Epochen als jenseits aller Transformationen liegende Tiefenstrukturen postulieren; der geschichtliche Wandel kann dann nur noch durch globale Krisen erklärt werden (S. 155), in denen eine Epoche die andere ablöst. Unbewußt reproduziert der Strukturalismus so das Epochendenken der klassisch-idealistischen Ästhetik. Aber Geschichte findet immerzu statt, nicht nur in angeblichen Krisenzeiten. Und zum andern kann die strukturalistische Theorie ihren eigenen Ort im geschichtlichen Prozeß nicht angeben. Denn es hat keinen Sinn, von der »Aufgabe« zu sprechen, »den Subjekten den Sinn ihres Verhaltens« durch die Theorie »wieder verfügbar zu machen« (S. 31), nachdem zuvor jede Möglichkeit eines sinnhaften Verfügens systematisch ausgeschlossen worden ist. – Alle diese Aporien des Strukturalismus, deren Reihe sich leicht verlängern ließe, können nur behoben werden, indem man sich klarmacht, daß die »vorprädikative Erfahrung« keineswegs in einem grundsätzlichen und unüberbrückbaren Gegensatz zum »prädikativen Denken« steht, daß vielmehr das eine aus dem anderen hervorwächst, das eine im anderen »terminiert«, wie E. Husserl dies immer wieder, z. B. in Erfahrung und Urteil, 1939, Hamburg 1972, gezeigt hat.

55 Wie der Strukturalismus akzentuieren also auch wir den »modus operandi« (Bourdieu, S. 151), freilich ohne ihn zu verabsolutieren.
56 H. Wölfflin, Kunstgeschichtliche Grundbegriffe, München 1915, S. 11.
57 W. Benjamin, Das Kunstwerk im Zeitalter seiner technischen Reproduzierbarkeit, a.a.O., S. 478.
58 E. H. Gombrich, Kunst und Illusion, a.a.O., S. 327.

stellung und Wahrnehmung«[59] – darum »hat Kunst eine Geschichte« (E. H. Gombrich).[60] Wie tief die geschichtlich-gesellschaftliche Vermitteltheit der Wahrnehmung reicht, erhellt z. B. aus dem Hinweis L. Hjelmslevs, daß in verschiedenen Kulturkreisen das Farbspektrum mit Hilfe unterschiedlicher Gruppen von Farbadjektiven anders aufgeteilt wird: das Spektrum von Licht unterschiedlicher Wellenlänge wird an verschiedenen Stellen in Sektoren unterteilt, die dann jeweils als eine bestimmte Farbe begriffen werden.[61] Sehen, Hören, Fühlen als immer schon deutendes weil auswählendes und wählend in als sinnvoll gesetzte Zusammenhänge bringendes »Zugreifen« der Sinne oder vielmehr des sich interessierenden Ichs[62] unterliegt, eben weil sich alles Sich-Interessieren und Als-sinnvoll-Meinen in einem geschichtlich-gesellschaftlichen Kontext vollzieht, tiefgreifenden historischen Wandlungen, die gleichsam eine Vorentscheidung dafür darstellen, wie das Wort sich im einzelnen literarischen Text auf die Welt des Sinnenscheins beziehen und das künstlerisch gestaltete Bild seinen immanenten Sprachcharakter herauskehren kann.

Natürlich können diese Veränderungen nicht so gedacht werden, als erstreckten sie sich auf die logischen Grundlagen der Erfahrung selbst, wie sie oben als Bedingung der Möglichkeit von Wort-Bild-Beziehungen zumindest in Andeutungen entwickelt worden sind; auf diesem Wege müßte sich die Theorie der Wort-Bild-Beziehungen in unüberwindliche Widersprüche verwickeln.[63] Sie können vielmehr nur als auf die Art und Weise bezogen gedacht werden, wie Erfahrung sich lebensweltlich konstituiert; genauer: auf die geschichtlich-gesellschaftliche Dimension solchen Sich-Konstituierens. Was sich ändert, ist nicht das grundsätzliche Bezogensein des Worts auf einen quasi-bildlichen Sinnenschein selbst bzw. des Bilds auf die Bedeutungsentfaltung im Wort, sondern nur die Art und Weise, wie dieses Bezogensein in verschiedenen Phasen der Geschichte im einzelnen realisiert, wie es ausgefüllt wird. Im Mittelalter und der frühen Neuzeit zum Beispiel erfährt jenes Bezogensein vielfach vor und unabhängig von jeder literarischen und künstlerischen Bemühung bereits durch die Form der Erfahrung eine besondere Ak-

---

[59] Ebenda, S. 396.
[60] S. 424.
[61] L. Hjelmslev, Prolegomena zu einer Sprachtheorie, a.a.O., S. 57
[62] Vgl. E. Husserl, Erfahrung und Urteil, a.a.O., etwa S. 86ff.: Die erfahrende Ichtendenz als »Interesse« am Erfahrenen.
[63] Sie würde sich nämlich wie die positivistischen und strukturalistischen Theorien in einen Relativismus der Mentalitäten verstricken. Bei M. Foucault, Die Ordnung der Dinge, wird dieser Relativismus besonders deutlich zum Problem. Wenn er drei verschiedene Formen des »Wissens« in der Neuzeit unterscheidet, die in drei verschiedenen Weisen gründen, wie die »Worte« jeweils die »Dinge« und die »Dinge« die »Worte« »ordnen«, so vermag er nicht den Ort anzugeben, von dem aus es der von ihm selbst betriebenen Form des »Wissens« gelingen kann, sie adäquat darzustellen.

zentuierung. Was immer sich der Mensch hier denkend vergegenwärtigt, zeigt sich ihm, wie es scheint, in anschaulicher Gestalt: er denkt nicht so sehr einen abstrakten Begriff des Hausfriedens, sondern stellt sich den Gefahr und willkürliche Gewalt fernhaltenden Zaun vor. Und was immer in sein Blickfeld tritt, spricht zu ihm von dem, was es ihm spirituell bedeutet: er erblickt den Zaun nicht so sehr als Ding, sondern vielmehr als Garanten seines Hausfriedens. Man wird sich das wohl so vorzustellen haben, daß sich ihm der Zaun gar nicht erst zum bloßen Ding versachlicht – als Inbegriff dessen, was alles an ihm in bloßer sachlicher Wahrnehmung faßbar wird –, sondern zusammen mit den lebenspraktischen und spirituellen Bedeutungen, die es für ihn hat, einen einzigen »lebendigen« Vorstellungskomplex bildet, wie umgekehrt sich ihm der Rechtsverhalt des Hausfriedens nicht zum bloßen Begriff eines Rechtsinstituts objektiviert. Insofern hier also die Bedeutungsmomente, die sich mit dem Wort zunächst und vor allem verbinden, nicht in begrifflicher Allgemeinheit, sondern überhaupt nur in Verbindung mit mancherlei konkreten sinnlich wahrnehmbaren Gegebenheiten vorgestellt werden, hat die Rede vom Bezogensein des Worts auf einen quasi-bildlichen Sinnenschein von vorneherein eine verstärkte Bedeutung. Und insofern die sichtbare Welt als von Bedeutung durchdrungen erfahren wird, die doch immer sprachlich vermittelt ist, hat alles Abbilden hier von vorneherein einen gesteigerten Sprachcharakter. Das alles gilt natürlich nur auf dieser geschichtlichen Stufe; in Epochen, die durch eine andere historische Form der Erfahrung gekennzeichnet sind, sind die Voraussetzungen für die inneren Wort-Bild-Beziehungen entsprechend andere.

Damit sind die allgemeinsten Formen der Wort-Bild-Beziehungen benannt, ist gleichsam ihr innerster Kern ausgeleuchtet. Neben den logischen Grundlagen, wie sie eine allgemeine Theorie der Erfahrung als Bedingung der Möglichkeit und in gewissem Sinne als eine erste, allgemeinste Dimension der Beziehungen von Wort und Bild darzulegen vermag, sind nun auch jene Grundlagen sichtbar geworden, die von der geschichtlichen Form der Erfahrung her gegeben sind; man könnte sie die historische Rahmenform der Wort-Bild-Beziehungen nennen. Alles Nachdenken über die Fragen, die sich mit der anschaulichen Gestaltung des Worts und der sprechenden Gestaltung des Bilds verknüpfen, mit ihren Voraussetzungen, Möglichkeiten und Grenzen, den Zielen, unter denen sie stehen, und den Wirkungen, die sie erreichen, muß bei ihr ansetzen. Genauer gesagt, muß es sich auf sie rückbeziehen, denn geradezu ausgehen kann es von ihr nicht. Die Geschichte der Art und Weise, in der die wirkliche Welt in Erfahrung gebracht, in der sie gesehen, gedacht, sprachlich fixiert wird, ist immer nur mittelbar zu greifen, d. h. aus ihren Manifestationen zu erschließen, und einen Versuch, sie platterdings zu einem Gegenstand von Geschichtsschreibung zu machen, kann man sich nur schwer vorstellen.

Rückkehr zum literarisch-ästhetischen Bereich

Daß sich sowohl eine jede Untersuchung von Fragen der Anschaulichkeit des Worts als auch jede Analyse des Sprachcharakters von Bildern auf die eine Geschichte der Form der Erfahrung beziehen muß, ist das letzte und ausschlaggebende Argument dafür, das anschauliche Wort und das sprechende Bild im Rahmen einer Theorie der inneren Wort-Bild-Beziehungen gemeinsam zu erörtern. Das Beispiel des Zauns aus Wernhers Geschichte vom Meier Helmbrecht hat deutlich gemacht, daß und wie man sich bei der Beschäftigung mit beiden Gegenständen letztendlich auf ein und denselben Fragenkreis geführt sieht. Ebenso wie eine literarische Strategie zur Veranschaulichung des Worts nur vor dem Hintergrund der geschichtlichen Form der Erfahrung präzise erfaßt werden kann, wie sie nämlich nur als Versuch bestimmt werden kann, über die Anschaulichkeit hinauszugehen, die in der geschichtlichen Form des Denkens ohnehin schon beschlossen liegt, so kann auch eine künstlerische Strategie zur Versprachlichung des Bilds nur dadurch als solche erkannt werden, daß sie sich von dem Redecharakter abhebt, der mit der geschichtlichen Form des Sehens gegeben ist.

Damit sind diese Überlegungen wieder zum literarisch-ästhetischen Bereich zurückgekehrt. Die spezifischen inneren Wort-Bild-Beziehungen, die das literarisch-ästhetische Leben hervorbringt, stellen sich nunmehr als eine dritte Schicht von Beziehungen auf der Basis der logischen Grundlagen einerseits und der allgemeinen historischen Rahmenform andererseits dar. Sie erscheinen dabei grundsätzlich als Ergebnis des Versuchs, über die in der historischen Rahmenform liegenden Möglichkeiten hinauszugehen; sie weiterzubilden oder zumindest besonders intensiv zu nutzen. Darin liegt beschlossen, wovon die Überlegungen in diesem Abschnitt der Untersuchung ausgegangen sind: daß von den möglichen Strategien, Zielen und Wirkungen einer anschaulichen Gestaltung des literarischen Worts als der Akzentuierung seines Bezugs zum Sinnenschein bzw. einer vielsagenden Gestaltung des künstlerischen Bilds als der Akzentuierung seines Sprachcharakters nicht im allgemeinen, sondern nur in besonderen historischen Zusammenhängen sinnvoll gehandelt werden kann; die geschichtliche Rahmenform läßt sich nicht überspringen.

Genauer gesagt, sind allgemeine Aussagen über die inneren Wort-Bild-Beziehungen innerhalb des literarisch-ästhetischen Bereichs nur insofern möglich, als sie sich auf ihre logischen Grundlagen zurückführen lassen. Von ihnen aus scheint sich nun allerdings vor Eintritt in die historischen Untersuchungen zumindest eines noch über Eigenart und Sinn jener Beziehungen sagen zu lassen. Warum sollen sich Wort und Bild auf dem Boden ihrer ureigensten Möglichkeiten überhaupt zusätzlich um die des jeweils anderen Zeichensystems bemühen; was ist damit gewonnen? Die Antwort wurde oben zunächst versuchsweise mit Hilfe der Vorstellung gegeben, daß sich

Wort und Bild zur Darstellung verschiedener »Seiten« der Wirklichkeit eigneten, das eine für die »Seiten«, die sich allererst durch die Entwicklung umfassender Bedeutungszusammenhänge fassen ließen, das andere für die, die im Augenschein erfahrbar würden; wenn sie sich um die spezifischen Möglichkeiten des jeweils anderen Zeichensystems bemühten, so darum, weil sie auch derjenigen »Seite« so weit als möglich zur Geltung zu verhelfen suchten, für die sie weniger geeignet seien, also weil sie nach einem möglichst »vielsagenden« Reden strebten.

Diese These kann jedoch, wie dargelegt, aus vielerlei Gründen nicht befriedigen. Was geschieht, wenn das Wort anschaulich und das Bild sprechend gestaltet wird, muß darum auf andere Weise bestimmt werden. Wenn das Wort seinen Bezug zum Sinnenschein, das Bild seinen Sprachcharakter akzentuiert, so heißt das nicht so sehr, daß verschiedene Erfahrungen kombiniert, mehrere verschiedenartige Einzelerfahrungen, in denen sich verschiedene Seiten der Wirklichkeit geben, miteinander verbunden werden; sondern es bedeutet vor allem, daß in das Zustandekommen der Erfahrung, von der die Rede ist, hineingeführt wird, also in den Prozeß, in dem die zugehörige Anschauung und der betreffende Begriff gleichsam zusammenkommen: das Wort begnügt sich nicht damit, die Bedeutungen zu geben, die sich in der Erfahrung konstituiert haben, sondern hält sich darüber hinaus die Anschauung bewußt, auf die sie sich beziehen, und das Bild präsentiert nicht einfach nur den geordneten Sinnenschein, sondern kehrt zugleich an ihm mit heraus, was ihn ordnet. Mit anderen Worten: wo immer anschaulich gesprochen und vielsagend abgebildet wird, da wird der Erfahrungscharakter dessen verstärkt, wovon die Rede ist.

Dieser Gedanke erlaubt es nun, die Bedeutung der Beschäftigung mit den inneren Wort-Bild-Beziehungen innerhalb einer Theorie der Kunst und Literatur näher zu beleuchten. In ihm werden die allgemeinen logischen Gründe dafür sichtbar, warum Fragen der inneren Wort-Bild-Beziehungen gerade im literarisch-ästhetischen Bereich besondere Bedeutung erlangen, warum sich diese Beziehungen in ihm besonders deutlich ausprägen und somit an ihm auf besonders aufschlußreiche Weise zu erörtern sind, wie umgekehrt auch ihre Bedeutung für die Bestimmung des Wesens von Kunst und Literatur kenntlich wird. Das künstlerische Abbilden, das literarische Sprechen hebt sich von anderen Weisen des Abbildens und Sprechens weithin gerade dadurch ab, daß es seine Gegenstände nicht einfach als Resultat eines abgeschlossenen Erfahrungsprozesses, sondern zugleich mit dem Prozeß oder zumindest mit Aspekten des Prozesses präsentiert, dessen Resultat sie sind; daß es nicht fertige, sondern werdende Erfahrung wiedergibt.

So läßt zum Beispiel ein belehrsam-unterhaltendes Erzählen des Spätmittelalters und der frühen Neuzeit – um an dieser Stelle nur die Seite der Literatur näher zu beleuchten – seine Lehren aus dem Ausbreiten von Exempelgeschichten als deren Moral hervorgehen. So wird in einem Roman oder Drama des 18. und 19. Jahrhunderts eine bestimmte schicksalhafte Erfahrung nicht einfach nur benannt und nach ihren Merkmalen, Ursachen und Folgen gekennzeichnet, sondern sie wird in ihrem Zustandekommen vorgeführt, also in eine Reihe von Handlungsschritten zerlegt, aus deren Aufeinanderfolgen sie nach und nach als Erfahrung erwächst. So wird in der klassischen deutschen Symbolkunst das Besondere eines Gefühls oder eines Geschehens in seiner Besonderheit ausgebreitet und zugleich auf ein Allgemeines hin transparent gemacht. Und so wird in der Literatur seit der Jahrhundertwende im Zeichen des Lebensbegriffs ein Erlebnis oder Lebensgeschehnis gerade in der Fülle seines konkreten Details, seiner sinnlichen Valeurs, psychischen Tinktionen usw. dargestellt.

Natürlich sind die Gründe dafür immer wieder andere. Im Fall der Exempelgeschichten geht es zum Beispiel darum, dem Publikum die Lehre aus dem Beispiel verständlich zu machen, sie ihm aus ihm einleuchten zu lassen und an ihm einzuprägen sowie es durch sein unterhaltendes Moment für sie einzunehmen. Bei den genannten Romanen und Dramen kann die Intention sein, den Leser oder Zuschauer zu unterhalten, nämlich in Spannung zu versetzen, und das wiederum heißt, es ihm möglich zu machen, sich in die Lage handelnder Personen zu versetzen und sich mit ihnen zu identifizieren. Darüber hinaus kann auch auf das Auslösen von Betroffenheit, zum Beispiel auf das Wecken von Mitleid, abgezielt sein. Für die klassische Symbolkunst stehen bestimmte philosophische Fragen, die die Einheit des Weltganzen betreffen, im Vordergrund. Und der Dichtung im Zeichen des Lebensbegriffs geht es darum, das Lebendigsein dem Zugriff des begrifflichen Denkens zu entziehen und so vor das Bewußtsein zu bringen. Aber das Verfahren, mit dem Inhalte aufgerollt, mögliche Wirklichkeit zur Darstellung gebracht wird, ist in all diesen Fällen im Prinzip dasselbe. Es ist eben jenes Reden, das eine Erfahrung dadurch mitteilt, daß es in ihr Zustandekommen hineinführt.

Wenn es nun richtig ist, daß die Art und Weise, wie in Literatur und Kunst Inhalt aufgebracht wird, wesentlich von dem verstärkten Erfahrungscharakter der Rede geprägt ist, dann ist mit der Anschaulichkeit ein wesentliches Merkmal von Literatur, mit dem Sprachcharakter ein wesentliches Merkmal von Kunst benannt, etwas, wodurch sich Literatur als Literatur, Kunst als Kunst erweist. Und über die inneren Wort-Bild-Beziehungen nachzudenken, heißt dann nicht mehr nur, sich in den Randzonen von Kunst- und Literaturwissenschaft zu bewegen, sondern ins Zentrum ihrer Theorie vorzudringen und die Begriffe der Kunst und Literatur selbst zur Sprache zu bringen; es heißt, ihre spezifische Rede- und Darstellungsweise, die Eigenart ihrer Mimesis vergleichend zu erörtern.

Damit sind wir im Gang der Untersuchung bei eben dem Moment angelangt, das in der Einleitung als Mittelpunkt des Fragenkreises benannt worden ist, der im folgenden aufzurollen sein würde – bei dem Begriff der Mimesis. Der von uns eingeschlagene Weg hat uns in der Tat zum Ziel geführt: in der Frage nach den Wort-Bild-Beziehungen liegt ein entscheidender Zugang zum Problem der Mimesis.[64]

3. KAPITEL

Die Wechselbeziehungen von Wort- und Bildkunst
und die Frage nach ihrer Geschichtlichkeit

Mit den Wort-Bild-Formen einerseits und dem anschaulichen Wort sowie dem sprechenden Bild andererseits sind zwei wichtige Felder der Wort-Bild-Beziehungen umrissen. Zwischen ihnen ist ein dritter Bereich angesiedelt, der bisher nur gestreift worden ist: der der Wechselbeziehungen von Wort- und Bildkunst. Daß er in der Tat die Mitte zwischen ihnen bezeichnet, ist leicht einzusehen. Auf der einen Seite stellen sich die literarischen und bildkünstlerischen Werke, in denen sich derartige Wechselbeziehungen bezeugen, auf ganz ähnliche Weise zueinander wie die Wort- und Bildbestandteile einer Wort-Bild-Form; man könnte auch sagen, daß die Wort-Bild-Formen den Extremfall dieser Wechselbeziehungen darstellen, insofern diese sich hier innerhalb eines einzigen künstlerischen Gebildes manifestieren. So entsprechen zum Beispiel die Beziehungen zwischen dem Wort- und Bildteil eines illustrierten Buchs weithin denen zwischen einem literarischen Text und den Bildwerken, die ihn als Stoffquelle benutzen. Und so ist es von einem Epigramm, das mit einem Bildwerk verbunden ist, nicht allzu weit bis zu einem Bildgedicht, das für sich alleine steht.

---

[64] »Mimesis« können wir nun freilich nicht mehr nur als »Interpretation des Wirklichen durch literarische Darstellung oder ›Nachahmung‹« (E. Auerbach, Mimesis, S. 515; vgl. Anm. 6 zur Einleitung) verstehen, also als ein von diesem oder jenem Künstler so oder so vorgenommenes Deuten, das zu einem vorab feststehenden »Wirklichen« bloß nachträglich hinzukäme. Vielmehr ist »Mimesis« für uns der Inbegriff der Akte, in denen sich in Werken der Kunst – unabhängig vom Belieben irgendeines Künstlers – Inhalt konstituiert, so wie sie auf jene Akte des Sich-Konstituierens von Wirklichkeit verweisen, die sich immer schon in geschichtlich-gesellschaftlichen Formen vollziehen. Unter dem Titel der Mimesis verhandeln wir also weniger die Frage »Was wird durch Dichtung eigentlich gegenständlich gemacht?« (W. Preisendanz, Mimesis und poiesis in der deutschen Dichtungstheorie des 18. Jahrhunderts, in: Rezeption und Produktion zwischen 1570 und 1730, Fs. G. Weydt, Bern/München 1972, S. 537–552, hier S. 537), als vielmehr die ihr zugrundeliegende Frage, auf welche Weise in Dichtung etwas gegenständlich gemacht werde.

Auf der anderen Seite fußen die Wechselbeziehungen von Wort- und Bildkunst auf den inneren Wort-Bild-Beziehungen. Die Art und Weise, wie sich ein literarischer Text auf bildkünstlerische Phänomene zu beziehen vermag, ist ihm durch die Möglichkeiten des anschaulichen Redens vorgezeichnet, die ihm grundsätzlich zur Verfügung stehen, so wie sich das Bild nur im Rahmen seiner Möglichkeiten des Sprechens auf literarische Phänomene beziehen kann. Dem soll im folgenden nachgegangen werden. Und insofern die Wechselbeziehungen von Wort- und Bildkunst einer der wesentlichen Schauplätze der inneren Wort-Bild-Beziehungen sind, ist die Blickrichtung dann auch umzukehren und zu fragen, was ihrer Geschichte an Aufschlüssen über deren Formenwandel und damit über den Wandel der geschichtlichen Form der Erfahrung überhaupt zu entnehmen ist. Zuvor muß aber versucht werden, einen Überblick über die Phänomene zu erlangen, in denen sich die Wechselbeziehungen von Wort- und Bildkunst manifestieren.

Systematischer Aufriß der Wechselbeziehungen von Wort- und Bildkunst

Als erstes hat ein systematischer Aufriß der Wechselbeziehungen von Wort- und Bildkunst zwischen den Beziehungen von Bildender Kunst und Literatur einerseits und den Beziehungen, in die diese Künste jeweils zu Wort-Bild-Formen eintreten, andererseits zu unterscheiden. Mit letzterem sind vor allem ihre Beziehungen zum Film und zu den mimisch-theatralischen Formen gemeint.

Bei den Wechselbeziehungen von Wort- und Bildkunst selbst[1] ist zunächst zwischen Beziehungen im Bereich des Stoffs und solchen im Bereich der Form zu unterscheiden. Schon die Beziehungen im Bereich des Stoffs sind sehr vielfältig. Sie können sich zunächst einfach darin niederschlagen, daß in Literatur und Kunst dieselben Stoffe, Gegenstände, Themen und Motive gestaltet werden. Dabei heben sich die Übereinstimmungen, die auf dem Schöpfen aus ein und demselben über Literatur und Kunst hinausgehenden und sie nur mit umfassenden Quellbereich beruhen, von den Fällen ab, in denen eine der beiden Künste einen zuvor in der anderen Kunst entfalteten Stoff aufgreift. Gemeinsame Stoffquellen von Wort- und Bildkunst sind zum Beispiel der Mythos, die biblische Geschichte, die Legende und die Geschichte.[2] Im zweiten Fall ist an die Gestaltung eines bildnerisch entwickelten

---

[1] Bei den nachfolgenden Überlegungen waren lediglich den Artikeln von G. Bebermeyer und W. Stammler über Literatur und Bildende Kunst im Reallexikon der deutschen Literaturgeschichte bzw. in Stammlers Deutscher Philologie im Aufriß einige Anhaltspunkte zu entnehmen.
[2] Eben hierfür gibt Beispiele in größerer Zahl W. Stammler, Schrifttum und Bildkunst im deutschen Mittelalter, in: Deutsche Philologie im Aufriß, a.a.O., Sp. 616ff.: II. Inhaltliche Berührungen, A. Geistliche Themen.

Stoffs in der Literatur wie zum Beispiel in den Bildbeschreibungen nach Art der Philostratischen Eikones,[3] in Bildepigrammen und Bildgedichten oder auch in jenen modernen Romanen zu denken, die Standardbilder der modernen Medienwelt, »Trivialmythen« aufarbeiten,[4] sowie an die Gestaltung eines literarischen Stoffs durch die Bildkunst; als Beispiele seien hier bildnerische Darstellungen von Szenen aus höfischen Epen,[5] aus den Metamorphosen Ovids und den Epen Vergils und Homers genannt.

Die angeführten Beispiele verdeutlichen sogleich die Abgrenzungsprobleme, die hier entstehen. Solange die Mythen, die in den genannten epischen Dichtungen gestaltet werden, noch lebendig sind, wird es schwer sein, ihre Gestaltung im Bildwerk auf jene Epen zu beziehen. Vor diesem Problem steht zum Beispiel, wer die berühmte Laokoon-Gruppe mit den entsprechenden Passagen in Vergils Aeneis vergleichen will. Erst wenn wie in der Renaissancekunst die Mythen der Antike als vergangene gestaltet werden, kann man sicher sein, daß sie durch jene literarischen Vorlagen vermittelt sind.

Eine dritte, besondere Möglichkeit von Beziehungen im Bereich des Stoffs ergibt sich daraus, daß Kunst als Kunst zum Stoff der Literatur, Literatur als Literatur zum Stoff der Kunst zu werden vermag. Sie können das sowohl als Ganze, also als Phänomen des geistigen Lebens, als Erscheinung der Kulturgeschichte, als Einrichtung des gesellschaftlichen Lebens und mit der Gesamtheit ihrer Werke, als auch mit besonderen Erscheinungen des literarisch-ästhetischen Lebens und insbesondere mit Einzelwerken. Beispiele dafür, wie Kunst zum Stoff von Literatur wird, finden sich in den Künstlerromanen und -novellen der Romantik;[6] Beispiele für Literatur als Stoff von Kunst sind die barocke Dichtungsallegorie, Szenen aus dem Leben von Dichtern, wie man sie aus dem 19. Jahrhundert kennt, Theaterbilder und dergleichen mehr.

Wie sich die Wechselbeziehungen im Bereich des Stoffs in drei Grundformen einteilen lassen, so auch die im Bereich der Form. Mit ihnen sind die Parallelen angesprochen, die nicht auf der Ebene des Dargestellten, sondern auf der des Darstellens selbst zu beobachten sind. Als erstes können auch hier die Gemeinsamkeiten, die sich aus gemeinschaftlichen Grundlagen von Kunst und Literatur ergeben, von solchen unterschieden werden, die aus einer wie auch immer gearteten Orientierung der einen Kunst an der anderen entsprin-

---

[3] Zur Bildbeschreibung in der Antike vgl. P. Friedländer, Johannes von Gaza und Paulus Silentiarius, Leipzig 1912.
[4] Zwei willkürlich herausgegriffene Beispiele: A. Robbe-Grillet, Projet pour une révolution à New York, Paris 1970; A. De Carlo, Creamtrain, Zürich 1985.
[5] Im Fall des ›Tristan‹ aufgearbeitet von H. Frühmorgen-Voß und N. H. Ott, in: Frühmorgen-Voß, Text und Illustration im Mittelalter, München 1975, S. 119–171.
[6] Vgl. etwa K. Laserstein, Die Gestalt des Bildenden Künstlers in der Dichtung, Berlin 1931.

gen. Die wichtigste gemeinschaftliche Basis, die Parallelen im darstellenden Verfahren von Kunst und Literatur begründet, ist die bereits oben umrissene historische Form der Erfahrung. Zur Illustration sei hier noch einmal an die Allegorese des späten Mittelalters und der frühen Neuzeit erinnert, wie sie vor allem die von F. Ohly begründete sogenannte Bedeutungsforschung erkundet hat.[7] Sie erwächst aus einer bestimmten Art und Weise, wie Wirklichkeit in Erfahrung gebracht und als Erfahrung fixiert wird, und prägt auf dieser Grundlage das allegorische Darstellen sowohl der Wort- als auch der Bildkunst.

Neben solchen Gemeinsamkeiten stehen als Zweites die Wechselbeziehungen, die sich aus den Versuchen ergeben, bestimmte Formen, die innerhalb einer der beiden Künste entwickelt worden sind, in die andere zu übernehmen bzw. auf dem Boden der ihr eigenen Möglichkeiten nachzubilden. Ein Beispiel für den Versuch, eine Formmöglichkeit der Bildenden Kunst mit literarischen Mitteln zu realisieren, liegt etwa in der romantischen Adaption der Arabeske vor.[8] Und als ein Beispiel auf Seiten der Kunst könnten etwa die Versuche gewertet werden, in Formen wie dem Stationenbild erzählerische Strukturen nachzubilden. An dritter Stelle sei schließlich noch die Möglichkeit erwähnt, daß die Form der literarischen bzw. der künstlerischen Darstellung überhaupt auf die der jeweils anderen Kunst einwirkt. Man denke etwa an die schon erwähnten Bemühungen Rilkes, sein Gedicht an der Kunst eines Rodin oder Cézanne zu schulen. Daneben können die neueren Versuche genannt werden, Gedichte wie »snapshots« (R. D. Brinkmann), also wie Fotos zu schreiben,[9] in denen der Rilkesche Ansatz ein chrakteristisches Seitenstück hat. Und als ein Gegenbeispiel aus dem Bereich der Bildenden Kunst vergegenwärtige man sich die unter dem Namen der Konzeptkunst zusammengefaßte Experimentalkunst der sechziger und siebziger Jahre. In ihr vollzieht sich als letzte Konsequenz der avantgardistischen Kunst des 20. Jahrhunderts der Übergang in die Literatur, und zwar nicht so sehr durch Orientierung an der Literatur als vielmehr dadurch, daß bildnerische Aufgaben unter völligem oder weitgehendem Verzicht auf ikonische Mittel auf dem Weg der Bedeutungserzeugung durch das Wort angegangen werden.

Als eine dritte Möglichkeit von Wechselbeziehungen ist die der Verbindung von stofflichen und formalen Gemeinsamkeiten zu nennen. Auch sie umfaßt eine ganze Reihe von Varianten. Von ihnen allen kann jedoch vorab festgestellt werden, daß sie stärker als die bisher entwickelten Formen auf der Wirkung bestimmter Werke oder Werkgruppen einer der beiden Künste in die jeweils andere hinein, auf der Auseinandersetzung mit Einzelwerken be-

---

[7] Näheres hierzu u., S. 114ff.
[8] Einiges Nähere u., S. 142-143.
[9] R. D. Brinkmann, Standphotos, Gedichte 1962-1970, Reinbek 1980, S. 185.

ruhen. Die Verbindung eines stofflichen mit einem formalen Moment ist ja stets mehr oder weniger an das Einzelwerk geknüpft; sie entsteht dadurch, daß einem Stoff in einem konkreten Fall eine bestimmte formale Wendung gegeben, eine Form auf eine bestimmte Weise stofflich gefüllt wird. Insofern handelt es sich hier verstärkt um die Anknüpfung an oder die Wirkung von einzelnen Werken und damit um eine besonders massive Form von Wechselwirkung.

Den Übergang von den rein stofflichen Bezügen zu solchen mit einem zusätzlichen formalen Aspekt markieren die Fälle, in denen ein Stoff nicht einfach nur so, wie ihn die jeweils andere Kunst als ganze vermittelt und in der Vermittlung entfaltet hat, sondern mitsamt einigen prägnanten Momenten der inhaltlichen Ausführung in einem bestimmten Einzelwerk aufgegriffen wird; in denen das Einzelwerk als Vorlage erkennbar ist. Szenen und Gestalten des Mythos, der Legende oder der Geschichte, das Personal einer bestimmten Gattung wie z. B. die Figuren der Commedia dell'arte oder das fixe Personal eines Romangenres, »Ikonen« aus dem geistlichen und dem weltlich-säkularen Bereich, Schönheitsideale, fixe Charaktere, Handlungszüge werden so aufgenommen, wie sie an ganz bestimmter Stelle pointiert und ausgeführt worden sind. Ihre Übernahme bedeutet nun in eben dem Maße zugleich ein Eintreten in Wechselbeziehungen auf der Ebene der Form, in dem sich ein derartiges Ausgestalten als Pointieren nach Maßgabe der spezifischen Darstellungsmöglichkeiten der jeweiligen Kunst vollzogen hat und die anknüpfende Kunst sich mit dieser Pointierung auseinandersetzen muß. Freilich liegt in allem Darstellen ein Pointieren nach den Möglichkeiten des Mediums der Darstellung. Die beiden hier umrissenen grundlegenden Möglichkeiten sind also näherhin so gegeneinander abzugrenzen, daß in dem einen Falle so weit als möglich hinter die Darstellung auf das Dargestellte zurückgegangen und es gleichsam ganz von neuem zum Gegenstand des Darstellens, nunmehr nach den Möglichkeiten des anderen Mediums, erhoben wird, in dem anderen Falle demgegenüber Aspekte des Verfahrens der ursprünglichen Darstellung bei der neuerlichen Thematisierung mit in Betracht gezogen werden.

Dies kann auf zwei verschiedenen Wegen geschehen. Zum einen kann eine Vorlage gewählt oder in der Vorlage eine Stelle, ein Moment gesucht werden, das den Möglichkeiten der anknüpfenden Kunst entgegenkommt: der Maler wählt eine »malerische« Szene aus einem Epos oder Roman, der Dichter ein besonders sprechendes, d. h. eine besonders reiche ikonologische Strukturierung aufweisendes Bildwerk zum Gegenstand seiner Erzählung bzw. seines Bildgedichts. Und zum anderen kann ein Werk gerade um der konsequenten Nutzung der spezifischen Darstellungsmöglichkeiten seiner Kunst willen zur Vorlage werden, der betreffende Künstler es gerade auf eine Auseinandersetzung mit ihnen abgesehen haben. Der Maler beschäftigt sich dann mit einem

Text oder einer Textstelle mit besonders komplexer Bedeutungsstruktur, und der Dichter sucht wie z. B. im Bildgedicht gerade die Nähe des Bilds zum Ding als Wahrnehmungsgegenstand herauszuarbeiten.

Bei solchem Anknüpfen kann zusätzlich ein Faktor Bedeutung erlangen, der seinen Charakter als Manifestation der Wechselbeziehungen von Kunst und Literatur besonders unterstreicht: ein Werk wird nicht nur mit inhaltlichen und formalen Momenten, sondern auch mit seinem Kunstcharakter zum Anknüpfungspunkt, sei es daß es in seiner Vollkommenheit als Kunstwerk zu besonders artistischer Gestaltung herausfordert oder daß es gar Anlaß zu Reflexionen auf das Wesen der Kunst gibt. Beispiele dafür finden sich im romantischen Bildgedicht und in seinen bildnerischen Gegenstücken, etwa in einem Gemälde wie Ph. O. Runges »Lehrstunde der Nachtigall« nach Klopstock.[10]

Schließlich ist hier noch eines Falles zu gedenken, der die Einheit des literarisch-ästhetischen Lebens auf besondere Weise zu beleuchten vermag: der der fingierten Anknüpfung. Schon in der Antike gibt es zum Beispiel Epigramme auf fiktive Bildwerke.[11] Und in der erzählenden Literatur begegnet man von den Schildbeschreibungen des antiken Epos bis zu den Bildbeschreibungen des Romans der Goethezeit, insbesondere des Künstlerromans, einer ganzen Reihe von erfundenen Kunstwerken.

Die autochthonen Wort-Bild-Formen: Theater und Film

Neben den Wechselbeziehungen von Kunst und Literatur zeichnet sich als zweiter großer Bereich der ihrer Beziehungen zu Wort-Bild-Formen ab. Nicht alle Wort-Bild-Formen kommen allerdings als Widerpart solcher Beziehungen in Frage, jedenfalls nicht in nennenswertem Umfang. Von deutlich untergeordneter Bedeutung sind hier alle die Formen, die als eine bestimmte Weise des Sich-Manifestierens der Wechselbeziehungen von Wort- und Bildkunst in einem einzigen aus Wort- und Bildbestandteilen zusammengesetzten Gebilde begriffen werden können, die sich nämlich darin erschöpfen, die Möglichkeiten von Kunst und Literatur im Rahmen eines solchen zweiteiligen Gebildes aufeinander abzustimmen. Im Mittelpunkt stehen die Formen, die diesen Möglichkeiten gegenüber grundsätzlich neue Momente ins Spiel bringen und die von diesen Momenten wesentlich geprägt sind. Wie anders sollten sich sonst auch Werke der Wort- bzw. der Bildkunst in erkennbarer Weise auf sie beziehen können! Und wie sollte umgekehrt an einer Wort-

---

[10] J. Träger, Philipp Otto Runge oder Die Geburt einer neuen Kunst, München 1977, S. 86–91.
[11] Auch ob sich die ›Eikones‹ des Philostrat auf wirkliche Bildwerke beziehen oder ob sie sie nur fingieren, ist umstritten: O. Schönberger, Einführung zu seiner Ausgabe von Philostratos, Die Bilder, München 1968, S. 26ff.

Bild-Form ein Bezugnehmen auf Kunst und Literatur kenntlich werden können, wenn nicht als Abweichen von Möglichkeiten, die Kunst und Literatur für sich genommen nicht haben! Die Voraussetzung für das Ins-Spiel-Bringen neuer, über die Möglichkeiten von Wort- und Bildkunst hinausgehender Momente ist aber, daß die betreffenden Wort-Bild-Formen aus einem autochthonen Darstellungsverfahren hervorgehen. Das ist nur bei den mimisch-theatralischen und den filmischen Formen der Fall. Nur sie kommen demnach für jene Wechselbeziehungen in Betracht.

An dieser Stelle wird noch einmal deutlich, daß die Wort-Bild-Formen in zwei große Gruppen zerfallen. Schon bei der ersten Annäherung an sie hat sich diese Zweiteilung abgezeichnet.[12] Dabei wurde zwischen der Vereinigung von gesprochenem Wort und bewegtem Bild und der von geschriebenem Wort und unbewegtem Bild als den beiden wichtigsten Grundformen von Wort-Bild-Systemen unterschieden. Die beiden Gruppen, die sich unter diesem Aspekt bilden, sind aber eben dieselben, die sich auch von der Frage nach der Relevanz für Wechselbeziehungen zwischen Wort-Bild-Formen einerseits und Kunst und Literatur andererseits ergeben: auf der einen Seite begegnen wir wieder der mimisch-theatralischen Form und dem Film, auf der anderen den übrigen Wort-Bild-Formen.

Ihre Verschiedenartigkeit wurde oben zunächst vom Standpunkt des Rezipienten aus beleuchtet, der das Wort- und Bildmaterial in dem einen Fall in Form von bereits durchgängig koordinierten, nämlich synchronisierten Abläufen über die beiden »Kanäle« des Auges und des Ohrs aufnehmen kann – ganz wie bei der Verarbeitung von sinnlichen Gegebenheiten und Sprache in der »natürlichen Wahrnehmung« –, der es in dem anderen Fall hingegen in verschiedenen aufeinanderfolgenden Schritten aufzunehmen und einer vereinheitlichenden Aneignung zuzuführen hat. Der Begriff des autochthonen Darstellungsverfahrens macht es nunmehr möglich, diese Unterschiedlichkeit grundsätzlich zu fassen. Daß die beiden Grundformen von Wort-Bild-Systemen auf so verschiedene Weise rezipiert werden, ist nämlich nur der Niederschlag dessen, daß es sich in dem einen Fall um Gebilde handelt, die sich als Ganze einem eigenständigen Darstellungsverfahren verdanken, und in dem anderen Falle nicht: während Formen wie das illustrierte Buch, das beschriftete Bildwerk oder die Bildergeschichte aus Wort und Bild zusammengefügt werden, also aus der Koordination zweier verschiedener Darstellungsverfahren entspringen, liegt der mimisch-theatralischen und der filmischen Form jeweils ein bestimmtes einheitliches Darstellungsverfahren zu Grunde, das nur unter anderem einen bildlichen und einen sprachlichen Aspekt hat und aus dem insofern Wort- und Bildbestandteile nur nachträglich ausgegliedert werden können.

---

[12] S. o., S. 32–33.

Aber was heißt das nun genau: autochthones Darstellungsverfahren? Bei seiner Definition ist von den beiden Eckpfeilern einer jeden Theorie des Darstellens auszugehen, der Erfahrungswirklichkeit als dem Ausgangspunkt und ständigen Bezugspunkt allen Darstellens und der Manifestation in einem Medium als seinem Endpunkt. Autochthon können allein solche Darstellungsverfahren heißen, die auf eine besondere, nur ihnen eigene Weise an die Erfahrungswirklichkeit anknüpfen, die gleichsam an einem bestimmten, nur von ihnen ergriffenen Punkt in der Wirklichkeitserfahrung ansetzen, einem Moment, von dem aus sich im Rahmen der Möglichkeiten eines Mediums einheitliche Darstellungszusammenhänge entwickeln lassen, wie sie sich unter anderem darin als einheitlich erweisen, daß sich ihre Rezeption als einheitlicher Vorgang vollzieht. Entscheidend sind dabei sowohl die Eigenständigkeit des Anknüpfens als auch die Einheitlichkeit des Fixierens – genauer gesagt, ist die Verbindung von beidem: eben von jenem spezifischen Anknüpfungspunkt aus muß eine Darstellung möglich werden, die einheitlich ist.

Das gilt zunächst und vor allem, wie rückblickend festgestellt werden kann, für das literarische Wort und das künstlerische Bild. Der Punkt, an dem das literarische Wort bei der Erfahrungswirklichkeit anknüpft, ist die Begriffsbildung, wie sie integrierter Bestandteil der Erfahrung ist und sich vor allem in der Zeichenbildung der Sprache manifestiert. Die Einheitlichkeit seines darstellenden Verfahrens ergibt sich aus dem ausschließlichen Arbeiten mit Sprache, ist mithin die des sprachlichen Diskurses. Und der Ausgangspunkt des künstlerischen Bildes ist der Sinnenschein und hier wiederum der Augenschein als integrierter Bestandteil eben derselben Wirklichkeitserfahrung. Bei ihm entspringt die Einheitlichkeit der Darstellung aus der Art und Weise, wie dieser Sinnenschein unter Nutzung des Zeichensystems Bild im Rahmen der Möglichkeiten seiner Medien auf der Bildfläche versammelt wird.

Aber auch von der mimisch-theatralischen und der filmischen Darstellung kann gesagt werden, daß sie auf eine eigenständige Weise in der Wirklichkeitserfahrung ansetzten, wobei Eigenständigkeit vor allem auch Selbständigkeit gegenüber dem literarischen Wort und dem künstlerischen Bild heißt, und daß sie mit ihren Mitteln zu einem durchaus einheitlichen Verfahren gelangten. Die Eigenart der mimisch-theatralischen Darstellung beruht darauf, daß sie sich in ihrem Anknüpfen an die Erfahrungswirklichkeit zunächst auf einen ganz bestimmten Teil dieser Wirklichkeit, nämlich auf den Menschen, beschränkt und beschränken muß, denn ihr Medium ist der Mime, der Mensch als Nachahmer des Menschen,[13] und im Rahmen dieses Mediums ist

---

13 »Das Schauspiel ist eine symbolische Interaktion besonderer Art, bei der der Mensch nicht nur als Produzent und Rezipient bestimmter symbolisch vermittelter Nachrichten fungiert, sondern auch als deren zentrales Medium«: A. Paul, Thea-

zunächst eben nur die Erfahrung Mensch darstellbar. Freilich ergreift sie mit dem Menschen gleichsam den Mittelpunkt der Erfahrungswirklichkeit, nicht nur weil die Wirklichkeit Mensch für den Menschen der wichtigste Gegenstand seiner Erfahrung ist, sondern vor allem auch deshalb, weil er als ein derartiger Gegenstand der Erfahrung selbst wiederum Subjekt, Erfahrer von Wirklichkeit ist, weil ihn als Menschen zu erfahren heißt, in ihm gerade auch einen solchen Mittler von Wirklichkeit zu erleben – so daß mittelbar an ihm und durch ihn auch andere Teile der Wirklichkeit darstellbar werden.

Die Einheitlichkeit des darstellenden Verfahrens ergibt sich hier eben aus der Beschränkung auf den Menschen, wie sie das Medium des Mimen, des mimisch agierenden Menschen, mit sich bringt. Es ist die Einheit des Zeichensystems, besser gesagt: des Anzeichensystems Mensch.[14] Der Mensch tritt uns in der Wirklichkeitserfahrung als ein vielfältig sich äußernder entgegen, und wir sind es gewohnt, ihn in seinen Äußerungen wahrzunehmen, diese Äußerungen zu entschlüsseln und aufeinander zu beziehen, ja nichts ist uns so vertraut wie dies. Der Begriff der Äußerung bezeichnet dabei eine ganze Reihe von Erscheinungen. Sie reicht von den Tätigkeiten, die wir am Menschen wahrnehmen und die wir als Anzeichen (Indices) zu nehmen gewohnt sind, etwa als Anzeichen größerer, der sinnlichen Wahrnehmung entzogener Tätigkeitszusammenhänge, eines Berufs, einer sozialen Stellung, einer Charaktereigentümlichkeit, über Gestik und Mimik, deren Anzeichencharakter keiner Erläuterung bedarf, bis hin zum Sprechakt, zur sprachlichen Äußerung, die ja ebensowohl Anzeichen wie Zeichen, »Ausdruck« wie »Darstellung« (K. Bühler)[15] ist und deren Charakter als Anzeichen gerade am Menschen als Erfahrungsgegenstand besonders bedeutungsvoll in Erscheinung tritt.

Daß wir dem Menschen als sich äußerndem begegnen und daß wir darin geübt sind, seine Äußerungen als Anzeichen zu nehmen und zu entschlüsseln, ist die Grundlage des mimisch-theatralischen Darstellungsverfahrens; in seinen Äußerungen und nur in ihnen kann der Mensch nachgeahmt werden,

---

ter, in: Kritische Stichwörter zur Medienwissenschaft, hg. v. W. Faulstich, a.a.O., S. 316–355, hier S. 332.

[14] Wohl beruht die Kommunikation im mimisch-theatralischen Bereich stets auf einer Pluralität der Codes, eben »nicht nur sprachlicher, sondern auch außersprachlich-akustischer und optischer Codes«, aber darum ist das Drama noch lange nicht eine »plurimediale Darstellungsform« zu nennen: so M. Pfister, Das Drama, Theorie und Analyse, München 1977, S. 24–25. Jedes Medium operiert mit einer Pluralität von Codes, ohne deshalb schon aufzuhören, ein einheitliches Medium zu sein. Über dem Aufweis der verschiedenen an der theatralischen Kommunikation beteiligten Codes darf die Frage nach der Einheitlichkeit des Darstellungsverfahrens und nach ihrem Grund nicht versäumt werden.

[15] K. Bühler, Von den Sinnfunktionen der Sprache, in: Sinn und Sein, hg. v. R. Wisser, Tübingen 1960, S. 95–112, hier S. 100.

sie sind es, die der Mime den Sinnen darstellen kann, und insofern mit ihnen eine ganze Welt von Anzeichen und Zeichen entfaltet werden kann, kann solches Nachahmen dann auch ein inhaltlich reiches Darstellen werden. Nun sind zwar die angeführten Äußerungsmöglichkeiten bzw. Anzeichensysteme durchaus unterschiedlicher Natur. Doch sind wir es gewohnt, sie alle zusammen als ein einziges einheitliches System zu nehmen; wir sehen sie ständig einander ergänzen und ineinanderarbeiten und beziehen sie dementsprechend ganz von selbst aufeinander, vermitteln sie miteinander, ja nichts ist uns geläufiger als dies. Insofern bilden sie für uns trotz dieser ihrer Zusammengesetztheit ein Einheitliches und Ganzes. Ein deutlicher Beleg dafür ist, daß das Ausblenden auch nur eines der genannten Faktoren sogleich die Möglichkeiten des Darstellens und Verstehens empfindlich stört.

Und auch die filmische Darstellungsweise ist autochthon. Zwar fällt, was ihre Weise des Anknüpfens an die Erfahrungswirklichkeit anbelangt, zunächst eine enge Verwandtschaft mit dem Verfahren des Bildes auf. Denn auch sie setzt beim Sinnenschein als integriertem Bestandteil der Wirklichkeitserfahrung an. Aber ihr Medium erlaubt es, diesen Sinnenschein in ganz anderem Maße zur Darstellung heranzuziehen, die Darstellung auf eine ungleich größere Menge von Sinnesdaten zu gründen. Nicht nur daß das fotografische Verfahren Daten in gleichsam unendlicher Fülle erschließt – die Bewegtheit des Filmbilds erlaubt es darüber hinaus, immer neue Mengen von Sinnesdaten beizubringen, wodurch aus der Fülle der Daten geradezu eine Flut wird; ja mit dem elektromagnetischen Tonaufzeichnungsverfahren steht dem Tonfilm sogar die Möglichkeit offen, die Reproduktion des Sinnenscheins über die des bloßen Augenscheins hinaus auszuweiten und der optischen Datenfülle eine ebensolche Fülle akustischer Daten anzufügen. Dieser quantitative Unterschied bedeutet aber, auf das Darstellungsverfahren bezogen, zugleich einen qualitativen Unterschied, der das filmische Verfahren gegenüber dem bildlichen als ein durchaus eigenständiges erscheinen läßt: auf einer so entschieden verbreiterten Basis an den Sinnenschein der Erfahrungswirklichkeit anknüpfen zu können, heißt, sie auf grundsätzlich andere Weise darstellen zu können.

Die Datenfülle, die im filmischen Verfahren umgesetzt wird, ist so groß, daß sie geradezu mit der in der »natürlichen«, der non-medialen Wahrnehmung gegebenen Datenmenge verglichen werden kann, also mit dem Geschehen in den Wahrnehmungsprozessen, in denen der Mensch seine unmittelbare Lebenswirklichkeit erfährt. Das zeigt sich unter anderem darin, daß sich die Rezeption des Films auf eine ebensolche selegierend-synthetisierende Weise vollzieht wie die Wahrnehmung des Datenangebots der Realität; die Datenfülle ist zu groß, um anders als selektiv zur Kenntnis genommen werden zu können. Diese Nähe zur »natürlichen Wahrnehmung« ist zugleich, was die Einheitlichkeit der filmischen Darstellung begründet. Der Film fixiert den Sinnenschein der Erfahrungswirklichkeit auf eine Weise, die dem Strom optischer und akustischer Sinnesdaten, in dem wir sie erleben, deutlich angenähert ist und kann darum mit derselben Methode rezipiert werden, mit der wir jenen Strom von Daten als Erfahrung auszuwerten gewohnt sind; darin eben liegt seine Einheitlichkeit.[16]

Mimisch-theatralisches und filmisches Darstellungsverfahren als Wort-Bild-Formen

Daß die mimisch-theatralische und die filmische Form autochthon sind, bedeutet nun freilich zugleich, daß sie im Gegensatz zu den aus Wort und Bild zusammengefügten Formen nur in zweiter Linie Wort-Bild-Formen sind; daß Wort und Bild, wie oben bereits angedeutet, nur zwei Aspekte sind, unter denen sie auch betrachtet werden können, und sich Wort- und Bildbestandteile nur auf dem Wege eines nachträglichen Aufweises darstellen lassen. Was das heißt, muß sich klar vor Augen stellen, wer in die Analyse der Wechselbeziehungen eintreten will; es ist für sie von grundlegender Bedeutung.

Zunächst muß man sich klarmachen, daß die mimisch-theatralische und die filmische Form, genau betrachtet, gar keine Wort-Bild-Systeme, sondern Bild-Ton-Systeme sind, und auch dies nur im weitesten Sinne, insofern darstellen für sie heißt, den Augen und Ohren des Adressaten darstellen, ihm ein aus optischen und akustischen Daten zusammengesetztes Material unterbreiten. Von einem Bild im gängigen Verständnis, einer festumrissenen Bildfläche, auf der ein bestimmtes optisches Material im wahrsten Sinne des Wortes fixiert ist, kann keine Rede sein. Das gilt vor allem für die mimisch-theatralische Form, die das, was sie den Augen zu bieten hat, in den Bühnenraum hinein entfaltet; der Film hat doch immerhin noch eine Bildfläche, auf der er das optische Material zur Erscheinung bringt.

Und beide Formen präsentieren den Augenschein nicht als einen stehenden, sondern als einen bewegten, genauer: sie fixieren ihn als bewegten. Beim Film handelt es sich sogar um eine doppelte, ja dreifache Bewegung: um die Bewegung des Dargestellten, um die der Kamera und um den Rhythmus der Montage. Das Resultat läßt sich nicht einfach als bewegtes Bild, als in Bewegung versetztes, um das Moment der Bewegung vermehrtes Bild beschreiben.

---

[16] Vgl. S. Kracauer, Theorie des Films, a.a.O., S. 55–56: Eigenschaften des Mediums. – Ein wesentliches Problem von Ch. Metz, Sprache und Film, Frankfurt 1973, scheint mir zu sein, daß er wohl die »Pluralität der kinematographischen Codes« (S. 66) aufzeigen kann, deren Einheit als Sprache des Films jedoch nur postulieren, nicht begründen kann. Letztlich kommt auch er hier nicht ohne den Hinweis auf die »Ähnlichkeiten der Filmwahrnehmung mit der Wahrnehmung im Alltagsleben« (S. 301) aus.

Vielmehr ergibt sich aus seiner Bewegtheit eine von Grund auf veränderte, eigene Weise des Abbildseins. Man mag sich das an einem Pantomimen vor Augen führen, der ein Tier darstellt. Er konfrontiert den Betrachter nicht etwa zunächst mit dem Bild des betreffenden Tiers, einem ganzheitlichen Abbild als Ausgangspunkt eines Bewegungsablaufs; dazu hat er gar nicht die Möglichkeit. Vielmehr erwächst die Darstellung ganz aus den charakteristischen Bewegungen, die er vorführt. Dieses – zugegebenermaßen extreme – Beispiel macht deutlich, daß das Aufbringen von Inhalt mit optischen Mitteln im Rahmen mimisch-theatralischer und filmischer Darstellungen keineswegs ausschließlich und immer eine Leistung des Zeichensystems Bild sein muß, das gleichsam die Körperwelt vor den Betrachter hinstellt, die dann eben zusätzlich auch noch in Bewegung versetzt werden kann; daß die Bewegung eine eigene Weise des darstellenden Aufbringens von Inhalt ist.

Unter dem Zeichensystem Bild wird hier die Gesamtheit der Mittel verstanden, die gewährleisten, daß statisches optisches Material Zeichencharakter annimmt und an ihm und durch es Inhalte erlebbar werden, die nicht dieses Material selbst sind. Diese Mittel sind im wesentlichen solche des Auswählens und Zusammenfassens von hyletischen Daten, des Selegierens-Synthetisierens im Sinne eines Meinens von diesem oder jenem.[17] Die Bewegung, der Kontrast zwischen Sich-Veränderndem und Unverändertem, ist nun aber ebenfalls ein Mittel des Selegierens-Synthetisierens, ja sie nimmt in der »natürlichen Wahrnehmung« als ein solches Mittel geradezu eine hervorragende Rolle ein, fungiert sie hier doch gleichsam als Leitfaden der Aufmerksamkeit. Analog dazu wird sie in den mimisch-theatralischen und den filmischen Formen zu einer wesentlichen Grundlage des Darstellens.[18]

Und auch der Bestandteil Wort im Begriff der Wort-Bild-Form erweist hier erst auf den zweiten Blick seine Berechtigung. Denn von den Darstellungsverfahren her gesehen, ist das Wort zunächst einfach nur Teil des Tons,

---

[17] Das gilt natürlich auch für das fotografische Bild. »(...) das für den Fotografen charakteristische und wahrhaft formgebende Bemühen« liegt nach S. Kracauer (Theorie des Films, a.a.O., S. 50) darin, »wichtige Aspekte physischer Realität darzustellen (!)«, und zwar so, »daß das ins Blickfeld gerückte Rohmaterial sowohl intakt bleibt als auch transparent gemacht wird«. Transparentmachen aber heißt, genau gesagt, meinen als dieses oder jenes, Bedeutung setzen.

[18] In der Theorie des Films ist das bisher vor allem für den Rhythmus der Montage herausgestellt worden. Der Montage fällt eine »semantische Rolle« zu – und das meinen wir hier mit »sprechen« –, »da sie ja die Bilder über ihren allgemeinen Sinn hinaus mit Bedeutungsnuancen färbt«: B. Ejchenbaum, Probleme der Filmstilistik (1927), in: Poetik des Films, hg. v. W. Beilenhoff, München 1974, S. 12–39, hier S. 37. – W. Pudowkin, Über die Montage (nach 1940), in: Theorie des Kinos, hg. v. K. Witte, Frankfurt 1972, S. 113–127, hier S. 121, »definiert« die Montage geradezu als »Aufdeckung innerer Zusammenhänge«; sie ist insofern »vom analysierenden, kritischen, synthetisierenden Denken« »nicht zu trennen«.

eben des akustischen Materials, das im Zuge der Darstellung aufgebracht wird.[19] Es kommt nur als gesprochenes Wort vor und ist als solches lediglich eines unter mehreren Momenten des sich äußernden, ausdrückenden, handelnden Menschen, das über den Ton in die Darstellung mit eingebracht wird. Hier besitzt es freilich von vornehrein eine ausgezeichnete Bedeutung, ist der sich äußernde Mensch doch wesentlich ein sprechender Mensch. Mit anderen Worten: vom Darstellungsverfahren aus gesehen, tritt das Wort hier zunächst nur als dargestelltes, nicht als darstellendes in Erscheinung; es ist primär – in der Terminologie K. Bühlers – Ausdruck und Appell,[20] was allerdings ganz ohne ein Darstellen im weitesten Sinne, ohne jenes unvermeidliche Maß an Darstellung, das der Sprache als Sprache innewohnt, nicht möglich ist.

Trotz alledem können die mimisch-theatralische und die filmische Form sehr wohl als Wort-Bild-Formen apostrophiert werden. Was sie als optisches Material aufbringen, ist eben doch in hohem Maße mit dem statischen Bild verwandt, und innerhalb dessen, was sie als Ton präsentieren, hat das Wort notwendigerweise eine ausgezeichnete, wenn nicht gar dominierende Stellung, zum einen weil wir von der »natürlichen Wahrnehmung« her daran gewöhnt sind, innerhalb des akustischen Materials, mit dem wir konfrontiert sind, dem Sprachlaut besondere Aufmerksamkeit zu widmen, und zum andern weil das Wort als Dargestelltes selbst wiederum zum Darstellenden zu werden vermag.

Die Verwandtschaft mit dem Bild findet ihren deutlichsten Niederschlag in einer Fülle von Formen der Annäherung an das statische Bild, die bis zu einer Quasi-Identität gehen kann, im Theater etwa in der Form des Lebenden Bilds und im Film in dem Kunstmittel des sogenannten stehenden Bilds. Und die ausgezeichnete Stellung des Worts manifestiert sich in einer Reihe von Kunstmitteln, die dem Ausbau der darstellenden Funktion des Worts dienen, bis hin zu Lösungen, die die betreffenden Formen nahe an die Literatur heranführen, ja ins Literarische hinüberspielen. Nicht umsonst firmieren die mimisch-theatralischen Formen in ihrer Geschichte weithin als dramatische Literatur, also als Teil der Wortkunst. Und es gibt zum Beispiel ja auch ein Kino, das nichts anderes als verfilmtes Theater ist. »(...) der Film kann die nicht-kinematographischen Strukturen, die er aufnimmt, umformen, aber er kann sich auch damit begnügen, sie einfach aufzunehmen« (Ch. Metz).[21]

Über die fundamentale Verwandtschaft zwischen dem, was die mimisch-theatralische und die filmische Form an optischem Material aufbringen, und dem statischen Bild darf man sich durch die großen Unterschiede, die zu-

---

[19] S. Kracauer, Theorie des Films, a.a.O., S. 147.
[20] K. Bühler, Von den Sinnfunktionen der Sprache, a.a.O., S. 98 u. S. 100.
[21] Ch. Metz, Sprache und Film, a.a.O., S. 107.

gleich mit festzustellen sind, nicht täuschen lassen. Daß das optische Material in dem einen Fall im zweidimensionalen und im anderen im dreidimensionalen Raum dargeboten wird, daß es einmal als unbewegtes und ein andermal wieder als bewegtes fixiert wird, sind zweifellos große, ja einschneidende Unterschiede. Dennoch geben letztendlich die Gemeinsamkeiten den Ausschlag. Das zeigt sich gerade auch auf Seiten der Rezeption, also in einem Bereich, in dem die Unterschiedlichkeit zunächst besonders gravierend zu sein scheint. Bei näherem Zusehen wird deutlich, daß die Unterschiede nur an der Oberfläche angesiedelt sind.

Um dies erkennen zu können, muß man sich klarmachen, daß bereits die Rezeption eines zweidimensionalen und statischen künstlerischen Bilds, zum Beispiel eines Werks der Malerei, keineswegs in einem einzigen Akt vollzogen wird, kein Aufnehmen auf einen Blick, also kein Ereignis ohne den Faktor Zeit ist, sondern ein Prozeß.[22] Es ist ein Wechselspiel der Total- und Partialerfassungen, eine ganze Kette von Rezeptionsakten, die zu einem nach und nach immer reicher werdenden Ergebnis führt. Deutlicher noch tritt dieser Prozeßcharakter der Rezeption bei einem dreidimensionalen statischen Kunstwerk, zum Beispiel einer Plastik, in Erscheinung. In den Bewegungen, die der Betrachter vollführen muß, um das Kunstwerk von allen Seiten erfassen zu können, wird das Wechselspiel der Total- und Partialerfassungen auf handgreifliche Weise offenbar. Der Prozeßcharakter wird dabei besonders dadurch unterstrichen, daß Totalerfassungen im strengen Sinne hier gar nicht möglich sind, vielmehr nur relative Totalerfassungen, relativ nämlich zu dem jeweils eingenommenen Standort. Der Gesamteindruck des Werks wächst nach und nach aus all diesen Akten zusammen – nicht viel anders als bei dem bewegten optischen Material der mimisch-theatralischen und filmischen Formen.

Diese sind von den bildnerischen Darstellungen lediglich dadurch unterschieden, daß bei ihnen dem Prozeßcharakter der Rezeption eine ebensolche Prozessualität in der Darbietung des optischen Materials entspricht, was freilich zugleich bedeutet, daß die Rezeption hier auch in ihrem Verlauf von der Darstellung gelenkt, gleichsam an die Kandare genommen wird. Das schlägt sich vor allem darin nieder, daß die Reihenfolge der einzelnen Wahrnehmungsschritte nicht im Belieben des Rezipienten steht und daß er sie nicht so oft und so lange wiederholen kann, wie er das vielleicht möchte. Aber auch diese Differenz sollte nicht überschätzt werden. Zum einen kann man auch bei Theater und Film im allgemeinen das Gros des Dargestellten wie zum Beispiel einen Schauplatz, eine Person in ihren charakteristischen Äußerungen oder ein Gesicht zu wiederholten Malen studieren. Und zum anderen ist

---

[22] »Wahrnehmung braucht Zeit«: R. Arnheim, Anschauliches Denken, a.a.O., S. 39ff.

bei der Rezeption eines statischen Bilds die Zahl der Wahrnehmungsschritte, die nichts als Wiederholung sind, im allgemeinen äußerst gering, gehen in jeden einzelnen Wahrnehmungsakt doch die vorangegangenen gleichsam als Erfahrung ein, die ihn notwendig zu einem Akt eigener inhaltlicher Prägung macht.

Der Unterschied zwischen dem statischen und dem mimisch-theatralischen bzw. dem filmischen Bild sowie zwischen dem zweidimensionalen und dem dreidimensionalen Bildwerk ist also gar nicht so groß, wie man auf den ersten Blick annehmen möchte. In jedem dieser Fälle handelt es sich gleichermaßen darum, daß optisches Material mit Blick auf ein bestimmtes, allererst in einem reichgegliederten Prozeß der Rezeption in Erfahrung zu bringendes Gesamtergebnis ausgewählt und fixiert wird. Insbesondere bestehen keine grundsätzlichen Unterschiede, was die Fixiertheit des auf solche Weise Dargebotenen, also das Feststehen, die Abgeschlossenheit und Vorgegebenheit der mit Blick auf das Ziel der Darstellung vorgenommenen bedeutungsstiftenden Leistungen und damit die innere Sprachlichkeit des jeweiligen bildlichen Materials anbelangt. Der bewegte Sinnenschein der mimisch-theatralischen und der filmischen Darstellung kommt zwar auf andere Weise zustande, ist anders ausgewählt und anders zusammengebracht als der unbewegte Sinnenschein des statischen Bilds, er ist jedoch nicht minder ein ausgewählter, ein nach bestimmten Gesichtspunkten und ein- für allemal ausgewählter, d. h. unter Bedeutungen gebrachter, dem Betrachter in seinen Bedeutungen vorgegebener und in seiner Vorgegebenheit feststehender Sinnenschein. Damit entpuppt sich die von den Apologeten des Films im Laufe seiner Geschichte immer wieder vorgetragene Vorstellung von der besonderen Freiheit seines Betrachters als Illusion. Daß er im Gegensatz zum Romanleser »ein gewisses Maß an Freiheit« habe »auszuwählen«, seine »Aufmerksamkeit eher auf dieses Detail und nicht auf ein anderes zu lenken«, und deshalb »sehr viel mehr Möglichkeiten« habe, »aktiv an der Erfahrung teilzunehmen« (J. Monaco),[23] ist ein Gedanke, der das Wesentliche der Filmrezeption verfehlt.

Der entscheidende Unterschied liegt auf einer anderen Ebene. Er ergibt sich, wie bereits angedeutet, vor allem daraus, daß das mimisch-theatralische und das filmische Darstellungsverfahren über die Bewegung als Prinzip des Selegierens-Synthetisierens der hyle verfügen, das statische Bild hingegen nicht. Da es sich dabei um ein Moment handelt, das in der »natürlichen Wahrnehmung« von größter Bedeutung ist, steht das statische Bild vor der Aufgabe, Mittel zu finden, die es ersetzen können, um zu einem schlüssigen und wahrhaft sprechenden Reproduzieren von Sinnenschein der Wahrnehmung zu gelangen. Der Zwang, Mittel der Verbildlichung zu entwickeln, die

---

[23] J. Monaco, Film verstehen, a.a.O., S. 42.

die Bewegung als Prinzip des Selegierens-Synthetisierens ersetzen, war und ist einer der wesentlichen Faktoren bei der Ausbildung des Zeichensystems Bild.

In der »natürlichen Wahrnehmung« sind wir es gewohnt, hinter einer bestimmten Gruppe von optischen Daten, die gemeinschaftlich ihre Lage im Raum, d. h. gegenüber den übrigen im Blickfeld gegebenen Daten, verändern, ein Einheitliches und Ganzes zu sehen, zum Beispiel ein Lebewesen oder ein Ding zu vermuten. Der Kontrast zwischen bewegten und unbewegten bzw. in unterschiedlichen Bewegungsprozessen begriffenen Datengruppen ist eines der wichtigsten Hilfsmittel zum Ausmachen von Ganzen.[24] Das statische Bild muß sich hier behelfen; es tut dies zum Beispiel, indem es das Zusammengehörige mit einer verdickten Umrißlinie als zusammengehörig kennzeichnet. Eine andere Möglichkeit ist die kontrastive Hervorhebung des als Ganzes Gemeinten mit den Mitteln der Raum- und Farbperspektive, der Komposition, der Beleuchtung usw. Die Geschichte des Zeichensystems Bild hat ein ganzes Repertoire von Hilfsmitteln, nämlich von Konventionen der Verbildlichung, entwickelt, die ein solches Abbilden als Ganzes ermöglichen. Sie stellen einen wichtigen Teil des Zeichensystems Bild dar. Es leuchtet unmittelbar ein, daß die mimisch-theatralische und die filmische Darstellung ihrer nicht oder jedenfalls doch nur in sehr viel geringerem Maße bedürfen als das statische Bild.

Von hier aus wird nun auch im Grundsätzlichen greifbar, inwiefern das mimisch-theatralische und das filmische Bild nicht einfach nur als in Bewegung versetztes, um das Moment der Bewegung vermehrtes statisches Bild angesehen werden können. Die Bewegung tritt nicht so sehr als eine neue, zusätzliche Möglichkeit der Zeichenbildung zum Zeichensystem Bild hinzu, als sie es zunächst und vor allem entlastet, ja in bestimmten wesentlichen Teilen überflüssig macht. Durch sie wird es nämlich möglich, auf eben jene Konventionen der Verbildlichung ganz oder weitgehend zu verzichten, die aus dem Zwang erwachsen, die Bewegung als Faktor des Selegierens-Synthetisierens zu ersetzen. Das ist natürlich nur ein Teil des Zeichensystems Bild. In anderen, nicht weniger gewichtigen Teilen behält es sehr wohl seine Bedeutung auch für das bewegte Bild. Auch das Theater und der Film stehen ja, wie schon mehrfach betont, vor der Aufgabe, den von ihnen präsentierten Sinnenschein, der für sich genommen stets ein mehr oder weniger vieldeutiger, wenn nicht gar diffuser und undeutlicher Sinnenschein ist, in den für den Darstellungszusammenhang relevanten Punkten eindeutig zu machen. An-

---

[24] Zur Bedeutung der »Dingkonstanz« für das Sehen, wie sie vor allem durch die Veränderung des Platzes im Raum gekennzeichnet ist, vgl. auch E. H. Gombrich, Kunst und Illusion, a.a.O., S. 299.

ders als in der »natürlichen Wahrnehmung« kann der Betrachter von sich aus nichts zur Vereindeutigung des ihm vorgesetzten Sinnenscheins tun; gerade darin, daß ihm dies ein- für allemal abgenommen ist, ist er Zuschauer.

Je begrenzter der Raum, der der Darstellung zur Verfügung steht, und je umfangreicher das Darzustellende, desto größer ist der Zwang, den zur Schau gestellten Sinnenschein zielstrebig und lückenlos zu vereindeutigen. Dabei können selbst jene Konventionen der Verbildlichung noch eine Rolle spielen, die durch die Bewegtheit des Bilds eigentlich überflüssig geworden sind. Dem Mittel der verdickten Umrißlinie wird man zwar im Film in der Regel nicht mehr begegnen, wohl aber einigen anderen der oben angeführten Mittel zur Kennzeichnung von Einheitlichen und Ganzen. Raum- und Farbperspektive, Komposition, Beleuchtung können bei der mise en scène auf ebensolche Weise zur Hervorhebung von Ganzen eingesetzt sein wie im statischen Bild, können ebenso wie dort wesentlich im Dienst der Vereindeutigung des Sinnenscheins stehen. Neben solchen formalen Momenten behalten vielfach auch inhaltliche Aspekte des Zeichensystems Bild im Bereich des bewegten Bilds ihre Bedeutung, etwa bestimmte Codes, wie sie die Ikonologie beschrieben hat. Hinzu treten die mimisch-theatralischen Konventionen und die filmischen Codes, die allererst im Medium des Theaters bzw. des Films entwickelt worden sind, wobei zwischen unechten mimisch-theatralischen bzw. filmischen Codes, die auch im Medium des statischen Bilds transportiert werden können, und echten zu unterscheiden ist, die wesentlich auf Bewegung beruhen und dem statischen Bild deshalb unzugänglich sind. Zur Illustration des Begriffs filmischer Code sei hier nur auf das Genre-Kino mit seinen Standard-Figuren hingewiesen, deren Eigenschaften wie zum Beispiel ein aufrechter Charakter, Bosheit, Stärke, Hinterlist, Machtgier, Humor stets auf den ersten Blick zu erkennen sind, was auf eine rigide Konventionalisierung von Aussehen, Mimik und Gestik, eben auf die Ausbildung entsprechender optischer Codes, zurückverweist.

Grundsätzlich bleibt festzuhalten, daß es dem bewegten Bild der mimisch-theatralischen und der filmischen Darstellungsform offensteht, sich dem statischen Bild mit seinen spezifischen Möglichkeiten des »Redens« zu nähern, was bis zur Quasi-Identität im Lebenden Bild bzw. im stehenden Filmbild gehen kann, bis dahin, daß der Film sich ein statisches Bild seinem gesamten optischen Material nach und mitsamt der ihm eingeprägten Bedeutungsstrukturen einverleibt – daß dieses Sich-Angleichen jedoch keineswegs umkehrbar ist: das statische Bild kann nur einen Ausschnitt aus dem optischen Material des bewegten Bilds reproduzieren, und es muß das mit den Mitteln des bewegten Bilds Gesagte in die Möglichkeiten des Zeichensystems Bild übersetzen, um es ebenfalls sagen zu können, wobei es immer fraglich ist, ob ihm das überhaupt gelingen kann. Das ist für die hier ins Auge zu fassenden Wechselbeziehungen von grundlegender Bedeutung.

Auch nach der Seite des Worts hin erweist es sich bei näherem Zusehen als durchaus berechtigt, die autochthonen Darstellungsverfahren des Theaters und des Films Wort-Bild-Formen zu nennen. Wie bereits dargelegt, ist das Wort vom Darstellungsverfahren her gesehen zunächst nur Teil des Tons, nicht darstellendes, sondern dargestelltes, nämlich im Zuge der Darstellung des sich äußernden Menschen mit wiedergegebenes Wort. Aber insofern ihm als Wort notwendig ein Moment des Darstellens innewohnt, ist es dann doch von vorneherein ein eigenständiger Beiträger der Darstellung, ja die Keimzelle eines Darstellens in der Darstellung.[25]

Seine selbständigen Beiträge ergeben sich zunächst vor allem im Zusammenspiel mit dem Bild. Denn bei der Vereindeutigung des Sinnenscheins kann das Wort im allgemeinen nicht entbehrt werden. So viel auch das Zeichensystem Bild, die ikonischen, mimisch-theatralischen und filmischen Codes hier vermögen – ihre Leistungsfähigkeit hat Grenzen, an denen nur noch das Wort weiterhelfen kann. Je reicher und komplizierter der Inhalt und je kürzer die Zeit für die Darstellung – und keine theatralische und filmische Darstellung hat je genug Zeit –, desto schwieriger wird es, ohne das Wort auszukommen; und bei alledem, was noch nicht der Konventionalisierung im Code zugänglich gemacht worden ist, ist es gänzlich unmöglich. Das betrifft an erster Stelle das Theater: was eine Person, was eine Sache vorstellt, die auf die Bühne gestellt ist, zeigt sich erst in dem Moment ganz, in dem über sie gesprochen wird. Es gilt weithin aber auch für den Film, wenngleich er über ganz andere Möglichkeiten verfügt, durch das Reproduzieren von Sinnenschein Darstellungen zu geben. Auch bei ihm kommt früher oder später der Punkt, an dem er das vereindeutigende Wort nicht mehr entbehren kann. Das allein genügt bereits, ihn eine Wort-Bild-Form zu nennen.

Es handelt sich hierbei allerdings nur um die schwächste Form, in der das Wort eine darstellende Funktion erlangt. Auf der anderen Seite der Skala des Möglichen stehen eine ganze Reihe von Formen, in denen es sich zur ganz auf sich allein gestellten, vom Bild mehr oder weniger unabhängigen, in sich abgeschlossenen Darstellung verselbständigt. An solchen Formen ist zunächst vor allem das Theater reich, ja wenn man seine Geschichte überblickt, muß man feststellen, daß es geradezu auf ihnen beruht. Überall, wo der Mime an die Grenzen seiner Darstellungsmöglichkeiten stößt, muß das Wort als darstellendes einspringen. Dem Wort ist es ein Leichtes, alle jene Inhalte und Aspekte zur Darstellung zu bringen, die sich nur mit Mühe oder gar nicht auf die Bühne stellen lassen. So entstehen Kunstmittel wie die Teichoskopie, der Monolog und alle jene Formen eines Schein-Dialogs, in denen sich eine im

---

[25] Hierzu differenzierte Bemerkungen bei S. Kracauer, Theorie des Films, a.a.O., S. 147ff., etwa S. 149ff., wo allerdings die »Vorherrschaft der Sprache« im Film grundsätzlich negativ bewertet wird.

Grunde literarische Darstellung als Gespräch maskiert. Dieser Faktor ist im Laufe der Geschichte des Theaters immer wieder so sehr in den Vordergrund getreten, daß sich das Verhältnis zwischen dem Mimisch-Theatralischen und dem Wort geradezu umgekehrt hat: das darstellende Wort ist nicht mehr Mittel des Mimen, sondern der Mime Mittel des darstellenden Worts, das Textbuch nicht bloß das Substrat einer Aufführung, sondern die Aufführung ein illuminiertes Textbuch.

Die Gründe dafür sind vielfältiger Natur. So hat man etwa an die Funktion des Theaters als Bildungsinstitut, als moralische Anstalt in einem enger oder weiter gefaßten Sinne zu denken, wie sie seine Geschichte vom mittelalterlichen Mysterienspiel über das barocke Jesuiten- und Schuldrama bis zum bürgerlichen Bildungstheater des 19. Jahrhunderts und zum Theater Brechts geprägt hat. Sie führt notwendig zu logozentrischen Formen des Theaters; die »Botschaft« ist ja immer wesentlich auf das Wort gestellt, so daß für das eigentlich Mimische nur die untergeordnete Rolle eines didaktischen Mittels übrig bleibt. Demgegenüber haben die reinen Unterhaltungsformen von Theater meist auf das Mimische, das Spektakel bis hin zum Akrobatischen gesetzt und das Wort vielfach zum Gegenstand der Improvisation gemacht; man denke nur an die Commedia dell'arte.

Ein weiterer wichtiger Grund, wenn nicht der Hauptgrund dafür, daß das Wort immer wieder zum zentralen Moment der theatralischen Darstellung geworden ist, dürfte darin zu sehen sein, daß es der am wenigsten flüchtige Faktor in seinem Darstellungssystem ist. Was mit den eigentlich mimischen Mitteln dargestellt wird, muß immer wieder aufs neue vom Mimen hervorgebracht werden; es ist nur im Moment seines Hervorgebrachtwerdens. Es kann zwar mnemotechnisch fixiert, nämlich eingeübt werden, es kann bei solchem Üben standardisiert und ausgebaut, also in der Fixierung differenziert und mit immer mehr Bedeutung angereichert werden, und es kann sodann auch weitergegeben werden, wenn auch nur in der Begegnung von Mime zu Mime durch Vormachen und Nachahmen. Aber das alles gelingt dem Wort sehr viel besser: es ist leichter und vollständiger zu fixieren, es kann insofern leichter im Sinne einer differenzierten, reichen Darstellung bearbeitet werden, und es kann besser konserviert und tradiert werden, also in einem höheren Maße zum Gegenstand von Traditionsbildung werden.

Das alles hat dazu beigetragen, daß die mimisch-theatralische Darstellung, je gewichtiger ihre Inhalte wurden, desto mehr auf das Wort setzte. In eben dem Maße, in dem sie ihre innere Konsistenz vom Wort her gewinnt, wird sie aber zu einer literarischen Darstellung. Das wiederum bedeutet, daß sie aufhört, eine Wort-Bild-Form im Sinne einer autochthonen Darstellungsform zu sein, was im Zusammenhang der vorstehenden Überlegungen von besonderer Bedeutung ist, ist damit doch zugleich gesagt, daß sie aufhört, ein Widerpart von Wechselbeziehungen mit Wort- und Bildkunst zu sein. Und in der Tat hat sie in der Geschichte des literarisch-ästhetischen Lebens als ein solcher Widerpart vielfach nur untergeordnete Bedeutung.

Die Möglichkeiten des Films, durch das bloße Reproduzieren optischen und akustischen Sinnenscheins zu sinnvollen Darstellungszusammenhängen zu gelangen, sind zwar weiter gesteckt als die des Theaters, doch kann auch er, wie oben angedeutet, kaum je ganz darauf verzichten, das Wort als darstellendes einzusetzen. Im übrigen kann er ja auch bewußt und entschieden auf diese Möglichkeit setzen, also das Wort gezielt zum darstellenden ausbauen bzw. es zusätzlich zum darstellenden Bild beibringen. Das heißt, daß die filmische Darstellungsweise bewußt literarisiert werden kann, wobei zwischen einer Theatralisierung und einer Episierung zu unterscheiden ist.[26] Der Film nähert sich in eben dem Maße dem Theater, in dem er sich seiner Mittel bedient, den Dialog zum darstellenden Wort auszubauen, in dem also sein Dialog zum darstellenden Schein-Dialog wird. Einer solchen Stilisierung der Rede stellen sich im Film zwar besondere Hindernisse entgegen, insofern sie hier – anders als im Theater, das von vorneherein eine Plattform der Stilisierung, der stilisierenden Repräsentation der Wirklichkeit ist – mit der fotografischen, quasi dokumentarischen Menschendarstellung kollidiert, doch gibt es genügend Beispiele dafür, wie diese Spannung auf überzeugende Weise bewältigt werden kann. Und eine Episierung des Films ereignet sich da, wo das Wort als erzählendes zum darstellenden Wort wird, sei es daß sich ein Er- oder Ich-Erzähler aus dem Off zu Wort meldet, daß er im Filmbild vor den Zuschauer hintritt und ihn anredet oder daß der innere Monolog einer stumm von der Kamera begleiteten Person aus dem Off zu hören ist.

In Erscheinungen wie der Episierung des Films und der Literarisierung des Theaters oder dem stehenden Filmbild und dem Lebenden Bild wird nicht nur greifbar, daß und auf welche Weise die filmischen und die mimisch-theatralischen Formen, obgleich autochthone Darstellungsverfahren, sehr wohl Wort-Bild-Formen sind und daß sie insofern in Wechselbeziehungen mit Wort- und Bildkunst eintreten können – jene Erscheinungen sind selbst bereits Dokumente solcher Wechselbeziehungen, denen in einem systematischen Aufriß dieser Beziehungen ihr Platz zuzuweisen ist.

Systematischer Aufriß der Wechselbeziehungen zwischen Wort- und Bildkunst einerseits und den Wort-Bild-Formen andererseits[27]

Wie bei den Wechselbeziehungen von Wort- und Bildkunst ist auch hier zunächst zwischen Beziehungen im Bereich des Stoffs und solchen im Be-

---

[26] Die Frage nach der Verwandtschaft des Films mit Theater bzw. Roman ist seit seiner Entstehung oft erörtert worden; vgl. etwa J. Monaco, Film verstehen, a.a.O., S. 30.
[27] Vgl. F.-J. Albersmeier, Die Herausforderung des Films an die französische Litera-

reich der Form zu unterscheiden. Bei ersteren sind wiederum die Gemeinsamkeiten an erster Stelle zu nennen, die auf dem Schöpfen aus ein und demselben über das literarisch-ästhetische Leben hinausreichenden und es bloß mit umfassenden Stoffbereich beruhen. Dabei ist nun besonders der Stoffe zu gedenken, an deren Entfaltung und Konturierung die Wort-Bild-Formen aktiven Anteil haben. Als Beispiel sei hier nur der Bereich der modernen Trivialmythen genannt, der dem Film besonders viel verdankt, ob es sich um die Welt des Heimatkitschs oder des Kriminalgenres, des Horrors oder der Science fiction handelt.[28]

Als zweites ist auch hier wieder an den Fall zu denken, daß in einer Kunstform ein Stoff aufgegriffen wird, der zuvor in einer anderen entwickelt worden ist, bzw. ein Aspekt oder Element eines Stoffs benutzt wird, die einer anderen Kunstform angehören. Dabei ist diesmal zwischen vier verschiedenen Möglichkeiten zu unterscheiden. Erstens kann eine Wort-Bild-Form einen Stoff oder ein Stoffelement aus der Literatur übernehmen; das ist zum Beispiel bei der Verfilmung von Theaterstücken und Romanen der Fall. Zweitens kann sie sich auf Stoffmomente aus der Bildenden Kunst beziehen, wie es etwa Inszenierungen von Theaterstücken oder Filme mit historischen Stoffen getan haben, die bei der mise en scène, der Gestaltung von Kostüm und Maske von zeitgenössischen Gemälden ausgingen; ein bekanntes Beispiel ist der Film ›Barry Lyndon‹ von St. Kubrick (nach Thackeray). Und umgekehrt kann drittens ein in einer Wort-Bild-Form entfalteter Stoff Eingang in die Literatur finden, etwa wenn aus einem Film oder einer Fernsehserie ein Roman entsteht wie bei der Adaption von R. W. Fassbinders Film ›Die Ehe der Maria Braun‹ durch G. Zwerenz.[29] Oder er kann viertens Aufnahme in die Bildende Kunst finden, wie das in der Zeit des Barock mit bestimmten Elementen der theatralischen Szenerie, etwa dem Vorhang, geschah, die vom Gedanken des theatrum mundi[30] her in die Malerei eingingen.

Schließlich ist auch hier noch an die Beziehungen zu erinnern, die sich daraus ergeben, daß die verschiedenen Künste als Künste füreinander Stoff werden, sei es daß Wort- und Bildkunst den Stoff für eine Wort-Bild-Form

---

tur, Entwurf einer »Literaturgeschichte des Films«, Bd. 1, Die Epoche des Stummfilms (1895–1930), Heidelberg 1985, S. 22–23.

[28] Ein Orientierungsmittel wie das rororo-Handbuch Unterhaltung (Lexikon der populären Kultur, hg. v. G. Seeßlen und B. Kling, 2 Bde., Reinbek 1977) bezieht sich darum auch zu recht auf die verschiedenen literarisch-ästhetischen Formen gleichermaßen.

[29] G. Zwerenz, Die Ehe der Maria Braun, München 1979. – Vgl. H.-B. Moeller, Fassbinders und Zwerenz' im deutschen Aufstieg verlorene ›Ehe der Maria Braun‹, in: Film und Literatur, hg. v. S. Bauschinger u. a., Bern/München 1985.

[30] R. Alewyn, K. Sälzle, Das große Welttheater, Die Epoche der höfischen Feste, Hamburg 1959.

abgeben wie zum Beispiel im Künstlerdrama und im Künstlerfilm oder daß umgekehrt eine Wort-Bild-Form zum Stoff wird wie das Theater in Goethes Roman ›Wilhelm Meister‹ oder in einzelnen Theaterstücken.

Auch bei den Wechselbeziehungen im Bereich der Form, also der Art und Weise, in der ein Stoff den Möglichkeiten einer bestimmten Darstellungsform gemäß bewältigt wird, ist zunächst von den Beziehungen auszugehen, die aus gemeinschaftlichen Grundlagen von Wort-, Bild- und Wort-Bild-Kunst erwachsen, und das heißt in erster Linie: die sich aus der gemeinsamen historischen Form der Erfahrung ergeben. Wenn sich zum Beispiel im 20. Jahrhundert neben dem Film eine erzählende Literatur ausbildet, die sich – wie bestimmte Romane von Hemingway, Robbe-Grillet und Handke – mit ihren darstellerischen Mitteln weitgehend auf die Wiedergabe der Wahrnehmung von Außenwelt beschränkt und bei der man insofern von einem filmischen Schreiben gesprochen hat, so muß die erste Frage sein, ob die auffälligen Parallelen zwischen einem solchen Erzählen und entsprechenden filmischen Darstellungen nicht auf der beide gleichermaßen fundierenden historischen Form der Erfahrung beruhen, ob sie nämlich nicht zunächst und vor allem in einem Erleben der Wirklichkeit wurzeln, das nicht mehr ein Erleben in tradierten Sinnzusammenhängen, sondern in Wahrnehmungsbefunden ist. Die wissenschaftliche Diskussion darüber, ob bestimmte Formen der modernen Literatur auf die Konkurrenz und den Einfluß des Films zurückzuführen sind, krankt vielfach eben daran, daß diese grundsätzliche Frage nicht gestellt wird.[31]

Darüber hinaus kann dann auch gefragt werden, was sich an jener erzählenden Literatur in der Tat an prägnanten Einflüssen des Films greifen läßt. Damit ist die zweite Ebene von Wechselbeziehungen im Bereich der Form betreten, die der Gemeinsamkeiten, die auf den Versuch zurückgehen, formale Lösungen, die in einer bestimmten Kunst ihren Darstellungsmöglichkeiten gemäß entwickelt worden sind, in eine andere Kunstform zu übernehmen bzw. auf dem Boden von deren eigenen Möglichkeiten nachzubilden. Hier ist zunächst zwischen der Übernahme literarischer und bildnerischer Darstellungsmittel durch Wort-Bild-Formen einerseits und den Versuchen der Wort- bzw. der Bildkunst andererseits zu unterscheiden, Analoga zu spezifischen Kunstmitteln des Theaters und des Films zu finden. Über die Übernahme literarischer und bildnerischer Darstellungsmittel in Wort-Bild-Formen ist bereits im Zusammenhang mit der Frage gehandelt worden, inwiefern die mimisch-theatralische und die filmische Form als autochthone Darstellungsverfahren Wort-Bild-Formen sind. Dabei war unter anderem

---

[31] Näheres zum Problem des »filmischen Schreibens« und seiner wissenschaftlichen Erörterung s. u., S. 354ff.

von der Orientierung an Möglichkeiten des Bildaufbaus, wie sie die Malerei in ihrer Geschichte entwickelt hat, und von der Übernahme ikonischer Codes sowie von den Mitteln der Literarisierung, nämlich der Theatralisierung und Episierung des Films die Rede.

Ist die Aufnahme formaler Möglichkeiten der Kunst und Literatur durch Wort-Bild-Formen dadurch gekennzeichnet, daß sie – zumindest was den Film anbelangt – grundsätzlich in der Lage sind, sich das Wort der Literatur und das Bild der Bildenden Kunst ihrem Material nach völlig einzuverleiben und damit dann zugleich auch deren Formmomente in sich hineinzunehmen – wobei allerdings nicht vergessen werden darf, daß sie damit in einen übergeordneten Bezugsrahmen eingebracht und zumindest insofern verändert werden –, so ist der umgekehrte Vorgang, die Auseinandersetzung von Kunst und Literatur mit spezifischen Kunstmitteln des Theaters und des Films, wesentlich davon geprägt, daß eine einfache Übernahme im allgemeinen nicht möglich ist und insofern eine ausdrückliche Übertragung mit dazugehört. Man denke nur an die Versuche, das filmische Kunstmittel der Montage auf dem Boden der Literatur zu realisieren, wie sie vor allem in den zwanziger Jahren diskutiert wurden und nicht ohne Einfluß auf Autoren wie Dos Passos, Döblin, Brecht und Benn geblieben sind.

Schließlich ist bei den Wechselbeziehungen im Bereich der Form auch noch an die Möglichkeit zu denken, daß eine Kunst mit ihrem gesamten Darstellungsverfahren zum Vorbild einer anderen Kunst wird. Hier wäre auf Seiten der Wort-Bild-Formen etwa das schon erwähnte Lebende Bild zu nennen, in dem sich die mimisch-theatralische Form ganz auf die Möglichkeiten des Bilds beschränkt, und auf Seiten der Literatur können zum Beispiel die Versuche eines »Schreibens wie mit der Kamera«, als »Film in Worten« (R. D. Brinkmann),[32] angeführt werden.

Läßt man die bisher berührten Erscheinungen noch einmal Revue passieren, so sieht man, daß die stofflichen Gemeinsamkeiten im allgemeinen mit formalen Parallelen, die formalen Gemeinsamkeiten mit stofflichen Übereinstimmungen einhergehen. Dieses Ineinander-Verschränktsein inhaltlicher und formaler Bezüge ist zu einem erheblichen Teil bereits von Gegebenheiten im Bereich der gemeinsamen Grundlagen von Wort-, Bild- und Wort-Bild-Kunst vorgezeichnet. So gehören zum Beispiel für die künstlerische Avantgarde der ersten Jahrzehnte dieses Jahrhunderts der Stoff der Großstadt und die Form der Montage untrennbar zusammen. Sich mit der großstädtischen Lebenswelt auseinanderzusetzen, heißt für den avantgardistischen Regisseur, z. B. für W. Ruttmann und seinen Film ›Berlin – Symphonie einer Großstadt‹, mit dem Mittel der Kontrastmontage, für den Avantgardekünstler,

---

[32] R. D. Brinkmann, Der Film in Worten, Reinbek 1982.

z. B. für den Dadaisten, mit den Möglichkeiten der Collage und für den fortschrittlichen Roman- und Theaterautor, z. B. für A. Döblin in seinem Roman ›Berlin Alexanderplatz‹ oder für Brecht in seinem Lehr- und epischen Theater, mit ebensolchen Mitteln eines abrupten Kontrastierens von Szenen und Wirklichkeitsfragmenten zu arbeiten. Zur Begründung wird dabei immer wieder darauf verwiesen, daß der Einzelne Welt in der Großstadt nicht mehr als Zusammenhang erlebe und ein Darstellen im Sinne organischer Ganzheitlichkeit deshalb den Gegenstand grundsätzlich verfehlen müsse.[33]

Ein anderes aufschlußreiches Beispiel dafür, wie sich inhaltliche und formale Momente in den Wechselbeziehungen verschränken, sind die Trivialgenres, an deren Entfaltung im 20. Jahrhundert ja Literatur und Film gleichermaßen beteiligt sind. Zunächst liegen die Stoffe von Gattungen wie dem Kriminal-, Science fiction- und Horrorgenre in Romanform vor. Ihre Übernahme in der Stummfilmzeit führt weithin zu einer Literarisierung des Films. Später übernimmt der Film – offenbar wegen seiner massiveren illusionistischen Möglichkeiten – gleichsam eine Leitfunktion innerhalb des Trivialbereichs, die entsprechenden Gattungen beziehen sich mit ihren Stoffen auf das Genrekino, und sie werden nun auch mehr und mehr »filmisch geschrieben«.[34]

Geht man bei dem Versuch, typische Möglichkeiten der Verbindung stofflicher und formaler Einflüsse einzugrenzen, von der Seite des Stoffs aus, so ergibt sich ein grundlegender Unterschied aus der Frage, ob und, wenn ja, wie weit bei der Übernahme eines Stoffs hinter die Darstellung auf das Dargestellte zurückgegangen wird. Diese Frage stellt sich auf verschiedene Weise, je nachdem, ob es sich um eine Übernahme aus dem Bereich der Wort- und der Bildkunst in den der Wort-Bild-Formen oder um eine Übernahme in umgekehrter Richtung handelt. Insofern sich nämlich die Wort-Bild-Formen das Wort der Literatur und das Bild der Kunst, die literarische und die bildnerische Darstellung als Ganze einverleiben können, ist der Zwang zu einem solchen Zurückgehen hinter die Darstellung auf das Dargestellte im erstgenannten Fall relativ gering, während er sich im zweiten Fall mit Nachdruck bemerkbar macht, sind hier doch entweder die im Bild oder die im Wort gegebenen Aspekte des Stoffs in die andersartige Darstellungsform zu überführen.

---

[33] Vgl. etwa S. Vietta, Großstadtwahrnehmung und ihre literarische Darstellung, in: DVjs. 48, 1974, S. 354ff.; V. Klotz, Zitat und Montage in neuerer Literatur und Kunst, in: Sprache im technischen Zeitalter 1976, S. 259–277.
[34] Vgl. H.-B. Heller, Literarische Intelligenz und Film, Zur Veränderung der ästhetischen Theorie und Praxis unter dem Eindruck des Films 1910–1930 in Deutschland, Tübingen 1985, S. 34; F.-J. Albersmeier, Die Herausforderung des Films an die französische Literatur, a.a.O., S. 18.

Dennoch findet sich die ganze Bandbreite des Möglichen auch da, wo jener Zwang nicht besteht. Hier sei nur an den Fall der Literaturverfilmung erinnert. Bei den sogenannten treuen Verfilmungen von Literatur handelt es sich im allgemeinen um Filme, die sich nicht nur auf das stoffliche Substrat der literarischen Vorlage beziehen, sondern auch auf wesentliche Teile der Darstellung wie zum Beispiel die Entfaltung der Handlung, den Erzählerkommentar, die Dialoge; die also zugleich wesentliche Teile der Form mit übernehmen. Ihnen stehen die Filme gegenüber, die sich auf eine freie, möglichst filmische Weise mit Motiven der Vorlage auseinandersetzen. Das bedeutet, daß sie so weit wie möglich hinter die literarische Darstellung auf das Dargestellte zurückgehen, um es aus Eigenem anzuschauen und neu zur Darstellung zu bringen.[35]

Von der Seite der Form aus lassen sich eben dieselben typischen Möglichkeiten der Koppelung inhaltlicher und formaler Bezüge durch die Frage sichtbar machen, ob und, wenn ja, in welchem Maße die Orientierung an bestimmten formalen Möglichkeiten einer anderen Kunst die Übernahme von bzw. die Auseinandersetzung mit bestimmten stofflichen Momenten impliziert. Die beiden polaren Möglichkeiten, die hierin beschlossen liegen, lassen sich am Beispiel der ikonischen Codes als eines wesentlichen Aspekts im Darstellungsverfahren des Bilds demonstrieren. Man könnte hier zwischen allgemeinen und besonderen Codes unterscheiden. Allgemeine Codes wären dann Konventionen der Verbildlichung, mit deren Hilfe Aufgaben wie zum Beispiel die bewältigt werden, ein als Ganzes Gemeintes als Ganzes kenntlich zu machen, besondere Codes hingegen Zeichensysteme wie die allegorische Bildersprache der Malerei des Barock. Es leuchtet unmittelbar ein, daß mit der Übernahme allgemeiner ikonischer Codes nicht unbedingt auch die Übernahme bestimmter Stoffe gekoppelt sein muß, während die Rezeption besonderer Codes auf die Möglichkeit angewiesen ist, bestimmte Stoffe mit aufzunehmen, im hier genannten Fall eben die Gegebenheiten, die im Horizont der christlich-humanistischen Allegorese jenen Zeichencharakter angenommen haben, in dem sich der ikonische Code konstituiert.

Diese Hinweise mögen genügen, um einen Überblick über die Wechselbeziehungen von Literatur, Bildender Kunst, Theater und Film zu geben.

Die Asymmetrie der Wechselbeziehungen und ihr geschichtlicher Wandel

Die Frage nach den Wechselbeziehungen der Wort- und Bildkünste hat Erscheinungen des literarisch-ästhetischen Lebens von sehr unterschiedlichem Gepräge in den Blick treten lassen. Vor allem sind sie historisch und ästhe-

---

[35] S. Kracauer, Theorie des Films, a.a.O., S. 315–322, legt größeren Wert auf den Unterschied zwischen verfilmbaren und nicht verfilmbaren Romanen.

tisch von durchaus unterschiedlichem Gewicht. Zwar ließ sich für jede der aufgezeigten Formen und Dimensionen von Beziehungen eine Anzahl von Beispielen beibringen, doch war zugleich unübersehbar, daß sich damit in dem einen Fall der Blick auf eine schier endlose Reihe von Beispielen öffnete, in dem andern hingegen nur eine grundsätzlich punktuell bleibende Möglichkeit von Wechselbeziehungen zeigte; man halte etwa die Beispiele für die Gestaltung literarischer Stoffe durch die Bildende Kunst neben die für den umgekehrten Fall, die Gestaltung eines bildnerisch exponierten Stoffs durch die Literatur. Ja mehr noch: in manchen Fällen legten die Beispiele sogleich die Vermutung nahe, daß es sich um Möglichkeiten mit einer geschichtlich sich wandelnden oder überhaupt geschichtlich begrenzten Bedeutung handele; auch hier sei wieder die Gestaltung literarisch entwickelter Stoffe durch die Bildende Kunst genannt.

Als erstes fällt das große Übergewicht ins Auge, das die Seite des Worts in den Wechselbeziehungen über weite Strecken ihrer Geschichte hat, vor allem im Bereich des Stoffs. Bis weit ins 19. Jahrhundert hinein bezieht die Bildkunst ihre Stoffe aus literarischen Quellen. »Die Bildkünste hatten im Mittelalter zum allergrößten Teil in Texten Überliefertes nach ihren eigenen Möglichkeiten darzustellen« (F. Ohly).[36] Auch die Kunst der Renaissance bekennt sich zum »Vorrang der Literatur vor den bildenden Künsten« (J. Białostocki).[37] »Amplissimum pictoris opus historia« (L. B. Alberti):[38] »Die erste und wichtigste Aufgabe des Kunstwerks ist (...), eine Geschichte vorzuführen. Diese Geschichte galt es aus zuverlässigen literarischen Quellen auszuwählen, die entweder geistlich oder weltlich sein konnten. (...) dieser neue Begriff von istoria (sollte) ikonographische Überlegungen für länger als dreihundert Jahre beherrschen (...)«.[39]

Insofern die Bildende Kunst bis zum 17. Jahrhundert ausschließlich und bis weit ins 19. Jahrhundert hinein überwiegend religiöse, humanistische, geschichtliche und dichterische Stoffe gestaltet, gehört sie in dieser Phase ihrer Geschichte ganz bzw. zum größten Teil der Sphäre der Wechselbeziehungen an. Für die Literatur gilt das nicht, schon gar nicht im Bereich des Stoffs, aber auch nicht im Bereich der Form. Nicht als spielte das Bild bei der Entfaltung von Stoffzusammenhängen überhaupt keine Rolle. Es gibt durchaus Beispiele

---

[36] F. Ohly, Einleitung, in: Ohly, Schriften zur mittelalterlichen Bedeutungsforschung, Darmstadt 1977, S. XXXII.
[37] J. Białostocki, Skizze einer Geschichte der beabsichtigten und der interpretierenden Ikonographie, in: Bildende Kunst als Zeichensystem, hg. v. E. Kaemmerling, Köln 1979, S. 15–63, hier S. 27.
[38] L. B. Alberti, De pictura, 1435, Basel 1540, ND Portland 1972, S. 60; vgl. auch S. 112: »summum pictoris opus historia, in qua quidem omnis rerum copia et elegantia adesse debet«.
[39] J. Białostocki, Skizze einer Geschichte der Ikonographie, a.a.O., S. 26.

dafür, daß es aktiv an der Exponierung von Stoffen teilhat, sowohl auf der Ebene der über Kunst und Literatur hinausreichenden allgemeinen Stoffgrundlagen als auch auf der der spezifisch literarisch-ästhetischen Stoffbeziehungen. So sind etwa Bildwerke zum Ausgangspunkt von Legenden geworden.[40] Und so fungiert das Bildwerk im Bildgedicht seit jeher auch als Mittler von dessen Stoff.[41] Aber aus diesen Beispielen erhellt sogleich, daß derartige stoffliche Beziehungen für die Literatur zu keiner Zeit ein Ausmaß und eine Bedeutung erlangen, die es erlauben würde, sie als grundlegend für die Literatur insgesamt anzusehen. Was die Literatur dem Bild stofflich verdankt, bleibt immer punktuell.

Anders steht es mit den Beziehungen auf der Ebene der Form. Hier vermag das Bild durchaus einen prägenden Einfluß auf die Literatur zu gewinnen; man denke nur an Erscheinungen wie die beschreibende Poesie des 18. Jahrhunderts, das arabeske Erzählen der Romantik und das filmische Schreiben in der Moderne. Es sind Beispiele dafür, daß die Bildkunst und der Film mit ihren Verfahren des Darstellens bzw. bestimmten Aspekten oder historischen Ausformungen dieser Verfahren auf den Darstellungsstil der Literatur einwirken. Die genannten Beispiele machen allerdings zugleich auch darauf aufmerksam, daß von einer derartigen Einwirkung nur für eine bestimmte Phase der Geschichte, nämlich für die jüngere Entwicklung der Künste, die Rede sein kann. Denn erst nachdem das Bild mit seinem Darstellen aus dem Bann der Literatur herausgetreten ist, kann es auf eine wirklich prägende Weise zum Widerpart von Wechselbeziehungen werden. Die Bedeutung, die das Bild so für die Formenwelt der Literatur gewinnt, kann jedoch letztlich nicht mit der verglichen werden, die die Literatur als Stoffquelle für die Kunst früherer Epochen besitzt.

Daß die Wechselbeziehungen auf solche Weise von einer geschichtlich sich wandelnden Asymmetrie gekennzeichnet sind, wird verständlich, wenn man sie auf die Geschichte des literarisch-ästhetischen Darstellens überhaupt und seiner Voraussetzungen im Bereich der historischen Form der Erfahrung bezieht; wenn man sich den geschichtlichen Wandel der Stoffe, die überhaupt zur Darstellung gelangen, und der Mittel des Darstellens, also die Geschichte von Wort und Bild als Zeichensystemen, als Medien und als Künsten, vor Augen stellt. Solange das Bild »Bedeutungsbild« ist, solange es primär der Aufgabe dient, vorab feststehende literarisch exponierte Bedeutungszusammenhänge zu vermitteln, scheint es von vorneherein ausgeschlossen, daß es in nennenswertem Umfang an der Exponierung von Stoffen teilhat, ist es seinem ganzen bildnerischen Verfahren nach doch von der Vorgängigkeit der Litera-

---

[40] W. Stammler, Schrifttum und Bildkunst im deutschen Mittelalter, a.a.O., Sp. 624–625.
[41] H. Rosenfeld, Das deutsche Bildgedicht, a.a.O., etwa S. 6.

tur, und das heißt auch: vom literarischen Vorgezeichnetsein seiner Stoffe bestimmt – so daß ihm grundsätzlich die Möglichkeit abgehen muß, den vorgegebenen stofflichen Rahmen aus eigenem auszuweiten. Allenfalls kann es den Stoffen eine formale Wendung geben, die auch für die Literatur bedeutsam zu werden vermag, etwa indem es sie typisierend reduziert und fixiert.

Das ändert sich in eben dem Maße, in dem sich das Bild in den Dienst der Physiognomie der Welt stellt, d. h. in dem ihm das Aussehen eines Menschen, einer Stadt oder Landschaft, eines Dings der Natur oder Kultur um seiner selbst willen zum Gegenstand wird und in dem es sich diesem Individuell-Physiognomischen mit den Mitteln eines mimetischen Illusionismus zu nähern sucht. Es wird so mit seinem darstellenden Verfahren nach und nach von einem literarisch konstituierten Stoff unabhängig, und erst als eine solch eigenständige, von Grund auf andersartige Weise mimetischer Vergegenwärtigung wird es dann vollends zum Widerpart des Worts, zu einem Gegenüber, mit dem sich das Wort in seinem mimetischen Verfahren messen und von dem als dem Mittler des Physiognomisch-Individuellen und überhaupt der Welt des Sinnenscheins es sich sogar in seinen Stoffen anregen lassen kann.

Die methodische Bedeutung der Einsicht, daß die Wort-Bild-Beziehungen geschichtlichen Wandlungen unterliegen, die in der Geschichtlichkeit von Wort und Bild als Zeichensystemen, als Medien und als Künsten gründen, wie sie letztlich auf die Geschichtlichkeit der menschlichen Erfahrung verweisen, kann gar nicht überschätzt werden. Als Beleg sei hier nur die gegenwärtige Diskussion um die Bedeutung der Ikonologie für die Kunstgeschichte angeführt. Da prallt die Maxime »Das Verständnis von Bildzeichen ist auf Texte angewiesen« (P. Michel)[42] auf ein Bekenntnis wie dieses: »Das Wahrnehmen unseres eigenen Gefangenseins inmitten von Wörtern scheint mir die Voraussetzung (...) dafür, daß wir die vom Bild selbst geleistete Befreiung von der Sprache überhaupt sehen (...) und zum Gegenstand einer Untersuchung machen können« (O. Bätschmann).[43]

---

[42] P. Michel, Tiere als Symbol und Ornament, Möglichkeiten und Grenzen der ikonographischen Deutung, gezeigt am Beispiel des Zürcher Großmünsterkreuzgangs, Wiesbaden 1979, S. 16.

[43] O. Bätschmann, Einführung in die kunstgeschichtliche Hermeneutik, Darmstadt 1984, S. 54-55. – Vgl. z. B. auch D. Sulzer, Poetik synthetisierender Künste und Interpretation der Emblematik, a.a.O., der mit W. Benjamin fragt, »ob unsere Freude an Bildern aus einem Trotz gegen das Wissen entspringe« (S. 408), und den Gedanken der »Überlegenheit visueller Quellen« im Sinne einer »Relativierung der Sprache als einziges Mittel der Welterschließung« (S. 403) in die Emblematikforschung eingeführt wissen will.

Es ist unschwer zu sehen, daß diese Prinzipien, die doch beide die Kunstwissenschaft überhaupt begründen sollen, nur für die Kunst bestimmter Epochen gelten können, und zwar für die jeweils anderer Epochen. Die Vorstellung, das Bild »leiste Befreiung von der Sprache«, ist gegenüber einem Phänomen wie der mittelalterlichen Buchmalerei ebenso unsinnig wie der Gedanke, »das Verständnis der Bildzeichen« sei »auf Texte angewiesen«, gegenüber einer Erscheinung wie dem Impressionismus. In dem einen Fall wird die lebensphilosophische Hochschätzung der sinnlichen Unmittelbarkeit und die damit einhergehende Abwertung des begrifflichen Denkens, also eine Vorstellung des 19. Jahrhunderts, die sich auch im 20. Jahrhundert noch großer Beliebtheit erfreut, in dem anderen Fall der evidente Sprachcharakter der voraufklärerischen Bildkunst aus dem jeweiligen historischen Kontext herausgelöst und absolut gesetzt. Beides sind aber wesentlich geschichtliche Konzeptionen, die einem bestimmten Ort in der Geschichte der Wort-Bild-Beziehungen zugehören und nur von ihm aus angemessen gewürdigt werden können.

Im folgenden sei nun versucht, die wichtigsten Etappen dieser Geschichte zu benennen.

2. ABSCHNITT

Aufriß einer Geschichte der Wort-Bild-Beziehungen als Grundlage einer Geschichte der Anschaulichkeit

> In den Wissenschaften ist viel Gewisses, sobald man sich von den Ausnahmen nicht irremachen läßt und die Probleme zu ehren weiß.
> (Goethe)

Die Wechselbeziehungen von Wort- und Bildkunst unterliegen, so hat sich gezeigt, sowohl auf stofflicher als auf formaler Ebene als insbesondere auch in der Weise ihres Verknüpftseins tiefgreifenden geschichtlichen Wandlungen. Ebenso ist die Geschichte der Wort-Bild-Formen von grundlegenden Veränderungen gekennzeichnet, die von ihrer äußeren und inneren Faktur bis hin zu ihrer Stellung im literarisch-ästhetischen Leben reichen; das deutlichste Indiz dafür ist das drastische Auf und Ab in ihrer Bewertung. Und auch die inneren Wort-Bild-Beziehungen wandeln sich von Grund auf: die Mittel, mit deren Hilfe das künstlerisch gestaltete Bild zu reden und das literarische Wort anschauliche Wirkungen zu erzielen sucht, durch die sie sich mithin als Mimesis realisieren, sind im Laufe ihrer Geschichte immer wieder andere.

Alle diese Veränderungen weisen letztlich auf Wandlungen im Bereich der historischen Form der Erfahrung zurück. Es ist ein und derselbe Wandlungsprozeß, der sich auf den verschiedenen Ebenen und in den unterschiedlichen Formen der Wort-Bild-Beziehungen manifestiert. Sie alle können darum auf ihre Weise, insbesondere aber gemeinschaftlich die Wandlungen im Darstellungsstil der Literatur, die Geschichte der Anschaulichkeit, beleuchten helfen. Ob man an die Geschichte des Bilds als Bild, als Plattform für die Entfaltung von Stoffen oder als Versuch eines wie auch immer gearteten Redens denkt, ob an die seiner Vereinigung mit dem Wort oder die seiner Wechselbeziehungen mit der Literatur – in alledem liegen Anhaltspunkte für den Versuch, die Geschichte von Literatur als anschauliche Rede verstehend zu durchdringen. Insofern es sich dabei um Momente handelt, die sich vielfach auf eine handgreiflichere Art darstellen als das, worin sich die Anschaulichkeit der literarischen Rede im literarischen Text selbst manifestiert, sind sie uns eine unentbehrliche Hilfe. Zumal wenn sie alle zusammengenommen werden, erlauben sie einen recht sicheren Zugriff auf die elementaren Wandlungen im Bereich des Darstellungsstils.

Im folgenden soll versucht werden, von der Geschichte des Bilds als des handgreiflichsten Phänomens aus über die seines Eintretens in Wort-Bild-Formen sowie in Wechselbeziehungen mit der Literatur zur Geschichte der Anschaulichkeit vorzudringen. Der Zeitraum, der dabei ins Auge gefaßt wird, erstreckt sich vom 17. bis zum 20. Jahrhundert. Insofern die Verhältnisse aber zunächst von Gegebenheiten bestimmt werden, die sich im Mittelalter bzw. in der Spätantike ausgebildet haben, ist ein Rückblick auf frühere Jahrhunderte unumgänglich. Später wird es sich darüber hinaus auch noch als notwendig erweisen, auf die Antike zurückzugehen.

4. Kapitel
Vom allegorischen zum mimetisch-illusionistischen Darstellungsstil

Das Bedeutungsbild

Bis weit in die frühe Neuzeit hinein sind die Wort-Bild-Beziehungen wesentlich dadurch gekennzeichnet, daß die Seite des Bilds durch eine Erscheinung beherrscht wird, die man Bedeutungsbild nennen könnte. Dieser Begriff zielt auf ein Bild, das ganz oder doch primär auf die Aufgabe des Redens hin angelegt ist, auf eine Bildkunst, die wesentlich der verlängerte Arm der Sprache, die Fortsetzung der sprachlichen Kommunikation mit anderen Mitteln ist.[1] Bei der Erörterung der logischen Grundlagen der Wort-Bild-Beziehungen ist dargelegt worden, daß jedes Bild notwendig auf die Bedeutungsentfaltung im Wort bezogen ist und daß ein derartiges Bezugnehmen auf oder Setzen von Bedeutung, wie sie in begrifflicher Klarheit allein durch das Wort zur Darstellung gelangt, bereits dem bloßen Sich-Konstituieren eines Abbilds immanent ist. Beim Bedeutungsbild erschöpft sich nun der Bezug zur Sphäre der Bedeutungsentfaltung und damit zur Sprache nicht in dieser ihrer notwendigen Mitwirkung am Schaffen von Abbildlichkeit. Vielmehr rückt er geradezu in den Mittelpunkt seines Bildseins. Es geht bei ihm nicht um das Abbild als Abbild, um ein Zeigen, ein Sehenlassen am und durch das Abbild, sondern um die Übermittlung der immanenten Bedeutungen in der Klarheit

---

[1] Eine gute Einführung in den hier aufzurollenden Problemzusammenhang geben die ersten beiden Kapitel der an die Forschungen von E. Panofsky und F. Ohly anknüpfenden Arbeit von P. Michel, Tiere als Symbol und Ornament, a.a.O., S. 9–50. Zu wünschen wäre lediglich eine präzisere Bestimmung des Ausgangspunkts, den Michel in die Vorstellung faßt, »ein Kunstwerk sei ein Zeichen« (S. 15), und »das Verständnis von Bildzeichen (sei) auf Texte angewiesen« (S. 16). Wenn der Begriff des Zeichens nicht auf bedenkliche Weise entgrenzt werden soll, kann von einem Kunstwerk – wie übrigens auch von einem Werk der Literatur – allenfalls gesagt werden, daß es sich bestimmter Zeichenstrukturen bediene, nicht aber, daß es als Ganzes ein (!) Zeichen sei. Und das »Verständnis von Bildzeichen« ist wohl hier, bei dem, was wir Bedeutungsbild nennen, »auf Texte angewiesen«, nicht jedoch generell; da ist lediglich von einem Bezug zur Sprache überhaupt auszugehen. – Die »Allgemeine Einleitung« von F. P. Pickering, Literatur und darstellende Kunst im Mittelalter, Berlin 1966, S. 9–56, ist unbrauchbar, da sie der voraufklärerischen Bildkunst die moderne Bildauffassung unterschiebt.

und Eindeutigkeit des Begriffs, wie sie grundsätzlich sprachlich vermittelt und im allgemeinen bereits vorab als sprachliche formuliert und festgestellt sind: begrifflich vorgegebene, zumindest prinzipiell vorgebbare Bedeutungen sollen am Bild greifbar werden.[2]

Dementsprechend kann sich das Bedeutungsbild mit einer rigoros vereinfachten Wiedergabe seines Bildgegenstands begnügen.[3] Die Reproduktion des Augenscheins beschränkt sich dann auf wenige charakteristische, besser gesagt: als charakteristisch geltende Momente – auf ebenso viele, wie notwendig sind, um ein Wiedererkennen zu ermöglichen. So kann zum Beispiel hier die einfache Umrißlinie genügen, der Farbauftrag kann flächig bleiben, Möglichkeiten wie Raum- und Farbperspektive, das Spiel von Licht und Schatten kommen dann nicht in Betracht. Insbesondere kann hier alles Individuell-Physiognomische entfallen, ein Mensch kann aussehen wie der andere, so daß sich Unterschiede allenfalls aus Momenten wie zum Beispiel den Attributen des Standes ergeben. Die Bildfigur nimmt so gleichsam die Allgemeinheit des Begriffs an, um dessen Übermittlung es zu tun ist.

In eben dem Maße, in dem sich das Bedeutungsbild mit einem Minimum an reproduziertem Sinnenschein begnügt, ist es auf die Konventionalität seiner Sujets und auf besonders ausgeprägte Konventionen ihrer Verbildlichung angewiesen. Das Repertoire möglicher Bildgegenstände muß deutlich begrenzt sein. Nur Gegenstände, die der potentielle Betrachter erwartet, können von ihm wirklich erkannt und verstanden werden, und dies auch nur dann, wenn sie auf eine Weise verbildlicht worden sind, die ihm vertraut ist und die es ihm gleichsam erlaubt, das Bild zu lesen. Mit anderen Worten: in eben dem Maße, in dem der ikonische Charakter des Bildzeichens zurücktritt, in dem es also nicht mehr so sehr auf die Ähnlichkeit mit diesem oder jenem Gegenstand, auf die Fülle des Ähnlichen ankommt, und eine protosprachliche »symbolische« Funktion in den Vordergrund tritt,[4] ist das Bild auf besondere ikonologische Codes angewiesen;[5] nur mit ihrer Hilfe können

---

[2] R. Arnheim, Anschauliches Denken, a.a.O., S. 136f., spricht hier vom »Abbild als Symbol«. Vgl. z. B. auch L. Fischel, Bilderfolgen im frühen Buchdruck, Konstanz/Stuttgart 1963, S. 9.

[3] Vgl. hierzu die »Abstraktionsskalen« bei Arnheim, Anschauliches Denken, a.a.O., S. 148.

[4] Im Sinne der modernen Semiotik; vgl. Arnheim, S. 136.

[5] Wenn wir hier von den ikonischen die ikonologischen Codes unterscheiden, so zielen wir mit ersteren auf die Codes, die zur Identifikation dessen beitragen, was E. Panofsky das »primäre oder natürlicher Sujet« bzw. die »Welt künstlerischer Motive« nennt, und mit letzteren auf die Codes, die in Worten Panofskys »das sekundäre oder konventionale Sujet«, nämlich »die Welt von Bildern, Anekdoten und Allegorien« erkennen lassen (Panofsky, Studien zur Ikonologie, a.a.O., S. 41). Panofsky reserviert den Begriff der Ikonologie freilich für eine weitere, dritte Ebene, die der »eigentlichen Bedeutung« oder des »Gehalts«, die »Welt der symbolischen Werte« (ebenda).

umfassende Bedeutungszusammenhänge im Bild übermittelt werden. Im reinen Bedeutungsbild ist der ikonische Charakter des Bildzeichens soweit als möglich zurückgenommen um der Durchlässigkeit auf seine »Symbol«-Funktion willen. Es beschränkt sich auf eine möglichst klare Betätigung des ikonologischen Codes, reduziert sich auf möglichst wenige ikonische Elemente, gleichsam auf die bloße ikonologische Struktur, d. h. es besteht nur noch aus ikonologischen »Symbol«-Figuren in »symbolischen« Relationen.

Um das Konzept des Bedeutungsbilds an einem Beispiel zu erläutern, sie an die berühmten Dichterbildnisse der Großen Heidelberger (Manessischen) Liederhandschrift erinnert. Obwohl jedes von ihnen mit dem Namen und dem Wappen eines Minnesingers versehen ist, handelt es sich dabei um nichts weniger als um individuelle Dichterporträts. Auf fast allen Bildern ist ein und dieselbe stark vereinfachte, »stilisierte« oder »idealisierte« Figur des Ritter-Dichters zu sehen, insbesondere weist sie stets dieselben Gesichtszüge auf, und nur die Haltungen, Tätigkeiten, Attribute und Szenerien wechseln. Es geht eben nicht darum, das Aussehen dieser oder jener Person, dieses oder jenes Dings oder Ambientes zu zeigen, sondern es soll ein ganz bestimmter Kreis von allgemeinen begrifflichen Vorstellungen im Bild vorgeführt werden. Die Haltungen, Tätigkeiten, Attribute und Szenerien sind allesamt Standardelemente der Welt des Rittertums und Minnesangs: dichterisches Sinnieren über der Schreibrolle, Standardtätigkeiten des Frauendienstes, Schwert, Roß und Falke, Elemente des locus amoenus wie Blumen und Vögel. Eine Differenzierung mit Blick auf die namentlich genannten Dichterindividuen findet allenfalls nach ständischen Gesichtspunkten statt.[6] Die Bildnisse der Handschrift sind also alles andere als eine Porträtgalerie der Minnesinger. Vielmehr stellen sie gemeinschaftlich so etwas wie eine im Bild ausgebreitete Poetik des Minnesangs dar, die bildliche Vergegenwärtigung seines Anspruchs, seiner Motive und Funktionen.

Daß das Bild bis weit in die frühe Neuzeit hinein wesentlich Bedeutungsbild ist, hat vor allem theologische Gründe, die letztlich auf die patristische Kunstkritik zurückgehen. Die sinnlichen Qualitäten des Bilds, insbesondere seine Fähigkeit, den menschlichen Körper mit seinen sinnlichen Reizen darzustellen, wie sie die hellenistische Malerei kultiviert hat, werden von der Patristik als verderblich eingestuft. Nur insofern es Unsinnliches, nämlich Geistiges, Seelisches, Gedankliches zur Darstellung bringt, insofern es in diesem Sinne redet, ist es in einer christlichen Welt am Platz. »Ein guter Künstler stellt die Seele dar, nicht den Leib«, lautet eine frühchristliche Ma-

---

[6] Anders W. Koschorreck im Nachwort seiner Auswahlausgabe der Minnesinger in Bildern der Manessischen Liederhandschrift, Frankfurt 1974, S. 67, der meint, die einzelnen Bilder enthielten vor allem auch Anspielungen auf das Werk des jeweiligen Autors.

xime.⁶ᵃ sed ipsa deformitate exterioris demonstrationis repulsi in figuris non remaneant tamquam veris, quoniam signum veritatis esse non potest, etiam cum veritatis est signum: durch die Häßlichkeit des äußeren Auftretens abgestoßen, sollen sie (die Betrachter) nicht bei der Gestalt verharren, als wenn sie das Wahre sei; denn das Zeichen kann nicht die Wahrheit sein, wenngleich es ein Zeichen der Wahrheit ist (Hugo v. St. Viktor).⁷ »Wir sollten daher lernen, mit unserem Geist von diesen sichtbaren Dingen zu den unsichtbaren hinüberzuschreiten, vom Körperlichen zum Geistigen. Hierin liegt der Zweck des Bildes« (Jean Gerson).⁷ᵃ

Wenn das Bild aber so sehr im Dienst von Aufgaben steht, die die Sprache viel besser zu leisten vermag, so ist zu fragen, warum hier überhaupt statt eines Textes ein Bild gegeben wird. Eine wichtige Ursache neben anderen ist die, daß man sich auch an Analphabeten wenden, ihnen bestimmte Inhalte vorstellen, nahebringen und einprägen möchte. quod legentibus scriptura, hoc idiotis praestat pictura: was den des Lesens Kundigen die Schrift, das gewährt den Unkundigen der Anblick des Bildes (Gregor d. Gr.).⁷ᵇ »Der pfaffe sehe diu schrift an, / sô sol der ungelêrte man / diu bilde sehen, sît im niht / diu schrift zerkennen geschiht« (Thomasin v. Zerclaere).⁸

Freilich will auch das Lesen von Bedeutungsbildern gelernt sein. Insofern darf die Ausbreitung des Bedeutungsbilds wohl geradezu eine Vorstufe der Alphabetisierung genannt werden. Und es ist sicher kein Zufall, daß die große Zeit der Bedeutungsmalerei eben zu dem Zeitpunkt zu Ende ist, als die Alphabetisierung der Massen in ihr entscheidendes Stadium tritt. Daneben kann es auch eine Rolle spielen, daß komplexe Bedeutungszusammenhänge überschaubar gemacht, auf sinnfällige Weise vorgestellt, gleichsam in einen einzigen Anblick versammelt werden sollen, daß sie auf eindringliche Weise vor Augen gestellt, dem Betrachter eingeprägt oder auch nur auf eine annehmliche, eingängige Weise vergegenwärtigt werden sollen. Letzteres kann auch in Zeiten einer Vorherrschaft der Bedeutungsmalerei einen gewissen begrenzten Einfluß des Bilds auf die Literatur von seinem Darstellungsverfahren her, also auf der Ebene der Form, begründen.

---

⁶ᵃ W. Tatarkiewicz, Geschichte der Ästhetik, Bd. 2, Die Ästhetik des Mittelalters, Basel 1980, S. 47–48.
⁷ Zitiert nach R. Assunto, Die Theorie des Schönen im Mittelalter, Köln 1982, S. 203.
⁷ᵃ Zitiert nach J. Białostocki, Skizze einer Geschichte der beabsichtigten und der interpretierenden Ikonographie, a.a.O., S. 22.
⁷ᵇ Gregorius Magnus, epistola IX, 13, PL 77, 1128c.
⁸ Thomasin v. Zerclaere, Der welsche gast, hg. v. H. Rückert, Quedlinburg 1852, V. 1103ff.

Die Wort-Bild-Beziehungen im Zeichen der Allegorese

Natürlich durchläuft auch das Bedeutungsbild eine Entwicklung – ein Prozeß, der für die Geschichte der Wechselbeziehungen von Wort- und Bildkunst höchst charakteristisch ist und der deutlich auf die Geschichte der inneren Wort-Bild-Beziehungen und damit der historischen Form der Erfahrung zurückverweist; er sei hier mit wenigem angedeutet. Faßt man als Beginn der deutschen Literatur- und Kunstgeschichte das Frühmittelalter ins Auge, so stellen sich als eine erste Phase die Verhältnisse der Karolinger- und Ottonenzeit dar, in der das Bild bereits grundsätzlich vor der Aufgabe steht, Bedeutungsbild zu sein, ihr aber offensichtlich nur genügen kann, indem es das Wort hinzuzieht, um es die Bedeutungen gleichsam in sich einschreiben zu lassen, indem es also Textelemente in sich aufnimmt. Nach W. Stammler begegnet man dem Bild hier kaum je allein, weder im Buch noch in der Architektur. Mediale Kommunikation realisiert sich entweder in rein literarischer Form oder eben in Wort-Bild-Formen. Die Bildkunst bedarf des Worts, insofern sie den »gedanklichen Gehalt (...) mit ihren eigenen Mitteln noch nicht veranschaulichen« kann, und um die Vermittlung solchen Gehalts, nämlich von »geistlichem Sinn«, spiritueller Bedeutsamkeit im Sinne des mittelalterlichen Christentums ist es hier zu tun.[9]

Aus der allmählichen Entfaltung, Durchsetzung und schließlich globalen, den gesamten Kulturbereich erfassenden Anwendung der christlich-antiken Allegorese erwachsen der Bildkunst dann die Mittel, derer sie bedarf, um einen »gedanklichen Gehalt« selbständig ins Bild zu bringen und so erst recht zu einer Kunst des Bedeutungsbilds zu werden. Damit ist eine zweite Phase in ihrer Entwicklung bezeichnet. Die mittelalterlich-frühneuzeitliche Allegorese postuliert die »Transparenz alles Seienden auf Spirituelles« und deutet demgemäß die gesamte »Welt der Schöpfung und des vom Menschen Geschaffenen und Geschehenen« auf seine »allegorische Zeichenhaftigkeit« hin aus.[10] Nihil vacuum neque sine signo apud Deum (Irenäus v. Lyon): im

---

9 W. Stammler, Schrifttum und Bildkunst im deutschen Mittelalter, a.a.O., Sp. 614.
10 F. Ohly, Einleitung zu seinen Schriften zur mittelalterlichen Bedeutungsforschung, a.a.O., S. IX. – Grundlegend für die Erkenntnis der grundsätzlichen Bedeutung von Allegorie und Allegorese im Mittelalter und in der frühen Neuzeit: F. Ohly, Vom geistigen Sinn des Worts im Mittelalter, 1958, in: Ohly, Schriften zur mittelalterlichen Bedeutungsforschung, S. 1–31; D. W. Jöns, Das Sinnen-Bild, Studien zur allegorischen Bildlichkeit des Andreas Gryphius, Stuttgart 1966, S. 3–58; Ch. Meier, Überlegungen zum gegenwärtigen Stand der Allegorie-Forschung, in: Frühmittelalterliche Studien 10, 1976, S. 1–69; E. Hellgardt, Erkenntnistheoretisch-ontologische Probleme uneigentlicher Sprache in Rhetorik und Allegorie, in: Formen und Funktionen der Allegorie, hg. v. W. Haug, Stuttgart 1979, S. 25–37. – Wir gebrauchen die Begriffe Allegorie und Allegorese im folgen-

Horizont der Allegorese kann jedes Ding und jeder Vorgang der Natur wie der Kultur bereits als Ding bzw. als Vorgang zum Zeichen, zum Träger spiritueller Bedeutung werden.[11] Das Bild muß nicht mehr leisten, als jene Dinge und, soweit möglich, jene Vorgänge abzubilden, um zum Bedeutungsbild zu werden. Schon im bloßen Abbilden fixiert es Bedeutung, eben den allegorischen Sinn des Abgebildeten.

Was so an Bedeutung ins Bild gebracht wird, ist allerdings grundsätzlich sprachlich verfaßt, zumindest als sprachlich konstituierbar gedacht, ist es doch durch die heiligen Schriften der christlichen Tradition und die altehrwürdigen Schriften der heidnischen Antike vermittelt; und auch da, wo das Verfahren der Allegorese in Analogie über das in diesen Schriften Manifeste hinaus ausgedehnt wird wie zum Beispiel in den Visionen Hildegards von Bingen[12] oder gelegentlich in der späteren Emblematik,[13] wird grundsätzlich daran festgehalten, das im Bild Gemeinte sei als sprachlich konstituierbar zu denken. Wie die Bedeutung, die durch das Sprachzeichen vermittelt wird, ist diejenige, die sich im Bedeutungsbild manifestiert, dementsprechend zunächst eine konventionelle. Nur wer die Konventionen der Allegorese teilt, wer mit ihrem Verfahren vertraut ist und die einzelnen Zeichen erlernt hat, nur der so Gebildete, Wissende, Eingeweihte kann sie auffassen. Für den zeitgenössischen Rezipienten ist die Konventionalität des allegorischen Zeichens allerdings verdeckt. In seiner Perspektive wird der allegorische Sinn Dingen und Vorgängen nicht vom Menschen zugeschrieben, sondern er wohnt ihnen wesentlich inne, er ist vom Schöpfergott in sie hineingelegt, und

---

den stets im allerweitesten Sinne, für jedwedes Ausgehen auf einen sensus mysticus, spiritualis, figuralis, moralis, allegoricus, der in der Tradition der antiken Homer- und der christlichen Bibelexegese, aus welchen Quellen auch immer sich speisend, einem sensus litteralis von res und gesta zuwächst (zu den Termini s. Ch. Meier, S. 19). Mögen für bestimmte Epochen und Gattungen auch Differenzierungen wie die zwischen biblischer und nicht-biblischer, hermeneutischer und illustrativer Allegorie oder allegoria und integumentum vorzunehmen sein – in der Literatur des Barock, auf die wir mit unseren Überlegungen zielen, spielen sie wenn überhaupt, dann nur eine untergeordnete Rolle. Uns kommt es lediglich auf die globale Erwartung einer allegorischen Sinneröffnung in der Weltaneignung an.
[11] E. Hellgardt, Erkenntnistheoretisch-ontologische Probleme, a.a.O., S. 26. – Dementsprechend wird aus dem Ohlyschen Titel »Vom geistigen Sinn des Worts im Mittelalter« bei P. Michel die Kapitelüberschrift »Vom geistigen Sinn der Dinge im Mittelalter«: Michel, Tiere als Symbol und Ornament, a.a.O., S. 34.
[12] Das meint jedenfalls Ch. Meier, Zwei Modelle von Allegorie im 12. Jahrhundert, Das allegorische Verfahren Hildegards von Bingen und Alans von Lille, in: Formen und Funktionen der Allegorie, a.a.O., S. 70–89.
[13] Zum Ausbau der Emblematik selbst noch im Zusammenhang mit der aufkommenden modernen Naturwissenschaft s. z. B. D. W. Jöns, Das Sinnen-Bild, a.a.O., S. 55f. u. S. 56, Anm. 1.

er wird vom inspirierten Betrachter nur aufgefunden, nicht erzeugt.[14] Indirekt gibt sich die Konventionalität aber doch deutlich zu erkennen: in der Frage nämlich, was eine wahrhaft inspirierte Auslegung sei und was eine fehlgeleitete, wie sie z. B. die Amtskirche immer wieder an die Mystik gestellt hat. Die Auslegung hat sich an eine bestimmte Tradition anzuschließen, in den Bahnen autorisierter Auslegung, eben im Rahmen einer festumrissenen Konvention zu bewegen – nur dann wird sie den wahren Sinn finden können.

Es liegt also im Sinne der Semiotik eine Art von Code vor.[15] Aber ist es auch ein ikonischer Code, das heißt: ein Code, der der Verbildlichung des ins Bild zu Bringenden dient? Die Zeichenqualität haftet den abgebildeten Gegebenheiten ja doch bereits vor und unabhängig von ihrem Abgebildetwerden an, und es ist dabei keineswegs primär an eine mögliche Verbildlichung gedacht, wenn auch der Zeichencharakter natürlich im Bild besonders deutlich in Erscheinung tritt, insofern das ins Bild Gebrachte hier aller seiner Eigenschaften entkleidet ist bis auf diejenigen, die es zum Träger von spiritueller Bedeutung machen.

Die Allegorese schafft also einen Code ganz eigener Prägung, der von der Bildkunst – wie übrigens ja auch von der Literatur – lediglich benutzt wird, bei solcher Benutzung dann allerdings zugleich auch ausgebaut zu werden vermag. Die Eigenart der Zeichensprache, die so entsteht, ist vor allem durch den eigentümlich punktuellen, zugleich starren und brüchigen Bezug zwischen dem Bezeichnenden und dem Bezeichneten gekennzeichnet. Er bewirkt, daß ihr Verständnis auch für den kundigen, mit ihren Konventionen vertrauten Rezipienten immer ein mehr oder weniger gewichtiges Moment des Ungewissen enthält. Das Bezeichnende ist hier – um das Zeichenkonzept wenigstens andeutungsweise auszuführen – stets eine handhaft konkrete Gegebenheit der wahrnehmbaren, insbesondere sichtbaren Welt, das Bezeichnete meist eine abstrakt begriffliche, jedenfalls aber eine nicht wahrnehmbare Vorstellung aus dem geistlichen oder allgemeiner noch dem Bereich des Geistigen überhaupt – schon dies eine Konstellation, die dem allegorischen Zeichen eine Sonderstellung im Reich der Zeichen zuweist; es dient ausschließlich dazu, die Welt des Geistigen als die eigentliche Welt des Menschen einem grundsätzlich als problematisch begriffenen Verstehen, Behalten und Verinnerlichen zu erschließen und bleibend darzustellen. Um die Zeichenrelation an einem noch heute populären säkularen Allegorem zu erläutern: die Rose

---

[14] E. Hellgardt, Erkenntnistheoretisch-ontologische Probleme, a.a.O., S. 33.
[15] »was die Sprachwissenschaft freilich noch nicht wahrnahm«: F. Ohly, Einleitung zu seinen Schriften zur Bedeutungsforschung, a.a.O., S. XI. – Vgl. inzwischen immerhin aber z. B. B. F. Scholz, ›Emblematice scribere‹, Zu den zeichentheoretischen Grundlagen eines Emblemindexes, in: Wolfenbütteler Barock-Nachrichten 1982, S. 397–402.

und ihre Dornen bezeichnen als handhaft konkrete Gegebenheiten der sichtbaren, um nicht zu sagen: der übersichtlichen Welt, eben der Welt der »natürlichen Erfahrung«, die abstrakten begrifflichen Vorstellungen der Liebe und jenes Leids, das sie mit sich zu bringen vermag.

Der Bezug zwischen dem Bezeichnenden und dem Bezeichneten wird als in einem verborgenen, ja geheimnisvollen inneren Gesetz alles Seienden gründend gedacht, das letztlich auf den Schöpfergott verweist, wenn er nicht überhaupt unmittelbar auf göttliche Satzung im heiligen Wort zurückgeführt werden kann.[16] In dem ersten Fall, dem des signum translatum im Sinne Augustins, könnte man von einer gewissen Nachbarschaft zum ikonischen Zeichen sprechen, insofern die Allegorie auf der Übereinstimmung von wirklichen oder vermeintlichen Eigenschaften des Bezeichnenden und des Bezeichneten beruht: in einer dornigen Rose verbindet sich in der Tat genau wie in einer Qualen bereitenden Liebe etwas Angenehmes mit etwas Unangenehmem – und wer mit den Regeln der Allegorese im allgemeinen vertraut ist, dem wird diese Ähnlichkeit dabei helfen, den Zeichensinn auszumachen. Ob sie allein es ihm möglich machen kann, zum präzisen Zeichensinn vorzudringen, muß aber bezweifelt werden. In dem zweiten Fall, dem des signum proprium im Sinne Augustins, gehört ohnehin ein ganz bestimmtes Spezialwissen, etwa die Kenntnis einer Bibelstelle, dazu, um zum Bezeichneten zu gelangen; nur über mögliche Ähnlichkeiten nachzudenken, würde zu nichts führen. Da man zudem bei der ersten Begegnung mit einem Allegorem nicht wissen kann, mit welcher Art von Zeichen man es zu tun hat, zeichnet sich schon an diesem Punkt der Überlegungen ab, daß es bei jedem einzelnen Allegorem einer besonderen Einweisung bedarf, um den Zeichensinn auffassen zu können, eines Kommentars, sei er nun vorgängig oder gleichzeitig gegeben, der nur sprachlicher Natur sein kann.

Das wird noch deutlicher, wenn man sich die oben angedeutete eigentümliche Punktualität und Starre des Bezugs zwischen dem Bezeichnenden und dem Bezeichneten vor Augen stellt. Im Gegensatz zum Sprachzeichen, das in immer neuen Kombinationen und Situationen immer wieder anderes bezeichnen kann, führt das allegorische Zeichen unabhängig von solchen Veränderungen stets zu einem vorab feststehenden Bezeichneten hin. Zugleich ist der Zeichenbezug aber auch brüchig, denn in dieser Punktualität liegt keineswegs beschlossen, daß ein und dasselbe Konkretum geradezu für eine bestimmte geistige Vorstellung reserviert wäre, wie umgekehrt auch nicht gilt, daß eine bestimmte Vorstellung aus dem Reich des Geistigen nur durch ein einziges Konkretum bezeichnet werden könnte: die Schlange kann sowohl für Verleumdung als auch für Heilung stehen,[17] und den Tod kann ebenso-

---

[16] Vgl. F. Ohly, Einleitung, a.a.O., S. IX.
[17] G. Ph. Harsdoerffer, Poetischer Trichter, a.a.O., Teil III, S. 409.

wohl ein menschliches Gerippe wie zum Beispiel eine Sanduhr bezeichnen.[18] Dabei stellen sich die in solcher Mehrdeutigkeit beschlossenen Zeichenbezüge für sich genommen wiederum als punktuell und starr dar. Für jedes einzelne Bezeichnete muß also mindestens ein Zeichen neu erlernt werden, wobei zugleich dessen mögliche Mehrdeutigkeit mit gelernt werden muß.[19]

Fügt man diesen Befunden hinzu, daß die Allegorese auch die deutende Erschließung, ja Erfindung neuer Allegoreme nach den Mustern bereits geläufiger alter kennt und daß der Betrachter eines Bildes keineswegs bei jedem der ins Bild gebrachten Gegenstände von vorneherein sicher sein kann, ob es überhaupt als allegorisches Zeichen gemeint ist oder nicht, so wird vollends klar, daß es grundsätzlich ein Problem ist, die präzise Bedeutung eines allegorischen Zeichens aufzufassen; daß dies nur gelingen kann, wenn eine ganze Reihe von Voraussetzungen erfüllt sind. Daß die Allegorese innere Sinngesetze aufdeckt, verborgene Sinnsetzungen enthüllt, wird gleichsam an jedem einzelnen Allegorem erneut erlebbar, insofern dem Betrachter sein Sinn als ein geheimnisvoller entgegentritt, der sich nur nach Überwindung mehr oder weniger großer Schwierigkeiten erschließt. Das ontologisch Geheimnisvolle wird zum hermeneutisch Geheimnisvollen. Das gilt unbeschadet dessen, daß es ebenso wie esoterische auch populäre Allegoreme gegeben und die Verteilung der Gewichte zwischen diesen beiden polaren Möglichkeiten im Laufe der Geschichte Wandlungen unterlegen hat.

Wenn die Bildkunst dadurch, daß sie sich als ganze auf den Boden der Allegorese stellt, befähigt wird, Bedeutungsbilder im eminenten Sinne, wahrhaft redende Bilder zu geben und selbst komplexe gedankliche Zusammenhänge mit bildnerischen Mitteln zur Darstellung zu bringen, so geschieht dies mithin um den Preis einer völligen Einbettung in die sprachliche Kommunikation. Das Reden ihrer Bilder vermag nur zu verstehen, wer sowohl allgemein in die Welt der Allegorese als auch in die gerade vorliegende besondere Allegorie eingewiesen ist; wer ein entsprechendes Vorwissen erworben hat und im konkreten Fall durch ein mündlich oder schriftlich mitgeteiltes hilfreiches Wort zur präzisen Bedeutung hingeführt wird. Hier wird vollends deutlich, was es heißt, daß das Bild in dieser Phase seiner Geschichte nicht nur mit seinen Inhalten, sondern auch mit seiner Form, in seinem darstellenden Verfahren vom Wort abhängig ist. Als allegorisches Bedeutungsbild weist es sowohl auf die Texte zurück, denen sich seine allegorischen Bestandteile verdanken, als es auch der Vereindeutigung seines Sinns durch das Wort bedarf – warum das vereindeutigende Wort ihm dann nicht gleich als Text beigesellen?

---

[18] Ebenda, S. 110.
[19] Vgl. P. Michel, Tiere als Symbol und Ornament, a.a.O., S. 45ff.

In der Tat besteht in dieser Phase der Entwicklung eine durchgängige Tendenz zu Wort-Bild-Formen.[20] Nicht nur daß das allegorische Bedeutungsbild, je nach dem Grad der Formalisierung und Popularisierung seiner Allegoreme, das vereindeutigende Wort mehr oder weniger nötig braucht, um verstanden zu werden – die Hindernisse, die sich einer Verbindung des Bilds mit dem Wort entgegenstellen und die vor allem die Einheitlichkeit der Rezeption, die Möglichkeit der Integration von Wort- und Bildbestandteilen in einen einheitlichen Auffassungs- und Verstehensprozeß anbelangen, sind hier auch denkbar gering. Die Schwelle zwischen Wort und Bild ist gleichsam besonders niedrig. Denn das Bild wird als Bedeutungsbild ohnehin gelesen, d.h. es wird von seinem Betrachter auf Bedeutungsstrukturen hin abgefragt, die dann von ihm wie bei der Lektüre eines Textes in der Allgemeinheit, Klarheit und Eindeutigkeit des Begriffs realisiert werden. Und zudem muß er in die Auseinandersetzung mit dem Bild als einem allegorischen sowieso Literarisches im weitesten Sinne mit einbringen, er muß geradezu bestimmte Texte und Textstellen als solche reproduzieren und in den Versuch eingehen lassen, die Sinnstruktur des Bilds aufzufassen, um es verstehen zu können. Insofern nun die Beschäftigung mit dem Bild hier immer zugleich auch eine Beschäftigung mit Literatur im weitesten Sinne ist, bedeutet es für den Rezipienten nur ein Geringes, sich vom Bild auf das Wort umzustellen, wenn er neben ihm einen Text antrifft. Fast könnte man sagen, daß Wort und Bild in dieser Phase ihrer Geschichte in der Lage sind, einen kohärenten Diskurs zu bilden. Dafür spricht jedenfalls die Fülle von Wort-Bild-Formen, die das Mittelalter und die frühe Neuzeit hervorgebracht haben. Davon zeugt insbesondere die Selbstverständlichkeit des Nacheinanders, Nebeneinanders und Ineinanders, zu dem sie sich ständig neu verbinden.[21]

Hinzu kommt ein weiteres, das weniger die Verbindung von Wort und Bild im konkreten Einzelfall anbelangt als vielmehr das Verhältnis von Wort- und Bildkunst überhaupt und nur insofern, also nur mittelbar auch die Schwelle zwischen Wort und Bild innerhalb der einzelnen Wort-Bild-Form. Es ist ja nicht nur die Bildkunst, die sich in dem hier ins Auge gefaßten Zeitraum auf den Boden der Allegorese stellt, sondern auch die künstlerische

---

[20] Ch. Meier u. U. Ruberg konstatieren für das Mittelalter generell »eine engere Verbindung, ein intensiveres Aufeinanderangewiesensein von Text und Bild, als es die (...) Entwicklung beider Künste in der Neuzeit (...) erkennen läßt« (Einleitung zu Text und Bild, a.a.O., S. 9), und heben dabei besonders die Zeugnisse hervor, die »in allegorischen Aussageformen Text und Bild verbinden oder jeweils in einem Medium die Kenntnis der entsprechenden Ausformung im anderen voraussetzen« (S. 14-15).

[21] Daß »die Bilder aufzunehmen« »etwas wie ein Lesen« gewesen sein müsse, stützt L. Fischel, Bilderfolgen im frühen Buchdruck, a.a.O., S. 8, mit dem Hinweis auf die Möglichkeit der »kontinuierenden Darstellungsweise« im illustrierten Buch.

Literatur. Auch für sie erlangt das allegorische Zeichen fundamentale Bedeutung, insofern es nämlich zu einem der wichtigsten, ja zu dem entscheidenden Kunstmittel wird, mit dessen Hilfe sie sich als literarische Darstellung, und das heißt: als anschauliche Rede etabliert. Das ist das letzte, gewichtigste der Elemente, die jene grundsätzliche Nähe zwischen künstlerischem Bild und literarischem Wort schaffen, wie sie die Fülle ihrer Verbindungen und Übergänge begründet. Zwar ist die Funktion des allegorischen Zeichens in der Literatur eine andere als in der Bildkunst. Es geht für sie nicht darum, die abstrakten begrifflichen Vorstellungen, die den Bereich des Geistigen ausmachen und um die es hier letztlich immer zu tun ist, überhaupt thematisieren zu können, denn das Wort kann sie ja unmittelbar benennen. Hier kommt es vielmehr darauf an, sie auf eine bestimmte Weise zu thematisieren, nämlich sie anschaulich zu geben, sie mit Hilfe der handhaft konkreten, sinnenfälligen Seite des Bezeichnenden auf eingängige, überschaubare, eindringliche und einprägsame Weise dem Leser nahezubringen. Doch ist das allegorische Zeichen in solcher Funktion nicht weniger grundlegend als bei der Bildkunst. Mit anderen Worten: was das Bild zum redenden Bild macht, seinen inneren Sprachcharakter begründet und es insofern zur künstlerischen Darstellung werden läßt, ist in dieser Phase seiner Geschichte weithin ebendasselbe wie das, was das Wort zum anschaulichen Wort macht, ihm seine innere Bildlichkeit verleiht und es damit als literarische Mimesis etabliert – es ist das System der Allegorese; auf ihm beruhen hier die inneren Wort-Bild-Beziehungen.

Daß die innere Bildlichkeit der Literatur und der innere Sprachcharakter der Kunst gleichermaßen in der Allegorese gründen, die sie zwar im Zuge ihrer eigenen Entwicklung wesentlich mit entfalten helfen, die aber außerhalb des literarisch-ästhetischen Bereichs entstanden ist, weit über seine Grenzen hinaus Bedeutung besitzt und insofern in der Tat zu ihren gemeinschaftlichen Grundlagen zählt, hat für die Frage nach den Wechselbeziehungen zwischen Wort- und Bildkunst eine entscheidende methodische Konsequenz: wo eine inhaltliche oder formale Parallele zwischen Werken der beiden Künste festzustellen ist, kann die erste Frage nicht sein, ob das eine durch das andere angeregt, beeinflußt, geprägt sei, sondern es muß zunächst danach gefragt werden, ob nicht einfach nur zwei verschiedene Ausprägungen ein und desselben Allegorems vorliegen.

Einige Beispiele mögen das verdeutlichen. In Wolframs Parzival-Roman gibt es zwei Szenen, in denen die Dame Sigune gezeigt wird, wie sie ihren toten Geliebten, den Ritter Schianatulander, auf den Knien hält und weinend beklagt.[22] Die ältere Forschung hat gefragt, ob hier eine Anspielung auf den

---

[22] Wolfram von Eschenbach, Parzival, hg. v. K. Lachmann, 6. Aufl., 1926, ND Berlin 1965, 138, 9ff., u. 249, 11ff.

Bildtypus der Pietà vorliege,[23] und sie hat gemeint, diese Frage durch die Suche nach zeitgenössischen bildnerischen Manifestationen des Pietà-Sujets entscheiden zu können,[24] so als könne die Dimension allegorischer Bedeutsamkeit, die sich damit erschlösse, ausschließlich als Wirkung der Bildkunst gedacht werden. Die Antwort kann sich aber nur von einem Überblick über die Quellen in sämtlichen Medien aus ergeben, in denen die betreffenden allegorischen Elemente bezeugt sein könnten.

Ein weiteres Beispiel. Das berühmte Bild Walthers von der Vogelweide in der schon einmal erwähnten Großen Heidelberger Liederhandschrift[25] zeigt eine sitzende männliche Figur, den Kopf in die Hand gestützt und den Ellenbogen auf dem Knie aufruhend. Man hat darin gelegentlich den Versuch sehen wollen, den Anfang eines der berühmtesten Sprüche Walthers nachzubilden:[26] Ich saz ûf eime steine, / und dahte bein mit beine: / dar ûf satzt ich den ellenbogen: / ich hete in mîne hant gesmogen / daz kinne und ein mîn wange (...).[27] Schon die Tatsache, daß andere Minnesinger, z. B. Heinrich von Veldeke, in der gleichen Handschrift in eben derselben Pose abgebildet sind,[28] muß dieser Deutung gegenüber vorsichtig machen. Handelt es sich hier nicht einfach um zwei verschiedene Ausprägungen ein und desselben zugrundeliegenden Allegorems, nämlich einer bestimmten Standardpose des sinnierenden Dichters?

Schließlich sei noch ein drittes, besonders gewichtiges Beispiel angeführt. Nachdem die Barockforschung die Bedeutung der Wort-Bild-Form des Emblems für die Literatur entdeckt hatte, ging man daran, die Bildlichkeit jedweder dramatischer, lyrischer und, mit gewissem Abstand, erzählender und belehrsam-unterhaltlicher Literatur als emblematisch zu interpretieren, d.h. nach Vorlagen in Emblembüchern zu suchen und, wenn man fündig wurde, Abhängigkeitsverhältnisse zu postulieren.[29] Ohne die Bedeutung solcher Untersuchungen in Frage stellen zu wollen, muß doch gesagt werden,

---

[23] K. Burdach, Vom Mittelalter zur Reformation, Bd. 3, 1, S. 185ff. (nach J. Schwietering, Sigune auf der Linde, in: ZfdA 57, 1920, S. 140–143, hier S. 142).
[24] J Schwietering, ebenda, S. 143.
[25] Minnesinger in Bildern der Manessischen Liederhandschrift, hg. v. W. Koschorreck, a.a.O., S. 27.
[26] G. v. Wilpert, Deutsche Literatur in Bildern, Stuttgart 1957, S. 21.
[27] Walther von der Vogelweide, Werke, hg. v. J. Schaefer, Darmstadt 1972, S. 222.
[28] Minnesinger, hg. v. W. Koschorreck, a.a.O., S. 15.
[29] Den Anstoß dazu gab vor allem A. Schöne, Emblematik und Drama im Zeitalter des Barock, 1964, 2. Aufl., München 1968. Beispiele etwa in Emblem und Emblematikrezeption, hg. v. S. Penkert, Darmstadt 1978. – Forschungsberichte zur Entstehung der Emblematik z. B. bei M. Schilling, Imagines mundi, Metaphorische Darstellungen der Welt in der Emblematik, Frankfurt 1979, S. 27ff., und D. Sulzer, Poetik synthetisierender Künste und Interpretation der Emblematik, a.a.O., S. 404–414.

daß die Übereinstimmungen zwischen Emblematik und literarischer Bildlichkeit grundsätzlich nicht so sehr auf einen unmittelbaren Einfluß der Emblematik als vielmehr auf ein gemeinsames Drittes zurückgehen, eben auf die Allegorese, die sich nur unter anderem in den Emblembüchern, daneben aber auch noch in sehr vielen anderen Formen bezeugt. Die Emblembücher sind lediglich ein Mittler der Allegorese neben anderen. Man braucht sie nur neben allegorische Wörterbücher, neulateinische und barocke poetische Schatzkammern und ikonologische Handbücher zum Gebrauch von Künstlern zu halten, um zu sehen, daß hier aus ein und demselben Fundus geschöpft, der gleiche Kreis von Vorstellungen entfaltet wird.[30]

Zwischen Allegorese und mimetischem Illusionismus

Mit dem letzten Beispiel ist der Gang der Überlegungen bereits weit in die dritte Phase der Entwicklung vorgedrungen, die hier am Leitfaden der Geschichte des Bilds skizziert wird, und damit in den Abschnitt, in dem sich das Bild zum illusionistisch-physiognomischen Bild umgestaltet, ohne daß es zugleich schon aufhörte, Bedeutungsbild zu sein. Aber das meiste von dem, was im zweiten Abschnitt über die Wechselbeziehungen von Wort- und Bildkunst, die Wort-Bild-Formen und die inneren Wort-Bild-Beziehungen, insbesondere über die zentrale Bedeutung der Allegorese gesagt worden ist, gilt in der dritten Phase ohnehin auf die eine oder andere Weise fort, ja manches tritt erst hier so recht deutlich in Erscheinung.

Bekanntlich stellt sich das Bild im Spätmittelalter bzw. in der Frührenaissance mehr und mehr in den Dienst des physiognomischen Aspekts der Welt; es begreift sich als »Nachahmung der Natur«.[31] Das Bild des Menschen

---

[30] Von einer »Überschätzung des Emblems« in der Barockforschung spricht auch M. Schilling, Imagines mundi, a.a.O., S. 25.
[31] Zur Festlegung der Kunst auf die Aufgabe einer »unmittelbaren Nachahmung der Wirklichkeit« durch die Renaissance s. z. B. E. Panofsky, Idea, 1924, 4. Aufl., Berlin 1982, S. 23ff.; vgl. auch R. W. Lee, ut pictura poesis, 1940, New York 1967, S. 9ff., u. E. H. Gombrich, Kunst und Illusion, a.a.O., S. 26ff. u. ö. – Gegenüber den Ausführungen von R. W. Lee scheint jedoch insofern Vorsicht geboten, als er nicht realisiert hat, daß der Begriff der imitatio naturae in der humanistischen Theorie Unterschiedliches bedeutet, je nachdem, ob er auf Malerei oder Poesie bezogen wird. Mit Blick auf das Gemälde bezeichnet er die Bildillusion, die illusionistische Vergegenwärtigung des Naturgegenstands, bei der Dichtung scheint damit jedoch noch weniger ein Vergegenwärtigen durch das Erwecken anschaulicher Vorstellungen gemeint zu sein, wie das im antiken Mimesis-Konzept liegt und wie das vor allem in der Aufklärung vom Begriff der Einbildungskraft aus entwickelt worden ist, als vielmehr lediglich der Zeichencharakter der Sprache, also einfach ein Nachahmen als Benennen. – Leonardo, der, soweit ich sehe, von den frühen Theoretikern den Vergleich von Malerei und Poesie unter

nimmt Porträt- oder porträtartige Züge an, die Dinge erscheinen im Licht charakteristischer Besonderheiten, Landschaften, Städte und Gebäude werden so wiedergegeben, daß man sie als individuelle wiedererkennen kann, wenn es sie wirklich gibt. In diesem Wandel ist nicht allein ein Prozeß des Sehenlernens zu erblicken, obgleich er zweifellos mit Veränderungen der historischen Form der Wahrnehmung und allgemeiner noch der Erfahrung einhergeht, sondern auch ein grundlegender Funktionswandel des Bilds. Es hört auf, reines Bedeutungsbild zu sein, ausschließlich auf ein protosprachliches Reden abgestellt zu sein, und stellt sich zusätzlich auch in den Dienst des Augenscheins der Welt, also jenes Zeigens, Sehenlassens am Abbild – ob nun eines scheinbaren oder eines wirklichen Zeigens –, das heute zunächst und vor allem mit dem Begriff des Bilds verbunden wird.[32]

Genau besehen, umfaßt diese Veränderung ein Doppeltes. Zum einen wird der Bildgegenstand nun als wesentlich individuell-physiognomisch erfahren, als durch eine vielschichtige Fülle des Details gekennzeichnet, etwa durch Besonderheiten der Formgebung, der Farbe, des Materialwerts, der Stellung im Raum und im Licht, so wie sie sich einem verweilenden Betrachten oder einem forschend ins Einzelne gehenden Anschauen darstellen mögen. Und zum andern werden jetzt die Mittel eines bildnerischen Illusionismus entwickelt, die es erlauben, den sich dergestalt in seinen Besonderheiten abschattenden Gegenstand dem Betrachter gleichsam vor Augen zu stellen. Es sind dies eben Mittel wie die Raum- und die Farbperspektive, die Kultivierung von Materialwerten, die Berücksichtigung von Licht und Schatten und dergleichen mehr.[33]

Diese Veränderungen vollziehen sich aber eben an einem Bild, das nach wie vor wesentlich Bedeutungsbild ist, also mit Hilfe ikonologisch-allegori-

---

dem Gesichtspunkt der Naturnachahmung am weitesten treibt, spricht zwar auch schon von dichterischer Einbildungskraft (»la mente immaginativa del poeta«) und von einem Vorstellen im verfinsterten Auge (von der »immaginatione di (un) corpo« sagt er, sie »nasce nell'occhio tenebroso«: Leonardo da Vinci, Libro di Pittura, it.-dt. Ausg. v. H. Ludwig, 3 Bde., Wien 1882, Bd. 1, S. 22) – aber er gibt diesen Hinweis nur, um ihre völlige Unvergleichbarkeit mit den Nachahmungen des Malers darzutun. Nur Reden (»parole di gente«) kann der Dichter wirklich nachahmen (S. 24), im übrigen die Natur nur mit Hilfe dessen darstellen, was andere Wissenschaften (»scientie«) über sie herausgefunden haben (S. 20). »La poesia da (le sue cose) senza essa similitudine, e non passano all' impressiva per la via della virtù visiva come la pittura« (S. 6).

[32] In der Terminologie R. Arnheims, Anschauliches Denken, a.a.O., etwa S. 148, verstärkt sich der Charakter des Bilds als Bild, ohne daß deswegen sein Symbolcharakter abnähme. Diese Möglichkeit ist bei Arnheim allerdings nicht vorgesehen.

[33] Hierzu etwa E. Panofsky, Die Renaissancen der europäischen Kunst, 1960, Frankfurt 1979, z. B. S. 125ff. u. S. 142ff.

scher Zeichenstrukturen Bedeutungen übermittelt.³⁴ Genauger gesagt, erstrecken sie sich ausschließlich auf eine Seite des allegorischen Zeichens: auf die des Bezeichnenden. War sie im reinen Bedeutungsbild ihrer Faktur nach auf jenes Minimum an ikonischen Elementen reduziert, das das Bezeichnende gerade noch erkennen und das Zeichen als solches realisieren ließ, so gewinnt sie nun durch ihre individuell-physiognomische, illusionistische Ausgestaltung ein Eigengewicht, das ihr ein Interesse um ihrer selbst willen sichert. Dieses Interesse geht aber keineswegs notwendig auf Kosten seiner Funktion im allegorischen Zeichen. Es hält den Blick des Betrachters nicht so sehr am bloßen Augenschein fest, daß er nicht mehr zum Zeichensinn vorzudringen vermöchte; daß das Bezeichnende gleichsam undurchlässig würde für den Blick auf das Bezeichnete, zu dem es führen soll. Zwar leitet es die Aufmerksamkeit nicht mehr so unmittelbar zu den abstrakten begrifflichen Vorstellungen, zur Sphäre des Geistigen hin. Dies rührt freilich daher, daß es sie zusätzlich auch in ihrer Wirksamkeit in der sichtbaren Welt zeigt. Das zunehmende Eigengewicht des Bezeichnenden stärkt und verselbständigt also geradezu das allegorische Zeichen, jedenfalls in dieser Phase der Entwicklung, insofern es ihm nämlich die Überzeugungskraft der Bildillusion verschafft.

Was die physiognomisch-illusionistische und die allegorische Dimension des Bilds näherhin zusammenführt, ist ein Moment, das man die gedankliche Figur des »als« nennen könnte. Das reine Bedeutungsbild zeigte z.B. den König als abstrakte männliche Figur, umgeben von den ebenso abstrakt gegebenen Attributen des Königtums. Ein bestimmter König konnte nur durch Hinzufügen des Namens oder des Wappens kenntlich gemacht werden. Nun wird ein bestimmtes Individuum »als« König dargestellt. Es wird in einem Porträt gegeben, das in ein Arrangement aller jener nun ebenfalls illusionistisch verbildlichten Merkmale und Attribute eingebracht ist, die das Königtum symbolisieren.³⁵ Jesu Einzug in Jerusalem ist nicht mehr ein Einzug in die Stadt schlechthin, sondern unter Umständen der in eine ganz bestimmte, wiedererkennbare Stadt, die damit auch »als« ein Ort erscheint, an dem Jesus gekreuzigt wird, usw.

Diese Prinzipien der Bildgebung gelten selbst noch für die niederländische Malerei des 17. Jahrhunderts, die am entschiedensten den Schritt hin zur Physiognomie der unmittelbaren Umwelt getan hat. Die Forschung der letzten Jahre hat gezeigt, wie sehr auch sie in »allen Stoffbereichen« unter dem »Primat des Worts« zu sehen und »vom grundsätzlichen konzeptuellen Vor-

---

34 Vgl. J. Białostocki, Skizze einer Geschichte der Ikonographie, a.a.O., S. 35. – E. Panofsky spricht in diesem Zusammenhang von »disguised symbolism« – ob das nicht noch zu modern gedacht ist?
35 Höchst bezeichnend ist in diesem Zusammenhang auch das, was man »allegorische Porträtmalerei« genannt hat: J. Białostocki, a.a.O., S. 37.

rang des kodifizierten moralischen Begriffs, der geschriebenen oder gesprochenen praktischen Lebensregel, der verbalisierten volkstümlichen Sentenz, der gepredigten religiösen Mahnung oder der biblisch formulierten heilsgeschichtlichen Belehrung« auszugehen ist.[36] Wenn man dabei gelegentlich ein »beziehungsloses Nebeneinander von sinnbildlicher und abbildlicher Prägung« des Bilds,[37] von »symbolischer und realer Botschaft«[38] zu entdecken meinte, das der Erklärung bedürfe, so bezeugt sich darin weniger ein Problem der niederländischen Malerei selbst als vielmehr das einer Rezeption, die sich noch nicht vom Bildverständnis des 19. Jahrhunderts hat lösen können. Ist der fundamentale Nexus von sensus historicus und sensus allegoricus erst einmal eingesehen, erweist sich jene Schwierigkeit als Scheinproblem.

Erst in der nächsten Phase der Geschichte des Bilds, in der Zeit der Aufklärung, wird das Verhältnis von Bildillusion und allegorischer Sinndimension nach und nach zu einem Spannungsverhältnis, das ihre Einheit, wie sie durch die Figur des »als« geleistet wird, sprengt.[39] Ähnliches gilt auch für die Konsequenzen, die sich aus dem Übergang vom reinen zum physiognomisch-illusionistischen Bedeutungsbild für die Wort-Bild-Beziehungen ergeben; auch sie zeigen sich erst auf der nächsten Stufe der Entwicklung. Zwar wachsen dem Bild nun nach und nach die Mittel zu, die es befähigen, zum Widerpart des Worts zu werden. Es entfaltet die ganze Welt des Augenscheins, des Individuell-Physiognomischen und all der Momente, bei deren Darstellung sich das Wort als mehr oder weniger schwerfällig erweist. Aber solange sie noch in den Rahmen der Allegorese, und das heißt ja, in ein letztlich sprachlich verfaßtes System eingebunden sind, können sie nicht wirklich zum Gegenüber des Worts werden. Der aktive Part des Bilds in den Wechselbeziehungen beschränkt sich demgemäß denn auch weitgehend auf bestimmte formale Möglichkeiten, die es schon als reines Bedeutungsbild hatte. So kann es zum Beispiel bei der Kristallisation eines Allegorems, bei der typologischen Reduktion, Verfestigung, Konventionalisierung und Popularisierung eine gewisse Rolle spielen. Und so kann es mit seiner Fähigkeit zur synoptischen Komplexion von Sinnfiguren zu einem Anknüpfungspunkt für das Wort werden. Für beides finden sich übrigens Beispiele in der Entstehungsgeschichte der Emblematik. Womöglich erlangen diese Möglichkeiten, wie angedeutet, nun erst, aufgrund des größeren Eigengewichts des Bilds,

---

36 J. Müller Hofstede, »Wort und Bild«: Fragen zu Signifikanz und Realität in der holländischen Malerei des 17. Jahrhunderts, in: Wort und Bild in der niederländischen Kunst und Literatur des 16. und 17. Jahrhunderts, hg. v. J. Müller Hofstede u. H. Vekeman, Erftstadt 1984, S. IX–XXIII, hier S. IX.
37 Ebenda, S. XII.
38 S. XVI.
39 Vgl. J. Białostocki, S. 39.

ihre volle Bedeutung. Schließlich bleibt noch anzumerken, daß sich auch bei den Wort-Bild-Formen noch keine Konsequenzen aus der Entwicklung des Bilds abzeichnen, aus ebendemselben Grund wie bei den Wechselbeziehungen der Künste: dem der Fortgeltung des Prinzips der Allegorese.

Alle diese Veränderungen treten erst in der nächsten Phase offen zu Tage, der vierten, die im wesentlichen das 18. und 19. Jahrhundert umfaßt. In dieser Zeit verliert das Konzept des Bedeutungsbilds nach und nach an Einfluß, insbesondere in seiner allegorischen Zuspitzung. Das Bild entwickelt sich zum reinen Illusionsbild und hört schließlich ganz auf, auf das explizite Konzipieren begrifflicher Vorstellungen durch den Betrachter hinzuarbeiten. Der Anteil der Begrifflichkeit an der Entstehung des Bilds schrumpft auf jenes Maß zusammen, ohne das es keine Abbildlichkeit, keine Bildillusion gäbe. Den Endpunkt dieser Entwicklung und zugleich den Übergang zur nächsten Phase markiert der Impressionismus, in dem sich das Bild darauf zurückzieht, das bloße Sehen darzustellen.[40] Natürlich ist der damit umrissene Prozeß nicht so zu verstehen, als büßte das Konzept des Bedeutungsbilds seine Wirksamkeit mit einem Schlage ein. Bis zur Historien- und Salonmalerei des späten 19., ja bis ins 20. Jahrhundert hinein hat es immer wieder Versuche gegeben, mit ihm zu arbeiten,[41] von den Formen der Gebrauchsgraphik ganz zu schweigen. Aber das progressive Element liegt unzweifelhaft in der Entwicklungslinie vom Bedeutungsbild über das Illusionsbild hin zu einem Bild, das das Sehen und schließlich auch das Bildsein überhaupt reflektiert.

Was den Verfall des Bedeutungsbilds vor allem vorantreibt, ist die Auflösung der Allegorese. Sie war es ja, die den Illusionismus und die Bedeutungshaltigkeit des Bilds in der Figur des »als« zusammenband. Nun wird zunächst ein Übermaß an allegorischen Elementen und schließlich jedes einzelne solcher Elemente als etwas erfahren, das die Bildillusion stört; das die Hingabe des Betrachters an die Illusion unterbricht und ihn in die Haltung eines kalten rationalen Entschlüsselns zurückzwingt. Was das Bild mitteilt, soll der Betrachter nun wesentlich, wenn nicht ausschließlich dessen Fähigkeit zu seiner Illusionierung verdanken, nicht irgendeinem quasi-sprachlichen Code. Daß das Bild so vor eine schwierige, wenn nicht unlösbare Aufgabe gestellt wird, zeigt sich unter anderem darin, daß es auf allegorische Elemente nur sehr viel langsamer hat verzichten können als das Wort, ja insofern in einem bestimmten Sinne an der Aufgabe des Redens festgehalten wurde, sie nie wirklich aufgegeben hat.

---

[40] Vgl. etwa E. H. Gombrich, Kunst und Illusion, S. 427.
[41] Dazu zuletzt H.-T. Wappenschmidt, Allegorie, Symbol und Historienbild im späten 19. Jahrhundert, München 1984.

An der angedeuteten Entwicklung sind zunächst vor allem zwei Momente beteiligt. Zum einen begreift sich das Bild nun wesentlich von der Illusionsvorstellung, vom Gedanken eines illusionierenden Darstellens, also von einer Mimesis her, die von einem klaren Illusionsbewußtsein grundiert ist. Und zum andern löst sich eben das Weltbild der Allegorese in der Aufklärung allmählich auf, woran insbesondere die neuen Naturwissenschaften beteiligt sind.[42] Beides, Aufklärung und Naturwissenschaft, entzieht der Vorstellung nach und nach den Boden, die Welt der sichtbaren, handhaft konkreten Gegebenheiten sei in erster Linie eine Stätte der Zeichenhaftigkeit, in ihr sei wesentlich ein geistiger, insbesondere geistlicher Sinn niedergelegt, den es zu entschlüsseln gelte. Vielmehr soll sie nun primär von dem her zu begreifen sein, was sie an und in sich selbst, ihrer »Natur« nach ist. Erst als einer dergestalt aus sich selbst begriffenen vermag ihr dann auch wieder eine Bedeutung für den Menschen zuzuwachsen, so wie sie sich ihm aus seiner Erfahrung, etwa aus seinem individuellen Erleben ergibt. Das ist nun kein ontisch vorgegebener und vorzufindender Sinn mehr, sondern ein grundsätzlich auf die Vermittlung der Vernunft angewiesener, erst in dieser Vermittlung sich konstituierender Sinn, dessen Allgemeingültigkeit sich allenfalls auf Gesetze der Vernunft als des Allgemeinmenschlichen zu gründen vermag.

Mit den Konzepten des Bedeutungsbilds und der Allegorese entfallen die beiden Faktoren, auf denen die grundsätzliche Nähe von Wort- und Bildkunst beruhte, wie sie sich in einem dichten Geflecht von Wechselbeziehungen und einer grundsätzlichen Tendenz zu Wort-Bild-Formen niederschlug. Das Voneinanderabrücken der beiden Künste vollzieht sich umso schneller, als ja auch die Literatur von der Auflösung der Allegorese erfaßt wird, und zwar führt sie sich in ihr wesentlich rascher und entschiedener durch als in der Bildkunst, die den allegorischen Code, wie angedeutet, nur sehr schwer entbehren kann.

In der Literatur findet die Ablösung der Allegorese in zwei Stufen statt. Auf einer ersten Stufe wird versucht, das Allegorem durch die Figur der Beschreibung zu ersetzen; es entsteht die Beschreibende Literatur, für die hier nur die Namen von Brockes und Haller genannt seien. Was die Allegorie in einem leistete: Veranschaulichung und Deutung, das zerfällt hier in zwei einander prinzipiell nachgeordnete Momente: eine möglichst objektgetreue beschreibende Einholung der Gegenständlichkeit und eine bald mehr theoretisch, bald mehr emotional ausgerichtete auslegende Aneignung, also eine explizite Sinnzuweisung. Diese Zweigliedrigkeit wird auf einer zweiten Stufe dann zum Anlaß einer kritischen Auseinandersetzung mit der Beschreibenden Literatur, die zur Abkehr von ihr führt: das bloße Beschreiben erzeuge

---

[42] Vgl. hierzu etwa K. Richter, Literatur und Naturwissenschaft, Eine Studie zur Lyrik der Aufklärung, München 1972, S. 24.

nicht wirklich die angestrebte anschauliche Vergegenwärtigung, und die nachträgliche Sinnzuweisung überzeuge als explizite nicht wirklich von jenem Sinn. Das entscheidende Movens solcher Kritik ist wie bei der des allegorischen Bilds auch hier der Gedanke der Mimesis, der durch die volle Ausbildung des Fiktionalitätsbewußtseins der Aufklärung zur Vorstellung von der mimetisch-illusionistischen Darstellung wird. Die von der literarischen Rede zu leistende Anschaulichkeit muß eine wahrhaft illusionierende sein, und das Sinnmoment soll sich als unmittelbare Wirkung der Illusionierung ergeben. Das zu fordern, heißt aber, das klassische Symbol postulieren.

In diesen wenigen Bemerkungen liegt angedeutet, was man eigentlich immer schon gesehen hat und was die Nomenklatur Herders und der Romantik – im Gegensatz zu der der Weimarer Klassik – ja auch deutlich genug zu erkennen gibt: daß das klassische Symbol der Nachfolger und in gewisser Weise geradezu die Erneuerung der Allegorie ist, ihre Neuformulierung unter nachaufklärerischen Bedingungen, gleichsam eine Allegorie ohne die Grundlage der Allegorese. Das erhellt nicht nur aus der Verwandtschaft des inneren Aufbaus von Allegorie und Symbol, aus der Art und Weise, wie es hier wie dort um ein Greifenkönnen von Sinn an Sinnlichem geht, und aus dem ständigen Vergleichen und Gegeneinander-Abgrenzen der beiden Phänomene in der zeitgenössischen Poetik. Es zeigt sich auch bei einem Vergleich ihrer jeweiligen inhaltlichen Füllung: das Symbol zehrt seinen Inhalten nach von der Tradition der Allegorese, es lebt geradezu von ihrer Transposition ins Subjekt-Erlebnishafte, in einem Maße, das allererst aufzudecken wäre.[43] Man denke nur an die Jahres- und Tageszeiten-, Witterungs-, Pflanzen- und Farbsymbolik, wie sie noch der poetische Realismus des 19. Jahrhunderts handhabt. Aber natürlich handelt es sich nun um einen Sinn, der sich allein subjektivem Erleben verdanken soll und den mithin nichts als seine Fähigkeit beglaubigen kann, zu scheinen, d.h. eine wahrhaft illusionierende Darstellung zu begründen, durch die er anderen mitteilbar wird und einleuchten kann, die ihm also in gewissem Maße Intersubjektivität verleiht. Man beachte, welche entscheidende Rolle in diesem Zusammenhang der An-

---

[43] Ansätze dazu z.B. bei W. S. Heckscher, Goethe and Weimar, und Goethe im Banne der Sinnbilder, zuletzt in: Heckscher, Art and Literature, Studies in Relationship, Baden-Baden 1985, S. 189–216 u. 217–236. – Wiederum erweist sich das Ausgehen von der Emblematik, insofern sie nur eine Sonderentwicklung des mundus symbolicus der Allegorese darstellt, als nicht unproblematisch. Wenn man so streng nach beweisbaren Einflüssen der Emblematik auf Goethe fragt wie P. M. Daly, Goethe and the emblematic tradition, in: JEGPh 74, 1975, S. 388–412, kann man womöglich in der Tat nur zu einem negativen Ergebnis kommen – und versperrt sich damit den Blick auf die Frage, durch die eine derartige Untersuchung allererst sinnvoll wird: die Frage nach dem Zusammenhang der Goetheschen Symbolkunst mit den Traditionen der Allegorese.

schaulichkeit zuwächst – wenn denn die These richtig ist, daß Rede durch Anschaulichkeit zur Mimesis wird. Dazu stimmt es jedenfalls, daß etwa seit der Mitte des 18. Jahrhunderts und verstärkt dann im Laufe des 19. Jahrhunderts in der erzählenden Literatur immer mehr Gewicht auf ein ausführliches Veranschaulichen, auf das Beschreiben von Schauplätzen, das anschauliche Vorstellen von Personen, die plastische Nachvollziehbarkeit von Handlungen gelegt wird.

Das Angewiesensein des Sinns auf Mimesis führt hier ebenso wie beim Illusionsbild zur Forderung ihrer Perfektionierung als Schein, zum Postulat einer möglichst vollkommenen, bruchlosen, die Scheinhaftigkeit des Scheins vergessen machenden, mitreißenden Täuschung. Das ist freilich nichts, was die beiden Künste miteinander verbindet – im Gegenteil: es treibt sie auseinander. Denn einen in sich bruchlosen Schein kann jede Kunst nur dann erzeugen, wenn sie sich ausschließlich ihrer ureigensten mimetischen Mittel bedient und sie konsequent einsetzt. In diesem Zusammenhang sei noch einmal an die Gesichtspunkte erinnert, die Lessing als entscheidend für die Perfektionierung der Mimesis in Wort und Bild dargestellt und die sich die klassische Ästhetik ja weithin zu eigen gemacht hat. Danach beruht die literarische Mimesis auf der Handlungsillusion und wird durch alles gefördert, was diese vervollkommnet, und die bildnerische Mimesis fließt aus der Illusion der Körperlichkeit und wird durch alles vereindringlicht, was diese erhöht.

So treten Wort- und Bildkunst in der Theorie wie in der künstlerischen Praxis in einen immer schärferen Gegensatz. An die Stelle der »prästabilierten Harmonie« der beiden Künste im Horizont der Allegorese, die zuvor die inneren Wort-Bild-Beziehungen regierte, tritt nun das Bewußtsein von der fundamentalen Unterschiedlichkeit ihrer mimetischen Verfahrensweise. Deutlichster Ausdruck der veränderten Verfassung der Wort-Bild-Beziehungen ist das Verdikt gegen Wort-Bild-Formen, das die klassische Ästhetik von Lessing bis zu ihren spätgeborenen Nachfahren im 20. Jahrhundert durchzieht. Was solche Mischformen an Sinnmomenten mitzuteilen vermöchten, könnte sich niemals allein dem reinen Schein verdanken, ist der Rezipient bei ihm doch stets zum Übergang von einer in eine andere Illusionierung gezwungen. »(...) die Künste sind spezifische Organismen, deren Gliederbau im Versuche der Vereinigung nur eine Mißgeburt darstellen kann«.[44] »Jede Kunst hat das ganze Schöne auf ihre Weise und es gibt daher keine andere richtige Verbindung von Künsten, als eine solche, worin entschieden Eine Kunst herrscht, die andere, oder die andern nur mitwirken«.[45] »(...) Verbindungen sind nur dann keine Verletzungen der Ästhetik, wenn sie auf den

---

[44] F. Th. Vischer, Ästhetik, a.a.O., Teil III, S. 165–166.
[45] Ebenda, S. 1453–1454.

reinen Schein verzichten« (F. Th. Vischer).[46] Das Verdikt gegen die Wort-Bild-Formen trifft sogar das Figurengedicht, in dem man vom Standpunkt des mimetischen Illusionismus nurmehr ein Produkt des kalten »Witzes« zu sehen vermag; dementsprechend ist es in der Zeit seiner Herrschaft auch kaum gepflegt worden.[46a] Die Bemühungen um die Verbindung beider Künste im Rahmen eines Gesamtkunstwerks, wie sie seit der Romantik gelegentlich im 19. Jahrhundert zu beobachten sind, können nicht eigentlich als Gegenbeweis gelten, denn sie haben nicht zum Inhalt, ihre Verschiedenartigkeit zu leugnen oder neu zu überbrücken, sondern sie setzen gerade bei ihr an, um aus der Spannung zwischen verschiedenartiger Mimesis Bewegungsenergie für eine »progressive Universalpoesie« zu gewinnen.

Nach diesen ersten Überlegungen zum Stand der Wort-Bild-Beziehungen in der »Goethezeit«, wie er sich auf besonders handgreifliche Weise in dem Verdikt gegen die Wort-Bild-Formen manifestiert, seien zunächst die Wechselbeziehungen von Wort- und Bildkunst näher ins Auge gefaßt. Sodann soll von hier aus zu den Formen und Problemen der anschaulichen Gestaltung von Literatur übergegangen werden.

Die Wechselbeziehungen von Wort- und Bildkunst in der »Goethezeit«[47]

Wie die Geschichte der Wort-Bild-Formen ist auch die der Wechselbeziehungen von Wort- und Bildkunst nun mehr und mehr von dem Bewußtsein der Unterschiedlichkeit ihrer mimetischen Mittel geprägt. Aus ihm folgt zweierlei. Zum einen bedeutet es ein Auseinanderrücken der beiden Künste, das Ende jener Angleichung, die bis zur Gleichsetzung im Sinne des Prinzips »ut pictura poesis« ging, und damit das Ende der Beziehungen, die hierauf beruhen. Zum andern läßt es sie aber auch auf eine Weise einander gegenübertreten, die Wechselbeziehungen begründet, die diesen Namen erst ganz verdienen.

---

[46] S. 166. – Vgl. z. B. auch Hegel, Ästhetik, a.a.O., Bd. 2, S. 263: »aber wie in der Natur die Zwitterarten, Amphibien, Übergänge statt der Vortrefflichkeit und Freiheit der Natur nur ihre Ohnmacht bekunden, die in der Sache selbst begründeten, wesentlichen Unterschiede nicht festhalten zu können (...), so steht es auch in der Kunst mit solchen Mittelgattungen, obschon dieselben noch manches Erfreuliche, Anmutige und Verdienstliche, wenn auch nicht schlechthin Vollendetes leisten können«.
[46a] J. Adler, U. Ernst, Text als Figur, a.a.O., S. 212ff.
[47] Eine Fülle von Material und Gesichtspunkten bei A. Langen, Die Wechselbeziehungen zwischen Wort- und Bildkunst in der Goethezeit, in: Wirk. Wort 3, 1952/53, S. 73–86. – Vgl. ferner auch die Aufsätze in: Bildende Kunst und Literatur, Beiträge zum Problem ihrer Wechselbeziehungen im 19. Jahrhundert, hg. v. W. Rasch, Frankfurt 1970.

Einerseits lockern sich also die Beziehungen, in denen sich die Angleichung der beiden Künste, und das heißt im wesentlichen: die Vormundschaft des Worts über das Bild manifestierte. Am deutlichsten ist das an der veränderten Bedeutung abzulesen, die dem Wort nunmehr als Mittler der Stoffe des Bilds zukommt. Die Bildkunst entwickelt sich in eine Richtung, in der sie ohne literarische Grundlage auskommt. So nimmt zum Beispiel das Gewicht von Gattungen, die kein literarisches Substrat haben, also von Genres wie dem Porträt, dem Interieur, dem Stilleben, der Landschaft und der Vedute – deren Entfaltung allerdings bereits dem 17. Jahrhundert angehört – ständig zu,[48] um im Laufe des 19. Jahrhunderts in eine zentrale, wenn nicht dominierende Stellung einzurücken. Und so wird für den Teil der Bildkunst, der sich nach wie vor auf Literatur bezieht, die Reflexion darauf immer wichtiger, welche bestimmte Szene, welcher besondere Moment der Handlung den mimetischen Möglichkeiten der Bildkunst entgegenkommt, welches für sie der »fruchtbare Moment« ist, den sie allenfalls ergreifen und im Sinne einer in sich geschlossenen Bildillusion gestalten kann – auch dies ein Vorgang, der die Möglichkeit von Beziehungen auf der Ebene des Stoffs letztlich reduziert. Gerade an ihm läßt sich wiederum die entscheidende Rolle greifen, die dem sich ausbildenden Illusionsbewußtsein in all diesen Veränderungen zukommt. Übrigens wird es auch erst in diesem Zusammenhang sinnvoll, von Illustrationen zu sprechen. Der Begriff der Illustration setzt das Bewußtsein einer wesensmäßigen Unterschiedlichkeit von Wort- und Bildkunst voraus. Anders als die Bildbestandteile jener Wort-Bild-Formen, in denen Wort und Bild gleichsam einen kontingenten Diskurs formieren, ist die Illustration eine nachträgliche Beigabe, die im Bewußtsein eines bloß begrenzten Bezugnehmenkönnens entsteht.[49]

Führt das wachsende Bewußtsein von der wesensmäßigen Unterschiedlichkeit der mimetischen Mittel beider Künste mithin einerseits zur Auflösung der Beziehungen, die sich im Zeichen des Prinzips »ut pictura poesis« entwickelt haben, so hat es andererseits doch auch zur Folge, daß die beiden Künste einander gerade in dieser ihrer Unterschiedlichkeit gegenübertreten, was neue, andersartige Wechselbeziehungen entstehen läßt. Gehörten die Gemeinsamkeiten, die sich aus der Gleichsetzung der Künste ergaben, primär der Ebene des Stoffs an, da diese Gleichsetzung vor allem ein mehr oder weniger uneingeschränktes Austauschenkönnen von Stoffen meinte, und waren die Berührungen auf der Ebene der Form meist nur die Folge dieses Austauschs von Stoffen, so stellen sich die neuen, aus dem Bewußtsein der Eigenart der jeweiligen Mimesis fließenden Beziehungen nun umgekehrt pri-

---

[48] J. Białostocki, Skizze einer Geschichte der Ikonographie, S. 36ff.
[49] Vgl. D. Sulzer, Poetik synthetisierender Künste und Interpretation der Emblematik, a.a.O., S. 407.

mär auf der Ebene der Form her, und stoffliche Übereinstimmungen führen sie zunächst nur als deren unvermeidliche Implikate mit sich. Und bedeuteten jene Beziehungen, die vor allem in stofflichen Gemeinsamkeiten bestanden, ein Übergewicht des Worts und damit der Literatur, insofern sich das Exponieren von Stoffen, überhaupt das Sich-Konstituieren von Thematik primär im Raum der Sprache vollzieht, so stehen sich Wort- und Bildkunst jetzt, da ihre Beziehungen auf formaler Ebene, bei der Besonderheit ihrer jeweiligen mimetischen Verfahrensweise und ihren besonderen formalen Möglichkeiten ansetzen, als prinzipiell gleichrangig gegenüber, und ihr Austausch wird ein wirkliches Geben und Nehmen.

Die Plattform für die veränderten Wechselbeziehungen ist der neue allgemeine Kunstbegriff, der sich im Laufe des 18. Jahrhunderts in Theorie und Praxis des literarisch-ästhetischen Lebens ausbildet.[50] Wer sich nun als Kenner und Liebhaber mit den Künsten beschäftigt, der wird sich im allgemeinen nicht nur einer einzigen Kunst, nur Literatur, Kunst oder Musik, Theater, Architektur oder Gartenbau, sondern möglichst vielen von ihnen widmen, ja er wird sich darüber hinaus auch nach seinen Möglichkeiten an der Diskussion allgemeiner ästhetischer Fragen beteiligen. Goethe ist darin keineswegs eine Ausnahme, vielmehr typisch für seine Zeit und Schicht. Die Betätigung auf dem Gebiet einer bestimmten Kunst, ob es sich um eine aktive oder passive, produktive oder rezeptive, theoretische oder praktische Teilnahme handelt, gilt in einem Maße als wesensverwandt mit der auf allen anderen künstlerischen Gebieten, das zuvor so nicht gegeben war. Alle derartigen Aktivitäten werden als gleichartig, als ein und derselben Lebenssphäre zugehörig erlebt, die als in sich geschlossen und deutlich gegen andere Sphären des kulturellen Lebens abgegrenzt erfahren wird. Insofern kann hier in einem viel entschiedeneren Sinne als zuvor von einem literarisch-ästhetischen Leben die Rede sein, ja streng genommen ist dieser Begriff erst jetzt verwendbar. Dementsprechend lassen sich die Wechselbeziehungen zwischen Wort- und Bildkunst nun insgesamt als literarisch-ästhetische Beziehungen begreifen; vorher waren es mehr nur Beziehungen zwischen zwei Medien mit literarisch-ästhetischen Aspekten.

Die Gründe für das Sich-Konstituieren einer autonomen literarisch-ästhetischen Sphäre sind vielfach beschrieben. Zu den wichtigsten zählen eben die Entstehung einer aufgeklärt-säkularen Kultur, also die Lösung aus dem religiösen Rahmen, die Ablösung auch von der gelehrt-humanistischen Grundlage und von den Zwecksetzungen der Repräsentation sowie die Anbindung an eine säkulare Philosophie. Sie alle lassen sich mehr oder weniger deutlich in jener Theorie greifen, die dem Bewußtsein von der Einheit der literarisch-

---

50 P. O. Kristeller, Das moderne System der Künste, in: Kristeller, Humanismus und Renaissance, Bd. 2, München 1976, S. 164ff., hier S. 164–165 u. S. 186ff.

ästhetischen Sphäre Ausdruck verleiht und die zu ihrer Formierung selbst nicht wenig beigetragen hat: in der Ästhetik. Als Enzyklopädie und Systematik der Künste versucht sie zu zeigen, daß und wie in den verschiedenen Bereichen künstlerischer Tätigkeit, die sie nebeneinanderstellt, bei aller Unterschiedlichkeit ein und dieselben Kräfte am Werke sind, ein und dieselbe Wahrheit sich ereignet. Insofern wird in diesem weiter gesteckten Rahmen die Formel »ut pictura poesis« neu postuliert, freilich so, daß mit der Wesensgleichheit der beiden Künste zugleich ihre wesentlichen Unterschiede zur Geltung kommen.

Von den Wechselbeziehungen, die unter diesen Bedingungen entstehen oder einen besonderen Aufschwung nehmen, ist an erster Stelle noch einmal eine Beziehung auf der Ebene des Stoffs zu nennen, die sich allerdings vielfach mit formalen Aspekten verbindet, nämlich die, daß die Künste wechselseitig füreinander Stoff werden, insbesondere daß sie Thema der Literatur werden. Wohl handelt es sich dabei um eine Möglichkeit mit einer langen Tradition, die sich etwa am Bildgedicht bis in die Renaissance, ja bis in die Antike zurückverfolgen läßt, doch gewinnt sie nun, im Zeichen des allgemeinen Kunstbegriffs, ganz entschieden an Bedeutung. Das gilt vor allem für den Bereich der erzählenden Literatur. Von Heinse bis Keller, ja bis zu den jungen Brüdern Mann sind Roman und Novelle wesentlich Künstlerroman und Künstlernovelle. Dabei geht es nicht nur um das Künstlerleben als Gegenentwurf zum Dasein des Bürgers bzw. des Philisters. Vielfach richtet sich das Interesse dabei auch ausdrücklich auf die betreffende Kunst selbst und auf das Phänomen der Kunst allgemein, auf das Verhältnis von Kunst und Leben, die Arbeit des Künstlers, das Geheimnis der künstlerischen Produktivität, die Eigenart und die Wirkung von Werken einer bestimmten Kunst, ja ganz bestimmter Kunstwerke, auf die Diskussion ästhetischer Fragen. Und selbst wo kein Künstler im Mittelpunkt des Geschehens steht, erscheinen die handelnden Personen im allgemeinen doch als in das literarisch-ästhetische Leben einbezogen, und sei es auch nur dadurch, daß sie sich mit der Anlage von Parken befassen.[51] Daneben ist auf Seiten der Literatur vor allem noch an den Aufschwung von Gedichten auf Künstler und Gemälde sowie von ästhetischen Programmgedichten zu erinnern.[52]

In diesem Thematisieren einer Kunst durch eine andere manifestiert sich zunächst eben das Bewußtsein von der Einheit der ästhetischen Sphäre und der Verwandtschaft der verschiedenen Künste. Sodann schafft es die Möglichkeit, indirekt auf den Kunstcharakter der jeweils gerade betätigten Kunst hinzuweisen, und es ist ja nun für jede literarisch-ästhetische Aktivität kon-

---

[51] Vgl. etwa L. Köhn, Entwicklungs- und Bildungsroman, Ein Forschungsbericht, Stuttgart 1969, S. 80ff. (mit Literaturangaben).
[52] H. Rosenfeld, Das deutsche Bildgedicht, Leipzig 1935, S. 118ff.

stitutiv, daß sie sich im Bewußtsein ihres Kunstcharakters vollzieht. Ja mehr noch: dieses Bewußtsein muß sich als solches artikulieren, die Kunst muß sich selbst reflektieren – auch dazu bietet sich so die Gelegenheit. Wenn mehrere Künste im Spiel sind, kann es im übrigen gar nicht ausbleiben, daß der allgemeine Kunstbegriff in Erscheinung tritt, wie er in den verschiedenen Künsten wirksam ist, und auf ihn kommt es letztlich an.

Daß das Thematisieren einer Kunst durch eine andere um der Möglichkeit willen vorgenommen wird, Kunst im Bewußtsein, ja unter ausdrücklicher Reflexion ihres Kunstcharakters zu betreiben, erklärt, warum es sich dabei um eine Variante der Wechselbeziehungen handelt, die vor allem von der Literatur genutzt wird: in ihr kann sich dieses Bewußtsein ohne weiteres aussprechen, diese Reflexion geradehin vollziehen. Die Bildende Kunst hat es damit sehr viel schwerer, von der Musik ganz zu schweigen. Dennoch hat es in der romantischen Malerei und bei ihren Nachfolgern Versuche mit dieser Variante gegeben, die aber notwendig experimentell und in ihrer Wirkung begrenzt geblieben sind. Wie kann die Bildende Kunst eine andere Kunst, ja auch nur sich selbst als Kunst thematisieren? Bilder wie Runges ›Lehrstunde der Nachtigall‹ oder Schwinds ›Symphonie‹ machen deutlich, welches programmatischen und formalen Aufwands es dazu bedarf. Nicht nur daß Runge auf die Allegorie zurückgreifen muß, und zwar in ihrer massivsten Gestalt: auf die Personifikation – er sieht sich auch gezwungen, das Bildfeld mehrfach aufzuteilen und in unterschiedlicher Maltechnik ausgeführte Bildteile einander gegenüberzustellen, ja einen Vers in das Rahmenwerk des Bilds einzuschreiben und somit den Übergang zur Wort-Bild-Form zu vollziehen, um eine Reflexionsstruktur aufbauen zu können.[53] Mit alledem stellt sich sein Bild als ein entschiedener Kontrapunkt zur Entwicklung des einsinnigen Illusionsbilds dar. Daß es ganz darauf setzt, als ein solcher Kontrapunkt erfahren zu werden, macht freilich zugleich klar, daß es sich hier nicht eigentlich um einen Gegenbeweis, vielmehr um eine zusätzliche Bestätigung der Entwicklung hin zur Herrschaft des Illusionsbildes handelt.

Andere, weniger spektakuläre und komplizierte Möglichkeiten bleiben, was die Vermittlung des Kunstbewußtseins anbelangt, vielfach eher blaß und undeutlich. Hier wäre etwa an das Künstlerbildnis, um nicht zu sagen: die Künstleridolatrie zu denken, wie sie sich im 19. Jahrhundert geradezu mit einer eigenen Ikonologie entfaltet.[54] Eine weitere Möglichkeit liegt für das

---

[53] Ph. O. Runge, Die Lehrstunde der Nachtigall, s. J. Träger, Philipp Otto Runge und sein Werk, Monographie und kritischer Katalog, München 1975, S. 81; Kommentar dazu S. 79–82.

[54] Dazu etwa P. Raabe, Dichterverherrlichung im neunzehnten Jahrhundert, Zum Anteil der Bildenden Kunst an der Darstellung der Literaturgeschichte, in: Bildende Kunst und Literatur, hg. v. W. Rasch, a.a.O., S. 79–97.

19. Jahrhundert darin, literarische Stoffe aufzugreifen und auf eine Weise zu gestalten, die ihre Herkunft aus der Literatur mit zu erkennen gibt. Man könnte hier von einem grundsätzlichen Illustrationscharakter des Bilds sprechen, der stets deutlich erkennbar bleibt und insofern die bildliche Gestaltung literarischer Vorlagen im 19. Jahrhundert von der in früheren Jahrhunderten unterscheidet. Zudem hat sich die Bildkunst des 19. Jahrhunderts mit großem Einsatz der Illustration literarischer Werke im Medium des Buchs gewidmet. In diesem Zusammenhang konnte es nicht ausbleiben, daß man es auch wieder mit Möglichkeiten einer literarischen Strukturierung des Bilds versuchte, und sei es auch nur, um eine Entsprechung zu Momenten des illustrierten Textes zu finden. Die Bandbreite dieser Versuche reicht von der Allegorie, die der romantischen Malerei durchaus als ein literarisches Mittel gilt, über die Nachbildung von Erzählstrukturen im Stationenbild und von Reflexionsstrukturen im Rahmenwerk bis hin zu Wort-Bild-Formen.[55] Für letzteres ist allerdings vor allem Platz in den Genres, die nicht zum innersten Bezirk des literarisch-ästhetischen Lebens zählen, die also nicht allein auf die Wirkungen des reinen Scheins setzen: außer in den dezidierten Gebrauchsformen des Buchs und der Architektur vor allem im Kinderbuch und im karikaturistischen Bilderbogen, also in einer didaktischen und einer ironisch gebrochenen, reflektorischen Form.

Der Rekurs auf die Bildkunst bei der Ausgestaltung der Literatur als anschauliche Rede

Allein die Kraft der Mimesis, die Art, wie der Erfahrungscharakter der Rede gestaltet, und das heißt, wie die Anschauung ins Spiel gebracht wird, soll in der Literatur der »Goethezeit« die Sinnmomente beglaubigen, überhaupt den ganzen Sinnhorizont etablieren, um dessen Eröffnung es zu tun ist; das ist jedenfalls ihr Anspruch. Einen anderen Zugang, eine andere Sicherheit soll es für sie nicht geben. Der Sinn soll den Sinnen scheinen,[56] und dies in einer Kunst, die von ihrer medialen Grundlage her lediglich über das Mittel der Bedeutungsentfaltung im Wort verfügt, die im eigentlichen Verstand also gar nicht scheinen kann und den Sinnenschein allenfalls indirekt ins Spiel zu bringen vermag.

---

55 A. Fischer, Die Buchillustration der deutschen Romantik, Berlin 1933.
56 Entsprechend der bekannten Hegelschen Definition des Schönen als des »sinnlichen Scheinens der Idee« (Hegel, Ästhetik, a.a.O., Bd. 1, S. 151) oder der Goetheschen Maxime: »Der Dichter verwandelt das Leben in ein Bild« (zitiert nach W. Keller, Goethes dichterische Bildlichkeit, München 1972, S. 51; vgl. zum folgenden dort auch S. 48ff.: Die Dichtung als Bild bei Goethe).

Das ist das Problem, vor das sich die Literatur gestellt sieht, seitdem sie von der Aufklärung in die Autonomie entlassen worden ist. Nur von diesem Problem aus kann man verstehen, welche Bedeutung die Formenwelt der Bildkunst, ihr darstellendes Verfahren überhaupt wie dessen besondere geschichtliche Ausprägungen, in der »Goethezeit« für sie erlangt. Wo immer sie eine Möglichkeit sieht, aus der Nachbarschaft der Bildenden Kunst, wie sie der allgemeine Kunstbegriff, die Vorstellung von der Einheit der ästhetischen Sphäre, begründet, Nutzen für die Bewältigung der Aufgabe zu ziehen, die Rede zur anschaulichen Rede zu gestalten, da ergreift sie sie mit Entschiedenheit. Freilich muß sie dabei stets darauf achten, daß sie dem Laokoon-Prinzip nicht zuwiderhandelt, nach dem jede Kunst den Schein und gerade ihn mit ihren ureigensten mimetischen Mitteln zu erzeugen hat.

Am leichtesten ist die Mitwirkung der Bildkunst an der Ausgestaltung der Literatur als anschauliche Rede natürlich da einzugrenzen, wo ausdrücklich auf eine ihrer konkreten Erscheinungen Bezug genommen wird, so wie das zum Beispiel E. T. A. Hoffmann im Titel seiner Phantasiestücke in Callots Manier getan hat.[57] Der Name des Zeichners und Kupferstechers Callot wirkt als Signal, das die Phantasie des Lesers in eine ganz bestimmte Richtung lenkt, nämlich in eine Welt der Schwarz-Weiß-Wirkungen, der überscharf gezeichneten Physiognomien, in einen wimmelnden Kosmos des Skurrilen und Grotesken.[58] Noch massiver ist der Versuch, das anschauliche Vorstellen des Lesers zu modellieren, in einem Fall wie dem der Einführung des Professors Spalanzani in Hoffmanns Erzählung ›Der Sandmann‹. Er wird zunächst kurz beschrieben, woran sich die Bemerkung anschließt: »doch besser als in jeder Beschreibung, siehst Du ihn, wenn Du den Cagliostro, wie er von Chodowiecki in irgendeinem Berlinischen Taschenkalender steht, anschauest«.[59] Wieder einen anderen Weg geht Goethe im ersten Kapitel von ›Wilhelm Meisters Wanderjahren‹.[60] Er bezieht sich hier nicht ausdrücklich auf ein einzelnes Gemälde, sondern auf die ganze Tradition der Gestaltung eines biblischen Stoffs: auf die Ikonologie der Flucht nach Ägypten, wobei offenbleiben kann, ob ihm beim Abfassen des Textes nicht doch ein ganz bestimmtes Gemälde vor Augen stand. In der Kapitelüberschrift auf eine zunächst rätselhaft bleibende Weise in den Raum gestellt, werden bei der Beschreibung der an Wilhelm und Felix vorüberziehenden Familie des Schaffners Joseph[61]

---

[57] E. T. A. Hoffmann, Phantasiestücke in Callots Manier, in: Hoffmann, Werke, hg. v. G. Ellinger, Bd. 1, Berlin 1912.
[58] Eine poetologisch zugespitztere Deutung des Prinzips der Callotschen Manier bei Th. Cramer, Das Groteske bei E. T. A. Hoffmann, München 1966, S. 81–82.
[59] E. T. A. Hoffmann, Der Sandmann, in: Hoffmann, Werke, hg. v. G. Ellinger, Bd. 3, S. 23–52, hier S. 33.
[60] Goethe, Wilhelm Meisters Wanderjahre, HA 8, S. 7ff.
[61] Ebenda, S. 8–9.

nach und nach und mit immer deutlicher werdenden Hinweisen auf die bildliche Vorlage die Elemente zusammengetragen, die zur Ikonologie jener überaus populären biblischen Szene gehören: die Szenerie des Gebirgspfads, die beiden vorangehenden Engel, der Vater als Führer des Esels, auf dem die Mutter mit dem Kind sitzt, das sie in »unbeschreiblicher Lieblichkeit« betrachtet; ihr blauer Madonnenmantel, die Palmwedel der englischen Knaben und Polieraxt und Winkelmaß des Vaters lösen die letzten Zweifel, so daß Wilhelm »die Flucht nach Ägypten, die er so oft gemalt gesehen, mit Verwunderung hier vor seinen Augen wirklich finden« kann.[62]

Natürlich dient ein solches Bezugnehmen auf Phänomene der Bildkunst[63] nicht ausschließlich der Veranschaulichung des Erzählten, dem Modellieren des anschaulichen Vorstellens beim Leser. In allen drei Fällen ist deutlich, daß es zugleich um Bedeutungsstiftung, um das Erschließen bestimmter Dimensionen von Bedeutsamkeit oder das Anlegen bestimmter Bedeutungszusammenhänge geht. E. T. A. Hoffmann legt die Wendung »in Callots Manier« in der Einleitung seiner Phantasiestücke sogleich als Metapher für sein poetisches Verfahren aus, für den Versuch, die »Gestalten des gewöhnlichen Lebens« im Licht »seines inneren romantischen Geisterreichs (...) wie in einem fremden wunderlichen Putze« »darzustellen«.[64] Mit dem Hinweis auf Chodowieckis Cagliostro-Porträt bei der Einführung des Professors Spalanzani soll dieser wohl vor allem mit der Aura des berühmten Alchimisten, Freimaurers und Betrügers des späten 18. Jahrhunderts umgeben werden. Und wenn Goethe den Auftritt des Schaffners Joseph und seiner Familie als »Flucht nach Ägypten« darstellt, will er damit die konkrete Familie des Handlungszusammenhangs zu einem Symbol der Familie überhaupt und damit einer heilig-heilen, geordneten kleinen Welt stilisieren.[65]

Aber dieses Stiften von Bedeutungszusammenhängen wird doch so vorgenommen, daß dabei zugleich auf die anschaulichen Vorstellungen des Lesers

---

[62] S. 9.
[63] W. Keller, der bei seiner Frage nach Goethes dichterischer Bildlichkeit von Goethes Poetologie aus die Nachbarschaft der Bildenden Kunst in einer Fülle von Aspekten mit bedenkt (a.a.O., S. 48ff., S. 268ff.), und H. Hillmann, Bildlichkeit der deutschen Romantik, Frankfurt 1971, der immer wieder von fiktiven oder realen Bildwerken als Kristallisationspunkten der sinntragenden Bildlichkeit zu berichten hat (z.B. S. 28), gehen auf die im folgenden entwickelten Gesichtspunkte nicht ein. Das gilt auch für P. G. Klussmann, Andachtsbilder, Wackenroders ästhetische Glaubenserfahrung und die romantische Bestimmung des Künstlertums, in: Fs. f. F. Kienecker, Heidelberg 1980, S. 69-96, und K.-P. Schuster, Bildzitate bei Brentano, in: Clemens Brentano, hg. v. D. Lüders, Tübingen 1980, S. 334-348.
[64] E. T. A. Hoffmann, Jacques Callot, in: Hoffmann, Werke, Bd. 1, a.a.O., S. 21-22, hier S. 22.
[65] E. Trunz im Kommentar zu Goethes ›Wanderjahren‹, in HA 8, S. 556.

abgezielt wird, und zwar in den hier entwickelten Fällen eben dadurch, daß der Bedeutungszusammenhang durch das Ins-Spiel-Bringen einer bestimmten Erscheinung aus der Welt der Bildkunst hergestellt wird. Was so an Bedeutsamkeit erreicht wird, könnte ja auch auf einem anderen Weg angestrebt werden. Daß E. T. A. Hoffmann versuchen wird, Gestalten, die als Gestalten der »gewöhnlichen Welt« erkennbar sind und bleiben, in einen Raum des Phantastischen und damit des Innerlich-Geistigen hinüberzuspielen, daß sein Spalanzani von seinem ersten Auftreten an als zwielichtige Existenz erscheint, daß die Familie des Schaffners Joseph am Beginn der »Wanderjahre« als ein Musterbild ruhiger, harmonisch geordneter Verhältnisse dasteht, könnte dem Leser auch ohne Rekurs auf Phänomene der Bildkunst vermittelt werden. Es könnte ihm auf andere Weise anschaulich vorgestellt, könnte ihm – wofür vor allem in der Moderne Beispiele zu finden – auf unanschauliche Weise bedeutet, ja es könnte einfach ausgesprochen werden. Das alles ist hier nicht geschehen. Vielmehr ist ein Weg gewählt worden, bei dem sich Bedeutungsstiftung und Veranschaulichung miteinander verbinden, wenn nicht gar unauflöslich ineinanderschlingen, und zwar eben dadurch, daß die Bedeutungsstiftung als Rekurs auf eine Erscheinung der Bildkunst angelegt worden ist.

Daß das Realisieren des Bedeutungszusammenhangs durch den Leser mit dem anschaulichen Vorstellen einhergeht, scheint mir bei dem Goetheschen Beispiel besonders zwingend, wo es auf bestimmte anschauliche Vorstellungen geradezu angewiesen ist. Man muß sich zum Beispiel die beiden schönen Knaben, die die »sonderbare Erscheinung« eröffnen, mit ihrem schulterlangen Haar, ihren klarblickenden Augen und vor allem mit ihren »farbigen Jäckchen, die man für aufgebundene Hemdchen gehalten hätte«,[66] entschieden vor Augen stellen, um in jenen Jäckchen Engelsgewänder angedeutet zu finden und überhaupt auf den Gedanken kommen zu können, daß die beiden Knaben die Rolle von Engeln haben. Anders im Fall der Vorstellung Spalanzanis mit Hilfe des Hinweises auf Chodowieckis Cagliostro-Porträt; hier könnte schon eher gefragt werden, ob es mit ihm ausschließlich um Bedeutungsstiftung und nicht auch um ein anschauliches Vorstellen gehe, ist er als Kunstmittel der Veranschaulichung doch nur schwer zu realisieren: wer von Hoffmanns damaligen wie heutigen Lesern hat schon jenen Berlinischen Taschenkalender zur Hand! Die Wendung »in Callots Manier« hinwiederum ist als Mittel der Bedeutungsstiftung allein nicht zu erklären. Zwar wird sie in der mit »Jaques Callot« überschriebenen Einleitung ausdrücklich als ein solches Mittel ausgelegt, aber doch nicht so, daß sie damit als Signal an die »Einbildungskraft« des Lesers entwertet würde. Im Gegenteil – gerade da-

---

[66] Goethe, Wanderjahre, HA 8, S. 8.

durch, daß ihr mehrere unterschiedliche Bedeutungsvalenzen abgewonnen werden, durch ein solches auslegendes Umspielen und Einkreisen, wird ihr Bildcharakter, ihr Wert als Mittel der Veranschaulichung besonders akzentuiert. Was sollte auch eine Metapher, die sogleich durch Auslegung als Metapher aufgehoben würde!

Die Frage, ob der Rekurs auf Erscheinungen der Bildkunst dem Stiften von Bedeutungszusammenhängen oder dem Modellieren des anschaulichen Vorstellens beim Leser diene, ist eben gar keine echte Alternative. Die Bedeutungsentfaltung durch das Wort ist in der literarischen Rede immer auch um anschauliche Wirkungen bemüht, und anders kann die literarische Rede die Anschauung nicht ins Spiel bringen als dadurch, daß sie die Bedeutungserzeugung auf eine bestimmte Weise vornimmt. In dem Hinweis darauf, daß sich das Veranschaulichen in der Literatur immer nur im Zuge der Entfaltung von Bedeutungszusammenhängen vollziehen kann, ist wohl die bleibende Bedeutung von Lessings Laokoon-Thesen zu sehen. Lessing spricht freilich lediglich von Handlungszusammenhängen, wenn er postuliert, daß die Poesie die Körperwelt nur andeutungsweise durch Handlungen schildern könne.[67] Das ist eine in ihrer Zeit plausible und entsprechend wirkungsvolle Fassung des Problems von einem Sonderfall von Bedeutungszusammenhang aus, eben dem des Handlungszusammenhangs, die allerdings deutlich ihre geschichtlichen und gedanklichen Grenzen hat. Aus der Begründung, die Lessing versucht, werden sie sogleich ersichtlich. Es ist die These, daß »die Zeichen ein bequemes Verhältnis zum Bezeichneten haben müssen« und dementsprechend »aufeinanderfolgende Zeichen« nur »aufeinanderfolgende Gegenstände« »ausdrücken« können, das Wort also nur Handlung zu geben vermag.[68] Das ikonische Moment, das damit dem Sprachzeichen oder vielmehr der Verknüpfung der Sprachzeichen zugeschrieben wird, ist keineswegs überzeugend, hält jedenfalls neueren Zeichentheorien nicht stand: die Prozessualität der Textherstellung hat keinen Zeichencharakter, schon gar nicht einen die Leistung des Zeichensystems Sprache im grundsätzlichen prägenden; sie kann weder ein Moment des Gegenstands durch Abbildlichkeit bezeichnen noch mit seiner Darstellung kollidieren.[69] Um das Berechtigte an Lessings Beobachtungen fassen zu können, muß von seiner Begründung abgesehen und sein Postulat in hinreichender Allgemeinheit formuliert werden. Es liegt darin, daß sich Sprache ausschließlich durch das Entfalten von Bedeu-

---

[67] Lessing, Laokoon, in: Lessing, Werke, hg. v. H. G. Göpfert, Bd. 6, München 1974, S. 7–187, hier S. 103.
[68] Ebenda, S. 102–103.
[69] Vgl. etwa K. Stierle, Das bequeme Verhältnis, Lessings ›Laokoon‹ und die Entdeckung des ästhetischen Mediums, in: Das Laokoon-Projekt, hg. v. G. Gebauer, Stuttgart 1984, S. 23–58, hier S. 46.

tungszusammenhängen auf ihre Gegenstände zu beziehen vermag und daß sie das Moment der Anschauung nur ins Spiel bringen kann, indem sie auf eine bestimmte Weise Bedeutungszusammenhänge erzeugt; Handlung ist eine Grundform solchen Bedeutungszusammenhangs, nur eine unter mehreren, aber eine besonders wichtige.

Auf wie vielschichtige Weise Momente der Bedeutungsstiftung und der Veranschaulichung ineinandergreifen, wo die literarische Darstellung auf Erscheinungen der Bildkunst rekurriert, wird an einer weiteren Gruppe von Beispielen sichtbar, die sehr umfangreich ist: an den Fällen, in denen gleichsam auf die Bilderfahrung überhaupt rekurriert wird, wie sie in einer bestimmten Zeit gegeben ist. In der erzählenden Literatur des 18. und 19. Jahrhunderts, vor allem der »Goethezeit«, begegnet man einer Fülle von Bildwerken. Gelegentlich kündigt sich das schon im Titel an, so in Tiecks ›Gemälden‹ und Eichendorffs ›Marmorbild‹. Dabei handelt es sich manchmal – wie bei Dürers Apostelbild zu Beginn von Tiecks Roman ›Franz Sternbalds Wanderungen‹[70] – um ein wirklich existierendes, mehr oder weniger berühmtes Bildwerk, öfter um Werke, die sich immerhin noch von ihrem Inhalt oder ihrem Stil her, wie er in der Beschreibung kenntlich wird, konkreten Erscheinungen der Kunstgeschichte zuordnen lassen – man denke zum Beispiel an das Bild vom kranken Königssohn in Goethes ›Wilhelm Meister‹, ein vor allem im 17. Jahrhundert häufig im Bild gestaltetes Motiv aus den Viten Plutarchs[71] –; oft genug ist aber auch von Bildnissen die Rede, über die wir nichts erfahren, was eine solche Einordnung möglich machte, wie im Fall des Ritterbilds, das dem Helden von Eichendorffs ›Ahnung und Gegenwart‹ immer wieder auf seinem Weg begegnet.[72] Ein Grund für die Fülle und Bedeutung solcher Bilder ist bereits genannt worden: die Einheit der ästhetischen Sphäre, die sich so dokumentiert. Daß diese Bildwerke vielfach eine herausgehobene Stellung im Erzählzusammenhang haben, ist damit jedoch noch nicht erklärt. Denn da ringen Künstler um die Vollendung eines ganz bestimmten Bildes, Personen stehen betroffen vor einem Meisterwerk und kommen gerade hier zu Entschlüssen, geheimnisvolle Bildnisse kreuzen immer wieder den Lebensweg des Helden und rühren an sein Innerstes, in entlegenen Kirchen, versteckten Sälen weitläufiger Gebäude werden Wandbilder aufgefunden und in Gesellschaften Lebende Bilder vorgeführt, die die

---

[70] L. Tieck, Franz Sternbalds Wanderungen, in: Tieck, Frühe Erzählungen und Romane, hg. v. M. Thalmann, Darmstadt 1972, S. 699ff., hier S. 701–702.
[71] Goethe, Wilhelm Meisters Lehrjahre, HA 7, S. 70 u. ö. – Daß man hier geradezu an das Kasseler Gemälde zu denken hätte, wie E. Trunz in seinem Kommentar nahelegt (HA 7, S. 713–714), scheint uns eine ebenso zweifelhafte wie überflüssige These zu sein.
[72] J. v. Eichendorff, Ahnung und Gegenwart, hg. v. C. Rauschenberg, München 1982, S. 93.

Situation des Helden und die Probleme der Handlung bedeutsam beleuchten. Man denke nur an das Bild vom kranken Königssohn, das Lieblingsbild des jungen Wilhelm Meister,[73] an die zahllosen Gemälde, an denen Tiecks Sternbald seine Wanderungen vorüberführen, an jenes Lebende Bild vom Sieg des Christentums über die Phantasiereligion der Antike, mit dem der Held von Eichendorffs ›Ahnung und Gegenwart‹ an zentraler Stelle des Romans konfrontiert wird![74]

Entscheidende Symbole, in denen sich der Problemzusammenhang des Ganzen kristallisiert, werden mithin in Bildern präsentiert – warum? Es wäre ja auch denkbar, den jeweiligen Symbolgehalt in einer symbolischen Handlungskonstellation, einem Traum, einer eingelegten Anekdote oder ähnlichem niederzulegen. Das alles geschieht hier nicht. Das Symbol wird vielmehr durch einen Bilderrahmen aus dem Handlungszusammenhang ausgegrenzt, auf eine andere Ebene, die des Bildes, gehoben, von wo es dann wieder in der – an sich doch umständlichen – Form der Bildbeschreibung in den Handlungszusammenhang zurückzuholen ist. Bei den romantischen Texten ist sicherlich die Vorstellung von der Potenzierung des Poetischen durch das Ineinanderschachteln mehrerer Ebenen der Fiktion für die Wahl eines solchen Vorgehens mit verantwortlich.[75] Da es jedoch über die Grenzen der Romantik hinaus Verwendung findet, muß sich noch eine weitere, allgemeinere Ursache ausmachen lassen.

Wenn das Symbol im Rahmen eines Bildes präsentiert wird, so liegt darin eben die Aufforderung an den Leser, seine Erfahrungen mit Bildern erinnernd beizubringen, genauer: auf seine Bilderfahrung überhaupt zu rekurrieren, und den symbolischen Sinn so aufzufassen, wie er ihn aus einem Bildwerk auffassen würde. Das klingt vielleicht paradox: die Kunst, die Sinnzusammenhänge unmittelbar geben, nämlich im Medium der Sprache entwickeln, ja sie geradezu aussprechen kann, soll sich bei der Vermittlung von Sinn an der Kunst orientieren wollen, die Sinnmomente nur indirekt und mit größtem künstlerischem Aufwand zu übermitteln vermag! Das Paradox löst sich jedoch, wenn man sich daran erinnert, daß die Literatur die Sinnmomente, um die es hier geht, zwar aussprechen kann, daß sie aber mit dem bloßen Aussprechen noch nicht beglaubigt sind; daß es freilich eben darauf ankommt, sie beglaubigend, nämlich mimetisch beglaubigend, auszusprechen, sie, deren Sinnhaftigkeit aus subjektivem Erleben erwächst, anderen

---

73 Dazu sei noch einmal auf den Kommantar von E. Trunz, HA 7, S. 713–714, hingewiesen.
74 Eichendorff, Ahnung und Gegenwart, a.a.O., S. 122–123.
75 Dazu B. Heimrich, Fiktion und Fiktionsironie in Theorie und Dichtung der deutschen Romantik, Tübingen 1968; ferner etwa H. Schanze, F. Schlegels Theorie des Romans, in: Deutsche Romantheorien, hg. v. R., Grimm, Frankfurt 1968, S. 61–80.

Subjekten »einleuchten«, nämlich ihren Sinnen scheinen zu lassen; daß die Literatur im eigentlichen Verstand den Sinnen aber gar nicht scheinen kann, da sie nur über die Bedeutungserzeugung durch das Wort verfügt, und mithin allenfalls auf anschauliche Wirkungen hin angelegt werden kann. Das anschauliche Vorstellen soll es nun sein, von dem der Leser das Zuteilwerden einer Sinnerfahrung zu erwarten hat, das anschaulich Vorgestellte soll er als bedeutsam erleben, aus ihm seinen Sinnen den Sinn scheinen lassen; auch das literarische Kunstwerk soll er mithin als ein bedeutsames Vor-Augen-Stellen erleben[76] – dies eben signalisiert die Präsentation des Symbols als Bild.

Damit sind die Überlegungen an dem Punkt angelangt, von dem aus sich der Sinn und die Eigenart der vielfältigen Beziehungen der Literatur zur Formenwelt der Bildkunst in der hier in Rede stehenden Phase der Entwicklung erst voll erschließt. Es ist das Problem, das Goethe in die Formel »Bilde, Künstler, rede nicht!« faßt,[77] womit nicht einfach nur eine Stilfrage, sondern die zentrale Aufgabe bezeichnet ist, die sich dem Autor im Zeichen des klassischen Mimesiskonzepts stellt. Von ihm aus erhellt nicht nur, daß der Roman der Goethezeit und des 19. Jahrhunderts in so hohem Maße Künstlerroman ist und auf welche Weise er es ist. Es wird auch plausibel – um den Blick nur auf eine weitere Gattung zu lenken –, warum die im 19. Jahrhundert einsetzende Gattungstradition des Dinggedichts so eng mit der des Bildgedichts verknüpft ist.[78] Genauer gesagt, kann mit seiner Hilfe sowohl der Aufschwung des Bildgedichts in der Goethezeit, die Voraussetzung für die Entstehung des Dinggedichts, als auch seine Ausbildung als eines eigenen Entwicklungsstrangs als schließlich auch sein ständiger Kontakt mit der anderen Gattung erklärt werden. Wie ein Ding zum Menschen sprechen kann, wie ihm nämlich aus der Anschauung des Dings die Erfahrung eines Sinnmoments erwachsen kann, lehrt das Erlebnis des Bildwerks. Was liegt hier also näher, als die Bilderfahrung literarisch zu gestalten; als der Versuch, sie sodann im Dinggedicht gleichsam auf die eigenen Beine der Literatur zu stellen; schließlich als immer wieder zum Kunstding als Gegenstand und zur Bilderfahrung als solcher zurückzukehren, um sich der Voraussetzungen des Dinggedichts zu vergewissern – von der Notwendigkeit, in ihm von Dingen mit einem ikonologischen Vorleben auszugehen, ganz zu schweigen.

In dem Gedanken des bedeutsamen Vor-Augen-Stellens, der Vorstellung, den Sinn aus dem anschaulich Vorgestellten hervorleuchten zu lassen, ist auch

---

[76] Für Goethe dargelegt bei W. Keller, Goethes dichterische Bildlichkeit, a.a.O.
[77] Goethe, Sprüche, HA 1, S. 325. – Mit dem Künstler ist in der Tat der Dichter gemeint, wie aus dem nachfolgenden Vers hervorgeht: »nur ein Hauch sei dein Gedicht (!)«.
[78] S. etwa F. Martini, Dinggedicht, im Reallexikon der deutschen Literaturgeschichte, 2. Aufl., Bd. 1, S. 266–269, hier S. 268. – Vgl. auch H. Kunisch, Rainer Maria Rilke, 2. Aufl, Berlin 1975, S. 136ff.

der Schlüssel zu einer weiteren auffälligen Erscheinung der Wechselbeziehungen zu sehen: zu dem Konzept des arabesken Schreibens, wie es F. Schlegel entwickelt und ein Autor wie E. T. A. Hoffmann in die Tat umgesetzt hat.[79] Es ist ein Phänomen, das eine extreme Möglichkeit dessen bezeichnet, wie Bedeutungsstiftung und Veranschaulichung ineinandergreifen und das insofern ein bezeichnendes Licht auf das klassische Konzept der Mimesis zu werfen vermag. Im übrigen ist es hier auch zu erwähnen, weil in ihm nicht nur ein mehr oder weniger begrenztes Bezugnehmen auf eine Erscheinung der Bildkunst vorliegt, sondern eine solche Erscheinung geradezu zum Modell des Darstellungsstils, der Weise des Schreibens überhaupt wird.

Daß es sich bei ihm um einen Extremfall handelt, wird zunächst als Paradoxie greifbar. Die Arabeske ist ein Ornament, d. h. sie bildet nicht ab, stellt nicht dar. Auch da, wo sie als Groteske bildliche Elemente enthält, etwa fratzenhaft verzeichnete Menschen- und Tiergestalten, sind diese doch primär die Elemente eines Ornaments; die darstellenden Aspekte lösen sich im Ornamentalen wieder auf, haben bloß einen Stellenwert im Gesamtornament, das als Ganzes nichts Darstellendes mehr an sich hat. Gerade als ein Modell des Darstellens wird sie aber von Schlegel in die Poetik eingeführt und von Hoffmann produktiv aufgenommen – wie kann das angehen? Schlegel verbindet mit dem Begriff der Arabeske den Gedanken einer literarischen Darstellung, die sich selbst als darstellende, als Inhalte aufbringende und anschaulich vergegenwärtigende wieder aufhebt.[80] Was an Handlungen, Personen, Schauplätzen, Gedanken thematisch wird, soll hinter dem Eindruck ihres wundersamen Verschlungenseins, des endlos Bewegten, Labyrinthischen des Lebens zurücktreten, von dem wiederum nichts bleiben soll als das Sich-Fühlen des Ichs in seiner Lebendigkeit und Freiheit, das Bei-sich-Ankommen des Ichs.

Wenn sich für Schlegel und andere Romantiker dieses Ziel mit der bildnerischen Erscheinung der Arabeske verknüpft, so vor allem darum, weil die Selbstaufhebung des mimetischen Scheins kein gedanklicher, sondern wiederum ein anschaulicher, in subjektivem Erleben zu vollziehender Vorgang sein soll. Selbst das Sinnmoment der Selbstvernichtung des Anschaulichen soll sich hier also als anschauliches und aus dem anschaulichen Vorstellen ergeben. Dies eben zeigt der Rekurs auf das bildnerische Phänomen der Arabeske an.

---

[79] Grundlegend hierzu: K. K. Polheim, Die Arabeske, Ansichten und Ideen aus Friedrich Schlegels Poetik, München 1966.
[80] Vgl. ebenda, S. 103ff.: Transzendentalpoesie.

Die Vorstellung von der Wesensgleichheit von Wort- und Bildkunst im Zeichen des Schönen

Schließlich sei hier eine Frage aufgeworfen, die noch eine weitere, letzte Dimension in den Beziehungen von Wort- und Bildkunst sichtbar macht, einen Aspekt, durch den sich die grundlegende Bedeutung dieser Beziehungen für die Literatur erst vollends erschließt. Sie zielt auf die Vorstellung vom Schönen als einer Kategorie, mit deren Hilfe eine Wesensgleichheit von Wort- und Bildkunst behauptet und von der aus entsprechende Gemeinsamkeiten entwickelt werden; und sie erwächst aus dem Versuch zu verstehen, was mit der so postulierten Wesensgleichheit im Zeichen des Schönen überhaupt gemeint sein kann, insbesondere was es bedeutet, mit Blick auf Literatur von Schönem zu reden, Literatur schön zu nennen, d. h. wie ein Werk der Literatur an eben derselben Schönheit partizipieren, ebendieselbe Schönheit haben können soll wie ein Werk der Bildenden Kunst. Ist das Schöne, auf die Kunst bezogen,[81] nicht eine genuin bildnerische Kategorie, zumal in der Fassung, die ihr die klassische Ästhetik gegeben hat und in der sie bis ins 20. Jahrhundert hineingewirkt hat?[82] Und ist sie in dieser Fassung auf dem

---

[81] Hier ist daran zu erinnern, daß es in Antike, Mittelalter und früher Neuzeit, etwa im Platonismus, im Neuplatonismus und im Neu-Neuplatonismus der Renaissance, zwar eine ausgeprägte Theorie des Schönen gibt, daß sie aber nirgends als Grundlage einer Theorie der Künste überhaupt fungiert und daß auch dann, wenn die eine oder andere Kunst, das eine oder andere Kunstwerk als Plattform des Schönen ins Auge gefaßt wird, diese Kunst bzw. dieses Kunstwerk darum noch lange nicht selbst als schön gilt. Das Schöne zur Darstellung zu bringen und als Darstellung des Schönen selbst schön zu sein, ist ja zweierlei. Die systematische Verknüpfung der Begriffe Kunst und schön in dem Sinne, daß das Kunstwerk nicht nur Plattform, sondern als Kunstwerk selbst Manifestation des Schönen sein soll, ist eine Entwicklung erst des späten 17. Jahrhunderts, in dem sich der Begriff der Schönen Künste, der Beaux Arts, und insbesondere der Begriff der Literatur als der Schönen Wissenschaften, der Belles Lettres, ausbilden.

[82] Die klassisch-idealistische Konzeption des Kunstwerks, das als Darstellung des Schönen Verkörperung des Schönen und als solche erst wahrhafte Erscheinung des Schönen ist, verstanden als »sinnliches Scheinen der Idee«, entfaltet sich von Winckelmann bis Hegel bekanntlich im Blick auf die antike Plastik und wird, wie wir meinen, auch nur an ihr und durch sie ganz plausibel. Die zentrale Stellung der antiken Plastik ist zum Beispiel bei Hegels Ästhetik schon daran äußerlich abzulesen, daß für ihn allein »die klassische Kunst«, also die Kunst der Antike, »das zur Ausführung bringt, was die wahrhafte Kunst ihrem Begriff nach ist« (Bd. 2, S. 13), die Skulptur aber »den Mittelpunkt der klassischen Kunstform überhaupt (bildet)« (S. 360). Was Hegel von der Erhebung des Naturschönen zum Kunstschönen ausführt, was von dem »Ideal« als Totalität, als beseelter Leib, der als organisches Ganzes mit jeder seiner Einzelheiten die Seele als Prinzip seiner Einheit erkennen läßt, was er von ihm als »lebendige Totalität« sagt, die »sinnlich selig in sich« ist (S. 207), schließlich wie er den Gedanken des »sinnlichen Scheinens der

Boden der Literatur je anders zu realisieren gewesen als so, daß literarische Analogien zum bildnerisch Schönen entwickelt, wenn nicht konstruiert wurden, Analogiebildungen, die sich immer wieder durch den Blick auf die schöne Form des Bildwerks beglaubigen mußten, weil sie sich nur durch ihn beglaubigen ließen; weil sie nämlich nur durch ihn verständlich werden, insofern ihr Sinn eben wesentlich darin besteht, Analogie zu sein? In diesen Fragen erschließt sich eine weitere Dimension der Wort-Bild-Beziehungen, die für die Geschichte der Literatur von größter Bedeutung ist, unter anderem auch deshalb, weil es erst von ihr aus möglich wird, die bis in die Gegenwart hinein wirksamen Mystifikationen des Ästhetizismus aufzuklären.

Doch was ist nun näherhin mit der Rede von der Wesensgleichheit von Wort- und Bildkunst im Zeichen des Schönen gemeint? Ausgangspunkt der Überlegungen zu den Wechselbeziehungen im 18. und 19. Jahrhundert war die Feststellung, daß sich in dieser Zeit ein Bewußtsein von der grundsätzlichen Unterschiedlichkeit ihrer mimetischen Mittel ausbildet, zugleich aber auch der Gedanke von der Wesensverwandtschaft der Künste erneuert und auf der Grundlage des neuen allgemeinen Kunstbegriffs mit einer Konsequenz und Nachdrücklichkeit entfaltet wie nie zuvor.

Den Kern dieser Wesensgleichheit soll die Kategorie des Schönen bezeichnen, und zwar gerade als gemeinschaftliche Bestimmung der in ihren Mitteln als unterschiedlich erkannten jeweiligen Mimesis: das Zum-Scheinen-Bringen von in subjektivem Erleben konstituiertem Sinn soll sich hier wie dort als Schönheit manifestieren, im Moment des Schönseins objektivieren. Der Vorstellungskreis des Schönen dient ja eben dem Versuch, eine objektive, objekthaft greifbare, wenn nicht gar handgreifliche Seite jener Sinnkonstitution zu fassen, deren Quellen, wie oben dargelegt, im subjektiven Erleben liegen. Dabei werden das Scheinen von Sinn und das Schönsein geradezu gleichgesetzt: wo immer Sinn den Sinnen scheint, ist Schönheit, und wo immer Schönes in Erscheinung tritt, ist Sinn. Man muß sich ganz klar vor Augen stellen, daß damit zwei Momente identifiziert werden, die sehr wohl zu unterscheiden und eigentlich beständig auseinanderzuhalten sind. Das Zum-Scheinen-Bringen subjektiv erlebter Sinnmomente und das Schöne, wie es durch die Vorstellung des Harmonischen, Organisch-Ganzheitlichen, Einheitlich-Mannigfaltigen bestimmt wird, sind keineswegs ein und dasselbe. Es gibt ja auch ein Unschön-Sinnhaftes, eben häßliche Wahrheit, und ein Sinnlos-Schönes – zwei Möglichkeiten, die seit Naturalismus und Ästhetizismus

---

Idee« überhaupt, also des anschauend zu erkennenden menschlich Vollkommenen, darlegt – das alles wird an der schönen Darstellung des schönen Menschen in der antiken Plastik unmittelbar plausibel; aber wie steht es damit bei einer Kunst wie der Literatur und ihren Werken?

bekanntlich ins Zentrum des literarisch-ästhetischen Lebens gerückt sind. Derlei ist in der klassischen Ästhetik und der zugehörigen künstlerischen Praxis überhaupt nicht vorgesehen – ein Zug, der sie auf aufschlußreiche Weise kennzeichnet.

Entsprechend der Identifikation des Scheinenlassens von Sinn mit dem Schönen stellt sich die Grundfrage der literarischen Mimesis, wie das Wort überhaupt etwas den Sinnen scheinen lassen könne, hier in der engeren Fassung der Frage, wie ein Text als solcher schön sein könne; wie er seinen Lesern das sinnliche Erlebnis des Schönen zukommen lassen könne. Natürlich kann Literatur von Schönem reden, d. h. sich in der Weise der Bedeutungsentfaltung auf Schönes beziehen. Und so verfährt sie ja auch weithin im 18. und 19. Jahrhundert, und dies in einem Maße, in dem man fast den heimlichen Zweifel am Werk spüren möchte, ob Literatur das Schöne denn wirklich anders erreichen kann als dadurch, daß sie es sich zum Thema macht. Aber der Dichter soll das Schöne nicht nur bereden, sondern er soll es bilden – »Bilde, Künstler, rede nicht!« –, soll es als Schönes vor die Sinne seines Lesers hinstellen. Er soll die in Rede stehenden Sinnmomente gleichsam vor den Augen des Lesers sich als schöne objektivieren lassen, soll seinen Sinnen aus dem Text und durch ihn jenes Erlebnis der Totalität, des Harmonisch-Ganzheitlichen, Einheitlich-Mannigfaltigen zuteilwerden lassen, in dem sich ihm die Sinnmomente unmittelbar eröffnen. Was damit gemeint ist, ist bei den Bildenden Künsten, den Künsten auf der Grundlage ikonischer Zeichen, leicht einzusehen. Die Schönheit, die sie darstellen, wird bei ihnen zu ihrer eigenen Schönheit. Und die Sinnmomente, die in dem von ihnen dargestellten Schönen liegen, werden in der Tat von ihnen auch wieder zum Scheinen gebracht, nämlich den Sinnen unmittelbar dargestellt.

Was aber kann die Rede vom Scheinenlassen des Sinns als Schönes beim literarischen Wort besagen? Es besitzt ja keine sinnenfällige »Außenseite«, an der sich Sinn den Sinnen darstellen könnte. Denn in Sprachlaut und Schrift ergreifen die Sinne lediglich das Sprachzeichen selbst und keineswegs das Bezeichnete, insbesondere auch nicht bezeichneten Sinn. Die Antwort kann, wie es scheint, nur auf dem Weg gesucht werden, der hier für die literarische Mimesis überhaupt eingeschlagen worden ist: die literarische Rede kann nur dadurch den Sinnen darstellen, daß sie mit ihrer Weise der Bedeutungserzeugung den Bezug zum Sinnenschein akzentuiert, der dem Wort zugrundeliegt, eben mit den Mitteln des anschaulichen Redens; das Erlebnis des Schönen kann beim Wort allenfalls Leistung der Anschaulichkeit der Rede sein.

Dies zu sagen, heißt nun freilich nicht, das Problem gelöst zu haben. Vielmehr zeigt sich das zugrundeliegende Dilemma erst so in seinem ganzen Ausmaß. Was immer sich über die anschaulichen Vorstellungen sagen lassen mag, die die Lektüre eines literarischen Textes in einem Leser auslöst und auf deren Auslösung er angelegt ist – niemals wird man ihnen eine Festigkeit,

Deutlichkeit, Bestimmtheit zuerkennen können,[83] die es erlaubte, sie daraufhin zu befragen, ob sich in ihnen etwas als schön, nämlich als Totalität, als Organisch-Ganzheitliches, Mannigfaltig-Einheitliches manifestiere,[84] ob in ihnen eine Vielfalt von Unterschiedenem zugleich als deutlich voneinander abgehoben und in einer höheren Einheit zusammenfließend unmittelbar erfahrbar werde. Schon gar nicht wird man sie Objektivationen nennen können – und die Schönheit soll doch die objekthaft greifbare Seite, die beglaubigende Objektivation einer Sinnerfahrung aus subjektiv-erlebnishaften Quellen sein![85]

So hat die Literatur – spätestens seit der Kunstspekulation der Frühromantik – nach anderen Möglichkeiten Ausschau gehalten, sich selbst als schön zu gestalten, das Schöne an sich zur Darstellung zu bringen. Dabei schienen sich ihr gleich zwei Wege zu eröffnen, zwei Möglichkeiten, die allerdings sowohl jede für sich als auch besonders in ihrer Doppelheit das zugrundeliegende Dilemma nur noch deutlicher in Erscheinung treten lassen. Den ersten Weg bezeichnet der Versuch, das Schöne als Einheitlich-Mannigfaltiges, Harmonisch-Ganzheitliches an der äußeren Form der Literatur zu verwirklichen, das heißt: die sinnenfällige Seite des sprachlichen Zeichens, Sprachlaut und Schriftbild, einer entsprechenden Gestaltung zu unterwerfen, eben Metrum und Rhythmus, Vers- und Strophenbau, Wortklang und Reim in diesem Sinne zu handhaben. Der zweite Weg führt dazu, das klassische Konzept des Schönen an der inneren Form durchführen zu wollen, durch eine bestimmte zugespitzte Weise der Gestaltung der das Ganze des Texts übergreifenden Sinnbeziehungen, der Schaffung von Korrespondenzen und Kontrapositionen, Parallelen und Gegensätzen, eben von »symmetrischen« Verhältnissen; dabei werden dann angebliche Gattungsgesetze postuliert, die die organische Ganzheitlichkeit des literarischen Kunstwerks gewährleisten sollen.

Aber beide Wege führen nicht zum angestrebten Ziel. Mag die äußere Form auch noch so schön werden – es wird dies niemals eine Schönheit sein,

---

[83] Dies entspricht der These von Th. A. Meyer, Das Stilgesetz der Poesie, Leipzig 1901.
[84] Vgl. etwa Hegel, Ästhetik, Bd. 1, S. 147-150
[85] Die idealistische Poetik denkt sich das zunächst freilich noch ein wenig anders, was an dem zugrundeliegenden Problem allerdings nichts ändert. Wenn sie die Literatur schön nennt, durch sie Sinn den Sinnen scheinen und ihn so beglaubigt werden sieht, dann hat sie zunächst nur eine Anschaulichkeit im weitesten Sinne im Auge, nämlich dies, daß Allgemeines im Besonderen gegeben, eine Sinnerfahrung zum Beispiel in einen Handlungszusammenhang umgesetzt und ganz und gar in Handlungsillusion wiedergegeben wird. Das mag dann in der Tat ein sinnliches Scheinen von Sinn heißen – aber wo wäre hier die Schönheit, verstanden als unmittelbar zu erlebende organische Ganzheitlichkeit, und unmittelbar heißt: am literarischen Kunstwerk selbst, so wie es seinem Rezipienten vorliegt, zu erfahren?

durch die die Sinnmomente sinnenfällig werden, von denen die Rede ist, da das materielle Korpus des Zeichens beim sprachlichen Zeichen anders als beim ikonischen Zeichen in keinem inhaltlichen Bezug zum Bezeichneten steht. Und mag das Geflecht der Sinnbeziehungen noch so reich und dicht werden – je mannigfaltiger sie werden, desto mehr bedarf die Erfahrung ihrer Einheit der Reflexion und desto weniger wird durch sie ein Harmonisch-Ganzheitliches unmittelbar sinnenfällig. Das unmittelbare Einleuchten der Einheit eines Mannigfaltigen, das anschauende Erkennen eines Vollkommenen als vollkommen ist aber der Sinn des Gedankens der organischen Ganzheitlichkeit. Daß es zwei verschiedene und gerade diese beiden verschiedenen Wege sind, auf denen die Literatur schön werden soll, macht das zugrundeliegende Dilemma besonders deutlich: hier die sinnenfällige Schönheit, aus der kein Sinn leuchtet – da die schönen Sinnbeziehungen, die nicht sinnenfällig werden.

Natürlich sind die beiden genannten Wege, die konsequente Durcharbeitung der äußeren Form und die Schaffung einer inneren Form als eines Geflechts von Sinnbeziehungen, keineswegs erstmals in der Zeit der klassischen Ästhetik begangen worden; ihre Geschichte ist so alt wie die Geschichte der Literatur überhaupt. Aber nie zuvor war ihnen aufgebürdet, was sie seither zu leisten hatten. Die äußere Form sollte nicht einfach mehr der Zubereitung eines Textes für Gesang oder Vortrag dienen, dem kunstreichen Spiel für den gebildeten Kenner und Liebhaber, der äußeren Gliederung und Akzentuierung des Prozesses der Bedeutungsentfaltung durch das Wort. Sie sollte auch nicht dadurch zum Sinnträger werden, daß sie sich auf jene Konventionen bezog, denen gemäß bestimmten Metren, Vers-, Strophen- und Reimformen bestimmte Ausdruckscharaktere allgemeinster Art zugeordnet werden, was die einzige Möglichkeit ist, wie Elemente der äußeren Form bereits als äußere Sinnmomente vermitteln können. Die Sinnerfahrung sollte hier ja eine individuelle sein, und eben als individuelle sollte sie nun aus der äußeren Form den Sinnen scheinen. Und die innere Form, die Gesamtheit der Sinnbeziehungen, die das Ganze eines Textes überziehen, stand noch nie vor der Aufgabe, sich gleichsam an der Reflexion vorbeischmuggeln zu sollen, um sich unmittelbar den Sinnen des Lesers darzustellen.

Die Vorstellung, daß das literarische Kunstwerk wie das bildnerische Sinn durch Schönsein als Gebilde zu vermitteln habe, daß sich die subjektive Sinnerfahrung, indem sie mimetisch zum Scheinen gebracht wird, hier wie dort in Schönheit objektivieren müsse, führt so bei der Literatur zu einer eigentümlichen Verselbständigung des Formalen, und dies sowohl auf der Ebene der äußeren als auch auf der der inneren Form. Es entstehen Strukturen, die gar nicht mehr mimetisch einlösbar sind, die weder direkt noch indirekt an einem Darstellen im Sinne des Mimesisgedankens teilhaben. Das aber ist der Ursprungssinn aller literarischen Struktur, auf den sie rückbezogen ist und rückbezogen bleiben muß: daß Sinnerfahrung, hier wesentlich subjektiv-erlebnishaft erfahrene Sinnmomente, durch sie zur Darstellung gelangen, nacherlebbar, einsichtig, verständlich, nachvollziehbar werden. Dieser Ursprungssinn wird nun mehr oder weniger von der Zielsetzung überlagert, Schönes zu schaffen, eine Aufgabe, die zwar zunächst noch als mit dem Darstellen von Sinnerfahrung identisch begriffen wird, vielfach dann aber gar nicht mehr zu einem Sinnmoment hinführt und hinführen kann: die Durcharbeitung des materiellen Korpus der Zeichen, die Schaffung schöner akustischer und optischer Effekte kann niemals auf ein inhaltlich bestimmtes Sinnmoment leiten, und das Modellieren einer inneren Form, das Stiften von Sinnbeziehungen, die sich nicht als Instruktionen zur Schaffung von Anschaulichkeit begreifen lassen, die nicht in der Weise des anschaulichen Vorstellens einlösbar sind, kann niemals Sinnmomente zum Scheinen bringen.

Es hat von Anfang an und durch die gesamte Geschichte der Literatur als einer Stätte des Schönen im Sinne der klassischen Konzeption hindurch Stimmen gegeben, die diese Verselbständigung des Formalen kritisch vermerkten, Autoren und Leser, die den Riß sahen, der hier durch das Schöne geht. Aber das blieben Einzelstimmen. Für das Gros der Autoren und Leser, insbesondere für den epigonalen Kunstbetrieb des 19. Jahrhunderts, war jener Riß stets von einer Vorstellung verdeckt, die ihnen die Not geradezu als Tugend erscheinen ließ: vom Glauben an den Gebildecharakter des literarischen Kunstwerks. Was vom mimetischen Ursprungssinn der literarischen Struktur aus als entfunktionalisierte Form hätte gelten müssen, konnte sich von ihm aus als Beitrag zur Ausgestaltung des literarischen Kunstwerks als schönes Gebilde begreifen lassen, als gestalterische Bemühung, die auf eine gebildehafte Verkörperung des Prinzips der Totalität, des Mannigfaltig-Einheitlichen, Organisch-Ganzheitlichen abzielt.

Die These, die es hier zu prüfen gilt, ist nun eben die, daß die Vorstellung vom Gebildecharakter des literarischen Kunstwerks ihre Entstehung dem Glauben an seine Verwandtschaft mit dem bildnerischen Kunstwerk verdanke; daß von der Erfahrung, dem Umgang mit dem Text als Text kein Weg zur Annahme jenes Gebildecharakters geführt hätte, er vielmehr ursprünglich am Bildwerk erlebt und von ihm aus in die Literatur hineingetragen worden sei. Er muß geradezu gegen spezifische Wesensmerkmale des Texts durchgesetzt werden. Das sei hier nur an einem – allerdings besonders wichtigen – Moment verdeutlicht: daran, daß sich die Ganzheitlichkeit eines Texts anders als die eines Gebildes über die Sukzessivität und nicht über die Simultaneität seiner Teile herstellt. Das schöne Gebilde konfrontiert seinen Betrachter simultan mit jenem Mannigfaltigen, das in ihm zu Einheitlichkeit, harmonischer Ganzheitlichkeit gebracht ist. Der Blick kann das Mannigfaltige nach Belieben abgehen, kann zwischen den Teilen hin- und herspringen und so in das Gefüge der Korrespondenzen und Kontrapositionen eindringen, wobei es immer wieder zu dem charakteristischen Erfassen der Ähnlichkeit des Verschiedenen, des Ganzen als Ganzes »auf einen Blick«, in einem Akt kommt. Nur so kann, wenn überhaupt, »organische« Ganzheitlichkeit unmittelbar aufgefaßt werden.

Das ist bei einem Text ganz anders. Ein Text ist, vereinfacht gesprochen, die Fixierung eines Prozesses sprachlicher Bedeutungsentfaltung, seine Ganzheitlichkeit die eines prozessual, in linearem Fortschreiten sich herstellenden Bedeutungszusammenhangs. Hier kann es kein Erfassen von Ähnlichkeit oder Ganzheitlichkeit »auf einen Blick« geben. Die verschiedenen Elemente oder Teile des Texts können nicht anders als in der Weise des Erinnerns und Erwartens, in der Terminologie Husserls: der Retention und Protention, der fortschreitenden Horizontbildung, aufeinander bezogen werden. Die Ganzheitserfahrung ist die eines immer reicher werdenden, einen Kreis von Inhalten mehr und mehr erschöpfenden Bedeutungszusammenhangs. Der Eindruck der Totalität, des Einheitlich-Mannigfaltigen, Harmonisch-Ganzheitlichen vermag sich hier überhaupt nicht auf eine sinnfällige Weise herzustellen. Allenfalls kann die spezifische Weise, einen Text als Ganzes zu erfassen, nachträglich auf den Gedanken vom Mannigfaltig-Einheitlichen hin interpretiert werden, als auf eine Vorstellung, die zuvor an anderer Stelle entstanden ist, sich in anderem Zusammenhang konstituiert hat – eben mit Blick auf die Gegebenheiten des Bildwerks.

Die Vorstellung vom literarischen Werk als Gebilde, als schönem Gestaltganzen hat den Glauben an seine Verwandtschaft mit dem Bildwerk zur Voraussetzung. An ihm wird ursprünglich und immer wieder auf neue erlebt, was ein schönes Gebilde ist. Von ihm aus richtet sich der Blick auf das literarische Werk in der Erwartung, in ihm, dem wesensverwandten im Zeichen des Schönen, einem ebensolchen Gebilde zu begegnen. Er findet Momente, die sich im Sinne der Gebildevorstellung deuten lassen, Elemente der äußeren wie Züge der inneren Form. An ihnen schafft sich die Erwartung das Erwartete: die gestalterische Bemühung erzeugt den Gebildecharakter, an den sie glaubt. »(...) die sinnliche Schönheit der Dichtung in Rhythmus, Reim und Sprachmelodie bildet ein eigenes Reich höchster Wirkungen, die ablösbar sind von dem, was die Worte bedeuten. (...) nur leise und geheimnisvoll klingen ihre Bedeutungen mit an. Darin beruht nun die Sprachphantasie des Dichters, daß er an diesen Wirkungen anhaltend mit starker Fixierung der Aufmerksamkeit bildet und formt, wie der Maler an seinen Linien und Farben« (W. Dilthey).[86] Die Umdeutung des literarischen Kunstwerks im Sinne des Gebildegedankens lebt von dem vergleichenden Blick auf die Bildende Kunst.

---

[86] W. Dilthey, Das Erlebnis und die Dichtung, 15. Aufl., Göttingen 1970, S. 133.

Und um ein Umdeuten handelt es sich nach wie vor, auch wenn die Vorstellung vom Gebildecharakter des literarischen Kunstwerks im Laufe des 19. Jahrhunderts noch so weite Verbreitung findet und die literarische Produktion ebenso wie die Erwartungen der Rezipienten mehr und mehr durchdringt, wenn das Umdeuten also auch noch so geläufig und selbstverständlich und geradezu Teil der normalen Vorstellung vom literarischen Kunstwerk wird. Denn die Geschichtsmächtigkeit, die der Gedanke des Gebildecharakters gewinnt, wenn man so will: die Approbation, die ihm im kulturellen Prozeß zuteilwird, vermag doch niemals den fundamentalen Unterschied aufzuheben, der zwischen literarischem und bildnerischem Kunstwerk wegen ihrer unterschiedlichen Zeichengrundlage besteht: daß die Arbeit am Bildwerk als Gebilde das Scheinen von Sinn zu fördern vermag, insofern seine Zeichengrundlage das ikonische Zeichen ist, das das Bezeichnete durch Ähnlichkeit zur Darstellung bringt, und alles Arbeiten am sinnlichen Material des Zeichens zugleich ein Gestalten des Bezeichneten ist – ein entsprechendes Arbeiten am literarischen Text, dessen Zeichengrundlage das Sprachzeichen ist, hingegen nicht.

Ausblick auf die Folgen: der Gebildegedanke des Ästhetizismus

Alles, was hier von der klassisch-idealistischen Ästhetik und ihrem Versuch gesagt worden ist, die Literatur wie alle anderen Künste von der Kategorie des Schönen her zu denken – von der Überwölbung und Durchdringung des Konzepts der literarischen Mimesis durch das klassische Konzept des Schönen, von der dadurch bedingten Tendenz zur Verselbständigung formaler Aspekte der Literatur sowie von der Umdeutung eines derart verselbständigten Formalen im Sinne eines Gebildegedankens, der von der Bildenden Kunst bezogen wird – all das erfährt am Ende des 19. Jahrhunderts im Ästhetizismus der Jahrhundertwende eine eigentümliche Wendung, eine Zuspitzung, in der man ebensowohl eine Lösung wie eine Auflösung des skizzierten Problemzusammenhangs erblicken kann und durch die vielleicht erst vollends sichtbar wird, was es mit ihm auf sich hat. Denn die Verselbständigung des Formalen, die im klassischen System nur als Möglichkeit und Tendenz angelegt war, wird hier mit aller Konsequenz durchgeführt. Literatur soll nun nicht mehr nur *auch* schön sein – sie soll überhaupt nichts anderes mehr sein als schön. Insofern lassen sich die Fragen, die sich mit der Vorstellung vom literarischen Kunstwerk als einer gebildehaften Verkörperung des Schönen verbinden, hier besonders klar stellen.

Daß Literatur in der Epoche des Ästhetizismus, im Symbolismus, etwa bei Stefan George, nichts anderes als schön sein soll, heißt, daß der Kunstcharakter eines Werks nun wesentlich in seinen Gebildecharakter gesetzt wird, ja daß er sich geradezu auf ihn reduziert – eben dies ist die Wendung und

Zuspitzung, die das klassische Konzept des literarischen Kunstwerks hier erfährt. Das Werk soll vor allem schöne Gestalt sein und nicht so sehr gestaltetes Schönes; die Schönheit des schönen Gebildes wird nicht mehr primär als Objektivation, als objekthaftes Greifbar- und Sinnenfällig-Werden einer so und so bestimmten Sinnerfahrung begriffen, wie sie sich subjektivem Erleben verdankt, und das heißt: sie wird nicht mehr vom Gedanken der Mimesis her verstanden und mit ihr in eins gedacht. »Den wert der dichtung entscheidet nicht der sinn (...) sondern die form (...) jenes tief erregende in maass und klang (...) die zusammenstellung · das verhältnis der einzelnen teile zueinander · die notwendige folge des einen aus dem andern« (St. George).[87]

Nicht nur die Literatur soll also nun ausschließlich schön sein, auch die Schönheit soll nichts anderes mehr sein als schön. Die Verbindung mit dem Mimesisgedanken ist wieder aufgelöst, aber nicht nach der Seite der Mimesis hin, was im Medium der Literatur zu erwarten wäre, sondern eigentümlicherweise nach der der Schönheit hin. Was in der späteren Aufklärung als eine Neufundierung und Durchdringung der Mimesis durch die als global gesetzte ästhetische Kategorie des Schönen begann, hört mit der Verflüchtigung der Mimesis aus dieser ihrer komplexen, ja gelegentlich problematischen Verbindung auf; übrig bleibt die Kategorie des Schönen, und zwar eben als das, als was sie von der Bildkunst bezogen worden ist. Dementsprechend stellt sich nun auch in einer Fülle von Erscheinungen eine neue Nähe zur Bildkunst her, zum Beispiel bei der Ausstattung und Illustration von Büchern.[88] Das Hindernis der Mimesis ist beseitigt, den Text regiert dieselbe Schönheitsvorstellung wie das Bild, so daß einer neuerlichen Vereinigung von Wort und Bild nichts mehr im Wege steht.

In alledem erscheint die Literatur des Ästhetizismus als das Resultat jenes eigentümlichen Doppelprozesses der äußeren Befestigung und der inneren Auflösung, als der sich die Geschichte des klassischen Systems im 19. Jahrhundert, insbesondere in seiner zweiten Hälfte, darstellt; der wachsenden gesellschaftlichen Bedeutung der Kunst bei gleichzeitiger Zersetzung ihrer geistigen Grundlagen, der Aushöhlung des Begriffs des Schönen und der Erschütterung des Konzepts der Mimesis.[89] Das Schöne ist nicht mehr die

---

[87] St. George, Über Dichtung, in: George, Werke, Ausgabe in vier Bänden, München 1983, Bd. 2, S. 310–311, hier S. 310. – »In der Vollendung der Form liegt für George zugleich auch Sinn und Inhalt des Gedichts«: M. Durzak, Der junge Stefan George, Kunsttheorie und Dichtung, München 1968, S. 150.
[88] Bekannte Beispiele sind die Erstausgaben von Georges ›Das Jahr der Seele‹ und ›Der Teppich des Lebens‹; vgl. auch V. Žmegač, Ästhetizistische Positionen, in: Geschichte der deutschen Literatur vom 18. Jahrhundert bis zur Gegenwart, Bd. 2, 2, Königstein 1980, S. 303–341, hier S. 311.
[89] Dazu etwa E. Alker, Die deutsche Literatur im 19. Jahrhundert, Stuttgart 1961, S. 219f., S. 406 u. ö.

zentrale Instanz der Metaphysik wie zu Beginn des Jahrhunderts, es hat die Kraft eingebüßt, die »Idee« als das summum bonum zum »Scheinen« zu bringen, ja überhaupt entsprechenden Sinnmomenten die Beglaubigung mimetischen Scheins zu verschaffen.[90] Der mimetische Schein wird von seiner innersten Quelle her problematisch: von dem Ergreifen jener Sinnmomente in subjektivem Erleben aus. Das subjektive Erleben gibt gleichsam die Sinnmomente nicht mehr her, deren die mimetische Illusion bedarf. Damit ist sowohl der Zweifel am subjektiven Erleben als Fundament und Plattform jener Sinnerfahrung als auch an dem bezeichnet, was in der Geschichte der illusionistischen Mimesis je als Sinnmoment in Erscheinung getreten ist. Das heißt nicht, daß die beiden Momente ihre grundlegende Bedeutung für die Literatur verlieren. Aber das subjektive Erleben ist für sie nun nicht mehr primär der Lieferant entsprechender Sinnmomente, und jene Sinnmomente bezieht sie nicht mehr vorrangig als Leistung subjektiven Erlebens.

Inwiefern ist nun damit die Möglichkeit mimetischer Illusionierung grundsätzlich in Frage gestellt? Der mimetische Illusionismus beruht beim Bild ebensowohl wie beim Wort auf der Bewältigung der Spannung zwischen dem Ausbreiten einer Vielfalt von Detail einerseits und ihrer Zusammenfassung zu einem einheitlichen Ganzen andererseits.[91] Auf der einen Seite steht das Detail in seiner Verschiedenartigkeit und Fülle, hier der Farbwerte, Formzüge, Licht- und Materialwerte, dort der räumlichen und gesellschaftlichen Szenerie, der physiognomischen und psychologischen Charakteristik, der Handlungsmomente und -motive.

Auf der anderen Seite darf dieses Detail nicht bloßes Detail bleiben; es muß sich zu einem Gesamtbild, einem Gesamtzusammenhang zusammenschließen, wenn der Betrachter bzw. der Leser illusioniert werden soll. Der Betrachter muß in einen Raum versetzt, vor Personen gebracht, in eine überschaubare Situation hineingestellt, der Leser muß in einen Handlungszusammenhang hineingezogen, in eine Stimmung hineinversetzt werden. Das ist die Leistung der jeweiligen Sinnmomente. Um es nur an einem einzigen Beispiel

---

90 Auf charakteristische Weise spiegelt sich das etwa in Nietzsches ›Die Geburt der Tragödie aus dem Geist der Musik‹, wo der Wert des schönen Scheins der Kunst gerade mit seiner Lügenhaftigkeit begründet wird, nämlich mit seiner Kraft, über das Wahre des Lebens hinwegzutäuschen und so zum Weiterleben zu verführen.

91 E. Lobsien, Theorie literarischer Illusionsbildung, Stuttgart 1975, spricht hier in der Terminologie Husserls von »individuellen Abschattungen« und »Sinnhorizont« (z. B. S. 58). – Gegen Lobsiens wertvollen Versuch einer Strukturierung des Problems der literarischen Illusionsbildung ist eines einzuwenden: er berücksichtigt nicht, daß die literarische Illusionsbildung wesentlich ein historisches Phänomen ist. So ist mit Begriffen wie Perspektive und Identifikation an die Wirkungsweise der voraufklärerischen Literaturen nicht heranzukommen. Eine Theorie der literarischen Illusionsbildung kann nur dann für die Literaturhistorie wirklich fruchtbar sein, wenn sie in einer Theorie der Anschaulichkeit fundiert wird.

zu erläutern: was das Detail, das in einem großen Liebesroman ausgebreitet wird, zu einem Gesamtzusammenhang zusammenschließt, wird im allgemeinen selbstredend das Sinnmoment der Liebe sein. Das Detail der Szenerie erscheint als Schauplatz des Liebesgeschehens, das der Gesellschaft in ihren der Liebe hinderlichen oder förderlichen Aspekten, das Detail der Physiognomie und Psychologie der Liebenden, der Charakterzeichnung anderer Personen, der Handlungsführung und -motivierung – alles dies wird im Zeichen des Sinnmoments der Liebeserfahrung stehen und auf sie zu beziehen sein, dazu beitragen, sie nachzuerleben. Wem der Zugang zu ihm verschlossen ist, z. B. einem Kind, dem wird das Ganze des Romans in lauter sinnlose, wenn nicht absonderliche Einzelheiten zerfallen, und die Illusionierung wird ausbleiben, was meist als Langeweile oder Desinteresse registriert werden wird. Aus letzterem erhellt zugleich, daß das Sinnmoment grundsätzlich in Reichweite des Rezipienten angesiedelt sein muß, wenn die Rechnung der mimetischen Illusionierung aufgehen soll; es muß sich um Sinnmomente handeln, mit denen bzw. mit deren Grundlagen ein potentielles Publikum im kulturellen Prozeß bekannt und vertraut geworden ist und das für es insofern erreichbar ist.

Wenn also der Kanon von Sinnmomenten, wie ihn die Geschichte der mimetisch-illusionistischen Kunst hervorgebracht oder betätigt hat und zum Gemeingut hat werden lassen, – letztlich handelt es sich dabei um all das, was seit der Aufklärung als das »Allgemein-Menschliche« festgestellt worden ist –, wenn mithin jener Kosmos von Sinnmomenten fragwürdig wird, wenn gar das subjektive Erleben überhaupt als Fundament und Plattform solcher Sinnerfahrung in Zweifel gezogen wird, so kann das nicht ohne Folgen für die literarische und bildnerische Mimesis bleiben. Das eben zeigt sich in der Kunst und Literatur der zweiten Hälfte des 19. Jahrhunderts, in der deutschen Literaturgeschichte vor allem in der Literatur der neunziger Jahre, und zwar nicht in der ästhetizistisch-symbolistischen Literatur allein, sondern zugleich auch in der des Naturalismus. In beiden Strömungen manifestiert sich gleichermaßen die Krise der Mimesis, freilich in jeder auf eine andere Weise, die aber gerade, wenn man sie nebeneinander sieht und als polare, ja komplementäre Möglichkeiten begreift, das zugrundeliegende Problem hervortreten lassen.

Auf der einen Seite steht der Naturalismus, der primär die überkommene Funktion des Sinnmoments sowie die überkommenen Sinnhorizonte in Zweifel zieht und sich ihnen gegenüber ablehnend oder gleichgültig verhalten will,[92] wobei er sich bald mehr am Positivismus mit seiner Perhorreszierung

---

[92] Vgl. etwa G. Mahal, Naturalismus, München 1975, S. 165: »Der Autor des konsequenten Naturalismus verzichtete durch Exaktheit und Neutralität auf vom Leser bequem akzeptable Deutung und Wertung (...)«.

aller Grundlagenfragen und bald mehr an der Lebensphilosophie mit ihrer Maxime von der Umwertung der Werte orientiert. Ihm bleibt das subjektive Erleben als Lieferant des Details, das sich freilich von Grund auf verändern muß, wenn es nicht mehr in erster Linie die Stätte der Sinnerfahrung sein soll; es wird nun entweder mehr objektivistisch im Sinne des Positivismus als Ort der Wahrnehmung und des Registrierens des Wirklichen oder mehr subjektivistisch im Geist der Lebensphilosophie interpretiert: was in ihm erlebt wird, ist im wesentlichen das subjektive Erleben selbst.

Die Irritation der mimetischen Illusion, wie sie das zeitgenössische Publikum heftig empfand, ergibt sich hier aus dem Überreichtum des ausgebreiteten Wirklichkeitsdetails, das sich nicht mehr mit der gewohnten Deutlichkeit zu Zusammenhängen zusammenschließt; das mehr oder weniger für sich selbst sprechen soll und nur mit großer Zurückhaltung strukturiert wird, auf eine Weise, die eben vielfach als zu lose erlebt wird: im Drama trifft man z. B. auf Dialoge, im Gedicht auf Beobachtungen, die gleichsam nur sich selbst mitteilen, so daß sich die auf Sinnzusammenhänge im Stil der überkommenen Literatur drängende Erwartung gelangweilt fühlen muß.[93]

Dem steht der Ästhetizismus gegenüber, der sich in ausdrücklicher Wendung gegen einen dergestalt verflacht scheinenden Erlebnisgedanken von der Grundlage des subjektiven Erlebens zu lösen sucht und ganz auf die Seite des Sinns setzt; von daher rührt ja auch der Name des Symbolismus.[94] Freilich, was hier Sinn heißt, kann nur etwas sein, das sich gegenüber dem entsprechenden Moment im System der klassischen Mimesis ebenso deutlich verändert hat wie das des subjektiven Erlebens im Naturalismus. Denn es soll nun nicht mehr aus subjektivem Erleben erwachsen, soll sich nicht mehr primär an dem Wirklichkeitsdetail, das in solchem Erleben aufkommt, als das erweisen, was es zu einem Einheitlichen, Ganzheitlichen zusammenschließt.[95] Derart an so und so bestimmtem Erleben kleben, von dessen inhaltlichen Momenten inhaltlich bestimmt sein, soll es nicht mehr. Vielmehr ist es nun auf einen inhaltlich nicht näher zu bestimmenden Sinn allgemeinster Art abgesehen, einen Sinn von namenloser Bedeutsamkeit, wenn man so will, auf Sinn

---

[93] Vgl. G. Mahal, Naturalismus, a.a.O., S. 157ff.: Zeitgenössische Kritik; s. vor allem S. 158.
[94] S. etwa M. Durzak, Der junge Stefan George, a.a.O., S. 83ff.
[95] Paradigmatisch ist hier der Übergang vom frühen zum mittleren Rilke, der rückblickend urteilt: »Ich (...) sah nicht die Natur, sondern die Gesichte, die sie mir eingab« (zitiert nach H. Meyer, Rilkes Cézanne-Erlebnis, in: Meyer, Zarte Empirie, Studien zur Literaturgeschichte, Stuttgart 1963, S. 244–286, hier S. 246). Darin liegt die Abwendung von der subjektiv-erlebnishaften Haltung als der entscheidenden Instanz der Sinnerfahrung. – H. Friedrich, Die Struktur der modernen Lyrik, Hamburg 1956, hat diesen Vorgang mit dem viel zu groben, metaphysisch-pauschalen Begriff der Enthumanisierung zu fassen gesucht (S. 36, 69, 109, 168).

schlechthin, auf eine globale Sinnsuggestion.⁹⁶ Allenfalls wird der Sinn noch in die lebensphilosophische Formel vom Rätsel des Lebens oder, noch inhaltsleerer und deshalb noch bedeutungsschwerer, in die vom Geheimnis des Seins gefaßt. Daß auf dieser Grundlage ein mimetischer Illusionismus nur sehr schwer aufkommen kann, leuchtet unmittelbar ein; es muß hier stets an dem Wirklichkeitsdetail fehlen, ohne das ein Nacherleben, also Einfühlung, Einstimmung, Spannung, eben ein anschauliches Sich-Einleben in einen fingierten Wirklichkeitszusammenhang nicht möglich werden kann. Und in der Tat haben die Protagonisten des Ästhetizismus derlei auch immer als unerwünscht abgewiesen.

Aber hat jener allgemeinste Sinn, jene namenlose Bedeutsamkeit, von der sich der Ästhetizismus bestimmt weiß, nicht doch einen Namen – nämlich den der Schönheit? Denn es ist die Schönheit, um die alle seine Überlegungen kreisen, auf die alle seine Bemühungen abzielen; das sagt schon sein Name. Tritt hier also nicht die Schönheit in die Funktion eines Sinnmoments ein? Aus der Sicht der klassischen Ästhetik ist dies eine ganz unsinnige Vorstellung. Für sie kann Schönheit niemals ihr eigener Sinn sein. Sie versteht sie als das Sinnfälligwerden von so und so bestimmten Sinnmomenten, letztlich dessen, was sie Idee nennt, und das heißt eben, daß es für sie nur Schönheit geben kann, wo derartige Sinnmomente vorliegen – die niemals das bloße Schönsein selbst sein können. Was sollte das auch sein: das Sinnenfälligwerden des Sinnenfälligwerdens des Sinnenfälligwerdens – und so fort ad infinitum! Auf die klassische Ästhetik kann sich der Ästhetizismus also eigentlich nicht berufen, wenn er den Sinn der Kunst in der Schönheit erkennt.⁹⁷

Es ist nicht ihr Begriff der Schönheit, an den er anknüpft, sondern der ihrer Epigonen, die die klassische Gleichsetzung des Schönseins mit dem Scheinen von Sinn nicht so sehr als Postulat begriffen denn vielmehr als

---

96 »Während bei Moréas ein Dualismus von Symbol und Idee vorausgesetzt wird und das Symbol als endliches Bild, als äußerer Schmuck ständig über sich hinausweist und die Idee evoziert, ohne sie je ganz zu erreichen, werden hier (bei George, G. W.) Idee und Symbol offensichtlich als Einheit gedacht. Das Allgemeine, die Idee, ist im Besonderen, der sprachlichen Form des Gedichts, vollkommen aufgehoben. Beides ist identisch (...)«: M. Durzak, Der junge Stefan George, a.a.O., S. 84.

97 Dieser wesentliche Unterschied ist meines Wissens bisher in der einschlägigen Forschung noch nicht mit hinreichender Schärfe herausgearbeitet worden – im Gegenteil: vielfach ist bei der Deutung des Symbolismus auf eine Weise mit der Begrifflichkeit der klassisch-idealistischen Ästhetik gearbeitet worden, die die Unterschiede verwischte, so z. B. auch bei Durzak, der als Wirkungsziel der Georgeschen Dichtung, a.a.O., S. 156, nennt »eine Erkenntnis, die rationales Kausaldenken hinter sich gelassen hat und als übergeordnete Erkenntnisweise, Gefühl und Verstand vereinigend (!), der im Kunstwerk gestalteten Wirklichkeit (!) zugeordnet ist«.

Möglichkeit, es sich leicht zu machen; die ihr nämlich nicht entnahmen, daß Schönheit nur aus glaublicher Sinnerfahrung entspringen könne und die Kunst mithin an ihr zu arbeiten habe, sondern sie so verstanden, daß man sich lediglich um die Schönheit als solche zu kümmern brauche und sich ein Sinn dann schon von selbst einstelle.[98] Elemente des Inhalts, der äußeren und der inneren Form, die die klassische Dichtung zur Gestaltung subjektiver Sinnerfahrung herangezogen oder entwickelt hat und die insofern als schön bewährt sind, werden von jenen Epigonen so gehandhabt, als ob ihnen Sinn auch außerhalb des jeweiligen mimetischen Zusammenhangs, also nicht dank ihrer Funktion in einem solchen Zusammenhang, sondern unabhängig davon als ihnen selbst zukomme – ein nicht näher zu bestimmender Sinn, der ihnen auf eine ebensowenig näher zu bestimmende Weise anhaftet. In eben diesem Verständnis gilt dem Ästhetizismus das Schöne als sinnvoll, und nur so kann für ihn die Schönheit selbst zum Sinn des Schönen werden. Mit anderen Worten: auch das Schöne mußte sich von Grund auf verändern, es mußte zum Nur-Schönen werden, gleichsam zum Sinnlos-Schönen, d.h. aus jeder funktionellen Bindung an ein erfragbares, benennbares, eben inhaltlich bestimmbares Sinnmoment heraustreten, um zum Sinn der Kunst, als es selbst Träger von Sinn werden zu können, und der kann dann nur eine allgemeinste Bedeutsamkeit sein, die ihm auf eine nicht bestimmbare Weise, gleichsam als Aura,[99] beiwohnt.

Die Frage, die nunmehr sich aufdrängen mag: woraus das Schöne hier überhaupt noch bestehe, was nach allem als Stoff noch in Frage komme, aus dem das Schöne gemacht sein könnte, führt zum Ausgangspunkt der Überlegungen zurück: in eben dem Maße, in dem sich die Mimesis von ihren Voraussetzungen her auflöst, bleibt zur Darstellung des Schönen nur der Gebildecharakter des Kunstwerks. Was der literarischen Mimesis zur Zeit der klassischen Ästhetik im Zeichen der Vorstellung von der Allverwandtschaft der Künste im Blick auf die Bildende Kunst mehr oder weniger übergestülpt und aufgedrungen worden ist, das ist das letzte, was von dem komplexen klassischen Konzept des literarischen Kunstwerks nach seiner Auflösung übrigbleibt.

---

[98] Zum Schönheitsbegriff von Epigonen wie E. Geibel s. E. Alker, Die deutsche Literatur im 19. Jahrhundert, a.a.O., S. 406. – Daß »bei George vieles auf die Zeit vor dem Jugendstil hin(weist)«, etwa jene »ästhetische Gebärde«, die sich als Zug ins »Dekorative«, »Kunstgewerbliche« manifestiert, sieht z. B. auch V. Žmegač, Ästhetizistische Positionen, a.a.O., S. 309.

[99] Daß sich das Kunstwerk wesentlich durch seine Aura definiert, wie das W. Benjamin für die gesamte neuzeitliche Entwicklung postuliert (Das Kunstwerk im Zeitalter seiner technischen Reproduzierbarkeit, a.a.O., S. 477ff.), trifft erst auf die Kunst der Epigonen des 19. Jahrhunderts und dann vor allem auf die des Ästhetizismus zu.

Durch diese Auflösung entstehen nun zugleich Verhältnisse, in denen die Strukturen, die die Vorstellung vom literarischen Kunstwerk als einer gebildehaften Verkörperung des Schönen hervorbringt, zum ersten und einzigen Mal die ihnen zugedachten Aufgaben auch wirklich erfüllen. Zuvor mußte das stets am Charakter des sprachlichen Zeichens als der Grundlage des literarischen Texts scheitern: die Arbeit an der äußeren Form, am materiellen Korpus der Zeichen kann niemals auf ein inhaltlich bestimmtes Sinnmoment leiten, und das Modellieren einer inneren Form, die Schaffung von Sinnbeziehungen, die sich nicht als Instruktionen der Veranschaulichung begreifen lassen, vermag niemals die Sinne zu erreichen. Nunmehr ist eben der Punkt erreicht, an dem diese Schranke aufgehoben ist, insofern der Sinn, um den es dem Ästhetizismus geht, kein inhaltlich eingegrenzter, so und so bestimmter mehr ist. Das einzige Sinnhafte, das eine elaborierte äußere Form als solche zu vermitteln vermag, ist nämlich ein unbestimmter Sinn, ein namenlos Bedeutsames, eben jene globale Sinnsuggestion, jene quasi-sakrale Aura der Bedeutsamkeit, um die es hier zu tun ist. Und wenn denn überhaupt ein kompliziertes Geflecht von Sinnbeziehungen und Anspielungen als solches eine Wirkung auf die Sinne des Lesers hervorzubringen vermag, dann allenfalls die des Rätselhaften, Geheimnisvollen des Lebens, wie sie hier angestrebt wird. Erst im Ästhetizismus der Jahrhundertwende und nur an diesem einen Punkt der geschichtlichen Entwicklung der Literatur kann die Bemühung, die sich auf einen Gebildecharakter des literarischen Kunstwerks richtet, zum Ziel kommen; führt sie nicht ab in das Niemandsland des verselbständigten Formalen, sondern zu dem hin, was den Sinn und die Schönheit der Literatur ausmacht.

Es bleibt noch anzumerken, daß natürlich auch hier, wo der Kunstcharakter der Literatur wesentlich in ihren Gebildecharakter gesetzt wird, ja, wie angedeutet, sich geradezu auf ihn reduziert, der Text nicht wirklich zu einem bloßen Gebilde, zu einem bloß bildnerischen Befund, einem reinen Form- und Beziehungswesen werden kann. Er besteht ja aus Sprache, und Sprache bedeutet Inhalt. Ein gewisses Maß von Arbeit an Inhalten, von Darstellung, wenn auch nicht unbedingt von mimetisch-illusionistischer Darstellung, ist mithin unumgänglich. Das zeigt sich unter anderem darin, daß auf bestimmten Ebenen jenes quasi-bildnerischen Gestaltens wie zum Beispiel auf der der Wortwahl inhaltliche Momente notwendig mit berührt werden: ein erlesenes Vokabular ist eben in einem gewissen Maß zugleich ein Vokabular des Erlesenen. Im übrigen gilt hier wie in der ganzen Geschichte der Vorstellung von der Literatur als Gebilde, ja mehr als je zuvor – trotz mancher Gegenprobe nach Art von Baudelaires ›Une charogne‹ –, daß beredet wird, was gebildet werden soll, als könne das Gebildete anders nicht die rechte Konsistenz erlangen. So folgt hier ein bedeutsam-herausgehobener, schöner Gegenstand dem andern, eine Geste der Bedeutsamkeit und des Geheimnisses der andern.

Dabei liegt der Akzent in der Auswahl der Gegenstände bezeichnenderweise auf dem Nur-Schönen, dem, was schon in seiner Sichtbarkeit und nur in ihr schön ist, auf schönen Dingen der Natur und Kultur wie Edelsteinen, wodurch der Inhalt gleichsam flach gehalten werden kann.

5. Kapitel

Zur Entwicklung der Wort-Bild-Beziehungen in der Moderne

Mit den Überlegungen zur Literatur des Ästhetizismus und zu ihren Voraussetzungen in den Wort-Bild-Beziehungen der »Goethezeit« ist der Gang der Untersuchung bereits weit in die nächste Phase der Geschichte dieser Beziehungen vorgedrungen, die fünfte Phase im hier skizzierten Entwicklungsgang, die Zeit der Moderne. In ihr sind erneut gravierende Veränderungen zu beobachten, die alle Ebenen der Wort-Bild-Beziehungen betreffen – das aber heißt: Veränderungen, die bis in die inneren Wort-Bild-Beziehungen hineinreichen und die damit letztlich auf den Bereich der historischen Form der Erfahrung verweisen.

Diese Wandlungen finden im literarisch-ästhetischen Leben ihren deutlichsten Ausdruck in dem, was man die Entmimetisierung der Künste nennen könnte: Literatur und Bildende Kunst gehen gleichermaßen davon ab, ihre Ziele ausschließlich oder auch nur vorzüglich mit den Mitteln eines mimetischen Illusionismus erreichen zu wollen.[1] Damit aber wird eben das Prinzip beseitigt oder zumindest begrenzt, das zuvor die gesamten Wort-Bild-Beziehungen regierte. Anschaulich zu reden, hieß für die Literatur, den Leser zu illusionieren, sprechend darzustellen für die Bildende Kunst, auf die Suggestion der Bildillusion zu setzen, in Wechselbeziehungen einzutreten, bedeutete für die beiden Künste, die Aufgaben in Angriff zu nehmen, die aus der Unterschiedlichkeit ihrer jeweiligen Mittel der Illusionierung erwuchsen, und die Vereinigung von Wort und Bild in Wort-Bild-Formen galt grundsätzlich als fragwürdig, insofern so keine einheitliche, bruchlose Illusionierung möglich zu werden schien. Nun öffnet sich im Zusammenhang mit der Entmimetisierung der Künste ein neuer Spielraum für Wort-Bild-Formen, und die Wechselbeziehungen zwischen Wort- und Bildkunst, die sich nicht mehr primär an den Wesensunterschieden ihrer jeweiligen Mimesis abzuarbeiten haben, nehmen eine Wendung, die vielerorts auf ein reges Miteinander, auf Verbindungen der Künste in dieser oder jener Form, ja auf den Gedanken des »Gesamtkunstwerks« hinauslaufen.

---

[1] Zum Begriff der Entmimetisierung vgl. G. Willems, Großstadt- und Bewußtseinspoesie, Über Realismus in der modernen Lyrik, Tübingen 1981, S. 118–130.

Aber diese ersten Feststellungen sind sogleich wieder einzuschränken. Denn von der Entmimetisierung der Formen wird nur ein Teil des literarisch-ästhetischen Lebens erfaßt. Es ist im wesentlichen der Bereich der avantgardistischen, experimentellen, mehr oder weniger esoterischen Kunst und Literatur. Zwar darf dessen Bedeutung nicht unterschätzt werden – im 20. Jahrhundert gibt es kaum ein Werk von künstlerischer Bedeutung, das nicht mehr oder weniger deutlich die Spuren der Entmimetisierung aufweise. Doch breitet sich daneben das weite Feld der Formen aus, die von ihr unberührt oder nur marginal betroffen sind, in der Alltagskultur des bürgerlichen und kleinbürgerlichen Lebens, im Gebiet der politischen und kommerziellen Gebrauchsformen, im Unterhaltungssektor. Hier bleiben in der Literatur weithin die mimetischen Modelle des Realismus und, mit einem gewissen Abstand, der Romantik, in der Kunst die der realistischen Malerei sowie das eines mimetisch interpretierten Impressionismus in kraft. Sie werden übrigens nicht nur starr reproduziert, sondern durchaus schöpferisch weiterentwickelt. Das ist zum Beispiel an bestimmten Gebrauchsformen der Kunst und an den Unterhaltungsgenres der Literatur, etwa am Kriminalroman, deutlich zu sehen.

Schon hieraus erhellt, daß das Verhältnis zwischen den Bereichen der mimetischen und der entmimetisierten Formen nicht einfach als Gleichzeitigkeit des Ungleichzeitigen, als das Nebeneinander von gleichsam bloß übriggebliebenen, allmählich ihre Vitalität einbüßenden älteren Formen und neuen Formen begriffen werden kann, die sich angeschickt haben, die älteren zu verdrängen, so wie die mimetisch-illusionistischen Formen einmal nach und nach die allegorischen abgelöst haben. Anders als in früheren Epochen scheint die Schichtung der Formensprachen im 20. Jahrhundert nicht so sehr das Resultat eines fortschreitenden Einander-Verdrängens von Formen zu sein als vielmehr eine Gegebenheit von grundsätzlichem Charakter, der Ausdruck eines wechselseitigen Einander-Bedingens und Forderns der verschiedenen Formen. Offenbar kann sich das Formensystem der Entmimetisierung nur auf einem breiten Sockel mimetischer Formen entfalten und halten, wie umgekehrt die Entwicklung der mimetischen Formen davon geprägt ist, daß sie bestimmte Aufgaben an den anderen Bereich abgeben konnten und in ihm wahrgenommen wissen.

Für den Versuch, eine Vorstellung von den Wort-Bild-Beziehungen in der Moderne zu gewinnen, ist das natürlich von großer Bedeutung. Es zeichnen sich verschiedene Ebenen ab, auf denen die Beziehungen jeweils andere sind, ja das Bewußtsein der Andersartigkeit wird zu einem Faktor von eigener Wirksamkeit. So wird die Kombination von Wort und Bild auf der einen Ebene immer noch wegen ihrer illusionsbrechenden Wirkung gemieden, auf der anderen Ebene aber um eben dieser Wirkung willen gesucht. Schon dies allein macht die Verhältnisse im literarisch-ästhetischen Leben des 20. Jahrhunderts kompliziert. Hinzu kommen weitere Momente, durch die sie noch unübersichtlicher werden. Das beginnt damit, daß die Geschichte der avantgardistischen Kunst und Literatur nicht einfach ein linearer Prozeß der Entmimetisierung, sondern ein Wechselspiel der Ent- und Remimetisierung, der Auflösung und Wiederherstellung mimetischer Strukturen ist, was immer auch die Wort-Bild-Beziehungen mit berührt. Und es hört bei den fundamentalen Wandlungen im Bereich der medialen Grundlagen noch nicht auf, bei Momenten wie der Entwicklung des dokumentarischen Bilds, der Fotografie, sowie neuer Möglichkeiten der Verbreitung des Bilds und seiner Verbindung mit dem Wort, wie der fortschreitenden Gewöhnung an Wort-Bild-Formen als Grundform medialer Kommunikation oder schließlich der Entwicklung des Films mit all ihren Folgen.

Angesichts einer derartig komplizierten Problemlage und einer Forschung, die verständlicherweise noch weit davon entfernt ist, geradezu einen Überblick über die modernen Entwicklungen zu ermöglichen, die vielmehr durch äußerst kontroverse Deutungen gekennzeichnet ist, durch eine Fülle von extrem unterschiedlichen Thesen, bei denen die Punktualität des Ansatzes nur allzu oft in deutlichem Kontrast zu der Weitgespanntheit der Folgerungen steht – angesichts einer solchen Problemlage kann hier zunächst nicht mehr versucht werden, als eine Schneise in das Dickicht der Wort-Bild-Beziehungen zu schlagen, und das heißt: eine Entwicklung von möglichst großer Tragweite herauszuarbeiten. Diese Entwicklungslinie kann in der vorliegenden Untersuchung, der es um die Geschichte des Darstellungsstils zu tun ist, nur die der Entmimetisierung der Formen sein.

Im folgenden sei also nun versucht, den Prozeß der Entmimetisierung nachzuzeichnen. Dabei soll zunächst von jeder weitergehenden Deutung abgesehen und auf eine bloße Phänomenologie der Darstellungsformen ausgegangen werden, wie sie im geschichtlichen Prozeß aufeinanderfolgen. Als Leitfaden kann dabei wiederum die Entwicklung des Bilds dienen, in der sich der Prozeß der Entmimetisierung auf besonders handgreifliche Weise darstellt. Die Ergebnisse sollen sodann an der Entwicklung der Wort-Bild-Formen überprüft werden. So werden sich eine ganze Reihe von Anhaltspunkten für die Entwicklung des Darstellungsstils in der Literatur finden lassen, die dann im zweiten Teil der Untersuchung eine Skizze der Formen anschaulichen Redens in der Literatur der Moderne ermöglichen sollen.

Die Entmimetisierung der Formen im Spiegel der Geschichte des Bilds: die Entwicklung des dokumentarischen Bilds

Die Moderne bringt für das Bild, wie es sich im Spannungsfeld zwischen den medialen Neuerungen einerseits und den gewandelten künstlerischen Bestrebungen andererseits entwickelt, Veränderungen mit sich, die nicht weniger grundstürzend sind wie die beim Übergang vom Bedeutungsbild zum physiognomisch-illusionistischen Bild, die es nämlich in seinem Zeichencharakter berühren. Zwei einander entgegengesetzte, gerade in dieser Gegensätzlichkeit aber zusammengehörige Tendenzen zeichnen sich ab. Auf der einen Seite steht die Perfektionierung des bildnerischen Illusionismus, der sich im dokumentarischen Bild, der Fotografie, zugleich vollendet und selbst aufhebt: die Illusion wird in ihm vollkommen, aber sie wird es mit den Mitteln eines technisch-apparativen Verfahrens, das die Wirklichkeit dokumentiert, sie gleichsam sich selbst zeigen läßt, und als ein solches Dokument hört das Bild auf, Illusion zu sein.[2] Und auf der anderen Seite steht die Entmimetisierung im engeren Sinne, die bewußte Abkehr von dem Ziel einer mimetischen Illusionierung, der von der Perfektionierung des Illusionismus ausgelöste und immer wieder aufs neue angestoßene Versuch, sich auf eine von Grund auf andersartige Weise bildnerisch mit der Wirklichkeit auseinanderzusetzen.

Beide Tendenzen haben etwas mit der Erfindung der Fotografie zu tun,[3] ohne monokausal auf sie zurückgeführt werden zu können. Die eine Möglichkeit entwickelt sich in beständigem Austausch mit ihr und geht schließlich in ihr auf. Die andere steht in bewußtem Gegensatz zu ihr; vom bloßen Abbildenmüssen befreit, kann die Kunst sich anderen Aufgaben zuwenden, was allerdings nicht besagt, daß sie sich nicht auch hier mit Aspekten beschäftigen könnte, die allererst durch die Fotografie freigesetzt worden sind.

Die Perfektionierung des bildnerischen Illusionismus ist ein Prozeß, der das ganze 19. Jahrhundert durchzieht.[4] Das Bild wird dabei zugleich subjektiver und objektiver. Das ist kein Widerspruch, sondern entspricht dem präzisen Sinn der beiden Begriffe. Es wird subjektiver, insofern es sich mehr und mehr als Darstellung eines Anblicks versteht, wie er sich einem Subjekt von einem bestimmten als real vorstellbaren Standpunkt aus bietet oder bieten könnte; und es wird damit zugleich auch objektiver, indem es den Bildgegenstand möglichst so wiedergibt, wie er sich von jenem fest umrissenen Standpunkt aus zeigen würde. So dient die Perspektive nicht mehr ausschließlich zur Konstruktion der idealen Sichtbarkeit des Sujets, sondern auch zur Definition eines möglichen Standpunkts dem Sujet gegenüber, die Präsentation der Gegenständlichkeit, Licht und Schatten stehen nicht mehr allein im

---

[2] Vgl. W. Benjamin, Das Kunstwerk im Zeitalter seiner technischen Reproduzierbarkeit, a.a.O., S. 475 u. 495.
[3] Zur Frühgeschichte der Fotografie B. Newhall, The History of Photography, New York 1964.
[4] Dazu etwa F. Baumgart, Idealismus und Realismus 1830–1880, Die Malerei der bürgerlichen Gesellschaft, Köln 1975, z. B. S. 7f.: die Ausbildung eines »illustrativen und berichtenden Realismus« vor der Folie einer Malerei der Gefühle und Stimmungen.

Dienst der Übersichtlichkeit und Einsehbarkeit des Gegenstands, sondern fixieren zugleich einen Ort in Raum und Zeit. Der Künstler gibt also mit dem Bild zugleich den Standpunkt seines Betrachters, verstanden als reale raumzeitliche Position eines möglichen empirischen Subjekts. Und zugleich damit wird das Bild auch objektiver. Der Bildgegenstand wird nun ganz so gegeben, wie er sich von jenem Standpunkt aus einem jeden Subjekt, nicht nur einem bestimmten, darstellen würde.[5]

Diese Veränderungen sind zweifellos im Zusammenhang mit einem Wandel des Sehens überhaupt, und das heißt: der historischen Form der Erfahrung zu sehen, nämlich mit einem Vorgang, den man die Versachlichung des Sehens nennen könnte. Der Aufschwung der Naturwissenschaften und der Technik, die Verdrängung älterer Formen der Bildung und der Sozialisation durch eine technisch-naturwissenschaftliche Ausbildung – um nicht zu sagen: Drill – die grundlegende Bedeutung, die sie mit ihrer Haltung dem Gegenstand gegenüber und mit ihren Ergebnissen nicht nur im Berufsleben, sondern überhaupt bei der Orientierung in der modernen technisch geprägten Lebenswelt, bei jeder alltäglichen Verrichtung erlangen, spielen dabei eine wichtige Rolle, zwingen sie das Auge doch permanent zum sachlichen Blick, zu einem das Objekt als Objekt zur Kenntnis nehmenden, prüfenden, klärenden, von allen subjektiv-erlebnishaften Elementen freien Hinsehen.

Diese Umerziehung des Auges und die mit ihr einhergehende Umgestaltung des Bilds, die sich als Perfektionierung des Illusionismus manifestiert, sind bereits im Gange, als die Fotografie erfunden wird.[6] Aber sie können natürlich durch sie nur gefördert werden. Je bedeutender und selbständiger sie wird, desto mehr geraten sie dann auch tatsächlich in den Sog dieser Entwicklung. Spätestens seit der Malerei des Realismus, etwa seit der Kunst eines Courbet,[7] haben sich Maler systematisch an der Fotografie geschult, vor allem bei der Eroberung des Details und in der realistischen Lichtgebung. Die Wirkungen solcher Schulung blieben zunächst jedoch noch deutlich begrenzt und im Rahmen der traditionellen Formen des malerischen Illusionismus; sie konnten ihn noch gar nicht sprengen, weil die Fotografie sich ihrerseits zunächst an der Malerei orientierte und den Rahmen der vorgefundenen Möglichkeiten des Bilds nicht verließ. Wahl und Arrangement des Sujets, Wahl des Standpunkts, Bildaufbau, Beleuchtung – in all diesen und ähnlichen

---

[5] Vgl. W. Kemp, Perspektive als Problem der Malerei des 19. Jahrhunderts, in: Kunst als Bedeutungsträger, Gedenkschrift für G. Bandmann, Berlin 1978, S. 405–416, etwa S. 406.
[6] S. Kracauer, Theorie des Films, a.a.O., S. 27.
[7] E. Schaar, Courbet und die Fotografie, in: Courbet und Deutschland, Katalog Hamburg/Frankfurt 1978 bzw. 1979, S. 524–528.

Punkten lehnt sich die Fotografie vielfach an die Bildkunst der Zeit an.[8] Sie übernimmt damit deren Mittel, das entfaltete Detail im Sinne der Idee des mimetischen Illusionismus auf bestimmte Sinnmomente hin zu zentrieren, es von ihnen her und auf sie hin zu zeigen. So steht zum Beispiel das fotografische Porträt, die wichtigste Gattung der Fotografie im 19. Jahrhundert, ebenso wie das malerische Porträt im Zeichen des Sinnmoments der Persönlichkeit.

Das ändert sich erst in dem Augenblick, in dem die fotografische Apparatur ihre Schwerfälligkeit verliert und es möglich wird, jederzeit an jedem Ort zu fotografieren, was nicht früher als zu Beginn des 20. Jahrhunderts der Fall ist.[9] Erst als »Schnappschuß«, als Momentaufnahme löst sich die Fotografie von der Vormundschaft der Malerei, wird sie vollends zum dokumentarischen Bild. Hier, beim »Schnappschuß«, gibt es nun keinen arrangierenden Zugriff auf das Sujet selbst mehr, die Wirklichkeit zeigt sich so, wie sie aus sich selbst geworden ist, unabhängig von ihrem Abgebildetwerden, und zwar eben so, wie sie von einem realen, raumzeitlich fixierten Punkt aus wahrzunehmen ist. Natürlich bestimmt der Fotograf noch immer einen Blickpunkt, legt er den Bildausschnitt fest, regelt er die Tiefenschärfe und dergleichen mehr; auch er setzt mithin Bedeutung, eröffnet Sinn.[10] Aber ein gestalterisches Eingreifen im überkommenen, d.h. auf das Bild als »Totalität«, als organisches Ganzes abzielenden Sinne, ist dabei weder möglich noch auch erwünscht; der »Schnappschuß« ist immer bloß Ausschnitt, Aspekt und bekennt sich dazu. Erst hier – und nicht schon bei der bloßen Erfindung des fotografischen Verfahrens – ist der Punkt erreicht, an dem die Perfektionierung der Illusion in die Aufhebung der Illusion umschlägt; an dem sich das Bild grundsätzlich, nämlich seinem Zeichencharakter nach, verwandelt.

Das dokumentarische Bild bezieht sich von Grund auf anders auf Wirklichkeit, präsentiert seine Gegenstände anders und wird dementsprechend auch anders rezipiert als das mimetisch-illusionistische Bild. Der Betrachter versucht nicht mehr, sich in das Bild einzuleben, sich mit seiner ganzen Person ebenso einfühlsam wie nachdenklich in es zu versenken, sondern er überfliegt es in einer Haltung, die zugleich wach und distanziert ist, fragt es mehr oder weniger sachlich auf das hin ab, was es zu zeigen hat. Er hat in ihm ja nur einen »technisch reproduzierten« und insofern unverstellten »Aspekt der Wirklichkeit« (W. Benjamin) vor sich und kein Individuum mit seinen besonderen Erlebnissen und je eigenen Sinnerfahrungen. Wenn einem solchen Bild ein Text beigegeben ist – um sogleich diesen Aspekt des Problems

---

[8] Vgl. B. Newhall, History of Photography, S. 59ff. u. S. 97ff.; S. Kracauer, Theorie des Films, S. 28f.; P. Tausk, Die Geschichte der Fotografie im 20. Jahrhundert, Köln 1979, S. 12, 14ff.
[9] Newhall, S. 153ff.; Tausk, S. 13.
[10] Vgl. S. Kracauer, Theorie des Films, S. 50.

mit ins Auge zu fassen –, so wird das seinen Betrachter nicht mehr ablenken, stören, irritieren. Im Gegenteil: hier kann ihm eine Textbeigabe nur willkommen sein. Wie sollte sie ihn stören, da betrachten hier nicht mehr sich sammeln, sich versenken, sich einleben heißt, sondern überschauen, um nicht zu sagen: überfliegen, befragen und prüfen! Bei der Fülle des dokumentierten Details und der Gleichmäßigkeit und Gleichgültigkeit seiner Reproduktion bedarf er geradezu eines Worts, das dem Blick den »Weg weist«.[11]

Das Phänomen des dokumentarischen Bilds hat von Anfang an die Aufmerksamkeit aller am literarisch-ästhetischen Leben Teilhabenden auf sich gezogen und entsprechend stark gewirkt, und es hat dabei nicht nur die bildnerische Kultur und das Abbilden überhaupt von Grund auf verändert, sondern auch in viele andere Bereiche des literarisch-ästhetischen Lebens hinein ausgestrahlt. Es war die Möglichkeit einer »objektiven« Darstellung der Wirklichkeit, wie sie durch die rein rezeptive Haltung gegenüber dem Gegenstand des Abbildens und die Herstellung von Abbildlichkeit auf dem Weg des technischen Reproduzierens von Sinnenschein gekennzeichnet ist,

---

[11] Was hier vom dokumentarischen Bild gesagt worden ist, hätte auch ganz in die Begrifflichkeit gefaßt werden können, mit der W. Benjamin das »Kunstwerk im Zeitalter seiner technischen Reproduzierbarkeit« gekennzeichnet hat. In ihm wird für Benjamin die »technische Reproduktion«, wie angedeutet, zur »künstlerischen Verfahrensweise« (S. 475) – eine Feststellung, die übrigens erst im Zusammenhang der hier skizzierten Entwicklung der Perfektionierung der Mimesis ihren präzisen Sinn erhält. Das Resultat ist der »apparatfreie Aspekt der Realität« (S. 495), ein Bild, das nicht mehr »total«, sondern »Stück« ist (S. 496); sein Betrachter fühlt sich nicht ein, sondern »begutachtet«, »testet« (S. 488) in der »Haltung des fachmännischen Beurteilers« (S. 497), er begegnet ihm nicht in der Weise der »freischwebenden Kontemplation« (S. 485), der »Versenkung« (S. 504), sondern die Aufnahme durch ihn ist eine »Rezeption in der Zerstreuung« (S. 505), und die »Beschriftung« als »Wegweiser« zu dem, um dessentwillen das Bild mitgeteilt wird, ist »obligat« (S. 485). Benjamin bezieht sich mit diesen Bestimmungen zunächst auf das fotografische und das Filmbild überhaupt, aber sie gelten von ihm nur dann, wenn es als dokumentarisches Bild gehandhabt wird. Wie auch seine eigenen Beobachtungen belegen, ist das z. B. in der frühen Porträtfotografie und dem Spielfilm im allgemeinen ganz anders. Die Veränderungen ergeben sich eben nicht schon mit der bloßen Erfindung der fotografischen Technik, sie folgen nicht von selbst aus ihr, sondern werden durch sie nur möglich gemacht. Wirklich werden sie erst in dem Moment, in dem diese Technik auf eine bestimmte Weise begriffen und gehandhabt und im Sinne dieses neuen Verständnisses weiterentwickelt wird. Das zeigt sich unter anderem auch darin, daß die Gesichtspunkte, die Benjamin beschäftigen, erst so viele Jahrzehnte nach Erfindung der Fotografie zu einem wichtigen Thema werden. Was in der Schrift vom »Kunstwerk im Zeitalter seiner technischen Reproduzierbarkeit« geschieht, auf seinen sachlichen Kern reduziert, also nichts anderes als dies, daß das fotografische Bild als dokumentarisches Bild und die durch es ermöglichte Art von Kommunikation als Modell für die Kunst des 20. Jahrhunderts postuliert wird – aus Gründen und mit Folgen, auf die noch einzugehen sein wird.

was Künstler, Kritiker und Publikum beschäftigte.[12] Der Aspekt der »Objektivität« stand zunächst ganz im Vordergrund der Diskussion; er mußte im Vordergrund stehen, solange man das neue Verfahren auf der Folie des altgewohnten mimetischen Illusionismus erlebte und je nach Standpunkt als Verzicht auf oder als Unfähigkeit zu dessen in subjektiv-erlebnishafter Sinnerfahrung gründender »organischer« Ganzheitlichkeit erfuhr.

Und so war er das entscheidende Argument sowohl derer, die im dokumentarischen Bild eine Gefahr sahen, als auch derer, die für eine neue Kunst plädierten. Denn es handelte sich bei ihm um ein durchaus umstrittenes Phänomen, dem man ebenso wie mit Faszination mit Beunruhigung, ja schroffer Ablehnung begegnete. Auf der einen Seite standen die, die das dokumentarische Bild – aus ganz ähnlichen Gründen übrigens wie die Literatur des Naturalismus – als künstlerisch und menschlich minderwertig, wenn nicht gar als gefährlich ansahen. Seine Objektivität bedeutete für sie, daß es zur Oberflächlichkeit verdammt sei. Ein bloßer Abklatsch der Wirklichkeit, ein Verfahren, das keinen Raum zu lassen scheint für den gestalterischen Zugriff des schöpferischen Individuums, für das Einbringen subjektiven Erlebens und die Zentrierung des Materials auf Sinnmomente hin, die aus solchem Erleben hervorgehen, könne keine Kunst sein, lasse überhaupt nicht zu, daß menschlich Bedeutsames vermittelt werde.[13]

Und auf der anderen Seite standen die, die – wiederum in genauer Entsprechung zur Beurteilung der naturalistischen Literatur – im dokumentarischen Bild eben seiner Objektivität wegen eine Möglichkeit erblickten, sich auf eine wahrhaft zeitgemäße Weise mit der Wirklichkeit auseinanderzusetzen. Dabei konnte die Objektivität entweder positivistisch oder lebensphilosophisch gedeutet werden. Im ersten Falle sollte sie eine Abbildlichkeit mit geradezu wissenschaftlichem Charakter begründen,[14] im zweiten wurde sie im Sinne des Gedankens einer möglichst unmittelbaren authentischen Wiedergabe der Situation des Subjekts begriffen.[15] Oberflächlichkeit, Wissenschaftlichkeit, Unmittelbarkeit, Authentizität – das sind die entscheidenden Stichworte für die Auseinandersetzung mit Fotografie und Film vor und nach dem Ersten Weltkrieg; zugleich sind mit ihnen zentrale Begriffe der literarisch-ästhetischen Diskussion überhaupt in dieser Zeit benannt.[16]

---

[12] Kracauer, Theorie des Films, S. 26.
[13] Vgl. Kracauer, Theorie des Films, S. 28f.
[14] Vgl. ebenda, S. 27f.
[15] Als Beispiel seien hier die Überlegungen W. Benjamins zur frühen Porträtfotografie genannt: W. Benjamin, Kleine Geschichte der Photographie, in: Benjamin, Gesammelte Schriften, hg. v. H. Schweppenhäuser u. R. Tiedemann, Bd. 2, Frankfurt 1977, S. 368–385, hier S. 371.
[16] Vgl. A. Kaes, Einführung, in: Kino-Debatte, Texte zum Verhältnis von Literatur und Film 1909–1929, hg. v. A. Kaes, Tübingen 1978, S. 1–36, insbesondere S. 23ff. u. S. 29ff.

Später, wenn sich Fotografie und Film allgemein durchgesetzt und ihren selbstverständlichen Platz in jedermanns Alltag erobert haben, und das heißt auch: wenn sie das alte mimetisch-illusionistische Bild in den Hintergrund gedrängt haben, so daß sie nicht mehr wie zuvor primär im Kontrast zu ihm erlebt werden, ist es nicht mehr so sehr die Möglichkeit eines objektiven Darstellens, was die Diskussion bestimmt, sondern vielmehr die Frage nach den Grenzen dieser Objektivität, und zwar gerade als Objektivität.[17] Hinter jeder fotografischen Apparatur steht ja ein Fotograf, hinter jeder Kamera ein Kameramann, der den Standort der Kamera und den Zeitpunkt der Aufnahme bestimmt, der das Filmmaterial auswählt, den Bildausschnitt festlegt, die Tiefenschärfe regelt und das Entwickeln des Films überwacht. Selbst wenn das fotografische Verfahren ganz im Sinne des Gedankens der Dokumentation gehandhabt wird und auf die Möglichkeiten der Regie, d. h. der Gestaltung der abzulichtenden Gegenständlichkeit vor der eigentlichen Aufnahme, sowie die der Montage des entwickelten Materials verzichtet wird, bleibt allein im Bereich der Aufnahmetechnik ein Spielraum, der notwendig durch Entscheidungen des Fotografen bzw. des Kameramanns zu füllen ist.

Auch das dokumentarische Bild, so zeigt sich, ist nicht einfach die Widerspiegelung der sich selbst zeigenden Wirklichkeit, sondern zugleich Manifestation des Blicks, der sie erblickt und dessen Erblicken es allererst als Bild möglich macht. Auch das dokumentarische Bild ist mithin »subjektiv«, wenngleich in einem anderen Sinne als das mimetisch-illusionistische Bild. Es ist nicht so sehr eine Subjektivität des Erlebens und der erlebnishaften Sinnerfahrung als vielmehr lediglich eine des Standpunkts. Diese Standpunktbezogenheit wird nun zu einem weiteren wichtigen Gesichtspunkt der Diskussion. Nicht nur daß sich, wo zunächst nur von Oberflächlichkeit die Rede war, ein Spielraum des Gestaltens, ja des Schöpferischen zeigt – wo eine vollkommene Objektivität gegeben schien, eröffnet sich auch ein Abgrund an Möglichkeiten der Manipulation und Täuschung, die gerade der scheinbaren Objektivität wegen besonders wirkungsvoll, um nicht zu sagen, besonders infam sein können.[18]

---

[17] Vgl. etwa Kracauer, Theorie des Films, S. 40ff.
[18] Die Frage nach der Objektivität des fotografischen bzw. des Filmbilds ist einer der wichtigsten Gesichtspunkte in seiner Diskussion in den Zwanziger Jahren, an der Vertreter des russischen Films wie Eisenstein und Wertow und auf deutscher Seite etwa Brecht und Benjamin teilnahmen. In dieser Diskussion spielt der Doppelsinn des Begriffs objektiv eine unerquickliche Rolle, der ja sowohl im Sinne von unmittelbar gegeben als auch von wahr gebraucht werden kann. Unmittelbar gegeben ist aber nicht immer schon gleich wahr – das ist ein typisches Mißverständnis der Lebensphilosophie.

Die Entmimetisierung der Formen im Spiegel der Geschichte des Bilds: die Entwicklung der modernen Kunst

Parallel zu der Entwicklung einer immer perfekteren Bildillusion, wie sie in der dokumentarischen Fotografie einen Punkt erreicht, an dem sie sich selbst als Illusion aufhebt, verläuft jene zweite Entwicklungslinie, in der sich die Verwandlung des Bilds in seinem Zeichencharakter im 20. Jahrhundert manifestiert: die Entmimetisierung des Bilds, die Aufgabe des Versuchs, sich mit den Mitteln des mimetischen Illusionismus auf eine als wesentlich individuell-physiognomisch verstandene Wirklichkeit zu beziehen. Zweifellos spielt die Fotografie auch hierbei eine wichtige Rolle. In ihrer Erfindung liegt ein entscheidender Anstoß, in der fortschreitenden Entfaltung ihrer Möglichkeiten ein beständiger Antrieb für die Kunst, sich in die neue Richtung zu bewegen. Sie entzieht ihr nämlich den handfesten Teil ihrer traditionellen Aufgabe, den bildlichen Stoff, der die Grundlage aller weitergehenden Zielsetzungen ist: zu zeigen, wie etwas aussieht; die individuelle Physiognomie der Menschen und Dinge zu fixieren und weiterzugeben. Denn sobald die Fotografie einen gewissen Standard erreicht hat, wird es zu einem ebenso aussichtslosen wie nutzlosen Unterfangen, mit ihr in der Wiedergabe des Details konkurrieren zu wollen. Die Kunst muß sich mithin auf andere Aspekte ihrer traditionellen Aufgabe bzw. auf neue Ziele konzentrieren, wenn sie neben ihr bestehen will; ebensogut könnte man aber auch sagen, daß sie nun frei sei für anderes.[19]

Freilich ist die Entwicklung der Fotografie nicht die einzige Ursache für die Entmimetisierung der Kunst. Das erhellt allein schon daraus, daß die Malerei ihr noch sehr lange, bis weit ins 20. Jahrhundert hinein, die Farbe voraus hat,[20] die eine wichtige Waffe im Kampf um die perfekte Bildillusion hätte sein können, daß aber nur ein Teil der Maler, und zwar der künstlerisch weniger bedeutende, sie in diesem Sinne zu nutzen versucht hat. Ein Blick auf das Ergebnis läßt ahnen, warum der künstlerisch wachere Teil sich nicht darauf einließ. Das eigentliche Problem war für die Kunst eben nicht die Konkurrenz der Fotografie bei der Perfektionierung der Bildillusion durch eine immer perfektere Wiedergabe des Details. Es war vielmehr die Veränderung der Illusion in ihrem Illusionscharakter selbst, die sie im Zuge dieser ihrer Perfektionierung erfuhr, die Verwandlung des Bilds in seiner Eigenschaft als Zeichen, wie sie sich in dem gesamten, über die Entwicklung der Fotografie hinausreichenden Prozeß der Perfektionierung des bildnerischen Illusionismus vollzog, und die damit verbundene Zersetzung des Konzepts einer mimetisch-illusionistischen Kunst.

---

[19] Vgl. Kracauer, Theorie des Films, S. 33.
[20] P. Tausk, Geschichte der Fotografie im 20. Jahrhundert, S. 104.

Es ist unschwer zu erkennen: je weiter die Perfektionierung des Illusionismus voranschritt, je mehr das Bild als Abbild aus dem neuen versachlichten Sehen entsprang, je strenger es vom Gedanken eines möglichen wirklichen Anblicks aus konstruiert wurde, je genauer sein Blickpunkt als möglicher realer Standpunkt eines Subjekts nach Raum und Zeit definiert und je mehr sein Bildgegenstand so dargestellt wurde, wie er sich einem jeden Subjekt von eben diesem Standpunkt aus zeigen würde – desto schwerer mußte es werden, in ihm zugleich einen Sinnzusammenhang sich ausdrücken zu lassen, wie ihn die überkommene Malerei in ihren verschiedenen Genres zu geben liebte, ihn auf glaubliche, illusionistisch zwingende Weise in den Sinnenschein des Bilds eingehen und aus ihm hervorleuchten zu lassen. Die Strukturen, die das optische Material im Sinne jener Sinnzusammenhänge vereinheitlichen sollten, mußten nun als in den Sinnenschein bloß hineinmanipuliert erscheinen, als konventionelle Kunstkniffe, die von ihm nicht mehr wirklich aufgenommen werden konnten, d.h. sich nicht allein schon durch die Illusionierung mitzuteilen vermochten. Je perfekter der Sinnenschein, desto mehr mußte er sie als Veranstaltung, als akademische Konvention, wenn nicht gar als literarische Überanstrengung des Bilds denunzieren.[21]

So haben Gemälde des 19. Jahrhunderts, die religiöse, historische oder literarische Sujets gestalten, meist auf den ersten Blick schon etwas von einer theatralischen Veranstaltung an sich.[22] Die Genauigkeit und Lebensechtheit des Illusionismus denunziert das Kostüm als Kostüm, die Pose als Pose, die Komposition als Komposition. Das repräsentative Porträt dieser Zeit will als bildnerische Darstellung des Menschen oft nicht mehr überzeugen, zeigt es ihn doch nur so, wie er sich zum Zwecke repräsentativer Selbstdarstellung in Positur gesetzt hat. Selbst in den Genres mit den vermeintlich unkompliziertesten, geistig anspruchslosesten Sinnmomenten, der Landschaft und dem Stilleben, bricht das Konzept des mimetischen Illusionismus auf deutlich merkliche Weise zusammen: je brillanter der Illusionismus, desto mehr verschwindet die eigentliche Landschaftserfahrung, das Naturerlebnis, wie es sich etwa noch in Gemälden C. D. Friedrichs mitteilt, verschwindet die Dingerfahrung aus dem Sinnenschein des Bilds. Es hält das Auge des Betrachters und seine Aufmerksamkeit ganz am Gegenstand als Gegenstand fest, daneben können keine subjektiv erlebnishaften Momente aufkommen. Und dennoch stellt sich nicht eigentlich eine teilnehmende Nähe zum Ding her. Es scheint in die Ferne des bloß Illusionierten entrückt, von der Brillanz des Illusionismus versiegelt.

---

[21] Dies scheint mir der eigentliche Kern der Kritik am Akademismus im ausgehenden 19. Jahrhundert zu sein.
[22] Einige Details hierzu bei H.-T. Wappenschmidt, Allegorie, Symbol und Historienbild im späten 19. Jahrhundert, München 1984, S. 55ff.

Damit gibt sich ein Moment zu erkennen, das die Situation der Bildenden Kunst wie die der Literatur in der Moderne von Grund auf bestimmt, nämlich von der historischen Form der Erfahrung her prägt: daß das subjektive Erleben die Sinnmomente nicht mehr hergibt, deren der mimetische Illusionismus bedarf. Nicht als verlöre das subjektive Erleben nun jegliche Bedeutung – das Gegenteil ist richtig: es wird in der Kunst immer bedeutsamer. Und auch weiterhin bezeugt sich in der Kunst eine Sinnbildung, die durchaus mit der verglichen werden kann, wie sie sich in der überkommenen Kunst in den Bahnen vollzieht, die durch Kategorien wie die der Persönlichkeit, der schicksalhaften Begebenheit, der heroischen Tat oder der bedeutsamen Natur vorgezeichnet sind. Aber was nun an Sinn erfahren wird, wird nicht mehr auf eine situativ überschaubare Weise sinnenfällig. Die Sinnmomente versammeln sich nicht mehr im Raum der »natürlichen Wahrnehmung« in einen Anblick, und so lassen sie sich auch nicht mehr in ein Bild versammeln, das sich als Simulation eines Anblicks versteht. Denn ein Anblick ist hier durch das neue versachlichte Sehen definiert, der auf das Sichtbare ausgeht, wie es an sich selbst ist, frei von subjektiv-erlebnishaften Momenten. Und so kann es dem tradierten Kanon von Kunstmitteln, die das bildnerische Material auf ein Sinnmoment hin zentrieren und das Bildwerk so zu einem Ganzen machen, nicht mehr gelingen, den im Sinne des sachlichen Sehens perfektionierten Sinnenschein zusammenzuzwingen. Ja nicht nur daß die intendierten Sinnmomente nicht mehr auf glaubliche Weise sichtbar werden – auch das Sichtbare selbst wird so nicht mehr sichtbar; es ist von den Anstalten zur Herstellung von Ganzheitlichkeit verstellt.

Werden mithin jene subjektiv-erlebnishaften Sinnmomente immer fragwürdiger, auf die die mimetisch-illusionistische Kunst zu setzen gewohnt ist, so erlangen andererseits solche Sinnmomente eine immer größere Bedeutung, die im subjektiv-erlebnishaften Zugriff nicht zu erreichen sind, die sich erst jenseits und hinter der planen Sichtbarkeit auffinden lassen. Wenn sich der Mensch nun wesentlich von Momenten her versteht, wie sie die Psychologie des Unterbewußten, die Sozialpsychologie oder die Sozioökonomie beschreiben, so kann er sich selbst und seine Welt nicht mehr mit den Mitteln des mimetischen Illusionismus darstellen. Was es mit den Labyrinthen des Ichs, mit den verschlungenen Zusammenhängen der industriell-großstädtischen Welt auf sich hat, läßt sich nicht in ein derartiges Bild bringen und kann von seinem blendenden Illusionismus allenfalls verstellt werden.

Mit anderen Worten: das illusionistisch-mimetische Bild ist zugleich zu nah an seinen Gegenständen dran und zu weit von ihnen weg. Es klebt zu sehr an ihnen, um über sie hinaus und durch sie hindurch zu Sinnzusammenhängen führen zu können, und zugleich ist es ihnen zu fern, um sie als sie selbst ganz sichtbar werden zu lassen. Das führt um die Mitte des 19. Jahrhunderts zum Bruch mit dem mimetischen Illusionismus und zur Entwicklung von Möglichkeiten, von denen die einen es besser erlauben, sich mit dem Sichtbaren in seiner Sichtbarkeit auseinanderzusetzen, und die anderen es eher möglich machen, die Wahrheiten hinter dem Sichtbaren ins Bild zu bringen.[23]

Wie in der Literatur entläßt die zerbrechende illusionistische Mimesis auch in der Bildenden Kunst zwei gegensätzliche, gerade in dieser Gegensätzlichkeit aber zusammengehörige künstlerische Verfahrensweisen aus sich: eine Kunst des sich verselbständigenden Sinnes und eine des sich verselbständigenden Sinnlichen. Was dort Ästhetizismus und Naturalismus heißt, heißt hier Symbolismus und Impressionismus. Auf der einen Seite steht die symbolistische Kunst der Präraffaeliten, Jugendstil- und Art déco-Künstler. Schon der Name der Präraffaeliten macht deutlich, daß es um die Abkehr von der alten mimetischen Kunst geht, weist er doch programmatisch in die Zeit vor ihrer Ausbildung zurück.[24] Der Bruch liegt hier nicht darin, daß das Ziel des Illudierens gänzlich aufgegeben würde, sondern darin, daß das Bild seine Einheit nicht mehr durch den Illusionismus gewinnt. Bestimmte Teile des Bilds, vor allem wo es um die Wiedergabe des menschlichen Körpers geht, werden weiterhin illusionistisch gegeben. Aber sie werden nun mit Passagen konfrontiert, die nicht mimetisch sind, etwa mit einem unräumlichen Hintergrund, mit einer zu Ornamenten stilisierten Dingwelt, wenn nicht gar mit abstrakten Ornamenten überhaupt, und erst über diese Bildelemente stellt sich die Ganzheitlichkeit des Bilds her.[25]

Auf der anderen Seite stehen die Entwicklungen, die vom Impressionismus ihren Ausgang nehmen. Sie sind es, die den Weg der Bildkunst in die Moderne auf Dauer bestimmen. In ihnen stellt sich die Linie der Entmimetisierung auch am klarsten und eindringlichsten dar. Am Anfang steht die Entscheidung des Impressionismus, bei der Gestaltung des Bilds weder mehr von einem bestimmten vorgegebenen Bildprogramm in der Tradition der überkommenen Malerei auszugehen noch sich in erster Linie an das zu halten, was da zu sehen ist, an die Physiognomie und Eigenart des Abzubildenden, sondern das Wie des Sehens, den Vorgang, das Erlebnis des Sehens

---

[23] Zur Entstehung und Entfaltung der modernen Kunst s. z. B. W. Haftmann, Malerei im 20. Jahrhundert, 2. Aufl., München 1957; H. Read, Geschichte der modernen Malerei, München 1959; W. Hofmann, Grundlagen der modernen Kunst, Stuttgart 1966.
[24] Ältere Darstellungen der modernen Kunst führen ihre Entstehung meist ausschließlich auf die Entwicklungen seit dem Impressionismus zurück. Demgegenüber nennt z. B. G. Metken, Die Präraffaeliten, Köln 1974, S. 145ff., die auf die Präraffaeliten und Symbolisten zurückgehende Entwicklungslinie den »zweiten Weg zur Moderne«; vgl. auch W. Hofmann, Von der Nachahmung zur Erfindung der Wirklichkeit 1890–1917, Köln 1970, S. 97ff., wo die Bedeutung des Jugendstils für die klassische Moderne herausgearbeitet wird.
[25] Vgl. G. Metken, Die Präraffaeliten, S. 12–13.

selbst, das Sehen als ausgezeichneten Bestandteil des lebendigen Bewußtseins hier und jetzt in den Mittelpunkt seiner Bemühungen zu stellen.[26] Wenn der Impressionismus eine grundsätzliche Gleichgültigkeit gegenüber dem abzubildenden Gegenstand proklamiert, so bedeutet das zunächst, daß auf eine Dimension der Bildgestaltung verzichtet wird, die für den mimetischen Illusionismus grundlegend ist; ohne die Bedeutungsmomente, die sich konventionell mit den tradierten Bildsujets verbinden, ohne die Möglichkeiten der verschiedenen geschichtlichen Systeme der Ikonologie, Bedeutungszusammenhänge zu geben, die ja wesentlich mit bestimmten Bildgegenständen verknüpft sind, scheint die Möglichkeit, auf die überkommene Weise Sinnmomente im Bild zu gestalten, von vornherein abgeschnitten. Es heißt aber nicht nur, daß das Sujet, verstanden als Thematik, nun gleichgültig sein soll – auch als Inbegriff der abzubildenden Dingwelt soll die Kategorie Bildgegenstand nur noch von untergeordneter Bedeutung sein. Das führt zum Abbau zweier weiterer wichtiger Bauelemente des mimetischen Illusionismus: der detailgenauen Zeichnung und der Lokalfarbe.

Es ist frappierend zu sehen, mit welcher Folgerichtigkeit die verschiedenen Stationen der Entmimetisierung[27] einander ablösen. Schritt für Schritt

---

[26] Vgl. etwa W. Hofmann, Grundlagen der modernen Kunst, S. 181ff.; M. Imdahl, Bildautonomie und Wirklichkeit, a.a.O., S. 11–15.

[27] Wenn wir den Prozeß, in dem sich die modernen Formen bilden, mit Hilfe des Begriffs der Entmimetisierung darstellen und nicht mit Begriffen wie Abstraktion und Autonomisierung, so weil wir stets bewußt halten wollen, daß es sich dabei zunächst und vor allem um Wandlungen des Darstellungsstils handelt, der Art und Weise, wie sich Kunst auf Erfahrungswirklichkeit bezieht, so wie diese Wandlungen mit Veränderungen im Bereich der historischen Form der Erfahrung einhergehen – und das heißt: weil wir das mit den Begriffen der Abstraktion und der Autonomie verknüpfte Mißverständnis vermeiden wollen, als höre mit dem mimetischen Illusionismus jeglicher Bezug zur Erfahrungswirklichkeit auf, um einem reinen Formwesen Platz zu machen. Die Deutung der ästhetischen Moderne ist bis heute in schier unfaßbarem Maße die Geschichte dieses Mißverständnisses. Die Absurdität der Vorstellung eines Kunstwerks, das gegenüber der Erfahrungswirklichkeit autonom wäre, wie sie bereits aus den knappen Darlegungen des 2. Kapitels schlagend erhellt, konnte und kann nur da verborgen bleiben, wo sich das Denken den Dogmen des Ästhetizismus ausgeliefert hat. Ob ein Künstler von real existierenden Gegenständen ausgeht oder nicht, ob er sich von außerkünstlerischen Erfahrungen angetrieben weiß oder das Gefühl hat und emphatisch formuliert, er beschäftige sich ausschließlich mit dem, was er auf der Leinwand vor sich habe, etwa mit Farben und Formen – das alles kann den fundamentalen Nexus von Kunst und Erfahrungswirklichkeit nicht berühren, kann nur die Eigenart dieses Nexus kennzeichnen. Schließlich sind Farbigkeit und Geformtheit auch Aspekte der Erfahrungswirklichkeit. Die Begriffe der »Bildautonomie« und des »Gegenstandssehens«, der »optisch autonomen Bildkonstruktion« im Sinne einer »rein immanenten formalen Regelung« und des Bezugs zur Transzendenz des Erfahrungsgegenstands (M. Imdahl, Bildautonomie und Wirklichkeit, a.a.O., S. 9) be-

werden die Elemente abgebaut, die gemeinschaftlich den Illusionismus des Bilds begründen. Eine wichtige Station ist die Kunst van Goghs, bei dem die Farbe aufhört, im Dienst der Farbperspektive zu stehen und die Tiefe des Raums und die Plastizität der Körper gestalten zu helfen; sie wird bei ihm flächig aufgetragen und kann so neue Aufgaben, etwa neuartige Ausdruckswerte, übernehmen.[28] Eine weitere, noch bedeutendere Station bezeichnet der Name Cézannes. Wenn Malen bei ihm heißt, den Bildgegenstand auf die in ihm verborgenen geometrischen Grundfiguren, ihre Beziehungen untereinander sowie auf die an ihm erfahrbaren Beziehungen zwischen den verschiedenen Farben hin zu untersuchen und sie auf der Leinwand allererst sichtbar zu machen, so hören Farben und Formen auf, ein Mittel der Bildillusion zu sein, und beginnen, selbst Zweck des Bilds zu werden.[29] Einen besonders tiefen Einschnitt markiert der Kubismus. Mit der perspektivischen Raumkonstruktion gibt er dasjenige Element auf, das der Dreh- und Angelpunkt des bildnerischen Illusionismus ist.[30] Für ihn stellt sie nurmehr ein Hindernis bei der Auseinandersetzung mit den Dingen dar, werden sie durch sie doch vom Betrachter entfernt, gerade durch die Distanz zum betrachtenden Auge geordnet und nach allen ihren Seiten bis auf die eine, dem Augenpunkt zugewandte vor ihm verhüllt. Die Kubisten wollen näher an die Dinge heran, wollen mehr über sie in Erfahrung bringen, und sie wollen alles zeigen, was sie über sie wissen.[31]

Vom Kubismus aus, diesem entscheidenden Knotenpunkt in der Geschichte der modernen Kunst, verläuft die Entwicklung in zwei verschiedene Richtungen, von denen die zweite wiederum zu vielfältig sich auffächernden Entwicklungslinien hinüberleitet.[32] Die erste Richtung bezeichnet den Weg zum abstrakten Bild. In ihm ist einer der beiden Extrempunkte der Entmime-

---

zeichnen keine reale Alternative, sondern eine Dialektik, die jede Bildfindung bestimmt, die mimetisch-illusionistische ebensowohl wie die abstrakte. Wo immer sich ein Bildfeld, ein Raum bildnerischer Aktivitäten konstituiert, erwächst aus »Elementen, die als solche und für sich genommen nichtig sind«, ein Bildzusammenhang, innerhalb dessen diese allererst »sinnvoll werden« (S. 17), einen Sinn erhalten, der sich wiederum nur in der Relation von bildnerischem Raum und Erfahrungswirklichkeit herzustellen vermag.

[28] Vgl. W. Hofmann, Grundlagen der modernen Kunst, etwa S. 215.
[29] S. etwa H. Read, Geschichte der modernen Malerei, S. 17ff.; F. Novotny, Cézanne und das Ende der wissenschaftlichen Perspektive, Wien 1938.
[30] Vgl. E. H. Gombrich, Kunst und Illusion, a.a.O., S. 310ff.
[31] W. Hofmann, Grundlagen der modernen Kunst, S. 281.
[32] Hofmann bestimmt ebenda, S. 294f. u. ö., die beiden konträren Möglichkeiten mit den Namen Kandinskys und Duchamps bzw. mit denen der Bewegungen um De Stijl und Dada, und er beruft sich dabei auf Kandinskys Gegenüberstellung von »großer Abstraktion« und »großer Realistik« (in seinem Aufsatz über die Formfrage im Blauen Reiter, 1912).

tisierung der Kunst zu sehen. Hatten Form und Farbe im Kubismus immer noch ikonische Funktion, so verlieren sie hier auch noch den letzten Rest einer solchen Bedeutung als ikonisches Zeichen, also eines Einstehens für anderes durch Ähnlichkeit. Bei den Vätern der abstrakten Malerei wie Kandinsky und bei den Künstlern des Bauhauses wird zwar zunächst noch ein andersartiger Zeichencharakter postuliert. Formen und Farben sollen an sich selbst schon Zeichen sein, Inkarnate seelisch-geistiger Ausdrucks- und Stimmungswerte.[33] Aber auch so fungieren sie nicht mehr als Bestandteile einer ikonischen Zeichenbildung. In der sogenannten Konkreten Malerei und im Konstruktivismus löst sich dann auch noch diese letzte Dimension einer Bedeutungsbildung auf. Farben und Formen sollen auf nichts außerhalb des Bilds mehr verweisen und nurmehr sich selbst darstellen.

Die zweite Entwicklungslinie, die vom Kubismus ausgeht, führt zunächst zur Collage und sodann von hier aus zu den futuristischen und dadaistischen Experimenten einer Kunst des Objekts, der Aktion und des Textbilds einerseits und damit zu dem zweiten Extrempunkt der Entmimetisierung sowie andererseits über die »gemalten Collagen« (M. Ernst) des Surrealismus und über den satirischen Realismus der Weimarer Zeit hin zu einem neuen Realismus; dies nennen wir die Linie der Remimetisierung.

Die Collage entsteht aus dem Bestreben, nach der Verflüchtigung der Dinge in der kubistischen Formalanalyse wieder näher an die Realität heranzukommen.[34] Das soll durch die plane Hereinnahme von Fragmenten der Wirklichkeit selbst und mit keiner anderen Funktion als der, sich selbst darzustellen, geschehen. Dafür kommen mehr oder weniger alle Dinge und Materialien der Wirklichkeit in Frage, die sich dem Format eines Bilds oder einer Plastik einfügen lassen und hier dauern können, insbesondere auch bedrucktes Papier, das die Flachheit des Bildes teilt, sowie bereits existierende Bilder, seien es Fotografien oder anderes Bildmaterial, das die Zivilisation hervorbringt; die Collage erhält so den Charakter eines Metabildes. Von der Materialcollage ist es nur noch ein Schritt bis zur Objekt- und Aktionskunst und bis zum Textbild, und er wird im Dadaismus dann auch tatsächlich getan: nicht mehrere, sondern ein einzelnes objet trouvé wird hergezeigt, eine bestimmte Aktion durchgeführt, ein Text als Bild präsentiert.[35] In alledem kann ein zweiter Endpunkt der Entmimetisierung gesehen werden. Was hier gezeigt wird, ist als es selbst anwesend, es gibt dabei keinerlei Illusionismus, ja

---

[33] H. Read, Geschichte der modernen Malerei, S. 183.
[34] Nach einem Wort von G. Braque: H. Wescher, Die Geschichte der Collage, Köln 1974, S. 18.
[35] S. z. B. W. Rotzler, Objektkunst, Von Duchamp bis zur Gegenwart, Köln 1975; J. Schilling, Aktionskunst, Identität von Kunst und Leben? Luzern 1978; W. M. Faust, Bilder werden Worte, Zum Verhältnis von Bildender Kunst und Literatur im 20. Jahrhundert, München 1977.

noch nicht einmal mehr einen Aspekt ikonischer Repräsentation. Dies zu markieren, ist freilich auch schon die wichtigste Funktion solcher Kunst.

Die Collage ist aber auch der Ausgangspunkt für die Linie der Remimetisierung. So sei hier jene Entwicklung genannt, die von den Erfahrungen mit den entmimetisierten Formen aus zur Wiederherstellung ikonischer und mimetischer, ja illusionistischer Strukturen führt, eines gebrochenen Illusionismus freilich, der immer gleichsam in Anführungszeichen steht und insofern den Namen eines Illusionismus nur bedingt verdient. Der Ursprung der Remimetisierung liegt in einer bestimmten Auffassung und Handhabung der Collage.[36] Man kann zwei polare Möglichkeiten ihrer Gestaltung unterscheiden, die durch verschiedene Methoden bei der Verknüpfung ihrer Bestandteile und durch unterschiedliche Rezeptionsweisen gekennzeichnet sind. In dem einen Fall ist die Einheit der Collage das Resultat einer abstrakten formalen Lösung, bei der die Heterogenität der Bestandteile deutlich bleibt, ja betont wird. Hier ist etwa an die Collagen des Kubismus und des Konstruktivismus zu denken. Es handelt sich um eine Lösung primär für das Auge und den Verstand des Betrachters, der das Resultat mehr oder weniger distanziert als Dokument von Erfahrungen und Analysen zur Kenntnis nimmt. In dem anderen Fall ist es mit der Collage auf eine unmittelbare Wirkung abgesehen, sie soll auf einen Blick unter die Haut gehen, den Betrachter auf eine stärker erlebnishafte, emotionalere Weise betroffen machen – mit einem Wort: es geht um eine Wirkung, die der der alten mimetisch-illusionistischen Kunst ähnlich ist. Dementsprechend wird die Heterogenität der Einzelteile hier zurückgenommen. Insbesondere wird die Unterschiedlichkeit in der mimetischen Dignität der Bildelemente eingeschränkt; das heißt, daß nicht mehr abstrakte Bildelemente mit Fragmenten von konventionellen Abbildungen, Fotografien, objets trouvés und Texten verbunden werden, sondern Materialien zusammengestellt werden, die möglichst alle auf nur einer dieser Ebenen angesiedelt sind. Beispiele hierfür finden sich ebenso im Surrealismus wie in den Fotomontagen von Hannah Höch und John Heartfield. Man könnte die beiden extremen Möglichkeiten der Collage die mimetische und die remimetisierte Collage nennen.

Wenn man so will, vollzieht sich in der Auseinandersetzung des Futurismus mit dem Kubismus bereits vor der Ausbildung der Collage ein erster Versuch, Resultate der Entmimetisierung für eine Remimetisierung zu nutzen. Der Futurismus will die kubistische Methode, verschiedene Aspekte

---

[36] Zur Collage: J. Wissmann, Collagen oder Die Integration von Realität im Kunstwerk, in: Immanente Ästhetik – ästhetische Reflexion, hg. v. W. Iser, München 1966, S. 327–360; H. Wescher, Die Geschichte der Collage, Köln 1974; W. Spies, Max Ernst, Collagen, Köln 1974; A. Jürgens-Kirchhoff, Technik und Tendenz der Montage in der Bildenden Kunst des 20. Jahrhunderts, Gießen 1978.

eines Gegenstands im Bild zusammenzubringen, dadurch weiterentwickeln, daß er die unterschiedlichen Aspekte, die er ins Bild aufnimmt, als durch ein und denselben Prozeß der Bewegung, insbesondere durch ein und dieselbe Durchdringungsbewegung, miteinander verbunden erscheinen läßt.[37] Seine These ist, daß das Bewußtsein den Augenblick nicht wie eine Kamera erfährt, die im Schnappschuß einen bestimmten Zeitpunkt isoliert, sondern daß es auch ihn als durch Bewegung definiert weiß und erlebt, als Ineinander mehrerer Zeitpunkte, die sich aufgrund der »Trägheit des Auges« überlagern und vereinigen.[38] Die Wirklichkeit des Auges ist die einander überlappender Bewegungsphasen, nicht die des säuberlich fixierten Zeitpunkts – von diesem Gedanken her versucht der Futurismus den kubistischen Multiperspektivismus im Sinne einer durchaus erlebnishaften Haltung zu vereinheitlichen. Eben in einem solchen Vereinheitlichen der heterogenen Bestandteile des Bilds im Sinne einer erlebnishaften Einstellung des Künstlers zum Bildgegenstand und des Betrachters zum Bild ist aber das Prinzip der Remimetisierung zu sehen.

Zu Beginn der zwanziger Jahre nimmt die Zahl der Erscheinungen deutlich zu, an denen sich diese Vereinheitlichung beobachten läßt. Im Laufe des Jahrzehnts erlangen sie dann in Kunstrichtungen wie dem Surrealismus und der Neuen Sachlichkeit geradezu das Übergewicht über die amimetischen Formen,[39] was allerdings nicht bedeutet, daß deren Entwicklung nun zum Stillstand käme; man denke nur an das Oeuvre von K. Schwitters. Aber es gibt eben nun in der von Kubismus, Futurismus und Dada herkommenden Kunstbewegung eine Strömung, in der die Heterogenität des Materials mehr und mehr zurückgenommen wird und reine Fotomontagen, reine Gemälde usw. bevorzugt werden; in der die Spuren des Montierens möglichst verwischt werden und die Textbestandteile aus dem Inneren des Bildes an seinen Rand rücken, wenn sie nicht überhaupt wieder verschwinden. Besonders aufschlußreich ist hier der Weg von Dada zum Surrealismus. Max Ernst beschreibt ihn als Übergang zu »gemalten Collagen«. Schon allein daß das Bild nun wieder ganz aus dem Malen, der Maltätigkeit eines bestimmten Individuums hervorgehen soll, bedeutet eine Vereinheitlichung. Zudem handelt es sich hier um eine Vereinheitlichung im Sinne des trompe-l'oeil, was sich vor allem an der Wiedereinführung der Perspektive und an ihrer peniblen, vielfach geradezu altmeisterlichen Handhabung ablesen läßt.[40] Das Ziel

---

37 Vgl. etwa W. Hofmann, Grundlagen der modernen Kunst, S. 298f.
38 S. etwa Die Futuristische Malerei, Technisches Manifest (1910), in: Ch. Baumgarth, Geschichte des Futurismus, Reinbek 1966, S. 181–183, hier S. 181.
39 Breit dokumentiert in: Realismus, Zwischen Revolution und Reaktion 1919–1939, Katalog Paris/Berlin 1981, München 1981.
40 Vgl. etwa H. Read, Geschichte der modernen Malerei, S. 140.

ist eben wiederum eine ganzheitliche, emotional-erlebnishafte Wirkung beim Betrachter. Ähnliches vollzieht sich in Deutschland beim Übergang zur Neuen Sachlichkeit der Dix, Grosz und Schad und in Amerika bei der Ausbildung jenes Realismus des Alltäglichen, für den der Name E. Hoppers steht.

In all diesen Fällen führt die Remimetisierung nicht einfach zum Ausgangspunkt der Entmimetisierung, zum alten mimetisch-illusionistischen Bild zurück. Die Erfahrungen, die bei der Entwicklung der entmimetisierten Formen gewonnen worden sind, bleiben auf eine deutlich sichtbare Weise präsent. Der Illusionismus des surrealistischen Bilds ist keineswegs ein mimetischer Illusionismus – es ist ein Illusionismus des Traums, der Visionen und Obsessionen. Er versucht, das Auge von einem Anblick zu überzeugen, der sich ihm in der Realität niemals darbieten könnte. Der Täuschungsversuch wird also gleichsam von seinem Gegenstand denunziert. In der Spannung, die sich hieraus ergibt, diesem gleichzeitigen Hineinziehen in und Herauswerfen aus der Bildillusion liegt der Reiz des Bilds, und sie ist die Quelle der Wirkungen, um die es den Surrealisten zu tun ist.

Auch die realistischen Großstadtbilder der Neuen Sachlichkeit[41] erweisen sich als von der Entmimetisierung bleibend geprägt. Das Bild setzt zwar wieder auf die Perspektive, die detailscharfe Zeichnung, die Lokalfarbe und ähnliches, aber sie tragen noch deutlich die Spuren von Futurismus und Dada an sich: die Perspektive erscheint meist sonderbar aufgebogen, die Zeichnung manipuliert die Proportionen und vergröbert das Charakteristische, die Farbe gibt sich überdeutlich. Sie fungieren hier eben als die Mittel eines diagnostischen Realismus, der, was er zeigt, zugleich auch analysiert. Selbst der amerikanische Realismus der dreißiger Jahre, der zum Teil der dokumentarischen Fotografie benachbart ist,[42] trägt die Spuren der Entmimetisierung an sich. Sie rühren vor allem von der Art und Weise her, wie er sich das Alltägliche zum Gegenstand macht, von der Trivialität der Sujets, der Beiläufigkeit der Begegnung, der Zufälligkeit des Ausschnitts. Das fällt insbesondere dann ins Auge, wenn man diesen Realismus des Alltäglichen neben jene Bilder hält, in denen die Remimetisierung tatsächlich in den mimetischen Illusionismus der Vergangenheit umgekippt ist, ein Umschlag, der wohl nur in einigen wenigen Fällen in der Konsequenz einer persönlichen Entwicklung liegt und im allgemeinen das Resultat eines politischen Diktats ist. In der Sowjetunion Stalins und im nationalsozialistischen Deutschland wurde das mimetisch-illusionisti-

---

[41] Von Grosz, Dix, Schad, Beckmann u. a. – H. G. Vierhuff, Die Neue Sachlichkeit, Köln 1980, weiß nur von Programmen und Inhalten zu berichten; die hier angedeuteten Fragen des Darstellens entgehen ihm.
[42] Etwa bei Ch. Sheeler und Ch. Demuth; vgl. dazu M. W. Brown, Realismus in den Vereinigten Staaten zwischen den Kriegen, in: Realismus, a.a.O., S. 246–264.

sche Bild mit Gewalt wieder durchgesetzt, indem die Probleme, die die Künstler mit ihm hatten, durch das Diktat von Sinnmomenten gelöst wurden.

Nachdem so der Prozeß der Ent- und der Remimetisierung, wie er sich neben dem Traditionsstrang der alten mimetisch-illusionistischen Formen einerseits und der Entwicklung des dokumentarischen Bilds andererseits ausbildet, über seine wichtigsten Stationen hin bis zum Endpunkt der Remimetisierung verfolgt worden ist, kann die Skizze der Geschichte des Bilds abgebrochen werden. Das Spektrum der Möglichkeiten des Bilds und der Bildkunst in der Moderne ist damit beschrieben; neue Formen waren seither nicht mehr zu beobachten. Die Entwicklung ist vielmehr dadurch gekennzeichnet, daß die genannten Möglichkeiten in wechselnden Schüben entfaltet werden, wobei die gegenläufigen Tendenzen der Ent- und der Remimetisierung einander hektisch ablösen und überkreuzen, bald mehr entmimetisierte und bald mehr remimetisierte Formen im Vordergrund des Interesses stehen. So folgt auf den Surrealismus und Realismus der dreißiger Jahre in den vierziger und fünfziger Jahren mit Erscheinungen wie dem Informel, dem Tachismus und dem abstrakten Expressionismus eine neue Welle der Abstraktion, also der Entmimetisierung, in den sechziger Jahren mit der Pop art ein Schub der Remimetisierung, in den siebziger Jahren mit den mannigfaltigen Formen der Aktions-, Objekt- und Konzeptkunst eine Phase entmimetisierter Formen, und in den achtziger Jahren ist womöglich eine neue Phase der Remimetisierung angebrochen.

Das sind freilich nur die augenfälligsten Gipfelbildungen im Wechselspiel der Wellen und Moden. In Wahrheit sind die ent- und die remimetisierten Formen viel enger miteinander verknüpft, als es diese Andeutungen erkennen lassen. Überhaupt gehören die modernen Erscheinungen des Bilds – wie übrigens auch die der Literatur – viel enger zusammen, als es ihre Geschichtsschreibung im allgemeinen erkennen läßt. Diese ist allzu oft vordergründig auf den Wechsel der Wellen fixiert und verkennt darüber ihren inneren Zusammenhang, wie er sich aus einer relativ konstanten Grundsituation der Kunst in der Moderne ergibt. Oder sie verabsolutiert einen Ausschnitt aus dem Spektrum der modernen Formen wie z. B. die Abstraktion oder die Montage als das eigentlich moderne Formprinzip, und sobald ein anderer Ausschnitt in den Vordergrund der aktuellen Bemühungen tritt, insbesondere bei Verstärkung der realistischen Tendenz, wird sogleich das Ende der Moderne, die Postmoderne ausgerufen. Demgegenüber soll hier die innere Geschlossenheit des Spektrums der modernen Formen, ihr grundsätzliches Aufeinanderangewiesensein betont werden, was bei einem Zusammensehen von Wort- und Bildkunst besonders klar zu erkennen ist.

Neuer Spielraum für Wort-Bild-Formen: die dokumentarischen Wort-Bild-Formen

Bei dieser vorläufigen Skizze der Entwicklung des Bilds in der Moderne ist bereits des öfteren der Blick auf Wort-Bild-Formen gefallen. Die Entmimetisierung des Bilds und die in ihr beschlossene Veränderung des Bilds in seiner Eigenschaft als Zeichen schaffen in breiter Front die Möglichkeit, ja das Erfordernis einer Verbindung mit dem Wort. Das gilt sowohl für die Entwicklungslinie des dokumentarischen Bilds als auch für die des im engeren Sinne entmimetisierten Bilds.

Beim dokumentarischen Bild ist es die Fülle der optischen Daten, die Gleichmäßigkeit und Wahllosigkeit ihrer Dokumentation auf der Bildfläche und die daraus erwachsende Unsicherheit darüber, worauf es mit dem Bild eigentlich abgesehen sei, was das Hinzutreten des Worts wünschenswert erscheinen läßt, wenn nicht gar notwendig macht. Zwar haben Fotograf und Kameramann eine Reihe von Möglichkeiten, das optische Material im Sinne der intendierten „Botschaft" zu pointieren, Mittel wie die Wahl des Standorts, des Zeitpunkts, des Bildausschnitts, der Tiefenschärfe. Und darüber hinaus entwickelt jeder im kulturellen Prozeß etablierte Typ des dokumentarischen Bilds auch bestimmte Konventionen, bestimmte ikonische Codes, die ihm dazu verhelfen, als Bild eine klare Sprache zu sprechen. Das gilt selbst noch für so extrem vom Gedanken der Dokumentation her gedachte Formen des Bildes wie die Sensationsfotografie. Aber der Vergleich mit anderen Erscheinungen aus der Welt des Bilds macht deutlich, daß beim dokumentarischen Bild immer ein mehr oder weniger gewichtiges Moment des Fragmentarischen, Zufälligen, Beliebigen bleibt, das nach Einordnung in Zusammenhänge, Pointierung, Vereindeutigung verlangt. Anders gesagt, ist seine „Botschaft" in ganz anderem Maße von dem kontextuellen Rahmen abhängig, in dem es präsentiert wird, als z. B. die eines mimetisch-illusionistischen Gemäldes, bei dem jedes Detail von der intendierten „Botschaft" her konstruiert ist.

Hierin ist übrigens auch die Ursache dafür zu sehen, daß sich das dokumentarische Bild oft in Sequenzen realisiert: in mehreren neben- oder nacheinander präsentierten Bildern wird eine bestimmte Sache eingekreist. Dem Betrachter erschließt sie sich erst und gerade im Vergleich der Bilder, die sich wechselseitig kommentieren. Aber auch so ist das Wort als Mittel der Vereindeutigung, der Pointierung auf das eigentlich Gemeinte hin, der Einordnung in das Koordinatensystem der Realität meist nicht zu entbehren.

Dementsprechend haben sich im 20. Jahrhundert vor allem im Bereich der Zeitschrift, aber auch in dem des Buchs und des Plakats, eine Fülle von Wort-Bild-Formen entwickelt. Ein wichtiger Typ ist der des Bildberichts, bei dem versucht wird, einerseits die eigenen Möglichkeiten von Wort und Bild voll zur Geltung zu bringen, andererseits aber auch beide zum kontingenten Diskurs zusammenzubinden, d. h. die Schwelle beim Übergang vom Wort zum Bild, vom Bild zum Wort, von Bild zu Bild und von Textteil zu Textteil für den Rezipienten möglichst niedrig zu halten und die einzelnen Schritte im Sinne einer geordneten Abfolge zu lenken. Dabei kommt dem Lay-out, der Verteilung der Bild- und Textbestandteile über die Fläche und dem Wechsel von Schrifttypen und -graden eine wichtige Funktion zu. Besondere Bedeutung hat das Mittel der Bildunterschrift. Indem es den Blick des Betrachters auf die Momente des Bilds lenkt, die der Text aufnimmt, bzw. die Begrifflichkeit und Vorstellungswelt des Texts an das Bild heranträgt, schlägt es eine Brücke zwischen Text und Bild. Übrigens hat man um der so entstehenden Dreigliedrigkeit willen sogar eine Beziehung zum barocken Emblem herstellen wollen, bei dem die Inscriptio ja eine ähnliche Funktion hat.[43]

Was im mimetisch-illusionistischen Bild ein einziger einheitlicher Vorgang ist, die Unterbreitung eines Sinnenscheins und seine Auslegung, seine Einordnung in Sinnzusammenhänge, das vollzieht sich in den dokumentarischen Wort-Bild-Formen gewissermaßen in zwei voneinander getrennten Schritten. Die Sinnkonstitution wird so – jedenfalls in gewissen Grenzen – nachvollziehbar, ja nachprüfbar. Das verschafft der »Botschaft«, die auf solche Weise formuliert wird, eine besonders große Überzeugungskraft, nimmt unmittelbar für sie ein und läßt sie nachhaltig wirken. Auf die Dauer schafft diese besondere Überzeugungskraft freilich selbst wieder Probleme. Je eingängiger die dokumentarischen Wort-Bild-Formen, je perfekter ihre Realisation als kontingenter Diskurs und je selbstverständlicher der Umgang mit ihnen, desto größer wird die Gefahr, daß die Wirklichkeit gleichsam hinter Bildern und Worten verschwindet; daß der Wort-Bild-Diskurs geradezu für die Wirklichkeit selbst genommen wird.[44]

Beides, die besondere Überzeugungskraft ebenso wie der potentielle »Substratcharakter«, sind Aspekte, unter denen die dokumentarischen Wort-Bild-Formen auch im engeren Bereich des Literarisch-Ästhetischen Interesse wecken, sei es daß sie zum Mittel oder zum Gegenstand künstlerischer Arbeit werden. K. Tucholsky und J. Heartfield setzen mit ihrem »Bilderbuch« ›Deutschland, Deutschland über alles‹ von 1929,[45] Brecht mit seiner ›Kriegsfibel‹ von 1945 bzw. 1955,[46] in der er Fotografien mit Epigrammen versieht,

---

43 Vgl. P. J. Vinken, Die moderne Anzeige als Emblem, in: Emblem und Emblematikrezeption, hg. v. S. Penkert, Darmstadt 1978, S. 57–71.
44 Diese These ist zuletzt in äußerst zugespitzter Form und mit großer öffentlicher Wirkung von N. Postman, Wir amüsieren uns zu Tode, Urteilsbildung im Zeitalter der Unterhaltungsindustrie, Frankfurt 1985, vorgetragen worden.
45 K. Tucholsky, J. Heartfield, Deutschland, Deutschland über alles, Ein Bilderbuch, 1929, ND Reinbek 1973.
46 B. Brecht, Kriegsfibel, Berlin 1955; dazu Ch. Bohnert, Brechts Lyrik im Kontext, Zyklen und Exil, Königstein 1982, S. 235ff.

R. D. Brinkmann mit seinem Journal ›Rom, Blicke‹,[47] das mit einer Fülle von vor allem fotografischem Bildmaterial durchsetzt ist, sowie mit seiner Gedichtsammlung ›Westwärts 1 & 2‹,[48] die von umfangreichen Fotofolgen eingerahmt ist, P. Handke mit den Fotosequenzen von ›Als das Wünschen noch geholfen hat‹,[49] vor allem auf die unmittelbare, schlagende Wirkung der dokumentarischen Fotografie.

Den genannten Autoren geht es übrigens dabei nicht um eine möglichst eingängige, glatte Verbindung von Wort und Bild, vielmehr versuchen sie – jeder auf seine Weise – eine spannungsvolle Beziehung zu gestalten. Bei Brecht entsteht die Spannung schon allein aus der ungewöhnlichen Koppelung von journalistischem Schnappschuß und literarischem Text, Zeitungsbild und Gedicht. Und diese Gedichte dienen nur nebenbei der Vereindeutigung und Erläuterung des Bilds; sie erschöpfen sich nicht darin, das Vieldeutige, Unklare des Bilds zu beseitigen, den Vorgang der Information durch ein eindeutiges Benennen zum Abschluß zu bringen und damit das Bild gleichsam vergessen zu machen. Vielmehr versuchen sie, den Anblick, den das Bild vermittelt, in bohrende Fragen umzumünzen, hinter der glatten Oberfläche von Bildern des Friedens, der Natur und der Arbeit die verborgene Wirklichkeit des Kriegs aufzudecken,[50] von den unmittelbar sichtbaren Greueln auf die Ursachen des Kriegs sowie auf die Möglichkeit und die Pflicht zu lenken, etwas dagegen zu tun.

Bei Brinkmann hingegen erwächst die Spannung daraus, daß Bild und Text anders als in den gewohnten Wort-Bild-Formen unverbunden nebeneinander stehen; daß keine eindeutige Zuordnung gegeben, keine lineare Abfolge von Schritten der Bild- und der Textaufnahme hergestellt wird. Der Leser muß sich zwischen Text- und Bildbestandteilen selbst seinen Weg suchen, selber versuchen, Bezüge aufzudecken. Das entspricht dem Verfahren der langen, in der Manier Frank O'Haras geschriebenen Gedichte Brinkmanns, bei denen die Textteile frei über die Textfläche verteilt werden;[51] deren Abfolge ist zwar durch die Lesebewegung von rechts nach links, oben nach unten und von Seite zu Seite im Groben vorgegeben, nicht jedoch für jeden einzelnen Leseschritt geregelt. Für das Verhältnis der Text- und Bildbestandteile in ›Rom, Blicke‹ ist es auch kennzeichnend, daß die Art des Bezugs immer wieder wechselt. Bald zeigen die Bilder eben dieselben Dinge und

---

47 R. D. Brinkmann, Rom, Blicke, Reinbek 1979.
48 Ders., Westwärts 1 & 2, Reinbek 1975.
49 P. Handke, Die Reise nach La Défense, in: Handke, Als das Wünschen noch geholfen hat, Frankfurt 1974, S. 39–54.
50 Etwa in Nr. 2 und Nr. 10.
51 S. etwa die Gedichte ›Westwärts 1 & 2‹ in der gleichnamigen Sammlung, a.a.O., S. 42ff.

Geschehnisse, von denen der Text spricht, bald kreisen sie unabhängig von ihm die römische Wirklichkeit ein, in der der Autor sich bewegt, wobei sie im Widerspiel von Postkarten-Rom und selbst erlebter »kaputter«, »abgestorbener« Stadt ein Eigenleben entwickeln, bald eröffnen sie mit Fotos von Pin-up-girls, Motorrädern und Jagdbombern darüber hinaus eine globale zivilisationskritische Perspektive.

Wird für Brecht und Brinkmann die dokumentarische Fotografie um ihrer Unmittelbarkeit willen in Verbindung mit dem Wort zum Instrument eines bestimmten Realismus, so versucht J. Gerz im Gegensatz dazu in seiner ›Zeit der Beschreibung‹[52] ihre Mittelbarkeit herauszukehren und zu zeigen, wie sie gerade auch in der Verbindung mit dem Wort Realität verstellen kann, wie mit ihr Totes an die Stelle von Lebendigem tritt. Das ist der Ausgangspunkt für die meisten der nicht geringen Zahl von Künstlern, die sich in den sechziger und siebziger Jahren mit der Kombination von Fotografie und Text auseinandergesetzt haben.[53] Was hier angestrebt wird, ist das genaue Gegenteil dessen, was mit den journalistischen Wort-Bild-Formen im allgemeinen erreicht werden soll: nicht der kontingente Wort-Bild-Diskurs, die eingängige, möglichst widerstandslos rezipierbare Vereinigung, sondern ein Gegeneinanderstehen von Wort und Bild, durch das sie als Zeichen- und Darstellungssysteme, die sich unmerklich an die Stelle dessen gesetzt haben, was sie bezeichnen und darstellen, denunziert und mithin aufgehoben werden – so daß jenseits von Worten und Bildern der Blick wieder frei wird für die Wirklichkeit des Lebens selbst.[54]

Die Ausbildung von Wort-Bild-Formen als Aspekt der Entmimetisierung des Bilds[55]

Die genannten Arbeiten von Handke, Brinkmann und Gerz verweisen, so wie sie das Verhältnis von Fotografie und Text gestalten, auf die zweite Entwicklungslinie des Bilds in der Moderne und die aus ihr entspringenden Möglichkeiten einer Vereinigung von Wort und Bild: auf die Linie der Entmimetisierung im engeren Sinne. Hier, vor allem in den mannigfaltigen Formen einer Collage- und Montagekunst, werden Wort und Bild vielfach mit

---

[52] J. Gerz, Die Zeit der Beschreibung, Lichtenberg 1974; Das zweite Buch, Lichtenberg 1976; Das dritte Buch, Spange 1980.
[53] Dokumentiert z. B. in: Fotografie als Kunst – Kunst als Fotografie, Das Medium Fotografie in der bildenden Kunst Europas seit 1968, hg. v. F. M. Neusüss, Köln 1979.
[54] Vgl. H. Heißenbüttel in den Nachworten zu J. Gerz, Die Zeit der Beschreibung, a.a.O.
[55] Hierzu allgemein W. M. Faust, Bilder werden Worte, Zum Verhältnis von Bildender Kunst und Literatur im 20. Jahrhundert, München 1977.

dem Ziel zusammengebracht, sich durch ihr Neben- und Gegeneinanderstehen wechselseitig in ihrem Zeichen- und Darstellungscharakter zu denunzieren und zu kommentieren. Anders als bei den dokumentarischen Wort-Bild-Formen werden sie deshalb im allgemeinen nicht einfach nebeneinander, gleichsam bloß additiv präsentiert, sondern in mehr oder weniger umfangreichen Fragmenten ineinandergefügt, läßt man sie auf diese Weise bald einander überlagern, bald schroff gegeneinanderstehen und sich aneinander reiben.

Das Wort kann auf sehr unterschiedliche Weise in das entmimetisierte Bild eindringen. Es kann entweder »präsentativ« (S. Langer) als Realität Text oder »repräsentativ« als Medium der Darstellung oder als Gegenstand der Darstellung in das Bild Eingang finden. Diese drei Funktionen können sich auch miteinander verbinden. Innerhalb des Bildganzen kann das Wort so sehr in den Vordergrund treten, daß das ikonische Material entweder völlig von der Bildfläche verschwindet oder daß es mit dem Wort zusammen ganz im übergreifenden Zusammenhang eines »Gesamtkunstwerks« aufgeht; das sind die extremen Möglichkeiten seines Eindringens ins Bild.

Am Anfang der Entwicklung steht die präsentative Funktion des Worts: als Realitätsfragment, das im Bild die gleiche Dignität wie ein Stück Tapete oder Wachstuch hat, wird bedrucktes Papier, werden eben Ausschnitte aus Zeitschriften und Plakaten in die kubistische Collage eingefügt.[56] Zu dieser Funktion kommt jedoch sehr bald die zweite hinzu, die eines Mittels der Darstellung, insofern nämlich vom Betrachter einzelne Textteile als Text, Worte als Wort realisiert, also gelesen werden sollen. Es sind dies zunächst nur Worte wie »Journal«, bald aber auch schon Schlüsselbegriffe der neuen Ästhetik, so wenn in einer 1913 entstandenen Collage von G. Braque mit einem Kinoprogramm das Wort »Représentations« formal pointiert wird,[57] in einer Collage Picassos von 1914 untereinander »Purgativo«, »originale« und »veri e falsi« zu lesen ist[58] und bei ›Der Tisch‹ von Juan Gris aus dem gleichen Jahr als Fragment einer Zeitungsüberschrift die Worte »le vrai et le faux« ins Auge fallen.[59] Diese Begriffe machen übrigens noch einmal deutlich, daß es in der Tat die Probleme der Entmimetisierung und nicht solche einer zu etablierenden Autonomie des Bilds sind, die die Kubisten beschäftigen. Futuristische Collagen der gleichen Zeit laden geradezu zum Lesen von Zeitungspassagen aus den Bereichen Sport, Kommerz und Politik ein, hinter denen die Realität der Moderne, die großstädtische Lebenswelt aufleuchtet.[60]

---

[56] H. Wescher, Die Geschichte der Collage, S. 17.
[57] Ebenda, Schwarz-weiß-Abb. 12.
[58] Schwarz-weiß-Abb. 15.
[59] Farb-Abb. 4.
[60] Farb-Abb. 5.

Für diese Beispiele ist ein eigentümliches Changieren der Textwahrnehmung charakteristisch.[61] Die Textteile haben hier sowohl einen optischen Stellenwert im Bildganzen, der ihre Zeichenfunktion vergessen macht, als sie zugleich auch Mittel der Darstellung sind, nämlich in ihrer Zeichenfunktion gemeint sind, in der sie dem Bild eine neue, weitere Dimension des Darstellens hinzufügen. Dieses irritierende Changieren zwischen präsentativer und repräsentativer Funktion bleibt für einen bestimmten Entwicklungsstrang kennzeichnend, der bis zu den Textbildern der Konkreten Poesie der fünfziger und sechziger Jahre[62] und zu den Formen einer »konzeptuellen« Auseinandersetzung mit dem Phänomen Sprache in den siebziger Jahren hinführt.[63]

Daneben kommt es jedoch sehr rasch zu einer partiellen Remimetisierung des Bilds, was die Funktionen des Worts innerhalb des Bildganzen noch einmal verändert; ja es wird nun vielfach wieder aus dem Bild hinausgedrängt und nur noch am Bildrand als Bildunterschrift geduldet. Remimetisierung bedeutet hier, daß das Wort nicht mehr als eingeklebtes Textfragment oder direkt auf die Leinwand geschriebenes Sprachzeichen im Bildfeld erscheint; daß sein Auftreten nun wieder mimetisch-illusionistisch begründet wird. Was der Dadaist als Zeitungsausschnitt auf die Bildfläche aufklebt,[64] das gibt der Realist der Neuen Sachlichkeit den ›Stützen der Gesellschaft‹ als nunmehr wieder gemalte Zeitung in die Hand,[65] rückt er als Plakat auf einer Hauswand oder Litfaßsäule ins Bild.[66] Der Text wird also nicht mehr als realer Text präsentiert, sondern als gemalter, dargestellter; genauer: er wird mit den Mitteln ikonischen Bezeichnens ins Bild gebracht. Er bleibt so freilich immer noch ein Text, der gelesen werden kann, dessen Lektüre dem Bild eine weitere Bedeutungs- und Wirklichkeitsdimension hinzufügt. Insofern ist die Wahrnehmung des Texts auch hier von einem gewissen Changieren seiner Funktionen geprägt.

Es ist dies allerdings nicht mehr das Changieren zwischen präsentativer und repräsentativer Funktion, sondern nurmehr eines zwischen seinen Rollen als dargestelltes und als darstellendes Wort, und man darf wohl davon ausge-

---

[61] Vgl. M. Foucault, Dies ist keine Pfeife, Frankfurt 1983, S. 16–17, wo Entsprechendes vom Kalligramm aus entwickelt wird.

[62] Th. Kopfermann, Theoretische Positionen zur Konkreten Poesie, Tübingen 1974, S. 90, spricht hier von »visuell-konkreter Poesie«. Als Beispiel seien hier nur die »Textbilder« von G. Rühm angeführt (Gesammelte Gedichte und visuelle Texte, Reinbek 1970, S. 263–296).

[63] Dokumentiert z. B. in dem Katalog Sprachen jenseits von Dichtung, Münster 1979.

[64] Z. B. G. Grosz, Deutschland, ein Wintermärchen (1917/19), in: U. M. Schneede, George Grosz, Köln 1975, Schwarz-weiß-Abb. 53.

[65] Z. B. G. Grosz, Stützen der Gesellschaft (1926), ebenda, Farb-Abb. 7.

[66] Z. B. R. Schlichter in seinem Porträt von E. E. Kisch, in: Realismus, a.a.O., Abb. 152.

hen, daß die Spannung zwischen diesen beiden Funktionen grundsätzlich weniger groß, weniger irritierend für den Betrachter ist als die zuerst entwickelte. Der Realist der Neuen Sachlichkeit stellt in Rechnung, daß der potentielle Betrachter seiner Großstadtbilder an das gewöhnt ist, was man die Semiotisierung der Umwelt genannt hat: er lebt in einer Welt, in der Schrifttafeln, Hinweisschilder, Plakate und andere Zeichen einen wichtigen Stellenwert haben, die ganz und gar von ihnen durchsetzt ist, so daß er an jenes Nebeneinander der Worte, Dinge und Menschen gewöhnt ist, mit dem ihn das Großstadtbild konfrontiert. So gesehen, hat die Verbindung von Wort und Bild hier nichts grundsätzlich Irritierendes, das Bild als Bild Auflösendes mehr. Sie zerstört nicht die Illusion, sondern wird in bestimmten Grenzen selbst zu einem Aspekt der Illusionierung.

Der Weg des Zeitungs- und Plakattextes durch das Bild erscheint so als ein besonders aufschlußreicher Indikator für das, was hier der Prozeß der Ent- und Remimetisierung genannt worden ist. Am Anfang ist der Text ein Mittel zur Aufhebung der Bildillusion, am Ende geradezu ein Aspekt der Illusionierung. Dieser neuerliche Illusionismus ist freilich ein durch die Entmimetisierung geprägter und von allen früheren Illusionismen unterschiedener. Das manifestiert sich auch darin, daß das Wort im remimetisierten Bild vielfach ein Mittel des Darstellens bleibt, so daß es nach wie vor eine irritierende Wirkung auf die Bildwahrnehmung ausüben kann.

Wenn von dem Eindringen des Worts in das Bild, wie es sich im Zuge seiner Entmimetisierung vollzieht, gesagt worden ist, es diene der wechselseitigen Denunzierung und Kommentierung von Wort und Bild in ihrem Zeichen- und Darstellungscharakter, so ist damit nur die eine Seite dieser Entwicklung benannt. Die andere wird in der Vorstellung greifbar, Wort und Bild, Literatur und Kunst könnten auf diese Weise vereinigt werden, wie sie etwa von Futuristen und Dadaisten formuliert worden ist; in dem Gedanken, die Grenzen zwischen den Künsten aufzuheben und eine Gesamtkunst, ein Gesamtkunstwerk zu schaffen.[67] Der Name des Gesamtkunstwerks erinnert an jene Konzeption der Romantik, die von Richard Wagner aufgegriffen worden ist und in der Kunst der Décadence, der Jahrhundertwende, des Jugendstils eine gewisse Wirksamkeit entfaltet hat. Wenn es auch einen entwicklungsgeschichtlichen Zusammenhang zwischen diesen Vorstellungen der Jahrhundertwende und denen von Futurismus und Dadaismus gibt – in

---

[67] Vgl. hierzu Marinettis Manifest ›Das Variété‹ von 1913 und die Manifeste ›Die futuristische Neukonstruktion des Universums‹ von 1915 (beide in: Wir setzen den Betrachter mitten ins Bild, Katalog Düsseldorf 1974) und ›Das futuristische synthetische Theater‹ aus dem gleichen Jahr (in: Baumgarth, Geschichte des Futurismus, a.a.O., S. 178ff.); ferner z. B. H. Richter, Dada, Kunst und Antikunst, 4. Aufl., Köln 1978, S. 34; W. Hofmann, Von der Nachahmung zur Erfindung der Wirklichkeit, a.a.O.; W. M. Faust, Bilder werden Worte, S. 30–34, u. ö.

Deutschland zum Beispiel greifbar in den Mittlergestalten W. Kandinskys und H. Balls –, so ist doch vor allem die Radikalisierung und Umwendung zu beachten, die der Gedanke des Gesamtkunstwerks bei der Avantgarde erfährt.

Aber wie lassen sich die beiden Gründe, die für das Eindringen des Worts in das entmimetisierte Bild verantwortlich gemacht worden sind, die der Aufhebung und der Vereinigung von literarischer und bildnerischer Darstellung, zusammen denken? Wie kann man vereinigen wollen, was man aufheben und also beseitigen will? Offensichtlich stellen sich die beiden Forderungen der wechselseitigen Denunzierung und der Vereinigung von Wort und Bild auf dem Boden einer entmimetisierten Kunst keineswegs als Gegensätze dar. Vielmehr verweist das darstellungskritische Moment auf dieselbe grundlegende Vorstellung wie das Postulat der Vereinigung der Künste: auf den Gedanken, die Kunst näher an die Wirklichkeit des Lebens heranzuführen, die Grenze zwischen Leben und Kunst aufzuheben; auf die fortschreitende Zentrierung der Kunst auf die Begriffe des Lebens und der Lebenswirklichkeit, genauer: auf den neugedeuteten Lebensbegriff und den von ihm aus neuverstandenen Begriff der Wirklichkeit.[68]

Es ist dies eine Konzeption, die die unmittelbar im Hier und Jetzt sich zeigende, aktuell an dem, was im Raum der »natürlichen Wahrnehmung« gegeben ist, erfahrene Lebendigkeit des Individuums, das allerunmittelbarste Gefühl und Bewußtsein des Lebendigseins ganz in den Mittelpunkt stellt und alle anderen Momente des Lebens und der Wirklichkeit in seinem Licht sieht. Der Begriff des Erlebnisses hat sich damit von Grund auf gegenüber dem geändert, was seit der späteren Aufklärung, seit der Mitte des 18. Jahrhunderts und durch das ganze 19. Jahrhundert hindurch als eine Grundlage von Kunst und Literatur fungiert. Er richtet sich nun nicht mehr primär auf bestimmte letztlich außerhalb des Erlebens anzusiedelnde Inhalte, Sinnmomente, Sinnzusammenhänge, sondern auf sich selbst, ist sein eigener Inhalt und Sinn: was in ihm erlebt wird, soll wesentlich das Erleben selbst sein. Zuvor lag in dem Subjektiv-Erlebnishaften, in allen gesteigerten Daseinszuständen zugleich noch ein »Ahnden« des großen Weltzusammenhangs, etwa der Ordnung der großen Natur oder der Freiheit. Das galt vor allem noch,

---

[68] W. Hofmann, Von der Nachahmung zur Erfindung der Wirklichkeit, S. 119: »Während sich die Künstler, dem Illusionismus entsagend, von der Oberfläche der Naturerscheinungen, der natura naturata, abwenden, treffen sie an den Wurzeln ihrer Suche nach dem Ursprünglichen und Elementaren mit der natura naturans zusammen. Mit anderen Worten: das im Kunstwerk exemplifizierte Leben der Formen koinzidiert mit den Formen des Lebens – gemäß der Hoffnung van de Veldes auf eine ›wirkliche Vereinigung von Kunst und Leben‹, welcher sich später, in verschiedene Richtungen zielend, die Futuristen und die Dadaisten, die Konstruktivisten und die Surrealisten verschreiben«.

solange die philosophische Spekulation diese Vorstellungen mit ihren Mitteln zu stützen vermochte. In der Zeit zwischen Hegel und Nietzsche hat sich jedoch diese spekulative Überwölbung in sich selbst zersetzt, und die zeitgenössische Philosophie kennt als letzten Rechtfertigungsgrund selbst nur noch den Lebensbegriff; das Leben, dem es um das Leben zu tun ist, den Willen zur Macht, den élan vital.

Der neue Lebensbegriff ist im ausgehenden 19. und beginnenden 20. Jahrhundert der letzte Rechtfertigungsgrund und das geistige Organisationszentrum jedweder Kunst und Literatur, ausgenommen allenfalls den allernaivsten künstlerischen Konservativismus. So unterschiedlich sich die künstlerischen Anstrengungen jener Jahrzehnte mit ihren zahllosen »Ismen« auch darstellen mögen – er ist es, auf den sich alle vom konservativsten Neuromantiker bis zum avanciertesten Avantgardisten gleichermaßen berufen. »Seit zehn Jahren erörtern wir Fragen der Kunst und Literatur. (...) Wir haben (...) alle Systeme geprüft und verworfen und sind (...) zu der Erkenntnis gekommen, daß es außer dem kraftvollen und individuellen Leben nichts als Lüge und Dummheit gibt« (E. Zola an P. Cézanne).[69] In Sachen der Dichtung »handelt es sich vor allem um das Leben und um die Lebendigen«, »das Gedichtete ist nichts als eine Funktion des Lebendigen« (H. v. Hofmannsthal).[70] »Die Dichtung ist in Wirklichkeit nichts anderes als ein höheres Leben« (F. T. Marinetti).[71]

Die Unterschiede der künstlerischen Sprachen ergeben sich zunächst einfach daraus, wieviel von der alten Kunstübung mehr oder weniger reflektiert, mit mehr oder weniger gutem Recht in den neuen, lebensphilosophisch grundierten Horizont mit hinübergenommen wird; insbesondere wieviel dabei vom Kunstwerk als einem eigengesetzlichen Gebilde, als dinglich-objektiver Manifestation des Schönen übrigbleibt. Mit besonderer Konsequenz und Kompromißlosigkeit haben Futurismus, Dadaismus und Surrealismus das lebensphilosophische Konzept in Kunst umzusetzen versucht. Schon allein darum, weil sie eben am radikalsten ein Konzept erproben, an dem sich alle Kunst und Literatur des 20. Jahrhunderts mehr oder weniger konsequent orientiert, verdienen sie hier größte Aufmerksamkeit.

---

[69] Brief vom 20. 5. 1866, in: Cézanne, Briefe, hg. v. J. Rewald, Zürich 1979, S. 108.
[70] H. v. Hofmannsthal, Der Dichter und diese Zeit, 1906, in: Hofmannsthal, Reden und Aufsätze I, hg. v. B. Schoeller, Frankfurt 1979, S. 54ff., hier S. 79.
[71] F. T. Marinetti, Zerstörung der Syntax – Drahtlose Phantasie – Befreite Worte, 1913, in: Baumgarth, Geschichte des Futurismus. S. 173ff., hier S. 174. Da dieses bedeutende Manifest hier unverständlicherweise nur in einem Auszug abgedruckt ist, werden wir es im folgenden gelegentlich auch nach dem nicht ganz so zuverlässigen Katalog ›Wir setzen den Betrachter mitten ins Bild‹, Düsseldorf 1974, zitieren müssen.

Die zentrale Funktion, die der Lebensbegriff für Futurismus, Dadaismus und Surrealismus besitzt, zeigt sich bereits bei einem oberflächlichen Blick auf ihre Manifeste. Kein Wort kommt in ihnen häufiger vor als »Leben« mit seinen Ableitungen wie »Erleben«, »Erlebnis«, »Erlebnisfähigkeit«. Schon das Gründungsmanifest des Futurismus von 1909 richtet sich an »alle lebendigen Menschen dieser Erde«, wobei »lebendig« gesperrt gedruckt ist,[72] und in seiner Ausrichtung auf das Moment der Bewegung und seiner Verdammung alles Starren und mechanisch Wiederholten verweist es deutlich genug auf die Bergsonsche Lehre. Ähnliches gilt für die nachfolgenden Manifeste wie z. B. die in der Zeitschrift »Der Sturm« abgedruckte Adresse an die Besucher der Berliner Futuristenausstellung von 1912 oder das Berliner ›Dadaistische Manifest‹ von 1918.

Dieser vom aktuellen Lebendigsein her gedachte Lebensbegriff ist eine wesentliche Triebkraft sowohl der Entmimetisierung als auch der Vereinigung der Künste in einem »Gesamtkunstwerk«, er läßt geradezu die eine Tendenz zum Mittel und Medium der jeweils anderen werden. Wenn die in sich geschlossene Bildillusion und die kontingente literarische Mimesis in der Moderne gewissen Irritationen, ja der völligen Auflösung ausgesetzt werden, so ist einer der wesentlichen Gründe dafür, daß illusionieren entrücken heißt. Das entmimetisierte Kunstwerk will seinen Betrachter und Leser nicht mehr in fremdes Leben entrücken, sondern in das eigene Leben einrücken lassen, will ihn nicht anderswohin versetzen, sondern mitten in die Gegenwart seines Lebens hineinstellen. Daraus folgt in letzter Konsequenz für das Kunstwerk selbst, daß die Funktionen des Verweisens, des über sich selbst hinaus auf anderes Hinweisens zurückgedrängt und all das verstärkt wird, wodurch es in seinem Hier und Jetzt akzentuiert wird, und das heißt, wodurch es seinen Betrachter und Leser am Ort seines Gegenüberstehens gleichsam aufweckt. Das ist zum Beispiel eine der wesentlichen Aufgaben der präsentativen Verfahren und Elemente der modernen Kunst. »Die Maler haben uns immer Dinge und Personen gezeigt, die vor uns aufgestellt sind. Wir setzen den Betrachter mitten ins Bild«.[73] Er soll »in der Mitte des Bildes leben«, soll nicht nur »beiwohnen«, sondern »teilhaben«. Das Bild soll »keiner Wirklichkeit entsprechen, sondern (...) die Bewegung des Betrachters vorbereiten und vergrößern«.[74]

Und wenn die Avantgarde die Künste in einem Gesamtkunstwerk vereinigen will, so nicht um einer »Potenzierung« des Poetischen, einer Steigerung des Künstlerischen, der Schaffung einer in sich geschlossenen Kunstwelt wil-

---

[72] Gründung und Manifest des Futurismus, ebenda, S. 23ff., hier S. 26.
[73] Die futuristische Malerei – Technisches Manifest, 1910, ebenda, S. 181ff., hier S. 182.
[74] Futuristen, Die Aussteller an das Publikum, in: Der Sturm 105, April 1912, S. 3.

len. Vielmehr versucht sie in ein und demselben Kunstgebilde die unterschiedlichsten Weisen des Zugriffs auf die Lebenswirklichkeit, die unterschiedlichsten Perspektiven zusammenzubringen, um so die Lebensgegenwart von der Seite ihrer Vielschichtigkeit und Heterogenität her zu greifen, das X des Hier und Jetzt einzukreisen. Die Lebensaktualität, das Jetzt meines Lebens, bestimmt sich ja gerade durch die gleichzeitige Gegenwart des Ungleichartigen, das nichts anders gemeinsam hat als eben diese meine Gegenwart des Lebens und das insofern auch nicht rational aufzulösen ist. Im Jetzt des eigenen Lebens aufzuwachen, heißt deshalb: all der verschiedenen Dinge gewahr zu werden, die in ihm beisammen sind, der unterschiedlichen Entwicklungslinien, deren Schnittpunkt es ist, und zwar gerade in ihrer Verschiedenartigkeit, und so seiner in seiner ganzen Unbegreiflichkeit innezuwerden.

Das Manifest der Futuristen an ihr Berliner Publikum von 1912 setzt gegen den »künstlich verengten Lebensausschnitt« der traditionellen Kunst »die Gleichzeitigkeit der Seelenzustände«: »wir bemühen uns, die Empfindungen des Auges (...) in ihrer Gesamtheit zu geben (...), das heißt: Gleichzeitigkeit der Atmosphäre, folglich Ortsveränderung und Zergliederung der Gegenstände, Zerstreuung und Ineinanderübergehen der Einzelheiten, die von der laufenden Logik befreit, weil von der anderen unabhängig sind«.[75] Dasselbe fordert Marinetti 1913 auch ausdrücklich für die Literatur: »Physische, intellektuelle und sentimentale Balanceakte auf dem gespannten Seil der Geschwindigkeit zwischen sich widersprechenden Magnetfeldern. Vielseitige und gleichzeitige Bewußtseinslagen in ein und derselben Person.«[76] Im gleichen Jahr bereits rückt das Varieté, das den Gedanken der Simultaneität auf alle Künste – Poesie, Malerei, Philosophie und Architektur – ausdehnt, in den Mittelpunkt des Interesses.[77] »Dada« geht es nach dem Manifest von 1918 um das »primitivste Verhältnis zur umgebenden Wirklichkeit (...). Das Leben erscheint als ein simultanes Gewirr von Geräuschen, Farben und geistigen Rhythmen, das in die dadaistische Kunst (...) in seiner gesamten brutalen Realität übernommen wird«.[78] »Mensch ist simultan«, geprägt von »grenzenlosester Realität des fortwährend widersprüchigste Komplexe umfassenden Erlebens, Beziehungen«.[79]

Der Gedanke einer sich wesentlich durch die Gleichzeitigkeit des Ungleichartigen sowie die Unmöglichkeit ihrer rationalen Auflösung bestimmenden Lebensaktualität scheint uns übrigens der tiefere und eigentliche Grund für

---

75 Ebenda.
76 F. T. Marinetti, Zerstörung der Syntax (...), in: Wir setzen den Betrachter mitten ins Bild, Katalog Düsseldorf 1974 (ohne Seitenzählung).
77 Vgl. Marinettis Manifest ›Das Variété‹, ebenda.
78 Dadaistisches Manifest, in: Dada Berlin, hg. v. K. Riha, Stuttgart 1977, S. 22ff.; hier S. 23.
79 R. Hausmann, Synthetisches Cino der Malerei, ebenda, S. 29ff., hier S. 30.

das künstlerische Prinzip der Simultaneität zu sein, wie es Kunst und Literatur vom Naturalismus über den Expressionismus bis weit in die Neue Sachlichkeit hinein prägt. In der Forschung wird es meist wie in der zeitgenössischen Poetik mit dem Leben in den großen Städten in Verbindung gebracht: der Mensch werde in der Großstadt mit immer neuen, immer anderen Phänomenen der unterschiedlichsten Art, Herkunft und Dignität konfrontiert, die unaufhörlich auf ihn eindringen, sein Wahrnehmen und sein Fühlen überrollen, und die so »veränderten Wahrnehmungsstrukturen« würden durch den »expressionistischen Reihungsstil«, die Collage und die anderen Formen der Simultaneität »mimetisch (...) selbst zur Darstellung gebracht«.[80] Die »vollständige Erneuerung der menschlichen Sensibilität« als »Folge der großen wissenschaftlichen Entdeckungen« und des durch sie und ihre technische Umsetzung von Grund auf veränderten Lebens[81] wird von Futuristen, Expressionisten und Dadaisten selbst immer wieder zur Begründung ihrer formalen Neuerungen ins Feld geführt, Lebensphilosophen wie G. Simmel haben bereits frühzeitig über die Großstadtwahrnehmung nachgedacht,[82] und auch für W. Benjamin liegt hier ein wesentliches Moment zum Verständnis der Moderne.[83] Dabei werden die Abwechslungen und das Tempo der Großstadt vor allem von den Futuristen positiv als Möglichkeit zu mehr Leben, zu gesteigerter Lebendigkeit begriffen, während andere es negativ sehen: echtes Erleben werde durch die Reizüberflutung gerade verhindert.

Es ist verständlich, daß die Zeitgenossen den Stoff, an dem und durch den sich ihnen das Prinzip der Simultaneität vor allem realisiert, für dessen eigentliche Ursache halten. Nichtsdestoweniger bezeichnen Großstadtleben und Großstadtwahrnehmung doch wohl nur die Außenseite der grundlegenden Wandlungen. Daß das Argumentieren mit der Physiologie und Psychologie der Wahrnehmung einer Überprüfung durch die entsprechenden Wissenschaften standhält, darf wohl bezweifelt werden. Auch die Natur überflutet ihren Betrachter, z.B. den Reisenden, mit Reizen, und es ist überhaupt nicht einzusehen, warum ihre Verarbeitung im Sinne eines interessiert selegierenden Wahrnehmens in der Großstadt immer schon schwerer fallen und also anders verlaufen soll als in der Natur. Eine der ersten Darstellungen gemäß den Prinzipien, die angeblich auf die Großstadtwahrnehmung zurückzuführen sind, ist das Kapitel 42 »Schillerspath« mit dem Untertitel »Das Leben« im dritten Bändchen von Jean Pauls ›Flegeljahren‹.[84] Dargestellt wird hier

---

[80] S. Vietta, Großstadtwahrnehmung und ihre literarische Darstellung, in: DVjs. 48, 1974, S. 354ff., hier S. 361.
[81] Marinetti, Zerstörung der Syntax, a.a.O.
[82] S. Vietta, Großstadtwahrnehmung, S. 359.
[83] Ebenda, S. 363.
[84] Jean Paul, Werke, hg. v. N. Miller, 3. Aufl., München 1970, Bd. 2, S. 872ff., insbesondere S. 876.

kein Flanieren in der Stadt, sondern ein Gang übers Land; allerdings geht es dabei, wie der Untertitel anzeigt, bereits entschieden um eine Darstellung des »Lebens«, um das vom »Vorüberzuge unseres malenden und gemalten Lebens gerührte Seelen-Auge«.[85] Wären die sinnesphysiologischen Aspekte wirklich zwingend, hätte schon Lichtenberg aus dem London des 18. Jahrhunderts Simultangedichte und Collagen mitbringen müssen, hätten Balzac und Zola im Paris des 19. Jahrhunderts bereits Montageromane schreiben müssen und würde es im 20. Jahrhundert überhaupt nur Simultangedichte geben können. Im übrigen ist zu fragen, ob der, der die Straßen der Großstadt nicht nur als Flaneur betritt, sondern in einem anderen Sinne in ihnen »lebt«, insofern er sich nämlich in ihnen sein Brot verdient, wirklich Schwierigkeiten mit der selektiven Wahrnehmung hat.

Hierin deutet sich an, daß das Problem nicht die Flut der Reize selbst, sondern die Möglichkeit ihrer Verarbeitung in Sinnzusammenhängen ist. Am Leitfaden praktischer Interessen scheint dies noch jederzeit zu gelingen. Anders steht es mit dem Flaneur, dem die Stadt die Stätte der Erfahrung seiner unmittelbaren Lebendigkeit sein soll: für ihn muß die Gleichzeitigkeit des Ungleichartigen in den Vordergrund treten – wie übrigens an jedem anderen Ort auch, der im Sinne des Gedankens der Lebensaktualität erlebt wird. Die entscheidende literarhistorische Frage ist eben nicht schon die nach Ursprung und Eigenart der Großstadtwahrnehmung, sondern vielmehr die, warum sie gerade jetzt, gerade hier, gerade so, wie es nun geschieht, auf breitester Front zu einem prägenden Moment von Literatur und Kunst wird. Die Antwort führt auf das, was das eigentlich Neue ist und als solches den Ausschlag gibt: daß der Gedanke der Lebensaktualität in den Mittelpunkt der Weltdeutung rückt und so auch zum Angelpunkt allen künstlerischen Darstellens wird.

Wenn der Gedanke der Simultaneität, der Gleichzeitigkeit des Ungleichartigen, seiner spannungsvollen Bezüge und wechselseitigen Durchdringung, als eines der Prinzipien, mit denen die Moderne zu ihrer ureigensten Formensprache findet, über das Material einer einzelnen Kunst hinaus auf das mehrerer Künste ausgedehnt wird und, nachdem er im Bereich der Bildkunst entfaltet worden ist, mit dem Wort zunächst auch die Literatur erfaßt, bis er sich im dadaistischen Varieté schließlich über alle traditionellen Künste erstreckt; wenn somit Elemente aus mehreren Künsten in ein und demselben Kunstobjekt, ein und derselben Veranstaltung, ein und demselben »Gesamtkunstwerk« zusammengebracht werden, so ist darin ebendasselbe Prinzip wirksam, das den Prozeß der Entmimetisierung überhaupt vorantreibt: das Verlangen nach einem möglichst unmittelbaren Ergreifen des Lebens und der Wirklichkeit als der Lebenswelt. Vereinigung der Künste, Aufhebung der

---

[85] Ebenda, S. 877; vgl. das Nachwort von W. Höllerer, S. 1206–1226, hier S. 1223–1224.

Künste als besonderer, heißt hier immer zugleich Vereinigung von Kunst und Leben; diese Einheit zu ermöglichen, ist das eigentliche Ziel, das sich mit dem Gedanken eines modernistischen Gesamtkunstwerks verbindet.

Möglichkeiten der Vereinigung von Wort und Bild im avantgardistischen Kunstwerk

Wort und Bild, literarische und bildnerische Elemente zusammenzubringen und gegeneinanderzustellen, ist für eine Kunst, die sich mit dem Leben vereinigen will, ein besonders geeignetes Mittel, insbesondere dann, wenn das Wort, wie oben dargelegt, in unterschiedlichen Funktionen changiert. Der Zwang, zwischen Sehen und Lesen gleichsam umzuschalten, und dies nicht nur einmal, sondern immer und immer wieder, schafft die erwünschte Distanz des Betrachters zum Kunstwerk, aktiviert ihn in sich selbst und stellt ihn so an den Ort seines aktuellen Lebens; denn er soll sich nicht mehr im »toten« Kunstwerk verlieren, sondern das Kunstobjekt soll sich umgekehrt an sein Leben verlieren, in sein Leben hinein auflösen.

So ist es nicht zu verwundern, daß gerade diese neue Möglichkeit, nachdem sie in den papiers collés der Kubisten nebenbei mit entdeckt worden ist, sogleich gezielt ergriffen und in einer Fülle von Formen erprobt wird. (Mallarmé scheint mit seinem ›Un coup de dés‹ von 1897[86] nicht der eigentliche Anreger, vielmehr nur ein Vorläufer zu sein, durch den man sich bestätigt fühlt.) G. Apollinaire experimentiert seit 1913 mit dem Kalligramm, in dem bekanntlich ein Text so auf der Textfläche angeordnet wird, daß ein Bild des in ihm beschriebenen Gegenstands entsteht.[87] Marinetti entwickelt seine parole in libertà: Worte, die in verschieden geformten und unterschiedlich großen Schrifttypen gesetzt sind, werden so über die Textfläche verteilt, daß bewegte Linien und optisch spannungsvolle Buchstabengruppen entstehen.[88] Das Wortmaterial kann dabei sowohl Wörter und Sätze, die zu einem bestimmten Gegenstandsbereich gehören, als auch onomatopoetische Wortbildungen – in der Terminologie der Comics »Pengwörter« genannt – sowie Schlüsselbegriffe des futuristischen Programms umfassen. Gleichzeitig schaffen die Futuristen Severini und Carrà das »lettristische« Bild, indem sie in ihren Gemälden und Zeichnungen das ikonische Material und das vorgefundene wirkliche Montagematerial mehr und mehr durch Wörter ersetzen, die sie auf die Bildfläche schreiben.[89] Die Aufgabe des Bezeichnens und Darstel-

---

[86] St. Mallarmé, Sämtliche Gedichte, Französisch und Deutsch, 3. Aufl., Heidelberg 1974, S. 157–175.
[87] Vgl. W. M. Faust, Bilder werden Worte, S. 74ff.
[88] Ebenda, S. 86ff.
[89] S. 101ff.

lens geht dabei mehr oder weniger auf das Wort über. Vom Bild bleiben lediglich die Kraft- und Spannungslinien übrig, die das sprachliche Material ordnen und räumliche oder jedenfalls doch optische Beziehungen stiften. Auf der anderen Seite wird dem Bild so neues Material zugeführt, wird die Schrift doch nun in zuvor nicht gekannter Weise als graphischer Sachverhalt aufgefaßt und unter allen erdenklichen Aspekten – Verteilung über und Stellung innerhalb der Text- oder Bildfläche, Schrifttyp und Schriftgrad – einer ausdrucksstarken Gestaltung unterworfen. In den Jahren unmittelbar vor, während und nach dem Ersten Weltkrieg wird mit den Möglichkeiten des Textbilds in seiner reinen wie in seiner der Collage angenäherten Form intensiv experimentiert, wobei bald mehr der ikonische und bald mehr der sprachliche, und hier wiederum bald mehr der graphische und bald mehr der textliche Aspekt im Vordergrund steht. Ein Blick in die Zeitschriften von Futurismus, Dadaismus und frühem Surrealismus wie zum Beispiel ›Lacerba‹, ›Dada‹, ›Der Dada‹, ›Der blutige Ernst‹, ›Littérature‹ und ›La révolution surréaliste‹ genügt, um das deutlich zu machen.

Neben die verschiedenen Varianten des Textbilds treten eine Reihe von Wort-Bild-Formen, in denen das zeichnerische und malerische Element und damit das ikonische Moment wieder mehr im Vordergrund steht. Hier wäre etwa an die Zeichnungen von Paul Klee zu denken, der »in einem ungewissen, umkehrbaren, schwebenden Raum (zugleich Blatt und Leinwand (...)) die Komposition der Figuren und die Syntax der Zeichen möglich macht. Schiffe, Häuser, Männchen sind zugleich erkennbare Formen und Schriftelemente (...).« So »verschränken sich das System der Repräsentation durch Ähnlichkeit und das System der Referenz durch Zeichen zu einem einzigen Gewebe«.[90] Die Verstärkung des ikonischen Moments im Übergang vom Dadaismus zum Surrealismus bringt es mit sich, daß die Textteile wieder an den Rand des in sich homogener gewordenen Bilds rücken. Das läßt sich etwa am Oeuvre Max Ernsts zu Beginn der zwanziger Jahre beobachten, der seine Collagebilder meist mit Texten, und zwar mit relativ langen, zusammenhängenden Texten versieht, die er handschriftlich unterhalb, oberhalb oder – seltener – innerhalb des Bilds anbringt.[91] Das Wort behält freilich dabei eine größere Bedeutung als die nur einer Bildunterschrift, eines Bildtitels. Anders als in der Tradition der Bildenden Kunst hat es hier nicht die Funktion, die Unsicherheiten, die die ikonischen Codes im Bildverständnis des Betrachters lassen, zu beseitigen, den Rest an Vieldeutigkeit des Bildnerischen im Sinne der Intention des Malers oder Auftraggebers zu beheben. Vielmehr verstärken sie die Ambivalenzen des bildnerischen Materials, fügen ihnen neue Bedeutungsdimensionen hinzu oder ironisieren das Bezeichnen von Bildern.

---

[90] M. Foucault, Dies ist keine Pfeife, S. 26–27.
[91] S. etwa W. Spies, Max Ernst, Collagen, Farbabb. 3ff.

Das ist es, was die entsprechenden Artefakte wahrhaft zu Wort-Bild-Systemen macht. Ähnliches gilt für R. Magritte: »Die Titel sind so gewählt, daß meine Bilder nicht in einer Vertrautheit angesiedelt werden können, welche sich die Automatik des Denkens schaffen möchte, um sich der Beunruhigung zu entziehen«.[92]

Ein zentrales Kapitel im Oeuvre Magrittes, in der Geschichte der modernen Wort-Bild-Systeme und darüber hinaus der modernen Kunst überhaupt stellen die »Sprach-Bilder« dar, die der Künstler seit dem Ausgang der zwanziger Jahre gemalt hat.[93] Inhaltlich wie formal stehen in ihnen die Probleme des Neben-, Mit- und Gegeneinanders von Wort und Bild im Vordergrund. Das bekannteste Beispiel dürfte jenes Bild einer Pfeife sein, unter der in Schönschrift zu lesen ist »Ceci n'est pas une pipe«. Es hat zwei verschiedene Titel die beide sowohl für sich als auch besonders in ihrer Doppelheit höchst aufschlußreich sind: ›Der Sprachgebrauch‹ und ›Der Verrat der Bilder‹. An ihm und einer seiner Varianten hat M. Foucault die Kunst Magrittes und die Situation der modernen Kunst überhaupt zu demonstrieren versucht. Gleichzeitig mit den »Sprach-Bildern« ist das Manifest »Die Wörter und die Bilder« entstanden, das 1929 in der Zeitschrift ›La révolution surréaliste‹ veröffentlicht worden ist.[94]

Magritte untersucht in diesem Manifest und in den in seinem Umkreis angesiedelten Bildern, wie Foucault und Schneede analysiert haben, die Leistung der beiden Zeichensysteme Wort und Bild und das Wesen der Repräsentation überhaupt.[95] Er tut dies freilich nicht so sehr als Zeichentheoretiker, als kritischer Analytiker der Bedingungen von Mimesis und Kunst überhaupt, worauf ihn Schneede reduziert, und auch nicht als der verkappte Abstrakte, als den Foucault ihn erscheinen läßt, wenn er ihn sich ausschließlich um die Ähnlichkeitsbeziehungen der Zeichen untereinander bemühen sieht. Vielmehr zielt er auf das lebendige Bewußtsein dessen ab, den er mit seinen »gemalten Collagen« konfrontiert. Das vermag ein jeder an der Verblüffung und Beunruhigung zu erkennen, in die er sich von ihnen auf den ersten Blick, in dem Moment, in dem die Sinne bezwungen sind, versetzt sieht. Dieser Schauder des ersten Anblicks, das Groteske und Unheimliche, auf dem die Faszination und die breite Wirkung Magrittes wohl vor allem beruhen, sind nicht hinwegzudisputieren; sie wirken durch alle weiteren Schritte der Rezeption hindurch, auf die der Maler abzielt.

Der zweite Schritt ist nun eben das von Schneede und Foucault herausgestellte Moment der Reflexion: was ich hier sehe, ist ja nur ein Bild; was mich

---

92 Zitiert nach M. Foucault, Dies ist keine Pfeife, S. 31.
93 Vgl. U. M. Schneede, René Magritte, Köln 1978, S. 34ff.
94 Abgebildet ebenda, S. 44–45.
95 Foucault, S. 12ff.; Schneede, S. 35ff.

beunruhigt, ist nur eine Erscheinung gleichsam auf der Mattscheibe meines Bewußtseins. Im Innewerden des Bewußtseins als der Instanz allen Erscheinens löst sich das scheinbar unauflösbare Ensemble, mit dem mich das Bild konfrontiert. Der nächste, dritte Schritt soll dann der auf diese Weise befreite Blick in das ursprüngliche Chaos der Dinge sein, die Fähigkeit, die Welt wie am ersten Tag, in statu nascendi zu sehen. Das zeichen- und das mimesistheoretische Moment der Bilder Magrittes sind nur Mittel zu diesem Zweck, eine Stufe auf diesem Weg. Daß Foucault und Schneede dies nicht hinreichend zu würdigen wissen, liegt daran, daß sie nur den Aspekt der Entmimetisierung und nicht auch den der Remimetisierung realisieren. Auf ihre Weise entziehen auch sie sich mithin – in Worten Magrittes – der »Beunruhigung« durch jene Bilder, um sie »in einer Vertrautheit anzusiedeln«, die sie sich denkend schaffen.

Im Bereich der avantgardistischen Kunst sind bis in die dreißiger Jahre hinein noch eine ganze Reihe weiterer Wort-Bild-Formen entstanden.[96] Hier seien nur die »poèmes visibles« und die »Collage-Romane« von Max Ernst[97] sowie die »poèmes objets« von André Breton genannt.[98] Eine Sonderstellung nimmt die Fotomontage ein, wie sie sich aus der dadaistischen Collage entwickelt hat.[99] In ihr überschneiden sich gleichsam die beiden Entwicklungslinien der dokumentarischen Wort-Bild-Systeme und der vom Kubismus herkommenden Collageformen. Denn auch die Fotomontage verwendet wie die übrigen Collageformen vorgegebenes ikonisches Material, fügt Heterogenes zusammen und versetzt es mit Textelementen. Aber dazu greift sie, wie etwa die Entwicklung John Heartfields zeigt,[100] in zunehmendem Maße ausschließlich auf fotografisches, also dokumentarisches Bildmaterial zurück, und sie läßt die Textteile wie das Plakat und andere publizistische Formen an bestimmten Stellen der Bildfläche zusammenrücken. Ihr werden so besonders einheitliche, die Sinne auf einen Blick bezwingende, illusionierende Bilder möglich, deren schlagende Wirkung von einem besonders übersichtlich angeordneten Text aufgefangen und in die gewünschte Richtung gelenkt wird. Sie partizipiert so auf ihre Weise an der Entwicklung, die hier Remimetisierung genannt worden ist, ja sie erweist sich geradezu als deren Produkt.

Während die Fotomontage sich mithin auch in den dreißiger Jahren noch weiterentwickelt, sind viele andere Formen avantgardistischer Kunst und Literatur inzwischen wieder untergegangen, vor allem die radikalen Formen,

---

[96] Zu „Bretons ›Ut pictura poesis‹" und seinen Folgen vgl. W. Spies, Max Ernst, Collagen, S. 85ff.
[97] Vgl. ebenda, S. 151ff.
[98] Ein Beispiel bei P. Waldberg, Der Surrealismus, 4. Aufl., Köln 1978, Schwarzweiß-Abb. 127.
[99] Dazu A. Jürgens-Kirchhoff, Technik und Tendenz der Montage, Gießen 1978.
[100] Vgl. ebenda, S. 123ff.

für die der Name des Futurismus und Dadaismus einsteht. Dafür sind zum Teil politische Gründe verantwortlich: das Verbot, das die »formalistische« bzw. die »entartete« Kunst traf; auch die Reaktion auf den politischen Terror, die die Kunst, wo sie sich politisch engagieren wollte, auf publikumswirksamere Formen verwies und, wo sie vor dem Terror in den allerpersönlichsten Lebensraum zurückwich, wieder mehr an der in sich ruhenden künstlerischen Gestalt interessiert sein ließ als an den wirkungsorientierten Formen. Zum Teil lagen die Ursachen für den Wandel aber auch in der Avantgardekunst selbst, die sich gleichsam in sich selbst erschöpft hatte und erschöpfen mußte. Bestimmte extreme Formen, deren Wert eben darin liegt, die Grenzen des Künstlerischen aufzuzeigen, wie z.B. M. Duchamps ready-made oder das dadaistische Simultangedicht T. Tzaras lassen sich nicht beliebig oft gestalten, erweisen sich im Grunde nur wenige Male als schlagend. Im übrigen mußten sich alle die Fragen wieder zu Wort melden, die die Avantgarde offengelassen hatte, nachdem ihre neuen Möglichkeiten konsequent durchgespielt worden waren.

Daß das gesamte Formenspektrum der frühen Moderne seit den fünfziger Jahren dann aber wieder auferstanden ist und sich kräftiger, insbesondere mit größerer Breitenwirkung entfaltet hat als je zuvor, macht freilich deutlich, daß jener Abschnitt der Geschichte nicht als bloße Episode abgetan werden kann, jene Formen nicht nur eine ephemere Erscheinung am Rande des literarisch-ästhetischen Lebens sind. Im Gegenteil: als Resultat des ersten wahrhaft ungeschützten Blicks, den die Kunst in ihre Situation, ihre Bedingungen und Möglichkeiten im 20. Jahrhundert getan hat, bezeichnen sie den Kernbereich der modernen Kunst und Literatur. »Je mehr wir nachdenken, umso sichtbarer wird es, daß das im Dadaismus entwickelte schöpferische Prinzip mit dem Prinzip der modernen Kunst identisch ist. Der Dadaismus und die moderne Kunst sind dasselbe in ihren wesentlichen Grundbedingungen«, schrieb R. Huelsenbeck 1949 im Rückblick.[101] So sind denn auch die Möglichkeiten einer Verbindung von Wort und Bild, die im Zuge der Entmimetisierung der Kunst entstanden sind, allesamt wieder aufgegriffen worden, vom Textbild als dem einen Extrem im Spektrum des Möglichen bis hin zu dem anderen Extrem der quasi-plastischen und quasi-theatralischen Formen, wenn man so will, von dem einer intensiven bis zu dem einer extensiven Realisation des Gedankens des »Gesamtkunstwerks«. Wiederum erweist sich dabei die Utopie einer entmimetisierten Kunst und Literatur als die eigentlich treibende Kraft; die einer Kunst, die die Dinge des Lebens möglichst unmittelbar angeht, möglichst unmittelbar ergreift und weiterträgt, die unmittelbar eins zu werden sucht mit dem Leben, womit zugleich die Grenzen zwischen den Künsten und den Kunstgattungen fortfallen sollen.

---

[101] R. Huelsenbeck, Dada, Eine literarische Dokumentation, Reinbek 1964, S. 219.

Unter allen hierher gehörigen Formen haben die unter dem Begriff der Konkreten Poesie zusammengefaßten Erscheinungen[102] im literarischen Leben und in der Literaturtheorie wohl die größte Beachtung gefunden. Der Grundgedanke der Konkreten Poesie ist der einer amimetischen Sprachpräsentation. Sprache soll für sie nicht mehr nur ein Mittel sein, nämlich ein Medium des Darstellens von Wirklichkeit oder fiktionaler Quasi-Wirklichkeit, sondern sie soll dem Rezipienten als sie selbst unterbreitet, von ihm als Sprache erfahren, angesehen, angehört werden. Gegenstand der Kunstübung ist hier mithin die Wirklichkeit Sprache selbst, und zwar auf allen Ebenen des Sprachgeschehens von der Formierung der Laut- und Schriftzeichen bis hin zu ihren gesellschaftlichen, etwa landschaftlichen oder industriell-publizistischen Konkretionen, also dem Dialektalen bzw. den Formeln von Werbung, Politik und Presse.

Entscheidend ist dabei zu sehen, daß durch sie auf diese Weise zugleich die Wirklichkeit erfahrbar werden soll, deren Sprache sie ist – Wirklichkeit sowohl im existentiellen als auch im gesellschaftlichen Verstand –, und zwar soll sie so unmittelbar und nicht in der Brechung durch ein erlebendes Subjekt und die Konventionen literarischen Darstellens erfahrbar werden, ist sie dem Rezipienten doch unmittelbar als sie selbst gegeben. Ihre unmittelbare Gegenwart beruht zunächst auf der tatsächlichen Anwesenheit des Schriftzeichens bzw. des Sprachlauts, was gelegentlich dadurch akzentuiert wird, daß sie in deformierter Gestalt präsentiert werden. Sodann liegt sie aber auch in der Realisation der Bedeutungen dieser Zeichen, die ja dabei auch als sie selbst dem Rezipienten gegenwärtig werden, sowie alles dessen, was sie an Atmosphärischem mit sich führen mögen. Vor allem aber ergibt sie sich aus dem Zugleich dieser beiden Weisen des Gegenwärtigseins, der Aufforderung sowohl zu ihrer bewußten Wahrnehmung als optischer bzw. akustischer Gegebenheit als auch zu ihrer Realisation als Bedeutungsträger, dem Anreiz sowohl zum Anschauen als auch zum Lesen, sowohl zum Anhören als auch zum Verstehen.

Die Konkrete Poesie entdeckt so noch einmal die Möglichkeit des in unterschiedlichen Funktionen changierenden Worts, wie sie bereits von Kubismus, Futurismus und Dadaismus genutzt worden ist, und sehr bald schon rechtfertigt sie ihre Versuche auch mit dem Hinweis auf die frühe Moderne. Beim Textbild wird ewa auf Marinetti und Apollinaire, beim Lautgedicht auf Ball und Tzara, bei der Sprachcollage, der dritten Grundform der Konkreten Poesie, auf Schwitters verwiesen.[103] Die Frage nach dem Ursprung der Konkreten Poesie führt also, wie dabei deutlich wird, weniger auf literarische

---

[102] Bibliographisch dokumentiert bei Th. Kopfermann, Theoretische Positionen zur Konkreten Poesie, Tübingen 1974, S. 162–195.
[103] Vgl. hierzu das Register von Kopfermanns Dokumentation.

Entwicklungen als vielmehr über die Grenzen der Literatur hinweg zu Erscheinungen der Bildenden Kunst oder richtiger noch der einen künstlerischen Moderne jenseits des überkommenen Fächerwerks der Künste und Gattungen. Das wird bereits durch den Namen der Konreten Poesie deutlich, der als Gegenstück zu dem der Konkreten Malerei als einem der Extreme entmimetisierter Bildkunst gedacht ist; dafür zeugt die Person ihres ersten Vertreters im deutschen Sprachraum, E. Gomringer, der in den Umkreis des »Konkreten« Max Bill gehört und der im übrigen neben der Konkreten Malerei auch immer wieder die Handhabung der Sprache durch die Gebrauchsgraphik, etwa in der Werbung oder der Publizistik, als einen entscheidenden Anstoß für sich genannt hat; das belegt die Beteiligung zahlreicher Bildender Künstler wie F. Achleitner, H. Gappmayr, D. Rot und T. Ulrichs an den Bestrebungen der Konkreten Poesie; und das zeigen schließlich auch die vielfältigen Verbindungslinien, die bei ihrer Auflösung zu Beginn der siebziger Jahre zur Konzeptkunst hinüberführen – wenn man so will, die Rückkehr des Textbildgedankens zur Bildenden Kunst.[104]

Angesichts all dessen scheint größte Zurückhaltung gegenüber der Rubrizierung der Konkreten Poesie als Konkrete Lyrik angezeigt, wie sie sich in der Literaturwissenschaft weithin eingebürgert hat.[105] Die Konkrete Poesie ist nicht so sehr ein Resultat der Entwicklung der modernen Lyrik, Konsequenz von primär in ihr wirksam gewordenen Kräften, als vielmehr der künstlerischen Moderne überhaupt in ihren die Gattungs- und Kunstgrenzen in Frage stellenden Tendenzen, und was sie mit anderen Formen der modernen Lyrik gemein hat, sind lediglich eben jene Momente, durch die diese an der Entmimetisierung der Formen partizipiert. Die Sprachdemonstrationen der Konkreten Poesie erstrecken sich eben nicht nur auf die überkommenen »Formen lyrischen Sprechens«, sondern auf die »menschlichen Sprechens überhaupt«,[106] vom Alltagsgeschwätz bis hin zu den Schemata des Narrativen. Daß das Infragestellen des eigenen Sprechens ein Wesensmerkmal von Lyrik überhaupt sei,[107] kann angesichts der klassisch-romantischen Theorie und Praxis wohl kaum behauptet werden, die das Gedicht vom Gedanken der Unmittelbarkeit her, als Naturlaut, begriff. Wohl trifft auf einen Großteil der modernen Lyrik zu, daß sie ein »Dichten von der Sprache her« ist,[108] aber

---

[104] Vgl. T. Ulrichs, Die Ausbeutung konkreter Poesie durch Konzeptkunst, in: Konkrete Poesie, Kolloquium Lille 1972, S. 94ff.; S. J. Schmidt, Zum Ableben der Konkreten Dichtung, Mit einem Kapitel über Konzept-Literatur – Konzept-Kunst, in: Sprachen jenseits von Dichtung, Katalog Münster 1979, S. 163ff.

[105] Vgl. z. B. die an sich verdienstvolle Darstellung von O. Knörrich, Die deutsche Lyrik seit 1945, 2. Aufl., Stuttgart 1978, S. 288ff.

[106] Ebenda, S. 290.

[107] Ebenda.

[108] Ebenda, S. 291.

einerseits gilt das längst nicht für alle moderne Lyrik – man denke nur an die Lyrik B. Brechts –, und andererseits ist dieses Prinzip auch in anderen Gattungen anzutreffen; hier sei nur an Döblins ›Berlin Alexanderplatz‹ und Handkes ›Publikumsbeschimpfung‹ erinnert.

Die wenigen Hinweise genügen wohl schon, um zu zeigen, wie unangemessen diese Versuche sind, ein Phänomen wie die Konkrete Poesie zu begreifen. Bei ihnen war hier kurz zu verweilen, insofern sich in der Unangemessenheit solcher Einordnungsversuche die kategorialen Wandlungen besonders deutlich zu erkennen geben, die in der Moderne eingetreten sind. Mit der überkommenen Begrifflichkeit der Literatur- und Kunstwissenschaft, und das heißt, mit einer Begrifflichkeit, die sich wesentlich den Entwicklungen des 19. Jahrhunderts verdankt, ist Erscheinungen wie der Konkreten Poesie nicht beizukommen, in ihrem Fall vor allem eben deshalb, weil jene Begrifflichkeit auf der strikten Trennung der Künste und innerhalb der einzelnen Künste der verschiedenen Gattungen und Untergattungen beruht, wie sie sich aus dem Gedanken des mimetischen Illusionismus als des obersten Prinzips allen Darstellens ergibt, also weil sie einem Stand der Wort-Bild-Beziehungen entspricht, der ein von Grund auf anderer ist als in der Moderne.

Das »entscheidende künstlerische Ereignis unseres Jahrhunderts« ist – nicht etwa »die vielberufene ›Abstraktion‹: diese ist vielmehr nur Nebenprodukt einer viel umfassenderen und tiefer greifenden Neuorientierung, des Bestrebens nämlich, die kategorialen Grenzen und Rangunterschiede zwischen den künstlerischen Gattungen aufzuheben und einer elementaren Transitionalität des Formgeschehens Bahn zu brechen«, des Übergangs zu »einem einzigen ›univers des formes‹«,[109] was wiederum in »der Hoffnung (…) auf eine ›wirkliche Vereinigung von Kunst und Leben‹« gründet, nämlich auf eine Kunst, in der »das im Kunstwerk exemplifizierte Leben der Formen (…) mit den Formen des Lebens (koinzidiert)« (W. Hofmann).[110] Das zeigt sich in der Literatur wohl nirgends auf eine so handgreifliche Weise wie in der Konkreten Poesie.

Diese Hinweise mögen genügen, um anhand der Entwicklung des Bilds und der Bildkunst in der Moderne, wie sie sich in den Veränderungen des Bilds als Bild ebensowohl wie in seinem gewandelten Verhältnis zum Wort manifestiert, eine Vorstellung von dem Prozeß der Entmimetisierung zu gewinnen; um verfolgen zu können, auf welche Weise und mit welchen Gründen die Kunst von dem Gedanken des mimetischen Illusionismus als des obersten Prinzips allen Darstellens abgeht und welche neuen Möglichkeiten des Darstellens sich ihr damit eröffnen. Die so gewonnenen Gesichtspunkte

---

[109] W. Hofmann, Von der Nachahmung zur Erfindung der Wirklichkeit, S. 126.
[110] Ebenda, S. 119.

sollen im folgenden dabei helfen, die neuen Darstellungsformen zu erkennen und zu verstehen, die die Literatur der Moderne hervorgebracht hat, und die Wandlungen zu würdigen, die sie als anschauliche Rede in unserem Jahrhundert durchlaufen hat.

In diesem Sinne soll sich der gesamte Aufriß einer Geschichte der Wort-Bild-Beziehungen im folgenden bewähren; er soll als Folie dienen, vor der nun im zweiten Teil eine Geschichte der Literatur als anschauliche Rede in Angriff genommen wird. Dabei werden die beiden wichtigsten Umbruchsprozesse der neueren Literaturgeschichte im Mittelpunkt stehen: die Epoche der Aufklärung, in der sich der Übergang vom allegorischen zum mimetisch-illusionistischen Darstellungsstil vollzieht, und die Zeit der beginnenden Moderne, also der Abkehr vom mimetischen Illusionismus und der Ausbildung dessen, was wir den intuitionistisch-artistischen Darstellungsstil nennen.

2. Teil

UNTERSUCHUNGEN ZUR GESCHICHTE DER ANSCHAULICHKEIT

Einleitung
Die Bedeutung von Lessings ›Laokoon‹ für die Theorie der Anschaulichkeit

Wer sich mit Fragen aus dem Bereich der Wort-Bild-Beziehungen beschäftigt, insbesondere wer Probleme der Anschaulichkeit von Literatur untersucht, der wird früher oder später mit Lessings Abhandlung ›Laokoon oder Über die Grenzen der Malerei und Poesie‹ aus dem Jahre 1766 konfrontiert. Auch der Gang der vorliegenden Untersuchung hat bereits mehrfach an dieser Schrift vorübergeführt. Es handelt sich bei ihr um ein Schlüsselwerk der Literatur- und Kunstgeschichte,[1] und dies in mehrfacher Hinsicht. Wenn es seither in Deutschland überhaupt ein Bewußtsein der Beziehungen zwischen Wort und Bild, Wort- und Bildkunst gegeben hat, insbesondere wenn es hier und da so etwas wie ein Wissen um den inneren Zusammenhang ihrer verschiedenen Aspekte gibt, so ist das wenn nicht das Resultat ihrer Wirkung, so doch mit ihrer Wirkungsgeschichte untrennbar verknüpft. Zwar ist Lessing nicht auf alle Einzelfragen eingegangen, die zum Problemkreis der Wort-Bild-Beziehungen gehören. Über Wort-Bild-Formen äußert er sich zum Beispiel nicht. Aber er rollt den Problemzusammenhang von seinem innersten Zentrum her auf, von dem her, was hier die inneren Wort-Bild-Beziehungen genannt worden ist, eben von der Frage aus, wie sich die Anschaulichkeit von Literatur zur realen Anschauung des Bildwerks und das Sprechen des Bilds zum wirklichen Sprechen der Literatur verhält und wie diese beiden Verhältnisse wiederum untereinander zusammenhängen.

[1] Das »Fundament, auf welchem die Aesthetik in den im Laokoon behandelten Fragen heute beruht, (ist) das von Lessing construirte«: H. Blümner, Einleitung, in: Lessings Laokoon, hg. u. erl. v. Blümner, 1876, 2. Aufl., Berlin 1880, S. 138 – Die auf das ganze Oeuvre Lessings gerichteten Dokumentationen seiner Wirkungsgeschichte von H. Steinmetz (Lessing – ein unpoetischer Dichter, Frankfurt 1969) und E. Dvoretzky (Lessing, Dokumente zur Wirkungsgeschichte 1755–1968, 2 Bde., Göppingen 1971; Lessing heute, Stuttgart 1981) lassen das verständlicherweise ebensowenig in seinem ganzen Umfang erkennen wie etwa Guthkes Hinweise zur Forschungsgeschichte (K. S. Guthke, Gotthold Ephraim Lessing, 1967, 3. Aufl., Stuttgart 1979, S. 50–52), müßte zu seiner Demonstration doch fast das ganze seither entstandene ästhetische Schrifttum gesichtet werden. H. Hamm, Die Argumentation des ›Laokoon‹ zum »eigentlichen Gegenstand der Poesie« in ihrem wirkungsgeschichtlichen Kontext, in: Bausteine zu einer Wirkungsgeschichte Gotthold Ephraim Lessings, hg. v. H.-G. Werner, Berlin 1984, S. 23–49, hat unter diesem Gesichtspunkt einen zu engen historischen Blickwinkel.

Die Geschichte des Nachdenkens über die inneren Beziehungen von Wort und Bild ist in Deutschland so sehr mit der Schrift Lessings verknüpft, daß sie vielfach geradezu unter dem Namen des »Laokoon-Problems« behandelt worden sind.[2] Und nicht nur diejenigen haben auf sie rekurriert, die Lessings Thesen übernehmen wollten, sondern auch die, die sich um andersartige Positionen bemühten; hier sei nur an Richard Wagner erinnert, der seine Theorie des Gesamtkunstwerks wie selbstverständlich vor der Folie der Laokoon-Thesen entwickelt.[3] Diese Schlüsselposition ist der Lessingschen Abhandlung im Grunde bis heute erhalten geblieben. Kennzeichnend ist dafür zum Beispiel, daß die junge Forschungsrichtung der Literatur- und Medienwissenschaft vielfach unmittelbar an sie anknüpft. Die Suche nach Werken, die ihr bei der Bearbeitung ihrer mehr oder weniger neuen Fragestellungen weiterhelfen können, führt sie wie von selbst auf den ›Laokoon‹ zurück. So avanciert Lessing unversehens noch zum Ahnherrn einer »Medienästhetik«.[4]

Aber es ist nicht nur die Thematik der Wort-Bild-Beziehungen überhaupt, was sich traditionell mit dem Namen des ›Laokoon‹ verbindet. Mehr noch ist mit ihm eine bestimmte Lösung des »Laokoon-Problems« verknüpft, nämlich seine Fassung im Sinne der ästhetischen Doktrin der deutschen Klassik. Lessings Thesen zum Verhältnis von Wort und Bild in der Kunst gehen bekanntlich davon aus, daß Malerei und Poesie zwar auf eine »vollkommen ähnliche Wirkung« zielen, aber »sowohl in den Gegenständen als in der Art ihrer Nachahmung verschieden« sind.[5] »Beide täuschen«, d. h. sie »stellen uns abwesende Dinge als gegenwärtig, den Schein als Wirklichkeit

---

[2] Spätestens seit Blümners Laokoon-Ausgabe von 1876, wo in der Einleitung von dem »Problem des Lessingschen Laokoon vor Lessing« die Rede ist (S. XXIII). – In J. Körners Bibliogr. Hb. des deutschen Schrifttums, 3. Aufl., Bern 1949, figuriert »Laokoonproblem« S. 567 als Stichwort im »Sachweiser«. – Weitere, beliebig herausgegriffene Beispiele: H. Keller, Goethe und das Laokoon-Problem, Frauenfeld 1935; P. Böckmann, Das Laokoonproblem und seine Auflösung in der Romantik, in: Bildende Kunst und Literatur, hg. v. W. Rasch, Frankfurt 1970, S. 59ff.; I. Schneider, Der verwandelte Text, Tübingen 1981, S. 58: Das »Laokoon-Problem« als Teil des Problems der Bearbeitung.

[3] R. Wagner, Das Schauspiel und das Wesen der dramatischen Dichtkunst, in: Wagner, Gesammelte Schriften und Dichtungen, 3. Aufl., Bd. 4, Leipzig 1898, S. 1–103, hier S. 1ff.

[4] S. z. B. U. Bayer, Lessings Zeichenbegriffe und Zeichenprozesse im ›Laokoon‹ und ihre Analyse nach der modernen Semiotik, Stuttgart 1975; S. Vietta, Literatur- und Medienwissenschaft, in: Erkenntnis der Literatur, hg. v. D. Harth u. P. Gebhardt, Stuttgart 1982, S. 298–320, hier S. 307f.; G. Gebauer (Hg.), Das Laokoon-Projekt, Pläne einer semiotischen Ästhetik, Stuttgart 1984.

[5] G. E. Lessing, Laokoon: oder über die Grenzen der Malerei und Poesie, in: Gotthold Ephraim Lessing, Werke, hg. v. H. G. Göpfert, Bd. 6, bearb. v. A. v. Schirnding, München 1974, S. 7–187, hier S. 10. – Das Zitat ist eine wörtliche Übertragung von Plutarch, mor. 347a.

vor«; und beide suchen zugleich mit ihren »Täuschungen« zu »gefallen«, also den Sinn für »Schönheit« zu befriedigen.[6] Aber da sie »zu ihren Nachahmungen« ganz unterschiedliche »Mittel oder Zeichen gebrauchen«, nämlich auf der einen Seite ikonische, auf der anderen sprachliche Mittel, müssen sie dabei notwendig verschiedene Wege gehen. Die Malerei kann nur »Körper mit ihren sichtbaren Eigenschaften« wiedergeben und alles andere wie vor allem »Handlungen«,[7] aber auch »allgemeine Begriffe«[8] nur »andeutungsweise durch Körper«[9] darstellen; »Handlungen« wiederzugeben, wird ihr vor allem dann gelingen, wenn sie einen »fruchtbaren Augenblick« des Geschehens ergreift.[10] Und die Poesie kann nur »Handlungen« und alles andere wie z.B. die Körperwelt »nur andeutungsweise durch Handlungen« »nachmen«.[11] Verlieren die beiden Künste diese ihre Grenze aus den Augen, vergißt die Malerei, »in welchem Maße« sie allenfalls »allgemeine Begriffe ausdrücken könne«, und achtet die Poesie nicht darauf, was sie nur »malen könne und solle«, d.h. was ihre spezifischen Möglichkeiten sind, anschauliche Vorstellungen zu erwecken, verfallen sie nämlich in »Allegoristerei« bzw. in »Schilderungssucht«, so büßen sie die Kraft ein zu »täuschen«[12] und so müssen sie zugleich auch aufhören »schön« zu sein. Das Gemälde wird dann zu etwas Schriftartigem[13] verkümmern, und in der Dichtung wird man nur noch die Stimme des »arbeitenden Dichters« vernehmen, ohne »das Ding selbst (...) zu sehen«.[14]

Die Thesen Lessings sind zwar sogleich bei ihrem Erscheinen einer Kritik unterworfen worden, bei der sowohl Zweifel an Einzelheiten der Literatur- und Kunstinterpretation als auch an ihren Grundlagen laut wurden, so z.B. an ihrer Fundierung in einer Zeichentheorie, an der Handhabung der Kategorien des Raums und der Zeit, des Simultanen und des Sukzessiven und an der Festlegung der Poesie auf den Begriff der Handlung. Letztlich hat diese Diskussion die Wirkung des ›Laokoon‹ aber nur gefördert. Denn seine Thesen nahmen bei solch kritischer Durchleuchtung eben jene allgemeinere Gestalt an, in der sie Teil der sich formierenden klassischen Ästhetik werden und mit ihr dauern konnten. Herder kommt hierbei mit seinen ›Kritischen Wäld-

---

[6] Ebenda, S. 9.
[7] S. 103.
[8] S. 11; diese Stelle der Vorrede ist unbedingt in die Interpretation des Gedankengangs einzubeziehen!
[9] S. 103.
[10] S. 25–26.
[11] S. 103.
[12] S. 10; vgl. S. 113: wird ihnen »das Täuschende gebrechen«.
[13] Zu einer »willkürlichen Schriftart«: S. 11.
[14] S. 112.

chen‹ von 1769 besondere Bedeutung zu.[15] Er sah klar, daß die Kategorie der Handlung nur eine Möglichkeit unter vielen ist, Sinnzusammenhänge herzustellen; daß die Handlungsillusion nur eine, freilich eine besonders gewichtige Variante der literarischen Illusionierung ist.[16] Vor allem aber ging es ihm darum, über die technische Seite des mimetischen Illusionismus hinaus, die sich für ihn – anders als für Lessing – bereits völlig von selbst verstand und die er wahrhaft »verinnerlicht« hatte, dessen subjektiv-erlebnishafte Quellen darzulegen.[17] Erst damit war die klassische Position ganz erreicht.

Lessings ›Laokoon‹-Abhandlung ist so zur ersten kanonischen Schrift der klassischen Ästhetik geworden. In dieser Funktion blieb sie bis weit ins 20. Jahrhundert hinein gegenwärtig. Goethes Darstellung in ›Dichtung und Wahrheit‹ mag dazu nicht wenig beigetragen haben. Jedenfalls zeigt sich bei ihm, wie sehr sie für seine Generation in der Tat zum Ausgangspunkt einer neuen Ästhetik wurde: »Wie vor einem Blitz erleuchteten sich uns alle Folgen dieses herrlichen Gedankens, alle bisherige anleitende und urteilende Kritik ward, wie ein abgetragener Rock, weggeworfen, wir hielten uns von allem Übel erlöst (...)«. »Man muß Jüngling sein, um sich zu vergegenwärtigen, welche Wirkung Lessings ›Laokoon‹ auf uns ausübte (...). Das so lange mißverstandene ut pictura poesis war auf einmal beseitigt, der Unterschied der bildenden und der Redekünste klar, die Gipfel beider erschienen nun getrennt, wie nah ihre Basen auch zusammenstoßen mochten. Der bildende Künstler sollte sich innerhalb der Grenze des Schönen halten, wenn dem redenden, der die Bedeutung jeder Art nicht entbehren kann, auch darüber hinauszuschweifen vergönnt wäre. Jener arbeitet für den äußern Sinn, der nur durch das Schöne befriedigt wird, dieser für die Einbildungskraft, die sich wohl mit dem Häßlichen noch abfinden mag.«[18]

Um den kanonischen Rang des ›Laokoon‹, seine Funktion als Gewährsträger der klassischen Doktrin und die Allgegenwart seiner Thesen im literarästhetischen Schrifttum klassischer und klassizistischer Prägung, die bis in den Unterricht des humanistischen Gymnasiums hineinreichte,[19] mit wenigem zu verdeutlichen, sei für das 19. Jahrhundert auf das Beispiel F. Th.

---

[15] J. G. Herder, Kritische Wälder, Erstes Wäldchen, Herrn Lessings ›Laokoon‹ gewidmet (1769), in: Herders Werke, hg. v. H. Düntzer, 20. Teil, Berlin o. J., S. 5–150. – Vgl. hierzu K. May, Lessings und Herders kunsttheoretische Gedanken in ihrem Zusammenhang, 1923, ND Nendeln 1967, S. 53–83.
[16] Herder, a.a.O., z. B. S. 110ff., S. 125ff.
[17] Z. B. S. 122, S. 125.
[18] Goethe, Hamburger Ausgabe, Bd. 9, S. 316; die Reihenfolge der beiden Zitate ist hier vertauscht. Bemerkenswert ist, daß der Gesichtspunkt der Mimesis für Goethe bereits ganz in dem der Schönheit aufgegangen ist.
[19] Hierzu z. B. H. Blümner im Vorwort der 2. Aufl. seines Laokoon-Kommentars, wo er S. V ausdrücklich die »Lehrerwelt« erwähnt; J. Ziehen, Kunstgeschichtliche Erläuterungen zu Lessings Laokoon, Bielefeld 1899, der den Laokoon »in seiner

Vischers hingewiesen. Die Kunstlehre seiner ›Ästhetik‹, eines Werks, das ebenso repräsentativ für die Anschauungen seiner Epoche wie reich an Wirkungen auf die Folgezeit ist, scheint ganz von Laokoon-Gedanken durchdrungen, auch da, wo der Name Lessings nicht fällt. Das gilt sowohl für die Lehre von der Einteilung der Künste[20] als auch für die vom Wesen der Bildenden Künste,[21] insbesondere von deren »Beziehung auf die Zeit«,[22] als auch für die vom Wesen der Dichtkunst[23] und hier wiederum besonders für deren »Stilgesetz«.[24] »Der Dichter hat (...) das Sichtbare mit wenigen Zügen so zu vergegenwärtigen, daß es in den Bewegungszug der Phantasie aufgenommen wird«. Aus der »Aufgabe der Poesie«, sowohl »Gestalten zu geben« als auch »die innere Welt und schließlich Handlung darzustellen«, entspringt als ihr »wahres Stilgesetz«, daß sie »Körper andeutungsweise durch Handlungen nachzuahmen hat (Lessing)«. »Die deutsche Literatur darf stolz darauf sein, durch Lessing das große Grundgesetz der Dichtkunst (...) ein für allemal hingestellt zu haben. Seit wir seinen Laokoon besitzen, gehört der Satz, daß der Dichter nicht malen soll, zum ABC der Poesie«.[25]

Ebenso apodiktisch heißt es etwa noch 1936 bei G. Lukács: »Die Dinge leben dichterisch nur durch ihre Beziehungen zum Menschenschicksal. Darum beschreibt sie der echte Epiker nicht. Er erzählt von der Aufgabe der Dinge in der Verkettung der Menschenschicksale (...). Diese Grundwahrheit hat bereits Lessing vollständig klar erkannt«.[26] Und E. Staiger kann noch 1946 bei der Frage nach der Anschaulichkeit epischer Literatur, die er wie eh und je als »Verwandtschaft mit der bildenden Kunst« begreift, Lessing das entscheidende Wort sprechen lassen.[27] Dessen Laokoon-Thesen sind zwar »zurechtzurücken«,[28] in der Substanz aber »anzuerkennen«: »Als auf die Sprache angewiesener Dichter schreitet der Epiker fort und folgt dem Nacheinander der Zeit, im Gegensatz zu dem bildenden Künstler, der dasteht und das Nebeneinander und Hintereinander des Raums erfaßt«.[29] Staiger knüpft

---

Eigenschaft als Gegenstand der Lektüre in unseren Primen« behandelt; R. Benz in: Lessing, Dokumente zur Wirkungsgeschichte, hg. v. F. Dvoretzky, Göttingen 1971, Bd. 2, S. 482.
[20] F. Th. Vischer, Ästhetik oder Wissenschaft des Schönen, 3 Teile, Reutlingen Leipzig bzw. Stuttgart 1846–1857, § 533–544
[21] Ebenda, § 597ff.
[22] § 613.
[23] § 834ff.
[24] § 847.
[25] 3. Teil, S. 1199–1200.
[26] G. Lukács, Erzählen oder beschreiben? (1936), in: Lukács, Werke, Bd. 4, Neuwied 1971, S. 197–242, hier S. 223.
[27] E. Staiger, Grundbegriffe der Poetik, 1946, Ausg. München 1971, S. 74–80.
[28] Ebenda, S. 76.
[29] S. 80.

also sogar noch an Lessings Zeichentheorie an und übernimmt dessen Handhabung der Kategorien Raum und Zeit, womit er bei der »Berichtigung« Lessings selbst hinter Herder zurückbleibt.

Wir wissen heute, daß Lessing keineswegs der erste war, der das »große Grundgesetz der Dichtung« aussprach; daß er in seinem ›Laokoon‹ nur eine Diskussion zusammenfaßt, die fast das ganze 18. Jahrhundert durchzog und zunächst mehr von französischen, englischen und italienischen als von deutschen Beiträgern bestritten wurde.[30] Und vor allem werden wir in seinen Thesen keine »Grundgesetze« oder »Grundwahrheiten« mehr sehen wollen, die durch ihn »ein für allemal hingestellt« worden wären.[31] Vielmehr ist uns deutlich – oder sollte uns doch jedenfalls heute deutlich sein –, daß sie nur auf dem Boden eines mimetisch-illusionistischen Kunst- und Literaturverständnisses Geltung beanspruchen können; daß sie nur da sinnvoll sind, wo Kunst und Literatur durch Illusionierung zu ihrem Publikum zu reden versuchen. Lessing hat es ja klar genug ausgesprochen: um der »Täuschung« willen muß man seine »Regeln« beachten; und wir fügen hinzu: *nur* um der »Täuschung« willen.[32] Auf Erscheinungen diesseits und jenseits der Epoche angewandt, in der das klassische Konzept der Mimesis in Geltung ist, also auf barocke und vorbarocke Kunst und Literatur bzw. auf die modernen Formen übertragen, erweisen sie sich als kraftlos, ja sinnlos. Wie anders sollte man es wohl nennen, wenn Dürers Melencholia, Michelangelos Jüngstes Gericht oder Rubens' Medici-Zyklus unter dem Gesichtspunkt des »fruchtbaren Augenblicks der Handlung« betrachtet oder wenn sie daraufhin befragt würden, ob sie sich bei der Verwendung allegorischer Elemente in den Grenzen des für die Malerei Unentbehrlichen gehalten hätten; wenn die Romane eines Anton Ulrich oder Grimmelshausen, ja selbst noch die eines Voltaire oder Gellert mit ihrer knappen, auf das Faktische des Handlungszusammenhangs ausgerichteten, kaum je so etwas wie eine geschlossene Szene (im Sinne Petschs

---

[30] Zuletzt A. Nivelle, Literaturästhetik der europäischen Aufklärung, Wiesbaden 1977, S. 25ff.

[31] »Sobald das Prinzip des Schönen in Frage gezogen wurde, mußten (...) Lessings Unterscheidungen zwischen bildender Kunst und Dichtung ihre Bedeutung verlieren«: P. Böckmann, Das Laokoonproblem und seine Auflösung in der Romantik, in: Bildende Kunst und Literatur, Beiträge zum Problem ihrer Wechselbeziehungen im 19. Jahrhundert, hg. v. W. Rasch, Frankfurt 1970, S. 59–73, hier S. 65. – Das Prinzip, mit dem die Laokoon-Thesen stehen und fallen, ist freilich nicht das des »Schönen«, sondern das des »Scheins«, was nicht verwechselt werden darf, auch wenn ihre Vereinigung im klassischen Konzept des »schönen Scheins« immer wieder dazu einlädt.

[32] Vgl. hierzu z. B. H. S. Daemmrich, Illusion: Möglichkeiten und Grenzen eines Begriffs, in: Lessing-Yb. 1, 1969, S. 88–98; O. Haßelbeck, Illusion und Fiktion, Lessings Beitrag zur poetischen Diskussion über das Verhältnis von Kunst und Wirklichkeit, München 1979.

oder Stanzels) entwerfenden Erzählweise daraufhin gelesen würden, ob sie ihre »Gestalten« und die Körperwelt überhaupt »andeutungsweise durch Handlungen« vor das Auge des Lesers hinstellten. Und wie anders als sinnlos sollte es heißen, wenn einem abstrakten Gemälde des 20. Jahrhunderts gegenüber nach den »Handlungen« oder »allgemeinen Begriffen« gefragt würde, die es durch Körperhaftes andeutete, oder wenn Rilkes ›Malte‹ oder Benns ›Rönne-Novellen‹, für die es die Kategorie der Handlung nicht mehr gibt und geben kann, daraufhin untersucht würden, wie sie die Sinnenwelt durch Handlungen zur Darstellung brächten – all das wäre geradezu absurd.

An diesen Beispielen allein wird schon deutlich, daß es sich bei den Prinzipien des ›Laokoon‹ gar nicht um Wesensgesetze der Malerei und Poesie handelt, sonder um Normen, die nur in einem bestimmten kulturellen Kontext sinnvoll sind. Wenn sie gegenüber Erscheinungen angemahnt werden, die diesseits bzw. jenseits des Geltungsbereichs der klassischen Ästhetik angesiedelt sind, geht es mithin nicht, wie behauptet, darum, Wesensgesetzen zur Geltung zu verhelfen – Naturgesetze von Kulturgegenständen gibt es ja nicht –, sondern es sollen so eben jene Normen postuliert werden, die den Laokoon-Thesen zugrundeliegen: die des mimetischen Illusionismus und der Schönheit. Lessings ›Laokoon‹ fungiert bei solcher Berufung also als ein Katalog von Phänomenen, in denen eine Kunst und Literatur des schönen Scheins greifbar, erlebbar, prüfbar wird, und seine wichtigste Aufgabe besteht darin, eine solche Kunst des schönen Scheins vorbereiten, durchsetzen und erhalten zu helfen.

Hieraus erklärt sich denn auch jene doppelte Frontstellung, in der die Laokoon-Thesen im Laufe ihrer Geschichte in Erscheinung getreten sind. Zu Beginn, bei Lessing und seinen Vorgängern, werden sie gegen eine noch von der Allegorese getragene Kunst und Literatur oder vielmehr gegen deren Ausläufer und Tranformationen im Geist der Aufklärung, z. B. gegen die sogenannte Beschreibende Poesie nach dem Muster von Thomsons ›Seasons‹, ins Feld geführt. Und bei Lukács und Staiger dienen sie als Plattform, von der aus die entmimetisierten Formen der Moderne kritisiert werden. Auf diese Weise werden von Lessings ›Laokoon‹ und seiner Wirkungsgeschichte aus noch einmal die drei Hauptepochen der Wort-Bild-Beziehungen in der Neuzeit greifbar: die Epoche der Allegorie im weitesten Sinne, die des mimetischen Illusionismus und die der Entmimetisierung. So mag uns denn der ›Laokoon‹ im folgenden an die Nahtstellen der genannten Epochen führen, um uns die Grundformen der Anschaulichkeit schärfer sehen zu lehren.

1. ABSCHNITT

Das Prinzip ut pictura poesis und der Übergang vom allegorischen zum mimetisch-illusionistischen Darstellungsstil

> Bildliche Vorstellung: Reich der Poesie; hypothetische Erklärung: Reich der Philosophie.   (Goethe)

Einleitung
Lessings Auseinandersetzung mit dem Prinzip ut pictura poesis

Insofern wir Lessing in seinem ›Laokoon‹ nicht mehr »Grundwahrheiten«, »Grundgesetze«, »Naturgesetze« der Kunst aussprechen hören, sondern an der Entfaltung und Durchsetzung einer bestimmten geschichtlichen Konzeption von Kunst und Literatur arbeiten sehen, können wir sein Verhältnis zur Tradition nicht mehr als das eines Überwindens von obsoletem Altem bestimmen. Natürlich führt seine Schrift einen Schritt näher an das heran, was uns heute vertraut ist. Aber derlei muß nicht immer schon als ein Überwinden zu begreifen sein, in dem Sinne, daß ein richtiges Neues an die Stelle eines verkehrten Alten gesetzt würde. Die Vorstellung, der ›Laokoon‹ bedeute »die Befreiung der Poesie vom Diktat der Malerei, das in der Formel ut pictura poesis zu orthodoxer Gültigkeit erstarrt war«,[1] ist schon allein deshalb nicht richtig, weil sie von einem falschen Bild der Verhältnisse vor Lessing ausgeht. Das ist ja an dem künstlerischen Konservatismus, für den hier die Namen Lukács' und Staigers stehen, immer wieder das eigentlich Überraschende: wie wenig er der Geschichte mächtig ist, auf die er sich fortwährend beruft. Weder im 18. noch im 17. Jahrhundert lassen sich literarische Erscheinungen ausmachen, in denen in irgendeiner Form ein Diktat der Malerei, verstanden als Orientierung an ihren Verfahrensweisen, Themen und Formen, zum Ausdruck käme. Das Gegenteil ist richtig: die Malerei steht unter der Vor-

---

[1] I. Kreuzer im Nachwort der Reclam-Ausgabe des Laokoon, Stuttgart 1964, S. 219. – Mit der Verkehrung dieses Lehrstücks der älteren Literaturgeschichtsschreibung in sein Gegenteil, die These, hier werde die Malerei dem Diktat der Literatur unterworfen, ein »philologischer Ikonoklasmus« auf den Weg gebracht (D. Sulzer, Poetik synthetisierender Künste und Interpretation der Emblematik, a.a.O., S. 423), womit der ›Laokoon‹ aus einer Quelle ewiger Wahrheiten zu einer Quelle »verheerender Wirkungen« wird, ist natürlich für eine historisch angemessene Würdigung nicht allzu viel gewonnen.

herrschaft der Literatur.² Doch die Rede von einem angeblichen Diktat der Malerei ist wohl ohnehin nicht viel mehr als ein Mißverständnis, basierend auf der zeitgenössischen Doppeldeutigkeit im Gebrauch des Worts malen. Denn in der Poetik des 17. und 18. Jahrhunderts heißt malen zunächst und vor allem: anschauliche Vorstellungen erwecken. Lessing selbst verwendet es noch oft genug in diesem Sinne: »jeder Zug, jede Verbindung mehrerer Züge, durch die uns der Dichter seinen Gegenstand so sinnlich macht, daß wir uns dieses Gegenstandes deutlicher bewußt werden, als seiner Worte, heißt malerisch, heißt ein Gemälde, weil es uns dem Grade der Illusion näher bringt, dessen das materielle Gemälde besonders fähig ist, der sich von dem materiellen Gemälde am ersten und leichtesten abstrahieren lassen«.³ Übrigens weist Lessing deutlich genug auf die Äquivokation im Gebrauch des Worts malen hin: »Ein poetisches Gemälde ist nicht notwendig das, was in ein materielles Gemälde zu verwandeln ist«.⁴

Aber gibt es im 18. Jahrhundert nicht die »Beschreibende Poesie«, die doch einer der Haupt-Zielpunkte von Lessings Polemik ist? Hier muß man sich zunächst klarmachen, daß es sich dabei um eine sehr junge Erscheinung handelt – das Muster der Gattung, Thomsons ›Seasons‹, erschien seit 1726 –, eine für eine bestimmte Phase der Aufklärung zwar höchst charakteristische, aber keineswegs alles beherrschende Erscheinung, deren Entstehung im übrigen weniger mit der Malerei als mit der Tradition der Lehrdichtung zu tun hat.⁵ Es fällt schwer, neben ihr im 18. und schon gar im 17. Jahrhundert andere Beispiele für die von Lessing bekämpfte »Schilderungssucht« zu finden, zumal wenn man dabei von einem modernen Begriff des Schilderns ausgeht.

---

2 Die von Lessing kritisierte These der Maffei, Richardson und Caylus, die Umsetzbarkeit einzelner Szenen in ein Gemälde sei ein Prüfstein für die Qualität einer Dichtung, ist ja doch vor allem Ausfluß und Vehikel einer Praxis, in der die Malerei ihre Stoffe der Dichtung entnimmt. Das erhellt z. B. auch aus S. Geßners ›Brief über die Landschaftsmalerei‹ von 1770, einem der seinerzeit prominentesten Plädoyers für eine »malende Poesie«, wo es mit Blick auf den Autor der ›Seasons‹ heißt: »Der Landschaftsmahler muß sehr zu beklagen seyn, den zum Exempel die Gemählde eines Thomson nicht begeistern können. Ich habe in diesem grossen Meister viele Gemählde gefunden, die ganz aus den Werken der grössesten Künstler genommen scheinen, und die der Künstler ganz auf sein Tuch übertragen könnte« (in: Geßner, Idyllen, hg. v. E. Th. Voß, Stuttgart 1973, S. 170–199, hier S. 191). Die Perspektive ist hier eindeutig die des Malers, der seinen Stoff von der Poesie bezieht.
3 Lessing, Laokoon, a.a.O., S. 100.
4 Ebenda.
5 Vgl. L. L. Albertsen, Das Lehrgedicht, Aarhus 1967; Ch. Siegrist, Das Lehrgedicht der Aufklärung, Stuttgart 1974; H.-W. Jäger, Lehrdichtung, in: Hansers Sozialgeschichte der deutschen Literatur, hg. v. R. Grimminger, Bd. 3, München 1980, S. 500–544.

Ist aber nicht das Prinzip »ut pictura poesis« in der Poetik des 18. Jahrhunderts allgegenwärtig, und spricht das nicht für eine grundsätzliche Orientierung an der Malerei? In der Tat gibt es in der ersten Hälfte des 18. Jahrhunderts kaum eine einläßlichere Äußerung über Literatur, bei der man nicht an zentraler Stelle der alten Horazischen Formel[6] begegnen würde. Und wenn sie bereits im Mittelalter, in der Renaissance und dem Barock zum Grundbestand der Poetik gehört hat,[7] so wird sie in der Zeit der Aufklärung geradezu zur Maxime alles Nachdenkens über die Poesie.[8] Dabei geht es nun jedoch weniger darum, die Literatur auf bestimmte Themen und Formen der Malerei festzulegen, als vielmehr darum, sie wie die Malerei als Mimesis begreifen zu können.[9] In dem Maße, in dem man beginnt, über den Illusionscharakter des Gemäldes und den Fiktionscharakter des Gedichts, über Imagination, Nachahmung der Natur und Natürlichkeit der Nachahmung, über Fiktion und Wahrscheinlichkeit nachzudenken, mit einem Wort: in dem man Kunst und Literatur von der Kategorie der Mimesis her begreift und diese zur entscheidenden Instanz ihrer Legitimation wird, verwandelt sich das alte Lehrstück der poetologischen Tradition in ein brisantes Stichwort, durch das sich all die neu gesehenen Probleme schlagend zu erhellen scheinen: ut pictura poesis – ebenso wie ein Gemälde seinen Betrachter illusioniert, scheint auch die Dichtung zu verfahren, wenn sie in ihrem Leser anschauliche Vorstellungen erweckt. Den Gipfelpunkt dieser Entwicklung bezeichnet in Deutschland J. J. Breitingers Poetik von 1740. Bei ihr figuriert das »Malen« bereits im Titel; er lautet: »Critische Dichtkunst Worinnen die Poetische Mahlerey in Absicht auf die Erfindung untersuchet (...) wird«.[10] Und diesem Werk verdankt Lessing viele der für sein Denken entscheidenden Stichworte.

---

[6] Horaz, Ars poetica, v. 361.
[7] Hierzu z. B. H. Blümner, Einleitung seiner Ausgabe von Lessings ›Laokoon‹, 2. Aufl., Berlin 1880, S. 1–67; P. Klopsch, Einführung in die Dichtungslehren des lateinischen Mittelalters, Darmstadt 1980, S. 42; R. W. Lee, ut pictura poesis: the Humanistic Theory of Painting, 1940, New York 1967.
[8] »ut pictura poesis erit« ist z. B. das Motto von J. B. Dubos, Réflexions critiques sur la poésie et la peinture, 1719, dt. Übers., 3 Bde., Kopenhagen 1760–1761, Bd. 1, Titelblatt, sowie des XX. Diskurses des 1. Teils der ›Discourse der Mahlern‹ von Bodmer und Breitinger, 1721–1723, ND Hildesheim 1969; ferner beschließt sie z. B. die Vorrede von Ch. Batteux, Les beaux arts réduits à un même principe, 1773, ND Genf 1969, S. 15.
[9] Die Perspektive wird also zu eng, wenn man mit der Formel ut pictura poesis nur die Beschreibende Poesie verbindet wie H. Ch. Buch, Ut pictura poesis, Die Beschreibungsliteratur und ihre Kritiker von Lessing bis Lukács, München 1972, S. 26ff. Auch geht es um mehr als nur die »Bevorzugung des Gesichtssinnes im allgemeinen«: A. Langen, Anschauungsformen in der deutschen Dichtung des 18. Jahrhunderts, 1934, ND Darmstadt 1965, S. 11ff.
[10] J. J. Breitinger, Critische Dichtkunst, 2 Bde., 1740, ND Stuttgart 1966.

Lessings Beitrag steht am Ende der großen Zeit des ut pictura poesis, gehört also zu der Phase, in der es allmählich wieder in den Hintergrund tritt. Aber er hat keineswegs zum Inhalt, es gänzlich zu beseitigen, zu »überwinden«. Vielmehr handelt es sich bei ihm darum, es auf eine neue Grundlage zu stellen, in eine neue Form zu gießen, in der es weiterdauern kann. Was die Bedeutung des ut pictura poesis in der zweiten Hälfte des 18. Jahrhunderts begrenzt, ist die mehr und mehr sich durchsetzende Auffassung, daß die Kategorie des mimetischen Illusionismus, als deren Vehikel sie zu sehen ist, zur Begründung der Kunst alleine nicht ausreichen könne; daß sie vielmehr mit der Kategorie des Schönen zu verbinden sei, nämlich in ihrer Geltung durch sie zu begrenzen und auch inhaltlich mit ihr zu durchdringen. Es ist jene eigentümliche, für die klassische Ästhetik konstitutive Entwicklung, in der die beiden antiken Lehrstücke der Mimesis und der Symmetrie, des Scheins der Kunst und des Schönen zusammenkommen, die nie zuvor prinzipiell miteinander verknüpft gewesen sind, insbesondere auch nicht in der Antike. Man muß es sich in aller Entschiedenheit klarmachen – was freilich nur in dem Maße gelingen kann, in dem man aus dem Bann der klassischen Ästhetik heraustritt –: »Das Altertum befaßte sich sowohl mit der Theorie des Schönen als auch mit der Wissenschaft von der Kunst, betrieb aber beide für sich« (W. Tatarkiewicz).[11] Und auch »im Mittelalter sind die philosophische Theorie des Schönen (und die) Kunsttheorie (...) noch streng voneinander getrennt« (R. Assunto).[12] Erst in der Renaissance rücken die Lehrstücke der Mimesis und der Symmetrie enger zusammen, freilich nur im Blick auf die Bildende Kunst. Es fehlt hier noch der allgemeine, alle Künste umgreifende Kunstbegriff, den erst die Aufklärung entwickelt, und zwar zunächst vom Begriff der Mimesis, der Naturnachahmung aus, um ihn sodann in

---

[11] W. Tatarkiewicz, Geschichte der Ästhetik, 1. Bd.: Die Ästhetik der Antike, 1962, dt. Basel 1979, S. 19. – Vgl. A. Bäumler, Ästhetik, 1934, ND Darmstadt 1972, der seinen bei Plato und Aristoteles ansetzenden geschichtlichen Abriß dementsprechend in einen Abschnitt über »die Idee des Schönen« und einen über »den Begriff der Kunst« unterteilt. »(...) wir sollten auf alle Fälle einsehen, daß in der Theorie des Schönen eine Betrachtung der Künste bei Plato völlig fehlt und bei Plotin und Augustin eine sekundäre Rolle spielt«: P. O. Kristeller, Das moderne System der Künste, 1951/52, in: Kristeller, Humanismus und Renaissance, 2 Bde., München 1974–1976, Bd. 2, S. 164–206, hier S. 167. »Niemals hat ein Platoniker sich den Formen des Kunstwerks und dem Problem der Kunstgeschichte zugewendet«: Bäumler, S. 45. Und bei Aristoteles gibt es zwar eine »Lehre von der Kunst«, gekennzeichnet durch die Begriffe der poiesis, techne und mimesis, aber die Vorstellung, es gehe ihm dabei um »schöne Kunst«, ist eine nachträgliche »Unterschiebung« (S. 43).

[12] »Das mittelalterliche Denken kennt nämlich noch nicht die Verbindung der Begriffe Sinneswahrnehmung, Kunst und Schönheit«: R. Assunto, Die Theorie des Schönen im Mittelalter, 1963, Neuausg., Köln 1982, S. 17.

einem zweiten Schritt mit dem Konzept des Schönen zu durchdringen. Das Ergebnis ist die klassische Konzeption des schönen Scheins.

In diesem übergreifenden Zusammenhang ist die Auseinandersetzung Lessings mit dem Prinzip ut pictura poesis zu sehen. Er versucht – wie vor ihm z. B. schon J. A. Schlegel[13] –, es von der ausschließlichen Bindung an die Kategorie des mimetischen Illusionismus zu lösen und näher an die der Schönheit heranzuführen. Die neue Grundlage, die er ihm gibt, ist eben das Konzept des schönen Scheins. In solch veränderter Gestalt kann es dann zum integrierenden Bestandteil der klassischen Ästhetik werden. Der ›Laokoon‹ bedeutet mithin keinen radikalen Bruch mit den Traditionen, die sich mit der Formel ut pictura poesis verbinden. Er ist nur eine Station auf ihrem Weg in die klassische Ästhetik hinein, eine Stufe der Umdeutung und Neubegründung und insofern geradezu das Bindeglied zwischen ihrer älteren und jüngeren Geschichte. Bei der späteren Phase hat man etwa an die einschlägigen Arbeiten Goethes zu denken, der das, was er zum Thema des schönen Scheins, der Natur und der Kunst zu sagen hat, immer noch mit Vorliebe nach dem Prinzip ut pictura poesis entwickelt, so z. B. in seinen Anmerkungen zu Diderots ›Versuch über die Malerei‹. Dieses Dokument kann im vorliegenden Zusammenhang als besonders aufschlußreich gelten, treffen in ihm mit der Übersetzung Diderots und den Anmerkungen Goethes doch eben die beiden Positionen aufeinander, um deren Unterscheidung es hier geht, das Prinzip der Mimesis vor und nach seiner konsequenten Durchdringung mit dem Konzept des Schönen.[14]

Im folgenden sei nun versucht, die Entwicklung nachzuzeichnen, innerhalb derer sich die Entfaltung und Begrenzungn des Prinzips »ut pictura poesis« vollzieht. Die Geschichte seiner wechselnden Interpretationen und Begründungen, an deren Anfang die Deutung steht, die es zum Motto aller zukunftsweisenden Poetik macht, und deren Ende Lessings »ut pictura poesis non erit« markiert, kann als Schlüssel zu den Wandlungen dienen, die die Wort-Bild-Beziehungen in der Zeit der Aufklärung auf allen Ebenen erleben. Sie wird damit zugleich den grundlegenden Wandel besser verstehen lehren, der die Geschichte der Literatur im 18. Jahrhundert prägt. Und zwar wird so gerade jene Seite des Epochenumbruchs ins Licht gerückt werden, die bisher noch nicht hinreichend gewürdigt worden ist. Wenn von ihm zum Beispiel als dem Übergang »von der Sinnbildsprache zur Ausdruckssprache« die Rede

---

[13] J. A. Schlegel, Von den höchsten und allgemeinsten Grundsätzen der Poesie, 6. Abhandlung im Anhang seiner Übersetzung von Ch. Batteux, Einschränkung der Schönen Künste auf einen einzigen Grundsatz, 2 Bde., Leipzig 1770, Bd. 2, S. 185-248.

[14] Diderots Versuch über die Malerei, übersetzt und mit Anmerkungen begleitet, in: Propyläen, 1798-1800, ND Stuttgart 1965, S. 187-230 u. 366-409, hier etwa S. 195-196.

ist,[15] so wird damit vor allem auf die subjektiv-erlebnishafte Quelle der neuen Art und Kunst hingewiesen. Mit ihr als dem Fundament der Kunst hängt aber untrennbar der neue mimetische Illusionismus zusammen, und das heißt: eine von Grund auf veränderte Gestaltung des anschaulichen Aspekts von Literatur, verändert im Sinne einer Aufwertung, ja Verselbständigung der Anschauung.

Bevor die poetologische Diskussion der Aufklärung näher untersucht wird, sei zunächst versucht, sich des Ursprungssinns der Formel ut pictura poesis zu vergewissern, sei mithin gefragt, welche Bedeutung sie bei Horaz hat. Es wird sich zeigen, daß sich ihr Sinn erst im Kontext jener antiken Denktradition ganz erschließt, die Poesie und Malerei vom Konzept der Mimesis aus als wesensverwandt begreift. Eben dieses Verständnis hat die aufklärerische Poetik im Sinn, wenn sie sie zu ihrer Maxime wählt. ut pictura poesis: die Poesie soll wie die Malerei als Nachahmung der Natur zu begreifen sein.

Freilich muß sie sich diesen Ursprungssinn erst neu erschließen. Denn die humanistische Tradition hat ihr den Satz ut pictura poesis in durchaus anderer Bedeutung überliefert. In der humanistischen Kunsttheorie, wo sie eigentlich »ut poesis pictura« heißen müßte, wird sie vor allem auf die historia bezogen, also mit der Vorstellung gefüllt, daß die Malerei ihre Stoffe der Geschichte und Naturgeschichte entnimmt, wie sie ihr in literarischer Vermittlung vorliegen. Und in der humanistischen Poetik wird sie immer wieder mit dem ornatus, insbesondere mit der dichterischen Bildlichkeit verbunden, die für sie immer schon eine allegorische Bildlichkeit ist. Sie kann hier also als Hinweis auf die Momente verstanden werden, die, wie im 4. Kapitel gezeigt, die Wort-Bild-Beziehungen in der frühen Neuzeit bestimmen: auf die Kategorien der historia als Inbegriff des Stoffs und der allegoria als Inbegriff der Sinnbildung.

Es wird zu fragen sein, wie es dazu kommen konnte. Natürlich hat die Formel ut pictura poesis nur insofern eine neue Bedeutung annehmen können, als sie zwar getreulich überliefert, aber nicht mehr im ursprünglichen Sinne verstanden worden ist. Ein Verständnis im Sinne von Mimesis ist offensichtlich unerreichbar geworden; so tritt an seine Stelle, was man verstehen kann. Damit wird uns die Geschichte des ut pictura poesis auf einen Zusammenhang führen, der von größter geschichtlicher Tragweite ist, aber noch kaum in das allgemeine Bewußtsein gedrungen ist: daß Kunst und Literatur bis weit in die Neuzeit hinein auf einer anderen Grundlage als der der Mimesis stehen; daß das, was Mimesis heißt, in der Spätantike untergegangen ist, und dies nicht nur dem Begriff, sondern auch der Sache nach.

---

[15] So der Untertitel von P. Böckmanns Formgeschichte der deutschen Dichtung.

Die Kunsttheorie und Poetik des Humanismus lassen keinen anderen Schluß zu. Denn ihre intensive Bemühung um die antiken Quellen, insbesondere um eine Neuaneignung der aristotelischen Poetik, machen zwar den Begriff der Mimesis wieder präsent und lassen sogar erneut erkennen, daß er die antike Grundlage des Prinzips ut pictura poesis ist, doch bleibt dies ohne nennenswerte Konsequenzen für seine Ausführung. Weiterhin zielt die Kunsttheorie primär auf das Moment der historia, die Poetik auf das der allegoria, wenn sie sich der Formel bedienen. So steht noch in der Barockpoetik das ut pictura poesis im Sinne von Mimesis ganz im Schatten eines ut pictura poesis, das die allegorische Bildlichkeit meint. Das aber hat zur Voraussetzung, daß die Mimesis in der Spätantike nicht nur dem Begriff, sondern auch der Sache nach untergegangen ist. Ihre Wiedergewinnung als Begriff bleibt solange ein blindes Motiv der Poetik, als sie der Sache nach noch nicht wieder zu neuer Bedeutung gelangt ist. Das manifestiert sich am deutlichsten darin, daß der Begriff des simulacrum (Abbild), wo er Eingang in die Poetik findet, an den der similitudo (Gleichnis) angeglichen, ja mit ihm identifiziert wird. Was die Poesis an imagines rerum und an res gestae gibt, was sie an Dingen im Raum und Ereignissen in der Zeit zur Darstellung bringt, wird immer schon als similitudo verstanden. Erst die Aufklärung reaktiviert mit Hilfe der Formel ut pictura poesis die Dimension des simulacrum.[16]

6. Kapitel

Zur Geschichte des Prinzips ut pictura poesis
und zum allegorischen Darstellungsstil des Barock

ut pictura poesis bei Horaz[1]

Wer den Satz »ut pictura poesis« zum ersten Mal innerhalb des Kontexts liest, in dem er bei Horaz steht, der mag davon überrascht sein, wie wenig ihm die ungeheure Wirkung anzusehen ist, die er in der Geschichte der Poetik gehabt

---

[16] Methodisch beschreiten wir damit einen Weg, der sich gerade in der neueren Barockforschung als fruchtbar erwiesen hat: aus der Art und Weise, wie in der Poetik Lehrstücke der antiken Poetik und Rhetorik rezipiert werden, insbesondere aus dem, was sich dabei an Unverständnis, Mißverständnissen und gelegentlich gar an Widerspruch zeigt, wird auf die Eigenart der zeitgenössischen Literatur geschlossen; vgl. z. B. H.-J. Schings, Consolatio Tragoediae, Zur Theorie des barocken Trauerspiels, in: Deutsche Dramentheorien, hg. v. R. Grimm, Frankfurt 1971, Bd. 1, S. 1–44.

[1] Folgende Horaz-Ausgaben und -Kommentare wurden befragt: die lat.-dt. Horaz-Ausgabe von H. Färber und W. Schöne (München 1957), die lat.-dt. Ausgabe der Ars poetica von H. Rüdiger (Zürich 1961), die kommentierten Ausgaben der Epi-

hat. Allenfalls ein Moment mag davon auszunehmen sein: das seiner formelhaften Kürze; durch sie scheint er zum Merksatz der Poetik geradezu prädestiniert. Im übrigen aber begegnet man ihm hier als einem Wort, das nur beiläufig fällt; das aus dem Zusammenhang der Rede entfernt werden könnte, ohne daß sich dadurch deren Sinn verändern würde. Es findet sich in jenem Teil der Horazischen Ars poetica, in dem von den Fehlern (vitia) der Poeten gehandelt wird. Wenn in einer Dichtung (carmen), so erklärt Horaz, das meiste glänzend sei (plura nitent),[2] dann könne man über den einen oder anderen Makel durchaus hinwegsehen[3] – um den Gedankengang später mit der Bemerkung fortzuführen, das durch und durch Mittelmäßige sei allerdings unerträglich.[4] Zuvor gibt er jedoch – wie es scheint, als Warnung vor einem allzu raschen Konstatieren von Fehlern – zu bedenken, daß man sich bei einer Dichtung manches aus der Nähe ansehen müsse und anderes mehr von weitem, damit es wirke, manches in scharfem Licht und anderes in Halbdunkel, und daß manches nur einmal und anderes mehrfach Freude bereiten könne – genau wie bei einem Gemälde.[5] Mehr als ein geistreiches Aperçu ist dieser Halbsatz nicht; jedenfalls ist er alles andere als eine Darlegung der Gemeinsamkeit beider Künste. Daß gerade dieser Versteil eine solche Berühmtheit erlangt hat, kann nur mit dem kanonischen Rang erklärt werden, den die ars poetica schon in der Spätantike und erst recht im Mittelalter und im Humanismus innehatte, genauer: mit der Art und Weise, in der man damals derart kanonische Texte handhabte.

Die Beiläufigkeit, mit der Horaz das ut pictura poesis ausspricht, ist freilich auf ihre Weise aufschlußreich genug. Es bedurfte offenbar keiner Begründung, wenn Gegebenheiten der Dichtung mit Hinweisen auf die Malerei erläutert wurden, war eine Weise des Zugriffs, die allgemein anerkannt, ein methodischer Kniff, der gang und gäbe war.[6] Horaz selbst hat sich seiner bereits zu Beginn seiner ›ars‹ mit großem Nachdruck bedient, und hier auch keineswegs bloß nebenher, sondern um den zentralen Gedanken seiner Poetik, den des decorum (prepon), auf plausible, schlagende Weise einzuführen. Insofern kann v. 361 als eine Reminiszenz des ersten Abschnitts gelten, und

---

stulae von A. Kießling und R. Heinze (6. Aufl., Berlin 1959) und von A. S. Wilkins (London 1965) sowie die kommentierte Ausgabe der Ars poetica von C. O. Brink (2 Bde., Cambridge 1963 und 1971).

[2] W. Schöne übersetzt: »wo im großen das Werk blitzsauber ist« (2. Teil, S. 251), H. Rüdiger: »ist eine Dichtung im ganzen in Ordnung« (S. 37); beide suggerieren damit hier wie auch sonst in ihren Übersetzungen einen Ganzheitsbegriff, der seine Herkunft aus der klassischen deutschen Ästhetik nicht verleugnen kann und von dem wohl zu fragen ist, wie angemessen er Horaz sein kann.

[3] v. 347–360, hier v. 351–352.

[4] v. 366–390.

[5] v. 361–365.

[6] C. O. Brink, a.a.O., Bd. 2, S. 368ff.

es mag sein, daß seine zeitgenössischen Rezipienten ihn stets mehr oder weniger deutlich mit im Hintergrund sahen.

Horaz läßt in jenem einleitenden Teil bekanntlich einen Maler (pictor) vor den Augen des Lesers ein monströses Mischwesen entwerfen, das sich aus Mensch, Pferd, Vogel und Fisch zusammensetzt, um hieran anschließend zu erklären: einem solchen Bild, über das jeder lachen müßte, gliche ein Buch (isti tabulae fore librum persimilem), in dem Vorstellungen entworfen würden, die leerer Trug wären wie die Träume eines Fiebernden (cuius velut aegri somnia vanae fingentur species), so daß nichts recht zusammenpaßte.[7] Das Fazit lautet, frei formuliert: wie beim Maler hat auch beim Dichter die Freiheit der Erfindung (audendi potestas) ihre Grenze am decorum.[8] Im folgenden wird das noch dreimal von Beispielen der Bildenden Kunst aus erläutert.[9]

Dies ist nun ohne Zweifel mehr als ein Aperçu, es ist wohl auch mehr als nur ein poetisch-pädagogischer Kunstgriff, um das Prinzip des decorum in

---

[7] v. 6–9.
[8] v. 12–13.
[9] v. 19–21, 30, 32–35. – Mit dieser Paraphrase schließt sich die vorliegende Untersuchung an jene Schule der Horaz-Auslegung an, die in der »ethisch wie ästhetisch gleichermaßen fruchtbaren Idee des prepon, des Schicklichen, Taktvollen, Angemessenen« (H. Rüdiger, S. 8) das gedankliche Zentrum der ars poetica sieht; hierzu vor allem W. Steidle, Studien zur ars poetica des Horaz, 1939, ND Hildesheim 1967. Ohne in die Diskussion der involvierten philologischen Probleme eingreifen zu können, sei doch die Skepsis gegenüber der Grundthese des Horaz-Kommentators C. O. Brink einbekannt, Horaz gehe es vor allem um den Gedanken des Kunstwerks als eines organischen Ganzen, den er über verlorene Zwischenstufen (Neoptolemos von Parion) von Aristoteles bezogen habe (Horace on Poetry, Bd. 2, S. 75ff.); daß Horaz mit Aristoteles ausgerechnet den Ganzheitsbegriff der deutschen Klassik gemein haben sollte, ist wohl von allen denkbaren Möglichkeiten die unwahrscheinlichste. Es sei mir erlaubt zu bemerken, daß mir gerade der Anfangsteil der ars ohne die Brinksche These viel besser verständlich scheint als mit ihr. Die Einheitlichkeit der Dichtung, von der Horaz hier spricht, ist eine, die aus dem decorum erwächst; das machen vor allem die Beispiele deutlich, die er mit Blick auf die Dichtung selbst wählt: Annehmliches und Wildes (v. 12) oder Feierlichkeit des Anfangs und Lieblichkeit des Folgenden (v. 13ff.) passen nicht zusammen. Die organologischen Vergleiche, mit denen Horaz seine Einheitsvorstellung verdeutlicht, sind kein Argument gegen das prepon; auch das prepon wird so erläutert, z. B. bei Cicero, de officiis 1, 98. Übrigens wendet Cicero den Begriff des prepon nebeneinander auf Maler, Dichter und Redner an: orator 73–74. Auch der Horaz-Kommentar von Kießling und Heinze, bei dem noch keineswegs von einer methodischen Distanz zu den Traditionen der organologischen Ästhetik gesprochen werden kann, setzt den Einheitsbegriff des Horaz gegen den der aristotelischen Poetik ab (S. 289). Zum Verständnis des gesamten Zusammenhangs scheint eine Stelle der platonischen Nomoi besonders geeignet, auf die Steidle hingewiesen hat (S. 25); dort ist von Verstößen der Dichter gegen das prepon die Rede, die, anstatt ein einziges Ding nachzubilden, Tierisches und Menschliches und anderes mehr durcheinandermengen, was wie bei Horaz zu einem lächerlichen Ergebnis führen soll (Nomoi 669 cd).

seiner fundamentalen Bedeutung für die Dichtung plausibel zu machen – aber eine grundsätzliche Bestimmung des Verhältnisses von Wort- und Bildkunst kann man darin natürlich noch immer nicht sehen. Freilich liegt ihm deutlich genug eine bestimmte Auffassung von diesem Verhältnis zugrunde, eine Theorie, ohne die der Gedankengang nicht greifen könnte. Sie lautet: 1. Malerei und Dichtung sind im Grundsätzlichen miteinander verwandt, insofern beide Künste »Vorstellungen«, Bilder, nämlich »species«, die mit »somnia« verglichen werden,[10] »vor die Seele des Lesers« bzw. des Betrachters »führen«.[11] 2. Was es damit auf sich hat, wird am Gemälde auf eine viel handgreiflichere, schlagendere Weise deutlich als an der Dichtung, d. h. was am Gemälde zutagetritt, gilt zwar auch für die Dichtung, ist an ihr aber schwerer zu fassen. Im vorliegenden Fall geht es eben um die Bedeutung des decorum (prepon) beim Zusammenbringen des Inhaltlichen. Was es heißt, wenn man ihm zuwiderhandelt, wird beim Gemälde offenbar viel schneller, auf eine rascher überzeugende Weise deutlich als bei einer Dichtung, bei der man es sich stets eigens vor Augen stellen muß.

Hierüber mag man nun denken, wie man will – eines immerhin ist deutlich: wenn Horaz Gegebenheiten der Literatur von Befunden der Bildenden Kunst aus erläutert, so stellt er sich damit in eine Tradition poetologischen Argumentierens, die von dessen Anfängen oder jedenfalls doch von Plato und Aristoteles bis hin zu den Kirchenvätern reicht und die wesentlich, wenn auch nicht ausschließlich, von dem Gedanken der Mimesis getragen ist.[12] Als wie präsent diese ihre Grundlage bei Horaz angesehen werden kann, muß hier darum nicht unbedingt entschieden werden; es genügt zu sehen, daß Horaz sich auf ein offenbar sehr verbreitetes Argumentationsmuster stützt und daß dieses seinem Ursprung und seinem gedanklichen Gehalt nach wesentlich in der Theorie der Mimesis gründet. Die Frage nach dem Sinn des ut pictura poesis führt somit grundsätzlich auf die Geschichte des Mimesisgedankens in der Antike.

Der Begriff der Mimesis als Grundlage des Prinzips ut pictura poesis in der Antike

Ursprünglich scheinen Bildende Kunst und Dichtung bei den Griechen keineswegs als wesensverwandt begriffen worden zu sein. Die Dichtung – dra-

---

[10] v. 7–8.
[11] Die zitierte Formulierung nur mit Blick auf die Dichtung bei Kießling-Heinze, S. 290. – Die Ausleger schwanken bei der Übersetzung von »species« zwischen den Bedeutungen »Teil« und »Vorstellung«; die meisten setzen auf »Vorstellung«, C. O. Brink auf beide zugleich: Bd. 2, S. 89–90.
[12] Vgl. C. O. Brink, Bd. 2, S. 368ff.; Brink sieht bei solchen Vergleichen allerdings wiederum vor allem den Gedanken des organischen Ganzen am Werk und erst in zweiter Linie den der Mimesis.

matische Dichtung, Chorgesang und ähnliches – zählte für sie zusammen mit Musik und Tanz zu den musischen Künsten, während Malerei und Plastik der techne zugerechnet wurden, wo sie sich in der Nachbarschaft von »Künsten« wie Architektur und Schiffsbau befanden.[13] Die Ursache dafür mag darin zu sehen sein, daß sich die musischen Künste anders als Malerei und Plastik nicht in der Arbeit an einem Werkstoff manifestieren und in einem Werk, einem dinghaften Gebilde auskristallisieren, sondern sich gleichsam in der Vollzugsform der Aufführung nur ereignen und mit dem Ereignis wieder vergehen. Dieser Unterschied stand offenbar zunächst so sehr im Vordergrund, daß von Gemeinsamkeiten nicht die Rede sein konnte.[14] Er bleibt auch später noch, nachdem Bildende Kunst und Dichtung einander zugeordnet worden sind, ein Gesichtspunkt, der bei ihrer Gegenüberstellung eine Rolle spielt. Daß die Bildende Kunst zum Beispiel in der Schrift ›Über das Erhabene‹ gegenüber der Rede abgewertet wird,[15] in Philostrats ›Leben des Apollonius‹ hingegen als die vollkommenere Kunst erscheint,[16] hat beide Male dieselbe Ursache: daß sie nämlich wesentlich als techne bestimmt wird. Da die Tendenz der erstgenannten Schrift die Herabsetzung der techne gegenüber der physis, der Kunst gegenüber der Natur ist und in der zweiten umgekehrt eine von der techne mitbestimmte Mimesis, die sich sowohl des Geists als auch der Hand bedient, mehr gilt als eine Mimesis allein mit dem Geist, führt das in dem einen Fall zur Abwertung und in dem anderen zur Hochschätzung der Bildenden Kunst.

Wenn nun im Fortgang der Entwicklung in Griechenland die Wesensverwandtschaft der beiden Künste in den Vordergrund tritt, so scheint das vor allem in der fortschreitenden Entfaltung des Gedankens der Mimesis begründet zu sein.[17] Was aber heißt Mimesis?[18] Der Versuch, dieses antike Konzept theoretisch zu durchdringen, stand lange, vielleicht allzu lange im Zeichen jener Abwertung des Nachahmungsbegriffs, die sich im späten 18. Jahrhundert vollzogen hat. Bis zuletzt ging und geht es immer wieder wesentlich darum, ihn vor der als platt perhorreszierten Auslegung als Nachahmung in Schutz zu nehmen und mit Begriffen wie Darstellung oder gar Ausdruck auf

---

[13] W. Tatarkiewicz, Geschichte der Ästhetik, Bd. 1, S. 47–49.
[14] W. Weidlé, Vom Sinn der Mimesis, in: Eranos-Jb. 31, 1962, S. 249–273, hier S. 264–265.
[15] de subl. 36, 3–4; hier wird die griech.-dt. Ausg. des Pseudo-Longin von R. Brandt (1966, 2. Aufl., Darmstadt 1983) benutzt.
[16] Philostrat, v. Apoll. 2, 22; hier wird die griech.-dt. Ausg. v. V. Mumprecht (München 1983) benutzt.
[17] P. O. Kristeller, Das moderne System der Künste, a.a.O., S. 170.
[18] Grundlegend hierzu: H. Koller, Die Mimesis in der Antike, Bern 1954; wichtig aber die Kritik und die Ergänzungen bei W. Weidlé, Vom Sinn der Mimesis, a.a.O., S. 256ff., bei G. Sörbom, Mimesis and Art, Uppsala 1966, S. 13ff., und bei E. C. Keuls, Plato and Greek Painting, London 1978, S. 10f.

einen angeblich wesentlich das Schöpferische meinenden Ursprungssinn hinzuweisen. Es käme aber, wie z. B. W. Weidlé betont hat, darauf an, sich von dieser Perspektive zu lösen, und dies vielleicht noch mehr, als Weidlé selbst es gelungen ist. Für die Zwecke der vorliegenden Arbeit sei Mimesis durch den Begriff der Vergegenwärtigung erläutert, und es sei sogleich hinzugefügt: Vergegenwärtigung des Mythos.[19]

Denn durch seine ganze antike Geschichte hindurch bleibt das Konzept der Mimesis wesentlich, wenn auch nicht ausschließlich, auf mythologische Themen bezogen, wie umgekehrt gilt, daß es im wesentlichen mimetische Formen sind, in denen man den Mythos hat; die Dichter sind ja immer als diejenigen angeführt worden, denen die Griechen ihre Götter verdanken. Wenn Dichtung und Bildende Kunst im Zeichen des Mimesisbegriffs nebeneinandergestellt werden, wie das bis 400 v. Chr. bereits allgemein üblich geworden sein soll,[20] wird mithin eine Wesensverwandtschaft ins Licht gerückt, die sowohl inhaltliche als auch formale Aspekte hat: beide Künste gestalten denselben Stoff, die Mythologie, und beide gestalten ihn auf dieselbe Art, in der Weise der Vergegenwärtigung.

Ursprünglich gehört solche Mimesis dem religiös-kultischen Raum an, in dem Vergegenwärtigung einen ganz handgreiflichen Sinn hat: im rituellen Tanz vollzieht sich die Epiphanie des Gottes. Ähnliches gilt vom Kultbild; in ihm soll der Gott als er selbst gegenwärtig sein. Die griechische »Aufklärung« führt mit ihrer Wendung gegen den Mythos, mit ihren Versuchen, ihn durch Philosophie zu begrenzen und zu ersetzen, dann zunächst zu einer totalen Ablehnung der Mimesis und schließlich zu einer Veränderung ihres Verständnisses, die man Säkularisation nennen möchte. Das Vergegenwärtigte soll nun nicht mehr als es selbst anwesend sein, sondern nur noch als solches vorstellbar werden. Damit tritt der Illusionscharakter der Mimesis erst ganz an den Tag. Man mag freilich fragen, wieviel ihr von dem alten magischen Verhältnis noch immer bleibt.[21]

In einer Fülle von Äußerungen bezeugen sich die Faszination, die von der Mimesis ausging, und der immer wieder neue Versuch, ihre wunderbare Macht erkennend zu durchdringen und ihr einen angemessenen Platz im

---

[19] »In der Antike wurde für die Geschichte imitari (mimeisthai) nicht verwendet, da der Mimesisbegriff mit dem Mythos und der Art seiner Vergegenwärtigung zusammenhängt. Mimesis bedeutet Erneuerung des Ereignisses, deshalb können sich die Historiker nicht auf mimesis und imitatio berufen«: H. Blumenberg in der Diskussion, in: Nachahmung und Illusion, hg. v. H. R. Jauß, Poetik und Hermeneutik I, 1963, 2. Aufl., München 1969, S. 195. – Ein besonders deutlicher Beleg dafür sind die Ausführungen des Aristoteles zu Mimesis und Mythos im 6. Kapitel seiner Poetik.
[20] C. O. Brink, Horace on Poetry, a.a.O., Bd. 2, S. 369.
[21] W. Weidlé, Vom Sinn der Mimesis, a.a.O., S. 259–260.

Leben der Gesellschaft zuzuweisen. Man denke etwa an die Geschichte von Pygmalion, der sich in eine von ihm selbst geschaffene Statue verliebt, oder an die von den Trauben des Zeuxis, auf deren Bild sich die Vögel stürzen. Hierher gehört aber auch das von Plutarch mehrfach kolportierte Aperçu des Sophisten Gorgias, die Tragödie sei eine Täuschung, bei der der Getäuschte klüger sei als der nicht Getäuschte.[22] Nicht zuletzt sind in diesem Zusammenhang die platonischen Versuche zu sehen, die Mimesis bald als Blendwerk zu denunzieren (Politeia, Sophistes) und bald im Sinne bestimmter pädagogischer Programme zu domestizieren (Nomoi).

»Aufgeklärter«, »rationaler« erscheint die aristotelische Auffassung der Mimesis. Sie ist hier eine Möglichkeit »zu lernen und herauszufinden, was ein jedes sei«, und insbesondere den Menschen zu studieren.[23] Sie wird hier also zu einem Organon der Erkenntnis in unmittelbarer Nähe zur Philosophie. Diese Sicht setzt voraus, daß der Mythos, der als Stoffgrundlage allgegenwärtig ist und bleibt, als Mythos bereits in gewisser Weise verblaßt ist. Das heißt, daß es in der Kunst nicht mehr so sehr um ihn als vielmehr um den Menschen und sein Verhalten in den vom Mythos vorgezeichneten Situationen geht, gleichsam um eine säkulare Anthropologie. Die Mimesis kann sich so gegenüber dem Mythos oder vielmehr dem Mythischen am Mythos verselbständigen, denn er bleibt ja, wie angedeutet, der Stoff, aus dem die Kunst ist. Immerhin kennt die aristotelische Poetik ein Vergnügen an der Abbildung, das unabhängig von dem am Abgebildeten ist, ja sie spricht sogar von einem Vergnügen an der Kunstfertigkeit unabhängig von dem am Abbilden.[24] Damit scheint sie die platonische Unterscheidung zwischen dem Was, der Richtigkeit und der Schönheit der Nachbildung[25] aufzunehmen, um sie im Sine des Gedankens der Selbständigkeit von Mimesis zu entfalten. Ein höchst nüchternes Verhältnis ihr gegenüber verraten auch die Überlegungen dazu, wie eine Tragödie eingerichtet sein müsse, um als Mimesis vollkommen zu sein, und das heißt eben auch: um ihr Publikum möglichst vollkommen illusionieren zu können. Letzteres wird da besonders deutlich, wo dem Dichter eingeschärft wird, vor allem auf den Anschein der Wahrscheinlichkeit zu achten, auch und gerade dann, wenn er nur auf Kosten der Wahrheit zu erreichen ist.[26] Mimesis wird so zum Handwerk der Illusionierung.

---

[22] Plutarch, mor. 15 d, u. ö. – Hier wird die fünfzehnbändige griech.-engl. Ausgabe von F. C. Babbitt u. a. (London 1949 ff.) benutzt, ferner die dt. Übers. von J. Ch. F. Bähr (Stuttgart 1828).
[23] Aristoteles, Poetik, 1448 b u. 1451 b. Das Zitat ist der Übersetzung von O. Gigon entnommen (Stuttgart 1961, S. 27). – Vgl. hierzu E. Grassi, Die Theorie des Schönen in der Antike, 1962, Neuausg., Köln 1980, S. 162 ff., etwa S. 169.
[24] Aristoteles, Poetik, 1448 b.
[25] Plato, Nomoi, 669 b.
[26] Aristoteles, Poetik, c. 24–25.

Noch einen Schritt weiter in der Entfaltung der Möglichkeiten, die in dem Konzept der Mimesis liegen, scheint die Entwicklung bis zu Plutarch gegangen zu sein, wenn bei ihm an den Anfang der Schrift über die literarische Erziehung die Forderung gestellt wird, die Einsicht in die Lügenhaftigkeit der Dichtung sei die Grundlage, die bei der Auseinandersetzung mit Literatur stets gegenwärtig gehalten werden müsse.[27] Der Grund dafür ist natürlich, daß der junge Leser vor der Macht der Mimesis bewahrt werden soll, die ihm auch Falsches und Verderbliches einprägen könnte. Aber in dem Postulat, stets eingedenk des Zaubers der Poesie zu sein, sich ihren Wirkungen immer nur im Bewußtsein dieser ihrer Wirkungen hinzugeben,[28] darf man vielleicht doch so etwas wie eine Vorform, ein antikes Analogon jenes Fiktionalitätsbewußtseins sehen, das seit der Aufklärung wesentlich zum Umgang mit Literatur gehört. Für diese Überlegung spricht, daß Plutarch Gegenstände und Fabeln der Dichtung als dichterische Fiktion zu begreifen scheint,[29] auch wenn er sie als mythisch kennzeichnet, ja gerade weil er sie so sieht. Denn bis zu seinem Jahrhundert ist der Mythos längst schon so weit ausgehöhlt, kritisch durchleuchtet und rational aufgelöst, scheint er dem gebildeten Leser so unglaubwürdig, exotisch und unverbindlich, daß er als Produkt der menschlichen Phantasie aufgefaßt werden kann. Die Kategorie der Fiktion stellt sich so als Resultat einer wachsenden Distanz zum Mythos dar. Von einem voll ausgebildeten Fiktionalitätsbewußtsein wäre allerdings erst in dem Moment zu reden, in dem Dichtung nicht nur nachträglich zur Fiktion erklärt wird, sondern auch als solche entsteht.

Welche Möglichkeiten für die antike Kunsttheorie in dem Konzept der Mimesis liegen, mag schließlich noch ein Gedanke aus dem bereits angeführten ›Leben des Apollonius von Tyana‹ verdeutlichen helfen. In einem langen Gespräch über die Malerei[30] läßt Philostrat Apollonius den Anteil des Geistes (nous) an der Malerei herausarbeiten: die malerische Mimesis ist nicht das Werk der Hände allein, sondern vor allem auch des Geistes, wobei eine Mimesis im Geiste auch ohne eine solche der Hände möglich sein soll. Zu letzterem ist der Mensch durch seine Natur (physis) befähigt, während es zu ersterem der Schulung bedarf (techne). Jene Mimesis im Geiste ist aber nicht nur bei dem produzierenden Künstler anzunehmen; auch der Betrachter des Kunstwerks hat sie nötig. Um schätzen und bewundern zu können, was in ihm dargestellt ist, muß er in seinem Geist (nous) ein Bild, eine Idee (eidolon) des Dargestellten entwerfen. Darf man wohl bei dieser Mimesis im Geiste

---

[27] Plutarch, mor. 16a.
[28] Ebenda, 16d–e.
[29] 20b–c.
[30] Philostrat, v. Apoll, 2, 22.

223

schon an die Vorstellung der »inneren Bühne der Einbildungskraft« denken, wie sie später von der klassischen deutschen Ästhetik entwickelt wird?[31]

Unabhängig von solchen Wandlungen ist und bleibt das Konzept der Mimesis als Vergegenwärtigung des Mythos hier die Grundlage des Prinzips ut pictura poesis. Und ob der mit dem Namen des Simonides verknüpfte vielberufene Satz, daß das Gedicht ein redendes Gemälde und das Gemälde ein schweigendes Gedicht sei, ausdrücklich mit dem Hinweis auf den Mimesisbegriff gerechtfertigt wird wie bei seinem wichtigsten Gewährsmann Plutarch[32] oder ob er ohne einen solchen Hinweis kolportiert wird wie in der Rhetorica ad Herennium[33] – man wird wohl davon ausgehen können, daß der antike Leser ihn dabei immer mit im Hintergrund sah. Insgesamt kann in der Geschichte des ut pictura poesis der Akzent bald mehr auf der Mimesis als dem gemeinsamen Verfahren und bald mehr auf dem Mythos als der gemeinsamen Stoffgrundlage der beiden Künste liegen. Das scheint jedoch in der Tat nie mehr zu sein als eine Akzentuierung; ganz dürfte man sich das eine ohne das andere nicht haben denken können.

Um den Zusammenhang mit dem Mimesisbegriff an einigen Beispielen zu demonstrieren, sei zunächst auf Plato hingewiesen, bei dem das ut pictura poesis als Figur der Argumentation große Bedeutung besitzt. Immer wieder werden bei ihm Grundzüge der Dichtung von Gegebenheiten der Bildenden Kunst aus erläutert, und dies vor allem, wo es um die Natur der Dichtung als Mimesis geht. Am Beispiel des Bilds wird zunächst geklärt, was Mimesis ist, woran sich dann die Behauptung anschließt, daß es mit der Dichtung ebenso stehe. In diesem Sinne argumentiert vor allem das berühmte zehnte Buch der Politeia, in dem es ja wesentlich um Dichtung geht. Wie der Maler ein Nachbildner von Nachbildungen ist, so ist es auch der Tragödiendichter,[34] wie der Maler nämlich bloß das Erscheinende nachbildet und nicht die Wahrheit,[35] so auch der Dichter;[36] »wie wir eben sagten, der Maler werde etwas machen, was man für einen Schuhmacher hält, ohne selbst etwas von der Schusterei zu verstehen (...), ebenso (...) wollen wir auch von dem Dichter sagen, daß er Farben gleichsam von jeglicher Kunst in Worten und Namen auftrage (!), ohne daß er etwas verstünde als eben nachbilden«.[37] Auf ähnliche Weise

---

[31] Vgl. E. Grassi, Die Theorie des Schönen in der Antike, a.a.O., S. 208–209.
[32] Plutarch, mor. 346f–347a.
[33] Rhet. ad Her. 4, 39: poema loquens pictura, pictura tacitum poema debet esse.
[34] Plato, Pol. 597e. – Hier und im folgenden wurde die Plato-Übersetzung von F. Schleiermacher (in der sechsbändigen Ausgabe, Hamburg 1957–1959) konsultiert.
[35] Ebenda, 598b.
[36] 598d.
[37] 600e–601a; desgleichen vor allem auch 602–603b u. 605a–b.

begegnet das Argumentationsmuster auch im Sophistes[38] und in den Nomoi.[39]

Vom Mythos ist an diesen Stellen nicht die Rede, aber man wird ihn sich dabei immer mit im Hintergrund zu denken haben. Die Untersuchung der Dichtung und der übrigen Künste geht im 2. und 3. Buch der Politeia ja von einer Auseinandersetzung mit den Mythen aus, die sie gestalten. Die platonische Kritik trifft die Künste in erster Linie als Medien des Mythos, als den Ort, an dem falsche und halbwahre Ansichten über Götter und Helden verbreitet werden, und sie trifft die Mimesis dabei mit, insofern sie die Kraft hat, Hörer und Zuschauer für das Falsche einzunehmen, der Unwahrheit den Schein der Wahrheit zu verschaffen. Deshalb muß ebenderselbe Mimesisbegriff auch zur Kritik der gleisnerischen Lügenphilosophie der Sophisten herhalten. Plato sagt also eigentlich weniger, daß die Dichter lügen, als vielmehr, daß sie über die Mittel verfügen, die es möglich machen, Lügen zu verbreiten. Das machen vollends die Nomoi deutlich, wo die vertriebenen Tragödiendichter unter der Bedingung wieder zugelassen werden, daß sie sich mit ihrer Mimesis in den Dienst der Wahrheit stellen. Und das Sprachrohr des Autors, der Athener, räumt ein, die von ihm vorgetragene Staatsutopie sei schließlich auch nichts anderes als Mimesis.[40] Nicht sie selbst ist also der eigentliche Zielpunkt der Kritik, sondern ihre Fähigkeit, Unwahres wahr scheinen zu lassen.

Wie bei Plato werden auch bei Aristoteles »technische« und »musische« Künste unter dem Begriff der Mimesis zusammengefaßt, und wie dort begegnet man hier immer dann der Argumentationsfigur des ut pictura poesis, wenn das Wesen der Dichtung als Mimesis festgestellt und erläutert werden soll. Mit ihrer Hilfe wird die Kategorie der Mimesis in die aristotelische Poetik eingeführt: »Wie es (...) Leute gibt, die kunstmäßig oder durch bloße Übung in Farben und Formen vielerlei abbilden und nachahmen, andere wiederum mit Hilfe der Stimme, so geschieht es auch in den genannten Künsten«, nämlich in Epos, Tragödie, Komödie, Dithyrambus, Auletik und Kitharistik.[41] Und auch daß Mimesis dem Menschen angeboren sei und daß er sich an ihr um ihrer selbst willen zu erfreuen vermöge, wird von der Bildkunst aus »bewiesen«, am Beispiel der Abbildung von abstoßenden Tieren, Leichen und unbekannten Gegenständen.[42] Selbst bei vielen Einzelfragen

---

[38] 234 b–c.
[39] 668 e–669, hier allerdings auf sämtliche musischen Künste bezogen.
[40] Nomoi 817; vgl. M. Fuhrmann, Einführung in die antike Dichtungstheorie, S. 82ff.
[41] Zitat aus der Übersetzung der aristotelischen Poetik von O. Gigon, a.a.O., S. 23; vgl. auch c. 25 der Poetik.
[42] Aristoteles, Poetik, 1448b.

wie der Einheit des Gegenstands[43] und der Charakterdarstellung[44] wird auf das Modell der bildnerischen Mimesis hingewiesen. Daß die Poesie als mimetische Kunst mythische Stoffe gestaltet, erhellt schon alleine aus den Beispielen, an denen Aristoteles seine Thesen demonstriert. Allerdings bedenkt er auch den Fall, daß einige oder alle Personen und Handlungen vom Dichter erfunden wären, und er kommt zu dem Schluß, daß »man nicht unbedingt (!) bestrebt sein« müsse, »sich an die überlieferten Stoffe (...) zu halten«.[45] Es ist jedoch deutlich, daß es sich dabei für ihn um Ausnahmen handelt.

Auch für die Theoretiker späterer Jahrhunderte steht das Prinzip ut pictura poesis noch im Zeichen des Mimesisbegriffs. Plutarch zum Beispiel erläutert mehrfach vom Bild aus, was es mit dem mimetischen Illusionismus der Literatur auf sich hat, etwa wo es um die illusionierende Wirkung der am Wahrscheinlichen orientierten, die Konkretion des Gegenstands leistenden Erfindung[46] oder um die Unterscheidung des Was und des Wie der Mimesis[47] geht. Wenn er die Aufgabe in den Mittelpunkt seines Programms einer literarischen Erziehung rückt, den Schüler in den mimetischen Charakter der Dichtung einzuweisen, ihm ein so klares Bewußtsein davon zu geben, daß es seinen ganzen Umgang mit Literatur prägt und durchdringt,[48] so weil Dichtung für ihn durch mythische Elemente definiert ist,[49] die er gerade als solche Erfindungen der Dichter nennt:[50] damit dem Schüler aus dem Unwahren des Mythos kein Schaden erwachsen kann, muß sein Umgang mit Dichtung von einem ausgebildeten Mimesisbewußtsein grundiert sein. Und auch Philostrat beginnt seine ›Eikones‹, eine umfangreiche Sammlung von Beschreibungen wirklicher oder fiktiver Bilder zumeist mythologischen Inhalts, mit der Formel ut pictura poesis.[51] Dabei hebt er besonders die Gemeinsamkeit des mythischen Stoffs, in seinen Worten: der Taten und Gestalten der Heroen, hervor. Sein Werk ist im übrigen ein besonders schlagendes Beispiel für das unablässige Hinüber- und Herüberwandern des Mythos von einem »Medium« zum andern.

---

43 Ebenda, c. 8.
44 c. 6, c. 15.
45 1451 b; Zitat aus der Übers. v. M. Fuhrmann, Stuttgart 1982, S. 31.
46 Plutarch, mor. 16b–c.
47 17f–18a.
48 16a–b; 25b.
49 Z. B. 15f.
50 20c.
51 Philostrat, Imag. 294, 1; benutzt nach der griech.-dt. Ausg. von O. Schönberger, München 1968.

Zum Untergang der Mimesis in der Spätantike und zur Ausbildung des rhetorischen Literaturverständnisses

Das weitere Schicksal des Prinzips ut pictura poesis ist durch das eigentümliche Faktum gekennzeichnet, daß seine sachliche Grundlage, das Konzept der Mimesis, untergeht, während es selbst überlebt, ja in anderem Geist ein ungeahntes neues Leben entfaltet. Spätestens mit der allgemeinen Durchsetzung des Christentums treibt eine Entwicklung ihrem Höhepunkt zu, der eine vom Gedanken der Mimesis her begriffene Kunst nicht standhalten kann. Mit der Lehre und Lebenspraxis einer Geistreligion sind Erscheinungen nicht vereinbar, durch die »die Augen der Seele von Gott weg und zur Erde herabgezogen werden« (Origenes),[52] die Aufmerksamkeit den Sinnendingen zugewendet und damit vom Geistigen abgezogen wird (Clemens v. Alexandria).[53] Das trifft zunächst und vor allem die Bildende Kunst als die handgreiflichere weil wirkliche Anschauung gebende Möglichkeit von Mimesis; in immer neuen Wellen wird sie bis ins 8. Jahrhundert hinein, ja – wenn man so will – bis zum 16. Jahrhundert zum Ziel von Ikonoklasmen. Die Folgen für die Literatur als lediglich um Anschaulichkeit bemühte Rede sind jedoch kaum weniger gravierend.

Der Untergang der Mimesis kündigt sich bereits vor der Christianisierung an. Seine Möglichkeit leuchtet ja bereits bei Plato auf; auch Epikur hat bekanntlich die Dichtung verworfen. Zu wesentlichen Veränderungen im Umgang mit den Künsten kommt es jedoch erst in der Spätantike, in Zusammenhang mit jenen Tendenzen der Spiritualisierung, die auch das Christentum emporgetragen haben.[54] So wird zum Beispiel seit dem Ende des 2. Jahrhunderts in der Malerei eine Zurücknahme des Illusionismus beobachtet, ein Abbau des Perspektivischen, die Bevorzugung von Goldgründen und ähnliches mehr.[55] Aber erst der Sieg des Christentums führt den Zusammenbruch der antiken Kunst und Literatur herbei, wenngleich nicht auf einmal, sondern in mehreren Schüben.[56]

---

[52] Origenes, Contra Cels. 4, 31; zitiert nach D. Stutzinger, Die Einschätzung der bildenden Kunst, in: Spätantike und frühes Christentum, Katalog Frankfurt 1984, S. 223–240, hier S. 228.
[53] Clemens von Alexandrien, Strom. 5, 28, 4; vgl. Stutzinger, a.a.O., S. 231.
[54] W. Tatarkiewicz, Geschichte der Ästhetik, Bd. 2: Die Ästhetik des Mittelalters, 1962, dt. Übers., Basel 1980, S. 9 u.ö.
[55] Vgl. A. Riegl, Spätrömische Kunstindustrie, 3. Aufl., Darmstadt 1964.
[56] Allgemein hierzu H. Koch, Die altchristliche Bilderfrage nach den antiken Quellen, Göttingen 1917; W. Elliger, Die Stellung der alten Christen zu den Bildern in den ersten vier Jahrhunderten, Leipzig 1930; A. Grabar, Die Kunst des frühen Christentums, München 1967. – Diese Arbeiten behandeln die bildende Kunst, aber wo sie das Grundsätzliche der patristischen Kunstkritik referieren, betreffen sie eben auf höchst aufschlußreiche Weise auch die Literatur.

In Paulus treffen bekanntlich die spiritualistischen Tendenzen der jüdischen und der hellenistischen Tradition,[57] und das heißt hier: die deuterojesajanische Bilderkritik[58] und der platonische Vorbehalt gegen die Mimesis als Medium des Mythos zusammen. So findet sich bei ihm, aber auch bei anderen Autoren des Neuen Testaments immer wieder die platonische Opposition von aletheia und mythoi, von »Wahrheit« und »Fabeln«, wie Luther übersetzt; in der Sprache der Vulgata: veritas und fabulae.[59] Vor den Fabeln und Genealogien,[60] den »altvettelischen Fabeln«[61] wird gewarnt, den »klugen Fabeln« die in der Augenzeugenschaft gegebene Kraft und Gegenwart Jesu entgegengehalten.[62] Ebenso wird dem heidnischen, von Menschen gemachten, toten eidolon (Vulgata: simulacrum, idolum, sculptura; Luther: Götze, Bild, Abgott) immer wieder der wahre und lebendige Gott entgegengestellt.[63] Dieser läßt sich nur auf eine einzige Weise in seiner Wahrheit und Lebendigkeit darstellen: in dem Gläubigen, der in seiner Wahrheit zu leben versucht;[64] aus diesem paulinischen Gedanken wird sich später die Lehre von der imitatio Christi entwickeln, als ein Ort, an dem der antike Mimesisbegriff im Mittelalter überdauern kann. Wir haben hier das geschichtliche Gegenstück zu jenen Entwicklungen im Übergang vom Barock zur Aufklärung vor uns, die man als Weg »von der imitatio Christi zur Nachahmung der Natur« gekennzeichnet hat.[65] So lange bleibt die paulinische Vorstellung bestimmend, daß alle »Idololatrie« ein »Werk des Fleisches« sei, das in krassem Gegensatz zu einem Leben im Geiste stehe.[66]

In den Gedanken des Paulus ist jene Kritik der antiken Kunst und Dichtung bereits in wesentlichen Zügen vorgezeichnet, die dann vor allem von der frühen Patristik formuliert wird. Die paulinischen Motive werden in ihr im Rückgriff auf die platonische Mythen- und Mimesiskritik entfaltet. Dabei wird der Zusammenhang von Mythos und Mimesis, der die antike Kunst und Dichtung grundsätzlich kennzeichnet, besonders deutlich. Die Frontstellung gegen den Mythos versteht sich für die Patristik von selbst. Ihn zu bekämpfen, heißt mit Blick auf die ungebildeten Massen, eine konkurrierende Religion zu treffen, ihn also als Mythos anzugehen, und mit Blick auf die

---

57 C. Schneider, Das Christentum, in: Propyläen Weltgeschichte, Bd. 4, Frankfurt Berlin 1963, S. 429–486, hier S. 440.
58 2. Mos. 20, 4; Jes. 40, 18ff.; Jes. 44, 9–20 u. ö.
59 Z. B. 2. Tim. 4, 4.
60 1. Tim. 1, 4.
61 1. Tim. 4, 7.
62 2. Petr. 1, 16.
63 Apg. 17, 22–31, bes. 29; Röm. 1, 21–25; 1. Tess. 1, 9; Jhs. 5, 20–21.
64 2. Kor. 6, 16.
65 H.-G. Kemper, Gottesebenbildlichkeit und Naturnachahmung im Säkularisierungsprozeß, 2 Bde., Tübingen 1981, Bd. 1, S. 215.
66 Gal. 5, 19–20.

Gebildeten, ihn als Erfindung der Dichter zu kritisieren.[67] Homer war es, der nach Augustin in der Gestalt des Jupiter mit dem Donnerer den Ehebrecher beglaubigte und zur Nachahmung empfahl; diesen Jupiter als falschen Gott zu entlarven, trifft darum vor allem auch den, der ihn erfand,[68] und in dem »Anführer der Dichter« (Plato) die Dichtung überhaupt.

Wo die Dichtung nicht geradezu schädlich ist wie hier, beschäftigt sie ihr Publikum doch immerhin mit leeren Phantasiegebilden und hält sie damit von dem ab, was wirklich wichtig ist.[69] »(...) die tausenderlei dichterischen Schöpfungen, an deren Erfindung sich die Menschen ergötzen, (sind) nur menschliche Einrichtungen; und gerade auf die falschen und lügenhaften darunter darf der Mensch am allermeisten sein ursprüngliches Eigentumsrecht geltend machen«.[70] An gleicher Stelle verwirft Augustin – ut pictura poesis – auch Malerei und Skulptur. Dabei rekurriert er ausdrücklich auf die Mimesisvorstellung. Als Werke der Nachahmung (opera simulata) sind sie eine bloße Verdoppelung des Abgebildeten und damit überflüssig: hoc totum genus inter superflua hominum instituta numerandum est.[71] Diese vergleichsweise milde Kritik ist wohl im Zusammenhang mit Augustins Haltung in der frühchristlichen »Erbe-Debatte« zu sehen, in der gerade er die antike Kultur nicht wie z. B. Tertullian pauschal verwirft, sondern differenzierend das dem Christen Dienliche der Nutzung anempfiehlt. Als Instrument der Erkenntnis läßt er Gemälde und Skulpturen nämlich durchaus zu, freilich nur, weil sie schon da sind; insofern man aus den bereits vorhandenen Werken etwas lernen kann, soll man sie sich ruhig zunutzemachen. Neue Werke hingegen scheinen durch den Begriff der Überflüssigkeit grundsätzlich ausgeschlossen. Eingehender und rigider in ihren Schlußfolgerungen haben sich zuvor schon Clemens v. Alexandrien, Origenes und Tertullian mit der Bildenden Kunst auseinandergesetzt. Der Bilderkult steht dabei im Vordergrund; seine Kritik schließt allerdings die Verwerfung jedweden Abbildes, jedweder Mimesis mit ein.

Hier mag man nun fragen, ob die Einwände der Patristik gegen Bildende Kunst und Dichtung nicht in dem Moment hinfällig werden, in dem die

---

[67] Greifbar ist diese Doppelgesichtigkeit des Mythos in der späteren Antike z. B. bei Augustin, Conf. 1, 22: »wenn ich ihnen die Frage vorlege, ob es wahr sei, daß Äneas einst, wie der Dichter sagt, nach Karthago gekommen sei, werden je nach der geringeren oder größeren Gelehrsamkeit die einen antworten, sie wüßten es nicht, die anderen, es sei unwahr«; dt. Übers. v. W. Thimme, 1950, Neuausg. München 1982, S. 47.
[68] Augustin, Conf. 1, 25.
[69] S. z. B. Conf. 1, 16 u. 20–21; 2, 2ff.
[70] Milia denique fictarum fabularum et falsitatum, quarum mendaciis homines delectantur, humana instituta sunt. Et nulla magis hominum propria, quae a se ipsis habent, existimanda sunt, quam quaeque falsa atque mendacia: Aug., de doctr. chr. 2, 39; dt. Übers. von S. Mitterer, München o. J., S. 86.
[71] Ebenda.

Kunst sich anschickt, christlich zu werden; in dem die pagane durch eine christliche Thematik, der Mythos durch die biblische Geschichte und andere Stoffe christlicher Prägung oder zumindest durch Stoffe ersetzt wird, die in christlichem Geist deutbar sind.[72] Zeigt nicht der Fortgang der Geschichte, daß sich damit die Vorbehalte von selbst erledigen? Nur dem oberflächlichen Blick kann dies so scheinen. Mit einem bloßen Austausch des Stoffs war es keineswegs getan. Bildende Kunst und Dichtung mußten von Grund auf andere werden, mußten sich in ihrem Selbstverständnis wie in ihren Verfahrensweisen wandeln, um in den Dienst der christlichen Doktrin treten oder auch nur in Einklang mit ihr gebracht werden zu können. Insofern wirken die Motive, die in der patristischen Kritik greifbar werden, sehr wohl weiter, ja in dieser oder jener Form behalten sie ihre Wirksamkeit bis in die Zeit der Aufklärung hinein.

Bildende Kunst und Dichtung mußten andere werden, wenn sie dauern sollten: sie mußten aufhören, Mimesis zu sein. Ein Darstellen, das auf das Täuschen der Sinne hin angelegt ist und dessen Wahrheit eben in der Fähigkeit liegen soll, die Sinne zu bezwingen, kann nicht der geeignete Weg sein, um die christliche Doktrin, die Lehre vom wahren und lebendigen Gott, niederzulegen und zu verbreiten, um eine Wahrheit des Geistes als wahr zu beglaubigen. Gerade die biblische Geschichte muß sich, insofern sie nicht als Mythos, sondern als Historie verstanden werden will, gegen eine solche Weise der Darstellung sperren. In eben diesem Sinne sind zum Beispiel die frühen Versuche einer Bibelepik diskutiert worden; hier sei nur auf die Kritik des Hieronymus an dem epischsten unter diesen Werken, dem ›Cento‹ der Proba, hingewiesen.[73] Man stelle sich den Satz, daß Homer den Griechen ihre Götter gegeben habe, auf die Geschichte Jesu übertragen vor – und man sieht gleich, wo hier die Grenzen liegen. »So jemand dazu setzet, so wird Gott zusetzen auf ihn die Plagen, die in diesem Buch geschrieben stehen. Und so jemand davontut von den Worten des Buchs dieser Weissagung, so wird Gott abtun sein Teil vom Holz des Lebens (...)« – mit diesen Worten schließt die Bibel (Off. 22, 18–19).

Die künstlerische Konkretion ins Anschaulich-Sinnenfällige vermag nichts zu ihr in ihrer Wahrheit hinzuzutun; sie kann sie allenfalls verfälschen. Daß die Verbindung von Mimesis und christlicher Wahrheit, insbesondere biblischer Geschichte, problematisch sei, bleibt übrigens bis weit in die Aufklärung hinein bewußt. So heißt es selbst noch bei einem so aufgeklärten Autor wie dem Abbé Dubos: »Die Begebenheiten, worauf sich unsere Reli-

---

[72] Hierzu etwa M. Fuhrmann, Die lateinische Literatur der Spätantike, in: Antike und Abendland 13, 1967, S. 56–79, hier S. 75ff.
[73] R. Herzog, Die Bibelepik der lateinischen Spätantike, München 1975, S. XLIIff.; vgl. ferner z. B. S. XLVff.

gion gründet, und die Grundsätze, die sie lehrt, sind Materien, wobei es der Einbildungskraft nicht erlaubt ist, ihr Spiel zu treiben«.[74] Noch einmal zeigt sich so der fundamentale Nexus von Mythos und Mimesis. Der Gedanke einer gleichsam freitragenden Anschauung, die auf das Bezwingen der Sinne hin angelegt ist und deren Wahrheit hierin gründet, ist nur sinnvoll, wo es um die Gestaltung des Mythos oder die Entfaltung von Fiktion geht, nicht jedoch bei einem als historisch begriffenen Stoff.

Der Geist, in dem sich die Erneuerung der Kunst und Dichtung vollzog, nachdem sie nicht mehr Mimesis sein konnte, war der des Didaktischen im weitesten Sinne.[75] Nur wenn sich bildnerisches Gestalten und dichterisches Reden nicht mehr als ein mimetisches Illusionieren, sondern als ein didaktisches Veranschaulichen begriffen, konnten sie sich die biblische Geschichte und andere christliche Stoffe zum Gegenstand machen. Und umgekehrt liegt in dem Gedanken des Pädagogischen die wichtigste Möglichkeit, Kunst überhaupt auf der Grundlage der christlichen Doktrin zu legitimieren. Auf das Bild bezogen, zeichnet sich das etwa schon bei Augustin ab, wenn er von der Möglichkeit spricht, an Bildern und Statuen Erkenntnisse zu gewinnen. Das geschieht bei ihm freilich noch in Anlehnung an den Nachahmungsgedanken und mit Blick auf die überkommene Kunst.[76] Der Gedanke, der schließlich aus den Ikonoklasmen herausführt, ist in dem Satz Papst Gregors I. greifbar: quod legentibus scriptura, hoc idiotis praestat pictura.[77] Er bleibt im ganzen Mittelalter präsent.

In dieser Rechtfertigung des Bilds manifestiert sich die handgreiflich-praktische Seite einer Legitimation der Kunst aus dem Geist christlicher Didaxe. Die andere, die theoretische Seite, die ihrer Rechtfertigung mit theologisch-systematischen Gründen, wird z. B. in der ›Summa Theologica‹ des Thomas v. Aquin greifbar. Die Anschaulichkeit der Rede wird hier wie Anschauung überhaupt mit dem Hinweis auf die leibliche Natur des Menschen gutgeheißen: »der Gebrauch von Bildern und Gleichnissen« (similitudines et repraesentationes), wesentlich der Poesie zugehörig, die an sich die unterste aller »Wissenschaften« ist (infima inter omnes doctrinas), findet sich dennoch auch überall in der Heiligen Schrift. »Gott sorgt nämlich für alle Wesen so, wie es ihrer Natur entspricht.« Es liegt in der Natur des Menschen, »daß er durch die Sinnendinge zu den geistigen geführt wird, denn alle unsere Erkenntnis geht aus von den Sinnen. So ist es also ganz entsprechend, wenn die

---

74 J. B. Dubos, Réflexions critiques, a.a.O., Bd. 1, S. 194.
75 W. Tatarkiewicz, Gesch. d. Ästhetik, Bd. 2, S. 29ff. – F. Brunhölzl, Geschichte der lateinischen Literatur des Mittelalters, Bd. 1, München 1975, S. 14ff., insbesondere S. 17ff.
76 Augustin, de doctr. chr. 2, 39.
77 Gregor, ep. 9, 13; vgl. E. Hertzsch, Bilder und Bilderverehrung: Grundsätzliches, in: RGG 1, Sp. 1275.

Hl. Schrift uns die geistigen Dinge unter Bildern verständlich macht«, die der Körperwelt entnommen sind: Deus enim omnibus providet secundum quod competit eorum naturae. est autem naturale homini ut per sensibilia ad intelligibilia veniat: quia omnis nostra cognitio a sensu initium habet. Unde convenienter in sacra Scriptura traduntur nobis spiritualia sub metaphoris corporalium.[78] Die Bibel kommt damit besonders den weniger Gebildeten entgegen, die ihre Lehre anders nicht fassen können: spiritualia sub similitudines corporalium ..., ut saltem vel sic rudes eam capiant, qui ad intelligibilia secundum se capienda non sunt idonei.[79] Letztlich bedürfen ihrer aber alle Menschen, eben weil sie Menschen sind, denn »im Zustand des gegenwärtigen Lebens vermögen wir (...) die göttliche Wahrheit nicht in sich selber zu schauen, sondern der Strahl der ewigen Wahrheit muß uns unter sinnfälligen Erscheinungen leuchten«: in statu autem praesentis vitae, non possumus divinam veritatem in seipsa intueri, sed oportet quod radius divinae veritatis nobis illucescat sub aliquis sensibilibus figuris[80] – ein Gedanke, der übrigens bis zur Aufklärung für die Rechtfertigung der Kunst unentbehrlich bleibt. So heißt es z. B. noch 1653 bei G. Ph. Harsdoerffer: »Wann die Menschen ihren Sinnbegriff unmittelbar eröffnen könten / wie die Engel und Himmlischen Geister / so solten alle Reden überflüssig gehalten werden: Weil wir aber irdische Menschen / so müssen wir das innerliche mit äusserlichen Mitteln vortragen und unsre Gedanken durch vernemliche Wort zu Gehör bringen oder mit sichtbaren Farben für die Augen mahlen«.[81] So wird das Pädagogisch-Didaktische geradezu zu einer Grundstruktur menschlichen Daseins, womit Anschauung und Anschaulichkeit über alle praktisch-pädagogischen Aspekte hinaus eine Rechtfertigung erfahren. Die Voraussetzung ist dabei freilich immer, daß sie zur Wahrheit hinleiten; daß sie sich nicht verselbständigen und sie so verstellen, sondern stets auf sie hin durchsichtig bleiben.

Was seit der Spätantike an Werken zugleich in der Tradition antiker Kunst und Dichtung und gegen sie entsteht, ist das Ergebnis eines Kompromisses zwischen der patristischen Kritik an der Kunst einerseits und der Einsicht in ihre pädagogischen Wirkungsmöglichkeiten andererseits. Dieser Kompromiß ist immer wieder neu zu finden, das Verhältnis zwischen den beiden Seiten des Bildnerischen und Literarischen und des Didaktischen stets neu auszutarieren. Eines freilich bleibt dabei unverändert: es ist ein Kompromiß auf Kosten der Mimesis. An die Stelle einer aus sich selbst schlüssigen, »freitragenden« Anschauung tritt eine funktional gebundene Anschauung –

---

[78] Thomas von Aquin, Summa Theologica 1, 1, 9.
[79] Ebenda.
[80] Ebenda, 2, 101, 2.
[81] G. Ph. Harsdoerffer, Poetischer Trichter, 3 Teile, 1648–1653, ND Darmstadt 1969, 3. Teil, S. 29–30.

gebunden nämlich an eine vorgegebene, vorab feststehende Wahrheit, die sie lediglich zu illustrieren hat, und zwar so, daß sie an ihr möglichst eindringlich zu erfahren und möglichst klar zu greifen ist. Was das bedeutet, sieht man bei der Bildkunst des Mittelalters bereits auf den ersten Blick: die Anschauung, die in ihr gegeben wird, ist gleichsam so unanschaulich wie möglich gehalten, die sinnlichen Qualitäten der Welt des Sichtbaren sind so weit wie möglich zurückgenommen; sie sind auf jenes unabdingbare Maß an Anschauung zurückgeführt, dessen es zum bloßen Bezeichnen bedarf. Damit wird die geforderte Durchsichtigkeit auf das Bezeichnete erreicht, das immer etwas Geistiges, Spirituelles ist. Das Resultat ist eben das, was wir Bedeutungsbild genannt haben.

In der Literatur vollzieht sich der Übergang von der »freitragenden« zur funktional gebundenen Anschaulichkeit im Rahmen der Rhetorisierung des Poetischen, wobei zugleich die Rhetorik ihren ursprünglichen Aufgaben entfremdet und ins Didaktische gewendet wird. Was zuvor integrierender Bestandteil, wesentliches Mittel der Mimesis war, das erscheint nun als Teil der rhetorischen Aufbereitung vorgegebener Wahrheit, wird zur energeia oder evidentia als einem zentralen Aspekt des augere.[82] Mimesis war ja – zusammen mit dem Konzept der literarischen Gattung – als zentrale Kategorie der aristotelischen Poetik das Rückgrat einer nicht rhetorischen Auffassung von Poesie, und sie erweist sich auch nach deren Untergang als nicht rhetorisierbar.[83] Die Vorstellung von einem dichterischen Gestalten, das seinen Gegenstand wesentlich mit erschafft, wenn nicht gar von Grund auf erfindet, ist dem rhetorischen Vorgehen diametral entgegengesetzt, das nur an vorgefundenen Gegenständen geübt werden kann.

Dies festzustellen heißt nicht, die mannigfaltigen Berührungspunkte zu übersehen, die es schon bei Aristoteles zwischen Rhetorik und Poetik gibt. Und wenn die Rhetorisierung des Poetischen hier vor allem mit seiner Christianisierung in Verbindung gebracht wird, so soll damit keineswegs übergangen werden, wie weit sie bereits in römischer Zeit fortgeschritten war. Schon die ›ars poetica‹ des Horaz bezeugt das in ihrer Zentrierung auf das decorum; daß man in ihr die Spuren der Mimesistheorie nur mit Mühe entdecken

---

[82] Zum Lehrstück von der enargeia/evidentia s. vor allem Quint., Inst. or., 8, 3, 61–71; 6, 2, 29–33; 9, 2, 40–44; Quintilian nennt sie die summa virtus des Redners: 8, 3, 71.

[83] Die rhetorische Figur mit dem Namen mimesis oder imitatio morum ac vitae (Cic., de or. 3, 204; Quint., Inst. or. 9, 2, 58), in der Nachbarschaft von Figuren wie fictio personarum (prosopopoiie), sermocinatio, descriptio und exemplum angesiedelt, ist natürlich etwas anderes als die hier gemeinte, Kunst und Dichtung fundierende Grundkategorie, so sehr jene benachbarten Figuren auch den sachlichen Berührungspunkt zwischen beiden Phänomenen, das Moment der simulatio (Quint. 9, 2, 26), beleuchten.

kann,⁸⁴ ist vielleicht die Voraussetzung für ihre nachhaltige Rezeption im Mittelalter. Die Jahrhunderte nach Horaz brachten jedenfalls eine immer stärkere Integration der Literatur in den rhetorischen Schulbetrieb mit sich, der schließlich als ihre einzige Plattform übrig geblieben zu sein scheint.⁸⁵ Sie ging mit der Wendung der Rhetorik ins Pädagogische einher, wie sie im mittelalterlichen und frühneuzeitlichen Verständnis mit aller Selbstverständlichkeit vorausgesetzt wird.⁸⁶ Erst durch die Patristik wird aber die Lehre von der Mimesis vollends aufgelöst, und erst dadurch wird eine durch und durch rhetorische Poetik auf den Weg gebracht. Der Kardinalfall der Rhetorik, von dem her sie sich versteht, ist nun nicht mehr die Gerichts- oder Hofrede, sondern die Predigt, eine pädagogisch-didaktische Veranstaltung.

Das rhetorische Verfahren kann nur an vorgegebenen Gegenständen geübt werden; es bedarf, um überhaupt in Gang kommen zu können, einer vorab feststehenden Wahrheit, die es weder zu mehren noch zu mindern vermag, und es kann sich nur als Schöpfen aus einem vorgegebenen Wissen entfalten. Das muß sich stets vor Augen halten, wer die rhetorisch fundierte Literatur der Zeit zwischen Spätantike und Barock verstehen will. Die Vorstellungen von einer spezifisch poetischen Wahrheit und einem spezifisch poetischen Stoff, nämlich von Fiktion im modernen Sinne, sind ihr gänzlich unangemessen. Die Wahrheit, das verum, dessen rhetorisch-didaktische Aufbereitung der Literatur obliegt, ist ihr auf eine doppelte Weise vorgegeben: zum einen abstrakt in den Lehrsätzen des christlichen Dogmas und zum anderen konkret in den Stoffen, in historisch verbürgtem oder auf andere Weise als wahr überliefertem Material, von der biblischen Geschichte, der Legende und der politischen Geschichte bis hin zu als wahr angesehenen Vorkommnissen im alltäglichen Lebensbereich. Noch bei Masenius führt das zur Unterscheidung von zweierlei dramatischen Fabeln, dem genus verisignificativum, das auf einer »geistigen oder Glaubenswahrheit« beruht, und dem genus verisimile, dessen Grundlage die »historisch-faktische Wahrheit« ist; im dritten, dem Idealfall, fließen beide Quellen des verum zusammen.⁸⁷

Solche Wahrheit rhetorisch zu bearbeiten heißt, sie nicht einfach nur in der Weise des planen Bezeichnens, des indicare, wiederzugeben, sondern sie »vergrößert«, »ausgeschmückt« darzustellen. auctor ab augendo (Isidor v. Sevilla):⁸⁸ das literarische Moment liegt wesentlich in der Handhabung des ornatus, im Arbeiten mit Tropen und Figuren, was nicht nur Metaphern und

---

84 Vgl. M. Fuhrmann, Einf. i. d. antike Dichtungstheorie, a.a.O., S. 121ff.
85 M. Fuhrmann, Die lat. Lit. d. Spätantike, a.a.O., S. 73ff.
86 F. Brunhölzl, Geschichte der lat. Lit. d. Mittelalters, a.a.O., S. 14–20.
87 J. Masen, Palaestra eloquentiae ligatae..., Köln 1664, Teil III, S. 100f.; vgl. H.-J. Schings, Consolatio Tragoediae, a.a.O., S. 42.
88 Eine Formel aus Isidors Etymologie, die im ganzen Mittelalter präsent scheint: P. Klopsch, Einführung in die Dichtungslehren des lat. Mittelalters, a.a.O., S. 55.

Metonymien, sondern auch Möglichkeiten wie die fictio personarum, die sermocinatio, das exemplum und die imago umfaßt, die einen weiten Spielraum des Gestaltens eröffnen. Nichts anderes besagt die berühmte, ebenfalls durch Isidor kolportierte Definition des Laktanz: officium autem poetae in eo est ut ea, quae vere gesta sunt, in alias species obliquis figurationibus cum decore aliquo conversa transducant.[89]

Wer daran zweifelt, daß die Wahrheit des Dichters bis zum Ende der Barockzeit keine andere als die des theologischen Dogmas und der Historie sein kann, der wird durch die humanistische Poetik eines Besseren belehrt, wo die patristische auf die aristotelische, die rhetorische auf die mimesistheoretische Auffassung stößt, die sich der Humanismus neu anzueignen versucht, und wo die spätantik-mittelalterliche Konzeption in allen wesentlichen Belangen die Oberhand behält. So gibt z. B. G. Neumark im Anschluß an die aristotelische Abgrenzung von Poesie, Geschichtsschreibung und Rhetorik[90] eine Definition, die die »Sinnreich=erfundene Fabeln (!) / welche gleichsam der Anfang und die Seele der Poeterey seyn«, in den Mittelpunkt stellt, um sie sogleich mit der Formel des Laktanz zu erläutern: »Darum (!) hat Lactantius lib. I Instit. recht gesagt: Eines Poeten Ampt sey / daß er die Dinge / so wahrhafftig geschehen (!) / unter artige und verblümte Bilder zuverstecken wisse«.[91] Ein Widerspruch zwischen den »Sinnreich=erfundenen Fabeln« und den »Dingen / so wahrhafftig geschehen«, wird hier offenbar gar nicht wahrgenommen.

---

[89] Laktanz, divin. inst. I, 11, 24; Isidor, Orig. VIII, 7, 10; vgl. P. Klopsch, Einf. in die Dichtungslehren des lat. Mittelalters, a.a.O., S. 10. – Wenn P. v. Moos, Poeta und historicus im Mittelalter, Zum Mimesis-Problem am Beispiel einiger Urteile über Lucan, in: PBB 98, 1976, S. 93–130, die schlichte Definition von Laktanz bzw. Isidor mit den Worten übersetzt: »Die Aufgabe des Dichters liegt nämlich darin, daß er wahres Geschehen transformiert, mit ›schiefen‹ (ambivalenten) Formen und Schönheit in andere Gestalt hinüberführt« (S. 107), dann scheint uns das nur durch den Moosschen Drang verständlich zu werden, an mittelalterlichen Zeugnissen Spuren eines Mimesisbegriffs aufzuzeigen und so moderne ästhetische Vorstellungen in das mittelalterliche Literaturverständnis hineinzutragen. Wie aus dem Kontext bei Laktanz zweifelsfrei hervorgeht, sind mit obliquae figurationes natürlich keine »Mittel der Wirklichkeitsverwandlung« (S. 108) oder gar »ambivalenten Formen« (S. 107) gemeint, sondern rhetorische Figuren, und decus ist nicht »Schönheit«, sondern ornatus. Das interessante und aufschlußreiche Quellenmaterial, das v. Moos zusammenträgt, hätte auch verhindern müssen, Begriffe wie »poetische Wahrheit« und »Fiktionalität« unbesehen ins Spiel zu bringen.
[90] Aristoteles, Poetik, 1451a–b.
[91] G. Neumark, Poetische Tafeln oder Gründliche Anweisung zur Teutschen Verskunst (1667), hg. v. J. Dyck, o. O., 1971, Anmerkungen, S. 33. – Neumark kann für H. P. Herrmann, Naturnachahmung und Einbildungskraft, Zur Entwicklung der deutschen Poetik von 1670 bis 1740, Bad Homburg 1970, nur darum zum Zeugen für die »Irrelevanz des Wahrheitsproblems« werden (S. 34), weil er diese Stelle übergeht.

Das Erfinden von Fabeln, das fingere fabulas wird eben nicht als Mimesis im Sinne des Aristoteles, sondern als rhetorische Figur begriffen, als Aspekt jener auxesis und jenes ornatus, mit deren Hilfe das theologisch-historisch Wahre rhetorisch aufbereitet wird: imo fictiones poeticae mendacia proprie dici non possunt, sed figurae sermonis: quippe quae ad veritatem referantur (G. J. Vossius).[92] Selbst wo die fortschreitende Aristoteles-Rezeption wie bei A. Ch. Rotth dazu führt, daß die Möglichkeit der »Erdichtung der Haupt-Materie« ausdrücklich eingeräumt wird,[93] bleibt sie eine hypothetische Möglichkeit ohne praktische Bedeutung, wird im Fortgang der Argumentation doch nur noch vor ihr gewarnt: »In solchen ist die Sache nicht erdichtet / sondern nur die Umstände. Und diese Arth ist die beste: denn weil die Historia nicht erdichtet ist / so kommen die erdichteten Umstände weit glaublicher vor / als sonst«.[94] »Darum ists auch besser / daß man eine wahrhafftige Historie zur Materie des Gedichtes nimmt / als daß man dieselbe erdichtet«.[95] »Am besten ists / wenn der Poet eine wahrhafftige Historie vor sich nehmen kan«.[96] – »Es ist aber dichten / nicht / aus einem Nichts / etwas machen / welches allein GOtt zustehet / sondern / aus einem geringen oder ungestalten Dinge / etwas herrlich / ansehnlich / geist= und lobreich ausarbeiten« (B. Kindermann).[97] Nicht die Handlung, sondern die Umstände der Handlung werden erdichtet, nicht Mimesis, sondern Auxesis heißt das Prinzip der Poesie. totum autem quod referas fingere, id est ineptum esse et mendacem potius quam poetam (Laktanz).[98]

Wenn also ein Autor wie P. Rebhun ein »geistlich spiel« wie seine ›Hochzeit zu Cana‹[99] verfaßt, so geht er von der historia aus, wie sie die Bibel bezeugt. Freilich »vermeld« »die schrifft« »nür (...) die wunderthat / Die Christus da bewisen hat«.[100] »Wies dort mag habn zu tragen sich, / (...) man nicht wissen kan / Die weils die schrifft nicht zeiget an«.[101] Die dichterische Tätigkeit besteht im Hinzuerfinden der Umstände, in jener auxesis, die allererst ein »spiel« entstehen läßt. Aber was auf solche Weise »daneben«, also über die Quelle hinaus, »verzelt« wird, das »laß man bleyben ein geticht /

---

92 G. J. Vossius, Poeticarum institutionum libri tres, Amsterdam 1657, S. 9.
93 A. Ch. Rotth, Vollständige Deutsche Poesie in drey Theilen, Leipzig 1688, Teil III, S. 8.
94 Ebenda, S. 9.
95 S. 12.
96 S. 20.
97 B. Kindermann, Der Deutsche Poet (1664), ND Hildesheim 1973, S. 49; vgl. G. Neumark, Poetische Tafeln, a.a.O., S. 2.
98 Laktanz, divin. inst. I, 11, 25.
99 P. Rebhun, Ein Hochzeit Spiel auff die Hochzeit zu Cana... (1538), in: Paul Rebhuns Dramen, hg. v. H. Palm, ND Darmstadt 1969, S. 91ff.
100 Ebenda, V. 40–42 der Vorrede.
101 V. 38–40.

Vnd mach ihm niemand draus ein geschicht«.[102] Wenn Ph. v. Zesen seinen Roman ›Assenat‹ schreibt, so greift er eine »Geschicht« auf, die »ihrem grundwesen nach / nicht erdichtet«, sondern überliefert ist, und von ihm in ihrer »nakten Wahrheit« »heil und unverrückt gelassen« wird. Da aber »die heilige Schrift entweder zu kurtz redet / oder aber gar schweiget«, gibt er ihr »einen höhern und schöneren schmuk und zusatz«.[103] Die dichterische Arbeit besteht in der »vergrößernden«, »schmückenden« Konkretion der historia ins Anschaulich-Sinnenfällige.

Und so verfährt der Dichter hier nicht nur mit den Stoffen der Bibel, sondern auch mit denen der weltlichen Geschichte, wie die großen Trauerspiele und Staatsromane des Barock mit ihren umfangreichen Anmerkungsapparaten belegen, in denen sie die Historizität ihrer materia untermauern. Ja im Prinzip arbeitet selbst der Verfasser eines pikaresken Romans, einer novellesken Erzählung, einer Schwanksammlung oder einer Komödie nicht anders. Auch er betätigt sich als auctor einer historia, auch wenn er nur von »Begebenheiten der Privat=Personen« handelt, »wie sie uns fast täglich für Augen schweben«. Denn sie sind des Darstellens nur würdig, insofern sie »wahrhafftig und würcklich geschehen« sind (G. Ph. Harsdoerffer).[104] Deshalb haben sich die Autoren solch »niederer« Stoffe so konsequent auf gedruckte Quellen, umlaufendes Erzählgut und Autobiographisches gestützt, wie das für Grimmelshausens ›Simplicissimus‹ seit den Forschungen von J. H. Scholte und G. Weydt bekannt ist.[105]

Das augere und ornare als Konkretion des historischen Stoffs ins Anschaulich-Sinnenfällige eröffnet dem Autor einen weiten Spielraum des Gestaltens, ohne damit dessen immanente Wahrheit zu gefährden. Denn alles augere und ornare orientiert sich am decorum: was der Autor hinzuerfindet, was er über das Aussehen, Denken und Handeln der Personen sagt, was er sie reden läßt und an sonstigen »Umständen« aufführt, ist das, was ihnen von ihrem Stand, Alter und Geschlecht her gebührt; was ihrer Stellung im Gefüge der sozialen und ethischen Normen entspricht. Es handelt sich also auch hierbei um alles andere als ein Erfinden im nachaufklärerischen Sinne, um ein

---

[102] V. 43 u. 49–50.
[103] Ph. v. Zesen, Assenat (1670), hg. v. V. Meid, Tübingen 1967, Vorrede (unpaginiert).
[104] G. Ph. Harsdoerffer, Der Grosse Schauplatz jämmerlicher Mord-Geschichte (1656), ND Hildesheim 1975, Vorrede (unpaginiert); ders., Der Grosse Schauplatz Lust- und Lehrreicher Geschichte (1664), ND Hildesheim 1978, Zuschrift (unpaginiert).
[105] J. H. Scholte, Probleme der Grimmelshausen-Forschung, Groningen 1912; G. Weydt, Nachahmung und Schöpfung im Barock, Studien um Grimmelshausen und sein Werk, 1968. – Mit der oben vorgenommenen Einordnung ihrer Forschungsergebnisse gehen wir freilich weit über ihre eigene Bewertung hinaus.

einfühlendes Verstehen, psychologisches Nahebringen gemäß der eigenen, ja ureigensten Lebenserfahrung. Damit ist ein inspiriertes Dichten keineswegs negiert, vielmehr nur die Eigenart dieser Inspiration bestimmt. Dichten, erfinden, invenire heißt hier nicht creatio ex nihilo – »welches allein Gott zustehet« (Kindermann) –, sondern »finden durch erinnern«.[106] Das gehört zu den wesentlichen Erkenntnissen der neueren Barockforschung.[107]

Der pädagogische Effekt solcher Wahrheitsvermittlung gründet ebenfalls vor allem im augere. Der Gebrauch der Figuren ist es, der die Wahrheit unterhaltend und erbaulich macht, der dem Leser und Zuhörer die Lehre nahebringt, der sie eingängig, überschaubar, eindringlich und einprägsam werden läßt. Und umgekehrt gilt, daß alle Aspekte eines delectare und movere auf das docere zentriert sind, letztlich aus dem prodesse gerechtfertigt werden. »(...) was daneben wird verzelt«, das »nür ist gsetzt zu guter lehr« »beim gmeinen man, / Bey einfeltigen, vnd der iugnt / Welch dann dadurch zu mancher tugnt / Mit lust vnd lieb gereitzet wird« (P. Rebhun).[108]

Nun mag man fragen, ob eine solchermaßen funktional gebundene Anschaulichkeit, wie sehr sie auch als auxesis und ornatus von historia didaktisch domestiziert sein mag, nicht doch immer in gewissem Maße »die Augen der Seele von Gott weg und zur Erde herabzieht«, die Aufmerksamkeit der Geistwahrheit entzieht und den Sinnendingen zuwendet. Man könnte diese Frage auch als Frage nach dem Verhältnis der beiden Quellen des verum, der abstrakten theologischen und der konkreten historisch-faktischen Wahrheit stellen. Vom modernen Standpunkt aus könnte zudem gefragt werden, wie es der Dichtung hat genügen können, historische Stoffe zu gestalten, und zwar im Bewußtsein einer Verpflichtung gegenüber dem Faktischen der historia; wie einer Dichtung, die sich dermaßen dem Detail des Wirklichen ausgeliefert hat, eine überzeugende Sinnbildung hat gelingen können.

Die Antwort auf diese Fragen ergibt sich aus der Einsicht, daß die abstrakt-theologische und die konkret-historische Wahrheit hier immer schon eine Einheit bilden; daß der Blick, der sich dem geschichtlich und naturgeschichtlich Wahren zuwendet, immer zugleich auf ein geistig Wahres trifft; daß dem sensus historicus einer jeden imago rerum und einer jeden res gesta, die die Literatur gibt, ein sensus allegoricus zugeordnet ist. Die Grundlage dafür ist jene Zeichenvorstellung, die in den Schriften Augustins greifbar wird. Vor allem in seiner doctrina christiana lehrt Augustin, in allem, was

---

[106] F. G. Sieveke, Topik im Dienst poetischer Erfindung, in: Jb. f. Int. Germ. 8, 1976, H.2, S. 17–48, hier S. 22.

[107] Grundlegend hier J. Dyck, Ticht-Kunst, Deutsche Barockpoetik und rhetorische Tradition, Bad Homburg 1966; ders., Die Rolle der Topik in der literarischen Theorie und Praxis des 17. Jahrhunderts in Deutschland, in: Toposforschung, hg. v. P. Jehn, Frankfurt 1972, S. 121–149.

[108] P. Rebhun, Hochzeit zu Cana, a.a.O., V. 43, 48 u. 18–21 der Vorrede.

nicht Menschenwerk ist, Gott zu sehen. Jedwedes Ding, jedwedes Geschehnis der Natur und der Kultur, jedes Gebilde, jeder Brauch, jedes Ereignis, das nicht Menschenwillkür ist, bezeugt seinen göttlichen Willen und seine Wahrheit, ist mithin wesentlich als Zeichen aufzufassen, dem jener Wille, jene Wahrheit zu entnehmen sind. Auf welche Weise sie Zeichen sind und was sie als Zeichen besagen, welcher konkrete Sinn in ihnen niedergelegt ist, ergibt sich unmittelbar oder mittelbar aus den heiligen Schriften und anderen altehrwürdigen Büchern, sei es daß in ihnen ein solcher Sinn geradezu ausgesprochen wird oder daß er aus ihrer allegorischen Deutung erwächst. Denn die allegorische Auslegung der Bibel impliziert ja eine allegorische Auffassung der in ihr wiedergegebenen Dinge und Geschehnisse der Wirklichkeit, eben der Welt, insofern sie in ihr zur Darstellung kommt; und diese Weltsicht läßt sich auch neben und in gewissen Grenzen unabhängig von der Bibel betätigen. »Auf solche weise kan man / von allen Dingen / von GOtt und Menschen / von Engeln und Teufeln / von Thieren und Pflanzen / von Vögeln und Fischen / von Himmel / Meer / Luft und Erde / und was darinn ist / von ihren Werken / Wesen und Theilen / Zufällen und Eigenschaften / Gleichniße hernehmen« – dies gilt 1679 noch uneingeschränkt für S. v. Birken.[109] So stellt sich die ganze Welt hier als ein Kosmos von Zeichen dar. Das ist die Voraussetzung für die rhetorische Konzeption der Poesie. Was die neuere Barockforschung über den rhetorischen Charakter der Dichtung, über die Eigenart der dichterischen inventio, die Rolle der Topik und die barocke Bildlichkeit gesagt hat, wird nur in dem Maße plausibel, in dem man es auf die allegorische Weltdeutung bezieht, als historische Form dessen, was hier an Erfahrung gestaltet wird.

Die Konstituierung des allegorischen Weltbilds und der ihm zugrundeliegenden historischen Form der Erfahrung ist mit dem Hinweis auf die Zeichenlehre Augustins nicht erklärt, nur verdeutlicht. Bei seiner Entfaltung und Verbreitung wird man als seine allgemeine Grundlage vor allem auch von einem weithin noch urtümlich mythischen Weltverhältnis ausgehen müssen, das alle Dinge und alles Geschehen nicht nur in einem spirituellen Bedeutungszusammenhang, sondern in einem fast magisch zu nennenden Wirkungszusammenhang mit dem Menschen sieht. Unter diesem Blickwinkel erscheint die mittelalterliche wie die spätantike Allegorese als eine rationalisierende oder jedenfalls doch spiritualisierende Systematisierung des Mythos, als Teil seiner Umwendung und Neudeutung im Sinne einer monotheistischen Geistreligion. Ferner wird man bei seiner Ausbreitung das Angewiesensein des ungeschulten Kopfs auf handhaft konkrete Erklärungsmuster in Rechnung stellen müssen. Es versteht sich von selbst, daß er die spirituelle

---

[109] S. v. Birken, Teutsche Rede- bind- und Dicht-Kunst, 1679, ND Hildesheim 1973, S. 80.

Fassung im Sinne Augustins nicht nachvollziehen kann und notgedrungen bei der mythisch-magischen Außenseite des Allegorems stehenbleibt. Darauf kann hier nicht näher eingegangen werden. Auch ist hier nicht der Ort, die mannigfaltigen Wandlungen der Allegorese vom Hoch- über das Spätmittelalter bis in die frühe Neuzeit hinein zu demonstrieren, etwa jene Tendenz einer fortschreitenden Rationalisierung, also zum rationalen Ausbau und Ausschlachten, zur Verfügbarmachung und damit in gewissem Sinne Verweltlichung, die sich im Raum des Humanismus vollzieht, oder die Veränderungen, die Reformation und Gegenreformation jeweils für sie mit sich bringen. Hier ist lediglich festzuhalten, daß sie bis in die Aufklärung hinein das wichtigste System der Weltdeutung bleibt, konstitutiv für alles Erfahren und Begreifen von Wirklichkeit. Ob es sich um die Eigenschaften von Tieren, Pflanzen und Steinen handelt, ob um einen Krieg, einen Bruderzwist im Hause Habsburg oder eine »jämmerliche Mordgeschicht«, das Erscheinen eines Kometen, eine Dürrekatastrophe oder die Geburt einer Ziege mit zwei Köpfen – alles ist Zeichen, hat sein Wesen primär in seinem spirituellen Sinn.

Was das für Wort und Bild bedeutet und was es insbesondere für ihre Beziehungen untereinander heißt, ist bereits skizziert worden: wie alles Abbilden hier ganz von selbst nicht nur ein »ikonisches«, sondern zugleich auch ein »symbolisches« Bezeichnen ist, ein Reden, ein Vermitteln von spirituellem Sinn, so ist alle Anschaulichkeit von Rede, alles augere notwendig auf die Schicht spirituellen Sinns zentriert, insofern die Dinge und Geschehnisse, die dabei »sichtbar« werden, Zeichen sind, auf ein Wahres hin transparent sind. Da es ein und derselbe Nexus von Sinnenfälligkeit und Sinnhaltigkeit ist, den Wort und Bild – wenn auch jeweils von einer anderen Seite aus – im Allegorem darstellend ergreifen, so stehen sie hier immer schon in einem engen inneren Zusammenhang, und es eröffnet sich die Möglichkeit zu einem fast uneingeschränkten Hinüber und Herüber von Stoffen und Formen, Motiven und Kunstmitteln, ja zu einer Fülle von Wort-Bild-Formen, die gleichsam einen kontingenten Diskurs bilden. Ut pictura poesis – die alte Formel hat sich so auf ungeahnte Weise mit neuem Leben gefüllt, wenngleich in einem ganz anderen Sinne als in der Antike. Ihre Grundlage ist nun nicht mehr die Mimesis des Mythos, sondern die Allegorese. Auf diesem Fundament erscheint sie fast noch plausibler als zuvor; jedenfalls wird sie so auf eine besonders handgreifliche Weise plausibel und entsprechend konkret und vielfältig mit Leben gefüllt.

Das sei im folgenden an einigen Beispielen aus Poetik und Poesie des Barock demonstriert. Die Herrschaft des allegorischen Weltbilds wird hier, im unmittelbaren Vorfeld der Aufklärung, besonders deutlich. Da kann die Formel ut pictura poesis noch immer mit aller Selbstverständlichkeit auf die Allegorese bezogen werden, obwohl die humanistische Forschung die Quellen längst wieder erschlossen hat, in denen sich ihr Ursprungssinn, der Gedanke der Mimesis, manifestiert. Das fällt um so mehr auf, als sich schon kurze Zeit später die Poetik um nichts so nachdrücklich bemüht wie um den Begriff der Mimesis oder Naturnachahmung, und dies eben mit Hilfe der Formel ut pictura poesis.

Als Beispiele seien Texte von G. Ph. Harsdoerffer herangezogen. Harsdoerffer ist in vielem eine für seine Zeit repräsentative Erscheinung. Seine Poetik, der ›Poetische Trichter‹ aus den Jahren 1650 bis 1653,[110] ist unter dem Namen des Nürnberger Trichters sprichwörtlich geworden und bis zur Jahrhundertwende eine der meistberufenen Autoritäten. In ihren drei Teilen ist das ut pictura poesis vom ersten bis zum letzten Kapitel als methodisches Prinzip gegenwärtig.[111] Das ist wohl kaum als Ausdruck einer besonderen Bilderseligkeit Harsdoerffers und seines Nürnberger Kreises zu werten; der Vergleich der in Nürnberg entstandenen Arbeiten mit denen der Schlesier und der Norddeutschen läßt einen solchen Schluß nicht zu. Zudem ist die Barockpoetik, was den Grundbestand an Lehrstücken anbelangt, auf eine Weise standardisiert, daß von originellen Sonderwegen nicht die Rede sein kann. Harsdoerffer hat das ut pictura poesis nur besonders konsequent für die Organisation seiner Poetik genutzt.

Ausgehend von der Begrifflichkeit des ›Trichters‹ sollen sodann ein von Harsdoerffer selbst erläutertes Gedicht und eine seiner Novellenbearbeitungen analysiert werden, als Beispiele für die beiden Grundformen von Dichtung, die er bestimmt, die imago rerum und das exemplum; in seiner Terminologie: die »Gleichnis, welche erklärt«, und die »Gleichnis, welche beweist«.

---

[110] G. Ph. Harsdoerffer, Poetischer Trichter, 3 Teile, 1648–1653, ND Darmstadt 1969. – Zu Harsdoerffer jetzt I. Böttcher, Der Nürnberger Georg Philipp Harsdörffer, in: Deutsche Dichter des 17. Jahrhunderts, hg. v. H. Steinhagen u. B. v. Wiese, Berlin 1984, S. 289–346, mit einem Literaturverzeichnis, das jeden erdenklichen Hinweis enthält; zum ›Trichter‹ S. 313–317. – J. Tittmann, Die Nürnberger Dichterschule, Harsdörffer, Klaj, Birken, 1847, ND Wiesbaden 1965, geht, soweit ich sehe, bisher als einziger auf das Problem von Nachahmung, Erfindung usw. bei Harsdoerffer ein (S. 32–57), aber natürlich ganz vom Standpunkt der klassischen Ästhetik aus. Das Interesse der älteren Forschung an Harsdoerffer verraten Titel wie W. Kayser, Die Klangmalerei bei Harsdoerffer, 1932, 2. Aufl., Göttingen 1962, und M. Windfuhr, Die barocke Bildlichkeit und ihre Kritiker, Stuttgart 1966 (zu Harsdoerffer S. 30–48; die Verbindung zu Böhme, die hier hergestellt wird, dürfte durch die neuere Forschung zur Allegorie allerdings überholt sein). Eine wesentliche Quelle ist der ›Trichter‹ für J. Dyck, Ticht-Kunst, a.a.O., und F. G. Sieveke, Topik im Dienst poetischer Erfindung, a.a.O. – Die These von J.-D. Krebs, Georg Philipp Harsdoerffer (1607–1658), Poétique et poésie, 2 Bde., Bern 1983, daß bei Harsdoerffer zuerst die »Ära der Analogie« (Foucault) in Deutschland überwunden werde, ist abwegig.

[111] Harsdoerffer, Trichter I, S. 3–4, 6, 12, 101, 105; II, S. 4, 7, 33, 37, 40, 49, 73, 96; III, Vorrede, 12. Seite (ohne jede Zählung), S. 36–37, 66, 101 ff.

ut pictura poesis bei G. Ph. Harsdoerffer

»Es wird die Poëterey ein redendes Gemähl / das Gemähl aber eine stumme Poëterey genennet / nicht nur wegen der Freyheit dieser verbrüderten und verschwesterten Kunste / in dem wir nach beliebten Einfällen / Reden im Gemähl und Mahlen in der Rede; sondern auch wegen der Bilder welche mit Kunstartiger Zierlichkeit dardurch vorstellig gemacht werden / deßwegen auch die Redner und Poëten sich der Personbildung vielfältig gebrauchen / und deßwegen in nachfolgenden Beschreibungen fast alle zeit die Ausbildung angefüget werden«.[112]

Mit diesen Worten beginnt die letzte »Betrachtung« von Harsdoerffers ›Poetischem Trichter‹, das Kapitel »Von den Bildereyen«, das von der Lehre vom ornatus zur poetischen Schatzkammer des Anhangs – wenn man so will: von der Theorie zur Praxis überleitet. Wichtige Prinzipien des ›Trichters‹ werden hier noch einmal genannt. Wenn er eine Poetik im Zeichen des ut pictura poesis ist, so vor allem um zweier fundamentaler Bestimmungen von Poesie willen. Die erste betrifft die »Freyheit«, mit der in ihr »nach beliebten« – im jeweiligen Belieben stehenden – »Einfällen« geredet wird, also die Freiheit der Erfindung (inventio). In dieser Bestimmung verbirgt sich das Lehrstück von der Naturnachahmung, so wie Harsdoerffer es versteht. Die zweite fundamentale Bestimmung im Zeichen des ut pictura poesis zielt darauf, daß die Poesie »mit Kunstartiger Zierlichkeit« »Bilder« »vorstellig macht«. Was damit gemeint ist, erhellt aus dem nachfolgenden Hinweis auf die »Personbildung« und andere Formen der »Ausbildung«: es geht dabei um den ornatus, insbesondere um die allegorische Bildlichkeit. Von ihr ist im folgenden dann ausschließlich die Rede; das Motiv der Erfindung hingegen tritt nicht wieder in Erscheinung.

So oder ähnlich wird in vielen Barockpoetiken das Prinzip ut pictura poesis ausgeführt. Dabei liegt der Akzent stets auf der Bestimmung der Poesie durch den ornatus; die durch Erfindung und Naturnachahmung bleibt vielfach undeutlich, wenn sie nicht überhaupt übergangen wird. Letzteres gilt zum Beispiel für S. v. Birken und seine ›Teutsche Rede- bind- und Dichtkunst‹ von 1679. »Die Poesy und Mahlerei sind gleichsam Zwillings-Geschwistere / und in vielem einander gleich: sonderlich in diesem / daß sie beide sich befleißigen / alles / was ist / zierlich aus= und vorzubilden«:[113] so

---

[112] Harsdoerffer, Trichter III, S. 101; von dieser Stelle ist auszugehen, nicht von anderen, die bloß aperçuhaften Charakter haben. Eine Eingrenzung des ut pictura poesis auf die Emblematik im engeren Sinne, wie A. Schöne (Emblematik und Drama im Zeitalter des Barock, 1964, 2. Aufl., München 1968, S. 202ff.) sie vornimmt, ist von hier aus ausgeschlossen; Schöne benutzt nach Ausweis seines Literaturverzeichnisses allerdings auch nur den zweiten Teil des »Trichters«.

[113] S. v. Birken, Teutsche Rede- bind- und Dichtkunst (1679), ND Hildesheim 1973, S. 73.

beginnt hier das Kapitel vom ornatus. Anders verfährt – um ein weiteres Beispiel zu nennen – G. Neumark in seinen ›Poetischen Tafeln‹ von 1667, wo das Prinzip ut pictura poesis gleich zu Beginn eingeführt wird, in jenem zweiten Paragraphen, der mit der Feststellung endet, »daß die Poesie gäntzlich in der Nachahmung bestehe«. Damit ist jedoch keineswegs die Nachahmung der Natur gemeint, sondern die der Malerei, handelt es sich bei diesem Satz doch um das Fazit eines Abschnitts, in dem dargelegt wird, daß »der Poet ein Mahler (sein solte) / wo nicht mit dem Pensel / iedoch mit der Feder; weil das Auge und das Ohr / als die Sinne der Unterrichtung hiedurch zugleich beschäfftiget / dem Gedächtniß eine Sache beweglichst vorzutragen angehalten werden«, und daß »die Poeten ihre Entzückung und Vertaumelung im Kopffe haben« wie »die Mahler in den Händen«. Die Poesie »ahmt« »der Mahlerey darinnen nach«, daß sie, wie diese »in gleichförmiger Mischung der Farben den Preiß suchet«, »zu besserer Aufmerckung und Vergnügung des Lesers / eine Sache mit mannichfaltigen Einfällen / und beliebigen Umständen außzuschmücken pfleget«, daß sie sich mithin dem augere und ornare widmet.[114] Daß der Begriff der Nachahmung, wie er von den antiken Quellen her mit der Formel ut pictura poesis verknüpft ist, hier mit der Vorstellung gefüllt werden kann, die Poesie ahme die Malerei nach, insofern sie ihre Gegenstände »vergrößert« und »ausgeschmückt« zur Darstellung bringe, zeigt wiederum an, wie wenig sich der Ursprungssinn von Mimesis bisher erschlossen hat.

Das gilt auch für Harsdoerffer, obwohl es auf den ersten Blick so scheinen könnte, als habe das aristotelische ut pictura poesis im Zeichen der Mimesis auf eine adäquatere Weise Eingang in seinen ›Trichter‹ gefunden. Wie schon bei J. C. Scaliger[115] heißt es auch bei ihm: »Die Poeterey ist eine Nachahmung dessen / was ist / oder seyn könt«, und das wird mit dem Hinweis erläutert: »Wie (...) der Mahler die sichtbarliche Gestalt uñ Beschaffenheit vor Augen stellet / also bildet der Poet auf das eigentlichste die iñerliche Bewantniß eines Dings«.[116]

Das ist allerdings nicht zu Beginn des Abschnitts »Von der Poeterey insgemein« zu lesen, wie es von Aristoteles her zu erwarten wäre, sondern erst sehr viel später, in einem Abschnitt, der, wie aus dem nachgestellten Inhaltsverzeichnis hervorgeht,[117] »von den gar zu leichten Gedichten« handelt; in ihn ist das Lehrstück von der Nachahmung der Natur integriert. Wenn dieser sein Ort im System zunächst rätselhaft bleibt, so wird eines

---

[114] G. Neumark, Poetische Tafeln, a.a.O., Anmerkungen, S. 2–3 (Reihenfolge der Zitate verändert).
[115] J. C. Scaliger, Poetices libri septem, 1561, ND Stuttgart 1964, Praefatio.
[116] Harsdoerffer, Trichter II, S. 7.
[117] Ebenda, S. 186.

immerhin auf den ersten Blick schon deutlich: daß es hier keineswegs die zentrale Stellung innehat, die es bei Plato und Aristoteles einnimmt.

Und es hat offensichtlich auch nicht die gleiche Bedeutung wie dort. Zwar heißt Nachahmung weder hier noch anderswo in der humanistischen Poetik noch auch später in der aufklärerischen Poetik je einfach bloß Abklatsch, Widerspiegelung, mechanische Wiederholung, worin später zumeist und vielfach bis in die Wissenschaft unserer Tage der Unterschied gesehen worden ist. Vielmehr geht es mit ihm um die nähere Bestimmung der poetischen Erfindung: »Ob nun wohl der Poet bemühet ist neue Erfindungen an das Liecht zu bringē / so kan er doch nichts finden / dessen Gleichheit nicht zuvor gewesen / oder noch auf der Welt wäre«.[118] Allem Erfinden wohnt wesentlich ein Nachahmen inne, eine Auseinandersetzung mit dem, was auf der Welt ist oder war; ein absolutes Erfinden kann es nicht geben – dieses notwendige Bezugnehmen des Erfindens auf die Welt, wie sie ist oder war, heißt Nachahmung.

Aber darum ist der humanistische Nachahmungsbegriff keineswegs schon mit der antiken Vorstellung von Mimesis identisch. Vielmehr scheint er von ihr mindestens ebenso weit entfernt zu sein wie von der der bloßen Widerspiegelung. Daß er von der Kategorie der poetischen Erfindung her gedacht wird,[119] bedeutet, daß er vom Gegenstand der Darstellung und nicht von deren Wirkung, der Illusionierung, dem täuschenden Schein her begriffen wird, wie es für Plato und Aristoteles im Vordergrund steht. Dementsprechend wenig kann die humanistische Poetik mit den Passagen der antiken Texte anfangen, die um das Moment der Täuschung kreisen. So gibt Harsdoerffer zum Beispiel die platonische Lehre von der doppelten Mimesis, nach der der Poet als ein Nachahmer des Demiurgen zu gelten hat, der seinerseits schon ein Nachahmer der Ideen ist, auf eine Weise wieder, die weder von großem Verständnis zeugt noch sie wirklich verständlich macht: »Die erste Bildung[120] ist in unsren Gedanken / die andre in unsrem Werck / die dritte in eines andern Werck / das unsrem nachgemacht wird / und dieses Letzte vollführet der Poet«.[121] Dieser eine Satz ist alles, was wir hierzu von Harsdoerffer hören – ein typisches Beispiel dafür, wie die humanistische Poetik Lehrstücke der antiken Poetik gelegentlich auch dann der Vollständigkeit halber aufführt, wenn sie mit ihnen nichts anzufangen weiß.

Noch aufschlußreicher ist, was er und seine Gewährsmänner aus einem Argument gemacht haben, mit dem Aristoteles die Eigenart der Rezeption

---

[118] S. 8.
[119] Vgl. hierzu J. C. Scaliger, der von der imitatio am ausführlichsten in dem »Idea« überschriebenen Buch S. 8off. handelt, wo die Frage »quid imitandum« gestellt, also vom Stoff der Dichtung, eben von seiner (Er-) Findung gesprochen wird.
[120] Das ist wohl »Idee« im Sinne von »eidos«: vgl. Scaliger, S. 80 c 1.
[121] Harsdoerffer, Trichter II, S. 8.

bildlicher und dichterischer Mimesis erläutert, dem Satz, daß wir mit Vergnügen betrachteten, was wir in der Wirklichkeit nur mit Unbehagen anschauen könnten, wenn wir möglichst getreue Abbildungen vor uns hätten wie im Fall von abstoßenden Tieren oder Leichnamen.[122] Bei Harsdoerffer liest sich das so: »Man verwundert sich nicht über einen zerlumptē Bettler / aber wol über desselben Bildniß / weñ es von einem guten Mahler gemahlet ist: Also ist uns mehrmals das Gleichniß angenemer als die Sache selbsten (...)«.[123] Es handelt sich dabei um den zweiten Satz des Kapitels »Von den Gleichnissen«, in dem die metaphorische Redeweise, die Bildlichkeit im Sinne figürlicher Rede abgehandelt wird, worunter man sich nach Ausweis der Beispiele vor allem die allegorische Bildlichkeit vorzustellen hat. »Gleichniß« heißt hier also bildliche Rede, »similitudo« in der Terminologie der lateinischen Rhetorik.[124] Der Vergleich zwischen Abgebildetem und Bild wird bei Harsdoerffer nicht dazu benutzt, die Eigenart des Abbildens zu erläutern, sondern die der Bildfindung im Sinne eines metaphorischen Redens. Dient er bei Aristoteles dazu, die Wirkung des simulacrum zu beleuchten, so bei Harsdoerffer, die der similitudo zu erläutern. Was bei dem einen ein Argument von großer, Klarheit schaffender Kraft ist, wird bei dem andern zu einer bloßen Metapher, einer merkwürdig schiefen zudem, die eher verwirrend als klärend wirkt: wie ein Bild angenehmer sein kann als das Abgebildete, so eine Metapher angenehmer als die metaphorisch bezeichnete Sache.

Daraus erhellt ein Doppeltes. Daß der Satz des Aristoteles nicht in seiner ursprünglichen Bedeutung verstanden wird, ist ein Indiz dafür, daß alles, was mit Mimesis im Sinne von Schein und Täuschung zusammenhängt, außerhalb der Vorstellungswelt einer solchen humanistischen Poetik liegt. Und daß er dennoch übernommen und mit einem anderen Sinn gefüllt wird, macht darüber hinaus klar, daß etwas anderes an die Stelle des mimetischen Illusionismus getreten ist und seine Funktion übernommen hat. Es ist eben die allegorische Bildlichkeit. Bild heißt ganz offensichtlich für Harsdoerffer primär similitudo und erst in zweiter Linie womöglich auch noch simulacrum.

Insofern im Nachahmungsbegriff der humanistischen Poetik das Moment des Täuschend-Scheinhaften des antiken Mimesiskonzepts ausgeblendet ist, muß seine Verbindung mit dem Prinzip ut pictura poesis, dem Vergleich von

---

[122] Aristoteles, Poetik 1448b.
[123] Harsdoerffer, Trichter II, S. 49.
[124] Das wird besonders deutlich, wenn man den ersten Satz des Kapitels neben die Formel hält, mit der Quntilian den entsprechenden Abschnitt seiner Rhetorik beginnt: »Die vierdte Quelle der Erfindung ist die Gleichniß / aus welcher viel hellscheinende Gedankē herfließen« (Trichter II, S. 49). Praeclare vero ad inferendam rebus lucem repertae sunt similitudines: eine herrliche Erfindung aber, die Dinge ins hellste Licht zu rücken, sind die Gleichnisse (Quint. 8, 3, 72; Übers. v. H. Rahn aus seiner lat.-dt. Ausgabe, 2 Bde., Darmstadt 1972–1975).

Wort- und Bildkunst hier einen anderen Sinn erhalten, diente sie ursprünglich doch eben dazu, den Illusionscharakter der Dichtung verständlich machen zu helfen. »Die Poeterey ist eine Nachahmung (...). Wie der Mahler die sichtbarliche Gestalt uñ Beschaffenheit vor Augen stellet / also bildet der Poet auf das eigentlichste die iñerliche Bewantniß eines Dings«.[125] Anders als bei Plato und Aristoteles ist der Vergleich hier keineswegs notwendig, um verstehen zu können, inwiefern Poesie Nachahmung ist und was das bedeutet. Daß der Poet ein Nachahmer ist, daß und wie er sich erfindend auf die Wirklichkeit bezieht, aus dem Stoff der Welt schöpft, wird durch den Hinweis auf die Verhältnisse in der Malerei nicht eigentlich klarer; er fügt der Argumentation nichts hinzu. Ja verkehrt sich das ut pictura poesis hier nicht geradezu in sein Gegenteil? Zu sagen, daß der Maler die sichtbare Gestalt der Dinge vor Augen stelle, während der Poet ihre innere Bewandtnis wiedergebe, heißt doch wohl eher einen Unterschied als eine Übereinstimmung benennen. Als Gemeinsamkeit bleibt lediglich jenes allerallgemeinste Moment, daß sie beide erfindende sind, Inhaltlichkeit aufbringende – bleibt eben jene Freiheit des Erfindens, die in dem Kapitel »Von den Bildereyen« als erste der beiden Begründungen für den Satz des Simonides angeführt wird.

Mit anderen Worten: die antike Rechtfertigung des ut pictura poesis aus dem Gedanken der Mimesis bzw. der Nachahmung verbirgt sich – so wie Nachahmung hier nun einmal verstanden wird – in seiner Begründung durch die Kategorie der Erfindung: mit ihr ist die erste, grundlegende Ebene der Wort-Bild-Beziehungen bei Harsdörffer bezeichnet. »Der Poet handelt von allen uñ jeden Sachen / die ihm vorkommen / wie der Mahler alles / was er sihet / bildet; ja auch / was er nie gesehē / als in seinen sinnreichen Gedankken: Deßwegē wird er auch ein Poet / oder Dichter genennet / daß er nemlich aus dem / was nichts ist / etwas machet; oder das / was bereit ist / wie es seyn könte / kunstzierlich gestaltet (...)«.[126] »Dieses aber / ein Gedicht das Feuer und Geist hat / zu Papier setzen / muß von höherer Eingebung herflüssen / man wolle gleich solches einem mässigerwärmten Gehirn oder andren Ursachen beymessen / in welchen die Poeten mit den Mahlern meinsten Theils verglichen werden / und die Red=Kunst weit übertreffen«.[127]

Derartige Formulierungen dürfen natürlich keine falschen Vorstellungen von der poetischen Erfindung wecken. Es handelt sich nach wie vor um den Inventionsbegriff der Rhetorik. Alles, was Harsdörffer über das Erfinden sagt, setzt voraus, daß der Stoff des Ganzen vorgegeben ist. Es ist eine Findekunst, die sich nur an Vorgegebenem entzünden kann, an den Worten, die dem Stoff zugehören, und den Sachen, die er benennt, die sie ins Konkrete

---

[125] Trichter II, S. 7.
[126] Trichter I, S. 3–4.
[127] Trichter III, Vorrede, Bl. 2 v.; vgl. auch I, S. 5–6, 10–14, 101–105; II, S. 15.

entfaltet, denen sie Umstände der Zeit, des Orts und der Person zudichtet und die sie schließlich auch mit Sinnbildern ausstattet.[128] Es ist eben immer noch ein Dichten im Sinne eines augere.

Wie in dem oben zitierten ersten Abschnitt des Kapitels »Von den Bildereyen« deutlich wird, hat das ut pictura poesis für die humanistische Poetik also zwei Seiten: die der Erfindung und die der Bildlichkeit, zu verstehen als allegorische Bildlichkeit. Die Seite der Erfindung erweist sich bei näherem Zusehen als die des planen Bezeichnens von Wirklichem, die andere als die seiner Auslegung als allegorisches Zeichen. Die eine ist die der locutio propria, die andere die der locutio impropria; auf der einen konstituiert sich der sensus historicus, auf der anderen der sensus allegoricus. »Wie (...) die Wort oder Reden in ihren eigentlichen oder figurlichen Verstand gebrauchet werden (Locutio vel est propria vel impropria) also verhält es sich auch mit den Bildern: Sie bedeuten was sie vorstellen / wann man eine Geschichte oder eine Bildniß / oder eine Landschaft etc. mahlet / und dieses ist eigentlicher natürlicher Verstand. Sie bedeuten aber ein anders als sie vorstellen / und zwar Gleichniß= oder Erklärungsweis in den Sinnbildern / deßwegen also gennenet / weil besagte Bilder einen verborgenen und nachdenklichen Sinn begreiffen«.[129] Wort und Bild haben beide gleichermaßen die doppelte Möglichkeit eines »eigentlichen natürlichen« und eines »verborgenen nachdenklichen« Sinnes, die sich eben in ihm, dem Wort bzw. dem Bild, als miteinander verknüpft erweisen.

Erst von hier aus kann sich der Sinn des ut pictura poesis für die humanistische Poetik ganz erschließen, so wie er sich bei Harsdoerffer greifen läßt. Es ist nicht einfach so, daß sich Poesie und Malerei ihr als unter zwei verschiedenen Gesichtspunkten, auf zwei Ebenen vergleichbar darstellen. Vielmehr ist es gerade die Doppelheit der Ebenen, das doppelte Bezeichnen, was sie gemein haben. Dabei erscheinen die beiden Ebenen jeweils als grundsätzlich aufeinander bezogen: das eigentliche Bezeichnen ist die notwendige Grundlage des allegorischen Bezeichnens, zugleich erhält es aber erst von ihm her seinen Sinn. Nichts könnte deutlicher machen als dies, wie sehr die Wort-Bild-Beziehungen hier von der Allegorese her gedacht werden.

Aus dem zitierten Abschnitt geht zugleich hervor, wie weit die Gleichsetzung von Poesie und Malerei bei Harsdoerffer reicht. Man vermag nicht zu entscheiden, ob er von Bildern im eigentlichen oder uneigentlichen Sinne, von Werken der Kunst oder von literarischer Bildlichkeit spricht. Das gilt für das ganze Kapitel von den »Bildereyen«. Im Horizont der vorliegenden Poe-

---

[128] Trichter I, S. 10, 101–105; II, S. 15; Erfindung vom Wort aus I, S. 10; II, S. 15ff.; von der Sache aus I, S. 11; II, S. 31–33; von den Umständen aus I, S. 12; II, S. 33ff.; von Gleichnissen aus I, S. 12; II, S. 49ff.
[129] Trichter III, S. 102–103.

tik gibt es eben keinen gravierenden Grund, zwischen den beiden Künsten zu differenzieren. Ob bei der Übermittlung eines allegorischen Zeichens die Seite des Bezeichnenden mit Worten oder mit den Mitteln der Malerei vergegenwärtigt wird, macht, da es doch vor allem auf seine Transparenz auf den Sinn hin ankommt, keinen nennenswerten Unterschied. Was Wort- und Bildkunst hier so eng zusammenrücken läßt, was sie in ihren Ergebnissen fast beliebig vertauschbar und kombinierbar scheinen läßt, das ist eben dies, daß sie beide gleichermaßen vom sensus allegoricus her gedacht werden, daß beide ihr Ziel erst auf der Ebene des allegorischen Sinnes zu erreichen vermögen. Ihre Unterschiedlichkeit, wie sie sich aus ihrer verschiedenartigen Zeichengrundlage ergibt, daß nämlich die eine »die innerliche Bewandnis eines Dings bildet« und die andere seine »sichtbarliche Gestalt und Beschaffenheit vor Augen stellt«, betrifft ausschließlich die untergeordnete Ebene des sensus historicus, der »Nachahmung« und kann damit vernachlässigt werden.

Daß der sensus historicus in solch untergeordneter Stellung gesehen und nur als Stufe zum sensus allegoricus begriffen wird, scheint auch den zunächst rätselhaft gebliebenen systematischen Ort des Lehrstücks von der Nachahmung in dem Abschnitt »von den gar zu leichten Gedichten« zu erklären. »Die Nachahmung deß Poeten bestehet in eigentlicher Beschreibung der Sachen«, sie liegt darin, »eigentliche und den Sachen gemäße Worte zu führen«, die Dinge »auf das eigentlichste« zu bezeichnen.[130] Das entscheidende Stichwort ist hier das der Eigentlichkeit: die Nachahmung, das pure Aufbringen von Inhaltlichkeit, vollzieht sich in der locutio propria. Ein Gedicht, das sich hierauf beschränken wollte, wäre im Horizont dieser Poetik »allzu leicht«. Es wäre noch gar kein Gedicht, denn zur Dichtung wird Rede hier erst als locutio impropria, durch die Figuren des uneigentlichen Redens, überhaupt durch den ornatus.

Das macht Harsdoerffer bereits im ersten Kapitel seines ›Trichters‹ an einem Exempel klar. Er konfrontiert hier eine Strophe, die ganz als locutio propria gehalten ist, mit einem Gedicht, in dem derselbe Inhalt »durch eine Gleichniß ausgebildet« ist. Ersteres kann für ihn »kein Gedicht geneñet werden«, da ihm alle »sinnreiche Erfindung« abgeht;[131] die »allertiefste Quelle« der Erfindung aber ist die »Gleichniß«.[132] Erst der ornatus, der Gebrauch der Redefiguren, insbesondere der des uneigentlichen Redens, der Tropen, und hier wiederum vor allem der similitudines, macht das Gedicht zum Gedicht. Darin manifestiert sich das rhetorische Verständnis von Literatur, ihre Bestimmung als ein augere, ein »vergrößerndes«, ausschmückendes, veranschaulichendes Vermitteln vorgegebener historischer Wahrheit. Das eigent-

---

[130] Trichter II, S. 7–8.
[131] Trichter I, S. 13.
[132] Ebenda, S. 12.

lich Dichterische liegt im Bereich der elocutio, im ornatus. Bei solcher Zentrierung der Poetik auf den ornatus kann die rhetorische Poetik unmittelbar an die lateinische Rhetorik anknüpfen, die ähnliches schon für die Rede selbst formuliert hat. Erst die eloquentia, das ornate dicere – so Quintilian – macht den Redner zum Redner.[133] Die perspicuitas der Rede, die durch die proprietas, den Gebrauch der Wörter in ihrer eigentlichen Bedeutung, gekennzeichnet ist,[134] und das heißt: durch die vis significandi,[135] ist nur die prima virtus des Redens.[136] nam emendate quidem ac lucide dicentium tenue praemium est:[137] die, die nur klar zu reden verstehen, finden nur wenig Anerkennung – erst der ornatus bringt den Erfolg.[138] Dieser aber umfaßt all das, was über das eigentliche Bezeichnen hinausgeht: ornatus est quod perspicuo ac probabili plus est.[139] Übrigens gilt ja in der antiken Rhetorik die schlechte Ausstattung der Rede mit Figuren, die oratio inornata oder male figurata,[140] vielfach geradezu als Fehler.

Gilt das nach humanistischer Auffassung schon für den Redner – um wieviel mehr muß es für den Dichter gelten! Erst auf der Ebene des uneigentlichen Redens, erst durch den Gebrauch der Figuren wird der Dichter zum Dichter. »Unter besagten Figuren« aber »ist gleichsam die Königin die Gleichniß«;[141] sie ist die »allertiefste Quelle« der Erfindung.[142] »Gleichniß«, similitudo heißt hier aber in erster Linie allegorisches Bild. Diese Gleichsetzung ist zum Beispiel schon für Augustin selbstverständlich. Bei ihm wird die Dichotomie von eigentlich und übertragen, proprius und translatus zur allegorischen Auslegung der Bibel herangezogen. »Übertragen aber sind die Zeichen dann, wenn die Sache, die wir mit ihrem eigenen Namen bezeichnen, selbst wieder zur Bezeichnung von etwas anderem gebraucht wird«.[143] Die Beispiele, die gegeben werden, wie etwa der Ochse, der für den Prediger des Evangeliums steht, machen hinreichend deutlich, daß damit die Allegorese gemeint ist. Die Begriffspaare proprius und improprius oder translatus andererseits und historicus und allegoricus andererseits scheinen damit grundsätzlich korreliert: proprius heißt so viel wie historicus, improprius so viel wie allegoricus. Die so verstandene »Gleichniß« hat globale Geltung: »nichts (ist) in der gantzē Welt zu finden / welches nicht durch die Gleichniß belanget werden könte«.[144]

Wie das gemeint ist, zeigt die poetische Schatzkammer am Ende des ›Trichters‹, ein Lexikon, das abstrakte und konkrete Stichwörter aneinanderreiht, wobei für die Abstrakta jeweils Möglichkeiten der Verbildlichung und

---

[133] Quint. 8, Prooemium 13ff.; vgl. Cicero, orator 42 u. 61.
[134] Quint. 8, 2, 1.   [137] Quint. 8, 3, 1.   [140] Quint. 8, 3, 63.
[135] Quint. 8, 2, 6.   [138] Quint. 8, 3, 2.   [141] Trichter III, S. 56–57.
[136] Quint. 8, 2, 22.   [139] Quint. 8, 3, 61.   [142] Trichter I, S. 12.
[143] Aug., de doctr. chr. 2, 15. – Übers. v. S. Mitterer, a.a.O., S. 60.
[144] Trichter II, S. 54.

für die Konkreta mögliche allegorische Bedeutungen zusammengestellt werden. Die Form des Wörterbuchs macht deutlich, daß sie, wenn sie schon nicht wirklich vollständig sein kann, so doch ihrer Idee nach auf Vollständigkeit hin angelegt ist; vollständig nämlich in dem Sinne, daß alles, was auf der Welt ist, was einen Namen hat und Gegenstand von Dichtung werden kann, in ihr Platz haben soll, als allegorisches Zeichen oder allegorischer Zeichensinn in sie Eingang finden kann.[145] Über solche Bilder zu verfügen, ist für die Poesie konstitutiv: »sonder solcher Kundigung kan sich der Poet seiner Kunst wenig rühmen«.[146] Wollte man den Grundgedanken der Harsdoerfferschen Poetik in eine Formel fassen, so könnte man sagen: Dichtung heißt für sie wesentlich uneigentliche Rede, uneigentliche wesentlich bildliche Rede und Bildlichkeit wesentlich allegorische Bildlichkeit.

Das manifestiert sich schon in der äußeren Anlage des ›Trichters‹. Drei Aspekte stehen in ihr im Vordergrund: die Sprachrichtigkeit, die Versifikationslehre und die Bildlichkeit. Andere traditionelle Themen der Poetik wie z. B. die Gattungstheorie kommen in ihr relativ kurz weg. Die drei genannten Schwerpunkte gehören alle dem Bereich der elocutio an. Das gilt auch für die Versifikation; die antike Rhetorik setzt sich ja breit mit Fragen des Rhythmus auseinander,[147] so daß sich die Versifikationslehre als eine bloße Ausweitung dieser Teile der Lehre vom ornatus zum Gebrauche des Poeten begreifen läßt. Wie die Sprachrichtigkeit zusätzlich durch ein kleines Wörterbuch im Anhang des zweiten Teils als Schwerpunkt gekennzeichnet ist, so die Bildlichkeit durch die poetische Schatzkammer im Anhang des dritten Teils. Daß von den drei Schwerpunkten dem der Bildlichkeit noch einmal eine besonders herausgehobene Bedeutung zukommt, macht bereits die Zahl der Seiten deutlich, die ihnen jeweils gewidmet sind: von den 886 paginierten Seiten der drei Teile des Trichters behandeln 114 die Sprachrichtigkeit,[148] 112 die Versifikation[149] und 436 die Bildlichkeit.[150]

In Harsdoerffers Thesaurus manifestiert sich das, was hier Wort-Bild-Beziehungen im Zeichen der Allegorese genannt wird, auf eine besonders schlagende Weise; es wird in ihm geradezu handgreiflich. Aus seiner inneren Anlage wie seiner Stellung innerhalb des Ganzen der Poetik läßt sich zugleich ersehen, daß die Allegorese in der Tat die entscheidende Grundlage für die Ausgestaltung der dichterischen Rede als anschaulicher Rede ist, wie sehr sie es ist und was das konkret für die dichterische Praxis bedeutet, und daß die Poesie damit immer schon in einer inneren Beziehung zur zeitgenössischen

---

[145] Vgl. Jöns, Das Sinnen-Bild, a.a.O., S. 47.
[146] Trichter III, S. 105.
[147] S. z. B. Cicero, orator 165ff.
[148] Trichter I, S. 123–137; II, S. 113–186; III, S. 1–24.
[149] Trichter I, S. 16–100; III, S. 73–100.
[150] Trichter II, S. 46–49; III, S. 55–62 u. 101–504.

Bildkunst steht. Zum einen handelt es sich bei diesem Thesaurus nämlich um nichts anderes als einen wenn auch sehr fernen Nachfahren des allegorischen Bibelwörterbuchs, eine humanistische Weiterentwicklung und Umbildung mit dem besonderen Zweck des Gebrauchs durch Poet und Künstler. Und zum anderen kann es gerade damit wie zur Bildfindung des Dichters so auch zur Gestaltung des Bildwerks als eines redenden dienen: schon im Titel wird der dritte Teil von Harsdoerffers Trichter, der den Thesaurus enthält, sowohl den Rednern und Poeten als auch den Malern und Bildhauern anempfohlen.

Allegorische Bibelhandbücher, die in Form eines Wörterbuchs vom Wortschatz der Bibel aus die Ergebnisse ihrer allegorischen Auslegung zusammenfassen und erschließen, sind seit dem 5. Jahrhundert bekannt; F. Ohly hat auf sie mit Nachdruck hingewiesen.[151] Seit dem 12. Jahrhundert sind sie in großer Zahl überliefert. Sie werden nunmehr vielfach als Enzyklopädie angelegt, wozu die Form eines Lexikons mit Register entwickelt wird. Bis ins 18. Jahrhundert hinein sind sie als Arbeitsmittel des Theologen und Predigers im Gebrauch. Hier sei als ein Beispiel aus später Zeit die ›Silva Allegoriarum totius Sacrae Scripturae‹ des Hieronymus Lauretus von 1570 genannt, die 1741 zum letzten Mal aufgelegt worden ist.[152] In alphabetischer Reihenfolge führt sie mehr oder weniger alle Sachen, die in der Bibel vorkommen, unter den Namen der Vulgata auf. Die Stichwortartikel beginnen mit einer Definition des historischen Sinns, dokumentieren dann das Vorkommen des Worts in den verschiedenen Büchern der Bibel, geben also gleichsam ein Florilegium einschlägiger Bibelstellen, um sodann die allegorischen Bedeutungsmöglichkeiten zusammenzustellen.

Aus diesen drei Elementen – Definition, Florilegium und allegorische Auslegung – setzen sich auch die Stichwortartikel des Harsdoerfferschen Thesaurus zusammen, wobei allerdings das eine oder andere Element gelegentlich fehlen kann, vor allem die Definition oft in das eigentliche Florilegium hineingenommen wird. Im Prinzip aber ordnet er sich bereits von seiner äußeren Gestalt her dem allegorischen Bibelwörterbuch zu. Es sei angemerkt, daß er sich damit auf den ersten Blick von manch anderem Florilegium unterscheidet, das in der Tat nur eine Blumenlese ist, eine mehr oder weniger zufällige Sammlung von Lesefrüchten, mit deren Hilfe die Musternachahmung im Bereich des ornatus gefördert werden soll.[153] Dieser Unterschied ist jedoch wohl nicht eigentlich prinzipieller Natur. Zum einen sind auch Harsdoerffers Stichwortartikel im wesentlichen Florilegium in jenem Sinne. Und

---

[151] F. Ohly, Vom geistigen Sinn des Wortes im Mittelalter, 1958, in: Ohly, Schriften zur mittelalterlichen Bedeutungsforschung, Darmstadt 1977, S. 1–31, hier S. 21–24. Vgl. auch Jöns, Sinnen-Bild, a.a.O., S. 51f.
[152] ND durch F. Ohly nach der 10. Aufl. v. 1681, München 1971.
[153] Hierzu z. B. J. Dyck, Die Rolle der Topik in der literarischen Theorie und Praxis des 17. Jahrhunderts in Deutschland, a.a.O., S. 143ff.

zum andern stellt sich auch in anderen Thesauri wenn schon nicht vom Aufbau der Stichwortartikel, so doch vom Bestand an Flores aus ganz von selbst eine gewisse Nähe zum allegorischen Bibelwörterbuch her: was sie an Blumen zusammenzulesen haben, ist eben zu einem nicht unerheblichen Teil mit den Allegoremen identisch, die auch dort angeführt werden.

Vom Stichwortbestand her stellt sich ein Thesaurus wie der Harsdoerffersche mithin nach der einen Seite als ein Extrakt des allegorischen Bibelwörterbuchs dar, ein Auszug der gebräuchlichsten Allegoreme, nach der anderen aber als eine Ausweitung um entsprechende Bilder aus antiker und humanistischer Literatur. Ein solcher Ausbau des mittelalterlich-christlichen Korpus durch antikes Bildgut vermag sich ohne große Schwierigkeiten zu vollziehen, wurzelt die Bibelallegorese doch selbst in der hellenistischen Kultur, und dies nicht nur ihrem Verfahren nach, sondern auch mit vielen jener Allegoreme, die sie dem biblischen Text unterlegt. Probleme ergeben sich einzig da, wo die antiken Bilder allzu deutlich aus der antiken Mythologie erwachsen und diese noch als eine falsche Religion gesehen wird – eine Frage, der die humanistische Poetik viel Raum widmet.

Die beiden Hauptquellen der Bildlichkeit sind bei Harsdoerffer deutlich greifbar. Die eine wird ausdrücklich genannt: »Die Regel oder Richtschnur / nach welchem (!) man sich hierinnen« – d.h. bei der Bildfindung – »zu richten / giebet uns der alten Grichischen und Römischen Müntzen und Marmolsteinerne hinterlassne Bilder«.[154] Die andere zeigt sich etwa in der Forderung, das Bild solle auf eben solche Weise auf seinen Sinn verweisen wie »die Vorbilder des Alten Testaments« auf ihre »Erfüllung« im Neuen Testament, nämlich auf »nachdenckliche« Weise;[155] das Alte Testament typologisch mit dem Neuen in Einklang zu bringen, war ja einer der entscheidenden Ansatzpunkte für die allegorische Bibelauslegung. Ein weiterer Anhaltspunkt ist die Einteilung der »Bildereyen« in signa ex congruo und signa ex placito,[156] also in solche, die auf einer sachlichen Gemeinsamkeit, einem tertium comparationis beruhen, und solche, die rein konventioneller Natur sind. Es ist dies eine Unterscheidung, die seit Augustin fester Bestandteil der Geschichte der Bibelallegorese ist. Dementsprechend sind Harsdoerffers Beispiele für die beiden Möglichkeiten auch biblisch.

Auf solcher Grundlage entsteht ein Thesaurus, der ganz von selbst sowohl für den Dichter als auch für den Maler taugt und in dem sich insofern die wesentliche Übereinstimmung von Wort- und Bildkunst konkretisiert. Schon auf dem Titelblatt wird er wie dem Redner und Poeten so auch dem Maler und Bildhauer gewidmet, und in dem ganzen zum Thesaurus überleitenden Kapitel »Von den Bildereyen« ist meist nicht zu unterscheiden, ob von dich-

---

[154] Trichter III, S. 102. [155] Ebenda, S. 108. [156] S. 103–104 u. 108–109.

terischer Bildlichkeit, dem Bild des Malers oder dem »Sinnbild« im engeren Sinne, dem Emblem, die Rede ist. Was hier auszuführen ist, gilt für alle drei Bereiche zugleich. So können »Richtschnur« der dichterischen Bildfindung »der alten Grichischen und Römischen Müntzen und Marmolsteinerne hinterlassene Bilder« sein, und so kann die ›Iconologia‹ des Cesare Ripa, »dem meisten Theils nachgegangen worden«, zur wichtigsten Quelle des Thesaurus werden.[157] Dieses 1593 erstmals erschienene und dann in vielen Auflagen verbreitete Werk wird traditionell eher der Kunstgeschichte zugeordnet, haben es doch Künstler wie Caracci, Domenichino, Tiepolo, Bernini, Poussin und Boucher als Nachschlagewerk benutzt.[158] Aber auch die ›Iconologia‹ erklärt sich in ihrem Titel als »non meno utile che necessaria a Poeti, Pittori, Scultori et altri«; sie ist wie für den Künstler so für den Poeten gedacht, und in diesem Sinne benutzt sie Harsdoerffer. Daß der Thesaurus auch die Emblematik, die »Sinnbild-Kunst« im engeren Sinne, als Quelle benutzt[159] und selbst wiederum für sie zur Quelle werden können soll, daß sie also in den allgemeinen Austausch, den Kreislauf der »Bildereyen« einbezogen ist, kann nach alledem nicht verwundern. Auf der Grundlage der christlich-humanistischen Allegorese versteht sich ein solches Hinüber und Herüber zwischen Wortkunst, Bildkunst und den Wort-Bild-Formen von selbst.

Zur Anschaulichkeit der allegorischen Bildersprache

Die Erkenntnisse, die die Geschichte der Formel ut pictura poesis zu vermitteln vermag, sind ein wichtiger, wenn nicht gar der entscheidende Schlüssel zur Literatur des Barock. Indem sie sehen lehrt, daß und wie alles künstlerische Darstellen hier aus dem Geist und mit den Mitteln der Allegorese betrieben wird, erlaubt sie es zu verstehen, auf welche Weise Literatur hier Literatur ist, wie sich die literarische Rede als darstellende, als anschauliche realisiert.

In diesem Sinne sei nun als erstes eine Strophe analysiert, die offenbar auf Harsdoerffer selbst zurückgeht und an der er einige Aspekte seiner Lehre von den »Bildereyen« demonstriert. Es handelt sich dabei um ein Beispiel für jene extreme Form der Nutzung allegorischer Bildlichkeit, die besonders in der Spätzeit der Allegorese kultiviert und von der Aufklärung als Schwulst kritisiert worden,[160] grundsätzlich aber während ihrer ganzen Geschichte möglich

---

[157] S. 102.
[158] E. Mandowsky in der Einleitung des Nachdrucks der 3. Aufl. v. 1603, Hildesheim 1970.
[159] Trichter III, S. 107.
[160] Zum »Schwulst« statt alles weiteren: M. Windfuhr, Die barocke Bildlichkeit und ihre Kritiker, a.a.O., insbesondere S. 312ff.; P. Schwind, Schwulst-Stil, Bonn 1977.

gewesen ist. An einem derartigen Extremfall läßt sich besonders deutlich greifen, was es mit ihr auf sich hat, zumal dem heutigen Leser bei ihm von vorneherein die Möglichkeit abgeschnitten ist, sich über die geschichtliche Distanz hinweg pauschal einzufühlen. Daß es ein vom Autor selbst kommentierter Text ist, erlaubt zudem einen sicheren Zugriff.

Das Gedicht lautet:

> Christus ist der Wundertrauben /
> der am Holtz des Creutz gehangen /
> Welchen aller Väter Glauben
> die vorher= und nachgegangen /
> in dem Hertz und Mund getragen /
> mit Vergnügen und Behagen.
> Jene haben ihn gesehen
> ruckwarts / und Ihn mit Verlangen /
> oft erwünschet mit viel Flehen:
> diese so hernach gegangen
> haben glaubig ihn geschauet /
> und sich seinem Wort vertrauet.[161]

Wer diesen Text heute liest, der wird mit ihm wohl kaum ohne weiteres etwas anfangen können. Die Traube am Kreuz wird ihm womöglich abgeschmackt, das »Vorher- und Nachgehen der Väter« sicherlich rätselhaft scheinen. Man muß schon tief in die Welt der Allegorese eingedrungen sein, um das Gedicht zu sich sprechen lassen, ja auch nur verstehen zu können, worum es in ihm geht.

Eine erste wichtige Hilfe ist es zu wissen, daß Harsdoerffer sich den Text als Bildgedicht denkt, nämlich als Unterschrift zu einer Abbildung der »zween Kundschaffter / die den Trauben von Escol in der Israeliter Lager gebracht«.[162] Im 4. Buch Mose schicken die Israeliten bei der Annäherung an das Land Kanaan Kundschafter aus, und diese bringen vom Bach Eskol eine Rebe mit einer einzelnen Weintraube zurück, die so groß ist, daß sie »zwei auf einem Stecken tragen« müssen.[163] Dieses seinerzeit häufig ins Bild gebrachte Motiv muß man wahrhaft vor sich sehen, um das Gedicht, insbesondere die Rede vom »Vorher- und Nachgehen«, vom »Rückwärtssehen« und »Schauen« verstehen zu können. Es bezeichnet die tragende Bildschicht innerhalb des außerordentlich komplexen Gewebes von Bild- und Sinnbeziehungen, genauer gesagt: die grundlegende Schicht des sensus historicus.

---

[161] Trichter III, S. 104–105.
[162] Ebenda, S. 104.
[163] 4. Mos. 12, 23, nicht 32, 9, wie Harsdoerffer angibt.

Das Gedicht lenkt den Blick zunächst auf die Wundertraube. In der Tradition der Bibelallegorese wird sie, worauf Harsdoerffer in seinem Kommentar ausdrücklich hinweist, zur alttestamentarischen Präfiguration Christi, der sich selbst den »rechten Weinstock« genannt hat.[164] Das Bild des Weinstocks fungiert hier aber nur als ein gleichsam unsichtbares Zwischenglied, das den Übergang zu der Sinnschicht ermöglicht, für die es als allegorisches Zeichen einsteht: zu Christi Opfertod am Kreuz, wie er in Brot und Wein des Abendmahls vergegenwärtigt wird. Der gekreuzigte Christus ist die Traube, aus der der Abendmahlswein gekeltert wird, aus ihm kommt die Erlösung. Die Traube am Kreuz ist mithin ein bildhaftes Kürzel für das Mysterium der Erlösung, gleichsam eine Formel im Bild.

Und das gilt nicht nur für die Traube im Zentrum des Bildes von den Kundschaftern, sondern für das Ganze dieses Bilds, so wie Harsdoerffer es auslegt: die aus dem Gelobten Land zurückkehrenden Kundschafter symbolisieren eben jene, die von der Erlösertat Christi Kunde gebracht haben, die Propheten und die Apostel. Der physische Vorgang des Tragens steht für ein geistiges Tragen ein, nämlich dafür, daß sie Christus »im Herzen und im Mund tragen«, d.h. ihn verkünden; und das räumliche Gehen vor und hinter der wunderbaren Traube wird zu einer Vorgänger- und Nachfolgerschaft in der Zeit, wobei die einen Christus nur »ruckwarts sehen«, nämlich nur weissagend erblicken können, während ihn die anderen wahrhaft zu schauen vermögen. Das Bild der Kundschafter mit der Traube wird so zum Sinnbild für die Verkündigung der Erlösung durch Christus im Alten und Neuen Testament, zur »Bild-Formel«, die einen komplizierten heilsgeschichtlichen Zusammenhang überschaubar macht.

Daß es sich hier um anschauliche Rede handelt, liegt in einem bestimmten Sinne auf der Hand: alles, was gesagt wird, wird »im Bild gesagt«. Ebenso deutlich ist, daß diese Anschaulichkeit ganz aus dem Geist und mit den Mitteln der Allegorese bestritten wird. Ihre Grundlage bilden einige Standardallegoreme, bestimmte biblische Szenen und Bilder mit feststehender allegorischer Bedeutung: die Kundschafter mit der Riesentraube, das Bild von Christus als dem rechten Weinstock, Christus am Kreuz. Jeder potentielle Leser ist mit ihnen vertraut, kennt sie sowohl aus Bibel und Predigt als auch aus bildlicher Darstellung. Es sind – wenn denn der Ausdruck erlaubt ist – Ikonen, kollektive Bilder, die der Dichter beim Leser nur abzurufen braucht. Im vorliegenden Fall denkt er sich die zentrale »Ikone« zusätzlich in ihrem sensus historicus durch eine Abbildung vergegenwärtigt, aber dessen bedarf es im Grunde nicht. Es gibt zahlreiche geistliche Gedichte gleicher Machart, die ohne Abbildung auskommen; der Leser vermag jene »Ikonen« eben auch ohne sie vor sich zu sehen. Der Dichter wählt aus dem großen Vorrat vorge-

---

[164] Joh. 15, 1ff.

gebener Allegoreme die für seine Absicht geeigneten aus, kombiniert sie und versucht, sie auf eine möglichst »sinnreiche« Weise zu entfalten; er »malt« sie aus und schafft sich so Anknüpfungspunkte für neue, weitere Bedeutungsaspekte, freilich immer im Rahmen der vorgezeichneten Grundbedeutung. Harsdoerffers Findekunst setzt zum Beispiel bei den Momenten des »Tragens« und des »Vor- und Nachgehens« im Bild der Kundschafter an. Auf diese Weise gewinnt sowohl das Bild an Plastizität als auch seine Bedeutung an Vielschichtigkeit.

Aber ist das Ergebnis solcher dichterischer Bemühung wirklich etwas, das man Anschaulichkeit nennen könnte? Ist diese Art eines Redens in Bildern wirklich eine Form anschaulichen Redens? Fühlt sich der Leser vom allegorischen Bild tatsächlich zu anschaulichem Vorstellen angehalten, realisiert er es nicht von vorneherein immer schon in seiner Zeichennatur und damit in seinem begrifflichen Gehalt? Kann die gegebene Anschauung für ihn also jemals mehr sein als nur ein leichter Schleier, durch den hindurch sein Blick sogleich auf die abstrakte Bedeutung fällt, um auf ihr und nur auf ihr zu verweilen? Verbietet sich ein anschauliches Vorstellen angesichts der Kombination, der Schichtung und Überlagerung von allegorischen Bildern nicht geradezu von selbst? Noch A. Schöne meint, »Anschaulichkeit zu vermitteln« sei »nicht im entferntesten« die »Absicht« mit derartigen Gleichnissen gewesen.[165] Anders D. W. Jöns; für ihn bedeutet »Allegorisierung«, »daß Geistiges versinnlicht wird«.[166]

Und muß man nicht die »Ikonen«, wie Harsdoerffer sie benutzt, in der Tat »vor sich sehen«, um ein Gedicht wie das seine verstehen zu können? Muß man sich die Kundschafter in ihrem »Vor- und Nachgehen« nicht entschieden vor Augen stellen, muß man sich nicht klarmachen, daß die einen sich umdrehen müssen, um die wunderbare Traube sehen zu können, während der Blick der anderen unmittelbar auf sie trifft, wenn man die Rede von den »rückwärts sehenden« und den »gläubig schauenden« Vätern verstehen will? Zudem erschöpft sich die Aufgabe der Bilder keineswegs in ihrer Mittlerschaft. Auch nachdem die Ebene des allegorischen Sinnes erreicht und der Bedeutungszusammenhang gedanklich realisiert ist, bleibt es unumgänglich, das Bild der Traube als Bild festzuhalten. Denn es ist ja das entscheidende Argument, von dem her sich der gedankliche Zusammenhang des Gedichts zusammenschließt, und zwar gerade als Bild. Seine geheimnisvoll-sinnreiche Vieldeutigkeit ist es, die die verschiedenen Bildebenen mit ihren Sinnschichten zusammenführt und beieinanderhält. Die Vieldeutigkeit ist auf der Ebene der Anschauung angesiedelt, das Sichtbare ist das Vieldeutige, während das

---

[165] A. Schöne, Emblematik und Drama, a.a.O., S. 123.
[166] D. W. Jöns, Das Sinnen-Bild, a.a.O., S. 27.

Begriffliche das Eindeutige ist. Das macht das Bild zu mehr als nur einem »Durchgangsobjekt« des Bewußtseins, verleiht ihm ein Eigengewicht, nötigt den Leser, das Allegorem Traube gerade als bildliche Vorstellung festzuhalten.

Im übrigen braucht die Vorstellungskraft keineswegs grundsätzlich vor einer Kombination von Allegoremen wie der von Kreuz und Traube zurückzuschrecken. Derlei ist bis ins 17. Jahrhundert hinein vielfach wirklich im Bild, als wirkliche Anschauung gegeben worden. Ein Blick auf die Flugschriften der Zeit macht deutlich, daß das Kombinieren von Allegoremen ein weithin geradezu unentbehrlicher Bestandteil des Verbildlichens war. Wenn es aber sogar und gerade ein Mittel bei der Ausgestaltung von wirklich Anzuschauendem ist, kann es nicht als ein Grund angesehen werden, um dessentwillen den Allegoremen im Gedicht abgesprochen werden muß, anschaulich gemeint zu sein, anschaulich vorgestellt werden zu sollen. So kennen Spätmittelalter und frühe Neuzeit zum Beispiel Anbetungen Mariae, bei denen Maria Milch aus ihrer Brust spritzt, die vom Anbetenden in einem Meßkelch aufgefangen wird: diese Brust nährte den, der mit seinem Blut die Erlösung brachte, wie es im Meßopfer vergegenwärtigt wird.[167] Oder es begegnen Bilder, auf denen sich eine Herde von Schafen um den gekreuzigten Christus drängt: der gekreuzigte Christus ist der gute Hirte.[168] Diesen Möglichkeiten allegorischer Verbildlichung ordnen sich die Verse »Christus ist der Wundertrauben / der am Holtz des Creutz gehangen« mit aller Selbstverständlichkeit zu.

Entscheidend ist nun aber zu erkennen, daß in den Zweifeln am anschaulichen Charakter der allegorischen Bildlichkeit eine moderne oder besser gesagt nachaufklärerische Auffassung von Anschaulichkeit am Werk ist; eine Vorstellung, die so selbstverständlich geworden ist, daß sie vielfach gar nicht mehr in ihrer geschichtlichen Bedingtheit erkannt wird. Mit ihr ist eine Konzeption von Anschaulichkeit gemeint, die wesentlich vom Gedanken der erlebnishaften Plausibilität bestimmt ist. Was jeweils an Anschauung aufgeboten wird, soll aus sich selbst sowie aus subjektivem Erleben heraus als möglicher wirklicher Anblick, mögliche Räumlichkeit, mögliche Szenerie dem Leser einleuchten können, soll ihm als etwas, dessen objektives Entgegentreten im Erlebnis ihm möglich scheint, plausibel werden, und das impliziert: durch die Möglichkeit, in der empirischen Wirklichkeit als Anblick angetroffen zu werden.

---

[167] S. hierzu z. B. K.-P. Schuster über Meister v. Zwolle, Der Hl. Bernhard kniet vor der Gottesmutter, in: Luther und die Folgen für die Kunst, hg. v. W. Hofmann, München 1983, S. 254.
[168] Vgl. hierzu das Blatt ›Luther und Hus als gute Hirten‹, ebenda, S. 235.

Solchen Erwartungen entspricht ein aus der Allegorese lebender Text wie der Harsdoerffersche offensichtlich in keiner Weise. Aber nicht dies kann zum Angelpunkt des Nachdenkens über ihn werden; es ist vielmehr von der Beobachtung auszugehen, daß der zeitgenössische Leser nicht nur an derartigen Texten keinen Anstoß nahm, sondern daß er sich von ihnen durchaus beeindruckt zeigte, und zwar keineswegs nur als denkender, sondern gerade auch als anschauender und fühlender Leser. Ist man bereit, dieses Faktum ernst zu nehmen, so führt kein Weg an der Annahme vorbei, daß es sich hier um eine von der nachaufklärerischen grundsätzlich verschiedenen Form von Anschaulichkeit handelt, abzielend auf eine andersartige Vorstellungskraft, die aus einer anderen Art zu sehen erwächst – eben aus einer andersartigen »historischen Form der Erfahrung«.

Die nachaufklärerischen Erwartungen an die Anschaulichkeit eines Textes, die vom Gedanken erlebnishafter Plausibilität getragen sind, setzen ein Wahrnehmen voraus, das sich wesentlich als ein Beobachten begreift, als ein Zurkenntnisnehmen von Sachverhalten in ihrem Ansichsein – wie überhaupt der subjektiv-erlebnishafte Zugriff das Gegenüber einer vom erlebenden Subjekt wesentlich unabhängigen, zunächst und vor allem in sich selbst Kontingenz gewinnenden und insofern ihm gegenüber gleichgültigen Welt voraussetzt, einer Welt, die das, was sie ist, wesentlich in sich selbst ist, unabhängig von einer möglichen Bedeutsamkeit für den Menschen. Erleben ist das Bedeutendwerden eines zunächst Bedeutungslosen.

Auf ein derart Bedeutungsloses kann aber das Wahrnehmen, auf das die voraufklärerischen Formen der Schaffung von Anschaulichkeit bezogen sind, niemals treffen. Der Blick geht hier nicht in einen Raum der reinen Sichtbarkeit, des Sich-Darstellens in seinem Ansichsein, sondern in einen auf mehr oder weniger geheimnisvolle Weise von spiritueller Bedeutsamkeit durchwirkten Raum, von Bedeutung, die das Sichtbare nicht oder nur in Ansätzen aus sich selbst gewinnt und die auf den Menschen abzielt. Nicht als gäbe es hier überhaupt kein sachliches Beobachten – aber es bleibt im Bewußtsein des Wahrnehmenden immer der Erwartung von spirituellem Sinn untergeordnet, in den Prozeß des Aufsuchens von auf den Menschen gerichteter spiritueller Bedeutsamkeit einbezogen; es kann ihm gegenüber keine Eigenständigkeit gewinnen. Denn der Raum der Erfahrung ist hier in erster Linie eine Stätte zeichenhafter Bedeutsamkeit.

Diese andere Art des Wahrnehmens darf man sich nun keineswegs als einen Vorgang denken, der in zwei Schritte, zwei deutlich gegeneinander abgehobene Phasen zerfiele: ein sachliches, gleichsam natürliches Wahrnehmen, das reine Aufnehmen und Verarbeiten der Sinnesdaten, und die Überformung des Wahrgenommenen durch mentale Vorgaben, ein Hineinarbeiten, Hineinprojizieren, um nicht zu sagen: ein Hineinmanipulieren bestimmter historisch bedingter Sinnmomente und Sinnstrukturen. Was man natürliche Wahrnehmung nennen möchte, ist nichts weniger als natürlich, ganz davon abgesehen, daß sich bei solcher Rede zwei grundverschiedene Vorstellungen zu vermengen pflegen, deren Unterschied man etwa in der Gegenüberstellung von Wahrnehmung als Gegenstand und als Verfahren der modernen Naturwissenschaften angedeutet sehen kann. Meint man mit natürlicher Wahrnehmung jenen Aspekt der konkreten Wahrnehmungsvorgänge, den eine Physiologie und Psychologie allenfalls beschreiben können, so hat man es mit einer rigiden Abstraktion zu tun. Und denkt man dabei an die Art und Weise, in der der Naturwissenschaftler die Natur beobachtet, so handelt es sich um das Ergebnis entschiedener Schulung; auf das Ganze der geschichtlichen Entwicklung bezogen, um das späte Resultat eines außerordentlich komplexen zivilisatorischen Prozesses.

Streng genommen, »gibt« es keine natürliche Wahrnehmung, kein Wahrnehmen schlechthin. Was in der Wirklichkeit anzutreffen ist, ist ein Wahrnehmen, das immer schon in Lebenszusammenhänge einbezogen ist, innerhalb derer es allererst in Gang kommt, die es lenken und seine Resultate prägen; ein Sehen, das sich am Leitfaden von Sinnerwartungen vollzieht, wie sie jene Lebenszusammenhänge mit sich bringen. Diese Erwartungen, diese Sinnvorgaben machen das Wahrnehmen allererst möglich, und sie sind der Wahrnehmung bleibend eingeschrieben. Unter solchen Sinnvorgaben sind zunächst die besonderen Anlässe, Absichten, Interessen, Meinungen zu verstehen, die mit dem jeweiligen Lebenszusammenhang gegeben sind, und sodann die allgemeinen Formen des Absehens, Interessiertseins, Meinens, Veranlaßtseins als Bestandteil der allgemeinen Lebensformen, die der kulturelle Prozeß hervorbringt; diese geben den Rahmen ab, innerhalb dessen sich die besonderen die Wahrnehmung steuernden Absichten, Interessen, Meinungen allererst als solche konstituieren.

Eine derartige allgemeine Sinnvorgabe ist zum Beispiel die Erwartung allegorischer Zeichenhaftigkeit, aber auch das Ausgehen auf die Sachen in ihrem Ansichsein jenseits aller Bedeutung für den Menschen, nämlich auf Naturgesetzlichkeit. Auch in ihm ist nur eine unter vielen die Wahrnehmung eröffnenden Sinnvorgaben zu sehen und nicht ein dem Wahrnehmen als solchem immer schon inhärierendes Wesensmoment. Was dazu verleitet, ein vom Ausgehen auf die Sachen in ihrem Ansichsein geleitetes Sehen für die natürliche Form des Wahrnehmens zu halten, ist die Tatsache, daß es ein von der Einmischung konkreter, aus irgendeinem Lebenszusammenhang erwachsender Absichten und Interessen freigehaltenes, insofern sozusagen reines Sehen ist. Natürlich kann es aber darum nicht heißen, und zwar deshalb, weil es das Ergebnis intensiver Schulung ist und weder geschichtlich noch in der Lebensgeschichte des Einzelnen je, wie es der aufklärerisch-romantische Sinn von natürlich meint, wirklich am Anfang steht. Wenn das sachliche Sehen für den modernen Menschen zur selbstverständlichen Grundlage seiner Art geworden ist, der Welt gegenüberzutreten, so ist das das Resultat einer massiven Umerziehung des Menschen innerhalb des Prozesses, der auf die Beherrschung der Natur durch die menschlichen Gesellschaften abzielt. Nicht zu verwechseln ist dieses versachlichte Sehen mit dem, was Physiologie und Psychologie als naturgemäße Unterlage allen Wahrnehmens beschreiben, wie es der Rede von der natürlichen Wahrnehmung zugrundeliegt. Das eine zielt auf ein Phänomen des wirklichen Lebens, das andere ist in ihm als solches nie anzutreffen, sondern an dem konkreten Wahrnehmungsgeschehen immer nur abstrahierend auszuweisen. Letzteres mag man, so man will, natürlich nennen, wenn man dabei nur nicht mehr die aufgeklärt-romantischen Implikationen des Primären, Vorgängigen, Einfachen, Grundlegenden mit im Auge hat.

Diese wenigen Überlegungen mögen genügen, um zu zeigen, daß von historischem Verständnis erst in dem Augenblick die Rede sein kann, in dem man die innere Historizität des Wahrnehmens eingesehen und bei sich nachvollzogen hat; in dem man sich nicht mehr gedrungen fühlt, eine von der gewohnten Übung des Wahrnehmens abweichende historische Form als bloß geschichtlich überformtes vermeintlich natürliches Wahrnehmen, eben als zweigliedrigen Vorgang vorzustellen. Und in eben dem Maße, in dem man die historische Form des Erfahrens, Wahrnehmens, Sehens nachzuvollziehen vermag, auf das eine historische Strategie des anschaulichen Redens wie die der allegorischen Bildlichkeit bezogen ist, hört ihr anschaulicher Charakter auf, Rätsel aufzugeben. Wo alles Wahrnehmen von der Erwartung durchwirkt ist, auf Zeichenhaftes, Sinnfiguren, menschlich Bedeutsames zu treffen, wo es stets in einem Zeichensinn kulminieren, sich allererst von einer allegorischen Sinnfigur her wahrhaft zu einer Wahrnehmung zusammenschließen soll, da ist allegorische Bildlichkeit die adäquate Form der anschaulichen Gestaltung von Rede, auch und gerade dann, wenn sich wie im Falle der Harsdoerfferschen Strophe mehrere Bildebenen überlagern und durchdringen. Es fehlt hier die Instanz, vor der eine solche Kontamination von Bildern anstößig werden könnte.

Sicherlich haben wir es bei Harsdoerffers Gedicht mit einer extremen Weise zu tun, die Möglichkeiten der allegorischen Bildlichkeit zu nutzen, aber eben mit einer Form, die aufschlußreich für sie in allen ihren Erscheinungen ist, insofern sie zu Einsichten und Annahmen zwingt, die diese anderen Weisen ihrer Nutzung nur nahelegen und an denen man sich im Umgang mit ihnen oft hat vorbeimogeln wollen. Was von Harsdoerffers Gedicht aus über den anschaulichen Charkater der allegorischen Bildlichkeit gesagt worden ist, gilt natürlich auch für die weniger extremen Formen, ja auch sie werden dadurch allererst recht verständlich. Als Beispiel für diese andersartigen Möglichkeiten, wenn man so will, für den Gegenpol im Spektrum des Möglichen, mag M. Opitz' Sonett ›Vom Wolffesbrunnen bey Heydelberg‹ stehen.

> Du edler Brunnen du / mit Rhu und Lust umbgeben /
> Mit Bergen hier und da als einer Burg umbringt /
> Printz aller schönē Quell' / auß welchē Wasser dringt
> Anmutiger dann Milch / und köstlicher dann Reben /
> Da unsers Landes Kron' und Häupt mit seinem Leben /
> Der werthen Nymph' / offt selbst die lange Zeit verbringt /
> Da das Geflügel ihr zu Ehren lieblich singt /
> Da nur ergetzlichkeit und keusche Wollust schweben /
> Vergeblich bist du nicht in dieses grüne Thal
> Beschlossen von Gebirg' und Klippen uberall:
> Die künstliche Natur hat darumb dich umbfangen
> Mit Felsen und Gepüsch' / auff daß man wissen soll
> Daß alle Fröligkeit sey Müh' und Arbeit voll /
> Und daß auch nichts so schön / es sey schwer zuerlangen.[169]

In diesem Gedicht hat die Entfaltung des sensus historicus einen ganz anderen Stellenwert als in dem Harsdoerfferschen Beispiel. Das liegt zum Teil natürlich daran, daß er hier nicht als im Bild vergegenwärtigt gedacht wird und also innerhalb des Textes selbst zu entwickeln ist, aber auch daran, daß es sich nicht um ein Standardsujet biblischer Herkunft handelt: Gelegenheitsgedichte – und hierzu ist Opitz' Gedicht wohl zu zählen[170] – haben immer einen besonderen Anlaß, ein einmaliges, individuelles Sujet, das nicht einfach herbeizitiert werden kann, vielmehr allererst vorzustellen ist; sie werden darum dem sensus historicus im allgemeinen mehr Raum geben müssen. Im vorliegenden Fall wird Zug um Zug ein Bild jenes Brunnens entworfen, allgemeine wie besondere Merkmale werden benannt, deren Abfolge bei aller rhetorischen Durchformung als Grundlinie des Gedichts immer deutlich bleibt, so daß sich nach und nach eine klare, in sich geschlossene, übersichtliche Vorstellung aufbaut, die geradezu modernen Erwartungen an anschauliche Plausibilität zu genügen vermöchte. Ein Sich-Einleben, Sich-Einfühlen im Sinne nachaufklärerischer Vorstellungen müßte sich freilich spätestens bei der allegorischen Wendung des Schlusses aus der Bahn geworfen fühlen. Es sähe sich genötigt, einen Bruch zu konstatieren, eine kalte, verstandesmäßige Pointe, eine ziemlich gezwungene zudem, die sich alles andere als »organisch« aus

---

[169] Opitz, Weltliche Poemata 1644, Zweiter Teil, hg. v. E. Trunz, Tübingen 1975, S. 362. – Dazu J. L. Gellinek, Die weltliche Lyrik des Martin Opitz, Bern 1973, S. 112–114.
[170] Es gehört jedenfalls mit den anderen Sonetten zu den ›Poetischen Wäldern‹, was nach W. Segebrecht (Das Gelegenheitsgedicht, Stuttgart 1977, S. 89ff.) Opitz' Terminus für Gelegenheitsdichtung sein soll; nach J. S. Wahll (Segebrecht, S. 108) wäre es unter die »Mittelgedichte« einzuordnen, nämlich unter die »Beschreibungen künstlicher und natürlicher Dinge«.

dem Vorangegangenen ergäbe; derlei war in der Vergangenheit zu barocker Dichtung ja oft genug zu lesen.

Von einem Bruch kann jedoch nur reden, wer den allegorischen Tenor der zuvor entfalteten Anschauung nicht bemerkt hat. Denn alles, was im Gedicht an veranschaulichendem Detail benannt wird, ist von der allegorischen Pointe her gedacht, ist vom Leser von Anfang an auch in seiner allegorischen Dimension zu realisieren, in der sich allmählich als Frage vorbereitet, was in der Schlußpointe aufgenommen und gleichsam beantwortet wird. Der Gegensatz von Annehmlichkeit und Mühe ist von den ersten beiden Versen an präsent, in denen der Brunnen – laut Harsdoerffer Sinnbild von »Erquickung und Trost«[171] – als von Bergen eingeschlossen geschildert wird, und das heißt: in einer unzugänglichen Wildnis gelegen. Der Kontrast wird dadurch vertieft, daß zunächst das Gelände um den Brunnen zum locus amoenus stilisiert und sodann die Wildnis der weiteren Umgebung – Gebirg und Klippen, Felsen und Gebüsch – unterstrichen wird. Wenn das letzte Terzett ausdrücklich einen sensus moralis formuliert, so ist das mithin keineswegs als Widerruf der zuvor entfalteten Anschaulichkeit aufzufassen, sondern als ein Moment, das sie auf besonders nachdrückliche Weise in ihrer Eigenart charakterisiert: alles Sich-Vorstellen vollzieht sich in der Erwartung einer allegorischen Sinnfigur.

Zur Geschehensdarstellung im Barock

Der Allegorese hat sich die Welt bekanntlich auf eine doppelte Weise als sinnhaft erschlossen: als Natur und als Geschichte. Als Natur ist sie ihr die Schöpfung Gottes, als Geschichte die Stätte des Heilsgeschehens.[172] Wie in jedem Ding der Natur, so ist auch in allem, was geschieht, ein Fingerzeig Gottes zu sehen; er ist der Herr der Geschichte, und dies im großen wie im kleinen. Hier sei nur an die Rolle der Geschichte im Denken Augustins erinnert.[173] Die Kategorie des Geschehens wird bei ihm wie überhaupt in der christlichen Doktrin nicht vom Menschen, sondern von Gott her gedacht. Wenn alles Vorhaben und Vornehmen beim Menschen liegt, so steht aller Ausgang bei Gott: der Mensch denkt, und Gott lenkt. So stellt sich hier auch alles Geschehen als allegorisches Zeichen dar, dessen Sinn es aufzufinden gilt.

Dies muß man sich vor Augen stellen, um verstehen zu können, daß auch die Kategorie der Handlung in der rhetorischen Poetik des Humanismus unter den Oberbegriff des »Gleichnisses«, der similitudo, gefaßt wird. Als »Gleichnis, welche beweist«, nämlich als Exempel, steht sie hier neben der »Gleichnis, welche erklärt«, der imago rerum; so jedenfalls lauten die Begriffe

---

[171] Harsdoerffer, Trichter III, S. 155.
[172] F. Ohly, Schriften zur mittelalterlichen Bedeutungsforschung, a.a.O., S. IX.
[173] Aug., de doctr. chr. 2, 44.

in Harsdoerffers ›Poetischem Trichter‹.[174] »Gleichnisse, welche erklären« entstammen im allgemeinen der Welt der Dinge, vor allem der Natur, sie beziehen sich auf das, was sich im Raum ausdehnt, während »Gleichnisse, welche beweisen«, auf die Welt der Geschichte zurückgehen, auf das, was sich in der Zeit erstreckt. Das wird in dem entsprechenden Abschnitt des ›Trichters‹, dem Kapitel »von den Gleichnissen«, nicht vollends klar, da Harsdoerffer den Begriff des beweisenden Gleichnisses oder Exempels hier nur mit Parabeln erläutert, erhellt jedoch schlagend aus der Quelle, aus der er die Dichotomie bezieht und auf die er sich auch ausdrücklich beruft:[175] aus der Rhetorik Quintilians.

Bei Quintilian werden Gleichnisse (similitudines), die der Beweisführung, der Argumentation dienen (quae probationis gratia inter argumenta ponuntur), von solchen unterschieden, die das Bild der Dinge ausarbeiten (similitudines ad exprimendam rerum imaginem compositae).[176] Erstere, von den Griechen paradeigma, von Quintilian exemplum genannt, umfassen alles, was in der Beweisführung des Rhetors an Ähnlichem beigebracht wird, vor allem aber das Beispiel aus der Geschichte (quo nomine et generaliter usi sunt in omni similium adpositione et specialiter in iis, quae rerum gestarum auctoritate nituntur).[177] Auf der einen Seite steht also die imago rerum, auf der anderen die res gesta; diese Gegenüberstellung gibt der Unterscheidung von »Gleichnissen, welche erklären«, und »Gleichnissen, welche beweisen«, ihren Sinn.[178]

Alles Geschehen, von dem zu berichten, das darzustellen ist, hat den Charakter eines allegorischen Zeichens, ist »Gleichnis, welche beweist«, Exempel. Harsdoerffers eigene Praxis als Erzähler zeigt das mit geradezu erdrückender Massivität. Schon in den Vorreden seiner Erzählwerke, des »Großen Schauplatz' Lust- und Lehrreicher Geschichte« und des »Großen Schauplatz' Jämmerlicher Mord-Geschichte«,[179] zweier umfangreicher Bearbeitungen vor allem von Novellen aus der Romania,[180] aber auch von umlaufenden Geschichten aus dem eigenen Lebenskreis, stellt er den Gedanken des Exempels mit aller Klarheit in den Mittelpunkt: ihr Zweck sei es, »die Begebenheiten der Privat-Personen vorstellig zu machen / welchen / wie fast allen

---

174 Harsdoerffer, Trichter III, S. 58.
175 Ebenda, S. 57.
176 Quint. 8, 3, 72.
177 Quint. 5, 11, 1.
178 Anders J. Dyck, Ticht-Kunst, a.a.O., S. 55ff., der, wie uns scheint, den Bezug zu den Begriffen der imago rerum und der res gesta übersehen hat.
179 G. Ph. Harsdoerffer, Der Grosse Schauplatz Lust- und Lehrreicher Geschichte, 2 Bde., 1664, ND in einem Band, Hildesheim 1978; ders., Der Grosse Schauplatz jämmerlicher Mord-Geschichte, 1656, ND Hildesheim 1975.
180 V. Meid, Barocknovellen? Zu Harsdörffers moralischen Geschichten, in: Euph. 62, 1968, S. 72–76, hier S. 72.

Menschen / etwas besonder=merckwürdiges in ihrem Leben begegnet / daraus die Nachwelt eine Lehre oder Warnung zu schöpfen haben möchte«. Die Lehren, die »das Wort Gottes Gebots=weise vorschreibet«, die die »Haubt=Wissenschaften« Theologie, Jurisprudenz und Medizin »mit Lehren und Gesetzen auswürcken«, werden von der »Geschichtschreibung mit Exempeln und Beyspielen« vermittelt, wobei der Begriff der »Geschichtschreibung« von Harsdoerffer ausdrücklich auch auf »Privat=Personen« und Privatangelegenheiten bezogen wird.[181] »Wann die Alten durch die klugen Fabel gute Lehren haben außbilden wollen / (...): Wie viel zulässiger und erbaulicher wird doch seyn / die Geschichte zu betrachten / welche wahrhafftig und würcklich geschehen und uns fast täglich für Augen schweben (...). Was haben wir viel ferne Gleichnissen (!) herzuholen / wann wir solche in den Thun der jenigen finden / welche in unsrer Gesellschaft leben / oder ja zu unsrer Vätter Zeiten gelebt haben«.[182]

Dementsprechend sind die einzelnen Erzählungen aufgebaut. Sie beginnen und enden stets mit einer moralischen Reflexion, die mit Sprichwörtern, Sentenzen, Bibelzitaten und anderen Exempeln die zugrundeliegende Lehre einkreist, und sie führen die eigentliche Geschichte auch immer wieder unter dem Namen eines Exempels ein. Die Register der beiden Sammlungen verzeichnen demgemäß ebenso wie die Titel auch die »Lehrsprüche«, um die es in den Geschichten geht, also sowohl den sensus historicus als auch den sensus allegoricus, so wie man es aus Bibel- und anderen allegorischen Handbüchern kennt.

Diese Hinweise mögen schon genügen um zu zeigen, wie sehr die Kategorie der Handlung hier von der der Allegorie her begriffen wird; daß die Geschehensdarbietung von ihr her gedacht und gestaltet wird. Bedeutet das aber auch schon Anschaulichkeit? Liegt in diesem Bezug zur Allegorese in der Tat wie bei den zuvor erörterten Beispielen ein bestimmtes Verfahren des Veranschaulichens als eines Vor-Augen-Stellens beschlossen? In der Poetik wird zwar deutlich genug davon gesprochen, daß es sich auch hier um ein »Vorstellig-Machen« handele: wie »die Gleichniß« überhaupt auf das »Aug unsrer Verständniß« abziele,[183] so insbesondere auch »die Gleichniß, welche beweist«, »Exempel und Geschichte«; auch von ihnen wird ausdrücklich erklärt, daß sie »das Aug unsres Gemüts zur Betrachtung« anhalten würden.[184] Aber wenn man eine der Harsdoerfferschen Erzählungen liest, möchte man meinen – und dies gilt für das meiste, was aus dem Barock an

---

[181] Harsdoerffer, Lust- und Lehrreiche Geschichte, »Zuschrifft«, Bl. 5r.
[182] Harsdoerffer, Mord-Geschichte, Vorrede, erste bis zweite Seite (weder Seiten- noch Blattzählung).
[183] Harsdoerffer, Trichter III, S. 66.
[184] Trichter II, S. 55.

erzählender Literatur auf uns gekommen ist –, daß sie so unanschaulich wie nur irgend möglich dargeboten werden. Es wird fast immer – in der Terminologie E. Lämmerts[185] – die raffungsintensivste Erzählweise angestrebt: die Geschichte wird auf so engem Raum erzählt, wie es die Verständlichkeit des Handlungszusammenhangs gerade noch zuläßt. Der Blick verweilt kaum je auf einer Person, einem Ding oder Vorgang; keine Szene, kein Dialog gewinnt eine solche innere Konsistenz und äußere Geschlossenheit, daß der Leser ihnen beizuwohnen meint. An einem solchen Erzählen gleiten die Kriterien ab, die E. Lämmert und F. K. Stanzel zur Kennzeichnung von Erzählformen entwickelt haben. Es herrscht fast ausschließlich das, was Stanzel die »Nullstufe der Mittelbarkeit« nennt.[186]

Das Geschehen gewinnt seine Eindrücklichkeit für den Leser hier nicht aus seiner anschaulichen Plausibilität, sondern aus seiner historischen Faktizität, aus dem Wissen oder Glauben, daß es sich bei ihm um etwas handele, das sich in seiner ganzen Wunderbarkeit und Merkwürdigkeit wahr und wahrhaftig in dieser unserer Welt begeben habe. Dementsprechend wird dem Leser immer wieder »versichert / daß es alle wahre Geschichte / zu welchē / oder von welchen haubtsachlich nichts gethan worde« – man beachte den Anklang an die Schlußverse der Bibel, und dies in der Einleitung einer Sammlung »jämmerlicher Mord-Geschichte«! – »allermassen die Zeit und der Ort / wo dieses oder jenes bescheen / gemeldet / und nichts ungläubiges / das nicht geschehen könte / in dem ganzen Buch befindlich«.[187]

Genauer gesagt, ist es die äußere Geschlossenheit, die die Geschichte für den Leser aus ihrer Faktizität gewinnt. Ihre innere Konsistenz verdankt sie dem sensus tropologicus, der sich in ihr zeigt. Sie kann darum ein Ausmalen des Geschehens als Geschehen weitgehend entbehren, ja sie muß es um der Transparenz auf den allegorischen Sinn willen geradezu meiden. Ausdrücklich wird erklärt, daß solche Geschichten »keine außgesuchte Worte der großen Wohlredenheit leidē / sondern aus einer gleichgeschnittnen Feder herfliessen / daß der Verstand ohne viel mühsames nachsinēn zu Gedechtniß gefasset werden kan«.[188] Die Weise der Rezeption, auf die ein solches Schreiben abzielt, ist ja auch keine der Einfühlung, des Sich-Einlebens in die Geschichte, sondern eine der »Verwunderung«, gleichsam eines Anstaunens von außen. H.-J. Schings spricht hier von der »Stimulation durch Exempel«, bei der das Mitleid, das wichtigste Indiz einer von der Einfühlung lebenden Rezeption, keine Rolle spiele.[189] Der Leser soll »sich verwundern / darbey

---

[185] E. Lämmert, Bauformen des Erzählens, Stuttgart 1955, S. 82f.
[186] F. K. Stanzel, Theorie des Erzählens, 1979, 2. Aufl., Göttingen 1982, S. 39.
[187] Harsdoerffer, Mord-Geschichte, a.a.O., Vorrede, Absatz 17.
[188] Ebenda, Absatz 18.
[189] H.-J. Schings, Consolatio Tragoediae, a.a.O., S. 35.

still halten und sein verständiges Nachsinnen üben«,[190] wie Harsdoerffer in anderem Zusammenhang formuliert.

Dem entspricht, was im ›Trichter‹ über die »Beschreibung einer Geschichte« ausgeführt wird. Der Poet darf den »Ausgang« nicht verändern, allenfalls »Umstände und Reden« erfinden; es geht ja darum, den Sinn zu entwickeln, der der historia als historia immanent ist. Deshalb kommt den »natürlichen Farben«, der oratio propria bei ihrer Darstellung besondere Bedeutung zu, denn durch sie wird das Faktische der historia zur Geltung gebracht. »Zuzeiten« aber können »poetische Stücklein angebracht« und »die Laster beschrieben« werden; solche auxesis bringt den exemplarischen Charakter der historia an den Tag.[191]

Besonders deutlich wird die Eigenart dieses Erzählens im Vergleich der Harsdoerfferschen Texte mit einem Teil ihrer romanischen Vorlagen, nämlich mit den Quellen, die wie die Cervantes-Novellen bereits einen moderneren Typus des Erzählens repräsentieren. Der Bearbeiter hat die Geschichten gleichsam aus einem jüngeren in ein älteres erzählerisches System übersetzt.[192] Die ›Novelas ejemplares‹[193] verweisen zwar mit ihrem Titel noch auf das Konzept des exemplarischen Erzählens, und sie enthalten auch immer wieder Abschnitte, in denen die Handlung eine geistliche Auslegung erfährt. Aber sie sind in ihrer Faktur vielfach schon mehr psychologisierend als allegorisierend angelegt, und selbst die moralischen Reflexionen sind oft in die Personendarstellung einbezogen. Es ist ja kein Zufall, daß die Entstehung des im strengen Sinne modernen psychologischen und mimetisch-illusionistischen Romans im zweiten Drittel des 18. Jahrhunderts in England und Frankreich mit einer intensiven Cervantes-Rezeption einherging. Hier war ein Darstellungsstil vorgebildet, der der Erwartung eines mimetischen Illusionismus entgegenkam und insbesondere auch schon Ansprüche an anschauliche Plausibilität zu befriedigen vermochte.[194]

Was die Anschaulichkeit anbelangt, wird Harsdoerffers Konzeption und damit der Charakter jenes älteren Erzählens überhaupt bereits in der Vorrede zum ›Großen Schauplatz Jämmerlicher Mord-Geschichte‹ in den Bearbeitungsmaximen greifbar. Der Bearbeiter will »überflüssige ümbstände« weg-

---

[190] Trichter III, S. 65.
[191] Trichter I, S. 6.
[192] Die Anregung zu diesem Vergleich verdanke ich V. Meid, Barocknovellen?, a.a.O., S. 73f., wo freilich nur einige knappe Hinweise gegeben werden.
[193] Cervantes, Novellen, dt. Übers. v. A. Keller u. F. Notter, München 1958.
[194] Zum »Prinzip des Perspektivismus, das den Roman des Cervantes zum Ahnherrn des modernen Romans macht«, s. z. B. W. Preisendanz, Die Auseinandersetzung mit dem Nachahmungsbegriff in Deutschland und die besondere Rolle der Romane Wielands, in: Nachahmung und Illusion, hg. v. H. R. Jauß, 2. Aufl., München 1964, S. 72–95, hier S. 86, Anm. 11.

lassen.¹⁹⁵ Gerade die überflüssigen Umstände, das Tautologische des Redens, die Akzentuierung des Details sind es aber, die das anschauliche Vorstellen stimulieren. Die Begründung, die Harsdoerffer für seine Maxime gibt, mag zunächst merkwürdig scheinen, ist jedoch höchst aufschlußreich. Er beruft sich nämlich nicht auf moralische Prinzipien, etwa auf das alte christliche Argument, daß alles Überflüssige verderblich sei, sondern auf den Leser, der »des Ausgangs begierig« sei und nicht »verdrüßlich aufgehalten« werden wolle.¹⁹⁶ Hier wird ein Leser greifbar, der ganz auf das Faktische des Handlungsverlaufs ausgerichtet ist, den eben, wie angenommen werden muß, vor allem das Wundersame in der Verschlingung der Begebenheiten interessiert, der sich in erster Linie hiervon unterhalten, erbaut und belehrt fühlt, und das heißt: der nicht erwartet, durch anschauliche Plausibilität als Miterlebender in das Geschehen hineingezogen zu werden.

Wie schlägt sich das in der Faktur der Texte nieder? Als Beispiel sei die Cervantes-Novelle ›Die betrügliche Heirat‹ mit ihrer Bearbeitung durch Harsdoerffer verglichen, die sich unter dem Titel »Der Gegen-Betrug« im zweiten Band des ›Großen Schauplatz Lust- und Lehrreicher Geschichte‹ findet.¹⁹⁷ Es ist die Geschichte von den beiden Betrügern, die sich gegenseitig auf den Leim gehen: ein Soldat lernt eine Frau kennen, die er wegen des wohlausgestatteten Hauses, in dem sie ihn empfängt, für reich hält, so wie sie ihn wegen des kostbaren Schmucks, den er am Leibe trägt, als reich ansieht. Beide meinen, aneinander eine gute Partie zu machen, aber nach der Hochzeit stellt sich heraus, daß der Frau das Haus gar nicht gehört, um dessentwillen der Soldat sie geheiratet hat, sie es vielmehr nur in Abwesenheit ihrer Herrin zu hüten hatte, und daß der Schmuck des Soldaten, der ein Vermögen wert schien, nicht echt ist.

Cervantes erzählt diese Geschichte auf dreizehn, Harsdoerffer auf drei Seiten. Darin schlägt sich nicht nur nieder, daß Cervantes einläßlicher erzählt, sondern auch, daß er die Geschichte erzähltechnisch viel aufwendiger darbietet. Er schafft eine Rahmenszene, in der er den Helden Campuzano so auftreten läßt, wie er aus seinem Abenteuer mit Dona Estefania hervorgeht: krank, ohne Geld und zerknirscht – um ihn sein Geschick einem Freund berichten zu lassen. Dieses Arrangement ermöglicht ein in doppeltem Sinne spannungsreiches Erzählen. Zum einen wird der Leser mit jenem Freund, der den Campuzano von einst mit dem von jetzt konfrontiert, neugierig auf dessen Widerfahrnisse, und er kann anhand dieser Neugier durch die Geschichte

---

¹⁹⁵ Harsdoerffer, Mord-Geschichte, a.a.O., Vorrede, Absatz 14.
¹⁹⁶ Ebenda.
¹⁹⁷ Cervantes, Die betrügliche Heirat, in: Cervantes, Novellen, a.a.O., S. 531–549; G. Ph. Harsdoerffer, Der Gegen-Betrug, in: Harsdoerffer, Lust- und Lehrreiche Geschichte, a.a.O., Bd. 2, S. 54–57.

geführt werden. Und zum anderen kann das eigentliche Geschehen so als Ich-Erzählung in der vom Schelmenroman her bekannten Spannung zwischen der Perspektive des erlebenden und des im Rückblick erzählenden, des getäuschten und des die Täuschungen durchschauenden Ichs dargeboten werden. Von dieser Spannung her wird auch der exemplarische Charakter der Begebenheit aufgearbeitet. Das rückblickende Ich reflektiert sein Handeln und teilt das moralische Fazit als persönliche Erfahrung auf eine besonders eindringliche, bewegliche Weise mit. Die Binnenerzählung gruppiert das Geschehen vor allem in einige wenige Szenen, in denen sich die entscheidenden Momente der Handlung: die Begegnung der »Liebenden«, die Rückkehr der Hausbesitzerin, die Entdeckung des Betrugs ereignen.

Der Bearbeiter Harsdoerffer beseitigt zunächst und vor allem die Aufteilung in Rahmen- und Binnenerzählung. Die Rahmenerzählung streicht er ganz, und die Binnenerzählung transponiert er aus der Ich- in die Er-Form. Damit verzichtet er sowohl auf die Möglichkeit, die Geschichte am Leitfaden der Neugier des Freundes spannend zu erzählen, als auch darauf, den sensus moralis lebendig aus der Selbstreflexion des Ich-Erzählers erwachsen zu lassen. Dem entspricht die frühzeitige Klarstellung dessen, daß Dona Estefania gar nicht die Besitzerin des Hauses ist – auf eine Spannung, wie sie hieraus erwachsen würde, soll es nicht ankommen – und daß die moralische Reflexion aus der subjektiven Perspektive herausgelöst und in eine objektive, traktathafte Gestalt überführt wird, in der sie am Anfang und am Ende der Erzählung erscheinen kann. Zugleich wird Cervantes' erzählerischer Diskurs einer rabiaten Ausdünnung unterworfen. Alle »überflüssigen ümbstände«, alles bloß der Veranschaulichung dienende Detail wird herausgestrichen, das Szenisch-Vergegenwärtigende gleichsam abgeschmolzen, und zwar in einem Maße, daß die Szenen als solche unkenntlich werden, und auch die Dialoge fallen weitgehend fort. Auf diese Weise wird der zugrundeliegende Handlungsnexus herauspräpariert, die Fügung, die das Zeichen ist, um dessen tropologischen Sinn es letztlich geht.

Ein Beispiel mag das erläutern. Die erste Begegnung der beiden Hauptpersonen nimmt bei Harsdoerffer einen halben Satz ein: »Als nun dieser (der Soldat) in der Kirchen nebē eine verkapte Weibsperson zu knien kommet / grüsset sich sie freundlichst / und weil sie eine weise Hand sehen liese / und mit holdseligen Worten zu ihr zu kommen bate / hat er nicht unterlassen sich einzustellen / und diese Abendteur zuversuchen (…)«.[198] Bei Cervantes liest sich das so: »›Eines Tages nun‹, fuhr Campuzano fort, ›als wir in dem Gasthof Zum Söller, wo wir wohnten, gegessen hatten, traten zwei anständig gekleidete Frauenzimmer mit zwei Dienerinnen herein. Die eine ließ sich mit dem Hauptmann, stehend an ein Fenster gelehnt, in ein Gespräch ein; die

---

[198] Harsdoerffer, Der Gegen-Betrug, S. 55.

andere setzte sich auf einen Stuhl neben mich; sie war verschleiert bis an den Bart und ließ von ihrem Gesicht nichts sehen, als was man durch den Schleier zu sehen bekam. Ich bat sie zwar höflichst um die Gefälligkeit, sich zu entschleiern; doch war es nicht möglich, sie dazu zu bewegen, was mich nur um so neugieriger machte, sie zu sehen. Um mein Verlangen noch mehr zu reizen, ließ die Dame, entweder absichtlich oder zufällig, eine weiße Hand erblicken, an der sie sehr schöne Ringe trug (...)‹«.[199]

Daß die Begegnung in einem Gasthof mit dem Namen Zum Söller spielt, in dem der Held zusammen mit einem befreundeten Hauptmann vorübergehend wohnt, daß sie nach dem Essen stattfindet, daß der Hauptmann mit der einen der beiden Frauen an ein Fenster tritt, während sich die andere neben den Helden auf einen Stuhl setzt, trägt zum Verlauf und zum Ausgang der Handlung nichts bei. Es dient ausschließlich dazu, vor dem Auge des Lesers eine kleine Szene erstehen und ihn so die Begebenheit mit dem Helden zusammen, aus seiner Erlebnisperspektive, erfahren zu lassen. Was den Erfahrungscharakter solcher Rede besonders unterstreicht, ist, daß die Personen und Vorgänge von dem aus charakterisiert werden, was sichtbar wird, und daß die Wahrnehmungen zum Teil mehrdeutig bleiben: die Frauenzimmer sind anständig gekleidet und werden von Dienerinnen begleitet – das läßt auf ihr gesellschaftliches Niveau schließen; Harsdoerffer hingegen spricht mit dürren Worten aus, der Soldat vermeine, »daß diese eine ansehnliche und reiche Heirat für ihn« sei.[200] Und wenn die Dame bei Cervantes »ihre weiße Hand erblicken läßt«, so »entweder absichtlich oder zufällig« – der Sinn dieser Wahrnehmung bleibt zunächst in der Schwebe; bei Harsdoerffer ist von Anfang an klar, daß das Sehenlassen der Hand auf Verführung zielt.

Diese Veränderungen hängen zum Teil damit zusammen, daß Harsdoerffer, der sehr eng gefaßten pädagogisch-moralischen Grundintention seines ganzen Schaffens gemäß, den Umständen der Werbung und Verführung nicht so viel Raum geben möchte wie Cervantes. Aber das ist nur die Außenseite seiner Umarbeitung. Daß er bei unverfänglichen Gegenständen genauso verfährt, läßt erkennen, daß es um einen von Grund auf anderen Darstellungsstil geht, einen, bei dem es nicht auf Nachvollziehbarkeit, auf das erlebnishafte Nachvollziehen des Geschehens durch den Leser ankommt. Diese doppelte Dimension haben selbst noch so scheinbar geringfügige Eingriffe wie der, daß Harsdoerffer die Begegnung vom Gasthaus in die Kirche verlegt. Nicht nur daß er damit die Sündhaftigkeit ihres Handelns unterstreicht – er rückt ihr Treiben so auch in eine größere Ferne zum Leser. Daß die beiden einander in einem Gasthof näherkommen, kann man, so wie Cervantes es erzählt, sehr gut nachvollziehen. Es ist in hohem Maße »wahrscheinlich«, »natürlich«, wie

---

[199] Cervantes, Die betrügliche Heirat, S. 534–535.
[200] Harsdoerffer, S. 56.

man später sagen wird; es ist nichts dabei und geht sozusagen von selbst. In einer Kirche nimmt sich das ganz anders aus, es ist hier eine viel energischere, entschiedenere Form des Sündigens. Exempelhaftes Erzählen entfaltet seine Kraft eben nicht durch die Nähe zum Leser, sondern durch die Distanz, die es zwischen ihm und dem Tugend- oder Lasterexempel herstellt.

Harsdoerffers Eingriffe beschränken sich aber nicht allein auf die Beseitigung der komplexen Erzählstruktur und die Reduktion der von ihr ermöglichten spezifisch erzählerischen Anschaulichkeit. Er arbeitet auch neue Strukturen in die Erzählung ein, ja entfaltet mit seinen Mitteln eine anders geartete Anschaulichkeit. Die wichtigste Zutat betrifft die Hochzeit. Während Cervantes die Hochzeitsnacht überspringt und nur von einer Woche des Wohllebens berichtet, geht Harsdoerffer ausführlich auf das »Beylager« ein, um es – genau in der Mitte seiner Erzählung – zu einer ersten Szene wechselseitiger Entlarvung zu gestalten, auf die dann die Enthüllung der beiderseitigen Armut nur noch als zweiter Schritt zu folgen hat. »Als aber die Braut zu Bette gehen will / ziehet sie die falschen Haare von dem Haupt / und stehet so kahl da / als das Bild der Gelegenheit gemahlet wird (...)«.[201] Der Bräutigam erweist sich gleichfalls als kahl – bei Cervantes ereilt Campuzano die Kahlheit erst ganz gegen Ende seiner Geschichte[202] –, und so kommt nach und nach ans Licht, daß der vermeintlich silberne Gürtel der Frau und die angeblich goldene Hutschnur des Herrn nur aus Messing sind, daß ihre Brüste nur aus Holz sind und seine Männlichkeit mit Hilfe einer »Funtanella« vorgetäuscht ist.

Dieses Bild der jeder irdischen Zier beraubten Hochzeiter genau in der Mitte der Erzählung steht deutlich in Kontrast zu dem Bild des Kavaliers à la mode, das bei Cervantes in der ersten Szene der Binnenerzählung beiläufig entworfen,[203] von Harsdoerffer aus dem Handlungszusammenhang gelöst und an den Anfang der eigentlichen Erzählung gerückt, ihr gleichsam vorangestellt wird: »Ein schlechter Spanischer Soldat hat sich zu Sevilla stattlich herauß gekleydet / mit einer güldenen Ketten / Hutschnur und einem Kleinod auff dem Hute / einem vergüldeten Rappier an der Seiten / grose Krägen an den Händen unnd Halse / daß er also / wie ein gebutzter Aff herein getretten / und alle Schritte nach dem Circkel abgemessen«.[204] Wie auf zwei großen Bildtafeln stellt Harsdoerffer so den Gegensatz von Schein und Sein, der die Quelle allen Betrügens ist, vor den Leser hin, ihn soll er bei der Lektüre der Geschichte vor Augen haben, von ihm her soll er sie verstehen. Der Zusammenhang wird dabei besonders durch das »Bild der Gelegenheit«

---

[201] Ebenda.
[202] Cervantes, S. 545.
[203] Cervantes, S. 535.
[204] Harsdoerffer, S. 55.

(occasio, kairos)[205] akzentuiert, die beim Schopf ergriffen werden will und die Diebe macht.

Auf ihre Weise gewinnt Harsdoerffers Erzählung so auch eine Anschaulichkeit, eine von Grund auf andere allerdings als die der Cervantes-Novelle, eben eine, die von der Allegorese her gedacht ist und die sich auf deren Möglichkeiten beschränkt. Im Grunde gehen alle Veränderungen, die Harsdoerffer vornimmt, auf die Überführung der Geschichte in das Medium eines Darstellens zurück, das auf dem Weltbild der Allegorese beruht. Was bei Cervantes der Handlung als Handlung anschauliche Plausibilität verleiht, muß zurückgenommen werden, da es ihren exemplarischen Charakter verwischt und den sensus allegoricus verdunkelt. Was sich davon zu allegorischer Bildlichkeit gebrauchen läßt, kann aber sehr wohl aufgenommen und ausgebaut werden und in geeigneter Gruppierung und Zuspitzung in die Erzählung eingearbeitet werden. Das Resultat ist eine Kombination des »Gleichnisses, welches beweist«, mit »Gleichnissen, welche erklären«, durch die sie einander wechselseitig erläutern und den zugrundeliegenden Lehrgehalt auf besonders wirkungsvolle Weise einkreisen. Daß das entscheidende Allegorem mit einem ausdrücklichen Hinweis darauf eingeführt wird, wie »das Bild der Gelegenheit gemahlet wird«, beleuchtet noch einmal mit einem Schlaglicht den Sinn des ut pictura poesis im Zeichen der Allegorese: bei der Gestaltung von Anschaulichkeit schöpft der Dichter aus demselben Fundus wie der Maler. Auf der anderen Seite wird bei Cervantes eben bereits die Erzählkunst der Zukunft greifbar, gekennzeichnet durch eine viel aufwendigere Erzähltechnik, durch die Schaffung einer Erzählsituation, einer Erzählerfigur, eines konsequenten Perspektivismus – alles Mittel, die zusammen ein Erzählen am Leitfaden anschaulicher Plausibilität ermöglichen sollen, ein Erzählen zum Miterleben, zum Sich-Einfühlen, zur Identifikation mit den Handelnden. Schon bei Cervantes zeigt sich so der Nexus von moderner Erzähltechnik und mimetisch-illusionistischem Erzählen.

---

[205] S. hierzu z. B. A. Alciatus, Emblematum Libellus, 1542, ND Darmstadt 1967, S. 48; G. Rollenhagen, Sinn-Bilder (Nucleus Emblematum), 1611, ND Dortmund 1983, S. 19.

7. Kapitel

Das Prinzip ut pictura poesis in der Aufklärung und der Übergang zum mimetisch-illusionistischen Darstellungsstil

Von der Wahrheit der Historie zum »allgemeinmenschlich« Wahren

Die Poetik des Barock ist die letzte konsequente Verwirklichung der christlich-humanistischen Literaturkonzeption, wie sie sich letztlich den Entwicklungen der Spätantike verdankt. Bereits in der Zeit ihrer vollen Entfaltung lassen sich aber eine Reihe von Tendenzen beobachten, die sie mehr und mehr unterhöhlen. Um die Wende zum 18. Jahrhundert werden diese Ansätze dann in den großen Entwürfen einer aufgeklärten Poetik, etwa bei Muratori, Addison und Dubos, auf eine Weise gebündelt, die zur Umwälzung des gesamten poetologischen Systems führt; in Deutschland ist diese Stufe durch die Poetiken Breitingers und Gottscheds repräsentiert.

Dabei rückt die Formel ut pictura poesis für eine Weile in den Mittelpunkt der Poetik. Das hängt vor allem mit der Wiedergewinnung der Kategorie der Mimesis, der Naturnachahmung, zusammen, mit der sie nun wie in der Antike erneut zusammengebracht wird. In solcher Neudeutung und Aufwertung des ut pictura poesis wird der Übergang zu einer anderen Form von Anschaulichkeit greifbar, zu einer anderen Aufgabenstellung, einem anderen Fungieren des anschaulichen Elements in der literarischen Rede, eben jene Umwälzung des gesamten poetologischen Systems, die wir als Übergang vom allegorischen zum mimetisch-illusionistischen Darstellungsstil begreifen. Beides, sowohl die Deutung der »ut pictura poesis-Debatte« von der neuerlichen Zentrierung der Poetik auf den Mimesisbegriff her als auch die systematische Darstellung jener Umwälzung der Poetologie, ist bisher noch nicht versucht worden.[1]

---

[1] Wohl gibt es weitgespannte Darstellungen der Barockpoetik einerseits und der Literaturästhetik der Aufklärung andererseits, nicht jedoch eine umfassende Darstellung des Übergangs von dem einen zum andern – zu beider Schaden, wie uns scheint. Das gilt für A. Nivelle, Literaturästhetik der europäischen Aufklärung, Wiesbaden 1977, noch ebenso wie zuvor etwa für W. Folkierski, Entre le Classicisme et le Romantisme, Etude sur l'esthétique et les esthéticiens du XVIIIe siècle, 1925, ND Paris 1969; R. Wellek, Geschichte der Literaturkritik 1750–1830, 1955, dt. Übers., Darmstadt 1959; B. A. Sörensen, Symbol und Symbolismus in den ästhetischen Theorien des 18. Jahrhunderts und der deutschen Romantik, Kopenhagen 1963. Je unschärfer das Bild von der Poetik des Humanismus, desto schiefer und ungenauer die Vorstellung von dem Neuen der Aufklärung. – Auch A. Bäumler, Das Irrationalitätsproblem in der Ästhetik und Logik des 18. Jahrhunderts bis zur Kritik der Urteilskraft, 1923, 2. Aufl., Tübingen 1967, und A. Nivelle, Kunst- und Dichtungstheorien zwischen Aufklärung und Klassik, Berlin 1960, haben ihre Grenze darin, daß sie die philosophischen Veränderungen, die sie be-

Auf eine Formel gebracht, besteht diese Umwertung darin, daß Dichtung sich nicht mehr in erster Linie von den verba, sondern von den res her als Dichtung definiert. Der Dichter ist nicht mehr so sehr der auctor im Sinne des augere, sondern vielmehr der Erdichter der Sachen, vor allem der Handlungen; derjenige, der nicht nur die »Umstände«, das anschauliche Detail, die eindrückliche Bildlichkeit und sprachliche Gestalt, sondern den Stoff selbst erfindet. Das heißt, daß die Dichtung nicht mehr von jener Wahrheit her gedacht wird, die im Stoff als Stoff liegt. Ihre Aufgabe ist nicht länger, eine »historisch« verbürgte Wahrheit – historisch im Sinne von Geschichte ebensowohl wie Naturgeschichte, von res gesta ebensowohl wie von imago rerum – gleichsam bloß auszulegen und zu illustrieren, eine Wahrheit, die im Kern stets eine moralische Wahrheit im Sinne der christlich-stoischen Tugendlehre war. Die Wahrheit des Dichters ist nunmehr eine von Grund auf andere, so daß die Frage, ob ein Stoff vorgegeben oder erfunden sei, ob er verbürgt sei oder nicht, zweitrangig, ja irreführend und störend wird.

Für A. Ch. Rotth zum Beispiel ist es 1688 noch ganz selbstverständlich, daß der Stoff der Dichtung »historisch« ist. Zwar definiert er die Poesie schon mit Aristoteles als »eine Nachahmung Menschlicher Verrichtung«, aber er erläutert das damit, daß »sie solche Verrichtung / die sie vorstellen will / abermahl so genau vornimmt / als wenn sie von neuen geführt würde«.[2] Für ihn versteht es sich noch immer von selbst, daß es sich um eine bereits »geführte Verrichtung« handelt. Die Möglichkeit, daß die »Haupt-Materie«

---

schreiben, nicht in ihren Auswirkungen auf das Korpus konkreter dichtungs- und kunsttheoretischer Lehrstücke des Humanismus darstellen. – K. Borinski, Die Antike in Poetik und Kunsttheorie, Bd. 1: Mittelalter, Renaissance, Barock, 1914, ND Darmstadt 1965, ist zu wenig analytisch, zu sehr bloße Materialsammlung, um die Transformation des poetologischen Systems als solche erkennen zu lassen. – Bei A. Hauser, Sozialgeschichte der Kunst und Literatur, München 1953, fehlt die Kategorie der Mimesis, des Darstellens als Instanz des geschichtlichen Wandels. – Literaturgeschichten wie W. Kohlschmidt, Geschichte der deutschen Literatur vom Barock bis zur Klassik, Stuttgart 1965, und F. Gaede, Humanismus, Barock, Aufklärung, Geschichte der deutschen Literatur vom 16. bis zum 18. Jahrhundert, Bern 1971, bleiben notgedrungen zu sehr bei dem Faktischen der Literaturgeschichte, um zu den kategorialen Wandlungen vordringen zu können. – In neueren literarhistorischen Projekten fällt die Darstellung von Literaturgeschichte als Prozeß stets in gewissem Maße ihrer Aufteilung auf verschiedene Beiträger zum Opfer; das gilt für die gewichtigen Beiträge zur Poetik der Renaissance, des Barock und der Aufklärung von A. Buck und A. Nivelle im Neuen Handbuch der Literaturwissenschaft (hg. v. K. v. See, Bd. 9, Frankfurt 1972, S. 28–60, u. Bd. 11, Frankfurt 1974, S. 15–57) ebenso wie etwa für die verschiedenen Artikel in Hansers Sozialgeschichte der deutschen Literatur, hg. v. R. Grimminger, Bd. 3: 1680–1789, München 1980.

[2] A. Ch. Rotth, Vollständige Deutsche Poesie in drey Theilen, Leipzig 1688, 3. Teil, An den Leser, 2.–3. Seite.

eines Werks »erdichtet« sei,³ bleibt rein theoretisch. Immer wieder schärft er seinem Leser ein, es sei »besser / daß man eine wahrhafftige Historie zur Materie des Gedichts nimmt / als daß man dieselbe erdichtet«.⁴ Eine »fictio actionum« ist nicht geradezu ausgeschlossen, aber »weit wichtiger« ist die »fictio rerum«, worunter er alle Formen verhüllter Wahrheitsdarbietung und insbesondere die Bildlichkeit der Rede versteht;⁵ im Gegensatz zur fictio actionum »kömmt (sie) der Poesi eigentlich zu«.⁶

Keine fünfzig Jahre später steht für einen J. Ch. Gottsched das genaue Gegenteil bereits unabänderlich fest. Wenn er mit Aristoteles postuliert, »die Nachahmung der Handlungen und Leidenschaften der Menschen« sei »das Hauptwerk der Dichtkunst«,⁷ so meint er damit, »aus seiner eigenen Erfindung ganze Historien wohl zu entwerfen, und auf eine sehr lebhafte, natürliche und folglich anmuthige Art auszumalen«.⁸ »Die Seele der ganzen Dichtkunst« ist die »Fabel«,⁹ die erfundene Handlung, nämlich »eine gewisse Begebenheit, die sich niemals zugetragen hat«. »Und wer die Fähigkeit nicht besitzt, gute Fabeln zu erfinden, der verdient den Namen eines Poeten nicht«.¹⁰ Nicht die historisch verbürgte moralische Wahrheit, wie sie die Allegorese an den Tag bringt, soll also die entscheidende Quelle der Dichtung mehr sein, jedenfalls in der Theorie.

Was statt dessen zur wichtigsten Quelle der Wahrheit wird, ist die Kenntnis der allgemeinen Menschennatur, insbesondere der menschlichen Seele; der Vernunft, des Gemüts, des Herzens.¹¹ »The proper study of mankind is man« (Pope). Aufklären heißt vermenschlichen: stets geht es nun um das »Allgemein-Menschliche«, so wie es jeder am andern ebensowohl wie an sich selbst erkennen, in einem bestimmten Sinne allerdings nur an sich selbst erfahren kann. Denn was es mit den Kräften des Gemüts auf sich hat, kann in gewisser Weise nur in der Introspektion, in der lebendigen Selbstgegenwart der Wahrnehmungen und Gefühle, erfaßt werden. Hier liegt nun die Wahrheit, auf die der Dichter vor allem auszugehen und in deren Licht er alle anderen Wahrheiten darzustellen hat: in der Erkenntnis des Allgemein-

---

3 Ebenda, S. 7.   4 S. 12.   5 S. 17–18.   6 S. 23–24.
7 J. Ch. Gottsched, Versuch einer Critischen Dichtkunst, 1730, 4. Aufl. 1751, ND Darmstadt 1962, S. 93.
8 Ebenda, S. 104.   9 S. 148.   10 S. 149.
11 Hier haben wir sogleich ein besonders gewichtiges Beispiel für jene Wandlungen im Bedingungsgefüge der Literatur vor uns, die die Literaturgeschichtsschreibung bisher, wie uns scheint, weder genau hat erkennen noch hinreichend würdigen können, weil sich die Forschung angewöhnt hat, an Epochengrenzen Halt zu machen. So benennt z. B. A. Nivelle das Postulat der Vernunft, der allgemeinen Menschennatur zwar als Grundlage der »Literaturästhetik der europäischen Aufklärung« (S. 4–5); das Moment des historischen Wandels, das darin liegt, vermag er jedoch nicht zu fassen, weil er gar nicht sieht, daß sie als Quelle der Wahrheit von Dichtung nun die historia verdrängt.

menschlichen an und aus sich selbst; auf sie wird die Poetik nach und nach umgestellt – mit unabsehbaren Folgen für die Gestaltung der Literatur als anschauliche Rede.

Wie kann Dichtung das Erkennen des Allgemeinmenschlichen im Licht der Selbsterfahrung ins Werk setzen? Die Antwort lautet: indem sie im Leser, im Zuschauer den Menschen zu treffen sucht; indem sie ihn in diesem Sinne mit allen seinen Gemütskräften in Bewegung setzt, insbesondere indem sie mit solcher Zielsetzung seine Affekte erregt. Sie muß ihn mit Gegenständen konfrontieren, die ihn in seinem Menschsein herausfordern und ihn mit allen seinen Kräften beschäftigen, und sie muß es so, daß sie ihn auch tatsächlich erreichen, wirklich treffen und bewegen können. Das wiederum kann ihr nur mit den Mitteln eines mimetischen Illusionismus gelingen, der auf seine Imagination, seine Einbildungskraft einwirkt. Die Dichtung muß den Leser, den Zuschauer so vollkommen wie möglich illusionieren, um ihn so weit wie möglich in ihre Stoffe und Themen hineinzuziehen, sie so nah wie möglich an ihn heranzubringen. Je besser ihr das gelingt, je mehr er sich einleben, einfühlen, identifizieren kann, desto mehr wird er sich als Mensch betroffen fühlen und in seinen Gemütskräften in Bewegung versetzt sehen, und daran ist nun alles gelegen.

Poetik und Ästhetik der Aufklärung haben lange gebraucht, bis sie diesen für die neue Literatur grundlegenden Zusammenhang theoretisch geklärt hatten. Recht eigentlich klar ist im Grunde erst die Darstellung, die er ganz am Ende der Aufklärung gefunden hat, bei Schiller, dem Vollender der aufgeklärten Ästhetik. Seine Briefe ›Über die ästhetische Erziehung des Menschen‹ führen in aller wünschenswerten Klarheit von dem grundlegenden Postulat des Allgemeinmenschlichen, des »reinen idealischen Menschen«, den »jeder individuelle Mensch« »der Anlage und Bestimmung nach« »in sich trägt«,[12] zur Entfaltung der Kunst als »Reich des schönen Scheins«.[13] Alles, was die Kunst vermag, leistet sie als Schein, bewirkt sie durch Illusionierung, und je mehr sie bloß Schein ist, desto besser dient sie ihrer Bestimmung. Diese besteht darin, daß dem Menschen Gelegenheit gegeben wird, alle seine Kräfte, nicht bloß einzelne, spielerisch zu üben, insbesondere Fühlen und Denken, sinnliche und sittliche Triebe harmonisch zu entfalten und auszubilden und so die »Totalität in unserer Natur (...) wiederherzustellen«.[14] Das kann sie nur als reiner Schein, als autonome Kunst; denn nur so kann sie schöner Schein sein, auf die harmonische Ausbildung aller Kräfte im Men-

---

[12] F. Schiller, Über die ästhetische Erziehung des Menschen in einer Reihe von Briefen, in: Schiller, Sämtliche Werke, hg. v. G. Fricke u.H. G. Göpfert, Bd. 5, 5. Aufl., München 1975, S. 570–669, hier S. 577.
[13] Ebenda, S. 668.
[14] S. 588.

schen hinwirken. Auf solche Weise schafft sie eine lebendige Wahrheit, eine Wahrheit nämlich, die praktisch werden kann und will.

Diese Konzeption steht, wenn man von dem Gedanken der Menschennatur als lebendiger Totalität und der auf sie abzielenden Schönheit der Illusionierung absieht, vom Anbeginn einer aufgeklärt-aufklärerischen Literatur an im Raum, ohne daß sie doch gleich hätte klar formuliert werden können. Wenn der Wahrheitsanspruch hier vom Stoff auf das Scheinenkönnen übergeht, so kann er das nur, weil er von der Konzeption des Allgemeinmenschlichen aufgenommen wird, wie sie mit den Mitteln des mimetischen Illusionismus in der Form des lebendigen Innewerdens beschworen wird. Liest man die poetologischen Zeugnisse der frühen Aufklärung, begegnet man dem Allgemeinmenschlichen aber eben nur in der Gestalt einzelner Kräfte der menschlichen Seele, zunächst vor allem in der Einbildungskraft selbst und sodann z. B. in der der Affekte. Das Interesse scheint ganz auf einen solchen Ausschnitt der allgemeinen Menschennatur konzentriert, der sie gleichsam repräsentiert. Und daß in ihr die Wahrheit des Dichters nun vor allem liegt, wird vielfach noch nicht voll realisiert, so daß bei solchem Verhandeln der Einbildungskraft und des Erregens von Affekten die Kategorie der Wahrheit entweder ganz hintangestellt wird wie z. B. bei Addison und Dubos oder aber zusätzlich durch einen Rückgriff auf die älteren Konzepte von Literatur beigebracht und durch ein eigentümliches Verquicken von Illusionismus und allegorischem Moralismus in das neue System einbezogen wird wie bei Gottsched.

Besonders aufschlußreich ist in diesem Zusammenhang die poetologische Diskussion im aufgeklärten England, wie sie sich in den Beiträgen Addisons zum ›Spectator‹ von 1712 niederschlägt. Seine Abhandlung von den »Pleasures of the Imagination«[15] verdient hier eine umso größere Beachtung, als sie den entscheidenden Ausgangspunkt der Literarästhetik von Bodmer und Breitinger seit den ›Discoursen der Mahlern‹ von 1721 darstellt[16] und damit den eigentlichen Anstoß für die Entwicklung einer konsequent aufklärerischen, »critischen« Dichtkunst in Deutschland von den Schweizern über Gottsched, G. F. Meier, J. E. und J. A. Schlegel bis hin zu Lessing, Mendelssohn und Sulzer.

Von Wahrheit ist bei Addison zunächst überhaupt nicht die Rede, nurmehr von »pleasures«. Die alte Formel vom delectare et prodesse, mit deren Hilfe die humanistische Poetik das Wesen der Poesie, ihr finis ultimus, mit deutlicher Akzentuierung der Seite des prodesse als docere cum delectatione

---

[15] The Spectator, hg. v. D. F. Bond, Bd. 3, Oxford 1965, S. 535–582.
[16] J. J. Bodmer, J. J. Breitinger, Die Discourse der Mahlern, 1721–1723, ND Hildesheim 1969. – Zum ›Spectator‹ als Ausgangspunkt der Schweizer s. z. B. W. Bender, J. J. Bodmer und J. J. Breitinger, Stuttgart 1973, S. 24–25.

(J. C. Scaliger) bestimmt,¹⁷ scheint damit ganz nach der Seite der delectatio hin aufgelöst. Von dem alten Argumentationssystem des prodesse ist zunächst lediglich noch die Vorstellung von der Kunst als medicina mentis anzutreffen: »the Pleasures of the Fancy (...) have a kindly Influence on the Body, as well as the Mind, and not only serve to clear and brighten the Imagination, but are able to disperse Grief and Melancholy, and to set the Animal Spirits in pleasing and agreeable Motions«.¹⁸ Bei Dubos bildet die Lehre von der »Nothwendigkeit, beschäfftigt zu seyn, wenn man der verdrüßlichen langen Weile ausweichen«¹⁹ und nicht in »eine schwermüthige und schläfrige Tiefsinnigkeit«²⁰ verfallen will, in der die »Lebensgeister« »langsam« und »dick« werden,²¹ geradezu den Ausgangspunkt seiner Reflexionen über Poesie und Malerei. Dieses uralte Argument, das hier immer noch ganz ernst gemeint ist – warum würde es sonst, wie die Begrifflichkeit ausweist, auf den neuesten Stand der Medizin und Psychologie gebracht! –, tritt geschichtlich vor allem dort in Erscheinung, wo es schwierig oder unmöglich wird, das prodesse als docere zu bestimmen, an den jeweils verhandelten Erscheinungen der Kunst einen Lehrgehalt auszuweisen. Es ist in der Tradition der Poetik das allerletzte Argument, das noch zur Rechtfertigung der Kunst beigebracht werden kann.²² Bei Bodmer und Breitinger fehlt freilich in den ›Discoursen der Mahlern‹ zunächst selbst noch dieses Argument.

Von der globalen Rechtfertigung der Kunst als medicina mentis abgesichert, wie sie zuletzt Francis Bacon formuliert hat, kann Addison mithin ohne Rücksicht auf ein mögliches docere die Eigenart, die Möglichkeiten und die Wirkungen der Einbildungskraft als Quelle und Adressat der künstlerischen Phänomene erkunden. Bei solchem Untersuchen kommt die Kategorie der Wahrheit dann doch wieder in den Blick, aber eben auf eine neue, von Grund auf andere Weise. Das ist zum Beispiel der Fall, wenn die Quellen des Vergnügens, das die Einbildungskraft verschafft (the Sources of all the Pleasures of the Imagination), ergründet werden, Größe, Neuheit und Schönheit (the Great, the New, the Beautiful).²³ Warum sie Vergnügen bereiten, soll grundsätzlich nicht geklärt werden können, wohl aber, zu welchem

---

17 Scaliger, a.a.O., S. 1 b 2.
18 Spectator, Bd. 3, S. 539.
19 J. B. Du Bos (oder Dubos), Réflexions critiques sur la poésie et la peinture, dt. Übers., a.a.O., Bd. 1, S. 5. – Dubos wird im folgenden nach der dreibändigen deutschen Übersetzung, Kopenhagen 1760–1761, zitiert.
20 Ebenda, S. 7.
21 S. 10.
22 Vgl. hierzu die vielfältigen Hinweise von J. Suchomski, ›Delectatio‹ und ›utilitas‹, Ein Beitrag zum Verständnis mittelalterlicher komischer Literatur, Bern 1975, zur mittelalterlichen Deutung des utile als remissio.
23 Spectator, Bd. 3, S. 540.

Ende:[24] sie fördern das Streben nach Wissen (the Persuit after Knowledge), lenken die Aufmerksamkeit in diesem Sinne auf die Schöpfung und insbesondere auf das Große schlechthin: auf Gott.[25] Die »Pleasures of the Imagination« beruhen also auf seelischen Kräften, die letztlich der Erkenntnis des Wahren dienen.

Noch aufschlußreicher ist, was Addison über das Vergnügen schreibt, das die Künste als Nachahmung (Representation)[26] von Neuem, Großem, Schönem verschaffen. Dieses zusätzlich aus ihrer Eigenschaft als Nachahmung entspringende Vergnügen geht für ihn vor allem – womit er ein Motiv der aristotelischen Poetik variiert – auf den Vergleich zwischen den Ideen, die die repräsentierten Gegenstände auslösen, und denen zurück, die ihre Nachahmungen erwecken. Es ist in seinen Augen mithin ein Kind des »Witzes« (Wit), der nach aufklärerischer Meinung die Ähnlichkeit der Ideen (Affinity of Ideas) feststellt. Als solches dient es dazu, uns in der Suche nach der Wahrheit zu bestärken: »The Final Cause (…) was to quicken and encourage us in our Searches after Truth«.[27]

Hier wird es ganz deutlich: die Kunst soll nicht mehr in erster Linie die Aufgabe haben, diese oder jene bestimmte Wahrheit zu vermitteln, ihr finis ultimus ist nicht mehr das docere, sondern sie soll primär die Kräfte in Bewegung setzen, die die Erkenntnis solcher Wahrheiten leisten. Sie zu üben, soll zugleich die Quelle und der Zweck des Vergnügens sein, das die Kunst zu bereiten in der Lage ist. Der Zusammenhang zwischen Dichtung und Wahrheit stellt sich mithin nicht mehr so sehr auf der Ebene des Inhalts als vielmehr auf einer formalen Ebene her. Diese Ebene bilden die Kräfte des Erkennens wie Einbildungskraft und Witz; sie in Gang zu setzen, steht nun im Mittelpunkt. Mittelbar richtet sich das Interesse damit aber eben auf die menschliche Seele, wie sie sich bei ihrer Übung selbst erfährt, auf die allgemeine Menschennatur, so wie sie etwa J. Locke in seinem ›Essay concerning human understanding‹ zu ergründen gesucht hat. Dies gilt, auch wenn hier zunächst nur ihre rationale Seite zur Geltung kommt und das Moment des Innewerdens, ihr Auf-sich-selbst-Gerichtetsein in den Gedanken des Vergnügens eingehüllt ist und also lediglich in dem Moment des Selbstgenusses unmittelbar greifbar wird. Das Aufleben des Allgemeinmenschlichen im Rezipienten als Wirkung der Kunst kann offensichtlich noch nicht anders als mit Hilfe des Begriffs des Vergnügens gefaßt werden. Und umgekehrt scheint hier der eigentliche Grund dafür zu liegen, warum nun so ausführlich vom Vergnügen die Rede ist. Im Lustgefühl begegnet die menschliche Natur sich

---

[24] Ebenda, S. 544–545.
[25] S. 545–546.
[26] S. 559.
[27] S. 560.

selbst, bezieht sie sich mit ihren Kräften auf sich selbst, und um eine derartige Selbstbegegnung – wenngleich über den leiblichen Bereich hinaus – geht es hier.

Dabei bleibt Addison freilich nicht stehen. Zunächst bringt er auch die affektive Seite der Menschennatur ins Spiel: das Vergnügen, das die Einbildungskraft verschafft, soll um so größer werden, je mehr die Gegenstände, die dargestellt werden, dazu geeignet sind, im Leser Leidenschaften (Passions) zu erregen.[28] Und bei der Entfaltung dieses Gedankens entwickelt er Gesichtspunkte, die dann auch als weitere Anhaltspunkte dafür dienen können, wie sich die Literatur vom Vermitteln lehrbarer Wahrheiten auf das Ermöglichen einer lebendigen Teilhabe an der allgemeinen Menschennatur umorientiert. Höchst aufschlußreich ist etwa, was er »über den Grund des Vergnügens an tragischen Gegenständen« (Schiller) sagt. Dabei handelt es sich bekanntlich um eine Schlüsselfrage der aufklärerischen Poetik. An ihrer Behandlung läßt sich vor allem auch die Ausbildung des Illusions- bzw. Fiktionalitätsbewußtseins ablesen.

Die Frage, wie Gegenstände, die in der Natur Leiden verursachen oder zumindest unangenehm sind, in der Kunst zur Quelle von Vergnügen werden können, gehört zum Erbe der humanistischen Poetik. J. C. Scaliger hat sie zum Beispiel so formuliert: »Positā esse in poeseos definitione delectationem. at in Tragoedia moeror, luctus, planctus, miseriae, quî possint oblectare?«[29] Die Antwort gibt Scaliger mit Hilfe eines aristotelischen Arguments, mit dem nicht etwa das Vernügen an tragischen Gegenständen, sondern die Freude des Menschen an der Mimesis erläutert wird. Bei Aristoteles heißt es: »Ein Beweis dafür« – für die Freude an der Mimesis – »ist das, was wir bei Kunstwerken erleben. Was wir nämlich in der Wirklichkeit nur mit Unbehagen anschauen, das betrachten wir mit Vergnügen, wenn wir möglichst getreue Abbildungen vor uns haben, wie etwa die Gestalten von Tieren oder von Leichnamen. Ursache dafür ist eben dies, daß das Lernen nicht nur für Philosophen das erfreulichste ist«.[30] Scaliger nimmt diesen Gedanken so auf: »Quia enim non in laetitia sola iucunditas sita est, sed ex quacunque disciplinae adeptione capi potest. Discit autem spectator. quem ad modum picturarum quoque facies horribiles nihilo secius spectantur & iuvant«.[31] Das Vergnügen wird bei ihm also unmittelbar mit dem lehrhaften Charakter der Dichtung begründet: zu lernen ist immer schon ein Vergnügen. Davon, daß gegenüber einem bloß scheinhaft Vergegenwärtigten ein von unmittelbarem

---

[28] S. 567.
[29] J. C. Scaliger, Poetices libri septem, a.a.O., S. 147, 1, c.
[30] Aristoteles, Poetik 1448b; Zitat nach der Übersetzung von O. Gigon, a.a.O., S. 27.
[31] Scaliger, a.a.O., S. 147, 1, c.

Abgestoßensein freies Betrachten und Erkennen, ja im Bewußtsein dieser seiner Scheinhaftigkeit geradezu ein Vergnügen möglich werden könne, ist nicht die Rede.

Anders Addison, der ja das docere als finis ultimus der Poesie verabschiedet hat; er läßt sich von der Frage, »why any thing that is unpleasant to behold, pleases the Imagination when well Described«,[32] zu der Feststellung führen, das Vergnügen entspringe hier nicht so sehr der Beschreibung (Description) und der durch sie bewirkten Illusionierung selbst als vielmehr der mit ihr verbundenen Reflexion des Lesers auf sich selbst, genauer: einem stillschweigenden Sich-Vergleichen mit der leidenden Person, das zu einem erleichterten ›Gott sei Dank nicht du!‹ führe. »(...) this Pleasure (...) does not arise so properly from the Description of what is Terrible, as from the Reflection we make on our selves at the time of reading (...), from the secret Comparison which we make between our selves and the Person who suffers. Such Representations (...) make us prize our good Fortune (...)«.[33]

Dieses Argument, wie es etwa auch bei Breitinger begegnet, ist später durch Lessing vom Standpunkt seiner Mitleids-Dramaturgie aus ridikülisiert worden. Uns scheint es jedoch einen nicht unerheblichen geschichtlichen Stellenwert zu besitzen, insofern wir in der Rede von der Reflexion auf sich selbst und dem geheimen Vergleichen mit sich selbst den Versuch sehen möchten, die Wirkungsweise, das innere Funktionieren einer mimetisch-illusionistischen Literatur begrifflich zu durchdringen. Deren punctum saliens ist, daß der Leser das Dargestellte auf sich bezieht, und zwar nicht nur als moralischen Appell, sondern indem er sich identifizierend einlebt. Er hat das Geschehen vor Augen, als ob er dabei wäre, er fühlt in sich die Affekte der handelnden Personen, als ob ihre Widerfahrnisse die seinen wären. Darin liegt, daß er das Dargestellte als eine Möglichkeit des Menschlichen auf sich selbst bezieht, an und aus sich selbst erlebt, also in sich selbst verspürt, freilich als eine Möglichkeit, die an ihm nicht realisiert ist. Ist in der Rede von dem Vergleichen mit und der Reflexion auf sich selbst nicht ein erster Versuch zu sehen, sich dieser auf das Moment der Identifikation zentrierten Wirkungsweise theoretisch zu nähern, ein Versuch mit Mitteln eines recht zutäppischen Rationalismus, der implizite Identifikation nur als expliziten Vergleich zu fassen vermag, aber eben doch ein Annäherungsversuch?

Was zu einer solchen Sicht ermutigt, ist der Fortgang der Diskussion, wie er sich etwa bei Dubos abzeichnet. Dubos ist der zweite entscheidende Anreger von Bodmer und Breitinger und damit einer konsequent aufgeklärten Poetik in Deutschland; er ist im übrigen ein genauer Kenner der englischen

---

[32] Spectator, Bd. 3, S. 581.
[33] Ebenda, S. 568.

Entwicklung.³⁴ Die leitende Fragestellung seiner umfangreichen ›Réflexions critiques sur la poésie et la peinture‹ von 1719 ist eben die Frage nach dem Grund des Vergnügens an tragischen Gegenständen, das Poesie und Malerei zu bereiten vermögen.³⁵ Darin allein liegt schon, daß das docere – wie bei Addison – als finis ultimus der Poesie verabschiedet ist. Es wird auch immer wieder in aller Deutlichkeit ausgesprochen: »Man liest (die Dichter), (...) um sich auf eine angenehme Weise zu beschäfftigen, und nicht, (...) um daraus zu lernen«.³⁶ »Wenn wir ein Gedicht lesen, so sehen wir den Unterricht, den wir daraus nehmen können, als eine Nebensache an. Der Styl ist das Hauptwerk, weil er dasjenige ist, wovon das Vergnügen der Leser abhängt«.³⁷ Daß sich in der Ausrichtung auf das delectare die Kategorie des Allgemein-Menschlichen ankündigt, ist bei Dubos schon deutlicher zu greifen als bei Addison. Das liegt wohl daran, daß für ihn die Erregung der Affekte ganz im Mittelpunkt der kunst- und literaturtheoretischen Bemühung steht. Selbst die Einbildungskraft bringt er von ihr aus ins Spiel. Sie ist bei ihm keine eigene, besondere Quelle des Vergnügens, hat nicht eigentlich eine Eigenbedeutung, wie sie von Addison mit dem Gedanken der Übung der Verstandeskräfte begründet wird. Bei der Affekterregung wird das Moment des lebendigen Innewerdens aber in ganz anderem Maße sichtbar als etwa beim Üben der Verstandeskräfte. Affekte zu erregen heißt ja, auf ein lebendiges Nacherleben des Dargestellten, die lebendige Selbstgegenwart der Vorstellungen und Gefühle hinzuarbeiten, und in einer solchen Wirkung auf den Leser liegt eben beschlossen, daß er dem Menschen in sich selbst begegnet, sich als Mensch selbst kennenlernt.

Der nervus rerum der Kunst ist für Dubos, so wurde gesagt, die Erregung der Affekte. Alles andere, alle vergnüglichen, heilsamen, moralischen, aufklärerischen Wirkungen, deren er nach und nach eine ganze Reihe in seiner Abhandlung entwickelt, können nur von ihr herfließen. Wie aber können Affekte erregt werden? Die Antwort lautet: durch die Nachahmung, die anschauliche Vergegenwärtigung von Gegenständen, die geeignet sind, die betreffenden Affekte auszulösen. »Der Hauptvorzug der Gedichte und Gemählde besteht in der Nachahmung solcher Gegenstände, welche wirkliche Leidenschaften in uns erregt haben würden«.³⁸ »Gegenstände vor(zu)stellen, welche fähig sein würden, uns an sich zu fesseln und zu rühren, wenn wir sie wirklich sähen«, ist »das größte Verdienst der Gedichte und Gemählde«.³⁹

---

34 W. Bender, Bodmer u. Breitinger, a.a.O., S. 93.
35 Dubos I, S. 1–4.
36 Dubos I, S. 271.
37 S. 272.
38 Dubos I, S. 25; es handelt sich bei dem Zitat um die Überschrift des 3. Kapitels.
39 Dubos I, S. 70.

»Die Abbildung des Gegenstandes muß, so zu reden, eine Abbildung der Leidenschaft hervorbringen, die der nachgeahmte Gegenstand in uns empört haben würde«.[40] Dubos weiß, daß dies »uns interessiren« heißt, »in so fern wir überhaupt Menschen sind«.[41] Je vollkommener ein Werk, desto mehr »rührt« es uns aus keinem anderen Grund »als weil wir Menschen sind«.[42] Er bezieht sein poetologisches Modell also ausdrücklich auf die Kategorie des Allgemeinmenschlichen, aber auch bei ihm ist sie noch weit davon entfernt, als die eigentliche Pointe des Systems in Erscheinung zu treten. Auch hier bleibt sie unter der Rede vom Vergnügen als dem selbstgenügsamen Betätigen der menschlichen Kräfte verborgen.

Das Prinzip der Naturnachahmung: Illusionismus, Fiktionalität, Autonomie der Kunst

Bleiben mithin die Konturen des eigentlichen Fundaments der neuen Kunst, der Erkenntnis des Allgemeinmenschlichen im Licht der Selbsterfahrung, zunächst noch unscharf, so wird ihr Verfahren, das Erregen von Vorstellungen und Affekten mit den Mitteln der »Nachahmung«, von der zeitgenössischen Theorie umso schärfer ins Licht gerückt. Am auffälligsten ist, daß und wie der Begriff der Nachahmung nun ins Zentrum der Poetik tritt.[43] In dem Augenblick, in dem das docere cum delectatione aufhört, der finis ultimus der Poesie zu sein, nimmt der vormalige finis medius, die imitatio, seine Stelle ein und wird selbst zum finis ultimus.[44] War sie vorher als Plattform des sensus historicus auf eine mehr oder weniger schlüssige Weise in die Konzeption eines Darstellens aus dem Geist und mit den Mitteln der Allegorese einbezogen, so wird sie nun selbst zum eigentlichen Rückgrat einer Theorie der Literatur. »Der Hauptvorzug der Gedichte und Gemählde besteht in der Nachahmung solcher Gegenstände, welche wirkliche Leidenschaften in uns erregt haben würden« (Dubos).[45] »(...) das Wesen der ganzen Poesie besteht« in der »Nachahmung der Natur« (Gottsched).[46] »(...) die Nachahmung der

---

[40] S. 27. – Dubos nimmt hier das alte rhetorische Lehrstück von der enargeia (evidentia) auf, das die Frage, wie man Gefühle auslösen könne, mit dem Hinweis auf das Mittel der anschaulichen Vergegenwärtigung eben dessen beantwortet, was die betreffenden Gefühle auch in Wirklichkeit ausgelöst hätte: Quint. 6, 2, 29 u. 32.
[41] Dubos I, S. 71.
[42] S. 75.
[43] Hierzu vor allem H. P. Herrmann, Naturnachahmung und Einbildungskraft, Zur Entwicklung der deutschen Poetik von 1670 bis 1740, Bad Homburg 1970.
[44] Vgl. hierzu die Formulierung Scaligers (S. 1 b 2): »Quamobrem tota in imitatione sita fuit. Hic enim finis est medius ad illum ultimum, qui est docendi cum delectatione«.
[45] Dubos I, S. 25.
[46] Gottsched, Critische Dichtkunst, a.a.O., S. 142.

Natur in dem Möglichen« ist »das eigene und Haupt-Werck der Poesie« (Breitinger).[47]

Sie nimmt damit die Stelle wieder ein, die sie in der antiken poetologischen Tradition innehat. Diese Wiederauferstehung der Kategorie der Mimesis, von einer zunächst bloß gelehrten Rückgewinnung vorbereitet,[48] bildet in gewisser Weise den Abschluß der humanistischen Bemühung um die Erneuerung der Literatur. Die in der Spätantike eingeleitete Entwicklung, durch die sie zu einer didaktischen Veranstaltung im Sinne der christlichen Doktrin wurde und die mit dem Untergang der Mimesis gleichbedeutend war, ist nun wieder rückgängig gemacht. Das bedeutet im Zusammenhang der vorliegenden Untersuchung, daß die Formel ut pictura poesis wieder auf ihre ursprüngliche Grundlage zurückbezogen und erneut von ihr her verstanden werden kann; daß ihr nun wieder die Funktion zuwachsen kann zu zeigen, was es mit der Mimesis im Bereich der Dichtung auf sich hat.

Die Frage, inwieweit die Poetologen der Aufklärung dem aristotelischen Mimesisbegriff Gerechtigkeit widerfahren lassen, kann und muß hier nicht entschieden werden. Der wichtigste Unterschied scheint darin zu liegen, daß Mimesis nun nicht mehr Vergegenwärtigung des Mythos heißt und heißen kann, sondern das Plausibelmachen von Fiktionen bezeichnet; davon war bisher in der Literaturgeschichtsschreibung noch kaum die Rede. Hingegen war immer wieder zu hören, Mimesis enthalte ein schöpferisches Moment, das dem Nachahmungsbegriff abgehe, der den Künstler dazu nötige, am Dargestellten zu kleben; aber das trifft so nicht zu. Entscheidend für das rechte Verständnis des aufklärerischen Lehrstücks von der Naturnachahmung ist die Einsicht, daß das, was hier Mimesis, imitatio, Nachahmung heißt, in erster Linie von seiner möglichen Wirkung auf die Psyche des Lesers, Zuschauers, Betrachters her gedacht wird und gar nicht so sehr von der Ähnlichkeit mit dem Nachgeahmten aus. Nachahmen heißt, einen Schein von scheinbar Wirklichem erzeugen, der wahrhaft täuschen, illusionieren, erregen, mitreißen kann. Das wird nicht ohne »Wahrscheinlichkeit«, ohne »Ähnlichkeit« mit der »Natur« gelingen, aber nicht sie ist das entscheidende Kriterium, an der sich die Nachahmung auszurichten hat, sondern die Wirkung beim Rezipienten, die Illusionierung, das Scheinenkönnen.

---

[47] Breitinger, Critische Dichtkunst, Bd. 1, S. 57.
[48] An dieser Stelle ist daran zu erinnern, daß die intensive Bemühung des 16. Jahrhunderts um die Poetik des Aristoteles im großen und ganzen wohl nur zur Rezeption dessen geführt hat, was sich in eine rhetorische Poetik einfügen ließ; aufschlußreich hierfür ist etwa E. Brinkschulte, Julius Caesar Scaligers kunsttheoretische Anschauungen und deren Hauptquellen, Bonn 1914. In der zweiten Hälfte des 17. Jahrhunderts, etwa im Umkreis von Perraults Aristoteles-Kritik (Nivelle, Literaturästhetik, a.a.O., S. 7), gewinnt die Auseinandersetzung mit Aristoteles eine neue Qualität, bei der die philosophische Seite der Poetik und hier eben besonders die Frage der Mimesis stärker zur Geltung kommt.

Das ist bereits bei Dubos völlig klar. Der Begriff der Nachahmung wird bei ihm ja gerade von dem der Affekterregung her eingeführt. In den ersten beiden Kapiteln spricht er zunächst nur von der Erregung von Leidenschaften, um sodann die Künste mit ihrer Fähigkeit ins Auge zu fassen, durch Nachahmungen Affekte zu erzeugen. Das Nachahmen wird bei ihm also von Anfang an von der Wirkung auf den Leser, Zuschauer, Betrachter, eben von jener Affekterregung her gedacht. Mit Blick auf dieses Wirkungsziel muß er von der Nachahmung dann vor allem »Wahrscheinlichkeit« fordern. »Die erste Regul, welche Mahler und Dichter zu beobachten verbunden sind, wenn sie ein Subject, das sie sich gewählt haben, bearbeiten, ist, daß sie nichts dabey anbringen müssen, was wider die Wahrscheinlichkeit läuft. Niemand wird von einer Begebenheit gerührt, die ihm offenbar unmöglich zu seyn scheint«.[49] »Unter dem Unmöglichen verstehe ich hier nicht das, was die menschlichen Kräfte übersteigt, sondern dasjenige, welches es ist, wenn man auch alle möglichen Meynungen annehmen wollte, die nur immer der Dichter voraussetzen könnte«.[50] Das aber besagt, daß die Nachahmung nicht vom Nachgeahmten, sondern von seiner Wirkung auf das Publikum her bestimmt wird, nämlich von der Frage aus, ob die Illusionierung gelingen kann oder nicht. Demgemäß ist für Dubos »ein Gedicht, das wider die Wahrscheinlichkeit verstößt, (...) um so viel fehlerhafter, als sein Fehler jedermann in die Augen fällt«.[51] Was nicht ins Auge fällt, was nicht bewußt wird und damit die Illusion stört, kommt nicht in Betracht. Es gilt, »daß dasjenige Gedicht das beßte sey, welches uns, wenn wir es lesen, am meisten interessirt; das uns bis auf einen so hohen Grad bezaubert, daß wir seine meisten Fehler nicht gewahr werden, und die, so wir bemerkt haben, und die uns anstössig gewesen sind, freywillig vergessen«; Verstöße gegen »die poetische und mahlerische Wahrscheinlichkeit« sind dabei ausdrücklich mit einbegriffen.[52]

Wie sehr der Begriff der Nachahmung von Anfang an von dem Wirkungsziel der Illusionierung her gedacht wird, macht nichts so deutlich wie das Begriffspaar des Wunderbaren und des Wahrscheinlichen, das ihn durch seine Geschichte begleitet.[53] Beide Begriffe zielen nämlich gleichermaßen auf die Wirkung beim Publikum ab, versuchen, die Möglichkeiten und Grenzen solcher Wirkung zu bestimmen und die Nachahmung auf sie auszurichten. Sie soll stets sowohl wunderbar sein, d.h. Verwunderung erregen, als auch

---

49 Dubos I, S. 221–222.
50 S. 222–223.
51 S. 225.
52 S. 275.
53 Zur Rolle des Wunderbaren im Kontext einer »psychologisierten« Dichtungstheorie (der freilich eine psychologisierte Dichtung entspricht) vgl. K.-H. Stahl, Das Wunderbare als Problem und Gegenstand der deutschen Poetik des 17. und 18. Jahrhunderts, Frankfurt 1975.

wahrscheinlich, glaubhaft, überzeugend; sie soll so wunderbar sein wie möglich und so wahrscheinlich wie nötig. Wunderbar muß sie sein, um interessieren zu können; wer vom Stoff einer Dichtung nicht gefesselt ist, wird sich kaum von ihr illusionieren lassen. Und wahrscheinlich muß sie sein und bei aller Wunderbarkeit auch bleiben, damit die Illusionierung kontinuierlich erhalten werden kann. Denn in dem Moment, in dem sich der Rezipient einer Unwahrscheinlichkeit bewußt wird, muß er sich aus der Illusion geworfen fühlen.

So erkennt z. B. Dubos: »Auf der einen Seite werden die Menschen von Begebenheiten, welche über die Wahrscheinlichkeit hinaus gehen, weil sie allzuwunderbar sind, nicht gerührt. Auf der anderen Seite erhalten diejenigen Begebenheiten, welche so wahrscheinlich sind, daß sie aufhören wunderbar zu seyn, keine Aufmerksamkeit«.[54] Ebenso sieht Breitinger »in dieser Verbindung des Wunderbaren mit dem Wahrscheinlichen die vornehmste Schönheit und Kraft der Poesie«.[55] »Der Mensch wird nur durch dasjenige gerühret, was er gläubt; darum muß ihm ein Poet nur solche Sachen vorlegen, die er glauben kan, welche zum wenigsten den Schein der Wahrheit haben. Der Mensch verwundert sich nur über dasjenige, was er vor etwas ausserordentliches hält; darum muß der Poet ihm nur solche Sachen vorlegen, die ausser der Ordnung des gemeinen Laufes sind (...)«. Und Breitinger fährt in den oben zitierten Worten Dubos' fort, die er freilich nicht als Zitat kennzeichnet: »Auf einer Seiten sind die Begebenheiten, die aufhören wahrscheinlich zu seyn, weil sie allzu wunderbar sind, nicht fähig die Menschen zu rühren; auf der andern Seiten, machen die Begebenheiten, die so wahrscheinlich sind, daß sie aufhören wunderbar zu seyn, die Leute nicht aufmerksam genug«.[56] Gottsched zieht den Begriff des Wahrscheinlichen geradezu in den Nachahmungsbegriff hinein. Wenn er »das Hauptwerk der Poesie« »in der geschickten Nachahmung« sieht und insbesondere die »Fabel«, die »Seele eines Gedichts«, als »eine Nachahmung der Natur« bestimmt, so wird sie das für ihn »durch die Aehnlichkeit mit derselben: und wenn sie diese hat, so heißt sie wahrscheinlich«.[57] »(...) das Wunderbare zu erfinden, und die Aufmerksamkeit dadurch zu gewinnen«, bleibt aber auch für ihn das unverzichtbare Pendant zum Wahrscheinlichen.[58] Im Spannungsfeld des Wunderbaren und des Wahrscheinlichen soll sich mithin die Nachahmung entfalten – das aber heißt: im steten Hinblicken auf das Ziel der Illusionierung.

---

54 Dubos I, S. 223.
55 Breitinger, Critische Dichtkunst, a.a.O., Bd. 1, S. 133.
56 Ebenda, S. 132–133.
57 Gottsched, Critische Dichtkunst, a.a.O., S. 92.
58 Ebenda, S. 170. – Zu Gottscheds Nachahmungsbegriff vgl. auch W. Rieck, Johann Christoph Gottsched, Berlin 1972, S. 166ff.

Daß der Begriff der Nachahmung in den Mittelpunkt der Poetik rückt, zeigt an, daß nun alles an der Illusionierung durch die Poesie, am Scheinenkönnen ihres Scheins gelegen ist. Und das ist wörtlich zu nehmen: alle Dimensionen, alle Aspekte des Literarischen werden am Scheinenkönnen überprüft, ob es sich um Fragen der Produktion oder der Rezeption, der Traditionalität oder des Innovativen, des Stoffs oder der Form oder gar des Verhältnisses zur Wirklichkeit und der dichterischen Wahrheit handelt. Die auffälligste Veränderung ist, daß der Stoff, insbesondere die wichtigste Dimension des Stoffs, die Handlung, grundsätzlich zu einer Funktion des Scheinenkönnens wird. Ob der Dichter zu einem Stoff greift, der beglaubigt und also historisch ist, oder ob er ihn in seinen Bestandteilen fingiert, wird damit gleichgültig oder vielmehr zu einer Frage, die allein unter dem Gesichtspunkt zu entscheiden ist, was jeweils das Scheinenkönnen der Dichtung fördert und was es vielleicht behindert. »(...) der Poet (hat) zur Absicht, durch wohlerfundene und lehrreiche Schildereyen die Phantasie des Lesers angenehm einzunehmen; diese Absicht zu erreichen wird eben nicht erfordert, daß seine poetischen Erzehlungen würckliche und historische Wahrheiten seyen; sondern es ist schon genug, wenn sie nur nicht unmöglich und unwahrscheinlich sind. (...) (Der Poet) bekümmert (...) sich nicht um die historische Wahrheit seiner Vorstellungen, weil er ohne dieselbe, bloß durch die Wahrscheinlichkeit, seinen Zweck und Absicht erreichen kan«.[59] Welchen Status auch immer der Stoff haben mag, ob das Geschehen beglaubigt oder erfunden ist, die Personen historisch oder fiktiv, die Umstände nachprüfbar sind oder nicht, spielt keine Rolle gegenüber der einen, alles entscheidenden Frage, ob die Illusionierung gelingt, ob der Rezipient mitgerissen und seine Gemütskräfte in Bewegung versetzt werden.

Das aber heißt nichts anderes, als daß die Literatur nun fiktional wird. Fiktionalität bedeutet ja nicht, daß ein Text in allen seinen Aspekten fiktiv ist, sondern nur, daß die Frage, in welchem Maße er vielleicht fiktiv ist, was an ihm fiktiv ist und was nicht, für sein Verständnis gleichgültig ist. In diesem Sinne wird die Literatur nun fiktional, und es sei ausdrücklich hinzugefügt: erst jetzt. Denn solange sich Literatur von einem docere her versteht, das die Wahrheit des Stoffs als Stoff, der Handlung als Handlung mit einbegreift, solange sich das Fingieren nur auf rhetorische Figuren erstreckt – solange kann von Fiktion und Fiktionalität nicht eigentlich die Rede sein.[60]

---

[59] Breitinger, Critische Dichtkunst, Bd. 1, S. 58–59.
[60] Jedenfalls nicht in dem Sinne, in dem die moderne Literaturwissenschaft diese Begriffe verwendet. – Der Gedanke der Fiktionalität ist seit K. Bühler, K. Hamburger und R. Ingarden ein zentrales Thema der Literaturtheorie; insbesondere die von der Hermeneutik und der modernen Linguistik herkommende Forschungsrichtung hat sich seiner intensiv angenommen. Klärend hat dabei die »pragmati-

Erinnert man sich an dieser Stelle der Geschichte, die der Nachahmungsbegriff im unmittelbaren Vorfeld der Aufklärung durchläuft, und vergegenwärtigt man sich noch einmal den Stellenwert, den er nach seiner Wiederentdeckung durch den Humanismus zunächst hat, so vermag man zu erkennen, daß sein Aufstieg zur zentralen Kategorie der Poetik im Kern immer auch ein Versuch ist, den neuen Fiktionscharakter der Poesie begrifflich zu fassen.[61] Wie sich an Harsdoerffers ›Poetischem Trichter‹ gezeigt hat, war das Nachahmen im Humanismus dem sensus historicus zugeordnet. Es wurde als locutio propria gedacht, sollte sich also im Modus der reinen Sachhaltigkeit, des reinen Exponierens von Stoff als Stoff vollziehen. Insofern hatte es nur einen untergeordneten Stellenwert; das eigentliche Dichten begann erst mit der Bearbeitung des Stoffs, auf der Ebene des ornatus, der locutio impropria, der allegorischen Bildfindung. Wenn in der Aufklärung nun das eigentlich Dichterische als Nachahmung definiert wird, so bedeutet das, daß sich das »Dichten«, und das heißt ja: das Erfinden,[62] jetzt wesentlich vor der Gestaltung des ornatus bereits beim bloßen Aufbringen des Stoffs vollziehen soll – was besagt das aber anderes als dies, daß Dichtung nun wesentlich Fiktion sein soll?

---

sche« Definition der fiktionalen als »nicht-referenzialisierbare« Rede gewirkt (statt alles anderen R. Warning, Rezeptionsästhetik als literaturwissenschaftliche Pragmatik, in: Rezeptionsästhetik, hg. v. Warning, München 1975, S. 9–44, hier S. 31ff.; G. Gabriel, Fiktion und Wahrheit, Eine semantische Theorie der Literatur, Stuttgart 1975, S. 27ff.): Fiktionalität bezeichnet ein institutionalisiertes Convenu zwischen Autor und Leser, den literarischen Text als nicht-referenzialisierbar zu behandeln. – Nun hat aber jedes Convenu seine Geschichte, und so hat A. Assmann, Die Legitimität der Fiktion, München 1980, mit Recht gegenüber dem sprechakttheoretischen (kommunikationstheoretischen, pragmatischen) Ansatz geltend gemacht, daß der »fiktionale Vertrag« (S. 151) geschichtlich sei; daß es dem »fiktionsgeschichtlichen Phänomen« Rechnung zu tragen gelte (S. 106). Das greift freilich noch zu kurz: die Fiktionalität selbst ist ein historisches Phänomen – so daß mit der entsprechenden Begrifflichkeit erst mit Blick auf die nachaufklärerischen Literaturen sinnvoll operiert werden kann. Das im einzelnen darzulegen, ihm etwa gegenüber den hierin immer noch unbefriedigenden Beiträgen des jüngst erschienenen Bandes Funktionen des Fiktiven, hg. v. D. Henrich u. W. Iser, München 1983, Geltung zu verschaffen, muß einer zukünftigen Untersuchung vorbehalten bleiben.

[61] Wie groß die Begriffsverwirrung hier noch immer ist, zeigen D. Harth u. G. vom Hofe, Unmaßgebliche Vorstellung einiger literaturtheoretischer Grundbegriffe, in: Erkenntnis der Literatur, a.a.O., S. 8–32, hier S. 28, wenn sie behaupten: »Die Tradition der Nachahmungspoetik hält im wesentlichen an den aristotelischen Prinzipien fest und begrenzt die Möglichkeiten der Fiktion durch das regulative Prinzip der Natur«. Es handelt sich nicht um ein Festhalten, sondern um ein Neuentdecken der aristotelischen Prinzipien, und die Fiktion wird nicht begrenzt, sondern allererst begründet.

[62] Gottsched, Critische Dichtkunst, S. 149.

Die schwierigen Auseinandersetzungen, die wir hier vorzunehmen versuchen, sind notwendig, weil der neue Fiktionscharakter der Literatur ebensowenig wie der neue mimetische Illusionismus, der sie regiert, mit Hilfe des Nachahmungsbegriffs geradezu ausgesprochen wird und auch überhaupt ausgesprochen werden kann. Wie dieser kann er durch ihn nur mittelbar, nur durch die historischen und systematischen Implikationen seiner Handhabung formuliert werden; wie für diesen fehlen für das ungeheuer Neue der Fiktion zunächst einfach die geeigneten Begriffe. Eine historische Implikation ist zum Beispiel das oben entwickelte Vorverständnis, das dem Nachahmungsbegriff für die Aufklärung von seinem Ort im System der humanistischen Poetik her anhaftet. Eine systematische Implikation, in der ein Versuch der Annäherung an den Fiktionscharakter liegt, läßt sich etwa an der Handhabung des Nachahmungsbegriffs als Postulat ablesen. So spricht zum Beispiel Gottsched nicht einfach nur davon, daß der Dichter ein Nachahmer der Natur sei, sondern er fordert ihn geradezu auf, die Natur nachzuahmen, »natürlich« zu schreiben. Diese Forderung setzt aber voraus, daß der Dichter seine Stoffe frei erfindet. Ein »Geschichtschreiber«, »Redner«, »Weltweiser« oder »Gelehrter«, für den die Natur, so wie sie hier verstanden wird, geradezu der Stoff der Darstellung ist, ist ohnehin immer schon bei der Natur; von ihm »Natürlichkeit« zu fordern, wäre unsinnig. Nur bei dem, der seine Stoffe frei erfindet, kann es sinnvoll sein zu fordern, daß er die Natur nicht außer acht lassen, sich immer wieder an ihr orientieren soll. Das bedeutet, daß im aufklärerischen Begriff der Nachahmung die Differenz zur non-fiktionalen Rede immer schon mitgedacht ist. Wer die Natur als Natur darstellt, kann sie nicht nachahmen; das kann nur, wer seinen Stoff wesentlich erfindet.[63]

Um den neuen Fiktionscharakter der Literatur klar und deutlich aussprechen zu können, müssen zu dem Lehrstück von der Nachahmung andere, neue Begriffe hinzukommen. So können z.B. Gottsched und Breitinger dadurch zu einem recht klaren Konzept von Fiktion gelangen, daß sie den Leibnizschen Begriff der »möglichen Welten« aufnehmen.[64] Die Möglichkeit dazu bietet sich von den berühmten Formulierungen im 25. und 9. Kapitel der aristotelischen Poetik her. Dort scheint der Begriff der Mimesis bereits prinzipiell mit dem der Möglichkeit verknüpft. Grundsätzlich, so Aristoteles, kann es nur drei Wege geben, sich nachahmend auf die Wirklichkeit zu beziehen. Entweder stellt man sie dar, »wie sie war oder ist, oder so, wie man sagt, daß sie sei, (...) oder so, wie sie sein soll.«[65] Die »Aufgabe des Dichters« ist es freilich nicht »zu berichten, was geschehen ist, sondern vielmehr, was

---

[63] Ebenda, S. 99 u. 149; vgl. Batteux, Les Beaux Arts, a.a.O., S. 71.
[64] Breitinger, Critische Dichtkunst I, S. 56f.; Gottsched, Critische Dichtkunst, S. 151.
[65] Aristoteles, Poetik 1460b.

geschehen könnte und was möglich wäre nach Angemessenheit und Notwendigkeit«.[66] Diese Bestimmung wird in der humanistischen Poetik auf bezeichnende Weise verdreht und damit um ihren eigentlichen Sinn gebracht. »Hanc autem Poesim appellarunt, propterea quod non solum redderet vocibus res ipsas quae essent, verumetiam quae non essent, quasi essent, & quo modo esse vel possent vel deberent, repraesentaret« (Scaliger):[67] (...) und soll man auch wissen / das die gantze Poeterey im nachäffen der Natur bestehe / und die dinge nicht so sehr beschreibe wie sie sein als wie sie etwan sein köndten oder solten« (Opitz).[68] »Die Poeterey ist eine Nachahmung dessen / was ist / oder seyn könt« (Harsdoerffer).[69] Die Poesie ist für den Humanismus wesentlich historia, er kann sie gar nicht anders verstehen, so daß aus dem aristotelischen »nicht was geschehen ist, sondern was geschehen könnte« ein »was ist oder sein könnte« werden muß; das »was sein könnte« wird zudem bloß auf das Erfinden von Umständen bezogen.

Die Aufklärung bestimmt das »Haupt-Werck der Poesie« nun wieder als »Nachahmung der Natur in dem Möglichen«,[70] und sie vermag die so entstehenden Fiktionen dann auch als »mögliche Welten« zu fassen und als das »poetische Wahre«, das »nur in der Welt der möglichen Dinge« zu finden ist, dem »historischen Wahren«, das in der »gegenwärtigen Welt« angesiedelt ist, gegenüberzustellen.[71] Damit ist nun allerdings das Phänomen der Fiktion auf eine höchst plausible Weise auf seinen Begriff gebracht. Dennoch darf die Rede von den möglichen Welten nicht überschätzt werden. Dichtung ist damit keineswegs schon grundsätzlich zur Plattform eines »Möglichkeitssinnes« im Verständnis Musils, des Utopischen, der Gegenentwürfe zur herrschenden Wirklichkeit deklariert. Die Pointe des Rückgriffs auf die Vorstellung von den möglichen Welten ist ja doch der Gedanke der Wahrscheinlichkeit, und das heißt, der Fähigkeit der Fiktion, den Leser zu illusionieren. Sie zu erklären, steht im Vordergrund, nicht das, was sich als fiktive Welt, als stoffliches Substrat des Illusionierungsvorgangs greifen und substantiieren läßt. Es ist stets zu bedenken, daß der Stoff hier wesentlich eine Funktion des Scheinenkönnens wird.[72]

---

[66] Ebenda, 1451 a.
[67] Scaliger, S. 1 b 2.
[68] M. Opitz, Buch von der Deutschen Poeterey, 1624, hg. v. C. Sommer, Stuttgart 1970, S. 17.
[69] Harsdoerffer, Trichter II, S. 7.
[70] Breitinger, Critische Dichtkunst I, S. 57.
[71] Ebenda, S. 60–61.
[72] Die hier skizzierten Wandlungen sind natürlich ein ganz allmählich sich vollziehender Prozeß; mit Recht hat W. Bender, Rhetorische Tradition und Ästhetik im 18. Jahrhundert: Baumgarten, Meier und Breitinger, in: ZDP 99, 1980, S. 481–506, darauf hingewiesen, wie lange die Vorstellungen der rhetorischen Poetik noch wirksam bleiben.

Was vielleicht am schwersten von allem zu fassen ist, ist das allmählich sich ausbildende Fiktionalitätsbewußtsein, das zum Fiktionscharakter der Literatur als Wesensmerkmal der entsprechenden literarischen Kommunikation ja notwendig dazugehört. Fiktion ist vom Autor als Fiktion zu präsentieren und vom Publikum im Bewußtsein seiner Fiktionalität zu rezipieren. Daß die Umstellung von einer Erwartungshaltung, die auf den Stoff als historischen gerichtet ist, auf eine solche Einstellung nicht von heute auf morgen vor sich gehen, daß sie sich nur über eine Reihe von Zwischenstufen mit allerlei Brüchen und inneren Widersprüchen vollziehen konnte und daß die Veränderungen vielfach unbewußt geschehen sind und deshalb für uns mehr oder weniger verdeckt bleiben, wird man sich unschwer denken können. Am leichtesten sind der Anfangs- und der Endpunkt der Entwicklung zu greifen: hier die Dramen und Romane mit den mächtigen Anmerkungsapparaten und den ausladenden gelehrten Exkursen, die die historische Sachhaltigkeit des Textes untermauern und exponieren, dort das Spiel mit der Fiktion, wie es Sterne und Diderot, Wieland und Jean Paul so virtuos vorführen, ein Kunstmittel, das ein Bewußtsein vom Erfundensein des Stoffs und seiner vollständigen Verfügbarkeit durch das schöpferische Subjekt jederzeit voraussetzt. Zwischen diesen beiden Punkten muß eine Entwicklung stattgefunden haben, in der das Publikum aufhört, nach dem Ort der Handlungen und Personen in der geschichtlichen Welt zu fragen, in der es sie nicht mehr in der einen und einzigen Wirklichkeit, sondern nur noch in seiner Phantasie geschehen und leben sehen will, in der Anmerkungen, Lokalisierungen und Exkurse mithin überflüssig werden und schließlich sogar stören; in der Leser und Zuschauer die Gestalten der Poesie ausschließlich dadurch beglaubigt wissen wollen, daß sie in ihrer Phantasie leben können.

Man muß es sich ganz klar machen: die Literatur kann nur Fiktion sein, weil sie auf Illusionierung hin angelegt ist. Insofern sie auf einen mimetischen Illusionismus ausgeht, muß sie aber sogar fiktiv sein. Diese Konsequenz wird erst spät, in der zweiten Hälfte des Aufklärungsjahrhunderts, ganz deutlich, wo sie nach und nach zur Lehre von der Autonomie der Kunst führt. Genauer gesagt, ist sie einer unter mehreren Faktoren, die das Postulat der Autonomie begründen. Als ein zweiter Faktor ist vor allem die Wendung gegen jedes explizite docere, gegen jeden »dogmatischen Gehalt« hervorzuheben. Beides, die Autonomie auf der Ebene des Stoffs und die auf der Ebene der Wirkungsabsicht, auf der des Inhalts und des Gehalts, des Verhältnisses zur Wirklichkeit und zur Wahrheit, hängt naturgemäß eng zusammen. Letztlich verweist die doppelte Frontstellung auf die Doppelheit von sensus historicus und sensus allegoricus zurück, die beide gemeinschaftlich überwunden werden sollen. Die frühe Aufklärung hat die Historizität des Stoffs und das docere als ein Entfalten von Tugendidealen nur zur Disposition gestellt und nicht grundsätzlich abgewiesen. Bei Addison und Dubos hört das docere zunächst ja nur auf, Hauptzweck der Kunst zu sein; als Nebenzweck wird es durchaus noch gebilligt, und zwar ganz im alten Sinne, also in dem einer offenen Lehrhaftigkeit. Und ein Breitinger erklärt die Historizität des Stoffes nur als gleichgültig und nicht schon als grundsätzlich störend. Ein Blick auf die literarische Produktion der Zeit zeigt, wie das zu werten ist: das Lehrgedicht, das seine Stoffe entweder der Naturgeschichte oder der Geschichte im engeren Sinne verdankt und das sehr klare »dogmatische« Zielsetzungen verfolgt, nimmt in der Literatur der frühen Aufklärung einen herausragenden, wenn nicht dominierenden Platz ein,[73] und andere bevorzugte Gattungen wie zum Beispiel die Fabel, das physiko-theologische Naturgedicht und die Komödie sind nicht weniger lehrhaft. Daß das docere gegenüber dem delectare auf dem Rückzug sein soll, scheint auf den ersten Blick abwegig zu sein: versucht die frühe Aufklärung nicht geradezu mit besonderem Nachdruck, das lehrhafte Element zur Geltung zu bringen? Und dennoch trifft zu, was die Poetik anzeigt, daß hier aus einer Dichtung, die immer schon lehrhaft war, die gar nichts anderes sein konnte als lehrhaft, eine Dichtung wird, die sich den Zweck des Lehrens eigens und ausdrücklich setzen muß und die dann zusehen muß, mit welchen Mitteln sie ihn realisieren kann.

So müssen der historische Stoff und der dogmatische Gehalt nach und nach der konsequenten Durchführung des zu Beginn des Jahrhunderts postulierten mimetischen Illusionismus weichen. Der Stoff muß ganz und gar fiktiv werden, denn jede historische oder naturhistorische Realie, die als Realie genommen zu werden verlangt, muß die freie Entfaltung der Imagination irritieren. Das Gleiche gilt von allem expliziten Lehren, also von aller Theorie; auch sie muß »erkältend« auf das Phantasieleben wirken und damit das eigentliche Wirkungsziel beeinträchtigen, das sich immer nur über die vollendete Illusionierung herstellen kann. Die Kunst muß »reiner Schein« sein, sie muß autonom sein, frei von jedem stofflichen Interesse und jedem didaktischen Ziel. Die klare Formulierung dieser Position durch Schiller am Ende des 18. Jahrhunderts ist der Endpunkt jener Entwicklung, die mit dem Aufstieg des Lehrstücks von der Naturnachahmung zu Beginn des Jahrhunderts einsetzte und die im Grunde nur immer konsequenter entfaltet hat, was im Nachahmungsbegriff von Anfang an lag.

Die Lehren von der Nachahmung der Natur und von der Autonomie der Kunst sind also keineswegs Gegensätze, wie man auf Grund der Polemik von Klassik und Romantik glauben könnte und wohl auch immer wieder geglaubt hat. Es sind zwei Versuche, ein und denselben Sachverhalt zu fassen, die sich nur dadurch voneinander unterscheiden, daß sie verschiedenen Stufen der Theoriegeschichte angehören. Ebensowenig wie es mit dem Prinzip der Na-

---

[73] Schon bei Batteux, a.a.O., S. 72–73, sind die »poèmes didactiques & historiques« allerdings »hors de la règle«.

turnachahmung immer schon auf eine Begrenzung oder gar Knebelung der Einbildungskraft abgesehen ist, bedeutet die klassische Doktrin von der Autonomie der Kunst die völlige Unabhängigkeit von Wirklichkeit und Wahrheit. Vielmehr stellt sie gerade einen Versuch dar, das Verhältnis zu dieser Wirklichkeit und Wahrheit zu bestimmen. Auf welche Weise das geschieht, zeigt sich besonders klar, wenn man sie im Zusammenhang mit ihrem Vorläufer, dem Lehrstück von der Nachahmung sieht. Es ist der mimetische Illusionismus, um dessentwillen die Autonomie postuliert wird, und dies nur, weil alle Wirklichkeitsbezüge und alle Wahrheitsmomente nun in ihm liegen, aus ihm entspringen sollen. Und das ist entscheidend: das Scheinenkönnen des Kunstwerks, das »Wahre der Einbildung« (Breitinger)[74] beruht auf einer schier unübersehbaren Zahl mittelbarer Wirklichkeitsbezüge, von Verweisungszusammenhängen, wie sie sich allein schon von der Sprache her ergeben, die immer die Sprache einer Wirklichkeit ist, ohne die sie nichts ist und nichts sein kann. Und wo die Illusionierung gelingt, bringt das Kunstwerk seinen Rezipienten an und aus sich selbst vor das Allgemein-Menschliche, läßt sie ihn sich in allen seinen Kräften erleben – auch hierin ist sie auf das Innigste mit einer Wirklichkeit und einer Wahrheit jenseits ihrer eigenen Formwelten verknüpft.

Das alles weiß die Theorie erst gegen Ende des Aufklärungsjahrhunderts klar zu formulieren, zum einen weil sie nun erst eine Kunst und Literatur vor Augen hat, die den mimetischen Illusionismus konsequent praktiziert, und zum anderen weil sie sich nun ganz auf den Boden der neuen Philosophie gestellt und damit allererst die Begriffe gewonnen hat, mit denen sie ihn auf befriedigende Weise fassen kann. Denn mit den Mitteln der alten rhetorischen Poetik – und über andere verfügte die Literaturtheorie der frühen Aufklärung noch kaum – war das, was hier freitragende Anschauung genannt wird, niemals recht zu greifen. So viel die Rhetorik auch von Anschaulichkeit und Affekterregung, von evidentia und movere weiß, ist sie doch mit all ihren Termini auf einen vorgegebenen Stoff ausgerichtet, so daß ein Reden wie das von Wahrscheinlichkeit und Neuheit oder Wunderbarkeit, von delectare und movere mit Blick auf fiktionale, mimetisch-illusionistische Texte immer etwas Schiefes behalten muß. Das gilt selbst noch für den Nachahmungsbegriff, der doch in der Antike der nervus rerum einer nicht-rhetorischen Poetik war. Es trifft auch auf ihn zu, insofern er im Humanismus Bestandteil einer rhetorischen Poetik geworden und damit auf das reduziert worden ist, was in ihre Systematik paßt.

---

[74] Breitinger, Critische Dichtkunst I, S. 139.

ut pictura poesis: Naturnachahmung als »Malerei«

Für die Formulierung der aufklärerischen Position ist es von entscheidender Bedeutung, den ursprünglichen Sinn von Mimesis wiederzugewinnen. Was mit der Zentrierung der Poetik auf den Nachahmungsbegriff erreicht werden soll, kann nur in dem Maße gelingen, in dem seine humanistische Interpretation, die Reduktion und Umdeutung im Sinne einer rhetorischen Poetik, rückgängig gemacht und auf seinen Ursprungssinn, den von täuschender Vergegenwärtigung, Illusionierung, zurückgegangen wird. In diesem Zusammenhang erwächst der Formel ut pictura poesis ihre besondere Bedeutung für die aufklärerische Poetik.[75] Das Schiefe und Unklare, das dem Nachahmungsbegriff von seiner Vorgeschichte im Humanismus her anhaftet, kann mit seiner Hilfe außer Kraft gesetzt und mit einem Schlag gezeigt werden, daß es mit ihm um Illusionierung zu tun sei: wie das Bild Abwesendes als gegenwärtig, Erfundenes als wirklich vorstellig macht, indem es die Sinne des Betrachters täuscht, so auch die Poesie, indem sie die Einbildungskraft des Lesers besticht.[76] Dieses Argument kann freilich nur greifen, weil die Bildende Kunst schon früher zu den Prinzipien der Naturnachahmung zurückgekehrt ist, weil sie sich nämlich seit der Renaissance intensiv um die Entfaltung eines mimetischen Illusionismus bemüht hat.

Wo immer sich die Aufklärungspoetik zum Nachahmungsprinzip bekennt, wo sie es zu definieren, zu erläutern und in seinen Konsequenzen durchzuführen sucht, kann darum der Vergleich mit der Malerei nicht fehlen. Meist wird sie ihn in das berühmte Horaz-Zitat kleiden, aber Aristoteles- und Plutarch-Zitate vermögen natürlich denselben Dienst zu tun. Am weitesten geht sie mit solchem Vergleichen wohl da, wo sie das Nachahmen im Sinne des Erweckens anschaulicher Vorstellungen geradezu ein Malen nennt. Der XIX. »Discours der Mahlern (!)« von 1721, der in engem Anschluß an Addi-

---

[75] Vgl. H. Dieckmann, Die Wandlung des Nachahmungsbegriffes in der französischen Ästhetik des 18. Jahrhunderts, in: Nachahmung und Illusion, hg. v. H. R. Jauß, a.a.O., S. 28–59, hier S. 28; A. Nivelle, Literarästhetik, a.a.O., S. 24ff. Nivelle rückt dieses von ihm eingehend belegte Faktum jedoch in eine schiefe Perspektive, wenn er es von der »Bildlichkeit«, nämlich von »Metapher« und »Vergleich« aus einführt. Das ut pictura poesis zielt, wie mehrfach dargelegt, zunächst gerade nicht auf Bildlichkeit im Sinne uneigentlicher Rede, sondern auf eine primär in eigentlicher Rede, durch Beschreibung herzustellende Anschaulichkeit. Nichts anderes zeigt das von Nivelle ausgebreitete Quellenmaterial. Demselben Irrtum wie Nivelle erliegt z. B. auch B. A. Sörensen, Symbol und Symbolismus, a.a.O., S. 24f.

[76] Einen Überblick über die einschlägigen poetologischen Zeugnisse vermittelt N. R. Schweizer, The ut pictura poesis Controversy in Eighteenth-Century England and Germany, Bern 1972. – Zum Kern des Problems führt H.-M. Schmidt, Sinnlichkeit und Verstand, Zur philosophischen und poetologischen Begründung von Erfahrung und Urteil in der deutschen Aufklärung, Leibniz, Wolff, Gottsched, Bodmer und Breitinger, Baumgarten, München 1982.

sons Essay über die »Pleasures of the Imagination« die Ausgangsposition der Poetik Bodmers und Breitingers formuliert,[77] spricht von dem Hinarbeiten des Dichters auf die Imagination von vorneherein als von einem Malen. »(...) die erste und eintzige Regel / welche (!) ein jedweder Schreiber und Redner (...) nachzufolgen hat«, »daß er das (!) Natürliche nachspühre / und copiere«, hat er »mit den Mahlern gemein«, und darum »bedient« er sich »mit Fleisse dieser Metaphora«, die er »von den Mahlern entlehn(t)«.[78] Der XX. Diskurs hat denn auch das ut pictura poesis zum Motto. In seinem Sinne beginnt Breitingers ›Critische Dichtkunst‹ von 1740 in ihrem ersten Kapitel gleich mit einer »Vergleichung der Mahler=Kunst und der Dichtkunst«, um mit der »Erklärung der poetischen Mahlerey« im zweiten Kapitel zum dritten Kapitel »Von der Nachahmung der Natur« überzuleiten. Der Begriff der »poetischen Mahlerey« soll »die gantze Arbeit der poetischen Nachahmung und Erdichtung« »in sich schließen«, insbesondere die, »dem Auge der Seelen die Gegenstände in solch einer Klarheit vor(zu)stellen, als ob sie gegenwärtig und sichtbar vor uns stühnden«.[79] Und auch hier heißt es dann: »ut pictura poesis erit«.[80] Zwar ist es »dem Redner und Poeten (...) nicht vergönnet, (...) unmittelbar auf die äusserlichen Sinnen zu würcken; nichtsdestoweniger ist er geschickt, alle seine Begriffe in der Phantasie andrer Menschen, eben so sinnlich und fühlbar zu machen (...) als die Schildereyen der Mahler=Kunst. (...) Und eben auf diese Gleichheit der Würckung gründet sich die Benennung der poetischen Mahler=Kunst«.[81]

Zuvor hat schon J. B. Dubos in seinen ›Réflexions critiques sur la poésie et la peinture‹ von 1719, die die Formel des Horaz als Motto im Titel führt, seinen Nachahmungsbegriff für Gedicht und Gemälde zugleich entwickelt, und dies in einer Argumentation, in der die beiden Künste einander fortwährend wechselseitig kommentieren.[82] Aber auch er ist damit nicht der erste. Hier sei nur an die Deutung des Horaz-Verses im Geiste der aristotelischen Poetik bei John Dryden erinnert, der in seiner ›Parallel of Poetry and Painting‹ von 1695 im Anschluß an das seinerzeit außerordentlich verbreitete Lehrgedicht ›De arte graphica‹ von Ch. du Fresnoy (1667) zu der Feststellung gelangt, das Ziel des Dichters sei dasselbe wie das des Malers, nämlich »pleasing (...) by deceit«;[83] bei du Fresnoy ist das ut pictura poesis übrigens

---

77 Der »Engelländische Beobachter«, nämlich der »Spectator« war ja das Vorbild der »Discourse der Mahlern« – s. hierzu z. B. Teil 3, S. 162 –, und der XIX. Diskurs des ersten Teils schließt sich nicht nur in der Sache, sondern sogar noch in seiner Terminologie an Addison an: statt von Einbildungskraft ist hier noch wie dort von Imagination die Rede.
78 Discourse der Mahlern, 1. Teil, Bl. Tr.
79 Breitinger, Critische Dichtkunst I, S. 12–13.
80 Ebenda, S. 13.   81 S. 31.   82 Dubos I, S. 25ff.
83 J. Dryden, A Parallel of Poetry and Painting, 1695, in: Dryden, Essays, hg. v. W. P. Ker, Bd. 2, New York 1961, S. 115–153, hier S. 128.

noch nicht mit dem Mimesis-Konzept verknüpft gewesen.[84] »Fiction is of the essence of Poetry, as well as of Painting (...)«.[85] »To imitate Nature well in whatsoever subject, is the perfection of both arts (...)«.[86] »The imitation of Nature is (...) justly constituted as the general, and indeed the only rule of pleasing, both in Poetry and Painting«.[87]

Selbst bei Gottsched, der die Rede vom Malen im Prinzip zu begrenzen wünscht, fällt da, wo der Nachahmungsbegriff eingeführt wird, ein Blick auf Malerei und Bildhauerkunst.[88] Ch. Batteux entwickelt in seiner Schrift ›Les Beaux Arts réduits à un même principe‹ von 1746, die – anders als der Titel vermuten läßt – auf die Poesie konzentriert ist und die anderen Künste nur zur Beleuchtung der Poesie heranzieht, die aristotelische Mimesis als das eine Prinzip, auf das sich alle Künste zurückführen lassen. »(...) la maxime d'Horace, ut Pictura Poesis, se trouva vérifiée (...): il se trouva que la Poesie étoit en tout une imitation, de même que la Peinture«.[89] Und wenn die Überlegungen hier auch von der Poesie ausgehen, weisen sie dennoch auf die antike Auffassung zurück, daß sich das, was Mimesis ist, deutlicher an der Malerei zeigt und deshalb ein Seitenblick auf sie die poetische Mimesis besser begreifen lehrt. »(...) le principe de l'imitation (...) s'applique presque de lui-même à la Peinture«:[90] »tromper les yeux par la ressemblance«, »nous faire croire que l'objet est réel, tandis que ce n'est qu'une image«.[91]

Auch nach der Jahrhundertmitte, als die Bedeutung des Nachahmungsbegriffs zunehmend durch die Kategorie des Schönen begrenzt wird, bleibt es üblich, die illusionierende Wirkung der Literatur im Vergleich mit der Bildenden Kunst zu erörtern, wenn nicht bei der Formulierung des Prinzipiellen, dann doch wenigstens bei seiner Erläuterung durch Beispiele. Ein herausragendes Beispiel dafür ist unser Ausgangspunkt, Lessings ›Laokoon‹,[92] aber es gilt nicht minder für einen Mendelssohn[93] oder Klopstock.[94] Goethe noch handelt die Probleme des mimetischen Illusionismus mit Vorliebe im Blick

---

[84] Ch. A. du Fresnoy, De arte graphica, 1667, hg. v. W. Mason, 1783, ND New York 1969; der Vergleich von Poesie und Malerei umfaßt die Verse 1–34
[85] Dryden, a.a.O., S. 128.
[86] Dryden, S. 136.
[87] S. 137.
[88] Gottsched, Critische Dichtkunst, S. 92, 98, 142.
[89] Batteux, S. 15.
[90] Batteux, S. 330.
[91] S. 332.
[92] Lessing, Laokoon, a.a.O., S. 100 u. S. 110. – Lessing folgt hier im wesentlichen Breitinger, Critische Dichtkunst I, S. 65.
[93] M. Mendelssohn, Von der Illusion, in: Lessing, Werke, hg. v. H. G. Göpfert, Bd. 4, München 1973, S. 835–836, hier S. 836.
[94] F. G. Klopstock, Von der Darstellung (1779), in: Klopstock, Ausgewählte Werke, hg. v. K. A. Schleiden, München 1962, S. 1031–1038, z. B. S. 1033.

auf Gegebenheiten der Bildenden Kunst ab,[95] und für die idealistische Ästhetik mit ihrer Kunstsystematik versteht sich der Vergleich von selbst.

Die Erneuerung des Mimesisgedankens als Kristallisationspunkt der neuzeitlichen Ästhetik

Wenn die Formel ut pictura poesis seit der frühen Aufklärung also auch in der Poetik wieder mit aller Entschiedenheit auf die aristotelische Kategorie der Mimesis bezogen wird; wenn man Poesie und Malerei nun vor allem darum wieder nebeneinander sieht, weil man sie beide gleichermaßen vom Gedanken des mimetischen Illusionismus her begreift, und wenn demgemäß die illusionierende Wirkung des Bilds erneut dazu herangezogen werden kann, die Illusion der Poesie zu erläutern, so erhält die alte Maxime damit eben den Sinn und eben die Funktion zurück, die sie in der Kunsttheorie der Antike gehabt hat, jene Bedeutung, die im 361. Vers der ›ars poetica‹ des Horaz nicht eigentlich ausgesprochen wird, die in ihm gleichsam nur aufleuchtet, freilich von jedem zeitgenössischen Leser verstanden worden sein dürfte. Es ist also keineswegs so, wie es seit der Kritik der Nachahmungspoetik in der späteren Aufklärung, etwa seit J. A. Schlegel,[96] immer wieder zu lesen ist und wie es selbst noch die Meinung A. Nivelles ist,[97] daß das Horazische ut pictura poesis hier »willkürlich ausgelegt« werde. Das kann nur behaupten, wer am allerunmittelbarsten Kontext des Verses klebt und nicht die weiteren textuellen und situativen Zusammenhänge mit bedenkt. Uns scheint es im Gegenteil so zu sein, daß ihm hier sein ursprünglicher Bedeutungshorizont zurückgewonnen wird, jedenfalls soweit das unter neuzeitlichen Bedingungen möglich ist.

Daß das ut pictura poesis wieder von der Mimesis her verstanden wird, impliziert, daß es nun nicht mehr auf die allegorische Bildlichkeit bezogen werden kann; daß seine Umdeutung im Sinne einer Literatur aus dem Geist und mit den Mitteln der Allegorese wieder rückgängig gemacht wird. Die Geschichte seiner Deutung und Umdeutung spiegelt damit exakt den Umbruch wider, der sich zwischen Humanismus und Aufklärung vollzieht: den Übergang von einer Literatur, die ihre Anschaulichkeit durch allegorische Bildlichkeit gewinnt, zu jener anderen, für die veranschaulichen illusionieren

---

95 Aufsätze wie ›Einfache Nachahmung der Natur, Manier, Stil‹, die Einleitung in die ›Propyläen‹, das Gespräch ›Über Wahrheit und Wahrscheinlichkeit der Kunstwerke‹, ›Der Sammler und die Seinigen‹ und die Anmerkungen zu Diderots Versuch über die Malerei beziehen sich alle im Grundsätzlichen wie in den Beispielen wesentlich auf die Bildende Kunst.
96 J. A. Schlegel, Anmerkung 1 zu seiner Übersetzung von Batteux, Einschränkung der schönen Künste, a.a.O., Bd. 1, S. 8.
97 A. Nivelle, Literarästhetik, a.a.O., S. 25.

heißt. Genauer gesagt, ist sie nur zum einem Teil sein Reflex und zu einem andern ein Moment, das diese Veränderung mit freisetzen hilft, wie die poetologische Theoriebildung ja fast immer sowohl Aufarbeitung als auch Motor der literarischen Entwicklung ist.

Der Wandel könnte gar nicht radikaler sein. Was allegorisch ist, kann nicht illusionieren, und was »ästhetisch illudiert« (Mendelssohn), kann keine allegorische Bedeutung haben. Den mimetischen Illusionismus konsequent zu entfalten, heißt darum, alle allegorischen Elemente konsequent zu tilgen. Insofern dem ganzen Komplex dessen, was wir Wort-Bild-Beziehungen nennen, noch im Humanismus die Allegorese zu Grunde lag, haben sie sich in ihren sämtlichen Aspekten neu zu formieren. Wie die Wort-Bild-Form des Emblems und alle ihr verwandten Formen nach und nach obsolet werden, wie der Austausch von Stoffen und Formen zwischen der Wort- und der Bildkunst, der sich mit aller Selbstverständlichkeit vollzog, solange sie sich als Aspekte allegorischer Zeichenhaftigkeit verstehen ließen, allmählich zum Problem wird, wie das Bild von den Möglichkeiten eines Redens mit den Mitteln der allegoretischen Ikonologie immer vorsichtiger, immer überlegter Gebrauch macht, so verschwindet die allegorische Sinnbildlichkeit nun auch nach und nach aus der Poesie. Mit der entschiedenen Wiedergewinnung der antiken Bedeutung des Prinzips ut pictura poesis wird all das gleichsam auf seinen gemeinsamen Nenner gebracht und weiter vorangetrieben.

Das ut pictura poesis erhält aber nicht nur seine ursprüngliche Bedeutung zurück – es nimmt nun auch die Funktion wieder ein, die es in der antiken Kunstreflexion innehat. Wie dort werden in der aufklärerischen Theorie die redenden und die bildenden Künste vom Mimesisbegriff aus zusammengeführt: beide Erscheinungen des Kulturlebens beruhen wesentlich auf dem »Nachahmen« und haben insofern als wesensverwandt zu gelten. Das ut pictura poesis wird damit zu einem, wenn nicht zu dem entscheidenden Kristallisationspunkt der modernen Ästhetik, verstanden als eine allgemeine Theorie aller Künste. Dieses Moment scheint der Wissenschaft bisher nicht hinreichend bewußt zu sein oder doch allzusehr im Schatten jener anderen Entwicklungslinie zu stehen, die über Baumgarten auf Wolff und Leibniz zurückführt und die die Ausbildung des modernen Begriffs des Schönen auf der Grundlage der Lehre von der »anschauenden Erkenntnis« bezeichnet.[98] Man hat sich wohl immer noch nicht recht klar gemacht, daß sich eine allge-

---

[98] Dargestellt etwa von A. Bäumler, Das Irrationalitätsproblem in der Ästhetik und Logik des 18. Jahrhunderts bis zur Kritik der Urteilskraft, a.a.O., und A. Nivelle, Kunst- und Dichtungstheorien zwischen Aufklärung und Klassik, a.a.O. – Zum Konzept der »anschauenden Erkenntnis« zuletzt H.-M. Schmidt, Sinnlichkeit und Verstand, Zur philosophischen und poetologischen Begründung von Erfahrung und Urteil in der deutschen Aufklärung, München 1982.

meine Theorie der verschiedenen Künste, wie sie die klassische Ästhetik umfaßt, allererst zu konstituieren hatte; daß es nicht immer schon so etwas wie eine allgemeine Kunsttheorie gab.[99]

Der Kristallisationspunkt einer solchen Theorie ist der Begriff der Mimesis, nicht der des Schönen; die Lehre von der »anschauenden Erkenntnis« dient nur dazu, die dergestalt konstituierte Theorie weiter auszuführen und zu substantiieren. Diese wichtige Funktion des ut pictura poesis zeichnet sich bei Dubos besonders deutlich ab. Bei ihm wird auch klar, daß sie gleichsam eine Medaille mit zwei Seiten ist. Mit dem systematischen Zusammenfassen kommt nämlich sofort auch ein systematisches Gegeneinanderabgrenzen der Künste in Gang; in eben dem Augenblick, in dem die Künste einander auf eine theoretisch prägnante, begrifflich griffige Weise zugeordnet werden, beginnt ein Vergleichen, das nach und nach zum konsequenten Entfalten ihrer Unterschiede führt. Es ist eben das schlüssige Zusammenfassen, das ein schlüssiges Gegeneinanderabgrenzen allererst möglich macht, und zugleich liegt in ihm auch ein gewichtiger Anstoß zu einem solchen abgrenzenden Gegenüberstellen der Künste.

Was dabei im einzelnen zur Sprache kommt, muß nicht unbedingt neu sein. Viele Gesichtspunkte finden sich bereits in den humanistischen Traktaten vom Wettstreit der Künste,[100] manche betreffen das Verhältnis von Wort und Bild überhaupt, jenseits allen historischen Wandels. Neu ist vor allem die Perspektive, in der sie systematisiert werden. Es ist eben die Frage, auf welche Weise die jeweilige Kunst Mimesis ist; was die Eigenart, die besonderen Möglichkeiten und die Grenzen ihres spezifischen mimetischen Illusionismus sind. Sie führt über verschiedene Stufen der Theoriebildung, für die die Namen Drydens, Dubos' und Breitingers stehen mögen, hin zur Position Lessings in seinem ›Laokoon‹.

Um diese Entwicklung nur mit wenigem anzudeuten, sei auf ein Wort hingewiesen, das sich von Leonardo bis Bellori findet: daß die redenden Künste der Malerei in eben dem Maße unterlegen seien, in dem die Kraft des Gesichtssinnes die des Worts übertreffe.[101] Hierin liegt ein entscheidender

---

99 Dazu P. O. Kristeller, Das moderne System der Künste, a.a.O., der klarstellt, »daß erst das 18. Jahrhundert theoretische Schriften hervorgebracht hat, in der die verschiedenen Künste miteinander verglichen und auf der Grundlage gemeinsamer Prinzipien diskutiert wurden« (S. 164), obgleich diese Diskussion natürlich »viele Momente enthält, die auf das Denken des Altertums, des Mittelalters und der Renaissance zurückgehen« (S. 165).
100 Um nur ein Beispiel zu nennen: Leonardo da Vinci, Libro di Pittura, it.-dt. Ausg. v. H. Ludwig, Wien 1882, Bd. 1, S. 2–59. Eine Reihe der einschlägigen Gesichtspunkte finden sich in M. Opitz' Gedicht »Über deß berühmbten Mahlers Herrn Bartholomei Strobels Kunstbuch«, in: Opitz, Weltliche Poemata, 1644, hg. v. E. Trunz, 2. Teil, Tübingen 1975, S. 43–44.

Ansatzpunkt dafür, die Künste von der Art ihrer illusionierenden Wirkung her gegeneinander abzugrenzen. Dementsprechend widmet Dubos der Frage, »ob die Gewalt der Mahlerey über die Menschen größer ist als die Gewalt der Poesie«, ein ganzes Kapitel seiner ›Réflexions‹.[102] Er bejaht die in der Kapitelüberschrift enthaltene These und begründet sie damit, daß das Auge grundsätzlich eine besondere Macht über die Seele habe und daß die Malerei, insofern sie sich natürlicher und nicht künstlicher Zeichen bediene wie die Poesie mit der Sprache, unmittelbarer auf die Einbildungskraft und damit auch auf die Affekte wirke.[103] Mit eben demselben Argument geht Breitinger von den Gemeinsamkeiten der beiden Künste zu ihren Unterschieden über.[104] Daß es auch bei Lessing noch seine Rolle spielt und insbesondere der Unterschied zwischen »natürlichen« und »künstlichen« Zeichen bei ihm große Bedeutung besitzt,[105] ist bekannt.

Diesem Nachteil der Poesie wird nun vor allem der Vorzug gegenübergestellt, daß sie einen weiter bemessenen Gegenstandsbereich habe. Während der Maler auf das beschränkt ist, was sichtbar ist bzw. sichtbar gemacht werden kann, kann der Dichter auch das darstellen, was nicht sichtbar ist:[106] das innere Leben des Menschen, seine Gedanken und Gefühle,[107] überhaupt »alles, was den Geist, die Bewegung und die Schnelligkeit anbelanget«;[108] Lessing wird hiervon auf der Grundlage des voll ausgebildeten Fiktionalitätsbewußtseins vor allem die Handlung hervorheben.[109] Weitere Gesichtspunkte, mit denen die Gegenüberstellung ausgeführt wird, sind zum Beispiel die, daß die Malerei die zu erweckenden Vorstellungen als Vorstellungen, die Poesie hingegen das, was jeweils mit ihnen gemeint ist, deutlicher machen kann[110] und daß die Malerei nur einen einzigen Augenblick einer Handlung

---

[101] Dryden, Parallel, a.a.O., S. 123.
[102] Dubos I, Kap. 40.
[103] Dubos I, S. 367–369. – Anders Addison: »Words, when well chosen, have so great a Force in them, that a Description often gives us more lively Ideas than the Sight of Things themselves. (...) The Reason, probably, may be, because in the Survey of any Object we have only so much painted on the Imagination, as comes in at the Eye; but in its Description, the Poet gives as free a View of it as he pleases, and discovers to us several Parts, that either we did not attend to, or that lay out of our Sight when we first beheld it« (Spectator III, S. 560–561): der Dichter hat die Aufmerksamkeit des Lesers besser im Griff und kann deshalb stärkere Wirkungen erzeugen.
[104] Breitinger, Critische Dichtkunst I, S. 15 u. 20.
[105] Lessing, Laokoon, a.a.O., S. 102–103.
[106] Breitinger, Critische Dichtkunst I, S. 19.
[107] Dubos I, S. 79.
[108] Breitinger, Critische Dichtkunst I, S. 17.
[109] Lessing, Laokoon, S. 68, 70, 102ff. u. ö.
[110] Dubos I, S. 80; Breitinger, Crit. Dichtkunst I, S. 22 u. 27.

zu geben vermag, freilich auf eine äußerst vielschichtige Weise;[111] der Poet sähe sich um einer solchen Vielschichtigkeit willen zu umständlichen Auseinandersetzungen genötigt.[112] Auch damit sind zentrale Gesichtspunkte Lessings benannt.

Läßt man die Theorien der genannten Autoren noch einmal in chronologischer Reihenfolge Revue passieren, so sieht man auf den ersten Blick, daß, nachdem das Prinzip des mimetischen Illusionismus einmal als gemeinschaftliche Grundlage aller Künste etabliert ist, bald mehr von ihren Unterschieden als von ihren Gemeinsamkeiten die Rede ist. Daß sich Malerei und Poesie auf diese Weise auseinanderentwickeln, ist die unvermeidliche Folge der Aufwertung des Elements der Anschauung, wie sie mit dem Prinzip des mimetischen Illusionismus verbunden ist und wie sie in dem Namen zum Ausdruck kommt, den die neue allgemeine Kunsttheorie erhält: Ästhetik. Was an Anschauung beigebracht, was an anschaulichen Vorstellungen erweckt wird, soll nicht mehr wie auf der Grundlage der Allegorese bloß Zeichen sein, bloße Durchgangsstation auf dem Weg des Verstehens zum Zeichensinn, also etwas, das in eben dem Maße seine Eigenbedeutung verliert, in dem der hinter ihm stehende Sinn realisiert wird, und das allenfalls als Merkfigur eine gewisse Bedeutung behält. Vielmehr soll ihm nun als Anschauung, als anschauliche Vorstellung eine eigene Konsistenz zukommen, ein Eigengewicht, das ihm in jeder Phase der Rezeption erhalten bleibt. Wenn das oberste Ziel der Kunst nicht mehr in einem docere cum delectatione, sondern darin gesehen wird, die Einbildungskraft zu ergötzen, dann werden die jeweils erweckten »Einbildungen« in gewisser Weise zur letzten Instanz des künstlerischen Prozesses und können und sollen nicht mehr in ein Begreifen aufgelöst werden. Und auch wenn daran noch weitergehende Zielsetzungen wie moralische Belehrung, anschauendes Erkennen und die Erregung von Affekten angeknüpft werden, so bleiben diese doch grundsätzlich auf die einmal hingestellte anschauliche Gestalt rückbezogen, die sie bloß auslegend umkreisen. Das heißt natürlich nicht, daß die anschaulichen Gestalten schon in der Aufklärung nicht mehr als grundsätzlich transparent auf einen begrifflich faßbaren Sinn gedacht würden. Ein solches Transparentsein auf Sinn hin ist ihnen nach wie vor und mit aller Selbstverständlichkeit wesentlich. Wo in der Nachfolge Ch. Wolffs von anschauender Erkenntnis die Rede ist wie bei J. A. Schlegel, Mendelssohn und Lessing, geht man zunächst noch davon aus, daß dieser Sinn prinzipiell rational aufklärbar sei – nur soll das nun nicht mehr

---

[111] Dryden, Parallel, S. 131–132; Dubos I, S. 87–88; D. Diderot, Brief über die Taubstummen, 1751, in: Diderot, Ästhetische Schriften, hg. v. F. Bassenge, Frankfurt 1968, Bd. 1, S. 27–97, hier S. 64.
[112] Dubos I, S. 87–88 u. 372; Breitinger, Crit. Dichtkunst I, S. 21; Diderot, Brief über die Taubstummen, a.a.O., S. 48.

innerhalb der Kunst, innerhalb des Kunstwerks selbst geschehen. Seit Herder soll dann auch dies nicht mehr gelten,[113] aber damit wird die Wirklichkeit, wie sie die Sinne in Erfahrung bringen, keineswegs schon als wesentlich opak gesetzt wie später in der Moderne; es wird immer noch an einem Sinn in und hinter der anschaulichen Gestalt festgehalten, auch wenn er jetzt nur noch zu »ahnden« und spekulativ einzukreisen ist. Für die Anschauung bedeutet das freilich einen weiteren bedeutsamen Zugewinn an Eigengewicht.

Wenn dem Element der Anschauung auf solche Weise eine neue Konsistenz und Eigenbedeutung zuwachsen, dann muß die unterschiedliche Art und Weise, wie die verschiedenen Künste die Anschauung ins Spiel bringen, ihr unterschiedlicher Zugang zur Anschauung von ihrer jeweiligen sinnenfälligen Grundlage her, immer bedeutsamer werden. Es ist keine quantité négligeable mehr, ob die Anschauung tatsächlich als Anschauung gegeben oder ob sie mit den Mitteln des Veranschaulichens eingebracht wird, ob sie also im Bild oder in anschaulicher Rede zur Geltung gebracht wird. Die sinnliche Gestalt, die dabei jeweils entsteht, soll ja im Bewußtsein des Rezipienten nicht wieder »durchgestrichen« werden, sondern als sie selbst mitsamt der Illusionierung, die ihr zugehört, stehenbleiben. Insofern muß der unterschiedliche Zugang von Malerei und Poesie zur Anschauung als Grundlage ihrer je eigenen Mimesis immer gewichtiger werden.

Der Zusammenhang zwischen der Durchsetzung des mimetischen Illusionismus, der Kritik an der Allegorie und der Abgrenzung der Künste

Es hat sich gezeigt, daß die Ausbildung einer mimetisch-illusionistischen Kunst mit der Auflösung all der Formen einhergeht, die auf der Allegorese beruhen, und daß sie nicht minder eng mit der Rückführung einer jeden Kunst auf ihre ureigensten Möglichkeiten verbunden ist, wie sie ihr von ihrer jeweiligen Zeichengrundlage her gegeben sind. Die Position des mimetischen Illusionismus ist die Negation der Allegorie: die Anschauung aufzuwerten, bedeutet alle Formen zurückzuweisen, die Anschauung nur geben, um sie sogleich wieder aufzuheben. Es heißt zugleich, die unterschiedlichen Möglichkeiten mit aller Schärfe herauszuarbeiten, die die verschiedenen Künste haben, um Anschauung zu geben.

Diese Erkenntnis ist von großer methodischer Bedeutung. Denn in der poetologischen Diskussion wird das, was überwunden und ferngehalten werden soll, oft deutlicher bezeichnet als das, worauf das neue Kunstwollen abzielt. Dementsprechend ist festzuhalten: wo immer in der Kunstdebatte der Aufklärung Erscheinungen kritisiert werden, die in der Allegorese grün-

---

[113] J. G. Herder, Von Baumgartens Denkart in seinen Schriften, in: Herder, Sämtliche Werke, hg. v. B. Suphan, Bd. 32, Berlin 1899, S. 178–192, etwa S. 185ff.

den, sei es daß eine Neuformulierung und Neubegründung des Allegoriebegriffs versucht oder daß das, was jeweils allegorisch heißt, gänzlich verworfen wird, und wo immer die Möglichkeiten einer Kunst gegen die einer anderen abgegrenzt werden, da geht es auch darum, den mimetischen Illusionismus durchzusetzen. Für die Literaturgeschichte bedeutet das, daß sich die Entfaltung des mimetischen Illusionismus in den kritischen Diskussionen der Aufklärung nicht nur direkt, in der Formulierung neuer poetologischer Prinzipien und in deren Bewährung in allen Belangen des literarischen Lebens, sondern auch indirekt in der kritischen Auseinandersetzung mit den tradierten allegorischen Formen und in der Abgrenzung der literarischen Mimesis gegen die bildnerische Mimesis bezeugt.

Die Literaturgeschichtsschreibung hat somit nicht nur nach den neuen poetologischen Prinzipien zu fragen, wie sie sich um den Begriff der Naturnachahmung kristallisieren, nach den Reflexionen, die sich an konkrete Erscheinungen des literarischen Illusionismus wie das Vergnügen an tragischen Gegenständen, die sonderbare Entrückung des Romanlesers, die Wirkung des Wunderbaren beim Epos, die Entfesselung der Gefühle durch die Ode, die Möglichkeiten des Beschreibens und des metaphorischen Sprechens anknüpfen. Sie hat nicht weniger aufmerksam die kritische Auflösung all der Elemente zu beobachten, die auf der Allegorese beruhen; hier ist etwa an die Kritik allegorischer Bühnenfiguren zu denken, an die Ridikülisierung des fabula docet, an die Kritik des Schwulstes, die im Kern nichts anderes als Kritik an allegorischer Bildlichkeit ist, an die Ablehnung von »unwahrscheinlichen« Charakteren, nämlich von Tugend- und Lasterexempeln, und an die Abweisung »unnatürlicher« Dialoge. Denn als das Maß solcher Kritik erkennt sie stets das der anschaulichen Plausibilität und damit der Möglichkeit einer mimetischen Illusionierung. Und schließlich hat sie der Tatsache Rechnung zu tragen, daß auch die Abgrenzung der Literatur von den anderen Künsten, wie sie Lessing in seinem ›Laokoon‹ versucht, zu den indirekten Mitteln einer Konturierung des mimetischen Illusionismus zählt. Denn in deren Mittelpunkt steht die Frage, bei welcher Seite, bei welchem Aspekt die Literatur ihre Gegenstände im Gegensatz zu Malerei und Skulptur ergreifen muß, wenn sie illusionieren können soll.

Diese wiederum ist auf vielfältige Weise mit der Auflösung der Allegorese verbunden. Wenn Poesie und Malerei zunächst den Kosmos der allegorischen Zeichen gemein haben, so teilen sie später dann auch dessen Zersetzung und Umformung – aber nur im Prinzip, nicht im einzelnen. In den Prozeß der Auflösung spielen nämlich je länger je mehr die Bedürfnisse und Möglichkeiten der einzelnen Künste hinein, wie sie nach und nach herausgearbeitet werden. Während zum Beispiel im Drama bei der Entwicklung vom barocken zum bürgerlichen Trauerspiel alles Allegorische im Sinne der neuen Mitleidsdramaturgie von der Bühne verdrängt wird, wird es in der Malerei als

Mittel zur Sichtbarmachung von Unsichtbarem weiterhin kultiviert, wobei es sich allerdings an sich selbst erheblich verändern und zu einem rational handhabbaren Instrumentarium werden muß.

Wo immer versucht wird, den mimetischen Illusionismus der Literatur zu fassen und durchsetzen zu helfen, da greifen die Argumente, die direkt auf ihn ausgehen, und die, die ihn indirekt anzielen, die positiven und die negativen, vielfältig ineinander. Freilich haben sie in der Geschichte seiner Entfaltung jeweils einen wechselnden Stellenwert. Der Beginn der Entwicklung ist mehr von dem Gegensatz von Allegorese und mimetischem Illusionismus beherrscht, die Schlußphase mehr von dem von literarischem und bildnerischem Illusionismus.

Mimetischer Illusionismus und Auflösung der Allegorese auf dem Theater

Das erste, worin sich das Prinzip des mimetischen Illusionismus in der Literatur ankündigt, ist ein Unbehagen gegenüber bestimmten besonders massiven Manifestationen der Allegorese. Hier ist etwa an die Prosopopöe oder Personifikation zu denken, die ja auch heute noch im allgemeinen Bewußtsein das Paradebeispiel für die Allegorie ist, wenn sie nicht überhaupt mit ihr identifiziert wird. Es liegt auf der Hand, daß solch allegorisches Personal als erstes Anstoß erregen muß, wenn sich der Gedanke des mimetischen Illusionismus durchzusetzen beginnt, eher als zum Beispiel allegorische Handlungszüge oder Metaphern, und daß dies zuerst auf dem Theater geschehen muß, das mit der handfestesten Form der Illusionierung konfrontiert. Solange die Figur des Aeneas selbst als Allegorie der Seele auf ihrem Weg durch die Prüfungen dieser Welt gilt, wird sich seine Begegnung mit der Fama als Person im Bewußtsein des Lesers nahtlos in das Ganze der Dichtung einfügen – in dem Augenblick aber, in dem jener sensus allegoricus für ihn deutlich hinter dem sensus historicus zurücktritt, muß die personifizierte Fama zum Problem werden, und man wird versuchen, das Störende mit Argumenten wie historisch-psychologischen Gründen auszuräumen. Daß sich das Problem bei einer theatralischen Vergegenwärtigung der Szene besonders drastisch darstellen müßte, wird man sich unschwer vorstellen können.

Schon Jakob Masen, der bedeutende Theoretiker und Praktiker des Jesuitentheaters, mahnt zur Zurückhaltung im Umgang mit allegorischem Personal: »In fingendo imperitorum fere vitium est, qui passim Virtutum Scelerumque fictas personas inducunt (...). Nam & fictis his personis verisimilitudinem, quae ubique fingenti spectanda est, praepostero conatu destruimus, & vim praecipuam Affectuum, quae in agendo dominari debet, elidimus.«[114]

---

[114] Zitiert nach A. Ch. Rotth, Vollständige Deutsche Poesie, a.a.O., Bd. 3, S. 35.

Hier wird also bereits die Kategorie der Wahrscheinlichkeit um der anzustrebenden Wirkung auf die Affekte willen gegen allegorische Elemente ins Feld geführt. Davon ist in der deutschsprachigen Poetik des Barock noch nichts zu lesen. Harsdoerffer etwa nennt keine Gründe, warum die »Personbildung«, »welche die Mahlerey und Poeterey meisterlich vergesellschafftet«, nicht »bey aller Begebenheit beygerücket« werden sollte.[115] Der Unterschied mag darin begründet sein, daß Masen als Praktiker des geistlichen Dramas mehr mit jenen spätmittelalterlichen Traditionen zu tun hat, in denen allegorisches Personal allgegenwärtig ist, während die humanistische Poetik das antike Drama im Auge hat, von dem her sich das Problem nicht mit demselben Nachdruck stellt. A. Ch. Rotth immerhin zitiert Masen in einer langen Anmerkung,[116] die aber wohl mehr von Verwunderung als von Verständnis geprägt ist; jedenfalls sind ihm innerhalb des Zitats jene Stellen am wichtigsten, in denen auch Masen immer noch Möglichkeiten für »Person-Bilder« sieht.

Selbstverständlich geht es Masen noch nicht um den mimetischen Illusionismus, den erst die Aufklärung etablieren wird. Die Illusion, auf die er abzielt, ist eine des bloßen Beiwohnens und nicht des Sich-Einlebens, eine äußerliche, nicht ins Innere reichende, die die Affektwirkung nicht durch Einfühlung, sondern durch Verwunderung und Überwältigung vermitteln will. Aber auch so handelt es sich natürlich um einen Illusionismus, und es ist hinzuzufügen, daß er in dem hier angedeuteten Sinne geradezu eines der wichtigsten Anliegen der Kunst des 17. Jahrhunderts ist.[117] Ob man an das Jesuitentheater oder die Innenausstattung der Jesuitenkirche denkt, ob an die Repräsentationsbauten des Fürstenstaats oder die fürstliche Oper – überall spielt die Ausarbeitung reicher und zwingender illusionistischer Wirkungen eine wichtige Rolle.

Zugleich sind diese Bereiche der Kunst aber auch Schauplatz der letzten großen Entfaltung des mundus symbolicus der Allegorese. Und obwohl hier noch keineswegs von einem grundsätzlichen Gegensatz von Illusionismus und Allegorese die Rede sein kann, wie er sich erst einstellt, wenn der Illusionismus mit dem Gedanken des Einlebens und Einfühlens verbunden ist; obwohl die illusionistische Ausbreitung der Sinnenwelt und die Entwicklung allegorischer Bedeutsamkeit noch in der Figur des »als« zusammengehen können, ist doch auch hier stets um einen Ausgleich des einen mit dem andern zu ringen. Davon zeugen eben die Überlegungen Masens zum allegorischen Personal. Ein solches Mittel, das auf besonders massive Weise zur

---

[115] Harsdoerffer, Trichter III, Vorrede, 12. u. 13. Seite.
[116] Rotth, Vollständige Deutsche Poesie III, S. 35.
[117] Hierzu etwa R. Alewyn, Das große Welttheater, in: R. Alewyn, K. Sälzle, Das große Welttheater, Hamburg 1959, S. 9–70, S. 39ff.: Perspektive und Illusion.

Ebene des allegorischen Sinnes hinüberleitet, darf nicht so eingesetzt werden, daß es das Sich-Konstituieren des sensus historicus in der Illusion störte. Die Historie muß immer im Mittelpunkt und das allegorische Personal deutlich daneben stehen, wenn natürlich auch so, daß es in der gewünschten Weise auf die Historie bezogen werden kann. Darum müssen die allegorischen Personen auf eine von den anderen Personen deutlich abgehobene Art in das Bild eingehen, als Figuren in antikischer Nacktheit und in »unrealistischer« Plazierung, etwa schwebend oder auf einer Wolke sitzend. Und darum erhalten sie im Theater des Barock meist eine auf die Prologe und »Reyen« beschränkte Funktion, durch die die eigentliche Szenenfolge vorgängig oder nachträglich durchleuchtet und überhöht wird. Auf diese Weise läßt sich hier ein Ausgleich zwischen Allegorese und Illusionismus finden.

Innerhalb der Literatur wird die allegorische Person offenbar zuerst im Drama zum Problem. In einem Epos ist sie als Personifikation zunächst nur eine rhetorische Figur, eine Weise des Redens, und es kann in der Schwebe bleiben, inwieweit sich mit ihr die Anschauung einer Person verbindet. Ihre begriffliche Bedeutung vermag bei einem reinen Text ganz in den Vordergrund zu treten, so daß die Vorstellung an ihr keinen Anstoß zu nehmen braucht. Das Theater hingegen hat eine Personifikation als Person aus Fleisch und Blut auf die Bühne zu stellen, so wie sie die Malerei als menschliche Figur auf die Leinwand bringt, und der Rezipient muß zusehen, wie er sie als wirkliche Anschauung verkraften kann. Das spiegelt sich noch bei Dubos, in einer Phase bereits weit fortgeschrittener Allegoriekritik, darin wider, daß für die Epik noch manche Möglichkeit für allegorische Personen gesehen wird – die Fama der Vergilschen Aeneis scheint noch immer akzeptabel[118] –, während sie für das Drama schon grundsätzlich abgelehnt werden.[119]

Die Kategorie des Illusionismus gewinnt in der Literatur eben zuerst für die Wort-Bild-Form des Theaters an Kontur. Der entscheidende Kristallisationspunkt dieses theatralischen Illusionismus ist der Gedanke der Guckkastenbühne. Er bedeutet, wie beim Theater des Palladio in Vicenza mit seinen perspektivisch verkürzten Kulissen mit Händen zu greifen, daß der Gedanke der Perspektive von der Malerei auf den Bühnenraum übertragen wird. Das wiederum heißt, daß der Zuschauer gleichsam in eine Schlüssellochperspektive versetzt wird, aus der er einem quasi-wirklichen Geschehen folgt. Alle Veränderungen des Theaters, die sich, durch den neuerlichen Blick auf die Poetik des Aristoteles und die antike Tragödie bestärkt, im 17. Jahrhundert vollziehen, sind die notwendige Folge des mit der Guckkastenbühne etablierten Illusionsgedankens und ohne ihn überhaupt nicht zu verstehen. Das gilt für den Abbau revueartiger Auftrittsformen ebenso wie für die Reduktion

---
[118] Dubos I, S. 201f.
[119] Ebenda, S. 202ff.

des Personals, für die Einheit des Orts und der Zeit ebenso wie für die der Handlung, für die Entwicklung der Kategorie der Situation ebenso wie für die des Charakters und für die Umwandlung der Personenrede in einen (scheinbaren) Dialog. Die Forderung der anschaulichen Plausibilität muß auf der Guckkastenbühne notwendig die Oberhand über diejenigen Formen gewinnen, die sich nur aus ihrer Ausrichtung auf die Dimension der allegorischen Bedeutung verstehen lassen. Und so lange es auch dauern mag, bis sich alle diese Veränderungen durchgesetzt haben,[120] – »daß die Vollkommenheit eines Schauspiels in der so genauen Nachahmung einer Handlung bestehet, daß der ohne Unterbrechung betrogne Zuschauer bei der Handlung selbst gegenwärtig zu sein glaubt«, wie Lessing am Ende dieser Entwicklung in Worten Diderots formuliert,[121] liegt von Anfang an im Gedanken der Guckkastenbühne beschlossen.

Im vorliegenden Zusammenhang ist nun jene Wendung und Zuspitzung des theatralischen Illusionismus von besonderem Interesse, durch die das Prinzip, sich mit den handelnden Personen zu identifizieren, sich in sie einzufühlen und in die Handlungsproblematik einzuleben, in ihn hineingetragen wird. Denn damit tritt der Illusionismus in radikalen Gegensatz zu allem, was aus der Allegorese kommt, während er sich vorher mit ihm noch in eine gewisse Balance zu setzen vermochte. War das allegorische Personal zunächst lediglich in das Ghetto der Vor- und Zwischenspiele verbannt, so muß es nun gänzlich vom Theater vertrieben werden. Denn jede Person, die die Bühne betritt, ist jetzt primär Gegenstand möglicher Einfühlung. Allegorien »sind auf der Schaubühne nicht (mehr) am rechten Orte. (...) Unser Herz (!) verlangt nach Wahrheit, selbst in der Erdichtung; und wenn man ihm eine allegorische Handlung darstellt, so kann es sich, so zu reden, nicht entschließen, sich in die Empfindungen dieser chimaerischen Person zu setzen (!). Es betrachtet sie als Sinnbilder und Rätzel, worinnen Sittensprüche und satyrische Züge eingehüllt liegen, die ein Werk des Verstandes sind. Nun würde uns kein Schauspiel, das nur mit unserm Verstande redete, solange aufmerksam erhalten, als es dauert (...). (...) eine chimärische Handlung erfinden, und Personen von eben der Art, als die Handlung, erschaffen, das heißt mehr ein Betrüger als ein Dichter seyn« (Dubos).[122] Wo ein Theaterstück zu rezipieren zunächst und vor allem heißt, sich in die Empfindungen der auftretenden Personen zu versetzen, da ist für allegorische Personen kein Platz mehr.

---

[120] Die Entwicklung der »Perspektivbühne« setzt ja bereits zu Beginn des 16. Jahrhunderts ein: H. Zielske, Die Anfänge des Renaissance-Theaters in Italien, in: Propyläen Geschichte der Literatur, Bd. 3, Berlin 1984, S. 121–130, hier S. 127ff.
[121] Lessing, Hamburgische Dramaturgie, in: Lessing, Werke, hg. v. H. G. Göpfert, Bd. 4, München 1973, S. 229–707, hier S. 623.
[122] Dubos I, S. 203–204.

Übrigens ist die Geschichte des allegorischen Personals in der Wort- und Bildkunst des 17. und 18. Jahrhunderts noch komplizierter, als es diese wenigen Hinweise erkennen lassen. Das liegt vor allem an ihrer Verwandtschaft mit dem, was auf dem Theater »Maschinen« genannt wird, mit Götter- und Geistererscheinungen. In der Tradition der hellenistischen Theologie werden die antiken Götter bekanntlich als Personifikationen aufgefaßt: Jupiter steht für Allmacht, Minerva für Weisheit. Und umgekehrt läßt sich das Repertoire der gebräuchlichsten Personifikationen weitgehend auf antike Gottheiten zurückführen. Solange die Grundlage der Allegorese noch unangefochten ist, kann ein Harsdoerffer dem Maler wie dem Poeten empfehlen, sich da, wo die Alten heidnische Götter haben, der Prosopopöe zu bedienen, weil das theologisch unverfänglich sei.[123] Nachdem die allegorische Person auf dem Theater zum Problem geworden ist, kann dann ein Gottsched den umgekehrten Weg gehen und versuchen, die allegorische Person als Maschine zu retten, als antike Gottheit, die als ein wahrscheinliches Wunderbares, nämlich als eine einst geglaubte und so beglaubigte Gottheit in die Handlung eingreift.[124] Das bleibt jedoch eine bloße Position des Übergangs: bis zu Lessing werden derartige Maschinen auf dem Theater ebenso indiskutabel wie allegorische Personen.

Das Kunstmittel der Personifikation ist ein besonders auffälliges Beispiel für jene allegorischen Formen, die dem mimetischen Illusionismus weichen müssen. Daneben erstreckt sich ein breites Feld von bald ähnlich handfesten, bald sehr viel subtileren Erscheinungen bis hin zu stilistischen Einzelfragen. Ihre kritische Auflösung ist von der Literaturgeschichte oft und oft dargestellt worden. Dabei ging es ihr freilich meist nur darum, die Vorgeschichte der deutschen Klassik zu schreiben. Zumal die ältere Forschung war so darauf ausgerichtet, das allmähliche Sich-Formieren der klassischen Doktrin zu demonstrieren, daß die Eigenart der dabei abgelösten älteren Literatur gar nicht in ihren Blick treten konnte. Die Entwicklung des 18. Jahrhunderts konnte sich ihr so nur als der Weg von schlechter zu guter Literatur darstellen. Aber noch ein Werk wie Lessings ›Hamburgische Dramaturgie‹ ist mit seinen verschiedenen Kritiken und Polemiken nur dann recht zu würdigen, wenn man sich nicht nur die von Lessing verfochtene Norm, den Gedanken, daß »der dramatische Dichter« »uns täuschen, und durch die Täuschung rühren« will,[125] sondern auch das Gemeinschaftliche dessen klar macht, wogegen er sie ins Feld führt. Und das sind eben zum größten Teil die Über-

---

[123] Harsdoerffer, Trichter III, Vorrede, 12. Seite.
[124] Gottsched, Critische Dichtkunst, S. 624; vgl. S. 502. – Ähnliches erklärt z. B. Dubos I, S. 180, für die Malerei: »Nun aber dürfen allegorische Personen (...) in historischen Gemählden nur als historische Personen vorkommen«.
[125] Lessing, Hamburgische Dramaturgie, a.a.O., S. 282.

bleibsel einer auf der Allegorese beruhenden Literaturkonzeption. Mit großer Akribie und Subtilität werden sie dem neuen Maßstab unterworfen. Allerdings wird sich Lessing ihrer Herkunft und ursprünglichen Bedeutung meist schon gar nicht mehr bewußt.

So gehört zum Beispiel die Diskussion über die sogenannten drei Einheiten des Dramas durchaus in das Spannungsfeld von Illusionismus und Allegorese. Wenn mit der Forderung der drei Einheiten die »Wahrscheinlichkeit« der Handlung sichergestellt werden soll, so soll damit der Illusionismus auf der Bühne etabliert werden. Das Theater, dem dieser Illusionismus abgerungen werden soll, ist aber eben ein Theater, das noch ganz in den Traditionen der Allegorie steht. In ihm konnten die Kategorien der Handlung, der Zeit und des Orts ganz anders gehandhabt werden, als dies nun angezeigt ist. Bei Gottsched wird diese Frontstellung noch ganz deutlich. Er erläutert die Lehre von den drei Einheiten an dem Negativbeispiel einer Schulkomödie, »wo der ganze Inhalt der Aeneis Virgils, und Luthers Reformation zugleich vorgestellet wurde. In einem Auftritte war ein Trojaner; in der andern (!) der Ablaßkrämer Tetzel zu sehen. Bald handelte Aeneas von der Stiftung des römischen Reichs; bald kam Lutherus und reinigte die Kirche. Bald war Dido, bald die babylonische Hure zu sehen usw. Und diese beyden so verschiedenen Handlungen hingen nicht anders zusammen, als durch eine lustige Person, Momus genannt, die zwischen solchen Vorstellungen auftrat, und z. E. den auf der See bestürmten Aeneas, mit dem in Gefahr schwebenden Kirchenschifflein verglich«.[126] Hier haben wir es offensichtlich mit dem späten Beispiel einer durch und durch allegorischen Theaterkonzeption zu tun. Die Historie des Aeneas wird in allegorischer Auslegung zum typologischen Pendant der Reformationsgeschichte. Gottsched hat daran im Sinne der neuen, mimetisch-illusionistischen Theaterkonzeption zu kritisieren, daß »zwey so verschiedene Dinge zugleich gespielet werden«,[127] daß Handlungen aus einem Zeitraum von »zwey bis drittehalb tausend Jahren«, nämlich »von dem Urtheile des Paris über die drey Göttinnen« »bis auf die Glaubensverbesserung durch Luther«, auf die Bühne gebracht werden[128] und daß der Schauplatz »bald in Asien die Stadt Troja, bald die ungestüme See, darauf Aeneas schiffet, bald Karthago, bald Italien vorstellete«. Denn »das sind lauter Fehler wider die Wahrscheinlichkeit«.[129] Ein Sich-Einleben in ein nachgeahmtes Geschehen, ein Aufgehen in einer illusionierten Welt ist so in der Tat ausgeschlossen.

Ein weiteres gewichtiges Beispiel ist die Forderung des »mittleren Helden«, wie sie zuletzt etwa im Briefwechsel von Lessing, Mendelssohn und

---

[126] Gottsched, Critische Dichtkunst, S. 613–614.
[127] Ebenda, S. 614. [128] S. 615. [129] S. 616.

Nicolai formuliert wird. Dieses im Rückgriff auf Aristoteles entwickelte Postulat ist deutlich gegen den Helden als Tugendexempel gerichtet und damit gegen ein Theater, das historisch beglaubigte Tugendmuster in ihrer ganzen unerreichbaren Vorbildlichkeit auf die Bühne stellt, weniger um sie unmittelbar der Nachahmung zu empfehlen als um die Bedeutung des in ihnen gegebenen göttlichen Zeichens auslegend darzustellen. An ihrer ehernen constantia muß ja jeder Versuch einfühlsamen Mitgehens und sich identifizierenden Einlebens zerschellen. Ein Theater des Einlebens und der Einfühlung muß also einen anderen Helden kreieren. Wie der mittlere Held gegen das Tugendexempel, so erscheint die gesamte Konzeption des »bürgerlichen Trauerspiels« gegen die des heroischen bzw. des christlichen Trauerspiels gestellt. Es ist die erste konsequente Realisation eines Theaters des mimetischen Illusionismus, und das heißt, die erste Form von Theater, die sich vollständig von den Traditionen der Allegorese gelöst hat; die nur noch die eine Wahrheit der allgemeinen Menschennatur kennt und anerkennt, nur auf sie ausgerichtet ist.[130]

Bei Lessing ist dann ein Punkt erreicht, an dem die Traditionen der Allegorese weitgehend abgerissen sind. In keiner Weise wird hier mehr um sie gewußt, kein Phänomen kann mehr in ihrem Sinne verstanden werden. Was irgend auf sie zurückverweist, gilt als schlechte Gewohnheit, Aberglaube und Zeichen mangelnder Bildung. In einem gewissen Sinne entspringt der durch die Aufklärung etablierte und seither gültige Begriff der Allegorie geradezu dem Nichtmehrverstehen der Allegorese; darauf wird noch einzugehen sein. Wie weit dieses Unverständnis fortgeschritten ist, erhellt zum Beispiel schlaglichtartig aus einem Voltaire-Zitat in Lessings Hamburgischer Dramaturgie und aus der Art und Weise, wie Lessing sich mit ihm auseinandersetzt. Voltaire kritisiert hier als eine »gar nicht vernünftige Gewohnheit« der Engländer, »daß jeder Akt mit Versen beschlossen werden mußte«, die »notwendig (...) eine Vergleichung (!) enthalten (mußten)«. »Phädra, indem sie abgeht, vergleicht sich sehr poetisch mit einem Rehe, Cato mit einem Felsen, und Cleopatra mit Kindern, die so lange weinen, bis sie einschlafen«.[131] Die Erkenntnis, »daß die Leidenschaft ihre wahre Sprache führen, und der Poet sich überall verbergen müsse, um uns nur den Helden erkennen zu lassen«,[132] hat dazu geführt, daß »dieser Gebrauch abgeschafft« worden ist, was Voltaire als Fortschritt begrüßt. Es ist ganz offensichtlich, daß hier auf die meist hochbedeutsamen Aktschlüsse des älteren Trauerspiels gezielt wird, in denen der Exempelcharakter des Helden und der allegorische Gehalt der Historie auf ihren Nenner gebracht werden. Daß Voltaire dies als eine Gewohnheit der

---

130 S. hierzu z. B. Lessing, Hamburgische Dramaturgie, a.a.O., S. 294f.
131 Lessing, Hamburgische Dramaturgie, S. 301–302.
132 Ebenda, S. 302.

Engländer einstuft und Lessing nichts anderes zu tun hat, als das mit englischen Beispielen zu bestreiten, bezeugt, wie weit bei dem einen wie bei dem andern das Nichtverstehen von Formen fortgeschritten ist, die auf der Allegorese beruhen.

Als ein letztes Beispiel aus dem Bereich des Dramas sei hier die sprachliche Gestaltung des Dialogs angeführt. Das mimetisch-illusionistische Theater verlangt einen Dialog, der sich als Austausch und Ausdruck der fiktiven Personen auf der Bühne konstituiert, der also nicht direkt an das Publikum gerichtet scheint und von ihm sozusagen nur belauscht wird. Dieser neuartige Dialog formiert sich in der kritischen Auflösung älterer, nicht illusionistischer Formen, die die Rede der Personen primär von ihrer Beziehung zum Publikum her konzipierten und nicht so sehr von der Beziehung der Personen untereinander aus.[133] Was die einzelnen Personen vorzutragen hatten, war in erster Linie an das Publikum gerichtet, ihre Wechselrede dialektische Demonstration vor dem Publikum. Die Gestaltung eines solchen Redens oblag naturgemäß Rhetorik und Dialektik, und es bot insbesondere auch viel Raum für eine allegorische Bildlichkeit, mit deren Hilfe der sensus allegoricus des Bühnengeschehens modelliert werden konnte.

Eben hiergegen richtet sich Gottscheds Kritik, wenn er Lohenstein wie Corneille und Racine vorhält, seine Personen drückten »niemals den Affect recht natürlich aus«: »da sie im Schmerze aufhören sollten, auf Stelzen zu gehen, so bleiben sie unverändert bey ihren scharfsinnigen Sprüchen und künstlichen Spitzfündigkeiten«.[134] »Sie können nicht weinen, ohne die spitzfindigsten Klagen dabey auszuschütten, und wenn sie verzweifeln, so geschieht es allezeit mit großer Scharfsinnigkeit«.[135] Die Zielrichtung der Kritik erhellt besonders daraus, daß innerhalb des so umrissenen Komplexes von »Fehlern« eigens die »Gleichnisse« hervorgehoben werden, von denen die Reden der Lohensteinischen Personen »überall voll« seien und die als Zeugnisse von »Gelehrsamkeit und Belesenheit« seine »Schreibart« zur »unnatürlichsten von der Welt« machten:[136] »Gleichnisse«, die der »Gelehrsamkeit und Belesenheit« entspringen – das sind nichts anderes als Allegoreme. Gottsched will sie nurmehr an besonderen »Oertern« dulden; wenig später wird für sie überhaupt kein Raum mehr sein. Der Maßstab, dem sie bei Gottsched weichen müssen, ist zunächst der, daß in einer Tragödie nicht der Poet selbst, sondern »lauter andre Leute (reden), die mit an den Begebenheiten Theil

---

[133] Man mag hier auch an die Unterscheidung von »äußerem« und »innerem Kommunikationssystem« denken: E. Platz-Waury, Drama und Theater, Eine Einführung, 2. Aufl., Tübingen 1980, S. 53.
[134] Gottsched, Critische Dichtkunst, S. 621.
[135] Ebenda, S. 376.
[136] S. 623.

haben, und als ordentliche Menschen eingeführt werden müssen«.[137] Dementsprechend ist »die Natur eines jeden Affects im gemeinen Leben zu beobachten, und dieselbe aufs genaueste nachzuahmen«.[138] Insbesondere gilt, daß man »im gemeinen Leben«, wenn man »von ernstlichen und wichtigen Dingen« redet, keine »lange Vergleichungen zu machen pfleget«.[139]

Zum Schwulst-Problem

Die Forderung eines »wahrscheinlichen« Dialogs ist nur ein Aspekt, unter dem die »scharfsinnigen Sprüche«, »künstlichen Spitzfindigkeiten« und »gelehrten Gleichnisse« des Lohensteinischen Stils für Gottsched obsolet werden. Er dient lediglich dazu, einen Einwand zu verstärken und mit Blick auf das Theater zu präzisieren, der den kritisierten Stil noch viel grundsätzlicher treffen soll. Wenn Gottsched Lohensteins Personen vorwirft, daß sie »lauter Phöbus reden«,[140] so zielt er damit über das Theater hinaus auf das, was die Aufklärer Schwulst nennen. Die Kritik am sogenannten Schwulst ist bekanntlich ein gemeineuropäisches Phänomen im Übergang von der barockhumanistischen zur aufgeklärten Literaturkonzeption. Hier sei nur an die Kritik des Preziösen und Burlesken in Frankreich, an die des »Bombast« in England und an die von Marinismus und Gongorismus in Italien und Spanien erinnert. Diese Kritik wird meist wie bei Gottsched als Wendung gegen einen übertriebenen, unnatürlichen Gebrauch der sprachlichen Mittel vorgetragen, wie sie die rhetorische Poetik als Tropen und Figuren beschrieben und verfügbar gemacht hat. Entscheidend ist freilich zu erkennen, daß damit nicht einfach nur eine maßvollere, funktionsgerechtere, sinnvollere Handhabung der sprachlichen Mittel gefordert wird, sondern daß sich in solchem Anmahnen der Übergang zu einem neuen poetologischen System verbirgt, innerhalb dessen sie überhaupt anders fungieren sollen.[141] Denn funktionslos sind die Bilder in einem Vers wie dem Harsdoerfferschen »Christus ist der Wundertrauben / der am Holtz des Creutz gehangen« ja keineswegs. Sie leisten nur nicht, was seit der Aufklärung von literarischer Bildlichkeit erwartet wird. Die erste dieser Erwartungen ist nun eben die Forderung nach erlebnishafter,

---

[137] S. 622–623.
[138] S. 621.
[139] S. 622.
[140] S. 621.
[141] Daß in der Diskussion des »Schwulsts« in der frühen Aufklärung jener grundsätzliche Wandel greifbar wird, den wir den Übergang vom allegorischen zum mimetisch-illusionistischen Darstellungsstil nennen, klingt bei M. Windfuhr, Die barocke Bildlichkeit und ihre Kritiker, Stuttgart 1966, an vielen Stellen an, z.B. S. 414f., S. 457ff., entgeht jedoch P. Schwind, Schwulst-Stil, Bonn 1977. Die Begriffsopposition Manierismus – Klassizismus scheint mir die Probleme eher zu verdecken als zu erhellen.

insbesondere anschaulicher Plausibilität als Bedingung mimetisch-illusionistischer Wirkung. Daß es in der Tat um sie geht, wo der »Schwulst« kritisiert wird, erhellt schon alleine daraus, daß die Kritik bei Gottsched in der für ihn so charakteristischen Übergangssituation zwischen barockem und aufgeklärtem System besonders massiv für das Theater formuliert wird und für eine Gattung wie das Epos nur in abgeschwächter Form vorgetragen wird;[142] das Theater hat es innerhalb der Literatur mit der handfestesten Form von Illusionismus zu tun, insofern es wirkliche Anschauung gibt, bei ihm werden die Bedingungen und Möglichkeiten des mimetischen Illusionismus demgemäß zuerst konsequent durchreflektiert, und wenn der »Schwulst« gerade hier zuerst und besonders massiv Anstoß erregt, so zeigt sich darin, daß es eben die Erwartung anschaulicher Plausibilität ist, womit er kollidiert.

In der Forderung, von Tropen und Figuren einen maßvolleren, funktionelleren Gebrauch zu machen, liegt also nicht einfach nur eine graduelle Veränderung, sondern ein kategorialer Wandel beschlossen. Daß bloß von einem Sich-Mäßigen die Rede ist, verdeckt das ebenso wie zum Beispiel die Tatsache, daß die Aufklärer dem Negativbeispiel Lohenstein meist das Muster Opitz entgegenstellen: da könne man sehen, wie die sprachlichen Mittel sinnvoll und natürlich gehandhabt würden.[143] Demgegenüber ist hier an die Auseinandersetzungen zu erinnern, die bei dem Vergleich eines Harsdoerffer-Gedichts mit einem Sonett von Opitz vorgenommen worden sind. In beiden Fällen handelt es sich gleichermaßen um eine durch und durch allegorische Bildlichkeit, die sich ebensogut in der Entfaltung einer wie in der Kombination mehrerer Bildebenen realisieren kann. Um ein Gedicht wie das Harsdoerffersche schwülstig nennen und ihm eines wie das des Opitz als natürlich entgegenhalten zu können, muß man die allegorische Dimension des letzteren ebenso überlesen, wie man die Eigenart der bei Harsdoerffer gegebenen Anschaulichkeit von Grund auf verkennen muß. Das eine trifft für die frühe Aufklärung noch kaum zu, um so mehr aber das andere: sobald der Maßstab erlebnishafter, anschaulicher Plausibilität aufgestellt und durchgesetzt ist, kann ein Text wie der Harsdoerffers nicht mehr als anschaulich gelten. Ihm gegenüber eine maßvollere, weniger »scharfsinnige«, »spitzfindige«, »künstliche«, »gelehrte« Bildlichkeit zu fordern, heißt aber eben eine von Grund auf andere Bildlichkeit, ja eine andere Literatur zu postulieren.

Mit anderen Worten: in der Kritik am sogenannten Schwulst und durch sie vollzieht sich in der frühen Aufklärung die Auflösung der allegorischen Bildlichkeit der humanistisch-christlichen Tradition und der Übergang zu einer Bildersprache, die den Anforderungen des modernen mimetischen Illusionismus genügt. Was immer Sinn vermitteln können soll, muß zunächst als

---

[142] Gottsched, Critische Dichtkunst, z. B. S. 622.
[143] Etwa überall in Breitingers Critischer Dichtkunst, s. hierzu Breitingers Register.

Anschauung, als Folie des Erlebens plausibel werden; diese Stufe kann nicht mehr im Vorgriff auf ein beglaubigtes Sinnmoment übersprungen werden. Der Übergang bedeutet übrigens nicht, daß die allegorische Bildlichkeit total verworfen würde. Was in der Diskussion des »Schwulst« geschieht, ist vielmehr dies, daß sie auf solche Elemente hin untersucht wird, die den neuen Erwartungen entsprechen und aus denen sich gleichsam die neue Bildersprache zusammenbauen läßt – letztlich nichts anderes als die Bildlichkeit der klassischen Symbolkunst.

Ein Beispiel mag erläutern, wie in der Schwulst-Debatte das, was hier anschauliche Plausibilität genannt wird, zum Maßstab der dichterischen Bildfindung wird. In dem Kapitel »von dem mahlerischen Ausdruck« seiner ›Critischen Dichtkunst‹ demonstriert Breitinger das Verfehlte einer »schwülstigen« Poesie am Beispiel des Bilds von dem Berg Ismarus, der Flügel bekommt und durch die Wellen fliegen lernt, das für eine unter gutem Wind dahinjagende Flotte stehen soll: »Es kömmt der Phantasie des Poeten würcklich so vor, als ob die Schiffe, die von einem günstigen Wind gejagt werden, auf dem Meere flögen, theils wegen der Gestalt der Ruder, theils wegen der Geschwindigkeit ihres Laufes. Sage ich nun (...), die Schiffe haben Flügel, so fange ich an, mich ein wenig von der Natur zu entfernen. Bin ich damit nicht zufrieden, und sage (...), die Tannen und die Fichten haben Flügel, so weiche ich noch viel weiter von der Natur ab. Und wenn ich endlich (...) sage, der Berg Ismarus selber, auf welchem diese Bäume gewachsen waren, sey mit der Axt umgehauen worden, und habe zu seiner eigenen Verwunderung Flügel an die Füsse binden und durch die Wellen fliegen gelernt, so verliehre ich die Natur gäntzlich aus dem Gesichte, indem da kein Merckmahl der Wahrheit oder des Wahrscheinlichen übrig bleibt«.[144] Es geht nicht an, daß der Poet »die Sachen so übermässig vergrössert und verkleidet, daß man die Lineamente der Natur gäntzlich aus dem Gesichte verliehrt«; die Bilder müssen einen »Grund der Wahrheit, oder der Wahrscheinlichkeit« haben.[145] Nur dann können wir »uns bereden, wir sehen die Sachen in der Natur gegenwärtig vor uns«,[146] und nur wenn wir uns die »Sachen« dergestalt »nicht bloß erzehlen, sondern (als ein sichtbares Gemählde) zeigen« lassen, wird eine »Erzehlung« unser »Gemüthe in eben diejenige Bewegung setzen, als die würckliche Gegenwart und das Anschauen der Dinge erweken würde«.[147]

Die Rede von den Schiffen, die übers Meer hinfliegen, als ob sie Flügel hätten, ist dazu angetan, die Phantasie des Lesers in Gang zu bringen, in ihm ein anschauliches Vorstellen anzuregen, und zwar anschauliche Vorstellun-

---

[144] Breitinger, Critische Dichtkunst II, S. 431–432.
[145] Ebenda, S. 431.
[146] S. 406.
[147] S. 403.

gen im Sinne eines möglichen erlebnishaften Beiwohnens. Sie vermag das, weil ihre Bildlichkeit den vorzustellenden Vorgang auf knappstem Raum in einer Fülle von Aspekten suggeriert: Geschwindigkeit, ungestümes Vorwärtsdrängen, Stetigkeit der Bewegung, das scheinbar unberührte Hinwegstürmen über die unregelmäßig bewegte Wasserfläche, die schlagenden Ruder – all das und noch mehr wird so mit einem Schlage vorstellbar. Tannen mit Flügeln hingegen sind – wie die Traube am Kreuz – kein Gegenstand möglicher Erfahrung, kein denkbarer möglicher Anblick und deshalb völlig ungeeignet, den Leser von der »Gegenwart« irgendeiner »Sache« zu »bereden«. Das Bild wird hier als Bild erst durch das reflektierende Beibringen einer Sinnfigur plausibel, genauer gesagt: durch den Rekurs auf das Repertoire und die »Grammatik« der antiken Tropologie, also durch Denken und Wissen. Dabei soll doch nun umgekehrt das, was an Sinn aufgebracht wird, gerade durch das Bild, durch die erregten sinnlichen Eindrücke plausibel werden; sollen die Gemütsbewegungen und die in und mit ihnen gegebenen Sinnmomente unmittelbar, ohne Reflexionen und Beibringen von Wissen, aus der »Vision« erwachsen. Eine Bildlichkeit, die wie im Falle der geflügelten Tannen und der Traube am Kreuz mehrere Ebenen empirischer optischer Eindrücke übereinanderschichtet und durch den Rekurs auf konventionelle Sinnfiguren, beglaubigte Sinnmomente begründet, ist damit nicht mehr möglich.

Die Allegorie als Problem der Malerei

Diese Beispiele mögen genügen, um deutlich zu machen, daß die Durchsetzung des mimetischen Illusionismus gleichbedeutend mit der Auflösung der allegorischen Bildlichkeit und überhaupt aller Formen und Inhalte ist, die sich der Allegorese verdanken. Ein Seitenblick auf die Malerei, in der sich ein analoger Prozeß vollzieht, kann das Ergebnis bestätigen und ergänzen. Das erhellt allein schon aus dem Faktum, daß auf der Stufe der Diskussion, die Dubos repräsentiert, das Problem der allegorischen Handlung und Person für Malerei und Poesie gemeinsam erörtert wird[148] und daß das, was an der einen Kunst herausgefunden wird, meist einfach auf die andere übertragen wird.

Der Ausgangspunkt der Allegoriekritik ist hier wie dort derselbe: der »Endzweck« der Malerei »ist, uns zu rühren«, und »nicht, die Einbildung dadurch zu üben, daß man ihr verflochtene Dinge zu entwickeln giebt«; deshalb sollen Gemälde »keine Räthsel seyn«, keine »mystische Bedeutung« haben, nicht aus »Chimaeren zusammengesetzt« sein, »deren geheimnißvolle Allegorie ein dunkleres Räthsel ist, als die, so Sphinx ehedem aufzulösen gab«. Der Maler soll »eine Sprache reden«, die »deutlich« ist, deren »Ausdrücke«

---

[148] Dubos I, Kap. 24–25.

»den Begriffen anderer verständlich sind«, und das ist vor allem »die Sprache der Leidenschaften«, »die allen Menschen gemein ist«.[149] »Rühren« kann nur, was wie »deutlich« so auch »wahrscheinlich« ist. Deshalb muß alles, was »der Wahrscheinlichkeit nachtheilig ist«, vermieden werden, was wiederum vor allem allegorische Elemente trifft wie zum Beispiel »allegorische Figuren, die als handelnde Personen in einer historischen Mahlerey vorkommen«.[150] Dubos geht sogar so weit, das Übermaß des Allegorischen in der Malerei »Galimathias« zu nennen und damit neben das literarische Phänomen des »Schwulstes« zu stellen. »Es giebt in der Mahlerey eben so wohl ein Galimathias als in der Dichtkunst«.[151] Das Gemeinsame ist, daß der Rezipient hier wie dort einfach »darüber hin geht«,[152] d. h. daß seine Einbildungskraft bei ihm keinen Ansatzpunkt findet und er nicht illudiert wird.

Auf der anderen Seite stellen sich die Probleme bei der Malerei aber doch etwas anders als in der Poesie. Anders als diese ist die Malerei nicht nur in ihren Wirkungen, sondern geradezu in ihrem Zeichencharakter vom Gelingen des Illusionismus abhängig. Das bedeutet, daß die Eingrenzung störender Aspekte des Allegorischen bei ihr einen ganz anderen Stellenwert hat. Das ist aber nur die eine Seite. Denn insofern die Malerei nicht bloß abbildet, sondern auf die Darstellung von Historie eingeschworen ist – und dieses Postulat gilt für Dubos noch genauso wie für Alberti – muß sie versuchen, nicht Sichtbares ins Bild zu bringen, und dabei kann sie allegorische Mittel nicht entbehren. Der besonderen Wendung der Entallegorisierungsproblematik in der Malerei versucht Dubos dadurch Rechnung zu tragen, daß er alles Allegorische zunächst im Namen von Wahrscheinlichkeit und Rührung so weit wie möglich zurückdrängt und sodann dort, wo es ihm von der historischen Thematik her unentbehrlich scheint, auf seine Transparenz und allgemeine Verständlichkeit dringt. »Ganz allegorische Compositionen« will er am liebsten gar nicht sehen, denn es ist »fast unmöglich«, dabei alle implizierten »Ideen« »faßlich und verständlich (zu) machen«.[153] In »historischen Gemählden« will er »allegorische Personen« wenn überhaupt, dann nur als »historische Personen« zulassen.[154] Dennoch erkennt auch er an, daß man von ihnen »bisweilen einen sehr guten Gebrauch machen könne«.[155] Der Akzent liegt dabei aber auf dem »Bisweilen«, und vor allem wird als Bedingung ihrer Verwendung die völlige Verständlichkeit und Transparenz gefordert.[156] Diese Position bleibt während des ganzen Aufklärungsjahrhunderts gültig. Man sehe sich z. B. nur die »Salons« von Diderot daraufhin an; kein Problem ist hier so wichtig wie das der Eingrenzung und plausiblen Einbeziehung des Allegorischen.

---

[149] Ebenda, S. 189; die Reihenfolge der Zitate ist verändert.
[150] Ebenda, S. 176.
[151] S. 184.
[152] S. 183–184.
[153] S. 183.
[154] S. 180.
[155] Dubos I, S. 188.
[156] Ebenda, z. B. S. 186ff.

Man muß sich das Eigentümliche dieser Position ganz deutlich machen, zumal gerade von ihr ein bezeichnendes Licht auch auf die Vorgänge im Bereich der Literatur zu fallen vermag. Im Prinzip wird vom Bild eine Transparenz der Bedeutung verlangt, wie sie nur die »Sprache der Leidenschaften« mit sich bringen kann, die »allen Menschen gemein« ist. An diesem Maßstab gemessen, erweist sich das, was hier als allegorisch verhandelt wird, naturgemäß im allgemeinen als zu »dunkel«, »geheimnisvoll«, »mystisch«, »rätselhaft«. Diese Dunkelheit wird bezeichnenderweise auf das »Feuer einer wunderlichen Einbildungskraft«,[157] also auf die Egozentrik des Künstlers zurückgeführt. Da bestimmte Aufgaben der Malerei die Mittel der Allegorese aber als unverzichtbar erscheinen lassen, wird sodann das Postulat der transparenten Allegorie formuliert.

Aus alledem geht hervor, daß wohl auf Erscheinungen abgezielt wird, die in der Tradition der Allegorese stehen, daß sie jedoch nicht mehr in deren Sinn verstanden werden und offensichtlich auch gar nicht mehr verstanden werden können. Daß es in der Tat um die Tradition der Allegorese geht, macht nichts deutlicher als die Rede von dem geheimnisvollen, mystischen, hieroglyphischen Sinn der kritisierten Erscheinungen. Diese Rätselhaftigkeit wird aber nun nicht mehr auf den verborgenen Sinn von Natur und Geschichte zurückbezogen, auf den sie ursprünglich verwies, einen Sinn, der der kompetenten Auslegung harrt und nur zu dem in solche Auslegung Eingeweihten zu sprechen vermag; sondern sie wird mit der Egozentrik des Künstlers begründet. Dies ebenso wie die Vorstellung, es könne eine transparente Allegorie geben, zeigt an, daß ein neues Verständnis an die Stelle des ursprünglichen Sinnes von Allegorie getreten ist. Das allegorische Zeichen meinte ja immer – und dies letztlich unabhängig von seiner Kennzeichnung als signum ex congruo oder signum ex placito – einen nicht transparenten, nicht offenbaren, gerade nicht von jedermann einsehbaren Sinn, der nur durch zusätzliche Kenntnisse, durch ein besonderes Eingewiesenwerden zu gewinnen war; einen Sinn, der nicht von einer Künstlerpersönlichkeit gestiftet, sondern nur von Kundigen aufgefunden werden konnte. Nun soll er möglichst allgemeinfaßlich sein. Was hier als Allegorie verhandelt wird, ruht ganz offensichtlich nicht mehr auf der Grundlage der Allegorese, des allegorischen Weltverständnisses und der entsprechenden »historischen Form der Erfahrung« auf. Es hat diesen seinen tragenden Boden verloren und wird unabhängig davon gesehen, und das bedeutet: in wesentlichen Aspekten wird nicht mehr als allegorisch erkannt, was allegorisch gemeint war, und wo etwas als allegorisch erkannt wird, wird es in einem anderen, neuen Sinne als allegorisch angesehen.

---

[157] S. 189.

Dubos' Kritik an den Gemälden des Rubensschen Medici-Zyklus ist dafür ein gutes Beispiel. Vor dem Bild der Ankunft Marias von Medici in Marseille stellt er fest: »Die Königinn kömmt mit den toscanischen Galeeren an. Man erkennet die Herren und Damen von Range, welche sie begleiteten, und die, so sie bewillkommten. Folglich haben, nach meiner Meynung, die mit ihren Muscheln tönenden Nereiden und Tritonen, welche Rubens in dem Hafen angebracht hat, um die Freude auszudrücken, mit der diese Seestadt die neue Königinn aufnahm, keine gute Wirkung. Ich weis allzuwohl, daß keine Meergottheit bey dieser Feyerlichkeit erschien, und diese Art von Unwahrheit macht einen Theil der Wirkung zu nichte, welche die Nachahmung in mir hervorbrachte«.[158] Der Maßstab dieser Kritik liegt in Dubos' Unterstellung, daß der Maler »die Begebenheit nach der Wahrheit (hat) vorstellen wollen«,[159] wobei hinzuzufügen ist: nach der Wahrheit, wie Dubos sie versteht, und das wiederum heißt: im Sinne einer historischen Wahrheit, die ihren Sinn, ihr Wahrheitsmoment in sich selbst trägt und nicht erst im Hinblick auf ein allegorisches Sinnmoment gewinnt. Eine Bildkomposition wie die des Rubens bezieht sich letztlich aber immer noch auf das Grundprinzip der Allegorese, nach dem das Historische allererst durch den möglichen allegorischen Bezug auf einen spirituellen Sinn wahrhaft zum Historischen wird und für sich selbst, als bloßes Faktum und Sinnesdatum, noch gar nichts ist. Wer das Gemälde in diesem seinem ursprünglichen Sinne betrachtet, wird an Nereiden und Tritonen keinen Anstoß nehmen. Erst wo der Rubensche Illusionismus als Einladung dazu verstanden wird, das Bild als bloße Abschilderung eines Historisch-Faktischen zu betrachten und sich in die vergegenwärtigte Szene einzuleben, wo es soweit als möglich als Abbildung eines entspiritualisierten, versachlichten Nur-Historischen rezipiert wird, da sieht man sich mit Nereiden und Tritonen vor Bildelemente gestellt, die als nur-allegorisch aus einem Nur-Historischen herauszufallen scheinen. Sie sind damit nicht mehr nur die sichtbare Spitze einer durchgängigen Schicht des sensus allegoricus, die sich unter der Oberfläche des sensus historicus hinzieht, sondern Inseln eines Nur-Allegorischen innerhalb eines nur-historischen Ganzen, deren Bezug zu diesem Nur-Historischen allererst zu begründen ist.

Zum Zerfall der Allegorese und zur Umdeutung ihrer Elemente in der Literatur

In der Malerei wird es ganz deutlich: in eben dem Moment, in dem der tragende Boden einer Weltsicht im Sinne der Allegorese nicht mehr gegeben ist, fallen eine Reihe von Erscheinungen, die sich nicht mehr von dem neuen

---
[158] Dubos I, S. 175.
[159] Ebenda.

Verständnis des Historischen her begreifen lassen, wie z. B. die allegorischen Personen, eben weil sie nicht mehr als historisch begreifbar sind, als nur allegorisch ins Auge; sie sind es, sie allein, die die Aufklärung unter dem Titel der Allegorie behandelt. Insofern konnte gesagt werden, daß der aufklärerische Begriff der Allegorie aus dem Nichtverstehen der Allegorese entspringe. Im Prinzip gilt das wie für die Malerei so auch für die Poesie. Auf die Dauer führt es in den beiden Künsten jedoch zu unterschiedlichen Entwicklungen. Die Malerei, die auch im 18. Jahrhundert weithin auf die Aufgabe eingeschworen bleibt, Historisches sprechend darzustellen, baut bestimmte Elemente der Allegorese in einem technisch-rationalen Sinn als Zeichensprache aus, um mit ihrer Hilfe Gedanken und Handlungen besser ins Bild bringen zu können. Hier mag Winckelmanns ›Versuch über die Allegorie‹ von 1766 für eine solche Grammatik der Personifikationen und Attribute stehen.[160]

In der Literatur verläuft die Entwicklung in anderen Bahnen. Elemente wie Personifikation und Attribut werden rascher ausgemerzt, andere Momente erleben eine Transformation, die ihnen geradezu eine neue Wirksamkeit beschert. Die Frage nach dem Fortleben der Allegorese in der Literatur eröffnet den Blick auf eine außerordentlich vielschichtige Thematik. So vollzieht sich in der ersten Hälfte des 18. Jahrhunderts zwar die Auflösung des allegorischen Weltbilds im ursprünglichen Sinne, doch bedeutet das keineswegs das Ende des Gedankens einer geistigen Bedeutsamkeit von Natur und Geschichte. Vielmehr unternimmt die Aufklärung verschiedene Versuche, ihn auf eine neue Grundlage zu stellen, bis er schließlich in der klassischen Konzeption des Symbols eine neue wirkungsvolle Fassung erhält. Und zugleich entfaltet der mundus symbolicus der Allegorese auch mit seinen einzelnen Allegoremen eine Wirksamkeit weit über das Ende der allegorischen Weltdeutung hinaus. Die klassische Symbolkunst verdankt ihr eine Fülle von Symbolen und Metaphern, und in gewisser Weise ist es ihr Fortleben, was deren kommunikativen Charakter sicherstellt.

Auf der einen Seite steht also ein wachsendes Unverständnis gegenüber der Allegorese im ursprünglichen Sinne. Es muß sich in der ersten Hälfte des 18. Jahrhunderts mit großer Geschwindigkeit ausgebreitet haben. Während der Erfolg eines Werks wie Brockes' ›Irdisches Vergnügen in Gott‹ (seit 1721)[161] noch eine grundsätzliche Vertrautheit mit dem Weltbild der Allego-

---

[160] J. J. Winckelmann, Versuch einer Allegorie, besonders für die Kunst, 1766, ND Baden-Baden 1964.
[161] S. hierzu G. Guntermann, Barthold Hinrich Brockes' ›Irdisches Vergnügen in Gott‹ und die Geschichte seiner Rezeption in der deutschen Germanistik, Bonn 1980, besonders die bibliographischen Hinweise zur Druckgeschichte Brockes', S. 357 ff., – Im folgenden wird benützt: B. H. Brockes, Auszug der vornehmsten Gedichte aus dem Irdischen Vergnügen in Gott, 1738, ND Stuttgart 1965.

rese voraussetzt, ist das Unverständnis bei einem Autor wie Lessing bereits vollkommen. Nichts könnte das deutlicher machen als seine Abhandlungen über die Fabel von 1759.[162] Die erste dieser Abhandlungen »Von dem Wesen der Fabel« – womit die Tierfabel oder Aesopische Fabel gemeint ist – setzt sich zunächst kritisch mit den Fabeldefinitionen von La Motte, Richer, Breitinger und Batteux auseinander, um von hier aus eine eigene Gattungsbestimmung zu versuchen.[163] Den genannten Poetikern der früheren Aufklärung ist allen gemein, daß sie die Fabel durch den Begriff der Allegorie definieren; sie bestimmen sie nämlich als eine allegorische Handlung, in der sich eine Lehre verberge, oder als ein allegorisches Bild, in das eine solche Lehre eingekleidet sei. Sie stehen damit noch durchaus in der Tradition der christlich-humanistischen Konzeption der Fabel, die den Allegoriebegriff ins Zentrum stellt, und zwar den Allegoriebegriff im voraufklärerischen, weiten Sinne. Denn im Mittelalter und in der frühen Neuzeit wird die Fabel weitgehend im Sine der Allegorese aufgefaßt, als moralische Auslegung naturgeschichtlicher Gegebenheiten. Die Tiere sind ja überhaupt mit ihren wirklichen oder vermeintlichen Eigenschaften und Verhaltensweisen ein Musterbeispiel der allegorischen Weltaneignung; hier sei nur an den berühmten ›Physiologus‹ und seine Wirkung erinnert.[164]

So sagt zum Beispiel Scaliger von den »Aeni, quos aliqui fabulas nominant, propter fictiones«: »nempe quasi picturae quaedam sunt atque imagines rerum (!). Itaque recte quidam nominarunt Allegorias«.[165] Der Begriff der Allegorie wird bei ihm geradezu im Blick auf Apologus und Aenus definiert und an den Beispielen Pferd, Löwe, Eiche und Klippe erläutert.[166] Bei Lessing blitzt dieses ältere Verständnis nurmehr noch in einem Stoßseufzer auf, mit dem er sich von einem Kritiker abwendet, der den Charakter der Tiere als

---

[162] In: Lessing, Werke, hg. v. H. G. Göpfert, Bd. 5, S. 352–419.
[163] Ebenda, S. 355–385.
[164] K. Grubmüller, Meister Esopus, Untersuchungen zu Geschichte und Funktion der Fabel im Mittelalter, München 1977, ist wegen seines gattungstheoretischen Ansatzes zu einer Abgrenzung der Tierfabel gegen die Tierallegorese genötigt (S. 21ff.), die die auch von ihm konstatierten Zusammenhänge allzu sehr in den Hintergrund drängt. Demgegenüber möchten wir hervorheben, daß die Charaktere der Tiere im allgemeinen sehr wohl im Sinne der Tierallegorese aufgefaßt werden, zu deren Quellen ja auch die antike Fabel gehört, und daß die Momente in der Tierdarstellung, die Grubmüller anthropomorph nennt – was freilich kein Kriterium ist, denn die Welt ist in der Perspektive der Allegorese eine durch und durch anthropomorphe –, als rhetorische Figuren gelten; das Sprechen der Tiere stellt der Poetik prinzipiell vor kein anderes Problem als z. B. die Figur der Prosopopöie. Die Unterschiede zwischen Tierallegorese und Tierfabel sind in erster Linie solche der Stilebene.
[165] J. C. Scaliger, Poetices libri septem, a.a.O., S. 54 b 2.
[166] Ebenda, S. 138 (fälschlich als S. 135 angegeben).

Naturwesen noch ernst nimmt: »Als ob man in den Fabelbüchern die Naturgeschichte studieren sollte!«.[167] Was für jene ältere Auffassung konstitutiv ist, daß die jeweils in die Fabelhandlung eingebrachten Eigenschaften und Verhaltensweisen der Tiere wahr sind – denn nur das Wahre kann als Zeichen ausgelegt werden –, das scheint einem Lessing schon fast absurd. Für ihn sind die Charaktere der Tiere einfach Konventionen, die um ihrer Konventionalität willen gebraucht werden; der Fabeldichter bedarf nun einmal wegen der anzustrebenden Kürze und Prägnanz des Handlungsverlaufs solcher Charaktere mit »allgemein bekannter Bestandheit«.[168] Wie der aufgeklärte Maler Personifikation und Attribut nurmehr wegen ihres kommunikativen Werts benutzt, wodurch sie vom allegorischen zu einem bloß konventionellen Zeichen werden, so der Fabeldichter Lessing die vormals allegorisch verstandenen Tierfiguren.

Wenn Lessing in seiner Kritik der älteren Fabeldefinitionen bestreitet, daß die Fabel eine Allegorie sei, und sie einzig als besonderen Fall eines allgemeinen moralischen Satzes verstehen will; wenn er in Abrede stellt, daß ihr moralischer Sinn ein verborgener sei, der nur auslegend gewonnen werden könne und deswegen auch der expliziten Klarlegung durch ein Fabula docet bedürfe, und postuliert, jedermann müsse das Allgemeine in dem besonderen Fall anschauend erkenntlich werden,[169] so ist die Ursache davon, daß er das ältere Verständnis von Allegorie, das in jenen frühaufklärerischen Definitionen konserviert ist, nicht mehr zu teilen, die Figuren und Wendungen der Handlung nicht mehr von der Naturgeschichte her zu sehen vermag und die Rede von der Allegorie statt dessen nurmehr auf ein rational einsehbares Ähnlichkeitsverhältnis beziehen kann.[170] Allegorische Zeichenhaftigkeit im Geist der Allegorese war gerade nicht rational einsehbare Ähnlichkeit, der Zeichensinn war nur durch sinnreiche, kompetente, autorisierte Auslegung zu gewinnen und nur dann zu verstehen, wenn er wirklich ausgesprochen worden war. Das alles vermag Lessing nicht mehr zu teilen. Sein Allegoriebegriff ist der reduzierte, neu begründete Begriff der Aufklärung, und unter den ist die Fabel nicht mehr zu subsumieren. So kann sie für ihn nur noch die Demonstration eines Lehrsatzes an einem Beispiel sein, die Konkretion als die Veranschaulichung, die lebhafte Entwicklung eines Allgemeinen.[171]

Wenn das ursprüngliche Verständnis der Allegorese also auch mehr und mehr schwindet, so bedeutet das dennoch nicht das Ende alles dessen, was in ihr gründet, was in ihrem Zeichen entstanden ist; es lebt ja alleine schon dadurch weiter, daß, was immer die Aufklärung an kulturellen Traditionen aufnehmen mag, von ihr durchdrungen ist. Das wachsende Unverständnis hat

---

[167] Lessing, Fabel-Abhandlungen, a.a.O., S. 392.
[168] Ebenda, S. 389.
[169] S. 379.   [170] S. 359.   [171] S. 382.

lediglich zur Folge, daß die Elemente einer im weitesten Sinne allegorischen Formensprache nicht mehr als solche begriffen und nicht mehr aufeinander bezogen werden und daß den Produkten dieses Zerfallsprozesses meist wie selbstverständlich eine neue Deutung zuwächst, jedenfalls soweit das in dem neuen historischen Kontext möglich ist. Das ist die andere Seite der Veränderung, und auch für sie ist Lessing mit seiner Fabelabhandlung ein gutes Beispiel, in der sich die Tierwelt der Fabel aus einer naturhistorischen Gegebenheit in einen fiktiven Code verwandelt und der Lehrgehalt nicht mehr das Resultat allegorischer Auslegung, sondern das »anschauender Erkenntnis« sein soll.

Zwei weitere Beispiele mögen das Auseinandertreten von sensus historicus und sensus allegoricus, den Zerfall der allegorischen Formensprache und die Umdeutung ihrer Elemente beleuchten. Gottscheds vielbelächelter Handlungsbegriff mit seiner plumpen moralischen Pointe gehört hierher. Bekanntlich definiert er Handlung oder Fabel als »Erzählung einer unter gewissen Umständen möglichen, aber nicht wirklich vorgefallenen Begebenheit, darunter eine nützliche moralische Wahrheit verborgen liegt«.[172] Eine »vollkommen moralische Fabel« erkennt er zum Beispiel in der Odyssee und dem Sophokleischen Oedipus. »In der ersten lehrt der Poet, die Abwesenheit eines Herrn aus seinem Hause oder Reiche sey sehr schädlich: in der andern aber, daß die Vorhersehung der Götter untrüglich sey, und durch keine menschliche List und Vorsicht irre gemacht werden könne«.[173] Werke wie diese soll sich der Poet zum Vorbild nehmen, wenn er eine »Fabel erfindet«, was sich Gottsched so vorstellt: »Zu allererst wähle man sich einen lehrreichen moralischen Satz, der in dem ganzen Gedichte zum Grunde liegen soll (...). Hierzu ersinne man sich eine ganz allgemeine Begebenheit, worinn eine Handlung vorkömmt, daran dieser erwählte Lehrsatz sehr augenscheinlich in die Sinne fällt«.[174]

Die angeführten Beispiele machen die Grenzen von Gottscheds Konzeption schlagartig deutlich: nichts von dem, was den Reichtum und den geistigen Rang der Odyssee und des Oedipus ausmacht, leuchtet in den dürren moralischen Sätzen auf, die als ihre Quintessenz präsentiert werden. Das Mißverhältnis zwischen der jeweils entfalteten Masse von Anschauung und dem, was ihre Bedeutung sein soll, ist geradezu grotesk. Wie kann Gottsched zu solch wunderlich anmutenden Thesen kommen? Sie sind ganz offensichtlich der Niederschlag eines grundlegenden Dilemmas, in das die Poetik durch die Auflösung der Allegorese gerät und das Gottsched mit seinen Mitteln nicht eigentlich hat beheben können. Einerseits soll die Poesie im überkom-

---

[172] Gottsched, Critische Dichtkunst, S. 150.
[173] Ebenda, S. 160.
[174] S. 161.

menen Sinne lehrhaft sein,[175] andererseits wird die Handlung aber nun nicht mehr als Historie, sondern als »Nachahmung«, als Fiktion begriffen,[176] womit die alte Grundlage der Lehrhaftigkeit entfällt. Denn das docere cum delectatione ergab sich zuvor eben aus dem Nexus von sensus historicus und sensus allegoricus. Der unterhaltenden Historie wohnte die Lehrhaftigkeit im Horizont der Allegorese geradezu notwendig bei, die Lehre war nur noch durch Auslegung zu klären. In dem Augenblick, in dem die Handlung nurmehr als Fiktion begriffen wird, stellt sich die Frage, woher denn nun das Lehrhafte kommen könne und solle. Da Gottsched noch nicht über das vollausgebildete Konzept der »anschauenden Erkenntnis« verfügt, das die Möglichkeit einer immanenten Lehrhaftigkeit begründet, kann er sich die Lösung nur im Sinne eines expliziten Moralisierens von Anfang an, durch alle Stufen des schöpferischen Prozesses hindurch vorstellen.

Daß das Dilemma der frühaufklärerischen Poetik in der Tat aus der Auflösung der Allegorese und dem Zerfallen der allegorischen Formensprache erwächst, läßt sich bei Gottsched mit Händen greifen. Er entwickelt seine Konzeption von Handlung nämlich in kritischer Auseinandersetzung mit Le Bossu,[177] der Fabel mit Hilfe des Begriffs der Allegorie definiert. Weil er die Allegorie nicht mehr im alten, globalen Sinne zu begreifen vermag, weil er sie, wie seine kritischen Bemerkungen belegen, nurmehr in dem neuen, begrenzten, rationalen Sinn versteht, sieht er sich zu einer Definition ohne den Allegoriebegriff gezwungen, eben zu jener schiefen neuen Bestimmung.

Das Mißverhältnis zwischen dem, was an Anschauung entwickelt wird, und dem, was ihre moralische Pointe oder überhaupt ihre menschliche Bedeutsamkeit sein soll, ist auch das Grundproblem der bereits mehrfach gestreiften sogenannten »Beschreibenden Poesie«, so wie sie aus der Auflösung und Transformation der allegorischen Formensprache erwächst. In B. H. Brockes' ›Irdischem Vergnügen in Gott‹ haben wir ein Beispiel vor uns, das sich mit besonderer Entschiedenheit in die Tradition der Allegorese hineinstellt. Wie eh und je soll es um eine allegorische Auslegung der Naturgeschichte gehen. Diese Naturgeschichte hat sich jedoch inzwischen grundlegend gewandelt. Die Natur ist zum Gegenstand jenes versachlichten Blicks geworden, aus dem die modernen Naturwissenschaften hervorgehen sollten, wird analysiert und in Experimenten beobachtet. Dem versucht Brockes dadurch Rechnung zu tragen, daß er die physiko-theologische Argumentationsweise[178] in seine

---

[175] S. 159.   [176] S. 149.   [177] S. 150.
[178] Hierzu etwa: U.-K. Ketelsen, Barthold Hinrich Brockes, in: Deutsche Dichter des 17. Jahrhunderts, hg. v. H. Steinhagen u. B. v. Wiese, Berlin 1984, S. 839–851, hier S. 844f. Zur Genese und zum historischen Stellenwert der Physikotheologie allgemein sowie insbesondere bei Brockes: H.-G. Kemper, Gottesebenbildlichkeit und Naturnachahmung im Säkularisierungsprozeß, 2 Bde., Tübingen 1981.

Naturauslegung integriert. Die sinnreiche Einrichtung der Natur im großen wie im kleinen wird in ihr bekanntlich zur Quelle der Erbauung. Als Schöpfungswunder begriffen und erlebt, deutet die Natur auf ihren Schöpfer zurück. Für das dichterische Verfahren bedeutet das, daß den Naturphänomenen in ihrer Phänomenalität breitester Raum gewährt wird. Das irdische Vergnügen in Gott realisiert sich in der Dichtung als Vergnügen der Einbildungskraft (Pleasure of the Imagination), das durch Beschreibung (Description) bewirkt wird.

Die physiko-theologische Argumentationsweise läßt sich aber nicht eigentlich in die allegorische Naturauslegung integrieren, letztlich konterkariert, ja sprengt sie ihr Verfahren. Denn sie vermag nicht aus Eigenem zu einem sensus allegoricus hinzuführen, jene eine, immer gleiche Sinnfigur ausgenommen, daß die Natur mit ihrer sinnreichen Einrichtung und Schönheit auf den Schöpfergott als den Herrn allen Sinnes und aller Schönheit zurückdeutet. Das freilich heißt etwas anderes als das Buch der Natur zu entziffern, die Natur als einen Kosmos geheimnisvoll-bedeutsamer Zeichen zu begreifen, die jedes für sich und jedes ein anderes Phänomen der moralischen Sphäre erhellen. Aber nicht nur, daß aus der physiko-theologischen Argumentation allein kein allegorischer Sinn hervorgehen kann – wo ein solcher Sinn auf andere Weise in den Blick kommt, wird sie ihn höchstwahrscheinlich wieder zerstören, auch wenn es ihre Intention ist, ihn zu retten. Denn das allegorische Zeichen im alten Sinne verlangt Kürze, Prägnanz, Übersichtlichkeit in der Präsentation der Seite des »Bezeichnenden«. Sie sind die Voraussetzung dafür, daß es als Zeichen aufgefaßt werden kann. Je genauer, einläßlicher, detailfreudiger das Eingehen auf das Naturphänomen als Phänomen, desto mehr muß sich darum sein allegorischer Zeichencharakter verflüchtigen.

Wie schwer es Brockes gefallen sein muß, die beiden widerstreitenden Prinzipien zusammenzuzwingen, ist schon allein daran zu erkennen, daß viele Gedichte nur eines von beiden realisieren. Gedichte wie »Die Kaiser=Krone« und »Die Muscat=Hyazinthe«[179] sind fast ganz Allegorie im alten Verstand, Gedichte wie »Die Luft«[180] fast ganz Physiko-Theologie. Dazwischen stehen Gedichte wie »Die Rose«,[181] bei denen Physiko-Theologisches und Allegorisches auf Madrigal- und Aria Abschnitte verteilt werden. Meist kommen jedoch die beiden Prinzipien einander wechselseitig in die Quere, und das bedeutet: der Funktionszusammenhang von sensus historicus und sensus allegoricus wird durch die exzessive, fast selbstgenügsame Entfaltung des sensus historicus in der Beschreibung aufgelöst.

---

[179] Brockes, Auszug aus dem ›Irdischen Vergnügen in Gott‹, a.a.O., S. 60 u. 80.
[180] S. 30ff.
[181] S. 61ff.

Naturnachahmung als Beschreibung

Daß es das breiter werdende Beschreiben ist, was das ältere Modell des Darstellens aus dem Lot bringt, ist höchst aufschlußreich. Für den fundamentalen poetologischen Wandel, um den es hier zu tun ist, den Übergang von der allegorischen Zeichenhaftigkeit zum mimetischen Illusionismus, ist vielleicht nichts so charakteristisch wie der veränderte Stellenwert, den das Beschreiben als integrierter Bestandteil des Darstellens nun hat. Wie sehr der Darstellungsstil dadurch verändert wird und welche Folgen das hat, haben wir uns bereits am Beispiel der Cervantes-Novelle »Die betrügliche Heirat« und ihrer Bearbeitung durch Harsdoerffer vor Augen gestellt. Man kann den Wandel im Verständnis von Dichtung allein daraus ersehen, daß alles literarische Darstellen gleich welcher Art und Gattung nun immer breiter wird, immer mehr Worte braucht. So breit, so einläßlich, so empirisch genau wie bei Thomson und Brockes, Haller und Geßner ist die Natur weder als Szene noch in ihrem Detail im 17. Jahrhundert je dargestellt worden. In der veränderten Praxis des Beschreibens und der sie begleitenden Reflexion auf die Möglichkeiten und Grenzen des Beschreibens überhaupt lassen sich die literaturgeschichtlichen Wandlungen, ja der ihnen zugrundeliegende Umbruch im Bereich der historischen Form der Erfahrung geradezu mit Händen greifen. Im genauen, einläßlichen Beschreiben richtet sich die Aufmerksamkeit auf das »Irdische« als Irdisches, verweilt sie auf ihm um seiner selbst willen, macht sie sich die Welt des »äußerlichen Scheins« (Breitinger) auf eine neue Weise zu eigen – auch wenn dieses Sich-Ausbreiten im »Irdischen« letztlich ein »Vergnügen in Gott« sein soll. Insofern kann es nicht verwundern, daß die Werke der Thomson und Brockes unter dem Vorzeichen des Beschreibens gesehen, als Beschreibende Poesie begriffen worden sind und daß sie eben als solche eine so große Aufmerksamkeit in der zeitgenössischen poetologischen Diskussion gefunden haben.

Das Beschreiben ist es vor allem, womit der Gedanke des ut pictura poesis in der Aufklärung konkret ausgefüllt wird. Die Natur nachzuahmen, ihr Zug um Zug mit Worten nachzugehen und so ein Bild in der Imagination des Lesers entstehen zu lassen, es gleichsam in sein Bewußtsein hineinzumalen – das heißt zunächst und vor allem zu beschreiben. In ihm ist die dezidierte Form des Einwirkens auf die Einbildungskraft, des Hinarbeitens auf anschauliche Vorstellungen und insofern die Grundlage, gleichsam der Fond des mimetischen Illusionismus zu sehen. Darum kann für Addison in seinem Aufsatz über die »Pleasures of the Imagination«, in dem die Kunst ganz unter dem Aspekt der Aufgabe des Illudierens betrachtet wird, der Begriff der »Description« zum Synonym für Poesie überhaupt werden.[182] Und darum

---

[182] Z. B. Spectator III, S. 559ff.

können in einem Werk wie Breitingers ›Critischer Dichtkunst‹ die Begriffe des Nachahmens, Malens, Schilderns und Beschreibens weithin austauschbar sein.[183]

Der englische Name Description läßt die Tradition, aus der die aufgeklärte Theorie des Beschreibens hervorwächst, deutlicher erkennen als das deutsche Wort Beschreibung. descriptio nennt die lateinische Rhetorik die Figur der ekphrasis, wie sie zum Beispiel die ›Rhetorica ad Herennium‹ als »rerum consequentium perspicuam et dilucidam cum gravitate expositio« definiert;[184] Beschreibung ist der entsprechende deutsche Terminus.[185] Es ist hier nicht der Ort, die komplizierte Geschichte der ekphrasis nachzuzeichnen, ihrer Rolle als Schulübung, ihrer Bewertung als Figur und ihrer Einordnung und Abgrenzung innerhalb des Systems der Figuren. Zwei Momente ihrer älteren Theorie sind hier jedoch festzuhalten, zum einen der Zusammenhang mit der Kategorie der oratio propria und zum andern ihre Rolle innerhalb der Theorie der enargeia (evidentia). Die descriptio realisiert sich im Regelfall als eigentliche Rede, in der Weise des detaillierenden Benennens. Das liegt schon allein in dem oben angeführten Prädikat »perspicuus« beschlossen, das auf die oratio propria verweist. Und es deutet sich in dem Ort an, den sie in Scaligers System der Figuren einnimmt, wo sie zwischen tractatio, demonstratio, effictio und sermocinatio unter die Figuren der significatio aequalis eingereiht ist, also unter die eines sachlich angemessenen Bezeichnens.[186] Und mit solch detaillierendem Benennen dient die descriptio im allgemeinen der enargeia, der sub oculos subiectio.[187] illa (...) sub oculos subiectio tum fieri solet, cum res non gesta indicatur, sed ut sit gesta ostenditur, nec universa, sed per partes – jene Anschaulichkeit pflegt sich einzustellen, wenn eine Sache nicht einfach als geschehene benannt, sondern so vorgeführt wird, wie sie geschehen ist, und zwar nicht im Ganzen, sondern Teil für Teil.[188] Bei Quintilian finden sich auch Beispiele für eine descriptio, die dazu dient, ein glaubhaftes Bild zu entwerfen, durch das sich der Rezipient in das Dargestellte versetzt fühlen kann: credibilis rerum imago, quae velut in rem praesentem perducere audientes videtur.[189] Das Lehrstück von der descriptio beleuchtet so noch einmal den Nexus von imitatio und oratio propria, Naturnachahmung und eigentlicher Rede, wie er uns in der humanistischen Poetik unter dem Titel der »allzu leichten Gedichte« entgegengetreten ist. Die Spra-

---

[183] S. etwa Breitinger, Critische Dichtkunst I, S. 31.
[184] Rhet. ad. Her. 4, 39.
[185] Vgl. Gottsched, Critische Dichtkunst, S. 328.
[186] Scaliger, S. 122.
[187] Vgl. H. Lausberg, Handbuch der literarischen Rhetorik, 2. Aufl., München 1973, S. 399ff., hier etwa S. 402.
[188] Quintilian 9, 2, 40.
[189] Quint. 4, 2, 123.

che kann ihre Gegenstände nur durch eigentliches Benennen aufbringen. Alle Künste der uneigentlichen Rede fußen auf einer Schicht eigentlichen Benennens, allein dadurch können sie überhaupt ein Reden sein. Und anschauliches Reden ist zunächst und vor allem detaillierendes Benennen, alle der Anschaulichkeit dienenden Wirkungen von Bildern, Vergleichen und ähnlichem weisen auf ein solches Benennen zurück, sei es daß sie ein mit ihm gegebenes Detaillieren aufnehmen oder selbst das Benannte implizit detaillieren.

Beschreiben heißt ins Detail gehen. Die Theorie des Beschreibens ist demgemäß ein Nachdenken über die Eigenart des hervorzuhebenden Details – denn alles Detail kann ja nie benannt werden, Detaillieren heißt immer auswählen – sowie über das Ausmaß der vorzunehmenden Detaillierung; dabei liegt auf der Hand, daß die Frage nach der Eigenart und die nach dem Ausmaß der Detaillierung eng ineinandergreifen. Der erste Schritt, der zu der spezifisch aufklärerischen Position hinführt, ist die Rechtfertigung des logisch »nutzlosen« Details als Mittel der Illusionierung, ist eben die Erkenntnis, daß das Prinzip des Veranschaulichens die Tautologie ist; daß die Tautologie in der literarischen Rede insofern gerechtfertigt ist, als sie der Anschaulichkeit dient.

Den Ausgangspunkt der Diskussion bezeichnet der kritische Blick, mit dem einige Theoretiker des Grand Siècle die beschreibenden Partien von Epen, insbesondere von zeitgenössischen Epen mustern. So tadelt Boileau in einer berühmten Stelle seines ›Art Poétique‹ von 1674 die Autoren, die sich, allzu voll von ihrem Sujet, aufs Beschreiben (dépeindre) verlegen und die Seiten mit Detail anfüllen; das Ergebnis sei, daß der Leser die entsprechenden Partien überspringe und das Ende des Werks suche. »Fuyez de ces Auteurs l'abondance sterile, / Et ne vous chargez point d'un détail inutile. / L'esprit rassasié le rejette à l'instant.«[190] Aufschlußreicher noch sind die Worte, mit denen sich Le Bossu zur gleichen Zeit in seinem Traktat vom Epos gegen das Beschreiben wendet: »Nous pouvons encore mettre au nombre des matieres, qui ne sont pas poetiques, les Descriptions de Palais, de Jardins (...); lorsque ses Descriptions sont faites un peu trop au long, d'une Maniere simple, propre (!) et sans Allegorie (!)«.[191] Das Beschreiben vollzieht sich in der oratio propria und ohne alles Allegorische (als Inbegriff der oratio impropria), es schafft daher, wo es allzu einläßlich betrieben wird, unpoetische Stellen. Das sind noch dieselben Argumente, mit denen sich ein Harsdoerffer gegen Gedichte, »welche allzu leicht«, wandte und mit denen er im Gegensatz zu einem Cervantes von seinen erzählerischen Werken alle »überflüssige ümbstände« fernzuhalten suchte.

---

[190] N. Boileau, L'Art Poétique, 1674, hg. v. A. Buck, München 1970, Chant I, v. 59–61.
[191] So zitiert bei Gottsched, Critische Dichtkunst, S. 143.

Man kann sich fragen, inwieweit die Position Boileaus und Le Bossus indirekt schon neuere Tendenzen mitreflektiert, wie sie sich etwa auch im zeitgenössischen Roman gezeigt haben mögen. Dieselbe Frage stellt sich bei den Zeugnissen, in denen sich dann der Übergang zur Position des 18. Jahrhunderts vollzieht, obwohl ihr Gegenstand die Epitheta Homers sind. Im Rahmen der »Querelle des Anciens et des Modernes« eröffnet nämlich der Anwalt der Moderne, Perrault, mit der Behauptung, die berühmten stereotypen Epitheta Homers seien im Grunde überflüssig, eine heftige Debatte. Aus den Versuchen, sie und mit ihnen zusammen das »détail inutile« überhaupt zu rechtfertigen, erwachsen die Argumente, die die neue Theorie des Beschreibens begründen und so das Phänomen der Naturnachahmung in neuem Licht sehen lassen. Es war vor allem der Homer-Übersetzer Pope, der sich dabei hervortat. Homer wird im Zuge dieser Debatte zum Meister des Epithetons und damit zum Meister der descriptio, ja zum Vorbild bei der Handhabung der oratio propria überhaupt und insofern zum Schirmherrn jener neuen Art des Dichtens, die auf die Naturnachahmung setzt. Fast könnte man sagen, daß es die Einsicht in den poetischen Charakter des Homerisch-Einfachen ist – denn die Rede von der Homerischen Einfalt[192] hat hier den ganz konkreten Sinn, der in »oratio propria« liegt –, was den neuen Dichtungsbegriff freisetzt. Ein deutlicher Beleg dafür ist, daß Popes Argumente zur Rechtfertigung der Epitheta Homers in Breitingers ›Critischer Dichtkunst‹ nicht nur in dem Kapitel »Von den Beywörtern«, sondern auch in dem grundlegenden Abschnitt »Erklärung der Poetischen Mahlerey« sowie in dem das Ganze krönenden Kapitel »Von dem mahlerischen Ausdruck« beigezogen werden.[193] »Homerus war in dieser poetischen Mahler=Kunst ein vortrefflicher und unvergleichlicher Meister«.[194] Homer und das hier gemeinte dichterische Beschreiben im weitesten Sinn werden so sehr zu Synonymen, daß Addison den Namen des an sich nicht minder geschätzten Vergil als Muster des Beschreibens aus dem Manuskript seines Aufsatzes über die »Pleasures of the Imagination« streicht und durch den Homers ersetzt.[195] Und noch Lessing nimmt »die Praxis des Homers« zur Grundlage und Richtschnur seiner Theorie des Schilderns.[196]

Es wäre verwunderlich, wenn sich in der antiken Rhetorik und Poetik nicht auch die Lehrsätze fänden, mit deren Hilfe sich die angeblich überflüssigen Epitheta Homers rechtfertigen ließen, und wenn die Theoretiker der Aufklärung sie nicht gekannt und benutzt hätten. In der Tat sagt z. B. Aristoteles in seiner Rhetorik, daß es dem Poeten – anders als dem Redner – wohl

---

[192] Z. B. Breitinger, Critische Dichtkunst I, S. 44.
[193] Ebenda II, S. 257ff.; I, S. 34f.; II, S. 413.
[194] Ebenda I, S. 34.
[195] Spectator III, S. 538.
[196] Lessing, Laokoon, S. 102ff.

anstünde, die Wendung »weiße Milch« zu gebrauchen.¹⁹⁷ Und auch Quintilian nennt das Epitheton ein besonders dem Dichter zustehendes Mittel der Rede; seine Beispiele sind »weiße Zähne« und »feuchtes Weinen«.¹⁹⁸ Damit ist der Gebrauch tautologischer Epitheta, wie H. Lausberg sie nennt,¹⁹⁹ grundsätzlich gerechtfertigt, ja geradezu zum Spezifikum der dichterischen Rede erklärt. Pope gebraucht denn auch bei der Rechtfertigung Homers das Beispiel von den weißen Zähnen, und man darf wohl davon ausgehen, daß für den kundigen Leser damit die Autorität des Aristoteles beschworen war.²⁰⁰ Eine Begründung gibt Aristoteles an der angegebenen Stelle übrigens nicht, und auch bei Quintilian wird das tautologische Epitheton keineswegs ausdrücklich mit einer Wirkung im Sinne der sub oculos subiectio gerechtfertigt, wie Lausberg mit Blick auf die beiden Fundstellen behauptet.²⁰¹ Das Argument Quintilians ist das ornare: non significandi gratia, sed ad ornandam (…) orationem, also nicht um etwas zu bezeichnen – damit wird der tautologische Charakter ins Licht gerückt –, sondern um die Rede zu beleben, werden derartige Mittel verwandt. Nun wird bei ihm allerdings der gesamte ornatus wesentlich mit dem Zweck der Veranschaulichung gerechtfertigt,²⁰² und man könnte sagen, das Epitheton sei dabei neben allen anderen Kunstmitteln stillschweigend mit gemeint. Dennoch bleibt die explizite Verknüpfung von Epitheton und enargeia hier ein Schritt, der noch eigens zu tun ist. Bis hin zu Breitingers ›Critischer Dichtkunst‹ ist er in aller Entschiedenheit getan.

Es ist frappierend zu beobachten, wie rasch sich die Umwertung des »überflüssigen Beiworts« und seines sachlichen Korrelats, des »détail inutile«, vollzieht. Gelten sie bei Boileau, Le Bossu und Perrault als unpoetisch von Grund auf, so sind sie nun gerade als überflüssige, unnütze poetisch, und dies eben, weil sie es sind, die die Rede zur anschaulichen Rede machen. »Ich nenne demnach poetische Beywörter alleine (!) diejenigen, die in Absicht auf die Deutlichkeit des Verstandes der Rede beynahe gantz müssig und überflüssig sind, und ohne Nachtheil derselben könnten weggelassen werden, weil sie nichts sagen, was man nicht aus dem blossen Nennwort, zu welchem sie gesetzet werden, verstehen könnte (…)«.²⁰³ Aristoteles und Quintilian werden hier zwar nicht genannt, dürften aber dennoch mit ihren Äußerungen zum tautologischen Epitheton bei Breitingers Definition mit Pate gestanden haben. Der Hauptgrund für die Aufwertung des überflüssigen Beiworts ist, daß Literatur nun als Nachahmung der Natur mit dem Ziel der Illusionierung

---

¹⁹⁷ Aristoteles, Rhetorik 1406a.
¹⁹⁸ Quintilian 8, 6, 40.
¹⁹⁹ Lausberg, Handbuch der lit. Rhet., a.a.O., S. 342.
²⁰⁰ Breitinger, Critische Dichtkunst II, S. 262.
²⁰¹ Lausberg, Handbuch, S. 342–343.
²⁰² Quintilian 8, 3, 61ff.
²⁰³ Breitinger, Critische Dichtkunst II, S. 261.

des Lesers begriffen wird: »Die Poesie« ist »eine Kunst, die in der Nachahmung bestehet (...). Der Poet begnügt sich nicht nur damit, daß seine Rede deutlich sey (...): er will den Leser nicht nur unterrichten; sondern seiner Phantasie durch eine geschickte Nachahmung der Sachen gantz sichtbar vor Augen stellen (...). Wie nun der gantze Ausdruck zu diesem mahlerischen Betrug behülflich seyn muß, so wird der Nachdruck der poetischen Vorstellungen vornehmlich (!) durch den geschickten Gebrauch der poetischen Beywörter befördert«. Poetische Beiwörter sind aber solche, »die in Absicht auf die Deutlichkeit des Verstandes (...) überflüssig sind«.[204]

Natürlich sieht Breitinger das »Beschreiben«, »Schildern«, »Malen« sich nicht nur in Beiwörtern realisieren. Das Epitheton ist für ihn nur ein herausgehobenes Beispiel, eine Erscheinung, in der sich das Beschreiben als Detaillieren sprachlich besonders klar darstellt und an der es sich insofern besonders gut in seinem inneren Funktionieren beobachten läßt. Darum widmet er ihm ein eigenes Kapitel – aber natürlich umfaßt Beschreiben für ihn noch sehr viel mehr. Vor allem manifestiert es sich in großangelegten »Bildern und Beschreibungen«,[205] die freilich aus einem geschickten Entfalten von »Umständen«, »absonderlichen Stücken«, »verschiedenen Gesichtspunkten«, »verschiedenen Lagen« erwachsen,[206] also als ein reichgestaffeltes System von Detaillierungen unterschiedlicher Konkretheitsstufen anzusehen sind.[207] Und selbstverständlich denkt Breitinger auch an die »mahlerische Kraft« der Mittel uneigentlichen Redens, der colores der Rede.[208] Seit jeher gilt die Metapher als Mittel der Veranschaulichung, wie schon aus dem Ausdruck bildliche Rede erhellt. Jede mit Verstand gemachte Übertragung (translatio) – so Cicero – tritt den Sinnen selbst nahe, vorzüglich dem Gesicht, das der schärfste Sinn ist.[209] Dementsprechend nennt Breitinger die Metapher »eine mahlerische Figur, weil sie die Sachen nicht bloß zu verstehen giebt, sondern unter ähnlichen emblematischen Bildern gantz sichtbar vor Augen stellet«.[210] Das Vor-Augen-Stellen vollzieht sich bei der Metapher als ein immanentes Pointieren von Detail. Indem sie eine Relation zwischen zwei Phänomenen herstellt, akzentuiert sie ein Ähnlichkeitsmoment und damit ein Detail; so pointiert z. B. die Metapher »ihrer Schultern Schnee« das Detail der Weiße. Breitingers Theorie der Metapher dient denn auch ganz dazu, den veranschaulichenden Effekt sicherzustellen.[211]

Anschaulichkeit im Sinne des mimetischen Illusionismus beruht auf einem expliziten oder immanenten Detaillieren der Gegenstände der Darstellung. Aber nicht alles Detail ist immer schon anschaulich. Wie muß das Detail

---
[204] Ebenda, S. 260–261.   [205] I, S. 35.   [206] I, S. 34–35.   [207] II, S. 285f.
[208] Vor allem II, S. 420ff.
[209] Cicero, de or. 3, 160; vgl. Quintilian 8, 3, 72.
[210] Breitinger, Crit. Dichtkunst II, S. 320.
[211] Ebenda, II, S. 321ff.

329

gewählt sein, damit es der »Haupt-Absicht« des Poeten, dem Malen, genügen kann? Breitinger widmet dieser Frage große Aufmerksamkeit. Was er dabei an Thesen entwickelt, ist alles andere als ein Plädoyer dafür, blindlings darauf los zu »malen«. Immer wieder betont er, daß das Detail »geschickt gewählt« werden müsse.[212] In welche Richtung diese Wahl zu gehen hat, bezeichnet zunächst das Prädikat des Überflüssigen und Nutzlosen: sie muß sich ganz oder doch überwiegend im Bereich des »détail inutile« bewegen. Nicht »wesentliche Eigenschaften und bekannte Umstände« machen eine »poetische Schilderey«, sondern nur die »kleinsten und absonderlichsten«, die »sonderbarsten und beweglichsten Umstände«:[213] »die Kraft ihrer Würckung rühret alleine von der geschickten Wahl der absonderlichsten Umstände her«.[214] Nicht das Allgemeine also ist gefordert, sondern das Besondere; nicht das Wesensmerkmal, sondern solche besonderen Momente, »durch welche ein Ding nur dem äußerlichen Anscheine nach unterschieden ist«[215] und es sich »den äusserlichen Sinnen am lebhaftigsten eindrück(t)«.[216]

Damit sind zwei weitere Kriterien der Auswahl benannt: das Detail muß sinnfällig sein, und es muß auf eine »lebhafte« Weise sinnfällig, muß – wie wir sagen würden – suggestives Detail sein. Was wir von beidem bei Breitinger erfahren, ist jedoch von unterschiedlichem Gewicht. Während das Moment des Sinnfälligen immer wieder ausführlich erläutert wird, sind zu dem der Lebhaftigkeit nur Hinweise auf Beispiele zu finden. So wird zur Sinnfälligkeit ausgeführt, es gelte, »den Geist des Lesers und seine eilfertige Neugierigkeit angenehm auf(zu)halten, und ihm so viel besondere Eigenschaften, mahlerische Absätze und sinnliche Abstände in den Sachen zur Beschauung vor(zu)legen, als er kaum selbst wahrnehmen würde, wenn er sie würcklich in der Natur betrachten sollte. Ich verstehe aber durch die mahlerische Absätze solche, so die Farbe, Gestalt, Stellung und andere sichtbare Beschaffenheiten der Dinge betreffen, und die der Mahler mit wahrhaften Farben entwerffen kan«.[217] Damit wird die Eigenart des auszuwählenden »kleinsten und absonderlichsten« Details näher bestimmt, aber ein Kriterium des Maßes, eine Antwort auf die Frage, wie viel oder wenig Detail benannt werden soll, ist damit noch nicht gegeben.

Eine solche Antwort deutet sich bei Breitinger allenfalls in dem Begriff der Lebhaftigkeit an, freilich nur, insofern sie an den Beispielen erkannt werden kann, auf die er verweist. Er sieht sehr wohl, daß ein Kriterium zur Begrenzung des Details gefunden werden muß. Mit aller Deutlichkeit spricht er es aus, daß »die Haupt=Absicht des Poeten weder erlaubet noch erfodert, daß er alle vorkommenden Gegenstände mit einer mahlerischen Sorgfältigkeit ausbilde, und dieselben gantz und von allen Seiten sehen lasse, denn dadurch

---

[212] Z. B. I, S. 38, 45, 48; II, S. 254, 281, 285. [214] I, S. 45. [216] I, S. 47.
[213] I, S. 47–48. [215] I, S. 48. [217] II, S. 264.

würde der Lauf der Erzehlung immer unterbrochen, die neugierige Aufmerksamkeit des Lesers abgemattet, und von dem Hauptzweck auf tausend fremde Bilder abgeführet«; es kommt darum auf »wohlausgesuchte Beywörter« an, die »eine Sache wie im Vorbeygange mit einem einzigen aber lebhaften (!) Pinsel=Zuge nach der absonderlichsten Eigenschaft in einem hellen Licht vor Augen stellen«.[218] Damit wird die Forderung des suggestiven Details aufgestellt, ohne daß eigentlich in seine Theorie eingetreten würde.

Zu einer solchen Theorie hat aber schon Addison wesentliche Elemente zusammengetragen. Im Anschluß an Descartes' Abhandlung über die »Passions de l'âme« entwickelt er ein assoziationspsychologisches oder genauer assoziationsphysiologisches Modell, das es ihm erlaubt, die Wirkungsweise des suggestiven Details zu begründen. Die Eigenart der menschlichen Erfahrung und ihrer Verarbeitung bringt es mit sich, daß sich dem Geist (Mind) immer ganze Komplexe von Ideen (Setts of Ideas) einprägen. Wird eine dieser Ideen in der Einbildungskraft erregt, so werden auch die anderen mit ihr zum Komplex verbundenen Ideen wiedererweckt.[219] »(...) any single Circumstance of what we have formerly seen often raises up a whole Scene of Imagery, and awakens numberless Ideas that before slept in the Imagination; such a particular Smell or Colour is able (...) to bring up into View all the Variety of Images that once attended it. Our Imagination takes the Hint, and leads us unexpectedly into Cities or Theatres, Plains or Meadows«.[220] Ein kundiger Dichter macht sich das zunutze, um die Phantasie des Lesers anzustacheln (to hit the Fancy of the Reader).[221] Diese Theorie ist die Grundlage, auf der Addison die Wirkungsweise der antiken Muster des Beschreibens analysiert.[222]

Addisons Gedanke läßt sich mit Hilfe des Begriffspaars von Teil und Ganzem variieren und präzisieren: das suggestive Detail ist dann das Teil, das die Idee des Ganzen wachruft, das Ganze sehen läßt. Das ist zum Beispiel die Position Diderots im ›Salon‹ von 1767, wenn er postuliert, der wahre Geschmack habe sich an ein oder zwei Merkmale zu halten und das übrige der Einbildungskraft zu überlassen. Der Dichter – so Diderot –, der mir alles zeigt, mir nichts überläßt, ermüdet und langweilt mich. »Ich empfinde (die) Details und verliere das Ganze aus den Augen, das Ganze, das mir ein einziger Zug (...) gezeigt hätte«[223] Die vielberufenen Thesen Lessings schließen sich unmittelbar hieran an. Wenn er erklärt, die Poesie dürfe »nur eine einzige

---

[218] II, S. 285–286.
[219] Spectator III, S. 563.
[220] Ebenda, S. 562.
[221] S. 563.
[222] S. 564ff.
[223] D. Diderot, Aus dem Salon von 1767, in: Diderot, Ästhetische Schriften, hg. v. F. Bassenge, Frankfurt 1968, Bd. 2, S. 1ff., hier S. 190.

Eigenschaft der Körper nutzen«, nämlich diejenige, »welche das sinnlichste Bild des Körpers von der Seite erweckt, von welcher sie ihn braucht«,[224] weil sie nur so einen »lebhaften Begriff des Ganzen« erhalten werde,[225] so erneuert er damit Breitingers Postulat des einen einzigen, aber lebhaften Pinselzugs, der die Sache wie im Vorbeigehen zeige, Addisons Gedanken des einzelnen Umstands, der einen ganzen Komplex von Vorstellungen wachrufe, und Diderots Rede von dem einzelnen Zug, der das Ganze vor Augen führe.

In einem Punkt geht Lessing allerdings über seine Vorgänger hinaus, in einem entscheidenden Punkt, der recht eigentlich den Übergang zur klassischen Ästhetik markiert: er verknüpft die Frage nach dem suggestiven Detail mit dem Handlungsbegriff, die Aufgabe des Malers mit der, Handlungen zu geben. So heißt es in seinem ›Laokoon‹ etwa: »Ich finde, Homer malet nichts als fortschreitende Handlungen, und alle Körper, alle einzelnen Dinge malet er nur durch ihren Anteil an diesen Handlungen, gemeiniglich nur mit einem Zuge«.[226] Lessings Vorgänger fordern lediglich, daß der Dichter ins Detail gehen und daß er das lebhafte Detail wählen soll, das als Teil das Ganze sehen läßt; und sie erklären zum Beispiel mit den Mitteln einer Assoziationspsychologie, wie das möglich ist. Aber sie geben kein Kriterium dafür an, welches denn nun unter allen »überflüssigen« Details dasjenige sei, das vor dem Auge des Lesers das Ganze am besten erstehen lassen könne. Lessing erkennt: es ist das Detail, das in irgendeiner Form zur Entfaltung des Handlungszusammenhangs und damit zur Sinnbildung beiträgt. Er schränkt also den Gesichtspunkt der »Überflüssigkeit« des veranschaulichenden Details wieder ein. Dieser sein Gedanke ist der letzte wesentliche Baustein im System des mimetischen Illusionismus.

Lessings Hinweis auf den Handlungszusammenhang schließt nämlich eine entscheidende Lücke, die die aufgelöste Allegorese hinterlassen hat. Alles Veranschaulichen, alle Detailgebung vollzieht sich im Kontext einer Sinnbildung; Detailgebung ist nur als Funktion von Sinnbildung denkbar, insofern das Benennen dieses oder jenes Details und das Nichtbenennen aller anderen eine Bevorzugung, eine Wertung, ein Als-sinnvoll-Setzen darstellt. Beim allegorischen Darstellungsstil ergibt sich der Sinn von den Allegoremen her, die so beschworen werden. Wie aber steht es damit beim mimetisch-illusionistischen Darstellen, woher sollen hier die Sinnmomente kommen? Einem Theoretiker wie Breitinger muß sich diese Frage noch nicht stellen, ist die Poesie, die er im Auge hat, die Dichtung eines Milton oder Brockes, doch noch immer weitgehend von der Allegorese getragen. Anders ist die Situation Lessings, der Allegorisches weder mehr anerkennen noch auch nur erkennen

---

[224] Lessing, Laokoon, S. 103.
[225] Ebenda, S. 112.
[226] Ebenda, S. 104.

kann; ihm muß sich die Frage nach der immanenten Sinnbildung mit allem Nachdruck aufdrängen. Seine Antwort ist nun eben der Hinweis auf die Kategorie des Handlungszusammenhangs: wenn alles Handeln sich von einem telos her konstituiert, mithin ein Setzen von Sinn impliziert, so muß alles Detail, das dem Darstellen eines Handlungszusammenhangs dient, einem entsprechenden Prozeß der Sinnbildung angehören.

Herders Kritik an Lessings Laokoon-Thesen macht sogleich deutlich, daß die Kategorie des Handlungszusammenhangs nicht die einzige Möglichkeit darstellt, wie eine mimetisch-illusionistische Literatur das anschauliche Detail organisieren kann. Seine Überlegungen gelten der Kategorie der Person, und zwar vor allem als Ich, als Instanz, vor der das Detail des Erlebens sinnhaft wird, und damit zugleich auch der Kategorie des Erlebnisses, genauer: des Erlebniszusammenhangs.[227] Daneben hat sich die zeitgenössische Poetik insbesondere um die Kategorie des Charakters, der Person als Er, bemüht. Mit Handlung und Charakter, Erlebnis und Ich sind bereits die wichtigsten Darstellungskategorien des mimetischen Illusionismus benannt, als die Formen, in denen sich Detaillierung und Sinnbildung vollziehen müssen, wenn die literarische Rede anschaulich im eminenten Sinne werden, nämlich illusionieren können soll. Alle anderen Kategorien lassen sich auf sie zurückführen. Hier sei nur die der Szene genannt, die entweder als Schauplatz der Handlung oder als Stätte des Erlebens zu bestimmen ist.

Was wir die Darstellungskategorien des mimetischen Illusionismus nennen, wird zum Rückgrat der klassischen Poetik. Auch dies beleuchtet noch einmal die geschichtliche Entwicklung, die wir hier nachzuzeichnen versucht haben: mit dem aristotelischen Begriff der Mimesis kehren zugleich die beiden wichtigsten Darstellungskategorien des Aristoteles, die der Handlung und des Charakters, in das Zentrum der Poetik zurück. Den Theoretikern der »Goethezeit« geht es vor allem darum, die innere Einheit des Kategoriensystems darzulegen, einen Zusammenhang, der letztlich im Begriff des Allgemeinmenschlichen gründet. Wie Erlebnis und Ich, so sind auch Handlung und Charakter für sie nur die zwei Seiten einer Medaille: die Darstellung der Welt vom »Standpuncte der Handlung« aus ist mit ihrer »Auffassung« »unter dem Standpuncte der ausgesprochenen Persönlichkeit« identisch (F. Th. Vischer)[228] Damit ist der Gegensatz zwischen den Positionen Lessings und Herders aufgehoben. Die Darstellungskategorien des mimetischen Illusionismus verweisen allesamt gleichermaßen auf das gemeinsame Fundament des Allgemeinmenschlichen zurück.

---

[227] Herder, Kritische Wälder, a.a.O., S. 110ff.
[228] F. Th. Vischer, Ästhetik, a.a.O., Bd. 3, S. 1185.

2. Abschnitt

Die Wandlungen des Darstellungsstils im Übergang zur Moderne

> Ich kann überhaupt nicht begreifen, wie man hat glauben können, daß Gott durch Bücher und Geschichten zu uns spreche. Wem die Welt nicht unmittelbar eröffnet, was sie für ein Verhältnis zu ihm hat (...), der wird es wohl schwerlich aus Büchern erfahren (...). (Goethe)

Einleitung
Die Präsenz von Lessings ›Laokoon‹ im 19. Jahrhundert

Mit Lessings ›Laokoon‹ erhält das Prinzip ut pictura poesis die Fassung, in der es zum integrierenden Bestandteil der idealistischen Ästhetik und damit all der ästhetischen und poetologischen Positionen wird, die sich in ihrem Gefolge entwickelt haben. Wie bei Aristoteles werden Malerei und Poesie hier durch den Begriff der Mimesis definiert. Beide Künste sind, was sie sind, insofern sie illusionieren, einen schönen Schein erzeugen. Daran haben sie sich mit allem, was sie tun, auszurichten, hieran ihre Mittel zu kontrollieren, und zwar jede auf ihre Weise ihre je eigenen Mittel. Wie der Maler, so hat sich der Dichter bei jedem Schritt zu fragen, ob er seine Mittel, die sprachlichen Mittel, auf eine Weise handhabt, die die Illusionierung fördert, und ob es eine Illusion ist, die das Bewußtsein des Allgemeinmenschlichen steigert. Das ist die Maxime, der gemäß er seine Rede als anschauliche Rede gestaltet.

Lessing spricht damit das Prinzip aus, das den Darstellungsstil der Literatur zwischen Aufklärung und Moderne beherrscht. Es kann darum nicht verwundern, daß er von denen, die in dieser Zeit über Literatur nachdenken, immer wieder als der »Gesetzgeber« apostrophiert wird, der das große »Stilgesetz der Poesie« formuliert habe. Natürlich werden Möglichkeiten und Grenzen einer Literatur des schönen Scheins oft genug auch verhandelt, ohne daß sein Name fällt. Wie sollte das bei einer kulturellen Norm anders sein, die so allgegenwärtig ist wie sie. Aber durch das ganze 19. Jahrhundert hindurch hält sich doch ein Bewußtsein von der Rolle, die Lessing bei der Formulierung dieser Norm gespielt hat. Wie für die Generation Goethes ist er noch für die Diltheys am Ende des 19. Jahrhunderts um seines ›Laokoon‹ willen »nach Aristoteles der zweite Gesetzgeber der Künste«.[1] Seit Lessing – so sein Kom-

---

[1] W. Dilthey, Das Erlebnis und die Dichtung, 15. Aufl., Göttingen 1970, S. 42.

mentator H. Blümner – »ist die Aesthetik sehr mannigfaltige Wege gewandelt; (...) aber so sehr (die moderne Ästhetik) auch manche Härten des Lessingschen Systems modificirt hat und auf Grund neuerworbener Anschauungen vielfach zu anderen weitergehenden Resultaten gekommen ist, so darf man doch sagen, daß das Fundament, auf welchem die Aesthetik in den im Laokoon behandelten Fragen heute beruht, das von Lessing construirte« ist.[2]

Hier soll nicht verfolgt werden, wie die Laokoon-Thesen von Goethe und Schiller, Wieland und Jean Paul aufgenommen werden, auf welche Weise sie Eingang in die ästhetischen Systeme von Humboldt, Solger und Hegel finden, wie sie sich mit der idealistischen Ästhetik ausbreiten und in die ästhetischen Schulwerke der zweiten Jahrhunderthälfte eingehen, was sie einem Grillparzer und Hebbel, was sie den Theoretikern und Praktikern des Realismus bedeuten. Auch soll hier nicht auf jene Linie kritisch-distanzierter Beschäftigung mit dem ›Laokoon‹ von Herder über die Romantiker bis hin zu Richard Wagner eingegangen und gefragt werden, welcher Art diese Kritik ist, inwieweit sie das Prinzipielle betrifft und inwieweit nur die Ausführung dieser Prinzipien. Auch ohne das kann man behaupten, daß das Prinzip »Bilde, Künstler, rede nicht!« zwischen Aufklärung und Moderne die literarische Produktion beherrscht und daß es sie immer deutlicher beherrscht; daß es immer konsequenter, versierter und vielfältiger praktiziert wird. Nicht anders als bildend soll der Dichter nun reden; das heißt: er soll sich zunächst und vor allem darum bemühen, anschauliche Gestalten vor den Leser hinzustellen, die ihn eben dadurch, daß sie in seiner Phantasie zu leben beginnen, am Allgemeinmenschlichen, am »großen Ganzen« teilhaben lassen. Diese Vorstellung steht unverrücklich im Mittelpunkt von Theorie und Praxis.

Natürlich gibt es unterschiedliche Auffassungen davon, wie das Ziel am besten zu erreichen sei; die Kunst des schönen Scheins ist kein erratischer Block innerhalb des Kontinuums der Literaturgeschichte. Die Gründe für diese Vielfalt liegen zum Teil im Wesen des mimetischen Illusionismus selbst. Zu illusionieren bedeutet, die Psyche des Lesers zu manipulieren, und das heißt: das konkrete, in einer bestimmten sozio-kulturellen Situation so und so bestimmte Bewußtsein, mit dem er jeweils in den Prozeß des Lesens eintritt. Ohne das geschickte In Rechnung Stellen dessen, was das jeweilige Publikum an Erfahrungen, Anschauungen, Bildung und literarischer Kompetenz mitbringt, kann Illusionierung nicht gelingen. Das bewußt zu halten, ist seit der Aufklärung ja eine der Aufgaben des poetologischen Postulats der Wahrscheinlichkeit. Ein Element, das dem Leser von seinem Bewußtsein her als unwahrscheinlich gilt, führt, sofern es ihm in seiner Unwahrscheinlichkeit

---

[2] H. Blümner in der Einleitung seiner kommentierten Laokoon-Ausgabe, a.a.O., S. 138.

bewußt wird, notwendig zum Zusammenbruch der Illusionierung. Insofern sich nun das, was der Leser an Erfahrungen, Anschauungen, Bildung und literarischer Kompetenz einbringt, im geschichtlichen Prozeß nach und nach verändert, muß auch die Methode des Illusionierens eine andere werden; es sind dann andere Erwartungen, eine andere Bereitschaft, sich Unwahrscheinliches zumuten zu lassen, in Rechnung zu stellen.

Was der Leser für wahrscheinlich hält, ist die eine Seite des Problems; die andere ist, auf welche Weise der Autor darauf eingeht. Er kann ihm auf direktem Wege gerecht zu werden versuchen, indem er dem Leser alles erspart, was ihm unwahrscheinlich vorkommen könnte. Er kann ihm aber auch indirekt Rechnung tragen, indem er nämlich die Elemente des Unwahrscheinlichen, deren er sich bedient, geschickt überspielt; indem er verhindert, daß dem Leser die Unwahrscheinlichkeit bewußt wird. Ersteres steht für die frühe Aufklärung, in der sich der mimetische Illusionismus allererst konstituiert, im Vordergrund, letzteres wird für die Entwicklung seit dem Sturm und Drang immer wichtiger, und die Kritik, die seither an dem von der frühen Aufklärung entwickelten Begriff der Naturnachahmung geübt wird, richtet sich vor allem darauf, daß sie noch nichts oder noch zu wenig von den Möglichkeiten des Dichters weiß, Unwahrscheinlichkeit zu überspielen. In ihr kommt zum Ausdruck, daß mit der wachsenden Erfahrung im Umgang mit solchen Möglichkeiten, der vertieften Einsicht und dem größeren Geschick das Zutrauen zu ihnen immer größer wird.

So liegt der Unterschied zwischen der »klassizistischen« und der romantischen Poetik nicht darin, daß in der einen ein mimetischer Illusionismus im Geist von Lessings ›Laokoon‹ postuliert wird und in dem andern nicht, sondern darin, daß bei der einen mehr der direkte Weg im Vordergrund steht, der Wahrscheinlichkeit als Bedingung der Illusion Rechnung zu tragen, und bei der anderen mehr der indirekte. Reduziert man nämlich die Programmatik der Frühromantik auf das, was die dichterische Methode betrifft, was wirklich Konsequenzen für die literarische Produktion hat, so begegnet man nicht etwa der Forderung nach einem Schreiben ohne Illusionierung, sondern der, den Illusionismus auf die Spitze zu treiben, ihn über die Extreme des Wunderbaren hin auszudehnen und dennoch die Einbildungskraft des Lesers zu bezwingen. Man denke etwa an die Erzählungen E. T. A. Hoffmanns oder die Arbeiten Brentanos. An der Fähigkeit, der Dichtung in das extrem Wunderbare hinein zu folgen und an ihm lebendig anteilzunehmen, soll der Leser die Weite seines Innern ermessen, die Kraft seiner Seele kennenlernen. Dem steht ein anderer, »klassizistisch«-realistischer Illusionismus gegenüber, der den Sinn für die Natur, die äußere Realität zu schärfen sucht. Wie die allmählich sich wandelnde inhaltliche Füllung dessen, was wahrscheinlich heißt, führt mithin auch seine unterschiedliche Handhabung zur Aufspaltung des mimetisch-illusionistischen Darstellungsstils in viele besondere Stile.

Eine Veränderung im Bereich der mentalen Voraussetzungen, die tiefgreifende Folgen für den mimetischen Illusionismus hat, ist besonders hervorzuheben: das, was F. Sengle den »Hunger nach konkreter Wirklichkeit« genannt hat und seit 1820 sich verstärkt Geltung verschaffen sieht.[3] Die gewachsene Bildung und die Gewöhnung an einen aufgeklärten Umgang mit Natur und Menschen in allen Belangen des Lebens führen dazu, daß die empirische Wirklichkeit immer größere Bedeutung für Weltbewußtsein und Lebensgefühl gewinnt. Der sachlich beobachtende, fast schon technisch-wissenschaftliche Blick auf die Dinge schafft sich sein ästhetisches Gegenstück, die lebendige Neugier gegenüber dem Nächsten wie dem Fernsten, die Freude am Stoff der Welt als purem Stoff. Dieser »Hunger nach konkreter Welterfahrung« findet seine ureigenste literarische Plattform in Gattungen wie »Beschreibung, Bild, Skizze, Genreszene«, Formen, die bezeichnenderweise von den Laokoon-Thesen aus auf ihren literarischen Charakter hin befragt werden.[4] Er muß aber schließlich, insofern er zu einem wesentlichen Element des Weltbewußtseins überhaupt wird, auch bei den zentralen literarischen Formen auf die Methode der Illusionierung durchschlagen, wenn sie denn weiterhin illusionieren können sollen. Das Resultat ist die Literatur des poetischen Realismus. Sie ist freilich in gewissem Sinne nur eine Durchgangsstation. Auf die Dauer löst die wachsende Bedeutung des sachlichen Sehens auch das Modell des poetischen Realismus wieder auf und zerstört damit die Möglichkeit jedweden ernstzunehmenden mimetischen Illusionismus'.

Viele Autoren des Realismus lassen mit ihrem Œuvre erkennen, wie sehr sie an jener selbstgenügsamen Freude am Stoff der Welt partizipieren. Hier sei nur an Fontane mit seinen ›Wanderungen durch die Mark Brandenburg‹ und an die Brüder Goncourt mit ihrem Tagebuch erinnert. Die beiden Beispiele machen zugleich deutlich, daß und wie solche »Studien nach der Natur«, ein solches Sich-Ergehen im Detail prägend für den Darstellungsstil des jeweiligen dichterischen Werks im engeren Sinne werden. Daß das keineswegs von selbst geschieht, vielmehr eine Fülle von konkreten poetologischen Problemen mit sich bringt, die allererst zu bewältigen sind, belegt vor allem die kritische Diskussion der beiden Gattungen, in denen sich der Realismus vorbereitet, des historischen Romans Scottscher Prägung und der Dorfgeschichte im Stile Immermanns und George Sands. Beide literarische Erscheinungen leben nach dem Urteil ihrer Zeitgenossen wesentlich von der Ausbreitung exotischer Details, im einen Falle des exotischen Kostüms entlegener Jahrhunderte, im andern der Seiten des »Volkslebens«, die H. Bausinger auf den Begriff der Binnen-Exotik gebracht hat.[5] Eben dieses maßlos schei-

---

3 F. Sengle, Biedermeierzeit, 3 Bde., Stuttgart 1971–1980, Bd. 2, S. 1008 u. ö.
4 Ebenda, Bd. 1, S. 105; Bd. 2, S. 787.
5 H. Bausinger, Formen der »Volkspoesie«, Berlin 1968.

nende Sich-Einlassen auf das Detail wird zum Angriffspunkt der Kritik: solche Art von Literatur begnüge sich mit der Entfaltung kruder Stofflichkeit und lasse jedes höhere menschliche Interesse vermissen, von einem sinnlichen Scheinen der Idee könne keine Rede mehr sein.

Nach und nach gelingt es den Autoren und Theoretikern des Realismus aber doch noch einmal, einen konsequenten mimetischen Illusionismus zu entwickeln, der allgemeinste Anerkennung findet, eine Kunst des schönen Scheins, die der gewachsenen Bedeutung der empirischen Realität im Bewußtsein der Menschen Rechnung trägt und die doch nichts anderes als Darstellung des Allgemeinmenschlichen ist. Wie das zu denken ist, mag man sich von der Ästhetik F. Th. Vischers zeigen lassen, der die Hegelsche Ästhetik im Sinne der zeitgenössischen realistischen Literatur umgestaltet, vor allem indem er einen direkt idealisierenden von einem indirekt idealisierenden, charakteristischen Stil unterscheidet.[6] »Vollplastische«, lebenskräftige Gestalten sind gefordert, Menschen aus Fleisch und Blut, rundum bestimmt in einer Fülle von Besonderheiten, Handlungen, die die Vielfalt der Interaktion in der modernen Gesellschaft kennen und der Rolle des Zufalls Rechnung tragen, Schauplätze, die Weite und reichgegliederte Tiefe haben – die Kunst des Dichters ist nun wesentlich eine Kunst des charakteristischen Details, aber es sind noch immer die alten, von der Aufklärung etablierten Kategorien, mit deren Hilfe das Detail gruppiert und zentriert wird: Handlung und Charakter; Person, Natur, Gesellschaft, Erlebnis, Stimmung. Von ihnen aus ordnet sich das Detail zu jenen Sinnzusammenhängen, aus denen das Symbol sich baut – oder vielmehr das, was an seine Stelle tritt. Denn eine wichtige Rolle spielt bei solcher Bewältigung des Details mit den Mitteln einer symbolischen Vergegenwärtigung des Allgemeinmenschlichen das, was W. Preisendanz als Humor des realistischen Dichters beschrieben hat,[7] und das ist ja doch eine bis an die Grenze der Auflösung führende Umwendung der klassischen Symbolkunst.

So gelingt es dem Realismus noch einmal, allgemein überzeugende Modelle für ein Entfalten des Details am Leitfaden der überkommenen Sinnfiguren zu entwickeln, Modelle, bei denen das Detail überall transparent ist auf die zugrundeliegenden Sinnfiguren. Beide Elemente sind konstitutiv für einen mimetischen Illusionismus. Ohne Detaillierung ist anschauliches Vorstellen nicht möglich, und ohne schlüssige Sinnfigur kann sich das anschauliche

---

[6] F. Th. Vischer, Ästhetik, a.a.O., Bd. 3, S. 1190ff., 1211ff., 1234ff. u.ö.; dazu etwa H. Widhammer, Realismus und klassizistische Tradition, Zur Theorie der Literatur in Deutschland 1848–1860, Tübingen 1972, S. 163ff.

[7] W. Preisendanz, Humor als dichterische Einbildungskraft, Studien zur Erzählkunst des poetischen Realismus, München 1963, etwa S. 271–272; daß der Humor zwischen »poetischer und faktischer Bewandtnis« »vermittle« (S. 219), womit er im Grunde das Symbol ablöst, ist die durchgängige These von Preisendanz.

Vorstellen nicht als täuschender Schein verselbständigen.»Welches Mittel gewährt dem Epiker« – der hier für den Dichter überhaupt stehen mag – »seine Kunst? nur eines: wie kann er die Welt gestalten, die sich ihm gestalten soll und muß? nur auf eine Weise! nur dadurch, daß er Gestalten (!) schafft, daß er diese Gestalten handeln (!) läßt!«[8]

Friedrich Spielhagen, aus dessen ›Beiträgen zur Theorie und Technik des Romans‹ von 1883 der angeführte Satz stammt, beruft sich hier nicht eigens auf Lessing, aber die Nähe zu den Laokoon-Thesen liegt auf der Hand. Wer sie durch ein einflußphilologisches Argument unterstrichen sehen möchte, sei auf Spielhagens Gewährsmann F. Th. Vischer hingewiesen. Im übrigen ist Lessings ›Laokoon‹ gerade in der zweiten Hälfte des 19. Jahrhunderts allgegenwärtig. Ist er in der ersten Jahrhunderthälfte mit etwa fünfzehn Ausgaben als Separatpublikation und im Rahmen von Lessing-Gesamtausgaben immerhin kontinuierlich präsent, so gibt es nach Ausweis des ›Goedeke‹ von 1916[9] seit 1850 allein über fünfzig Einzelausgaben, wovon etwa die Hälfte Schulausgaben sind, die Publikation als Band der Sammlung Göschen und als Reclamheft (1870 bzw. 1871) nicht mit eingerechnet. Das heißt ja wohl nichts anderes, als daß der ›Laokoon‹ ein Standardgegenstand des gymnasialen und akademischen Unterrichts ist und darüber hinaus so etwas wie ein ästhetisches Hausbuch des Bildungsbürgertums. Fragt man, was die Gründe dafür sind, so darf man freilich nicht nur auf Lessing blicken. In der zweiten Hälfte des 19. Jahrhunderts vollzieht sich im Zeichen von Nationalismus, Säkularisation und Historismus eine intensive, popularisierende Neuaneignung der Literatur und Ästhetik des »klassischen Zeitalters«, und die verstärkte Laokoon-Rezeption ist ein Teil davon.

Darauf ist hier nicht näher einzugehen. Im Zusammenhang der vorliegenden Untersuchung ist ein anderer Aspekt von Belang, den jene Gegenwärtigkeit des ›Laokoon‹ in der zweiten Hälfte des 19. Jahrhunderts hat: seine Prinzipien werden immer öfter zur Kritik der Erscheinungen herangezogen, in denen sich die Moderne ankündigt. In der Tat bedeutet die Entwicklung hin zur Moderne eine Abkehr von der Laokoon-Ästhetik. Die kritische Berufung auf sie kann mithin als Indikator der neuen Bestrebungen gelten.

In diesem Sinne wollen wir uns im folgenden von der wiederauflebenden Diskussion des »Laokoon-Problems« zu den Darstellungskategorien der modernen Literatur hinführen lassen. So wird für uns greifbar werden, daß und warum sie sich nicht mehr in den Formen eines mimetischen Illusionismus zu bewegen vermag. Es wird sich zeigen, daß ihr das Detail in einem Maße und auf eine Weise bedeutsam wird, die es ihr unmöglich macht, es in den über-

---

[8] F. Spielhagen, Beiträge zur Theorie und Technik des Romans, 1883, ND Göttingen 1967, S. 89.
[9] K. Goedeke, Grundriß zur Geschichte der deutschen Dichtung, Bd. 4, 1, 3. Aufl., 1916, ND Berlin 1955, S. 387–388.

kommenen Formen der Sinnbildung zu organisieren. Deshalb werden die Darstellungskategorien des mimetischen Illusionismus, Handlung und Charakter, Erlebnis und Ich, nach und nach ausgehöhlt und schließlich vollends zur Disposition gestellt. Dieser Punkt ist in dem Augenblick erreicht, in dem Arno Holz die Kategorie der Handlung der Darstellung des »Lebens« opfert[10] und Stefan George die des Charakters um der Darstellung der »einen Seele« willen verwirft.[11] Damit sind zugleich die Prinzipien benannt, die nun das Darstellen regieren sollen: das Ausgehen auf das »Leben« und die »eine Seele«. Als ihre gemeinsame Wurzel wird sich zu erkennen geben, was wir mit H. Rickert Intuitionismus nennen.

Es wird freilich auch zu bedenken sein, daß die Laokoon-Ästhetik ihre Wirksamkeit im 20. Jahrhundert keineswegs ganz und gar einbüßt. In dem Teil der Literatur, der sich nicht als Organon der Erkenntnis definiert, der Unterhaltungsliteratur, kann der mimetische Illusionismus fortleben, ja sich mit einer eigenen Dynamik weiterentwickeln. Es entsteht jener moderne Bewußtseinsillusionismus, den man auch als filmisches Schreiben zu fassen gesucht hat. Als seine Triebfeder werden wir dasselbe Prinzip erkennen, das die Entmimetisierung der künstlerischen Literatur vorantreibt: den modernen Intuitionismus.

8. Kapitel

Begrenzung und Umgestaltung des mimetischen Illusionismus in der Literatur des 20. Jahrhunderts

Die Anfänge der modernen Literatur und ihre Kritik mit den Mitteln der Laokoon-Ästhetik: Modernismus als Abkehr vom mimetischen Illusionismus

Am heftigsten geht die Kritik, die die modernistischen Tendenzen unter Berufung auf Lessings ›Laokoon‹ abzuwehren sucht, gegen den Naturalismus vor – nichts könnte deutlicher machen, daß die Literatur mit ihm, so wie A. Holz und J. Schlaf ihn in ihren ›Neuen Geleisen‹ erproben und wie Holz ihn in seinen Programmschriften entwickelt, den Boden des mimetischen Illusionismus verläßt; daß mit ihm jene Entwicklungslinie beginnt, die wir als Entmimetisierung der Formen beschrieben haben. Wir haben Lessings ›Laokoon‹ als Instrument zur Durchsetzung einer Kunst des schönen Scheins

---

[10] A. Holz, Evolution des Dramas, in: Holz, Werke, hg. v. W. Emrich u. A. Holz, Bd. 5, 3. Teil, Neuwied 1962, S. 47ff., hier S. 55.
[11] St. George, Rat für Schaffende, in: George, Werke, Ausgabe in vier Bänden, München 1983, Bd. 2, S. 309.

gekennzeichnet, als Katalog von Kriterien, in denen eine solche Kunst greifbar, erlebbar, prüfbar wird. In eben dieser Funktion wird er nun gegen den Naturalismus ins Feld geführt. Mit seiner Hilfe wird ein Literaturerlebnis angemahnt, das mit der überkommenen Literatur wie notwendig verknüpft war und das bei der Lektüre der konsequent naturalistischen Texte schmerzlich vermißt wird. Aber die Erwartungen, die so eingeklagt werden, kann und will der Naturalismus nicht mehr erfüllen. Die Grenzscheide zwischen mimetisch-illusionistischer und entmimetisierter Kunst ist überschritten.

Man hat dem Naturalismus immer nachgesagt, daß er das Prinzip der Naturnachahmung wiederbelebe und radikalisiere. »In der naturalistischen Poetik wird die Mimesisforderung auf die Spitze getrieben, ja überspitzt. Die Nachahmung soll mit dem Nachgeahmten möglichst identisch (...) werden.«[1] Das ist richtig und falsch zugleich. Richtig ist, daß der »konsequente Naturalismus« sich in einem Maße auf die unmittelbar gegebene empirische Wirklichkeit einläßt, das zuvor undenkbar gewesen wäre. Aber ist es ihm dabei wirklich um Mimesis zu tun? Geht er nicht vielmehr auf eine Weise vor, die alle Rücksicht auf das vermissen läßt, was seit der Aufklärung Mimesis hieß? Zum Begriff der Naturnachahmung gehört ja doch der der Einbildungskraft notwendig mit dazu. Nachahmen heißt immer, mit Blick auf eine illusionierende Wirkung nachahmen, und das wiederum bedeutet: alles nachgeahmte Detail muß suggestives Detail sein, muß transparent auf Sinnmomente und letztlich auf einen einzigen, in sich geschlossenen großen Sinnzusammenhang sein. Das aber stellt der »konsequente Naturalismus« zunächst ganz hintan. Es geht ihm um die Eroberung der »Natur« als Natur, der Wirklichkeit als Wirklichkeit, des »Lebens« als Leben, und dies ohne Rücksicht auf die Folgen, ohne auf Sinnzusammenhänge – oder vielmehr: ohne auf eine Sinnbildung in den durch die herkömmlichen Kategorien vorgezeichneten Bahnen zu achten. Denn auch er etabliert natürlich Sinnmomente, nur sind sie auf einer anderen Ebene angesiedelt als die der Symbolkunst, so daß sie keine Illusionierung, keinen in sich geschlossenen Schein mehr zulassen.

Eben der schöne Schein, die Transparenz des Details auf einen Sinnzusammenhang wird von den Kritikern des Naturalismus vermißt – und in Deutschland hat der Naturalismus fast nur Kritiker. Das gilt in besonderem Maße für die akademische Literaturkritik; sieht man von denen ab, die den Naturalismus um seiner Stoffe willen geschätzt haben, darf man wohl sagen, daß die Wissenschaft bis in die sechziger Jahre hinein nicht allzu viel mit ihm anzufangen wußte. Der Naturalismus will aber, wie A. Holz und G. Hauptmann ihn verstehen, als Methode geschätzt werden, als Modell einer moder-

---

[1] So etwa noch D. Borchmeyer, Der Naturalismus und seine Ausläufer, in: Geschichte der deutschen Literatur vom 18. Jahrhundert bis zur Gegenwart, hg. v. V. Žmegač, Bd. 2, 1, Königstein 1980, S. 153–233, hier S. 154.

nen Literarästhetik.² Gerade daran hat es meist gefehlt. Mustert man das ältere Schrifttum, möchte man meinen, der Naturalismus habe überhaupt nur in der Weise des Überwundenwerdens existiert. Schon 1891 spricht H. Bahr von der »Überwindung des Naturalismus«,³ und es kann doch für Deutschland frühestens seit Mitte der achtziger Jahre von Naturalismus die Rede sein. Und die Literaturgeschichtsschreibung suggeriert vielfach eine Chronologie, die den Naturalismus als durch den Symbolismus historisch überwunden vorführt, so als sei der Symbolismus nicht in Deutschland wie zuvor schon in Frankreich gleichzeitig mit dem Naturalismus hervorgetreten und als seien nicht wichtige Leistungen des Naturalismus erst nach der Jahrhundertwende entstanden.

Was an Kritik laut wird, ist zunächst und vor allem die Klage, die Produkte des Naturalismus seien langweilig. Was aber heißt langweilig? Es ist damit nichts anderes gesagt, als daß keine Illusionierung stattfindet, so wie man es von der überkommenen Literatur her gewohnt ist; daß man sich nicht in eine Welt des Scheins versetzt fühlt, und das wiederum bedeutet, daß man in all dem Wirklichkeitsdetail, mit dem man sich konfrontiert sieht, nichts von jenen Sinnmomenten verspürt, durch die sich gewohnter Weise Übersichtlichkeit, Zusammenhang herstellt, eben eine in sich geschlossene symbolische Welt. Sodann wird kritisiert, daß der Naturalismus sein Publikum ins Niedere herabzerre; daß er es nur mit Schmutz, Häßlichkeit und Nichtigkeit konfrontiere. Auch das heißt nichts anderes, als daß eine Sinnbildung in den gewohnten Bahnen vermißt wird. Allerdings wird ihr Fehlen hier nicht unmittelbar als Defizit an Wirkung erlebt, sondern als Mangel an Gehalt festgestellt und beklagt.

Am niveauvollsten ist die Kritik des Naturalismus, wo sie das Fehlen einer in den gewohnten Bahnen verlaufenden Sinnbildung nicht nur als Ausbleiben einer illusionierenden Wirkung oder als Fehlen der gewohnten sinntragenden Inhalte beklagt, sondern es auf das dichterische Verfahren selbst, auf den naturalistischen Darstellungsstil bezieht. Das geschieht nun eben da, wo Lessings ›Laokoon‹ beschworen wird. Die Argumente, mit denen sich eine solche Kritik vom ›Laokoon‹ aus gegen die beginnende Moderne wendet, sind keine anderen als die, mit denen sich bereits F. Hebbel 1858 in zwei berühmt-berüchtigten Rezensionen gegen Stifters ›Nachsommer‹ wandte; sie seien darum zunächst in seinen Worten exponiert.⁴

---

[2] Th. Meyer, Nachwort, in: A. Holz, J. Schlaf, Papa Hamlet, Frankfurt 1979, S. 148ff., besonders S. 150.
[3] H. Bahr, Die Überwindung des Naturalismus, 1891, in: Bahr, Zur Überwindung des Naturalismus, hg. v. G. Wunberg, Stuttgart 1968, S. 33–102.
[4] F. Hebbel, Literaturbrief VIII und Das Komma im Frack, in: Hebbel, Sämtliche Werke, hg. v. R. M. Werner, Erste Abt., Vermischte Schriften IV, Kritische

In Stifters Roman sieht Hebbel den vorläufigen Höhepunkt einer für ihn außerordentlich beunruhigenden Entwicklung, die die Literatur sich »bei jedem Schritt inniger in's Detail« »vertiefen« läßt; die das »Genre« immer mehr in den Vordergrund treten und selbst in den »höheren Sphären«, nämlich in den »idealen Formen« der Kunst und Literatur die Herrschaft erringen läßt, die »in seinem Sinne behandelt und dadurch zerstört (...) werden«.[5] Demgegenüber beruft sich Hebbel auf Lessing, »den deutschen Zwillingsbruder des Aristoteles«, der »in dem Hauptwerke seines Lebens für alle Zeiten zwischen (den Künsten der Malerei und der Dichtung) den unverrückbaren Markstein (setzte)«.[6]

»Der (!) ausartende Genre reißt sich mehr und mehr vom Alles bedingenden, aber auch Alles zusammenhaltenden Centrum los und zerfällt in demselben Moment in sich selbst, wo er sich ganz befreit zu haben glaubt.«[7] Denn »jedes Bild ohne Ausnahme (muß) ein hieroglyphisches Element in sich aufnehmen (...), welches nach allen Seiten die Grenzen zieht«.[8] Wo ein solches »hieroglyphisches Element«, ein »zusammenhaltendes Centrum« fehlt, wo man sich die »Ideen« geradezu »erlassen« hat, da muß dann »die Palette selbst« das »Bild« abgeben.[9] Das Extrem begegnet in Stifter und seiner »auf's Breite und Breiteste angelegten Beschreibungsnatur«;[10] er »verliert den Menschen ganz aus dem Auge« und breitet nurmehr Stoff aus wie ein Konversationslexikon oder ein »Handbuch gemeinnütziger Kenntnisse«.[11] Die Berufung auf »Ursprünglichkeit« und »gesunden Realismus« ist für Hebbel lediglich ein »prahlerisches Aushängeschild«.[12] Nur für »mittlere Talente«,[13] für »alle diejenigen, die nicht im Stande sind, ein Ganzes aufzufassen und in sich aufzunehmen, wohl aber sich am Einzelnen zu erfreuen«, kann eine solche Kunst ein Genuß sein.[14] Für den ›Nachsommer‹ soll freilich nicht einmal das gelten: niemand wird ihn nach Hebbel je freiwillig zu Ende lesen.[15]

Mit dieser hellsichtig-verbohrten Diagnose, die Hebbel den zur Moderne führenden Entwicklungstendenzen stellt, ist bereits alles gesagt, was vom Standpunkt der Laokoon-Ästhetik zur Moderne zu sagen ist. Nicht anders argumentieren die Gegner des Naturalismus, ja begründen noch Lukács und Staiger ihre Kritik an der Moderne. Das Detail schwillt an, die Sinnmomente hinter dem Detail, die ein ganzheitliches Erleben ermöglichen, verblassen, und der Leser fühlt sich gelangweilt.

Hebbel hat recht, wenn er das, was den Stoff der Dichtung ganzheitlich erleben läßt, das »hieroglyphische Element«, das »Alles zusammenhaltende Centrum«, auf die »Idee«, und das heißt: auf den »Menschen« bezieht; ge-

---

Arbeiten III, Berlin o. J., S. 184–185 bzw. 189–193; dazu H. Ch. Buch, ut pictura poesis, a.a.O., S. 144–162.
5 Hebbel, a.a.O., S. 190.
6 Ebenda, S. 185.
7 S. 193.
8 S. 191.
9 S. 185.
10 S. 184.
11 S. 192.
12 S. 185.
13 S. 192.
14 S. 190.
15 S. 184.

nauer: auf die Anthropologie des Idealismus, auf jenes »Allgemeinmenschliche«, auf das man sich seit der Aufklärung geeinigt hat. Schöner Schein ist nur da möglich, wo man sicher weiß, was der Mensch und was ihm die Welt ist, und nur im Austausch derer, die dieses sichere Wissen teilen. Denn nur da kann sich die Sinnbildung in Formen vollziehen, die ganzheitliche Gestalten und in sich geschlossene Sinnzusammenhänge entstehen und in ihrer Ganzheitlichkeit und Geschlossenheit erleben lassen. Nur wo man weiß, was der Mensch ist, können vor dem Leser rundum bestimmte, feststehende, überschaubare Charaktere auftreten; nur wo man weiß, worauf alles Handeln hinausläuft, können in sich geschlossene Handlungszusammenhänge vor ihm entrollt und zum Abschluß gebracht werden; nur wo man immer schon um die Einheit von Mensch und Natur im großen Weltganzen weiß, kann ein Erlebnisgedicht geschrieben werden, das dem Leser ein in sich abgeschlossenes Naturerlebnis mitteilt. Deshalb bedarf die klassische Dichtung ebenso der idealistischen Metaphysik, wie diese die Dichtung braucht; beide Konzepte können ohne einander nicht aufgehen. Sobald die zugrundeliegende Metaphysik und Anthropologie nicht mehr überall geteilt werden kann, sobald man nicht mehr sicher weiß, was der Mensch ist, sondern nur einiges über ihn zu wissen meint und im übrigen allererst erkunden will, was er ist, sobald Begriffe wie Welt, Natur, Gesellschaft nurmehr Fragezeichen und nicht mehr Besitztitel sind, ist schöner Schein im strengen Sinne nicht mehr möglich.

Hebbel hat freilich unrecht, wenn er das zunehmende Unvermögen, »ein Ganzes aufzufassen und in sich aufzunehmen«, also den jeweiligen Stoff auf die »Idee« zu beziehen und überhaupt auf die idealistische Metaphysik zu rekurrieren, als persönliches Unvermögen von Einzelnen deutet. Und man darf es wohl einen Fehler nennen, wenn er die realistische Freude am Stoff der Welt mit dem Hinweis auf das Konversationslexikon ridikülisiert und die Berufung auf »Ursprünglichkeit« als Prahlerei abtut. Er beraubt sich so der Möglichkeit ernst zu nehmen, woraus die Kunst der Zukunft erwachsen wird. Denn das »ursprüngliche« Verhältnis zum Stoff der Welt, der »Intuitionismus«, wird für sie zum entscheidenden Ausgangspunkt, zum Angelpunkt ihrer spezifischen Sinnbildung.

Aber das ist um 1858 wohl noch nicht zu überblicken. Anders steht es zu Zeiten des Naturalismus; hier hat der Rekurs auf die Laokoon-Ästhetik schon etwas von jenem Nicht-wahrhaben-Wollen der Moderne, das für bestimmte Teile des gebildeten Publikums, seiner Literaturkritik und vor allem für einen erheblichen Teil der akademischen Literaturwissenschaft bis weit in die zweite Hälfte unseres Jahrhunderts kennzeichnend ist. Wenn man dem Naturalismus meist auch zubilligt, »die stagnierende Bewegung unserer Literatur wieder in Fluß gebracht und uns nach der Dürre der 70er und 80er Jahre (...) wieder eine Kunst geschaffen zu haben«, so folgt dem doch stets die einschränkende Feststellung – was aber ist sie bei Licht besehen anderes als ein Widerruf der Anerkennung? –, daß »zugleich mit der heilsamen Wirkung (...) eine grobe Verkennung des Wesens und der Grenzen der Poesie verbunden (war)«.[16] Der Naturalismus wollte »die Wirklichkeit abmalen, wie er sie vorfand, ohne Auswahl, ohne subjektive Zuthat, ohne gestaltendes Eingreifen der Phantasie«; er wollte »keinen Unterschied mehr machen: alles und jedes an ihr sollte ihm Stoff sein«. »Eine Schilderungswut brach aus, die nur in der Bevorzugung des Schmutzes und des Häßlichen sich von der poetischen Malerei der vorlessing'schen Tage unterschied.« Dabei »gehört es, wie Vischer mit Recht bemerkt, (seit Lessing) zum Abc der Ästhetik, daß der Dichter nicht im Malen stecken bleiben dürfe«. Insbesondere »die gehaltlosen Nichtigkeiten des Alltags geraten in einer Kunst unerträglich lahm und leblos, in der Gegenwärtigkeit nur durch erregtes Leben geschaffen wird«. Die Poesie ist »auf die Wiedergabe erregten Lebens und in allen größeren Zusammenhängen auf Fortschreiten und Entwicklung angewiesen«.[17]

Mit diesen Worten kritisiert Th. A. Meyer 1901 am Ende seines Buchs über das »Stilgesetz der Poesie« den Naturalismus. Die Naturalismuskritik ist die Pointe, gleichsam die Nutzanwendung einer Untersuchung, die sich durchaus kritisch mit den Laokoon-Thesen und insbesondere mit ihrer Fassung durch F. Th. Vischer auseinandersetzt, aber nicht um sie zu verwerfen, sondern um sie auf den neuesten Stand der Wissenschaft zu bringen und so ihren poetologischen Gehalt zu retten. Sie ordnet sich damit jener Gruppe ästhetisch-poetologischer Arbeiten zu, die in der Zeit um die Jahrhundertwende auf der Basis einer Psychologie vom Schlage der Wundtschen Völkerpsychologie die klassische Ästhetik revidieren und erneuern – die, wenn man so will, die Hegel-Vischersche Ästhetik psychologisieren; hier seien nur die Namen von J. Volkelt, Th. Lipps, E. Elster und H. Roetteken genannt. Der Positivismus kann ja, wenn er konsequent sein will, eine ästhetische Prinzipienreflexion nur in Form von Psychologie vornehmen. Die Laokoon-Ästhetik psychologisch zu durchdringen, gehört bei den genannten Autoren deshalb zu den wichtigsten Anliegen. Den nachhaltigsten Erfolg scheint Th. A. Meyer damit gehabt zu haben, unter anderem wohl wegen der Anwendung seiner Thesen auf den Naturalismus. Jedenfalls führt Walzel in seiner Geschichte der »deutschen Dichtung seit Goethes Tod« von 1920 Meyer unter denjenigen mit an, die wie A. Hildebrand, P. Ernst und S. Lublinski die »Abkehr von der Eindruckskunst« (wozu er mit Recht den Naturalismus zählt) vorbereiten halfen.[18] Und noch für die Generation von Th. W. Adorno, P. Böckmann und W. Kayser gehört Meyers ›Stilgesetz‹ zum eisernen Bestand der Methodologie.

---

[16] Th. A. Meyer, Das Stilgesetz der Poesie, 1901, ND Darmstadt 1968, S. 230.
[17] Ebenda, S. 230–231; Zitate zum Teil umgestellt.
[18] O. Walzel, Die deutsche Dichtung seit Goethes Tod, Berlin 1920, S. 250–251.

Nach der Jahrhundertwende schlägt das geistige Klima bekanntlich sehr schnell um; in den Wissenschaften werden Positivismus und Psychologismus von einem lebensphilosophisch verwässerten Neuidealismus abgelöst, der in den Kulturwissenschaften die Form der Geistesgeschichte annimmt. ›Laokoon‹ aber und die an ihn sich knüpfende Distanz zu den modernen Formen bleiben. Daran ändert auch die Tatsache nichts, daß sich inzwischen mit George, Hofmannsthal und Rilke eine Dichtung etabliert hat, die durchaus modern ist, und das heißt: von der Laokoon-Ästhetik aus nicht begriffen werden kann, und die sich dennoch breiterer Anerkennung erfreut; sie mag wohl weniger wegen dessen geschätzt worden sein, was an ihr modern ist, als vielmehr wegen ihres Dichtungs- und Schönheitsverständnisses, das dem der Epigonen von Idealismus und Klassik noch nahe genug ist, um mit ihm verwechselt werden zu können.

An den Laokoon-Thesen jedenfalls hält die neuidealistische Poetik, halten O. Walzel und E. Ermatinger, J. Petersen und G. Müller, E. Staiger und G. Lukács trotz mancher Modifikation im Stile Meyers prinzipiell fest. Für sie sind sie freilich nun weniger ein wirkungspsychologischer Befund als im Wesen der Kunst selbst gründende »innere Gesetze«. Als solche finden sie auf eine doppelte Weise ihr Interesse. Der Neuidealismus tritt bekanntlich an, um das Geistige wieder als Geistiges sichtbar zu machen, nachdem es sich zu Zeiten des Positivismus ins Psychische, wenn nicht gar ins Physikalische verflüchtigt habe.[19] Diesem Geistigen vermag er aber – anders als der Neukantianismus und die Phänomenologie Husserlscher Prägung – nur durch eine idealistische Metaphysik des Geistes erneut Geltung zu verschaffen, die »innere Gesetze« des Geistigen zu exponieren vorgibt. Das »Stilgesetz der Poesie« ist etwas, woran er dabei ohne große Mühe anknüpfen kann, so wie etwa auch an angebliche Gattungs- und Epochengesetze der älteren Literaturforschung. Und zugleich sieht er in ihm ein Mittel, sich der Moderne entgegenzustemmen. Denn mit der Besinnung auf die Wesensgesetze des Geistigen verfolgt er auch immer das Ziel, im Aufbruch der Moderne mit ihrer Verflüssigung aller »Formen« und überhaupt aller überkommenen Normvorstellungen feste Bezugspunkte zu schaffen, eine sichere Plattform, von der aus dem angeblichen »Formenchaos« entgegengetreten werden kann.

Daß sich die neuidealistische Poetik, wie sie das Rückgrat zunächst der Geistesgeschichte und sodann der werkimmanenten Methode bildet, in der Frage der Anschaulichkeit auf den Boden der Laokoon-Ästhetik stellt, steht keineswegs im Widerspruch zu jener Forschungsaufgabe, an die man im Zusammenhang der vorliegenden Arbeit bei dem Begriff Geistesgeschichte vor allem denken wird: zur »wechselseitigen Erhellung der Künste«. Denn

---

[19] Zum »neuidealistischen Impuls« etwa J. Hermand, Literatur- und Kunstwissenschaft, a.a.O., S. 4ff.

mit der wechselseitigen Erhellung, wie O. Walzel sie versteht[20] und wie sie im Anschluß an ihn Literarhistoriker wie F. Strich und H. Cysarz praktizieren, ist keineswegs gemeint, daß der »Markstein«, den Lessing an der Grenze zwischen Literatur und Kunst gesetzt hat, ausgerissen oder übergangen werden soll – im Gegenteil: es geht um einen Vergleich, der »der ästhetischen Selbständigkeit der einzelnen Künste« voll Rechnung trägt.

Das wird vielleicht nirgends so deutlich wie in der Zwischenbilanz, die F. Medicus 1930 unter dem Titel »Das Problem einer vergleichenden Geschichte der Künste« in E. Ermatingers ›Philosophie der Literaturwissenschaft‹ gibt.[21] Der Aufsatz hat zwei Hauptteile; in dem einen werden die Laokoon-Thesen entfaltet und die Gefahren abgewehrt, die ihnen vor allem von der Ästhetik B. Croces drohen,[22] und in dem andern werden die Ergebnisse der »wechselseitigen Erhellung der Künste« seit Wölfflins ›Grundbegriffen‹ rekapituliert.[23] Und wie um an die Grundlage und den Ursprungssinn des ›Laokoon‹ zu erinnern, schickt Medicus eine »Vorbemerkung allgemein-ästhetischen und geschichtsphilosophischen Inhalts« voraus, in der er die Kunst als »Reich des Scheins« bestimmt, deren Schein »die Wirklichkeitstiefen offenbart«,[24] wie sie aus dem »Menschheitserleben« erwachsen;[25] daß Kunst hier einzig und allein mimetisch-illusionistische Kunst sein kann, ist nach wie vor die Voraussetzung für die uneingeschränkte Geltung, in der die Laokoon-Thesen gehandhabt werden.

Daß die »wechselseitige Erhellung der Künste« auf solche Weise die Laokoon-Ästhetik zu respektieren hat, scheint der entscheidende Grund dafür zu sein, daß sie letztlich enttäuschend verlaufen ist und nur vage, fast nichtssagende, methodisch nicht recht fruchtbar zu machende Begriffe vom Geist verschiedener Epochen in die Wissenschaft einbringen konnte. Denn ihre lohnendste Aufgabe wäre eben die Relativierung der Laokoon-Thesen gewesen, wäre es gewesen zu zeigen, daß und wie im ›Laokoon‹ ein bestimmter Darstellungsstil postuliert wird, was ihm vorausgeht, wie er entsteht, was er bedeutet und wie er wieder vergeht. Mit einem Wort: das ureigenste Feld

---

[20] O. Walzel, Wechselseitige Erhellung der Künste, Berlin 1917.
[21] F. Medicus, Das Problem einer vergleichenden Geschichte der Künste, in: Philosophie der Literatur, hg. v. E. Ermatinger, Berlin 1930, S. 188–239.
[22] Ebenda, S. 190ff. – Der Name Lessings fällt hier zwar nicht – Metaphysiker pflegen ja Anmerkungen zu scheuen, und mit Recht –, aber bedarf es dessen noch, wo den »bildenden Künsten« das »Räumliche« und den »redenden Künsten« das »Zeitliche« zugeordnet wird (S. 196), wo der bildende Künstler »den Augenblick so wählen (soll), daß er für die Bewegung bezeichnend ist« (S. 197), wo es heißt, »wo immer (...) in einer Dichtung äußeres Dasein einläßlich beschrieben wird, droht die Gefahr der Langweiligkeit« (S. 202)?
[23] Medicus, a.a.O., S. 224ff.
[24] Ebenda, S. 188.
[25] S. 189.

einer wechselseitigen Erhellung der Künste hätte die Geschichte des Darstellungsstils sein müssen, und gerade von ihr ist sie durch die Festlegung auf die Laokoon-Ästhetik abgeschnitten. So müssen die Versuche einer Geistesgeschichte bald der Kritik verfallen. Seither ist kein ernsthafter Versuch mehr unternommen worden, nach der Maxime ut pictura poesis an Grundsatzfragen der Literaturwissenschaft heranzugehen.

Diese Hinweise mögen genügen um zu zeigen, wie gegenwärtig der ›Laokoon‹ auch in der ersten Hälfte unseres Jahrhunderts immer noch ist und warum er es ist. Eine der wichtigsten Funktionen, die er im poetologischen Schrifttum hat, erwächst ihm eben daraus, daß sich mit seiner Hilfe die fortschreitende Entfernung der modernen Literatur von den Grundsätzen der klassischen Ästhetik greifen läßt. Wenn den Formen, die sich seit Naturalismus und Symbolismus entwickeln, die Laokoon-Thesen als Wesensgesetze der Kunst entgegengehalten werden, so wird damit implizit die Erkenntnis formuliert, daß mit ihnen der Boden einer Kunst des schönen Scheins verlassen ist. Diese Einsicht erweist sich in solcher Kritik als allgegenwärtig. An sie ist hier anzuknüpfen – freilich nur an den Befund, nicht an die Form, in der er niedergelegt ist. In unseren Augen entfernt sich die Moderne nicht von ewigen Wesensgesetzen der Kunst, sondern nur von den ästhetischen Normen, die sich im 18. Jahrhundert ausgebildet haben. Das sogenannte »Stilgesetz der Poesie« sehen wir nicht mehr in der »Natur« der Poesie gründen – die Poesie hat keine »Natur«, ebensowenig wie irgendein anderer Kulturgegenstand –, und überhaupt erblicken wir in ihm kein Gesetz, sondern nur ein Postulat, nämlich die Maxime, in der das Prinzip des mimetisch-illusionistischen Darstellungsstils niedergelegt ist: alle Mittel des anschaulichen Redens sollen wesentlich der Illusionierung dienen. Es kann also allenfalls von einem Stilgesetz der mimetisch-illusionistischen Literatur die Rede sein. Das ist es, was sich für uns mit dem Namen des Laokoon verbindet.

Möglichkeiten des mimetischen Illusionismus in der Moderne:
Film und Unterhaltungsliteratur

Mit dem Beginn der Moderne wird die Laokoon-Ästhetik – auch in dem dargelegten Sinne – keineswegs bedeutungslos. Entmimetisierung heißt ja nicht, daß alle Kunst und Literatur mit einem Schlage der Möglichkeiten eines mimetischen Illusionismus entsagte. Es heißt lediglich, daß die Forderung des schönen Scheins nicht mehr stets und überall das letzte Wort behält. In bestimmten Bereichen des literarisch-ästhetischen Lebens kann der mimetische Illusionismus sehr wohl weiterhin gepflegt werden. Wenn seine Voraussetzungen, so wie sie die klassische Ästhetik festgestellt hat, auch nicht mehr allgemein geteilt werden, so kann er im Bewußtsein dieser seiner Voraussetzungen doch durchaus noch Verwendung finden.

Konsequent entmimetisierte Formen sind im Grunde nur im Bereich der avantgardistischen Kunst anzutreffen. Was größere Breitenwirkung erlangt, ist meist von einem bloß relativierten Illusionismus getragen. Im übrigen bleibt die Unterhaltungsliteratur eine Domäne des mimetischen Illusionismus und damit der Laokoon-Ästhetik. Hier, im Bereich einer Literatur mit deutlich reduzierten Ansprüchen, ist sie weiterhin lebendig, ja erweist sie sich geradezu als vital und entwicklungsfähig. Und entwickeln muß sie sich; der Illusionismus muß immer wieder ein anderer werden, um Illusionismus bleiben zu können, er muß auf die sich wandelnden Voraussetzungen beim Publikum reagieren, muß seine geänderten Erfahrungen, Anschauungen, Bildungsmomente in Rechnung stellen, um es weiterhin in seinen Bann schlagen zu können.

Die Unterhaltungs- und Trivialliteratur ist freilich nicht der einzige Bereich, in dem das Laokoon-Prinzip in der Moderne seine Vitalität unter Beweis stellt. Fast noch deutlicher manifestiert sie sich in einer anderen Kunstform: der des Films. Bei ihr, der neu zu entwickelnden Darstellungsform, ist ein mimetischer Illusionismus erst neu zu schaffen, ist allererst herauszufinden, was schöner Schein heißen kann. Ein Blick auf die Möglichkeiten des Kinos mag darum der Erörterung der Unterhaltungsliteratur vorausgehen, zumal wir bei der Frage nach der Eigenart des mimetischen Illusionismus in der Moderne immer wieder dem Begriff des filmischen Schreibens begegnen werden.

Keiner Aufgabe widmen sich die »Filmemacher« in den ersten Jahrzehnten nach der Erfindung des Films mit solcher Hingabe wie der Entwicklung eines filmischen Illusionismus. Der Film ist ja keineswegs bereits als Medium mimetisch-illusionistisch. Seine technische Unterlage ist zwar ein Verfahren der Sinnestäuschung, aber die optischen und akustischen Daten, mit denen er die Sinne täuscht, entstehen auf dem Weg der Dokumentation, und was als Dokument rezipiert wird, wird, wie Benjamin dargelegt hat, geprüft, befragt, mit Distanz betrachtet. In Dokumente kann man sich nicht einfühlen, identifizierend einleben; sie können den Betrachter nicht so illudieren, daß er sich in eine Welt des Scheins versetzt fühlt. Damit das gelingen kann, muß der Film eigens dazu hergerichtet werden.

Das Prinzip solchen Herrichtens ist, aus einer ungestalten Masse von Sinnesdaten, die allererst auf Befragen Sinn hergeben würde – diesen oder jenen Sinn, je nach Betrachter –, einen durchstrukturierten Kosmos des Sichtbaren erstehen zu lassen, der in jedem Augenblick und unter jedem Aspekt vollkommen transparent auf eindeutige Sinnfiguren und letztlich auf einen durchgängigen Sinnzusammenhang ist – was aber ist das anderes als das Laokoon-Prinzip, unter den Bedingungen des Films neu formuliert? Alles, was ins Bild kommt, die Menschen mit ihrem Aussehen, ihrer Ausstrahlung, ihrer Mimik, Gestik, ihrem Tun, die Szenerie mit ihrem charakteristischen

349

Gepräge, ihrer Atmosphäre, die Dinge, die Vorgänge, die Gespräche; sodann die Art und Weise, wie das alles ins Bild kommt, in welcher Beleuchtung, in welchem Blickwinkel, wie nah oder fern; und schließlich die Abfolge und der Rhythmus der Bilder in der Montage – das alles muß dazu beitragen, daß der Betrachter eindeutige Sinnfiguren in eindeutiger Abfolge und Zuordnung konzipieren kann, muß gewährleisten, daß sich sein Bewußtsein in den sicheren Bahnen eines bestimmten Prozesses der Sinnentfaltung, etwa der Entwicklung einer Handlung, bewegt und daß ihn nichts beschäftigt, was ihn davon abführen könnte.

Im wesentlichen ist das die Leistung der sogenannten filmischen Codes und der Montage. Filmische Codes[26] erwachsen, wie oben dargelegt, in erster Linie aus bestimmten Konventionen bei der Handhabung filmischer Mittel und ermöglichen als allgemein bekannte Zeichensprache eine eindeutige Sinnbildung. Unter filmischen Mitteln wird hier alles verstanden vom Star mit seinem bekannten Image und der Landschaft, dem Interieur, dem Ding, der Geste, die – insbesondere im Rahmen bestimmter Genres wie Wildwest- oder Kriminalfilm – ganz bestimmte Bedeutungen suggerieren, bis hin zu den Möglichkeiten der Beleuchtung, der Aufnahmetechnik und des Schnitts. Bestimmte Stars bringen die Bedeutung des Draufgängers, der unglücklich Liebenden, der Naiven mit, bestimmte Landschaften sind als Schauplatz des Abenteuers, der Gefahr, der Einsamkeit, der Freiheit bekannt, bestimmte Interieurs suggerieren Luxus, Normalität des Lebens, Verworfenheit, bestimmte Gegenstände Gefahr, Ruhe, bestimmte Gesten zwischenmenschliche Beziehungen oder Vorgänge, ein bestimmtes Licht suggeriert bestimmte moralische Qualitäten einer Person, usw.

Die Montage diktiert den Rhythmus, in dem der Betrachter die jeweiligen Bedeutungen realisiert, läßt ihn deutlich sehen, was er klar erkennen muß, verhindert, daß er abschweift, läßt ihn kombinieren, was er verbinden soll. Nichts hat die illusionsbildende Kraft der Montage vielleicht so nachdrücklich bewußt gemacht wie jene Filmexperimente der fünfziger Jahre, etwa einige frühe Filme von A. Warhol, die ohne Schnitt abgedreht sind: wo nicht geschnitten wird, da kann kein schöner Schein entstehen, da muß es früher oder später einen Moment der Wahrheit geben, muß sich der dokumentarische Grundzug des Films verselbständigen, was immer auch von Akteuren und Inszenatoren an Arrangements getroffen worden sein mag.

Es bleibt anzumerken, daß das große Illusionskino, für das der Name Hollywoods steht, seit seiner Entstehung immer auch von Kritik begleitet

---

[26] Hier sei nochmals auf die für die Erforschung der filmischen Codes grundlegende Arbeit hingewiesen: Ch. Metz, Sprache und Film, 1968, dt. Übers., Frankfurt 1973.

gewesen ist.[27] Der Film werde so systematisch um die Möglichkeiten gebracht, die in ihm als Verfahren der Dokumentation stecken, nämlich eine Kunst des Sichtbaren zu sein, unmittelbar mit Realität konfrontieren zu können. Im Erzählkino werde das Bild zum bloßen Vehikel der filmischen Codes, auf die es letztlich alleine noch ankomme, und die Montage verhindere hier geradezu ein Sehen im Sinne eines freien Anschauens.[28] So hat denn auch der Film Phasen der Entmimetisierung erlebt, etwa in den Filmen der »Neuen Welle«, die im Namen der Authentizität des Sehens und damit der Lebensauthentizität die Mittel des mimetisch-illusionistischen Kinos bewußtmachen und durchbrechen.

Daß die Möglichkeiten des Films auf so unterschiedliche Weise realisiert werden, daß das in seinem darstellerischen Verfahren liegende dokumentarische Moment ebensowohl im Sinne eines mimetischen Illusionismus domestiziert wie zur Sprengung mimetisch-illusionistischer Formen entfaltet werden kann, hat zur Folge, daß die Rede vom filmischen Schreiben zwei sehr verschiedene Bedeutungen annehmen kann. In dem einen Fall zielt sie auf jene spezifisch moderne Form illusionistischen Darstellens, die wir Bewußtseinsillusionismus nennen werden und die vor allem in der Unterhaltungsliteratur kultiviert wird, in dem anderen auf bestimmte Erscheinungen einer entmimetisierten Literatur, nämlich auf die Formen, in denen die Darstellung des Bewußtseinsstroms am Leitfaden der Wahrnehmung organisiert wird und die so entstehenden Wahrnehmungszusammenhänge montierend aneinandergefügt werden.

In der Literatur ist die Domäne des mimetischen Illusionismus im 20. Jahrhundert der Bereich der Unterhaltung. Während sich in der künstlerisch ambitionierten Literatur die Entmimetisierung vollzieht, führt er hier ein weitgehend ungestörtes Leben, ja kann er sich sogar zu neuen Möglichkeiten fortbilden. Für die Situation von Kunst und Literatur im 20. Jahrhundert ist vielleicht nichts so kennzeichnend wie dies, daß die Arbeiten mit künstlerischem Anspruch, mit einem wie auch immer gearteten kognitiven Ehrgeiz in entschiedenen Gegensatz zu den Formen der Unterhaltung treten. Unterschiede von Kunst, Unterhaltung und Kolportage sind zwar auch schon im 19. und weiter zurück im 18. Jahrhundert zu beobachten. Während sie hier aber grundsätzlich am selben Repertoire literarischer Möglichkeiten partizipieren und ein einziges Spektrum von Niveaustufen mit kontinuierlichen Übergängen bilden, scheinen sie in der Moderne durch Welten vonein-

---

[27] Vgl. etwa S. Kracauer, Theorie des Films, a.a.O., S. 389ff.: Die Errettung der physischen Realität.
[28] Dazu etwa J. Monaco, Film verstehen, a.a.O., S. 286ff. – Reflexe dieser kritischen Diskussion z. B. auch bei P. Handke, Ich bin ein Bewohner des Elfenbeinturms, Frankfurt 1972, S. 69f.

ander getrennt. Wo sie in Beziehung zueinander treten wie bei der künstlerischen Arbeit mit den Strukturmustern der Unterhaltungsgenres oder den sogenannten Trivialmythen,[29] bleibt das Bewußtsein der Unterschiedlichkeit ein wesentlicher Faktor der Wirkung.

Die Ursache für diese Entwicklung ist bereits benannt worden; es ist die Entmimetisierung, genauer gesagt die Tatsache, daß die Literatur mit künstlerischen Ambitionen durch die Entmimetisierung von Grund auf verändert wird, während die Unterhaltungsliteratur davon im großen und ganzen unberührt bleibt. Im Gegensatz zur Kunst baut sie weiterhin auf die Möglichkeiten des mimetischen Illusionismus; sie muß auf ihn bauen, ja sie vermag auch nicht im geringsten von ihm abzugehen, ist er für sie doch nicht nur ein Mittel, sondern ein Zweck, den sie um seiner selbst willen sucht. Die Unterhaltungsliteratur illudiert um der Illusion willen. Sie setzt sich die Aufgabe, dem Leser eine angenehme Abwechslung zu verschaffen, ihn seine momentane Lebenssituation mit allem, was sie für ihn an Enge, Müdigkeit und Langeweile enthalten mag, vergessen zu machen und ihn sich anderem hingeben zu lassen, irgend etwas anderem, das ihn zu fesseln und angenehm zu beschäftigen vermag.[30] Gelingt es ihr, ihn in diesem Sinne zu illusionieren, ist sie schon am Ziel. Moralische oder metaphysische Nebenwirkungen sind nicht mit beabsichtigt. Wenn irgend die Rede von den Vergnügungen der Einbildungskraft, den »Pleasures of the Imagination«, am Platz ist, dann hier.

Daß die Unterhaltungsliteratur den mimetischen Illusionismus ohne weitergehende Absichten als Selbstzweck kultiviert, bedeutet natürlich nicht, daß sie von dem suspendiert wäre, was seit der Aufklärung als Voraussetzung von illusionierender Wirkung herausgearbeitet worden ist. Es genügt nicht, irgendein »Wunderbares«, nicht Alltägliches in den Raum zu stellen – es muß auch der Forderung der »Wahrscheinlichkeit« gerecht werden. Und wie schon das »Wunderbare« in einem subtilen Bezug zu dem Leben stehen muß, von dem es ablenken, dem gegenüber es Entlastung verschaffen soll, so erst recht die Mittel, die es »wahrscheinlich« machen. Wunderbar ist eben, was der Leser in seinem Leben entbehrt, was seine Möglichkeiten übersteigt, und wahrscheinlich wird es dadurch, daß es ihm dennoch von seiner eigenen Lebenserfahrung her vorstellbar wird. Je größer die Wahrscheinlichkeit, mit der das vom jeweiligen Genre vorgezeichnete Wunderbare erzählerisch bewältigt wird, desto durchschlagender die Illusionierung, desto größer der unterhaltende Effekt.

So kommt es, daß die größten Illusionisten im Bereich der literarischen Unterhaltung zugleich bedeutende Realisten sind; man denke nur an G. Si-

---

29 Man denke etwa an die Bedeutung des Kriminalromans für den Nouveau roman.
30 Hierzu etwa A. Klein, Unterhaltungs- und Trivialliteratur, in: Grundzüge der Literatur- und Sprachwissenschaft, hg. v. H. L. Arnold u. V. Sinemus, Bd. 1, München 1973, S. 431–444, z. B. S. 431–432, 436–437 u. ö.

menon und R. Chandler mit ihren Kriminalromanen.[31] Das genrespezifische »Wunderbare«, das Verbrechen und die daran sich knüpfenden Momente der Gefahr und der Überraschung, wird bei dem einen durch eine subtile Psychologie und Milieuschilderung, bei dem anderen durch zugleich sachlich-kalte und suggestive Bilder aus dem Großstadtleben auf eine Weise »wahrscheinlich«, die allererst die angestrebte Spannung schafft; die den Leser in ihren Bann schlägt und bis zum Ende nicht mehr losläßt. Ein solcher Realismus muß aber erst literarisch geleistet werden, und wer es in der Differenziertheit der Zeichnung von Personen und Situationen, in der Eingängigkeit der sprachlichen Präsentation und vor allem in der Verbindung von beidem so weit bringt wie ein Simenon, der mag wohl mehr vom Menschen wissen und über mehr künstlerisches Gespür verfügen als mancher Adept von Rezepten experimenteller Prosa.[32] Freilich handelt es sich hier um einen Realismus ohne Botschaft, dem der letzte kognitive Ernst fehlt, um Realismus als Spiel, als Effekt, wenn man so will, als Droge. Aber es sind nicht wenige, die ihn – wenn er denn gelingt – nur auf diese Weise noch goutieren können, als einen Realismus, der sich an ein Unterhaltungsgenre mit seinen von Grund auf unrealistischen Vorgaben sozusagen wegwirft; die ihn nur so noch für literarisch legitim halten und in jedweder Verbindung mit weltanschaulichen, metaphysischen, moralischen Ambitionen unerträglich finden, ja in der Konstruktion von Realismus als Effekt geradezu ein Moment des Modernismus zu entdecken vermögen.

Das alles gilt natürlich nur für die Gipfel der Unterhaltungsliteratur. Wo sie sich den Zonen des Trivialen nähert, kommt sie meist mit sehr viel weniger Realismus aus, kann sehr wenig genügen, um ein »Wunderbares« »wahrscheinlich« zu machen. Die literarisch elaboriertere Unterhaltung jedoch darf man wohl die eigentliche Plattform des Realismus im 20. Jahrhundert nennen, und zwar die Plattform eines Realismus, der sich durchaus weiterentwickelt; dessen Darstellungsstil auf seine Weise denselben mentalen Veränderungen Rechnung zu tragen sucht, die jene fundamentalen Umwälzungen im Bereich der Kunst bewirken.

Man könnte den Wandel, der sich hier wie dort vollzieht, als Übergang zu bewußtseinszentrierten, insbesondere wahrnehmungsorientierten Schreibweisen kennzeichnen. Wenn alle menschliche Erfahrung voraussetzungslos bei dem jeweils unmittelbar Gegebenen ansetzen will – und seit der Mitte des 19. Jahrhunderts begreift sie sich nach Ausweis von Positivismus und Lebensphilosophie zunehmend in diesem Sinne –, dann muß alles Darstellen mit

---

[31] Zu Simenons Realismus z. B. J. Symons, Am Anfang war der Mord, Eine Geschichte des Kriminalromans, München 1972, S. 149ff., besonders S. 154; zu Chandlers Realismus P. Nusser, Der Kriminalroman, Stuttgart 1980, S. 132ff.
[32] So auch R. Alewyn, Anatomie des Detektivromans, 1968, in: Der Kriminalroman, hg. v. J. Vogt, 2 Bde., München 1971, Bd. 2, S. 372–403, hier S. 372.

der Setzung eines Bewußtseins hier und jetzt beginnen, und es muß sich als Verarbeitung des hier und jetzt Gegebenen, der Wahrnehmungen, Empfindungen, Gedanken entfalten. Die Wahrnehmung muß dabei als Garant der Lebensunmittelbarkeit eine herausragende Rolle spielen. Was es mit diesem »Intuitionismus« auf sich hat, wird noch eingehender darzulegen sein; hier ist einstweilen nur festzuhalten, daß er wie für die Umwälzungen in der künstlerischen Literatur so auch für die Umgestaltung des mimetischen Illusionismus in der Unterhaltungsliteratur verantwortlich ist. Während er im Bereich der Kunst aber zur völligen Auflösung des mimetischen Illusionismus führt, begründet er in dem der Unterhaltung eine spezifisch moderne Form von Illusionismus, die wir Bewußtseinsillusionismus nennen wollen.

Zum Darstellungsstil der Unterhaltungsliteratur in der Moderne: Bewußtseinsillusionismus oder filmisches Schreiben?

Mit dem Begriff des Bewußtseinsillusionismus meinen wir ein Erzählen, das eine Geschichte so darzustellen versucht, wie sie sich im Bewußtsein des Helden abspiegeln würde, der durch sie hindurchgeht; wie er sie wahrnehmend, empfindend, denkend, erinnernd, ahnend durchleben würde. Von den Möglichkeiten eines raffenden, überblickshaft berichtenden, abstrakten und reflektierenden Erzählens wird dabei möglichst wenig Gebrauch gemacht. Man könnte mit der klassischen Erzähltheorie auch von einer Tendenz hin zu einem immer konsequenteren Perspektivismus, einer immer strenger durchgeführten »personalen Erzählsituation« (Stanzel)[33] sprechen, wie sie sich in Erscheinungen wie dem Bewußtseinsstrom, der erlebten Rede und dem inneren Monolog manifestiert. Aber das wäre noch nicht ganz richtig. Nicht nur daß die Perspektive zwischen mehreren Personen wechseln kann – im allgemeinen wird auch gar nicht konsequent aus der Perspektive der jeweiligen Figur heraus erzählt. Vielmehr heftet sich der »Geist der Erzählung« (Th. Mann) auf eine höchst eigentümliche Weise an die Fersen des Helden, um abwechselnd seinem Tun und seinen Begebnissen von außen zu folgen und in sein Bewußtsein einzudringen und die Dinge mit seinen Augen anzusehen. Der geschickte Wechsel von Innen- und Außensicht, Enthüllung und Verborgenseinlassen jenes Bewußtseins ist für ein solches Erzählen konstitutiv.

Wo dieser Darstellungsstil besonders konsequent realisiert worden ist, hat man auch von »camera-eye-Technik« oder filmischem Schreiben gesprochen.[34] Wie beim Film ist die Geschichte hier in Szenen aufgelöst, die unverbunden aufeinanderfolgen, also gleichsam montiert sind. Und die Darstellung

---

[33] F. K. Stanzel, Theorie des Erzählens, 2. Aufl., Göttingen 1982, S. 165 u. ö.
[34] Ebenda, S. 294ff., besonders S. 296.

der einzelnen Szenen besteht vor allem aus der Aneinanderreihung von wahrnehmbarem Detail, nämlich aus der Benennung oder Beschreibung von Elementen des Schauplatzes, des Äußeren und des Tuns von Personen sowie aus dem scheinbar mitstenographierten Dialog. Jedes Moment der Darstellung ist einem bestimmten Hier und Jetzt in der kontinuierlich sich ausbreitenden fiktiven Raumzeitlichkeit zugeordnet. Der Leser wird so mitten in das Geschehen hineinversetzt und erlebt es gleichsam mit eigenen Augen mit; es ereignet sich scheinbar im Raum seiner Lebensaktualität. Übrigens spielt es keine Rolle, ob die damit benannten Prinzipien gelegentlich einmal durchbrochen werden; entscheidend ist das Profil, das das Erzählen als Ganzes aufweist.

Ein Beispiel mag zeigen, wie man sich ein solches Erzählen vorzustellen hat und warum man es hat filmisch nennen können. Im ersten Kapitel des Kriminalromans ›Der Malteser Falke‹ von Dashiell Hammett aus dem Jahre 1930,[35] eines der großen Muster der Gattung,[36] begegnen wir dem Helden, dem Privatdetektiv Sam Spade, in seinem Büro, wo er gerade den Besuch einer Klientin empfängt; mit ihm beginnt der Fall. Das zweite Kapitel setzt mit den folgenden Worten ein: »Ein Telefon läutete in der Dunkelheit. Nachdem es dreimal geläutet hatte, knarrten Bettfedern, Finger tasteten auf Holz umher, etwas Kleines, Hartes schlug dumpf auf den Teppichboden, Bettfedern knarrten erneut, und die Stimme eines Mannes ertönte: ›Hallo … Ja, am Apparat … Tot? … Ja … Fünfzehn Minuten. Danke.‹ Ein Schalter klickte, und eine weiße Schale, die an drei goldglänzenden Ketten von der Deckenmitte herabhing, füllte das Zimmer mit Licht. Spade, barfuß und in grünweiß kariertem Schlafanzug, saß auf seiner Bettkante. Er starrte finster das Telephon auf dem Tisch an, während seine Hände nach einem Päckchen Zigarettenpapier und einem Beutel mit Bull-Durham-Tabak griffen, die daneben lagen. Kalte, feuchte Luft strömte durch zwei offene Fenster herein, brachte ein halbes dutzendmal pro Minute das dumpfe Klagen des Nebelhorns von Alcatraz mit. Ein Blechwecker in unsicherer Stellung auf einer Ecke von Dukes Berühmte Kriminalfälle Amerikas – mit der Titelseite nach unten – zeigte fünf Minuten nach zwei Uhr an. Spades fleischige Finger drehten sorgfältig und ohne Hast eine Zigarette (…).«[37] Das wird im folgenden ausführlich beschrieben; sodann wird gezeigt, wie er raucht, wie er sich anzieht und schließlich ein Taxi bestellt. Der Abschnitt endet mit dem Satz: »Die Haustürglocke läutete, während er noch Tabak, Schlüssel und Geld in seine Taschen stopfte«. Nach einem Spatium beginnt der zweite Abschnitt des Kapitels: »Wo die Bush Street über die Stockton Street führt, ehe sie nach

---

35 D. Hammett, Der Malteser Falke, 1930; neue dt. Übers. Zürich 1974.
36 Vgl. P. Nusser, Der Kriminalroman, a.a.O., S. 129ff.
37 Hammett, Der Malteser Falke, S. 17.

Chinatown hinabgleitet, zahlte Spade sein Fahrgeld und stieg aus dem Taxi. San Franciscos Nachtnebel, dünn, klamm und durchdringend, verwischte die Straßenkonturen. Ein paar Meter von der Stelle entfernt, wo Spade das Taxi verlassen hatte, stand eine kleine Gruppe Männer und schaute in eine schmale Gasse (...).«[38]

Der Beginn des zweiten Kapitels nimmt mit keinem Wort auf das Ende des ersten Kapitels oder überhaupt auf das im ersten Kapitel Mitgeteilte Bezug. Auch hören wir kein Wort darüber, wie der Held den zeitlichen und räumlichen Abstand zwischen dem Ende des ersten und dem Beginn des zweiten Kapitels überbrückt hat oder was jenseits seines Gesichtskreises im Zusammenhang der Geschichte seither vorgefallen ist. Nicht einmal mit einem allgemein orientierenden Anfangssatz wie etwa »In der darauffolgenden Nacht läutete das Telefon Sam Spade aus dem Schlaf« wird der seither vergangenen Zeit Rechnung getragen. »Ein Telefon läutete in der Dunkelheit«: damit wird sogleich mit aller Entschiedenheit ein Hier und Jetzt gesetzt, und alles, wovon im folgenden die Rede ist, liegt unmittelbar in Reichweite dieses Hier und in der von dem ersten Jetzt zu weiteren Jetzt kontinuierlich fortschreitenden Zeit. Man denkt wohl unwillkürlich an das »Blende auf!« der Kamera, mit dem eine filmische Aufnahme beginnt und von dem aus sie auf der Zeitachse voranschreitet. Das ist aber natürlich nur eine Metapher; unmetaphorisch gesprochen, setzt der erste Satz Gegenwart, genauer: ein fiktives Bewußtsein, das dem fingierten Geschehen beobachtend und Faktum um Faktum registrierend beiwohnt, so wie ihm ein unbeteiligter Beobachter beiwohnen würde. Ein Satz wie »In der darauffolgenden Nacht wurde Sam Spade vom Telefon aus dem Schlaf geklingelt« würde nicht dazu beitragen, Gegenwart, Anwesenheit, Bewußtsein zu simulieren, und hat deshalb keinen Platz in diesem Text.

Das fiktive Bewußtsein, das hier als Organisationszentrum des Erzählens fungiert, ist nicht einfach das fingierte Bewußtsein des Helden. Die Geschichte wird zwar aus seiner Perspektive, nämlich am Leitfaden dessen erzählt, was er nach und nach von ihr mitbekommt, und so, wie er es mitbekommt, aber sie wird keineswegs aus seinem Bewußtsein heraus entwickelt. Solange es in Spades Zimmer noch dunkel ist, hören wir nur irgendein Herumtappen irgendeiner Person, die Stimme irgendeines Menschen – erst als das Licht wieder angeht, sehen wir Sam Spade vor uns. Auch vernehmen wir nur den Teil des Telefon-Dialogs, den Spade laut ins Zimmer hinein spricht; was er am Telefon zu hören bekommt, bleibt uns verborgen. Das fiktive Bewußtsein befindet sich nur in seiner Nähe, begleitet ihn bloß, und wiederum liegt es nahe zu sagen: so wie die Kamera den Helden eines Films im allgemeinen

---

[38] Ebenda, S. 18.

nur begleitet und die Geschichte nicht wirklich mit seinen Augen, nämlich aus seinem Augenpunkt heraus, zeigt.

Daß wir den Helden erst bei Licht zu sehen bekommen, ist ein besonders auffälliges Indiz für die Konsequenz, mit der der Wahrnehmungsstandpunkt, das Prinzip Gegenwart durchgeführt wird; noch in einer Erzählung des 19. Jahrhunderts hätte der Leser wohl jederzeit auch im Dunkeln sehen können, und zumal um die Befindlichkeit des Helden hätte er stets gewußt. Und so gleitet der Diskurs – man möchte sagen: die Kamera – im folgenden von einem Detail, das sich der Wahrnehmung bieten würde, zum andern: von der Gestalt Spades, seinem Gesicht, seinen Händen und dem Tabaksbeutel zum Fenster, zum Wecker und zu dem aufgeschlagenen Buch und von da zu Spade zurück. Gegenstände von großer Unterschiedlichkeit treten in den Blick, zusammenhanglos wie sie nebeneinanderstehen. Was sie zusammenhält, ist eben die Gegenwart der Szene, über deren Rand hinaus der Blick niemals vordringt. Alle Wahrnehmungen sind auf das raumzeitlich fixierte fiktive Bewußtsein horizontiert.

Charakteristisch ist schließlich auch die Art und Weise, wie der Übergang zur nächstfolgenden Szene gestaltet ist. Die Szene in Spades Zimmer endet mit dem Läuten der Türglocke: das Taxi, das er telefonisch herbeigerufen hat, ist da. Die nächste Szene beginnt damit, daß Spade an einer bestimmten Stelle in San Francisco das Taxi verläßt und den Fahrer bezahlt. Der Raum und die Zeit, die zwischen den beiden Szenen liegen, sind ausgeblendet; mit keinem Wort wird berührt, was dazwischenliegt, denn es könnte nur ein überblickshaft raffendes, allgemeines Wort sein, das das Prinzip der unmittelbaren Gegenwärtigkeit durchbrechen müßte. Die Folgeszene setzt unvermittelt mit einem neuen Hier und Jetzt ein, wobei nur bestimmte sachliche Gegebenheiten – hier das Auszahlen des Taxifahrers – Rückschlüsse auf die Zwischenzeit zulassen. Auf diese Art werden auch Filmszenen aneinandergeschnitten.

Das Beispiel macht deutlich, was mit filmischem Schreiben gemeint ist: eine bestimmte extreme Realisation anschaulichen Redens, bei der das, was mitgeteilt werden soll, so gut wie restlos in eine Reihe möglicher Wahrnehmungen aufgelöst wird; deren Benennung soll zu einem möglichst unmittelbaren Auffassen des Mitzuteilenden führen. Nichts wird dementsprechend mit allgemeinen, zusammenfassenden, überblickshaft abstrakten Begriffen benannt, genauer gesagt: nichts von dem, was den Sinnzusammenhang des Ganzen bildet, also was den Handlungszusammenhang, die Charaktere, die Atmosphäre ausmacht. Denn in einem bestimmten Sinne ist Sprache ja immer abstrakt, allgemein, zusammenfassend. Es handelt sich nur darum, daß nichts von dem, woraus sich der Sinnzusammenhang baut, direkt benannt wird; daß nur benannt wird, worin er beobachtet, woran er abgelesen werden könnte. Es heißt eben nicht, Sam Spade sei ein »tough guy«, sondern es wird beschrieben, wie er sich auf die Nachricht von der Ermordung seines Freundes und

Partners mit ruhiger Hand eine Zigarette dreht und konzentriert an die Arbeit geht. Es wird nicht gesagt, daß der Partner bei der Observation einer bestimmten Person ermordet worden ist, sondern es wird das Gespräch dargestellt, in dem er den Auftrag erhält, sodann der Anruf mit der Todesnachricht, der Tatort mit der Leiche. Das ist immer noch das Prinzip »Bilde, Künstler, rede nicht!«, aber es ist nun mit geradezu mechanischer Konsequenz an das Wahrnehmbare, das »Positive« (im Sinne des Positivismus) gekoppelt.

Freilich – mit welchem Recht wird diese moderne Variante des mimetischen Illusionismus filmisch genannt? Wohl liegt die Analogie zu bestimmten Formen filmischen Darstellens auf der Hand, doch suggerieren Wendungen wie die von der »camera-eye-Technik« oder dem filmischen Schreiben mehr als nur eine Analogie: es soll sich um einen Darstellungsstil handeln, der seine Ausbildung wesentlich der Existenz des Films verdankt, ob nun aufgrund einer bewußten Orientierung am Film oder einer unbewußten Beeinflussung durch den Film, einer Wirkung, die sich womöglich nicht nur auf die Modelle literarischen Darstellens oder die Organisation der Phantasie, sondern auf die Art und Weise der Wahrnehmung von Welt überhaupt erstreckt.[39]

Aber bei der Konstruktion solcher Kausalzusammenhänge ist Vorsicht geboten. Die Ausbildung dessen, was wir Bewußtseinsillusionismus nennen, hat zunächst wohl gar nichts mit dem Film zu tun. Vielmehr verdankt er sich dem Intuitionismus, wie er seit Positivismus und Lebensphilosophie als Angelpunkt des Weltgefühls, der historischen Form der Erfahrung greifbar wird. Alle seine wesentlichen Elemente erklären sich aus ihm, ob es sich um die Horizontierung der Darstellung auf ein fiktives Bewußtsein handelt, ob um ihr kontinuierliches Fortschreiten von Jetzt zu Jetzt, ob um ihre mehr oder weniger konsequente Bindung an das Wahrnehmbare, ob um die Art und Weise, wie sich jenes fiktive Bewußtsein an die Figur eines Helden heftet oder um die Technik von Schnitt und Montage. Die Horizontierung und das kontinuierliche Voranschreiten entlang der Zeitachse erwachsen unmittelbar aus der Setzung des fiktiven Bewußtseins. Das Gleiche gilt für die Technik von Schnitt und Montage; sobald sich die Darstellung konsequent als fiktiver Bewußtseinsstrom gestaltet, können Zeit und Raum nurmehr in Form einer Unterbrechung dieses Bewußtseinsstroms überwunden werden, ebenso, daß er an einem bestimmten Punkt einfach aufhört und an einem andern neu beginnt. Die Bevorzugung des Wahrnehmbaren liegt ebenfalls schon im Bewußtseinsillusionismus beschlossen. Ihm geht es ja um ein konsequent vergegenwärtigendes Darstellen, und Wahrnehmung bedeutet Gegenwart; was wahrgenommen wird, ist aktuell gegenwärtig.

---

39 Vgl. A. Kaes, Kino-Debatte, a.a.O., S. 29ff.; F.-J. Albersmeier, Die Herausforderung des Films an die französische Literatur, a.a.O., S. 14, S. 17ff., S. 399 u. ö.; H.-B. Heller, Literarische Intelligenz und Film, a.a.O., S. 245ff.

Schließlich läßt sich auch jene Technik der erzählerischen Darbietung, die an Hammetts ›Malteser Falken‹ zu beobachten ist, daß das fiktive Bewußtsein den Helden begleitet wie die Kamera den Helden eines Films, ohne Rekurs auf das Phänomen Film erklären. In ihr ist wohl in erster Linie ein Versuch zu sehen, der inneren Grenze des perspektivischen Erzählens Rechnung zu tragen, wie sie sich auf dem Boden eines Bewußtseinsillusionismus besonders drastisch bemerkbar machen muß. So konsequent eine Erzählung auch immer perspektiviert sein mag – nie kann der Eindruck entstehen, das fiktive Bewußtsein sei restlos mit dem Bewußtsein einer fiktiven Person verschmolzen. Als Bodensatz der Illusion bleibt immer ein Gefühl des Danebenstehens. Denn was der Leser weiß, kann er immer nur als Ausschnitt aus einem lebendigen Bewußtsein empfinden, als ein Segment, scharf umrissen durch das, was durch die Sprache nach und nach ausdrücklich benannt worden ist. Die Illusion von Bewußtsein als Totalität, wie es durch eine Unendlichkeit von Erinnerungen, durch Vorgefühle, halbbewußtes Nachtragen, undeutlich heranreifende Entscheidungen gekennzeichnet ist, ist nicht möglich. So entsteht bei perspektivischem Erzählen eine Spannung zwischen dem Eindruck, in das Bewußtsein des Helden eingedrungen, und dem, von ihm ausgeschlossen zu sein, und sie muß um so größer werden, je konsequenter sich das Erzählen im Sinne des Bewußtseinsillusionismus gestaltet. Wird der Held wie bei Hammett zwar aus unmittelbarer Nähe, aber doch immer von außen gezeigt, ist diese Spannung mit all den Problemen, die sie mit sich bringt, aufgehoben.

Lassen sich also alle wesentlichen Merkmale eines Schreibens, an das man bei dem Begriff filmisches Schreiben denken mag, aus der Konzeption des Bewußtseinsillusionismus erklären, so liegt doch auf der Hand, daß man, sobald es das Phänomen Film gibt und einigermaßen erkennbar ist, was es mit ihm auf sich hat, fast zwangsläufig die Parallele herstellen wird. Und in dem Maße, in dem das Erzählkino eine konsequente und stabile Formensprache entwickelt und sich mit dieser seiner Sprache der Unterhaltungsgenres bemächtigt, muß die Parallele aufhören, eine bloße Metapher zu sein, und zum handfesten Einfluß werden. Insbesondere seitdem der Film in den verschiedenen Genres eine gewisse Leitfunktion innehat, seitdem das Publikum mehr filmische als literarische Unterhaltung konsumiert und als Film- und Fernsehkonsument an die unterhaltende Literatur herangeht, darf ein solcher Zusammenhang unterstellt und von filmischem Schreiben gesprochen werden. Der Einfluß wird sich zunächst generell als Verstärkung des Trends hin zu bewußtseinsillusionistischen Schreibweisen auswirken, kommen sie doch eben den Erwartungen eines Lesers entgegen, dessen Vorstellung von Fiktion wesentlich vom Film geprägt ist. Sodann wird er sich aber auch auf die inhaltliche und formale Ausgestaltung des Bewußtseinsillusionismus, auf Einzelheiten seiner Bewältigung erstrecken.

Was man sich hierunter vorzustellen hat, mag noch einmal das Beispiel von Hammetts ›Malteser Falken‹ erläutern. Der erste Abschnitt des zitierten Kapitels endete damit, daß die Türglocke die Ankunft des herbeitelefonierten Taxis anzeigte; der zweite begann damit, daß der Held aus dem Taxi stieg und den Fahrer auszahlte. Auf diese Weise wurde die zeitliche und räumliche Distanz zwischen den beiden Szenen zugleich angezeigt und überbrückt. Derlei ist in Filmen oft zu sehen,[40] und es kann gut sein, daß Hammett sich davon anregen ließ. Wenn diese Vermutung zutrifft, hat er damit sowohl formal als auch inhaltlich auf den Film zurückgegriffen. Er hat sich dann einer Technik bedient, mit der Einstellungen aneinandergeschnitten werden, um die Segmente des fiktiven Bewußtseinsstroms zu montieren, nämlich des Kunstgriffs, den Gegenstand, der am Ende der vorangehenden Szene beleuchtet wird, zu Beginn der nachfolgenden in verändertem Rahmen zu zeigen. Und wenn man bedenkt, wie oft Ortswechsel im Film so angezeigt werden, daß Beginn und Ende einer Autofahrt aneinandergeschnitten werden, erkennt man, daß er sich damit auch inhaltlich auf den Film stützt, gleichsam ein filmisches Zeichen benutzt. Es muß angenommen werden, daß filmische Codes auf diese oder ähnliche Weise zur Gestaltung literarischer Texte herangezogen werden. Aber wie bei dem angeführten Beispiel bedürfte es in jedem einzelnen Fall einer genaueren Untersuchung dessen, ob das betreffende Moment wirklich zuerst im Film anzutreffen ist, welche Verbreitung es dort gefunden hat und wo es zuerst in der Literatur in Erscheinung tritt. In eben dem Maße, in dem sich die Erwartung bestätigt, daß die Unterhaltungs- und Trivialliteratur filmische Codes benutzt, kann und muß in der Tat von filmischem Schreiben gesprochen werden.

Die innere Grenze des mimetischen Illusionismus in der Moderne

Wenn in einem Roman wie D. Hammetts ›Malteser Falken‹ die Elemente des Handlungszusammenhangs wesentlich über das Benennen jenes Details zur Darstellung gebracht werden, in dem sie sich – wenn sie denn wirkliche wären – vor der Wahrnehmung manifestieren würden, so bedeutet das, daß alles benannte Detail vom Leser als Indiz zu nehmen ist, das zu Momenten des Handlungszusammenhangs führt. So verweist das Detail bald auf den Schauplatz als Hintergrund und Faktor des Geschehens, bald auf die Charaktere der Personen als der Handlungsträger, bald auf die Vorgänge selbst. Das nächtliche Zimmer, die kalte, feuchte Luft, die durch das Fenster eindringt, das Nebelhorn von Alcatraz lassen die Nacht der großen Stadt San Francisco und damit den Schauplatz vor uns erstehen. Die Gewöhnlichkeit des Zim-

---

[40] J. Monaco, Film verstehen, a.a.O., S. 203.

mers, der Blechwecker, das kriminalistische Buch, der griffbereite Tabaksbeutel, der Anruf zu ungewohnter Stunde und die Selbstverständlichkeit, mit der er aufgenommen wird – das alles charakterisiert die Welt, in der der Held lebt, und zugleich ihn selbst. Besonders das Drehen der Zigarette verweist in der Detailgenauigkeit, mit der es vorgeführt wird, auf den Helden: »sorgfältig und ohne Hast« widmet er sich, nachdem er die Schreckensnachricht erhalten hat, diesem seinem persönlichen Alltagsritual, das man noch oft an ihm sehen wird – er bleibt auch nach den heftigsten Schlägen ganz er selbst.

Alles Detail bedeutet; so sehr unsere Aufmerksamkeit auch auf konkrete Erscheinungen geheftet wird, soll sie doch stets von ihnen zu Bedeutungszusammenhängen aufsteigen. Und die Bahnen, in denen sich diese Sinnbildung vollziehen soll, sind durch die Kategorien vorgezeichnet, die seit jeher die Sinnbildung im Dienste eines mimetischen Illusionismus organisieren: Handlung und Charakter, Natur, Milieu, Stimmung. Was sich gegenüber den älteren Formen des mimetischen Illusionismus geändert hat, ist lediglich dies, daß die Seite des Details sich soweit wie möglich im Raum der Wahrnehmung realisiert und daß der Diskurs auf der Ebene des Benennens von dem, was Geist, Wissen, selbst Psyche ausmacht, möglichst freigehalten wird. Die Mimesis trägt damit jenem Intuitionismus Rechnung, der das Lebens- und Weltgefühl des modernen Menschen prägt und in dem wir wohl das wichtigste Moment der historischen Form der Erfahrung in der Moderne vor uns haben.

Wo Wirklichkeit zunächst und vor allem unmittelbare Gegenwart heißt, da muß alles Simulieren von Wirklichkeit mit dem Schaffen von Gegenwart beginnen, muß sich alles Illusionieren als Vergegenwärtigung vollziehen. Gegenwart ist aber immer nur für ein Bewußtsein, Gegenwärtigkeit von diesem oder jenem vor einem Bewußtsein. Darum beginnt ein Darstellen im Sinne von Illusionierung nun vielfach wie bei dem analysierten Beispiel mit dem Setzen eines fiktiven Bewußtseins. Ein fiktives Geschehen so vorzuführen, wie es sich als Kausalzusammenhang aus sich selbst entwickeln würde, es aus der Kenntnis des gesamten Geschehenszusammenhangs heraus als Kette von Kausalitäten darzubieten, könnte offensichtlich kaum noch illusionieren. Darstellen, Erfahrung simulieren, heißt hier dementsprechend zunächst, ein Bewußtsein zu simulieren, und sodann simulieren, wie Wirklichkeit in dieses fiktive Bewußtsein einfallen würde.

Daß der Bewußtseinsillusionismus, um dem Intuitionismus Rechnung zu tragen, das Detail noch einmal um ein Bedeutendes vermehrt und daß er es, um Illusionismus bleiben zu können, sich nicht verselbständigen läßt, sondern in seiner ganzen Fülle durch und durch auf eindeutige Sinnfiguren transparent zu halten sucht, auf eine Sinnbildung am Leitfaden eben jener Kategorien, die die dargestellte Welt überschaubar und in sich geschlossen erscheinen lassen – das scheint der Schlüssel zu einem Problem zu sein, das bei der Erörterung der Unterhaltungs- und Trivialliteratur in den letzten Jahren größte Aufmerksamkeit gefunden hat: zu ihrem angeblichen Konservatismus.[41]

Man hat dieser Literatur immer wieder vorgeworfen, daß sie bestimmte ebenso festgefügte wie undifferenzierte Weltbilder vermittele; daß sie eine bestimmte Sicht des Menschen und der Gesellschaft verbreite, indem sie sie einfach voraussetze, indem sie mit ihr arbeite, ohne sie zu befragen oder auch nur als solche zu thematisieren – oder vielmehr: daß sie sie in ihrem Leser immer weiter befestige; denn sie nähme mit ihr ja nur auf, was sie in ihm vorfände, und gäbe es eben im Gegensatz zur Kunst unverändert an ihn zurück.

Die Frage mag beiseite bleiben, inwieweit sie damit wirklich in Gegensatz zu aller Kunst steht und inwieweit nur zu der der Moderne – denn die voraufklärerischen Literaturen sind zweifellos nicht auf einen »Horizontwandel«[42] hin angelegt, und selbst die aufklärerische, romantische und realistische Kunst des schönen Scheins setzt eine elementare weltanschauliche Übereinstimmung zwischen Werk und Leser voraus. Nicht jedoch kann man sich, bevor man jenen Konservatismus der Unterhaltungs- und Trivialliteratur als ideologisch brandmarkt, die Frage erlassen, ob es ohne eine Sinnbildung am Leitfaden wohlbekannter Kategorien einen mimetischen Illusionismus geben kann, ob ein feststehendes Weltbild nicht der Preis ist, der für einen derartigen Illusionismus zu zahlen ist; ob Autoren und Leser das nicht im allgemeinen sehr wohl wissen, ob es darüber zwischen ihnen nicht geradezu ein stillschweigendes Einvernehmen gibt und ob sie mithin ein solches Weltbild nicht einfach als die Spielregel begreifen, die das Spiel der unterhaltenden Illusionen ermöglicht. Denn offensichtlich kann die Fülle des Details, das Positivismus und Intuitionismus freisetzen, nurmehr durch eine schablonenhafte Handhabung der Kategorien Handlung, Charakter, Gesellschaft, Stimmung zusammengezwungen werden. Genauer gesagt, scheint es die positivistisch-lebensphilosophische Interpretation des Detailbegriffs zu sein, seine Bindung an den Gedanken der Wahrnehmbarkeit, was zu schablonenhaften Sinnfiguren nötigt. Schablonenhaft bedeutet in diesem Zusammenhang: nicht durch subjektives Erleben beglaubigt, ja subjektivem Erleben womöglich gar nicht mehr zugänglich, nurmehr auf literarischer und anderer Konventionsbildung beruhend.

---

[41] Für den Kriminalroman referiert von P. Nusser, a.a.O., S. 11.
[42] Dieser Begriff ist zentral bei H. R. Jauß, Literaturgeschichte als Provokation der Literaturwissenschaft, in: Jauß, Literaturgeschichte als Provokation, Frankfurt 1970, S. 144–207, hier S. 177, wo so eine im Russischen Formalismus entfaltete, im Kern aber auf die Lebensphilosophie zurückgehende Vorstellung (deutlich bei G. Simmel, Der Konflikt der modernen Kultur, München 1918) mit einem Begriff Husserls bezeichnet wird.

Stellen wir uns die innere Mechanik des Illusionismus noch einmal vor Augen! Das deutlichste Indiz der Illusionierung ist bei erzählender Literatur die Spannung, die bei der Lektüre entsteht. Sie zeigt an, daß sich der Leser in die fiktive Welt eingelebt hat, sie scheinbar ernst nimmt. Spannung kann aber nur entstehen, wo es eine Handlung gibt, die in gewissen Grenzen vorausgesehen werden kann, deren grundlegende Möglichkeiten offenliegen. Vorauszuahnen oder im voraus zu kalkulieren ist Handlung jedoch nur, wenn man wissen kann, wie die Menschen handeln könnten, die sie tragen. Und das wiederum heißt, daß sich der ganze Bereich der Motivation, der geistigen, moralischen, psychischen, sozialen Triebfedern des Menschen überblicken lassen muß. Das ist nur möglich, wo man sich vorab über sie verständigt hat, wo Autor und Leser sich über sie einig wissen. Sollen sie nun auch noch in erheblichem Umfang an wahrnehmbaren Gegebenheiten abgelesen werden können, an Mimik, Gestik und anderen Ausdrucksmomenten, an Dingen, Schauplätzen, Vorgängen, so müssen alle diese Gegebenheiten konventionell gefaßt, ja standardisiert sein, und das heißt: sie müssen einer mehr oder weniger rigiden Simplifikation unterworfen worden sein.

Insbesondere das Allgemeinmenschliche muß auf eine geradezu mechanische Weise verfügbar sein. So reduziert sich zum Beispiel im Kriminalroman das Handeln auf das Begehen von Verbrechen und das Herstellen von Gerechtigkeit, auf das Zerstören und Wiederherstellen von moralischer Ordnung, und selbst noch einem einzelnen Faustschlag ist anzuhören, ob er dem Guten oder dem Bösen dient – aber was ist ein Verbrechen und was nicht, was ist Gerechtigkeit, Ordnung, was gut und böse? Solche Probleme, wie sie die moderne Kunst mit Vorliebe aufgreift, bleiben hier ausgeblendet. Das Personal zerfällt in gute und böse, scheinbar gute und scheinbar böse Menschen, in zuverlässige und unzuverlässige, ehrenwerte und korrupte, kranke und gesunde, und man sieht ihnen all das meist auf den ersten Blick schon an – aber wie zuverlässig ist der Mensch, was ist ehrbar, was korrupt, was krank und was gesund? Diese Fragen werden hier nicht gestellt. Selbst bei den großen Realisten unter den Autoren von Detektivgeschichten reduziert sich der Lauf der Welt auf den Nexus von Verbrechen und Aufklärung. Ohne eine solche Reduktion könnte es eben keine Illusionierung, keine Spannung geben.

Übrigens vollzieht sich die Reduktion und Standardisierung der Darstellungselemente in jedem Genre auf andere Weise und mit anderem Ergebnis. Nichts könnte deutlicher machen, daß damit lediglich dem Illusionismus jene Spielregel gegeben wird, deren er bedarf, um sich entfalten zu können. Denn gerade in ihrer Pluralität erweisen sich die Spielregeln als Spielregeln. Daß der Leser von der Welt des einen Genres zu der eines anderen übergehen kann, setzt Distanz gegenüber beiden voraus. Es ist nur darum möglich, weil er sie beide in ihrer Reduziertheit und Standardisiertheit durchschaut und bewußt als Bedingung der Illusionierung akzeptiert. Was dem oberflächlichen Blick als erstarrtes Weltbild erscheint, ist also zunächst nur eine Wirkungsbedingung des Illusionismus. Es muß weder vom Autor noch vom Leser als Weltanschauung ernstgenommen werden. Insofern läuft der Ideologievorwurf recht eigentlich ins Leere.

Was sich hier, im Bereich der Unterhaltungs- und Kolportageliteratur zeigt, ist auch für das Verständnis der künstlerisch ambitionierten Literatur von Bedeutung, ja ohne seine Kenntnis wird man deren Entwicklung in der Moderne kaum recht beurteilen können. Offensichtlich ist ein mimetischer Illusionismus in unserem Jahrhundert nur noch um den Preis des Unernsts möglich. Damit die Illusionierung gelingt, muß der literarische Text Sinnzusammenhänge von einer solchen Dichte, inneren Konsistenz und Abgeschlossenheit nach außen simulieren, daß wir in ihnen unsere Wirklichkeit letztlich nicht mehr wiedererkennen können; daß wir sie vielmehr in einem bestimmten Sinne als Verfälschung unserer Wirklichkeit empfinden müssen. Nicht nur daß wir die Art und Weise, wie sich die Sinnbildung jeweils gemäß den Kategorien der Handlung, des Charakters, der Stimmung, der Natur, der Gesellschaft, des Erlebnisses vollzieht, nicht ernstnehmen können – wir sehen in diesen Kategorien selbst schon Simplifikationen, über die wir uns kaum hinwegzusetzen vermögen. Für uns vollzieht sich Sinnbildung ganz offensichtlich in anderen Bahnen. Dabei spielen Begriffe wie Lebendigkeit, Unmittelbarkeit, Authentizität eine große Rolle, aber auch solche wie Wissenschaftlichkeit, Nachprüfbarkeit, analytische Genauigkeit. Die moderne Kunst sucht dem Rechnung zu tragen. Ein Illusionismus, das Entwerfen einer fiktiven Welt, die uns in ihrer inneren Geschlossenheit und Übersichtlichkeit überzeugen könnte, scheint dabei aber nicht mehr möglich. So muß die Kunst den Weg der Entmimetisierung gehen.

Übrigens ist der Unernst der Unterhaltungskunst von der »Heiterkeit der Kunst«, von der ein Schiller spricht, durchaus verschieden; bei ihm ist das heitere Spiel eine Stätte der Wahrheit,[43] während jener Unernst Ausdruck einer Übereinkunft zwischen Autor und Leser ist, sich von der Wahrheitsfrage zunächst einmal zu dispensieren. Die Einbildungskraft des Lesers in Gang zu bringen, durch die so entstehenden Einbildungen spielerisch alle seine Kräfte in Bewegung zu setzen und ihn auf diese Weise den Menschen an und in sich selbst kennenlernen zu lassen, ist nicht mehr das erste und eigentliche Ziel, das sich mit der Entfaltung von Illusionen verbindet.

Ein Rest davon ist freilich immer noch im Spiel, sozusagen eine Schrumpfform, eine höchst charakteristische zudem, die bei der theoretischen Auseinandersetzung mit Unterhaltung und Kolportage entsprechend

---

[43] Es ist das »Bild der Wahrheit«, das die »Muse« in das »heitere Reich der Kunst« hinüberspielt«: Wallenstein-Prolog, V. 133–134; vgl. Schiller, Über die ästhetische Erziehung des Menschen, 26. u. 27. Brief.

große Beachtung gefunden hat. Der Leser von abenteuerlicher Literatur, von Detektivgeschichten, Science Fiction will bei solcher Lektüre sein »abenteuerliches Herz« (E. Jünger) spüren, will in der Imagination seine Sehnsucht nach selbstherrlichen Mannestaten, großartiger Eroberung schöner Frauen und ähnlichem ausleben. Man hat versucht, diesen ursprünglichen, um nicht zu sagen: urtümlichen Bedürfnissen und Wünschen, bei denen allerdings immer zu fragen ist, wieweit auch sie kulturell vermittelt sind, mit Hilfe des Begriffs des Trivialmythos Gerechtigkeit widerfahren zu lassen – aber natürlich ist das, was der Leser solcher Literatur an sich selbst erfährt, lediglich eine reduzierte Form des mit dem mimetischen Illusionismus der Aufklärung postulierten Allgemeinmenschlichen. Hierbei war es ja wesentlich um ein Zugleich von Geist und Natur, um das Ineinander von bewußten und unbewußten Kräften des Menschen zu tun, während die moderne Unterhaltung nur die Triebnatur des Menschen in Gang setzen, ja sie gerade einmal ohne Aufsicht des Geistes sich in sich selbst ergehen lassen will. Insofern wird man hier wohl von einer Schrumpfform des Allgemeinmenschlichen sprechen dürfen, auch wenn man dem »nackten Affen« (G. Simenon) im Menschen noch so große Bedeutung zumessen mag.[44]

9. Kapitel

Der Intuitionismus der Moderne, die Entmimetisierung der Formen und die Ausbildung eines intuitionistischen Darstellungsstils (»Bewußtseinspoesie«)

Die Aufwertung der Anschauung als Stätte des »Lebens« und ihre Bedeutung für die Literatur als anschauliche Rede

Das subjektive Erleben kann in der Moderne, weil wir uns dem empirischen Detail auf neue Weise stellen, weil es in unserem Weltverhältnis einen anderen Stellenwert erlangt hat, genauer noch: weil das Detail für uns nun wesentlich empirisches Detail im Sinne der positivistischen Wissenschaft geworden ist, illusionskräftige Sinnmomente nicht mehr hergeben. Das bedeutet freilich nicht, daß sich für den modernen Menschen überhaupt kein Sinn mehr an das Detail knüpfen könnte, daß mithin jeder Versuch eines detaillierenden, also anschaulichen Redens, sinnlos wäre. So kann es nur dem scheinen, der sich Sinnbildung nicht anders vorstellen kann als am Leitfaden der Kategorien des 18. und 19. Jahrhunderts. Die Entwicklung seit Naturalismus und Symbolismus zeigt – und die parallel verlaufende Geschichte des Bilds bestätigt diesen Befund –, daß das empirische Detail, das anschaulich Gegebene sogar nun auf

---

44 G. Simenon, Intime Memoiren, Zürich 1982, S. 48.

eine doppelte Weise als bedeutsam erfahren wird. In den Begriffen Positivismus und Lebensphilosophie deuten die beiden Möglichkeiten sich an. Zum einen ist das Detail positives Faktum, und das heißt: bedeutsam als Manifestation von Naturgesetzen und anderen Regularitäten, deren Erkenntnis und Beherrschung als sinnvoll gesetzt ist. Und zum andern ist es integrierender Bestandteil subjektiver Lebensmomente, das, woran sich mein lebendiges Bewußtsein hier und jetzt erfährt.

Was sich im Raum der natürlichen Wahrnehmung zeigt, ist nicht mehr wesentlich die Stätte einer allegorischen Zeichenhaftigkeit, die sich am Leitfaden von Schriften der christlichen und humanistischen Tradition erschließt. Auch wird es nicht mehr als etwas begriffen, das sich in seinem Wesenskern dem subjektiven Erleben, etwa einem »Ahnden«, einem Gestimmtsein offenbaren könnte. Derlei kann jetzt nurmehr als Überfall auf die Dinge und Selbsttäuschung begriffen werden. Die Welt will in ihrer unaufhebbaren Fremdheit anerkannt sein, um erkannt und erlebt und damit als sinnvoll begriffen werden zu können.

Solche Anerkennung vollzieht sich zunächst, indem das Wahrgenommene als Faktum gesetzt wird, wie das der Positivismus tut, sodann aber auch, indem sich die erlebnishafte Hinwendung in den Raum der Wahrnehmung als reiner Bewußtseinsvorgang begreift; das ist die lebensphilosophische Position. Die Welt als fremd zu setzen, ist eben das, woran sich der positivistische und der lebensphilosophische Blick auf die Dinge als wesensverwandt, ja als die beiden Seiten einer Medaille erweisen. Müßig zu fragen, was von beidem das Primäre sei. Man wird vielleicht zu der Ansicht neigen, daß sich zunächst die moderne wissenschaftliche Einstellung gegenüber der Natur durchgesetzt habe und sodann dem Erleben nichts anderes mehr übrig geblieben sei, als sich als reinen Bewußtseinsvorgang zu begreifen. Aber das Umgekehrte ist wohl ebenso richtig: erst der Bewußtseinsstandpunkt ermöglicht den naturwissenschaftlich versachlichten Blick auf die Dinge. Übrigens scheint es uns wenig sinnvoll, jene Anerkennung der Welt in ihrer unaufhebbaren Fremdheit immer schon als einen Verlust zu sehen, als »Verlust der Einheit«, »Subjekt-Objekt-Spaltung« und wie die Prägungen alle heißen mögen, in denen die Kulturschriftstellerei der letzten hundert Jahre so erfinderisch war. Soll es denn wirklich wahr sein, daß der Mensch sich nur für das wahrhaft zu interessieren vermag, worin er sich selbst wiederfindet? Und soll es wirklich wahr sein, daß er sich seines Bewußtseinslebens nur dann sicher ist, wenn er glauben kann, es in naturalisierter Gestalt auch außerhalb seiner vorzufinden?

Auf diese und ähnliche Fragen muß eine Untersuchung notwendig führen, die zu ergründen sucht, warum dem modernen Bewußtsein das subjektive Erleben keine illusionskräftigen Sinnmomente mehr hergibt. Sie mögen hier zunächst als Fragen stehen bleiben. Soviel jedenfalls steht fest: was die modernen Wissenschaften an Allgemeinem exponieren, was sie in ihrem Bemühen, die Welt in ihrer unaufhebbaren Fremdheit zugleich festzuhalten und kalkulierbar zu machen, d. h. in ihrer inneren Gesetzlichkeit zu durchdringen, an Erkenntnissen gewinnen und in seinem Erkanntwerden als sinnvoll setzen, wird – anders als überkommene Sinnfiguren wie die heroische Tat, das Erlebnis, die Stimmung, die Persönlichkeit – den Raum der »natürlichen Erfahrung« stets transzendieren, wird sich mithin dem subjektiven Erleben entziehen. In der Form des erlebnishaften Innewerdens ist wissenschaftliche Erkenntnis nicht zu haben, ja die subjektiv-erlebnishafte Einstellung birgt immer die Gefahr in sich, sie nach Belieben zu überspringen. Will die Kunst die Welt zur Sprache bringen, wie sie die modernen Wissenschaften erkennen, muß sie mithin der subjektiv-erlebnishaften Einstellung entsagen, muß sie zumindest in bestimmtem Maße von ihr abrücken und sie jedenfalls nicht mehr als den alles bestimmenden Ausgangspunkt ihres Redens gelten lassen. Daraus erwächst in der Moderne eine völlig neue Methode des Darstellens, eine eigentümliche Möglichkeit anschaulichen Redens, die wir artistisch-montierend nennen werden.

Freilich vermag die erlebnishafte Einstellung sich auch eine Gestalt zu geben, in der sie dem wenigstens nicht mehr vorgreift, was für das moderne Bewußtsein dem wissenschaftlichen Erkennen anheimgegeben ist; in der sie es grundsätzlich respektiert und vorab in Rechnung stellt: indem sie sich nämlich mit dem sachlichen Sehen durchdringt bzw. sich auf ein Sehen gründet, das jederzeit zum sachlichen Sehen übergehen kann. Das sachliche Sehen fixiert das in der Anschauung Gegebene als Dokument. Es nimmt es in seiner vielfältigen Bestimmtheit hin, unabhängig davon, ob ihm diese Bestimmtheiten etwas sagen oder nicht, und bewahrt es damit für mögliche spätere Auswertungen, z. B. für ein wissenschaftliches Begreifen, für Auslegungen, von denen es jetzt noch keine Vorstellung hat. Es sucht eben das Detail der Wahrnehmung in seiner Fremdheit festzuhalten. Von diesem sachlichen Sehen führt der Weg sehr leicht zu Reflexion und Intellekt, aber es ist keineswegs so, daß es eine erlebnishafte Haltung von vornherein ausschließt. Es vermag vielmehr, wie angedeutet, geradezu zur Grundlage eines subjektiven Erlebens ganz eigener Prägung zu werden. Kann ich die Welt nicht durchschauen, so kann ich sie doch schauen. Kann ich nicht schauend das Weltganze erleben, mich am Herzen der Welt fühlen, so kann ich mich doch in der Welt als Schauenden erleben.

Damit wird aber das Anschauen zur eigentlichen Stätte des Lebens. Leben ist nun wesentlich die Gegenwart anschaulicher Gegebenheit. Nimmt man hinzu, daß der Lebensbegriff seit der Mitte des 19. Jahrhunderts eine ungeheure Aufwertung erfährt und weithin in die Funktion einer Letztrechtfertigungskategorie eintritt, so erkennt man, daß sich der Stellenwert der Anschauung, des anschaulich Gegebenen, der sich ins Detail ausfaltenden Wahrnehmung noch einmal von Grund auf ändert. Sie ist längst nicht mehr nur das, was es dem in seine Fleischlichkeit gebannten Menschen möglich machen soll, zum Geistigen aufzusteigen, also bloße Durchgangsstation und an sich selbst nichtig. Auch soll sie nicht mehr nur das Material sein, an dem sich bestimmte begrifflich zu fassende Sinnmomente konstituieren, die Plattform, auf der sie in ihrer lebendigen Bedeutsamkeit zu erfahren sind. Vielmehr soll die Anschauung nun schon als Anschauung sinnvoll sein, insofern im Anschauen, in der Gegenwart der Sinne die Unmittelbarkeit des Lebens statthat. Diese Vorstellung ist eben die These des Intuitionismus, wie sie die Lebensphilosophie entwickelt und wie sie aus dem Bewußtsein des modernen Menschen nicht wegzudenken ist.[1]

---

[1] H. Rickert, Die Philosophie des Lebens, 2. Aufl., Tübingen 1922, S. 12, 35 u. ö. – Die Beziehungen der Literatur zur Lebensphilosophie sind an sich ein Thema, das die Literaturwissenschaft schon seit langem beschäftigt. Es hat sich ihr vor allem als Frage nach der Wirkung Nietzsches auf die Literatur gestellt. Schon für S. Lublinski (Die Bilanz der Moderne, 1904, ND Tübingen 1974) oder O. Walzel (Die deutsche Dichtung seit Goethes Tod, Berlin 1920) ist Nietzsches Lebensphilosophie ein entscheidender Schlüssel zum Verständnis der Literatur der Jahrhundertwendezeit, und seither ist die Reihe der Untersuchungen, die seinen Einfluß auf Autoren und literarische Strömungen des 20. Jahrhunderts zum Gegenstand haben, nicht abgerissen (dazu P. Pütz, Friedrich Nietzsche, 2. Aufl., Stuttgart 1975; Nietzsche und die deutsche Literatur, hg. v. B. Hillebrand, 2 Bde., Tübingen 1978). So fruchtbar diese methodische Perspektive auch ist, birgt sie doch eine doppelte Gefahr in sich. Zum einen kann der Blick auf Nietzsche zur Fixierung auf Nietzsche werden und damit den Blick auf die lebensphilosophische Strömung als Ganzes versperren – und also auf alle ihre Wirkungen in die Literatur hinein, die sich nicht mit dem Namen Nietzsches verbinden lassen. Und zum andern kann sie als einflußphilologischer Zugriff verhindern, daß die fundamentalen Veränderungen in den Blick kommen, die die gesamte Literatur, nicht nur diesen oder jenen Rezipienten Nietzsches seit der lebensphilosophischen Wende der Weltanschauung betreffen. Nietzsche war sicher der bedeutendste Schriftsteller unter den Lebensphilosophen, aber, wie z. B. H. Rickert (Die Philosophie des Lebens, a.a.O.) immer wieder betont hat, weder der einzige noch der erste noch auch nur der originellste Denker unter ihnen. Seit dem Untergang des Idealismus, etwa bei Schülern Schellings und Adepten Schopenhauers, bildet sich eine Philosophie des Lebens heran (s. z. B. H. Noack, Die Philosophie Westeuropas, Darmstadt 1965, S. 46f.), in W. Diltheys Basler Antrittsvorlesung von 1867 (in: Dilthey, Die Philosophie des Lebens, hg. v. H. Nohl, Frankfurt 1946, S. 5–24) begegnet bereits eine vollständige Lebensphilosophie und Artistenmetaphysik, und auch was in den zeitgenössischen literarischen Zirkeln von Paris an »idées et sensations« umging, wie sie etwa die Schriften der Brüder Goncourt oder E. Renans nach Deutschland vermittelten, mag wohl eine Lebensphilosophie heißen – um nur diese wenigen Beispiele zu nennen. Im folgenden soll nun versucht werden, den Blick über Nietzsche hinaus auf die lebensphilosophische Bewegung insgesamt zu lenken, und zwar nicht so sehr um dieses oder jenes inhaltlichen oder formalen Moments von Literatur oder um bestimmter poetologischer Positionen willen, auf die von ihr aus Licht fallen kann, sondern weil sie eine entscheidende Plattform jenes modernen Intuitionismus ist, die unseres Erachtens die Literatur von Grund auf, nämlich in ihrem Darstellungsstil, verändert hat. Dies scheint uns der archimedische Punkt zu sein,

Was das für die Literatur als anschauliche Rede bedeutet, ist unschwer zu erkennen. Nicht nur daß sich noch einmal ihr Stellenwert im Gefüge der kulturellen Gebilde ändert – sie muß sich auch in sich selbst, in ihrem Anschaulichsein verwandeln, um der intuitionistischen Aufwertung der Anschauung gerecht zu werden. Wenn das Leben die einzige Wahrheit sein soll, die der Mensch hat, und wenn Leben wesentlich Gegenwart der Sinne ist, dann kann nur anschauliche Rede wahre Rede sein; dann ist Dichtung, wie das die »Artistenmetaphysik« lehrt, die einzige Möglichkeit, Wahrheit zu haben. Freilich muß sie sich dann auch auf eine Weise neu gestalten, die es ihr erlaubt, den neuen Erwartungen gerecht zu werden. Das aber heißt, daß sie sich von Grund auf ändern muß, daß sie einen neuen Darstellungsstil finden muß. Die Relation von Detailentfaltung und Sinnbildung muß neu definiert werden, wenn nun das reine Haben von Anschauung schon sinnvoll sein soll. Anschaulich zu reden, kann dann nämlich nicht mehr heißen, ein Problem, ein Erlebnis, eine Handlung, ein Gefühl zu veranschaulichen. Veranschaulicht werden soll ja sozusagen vor allem die Anschauung selbst. Das heißt, daß es mit dem anschaulichen Reden nun um ein Reden geht, das die Anschauung, die es ins Spiel bringt, wesentlich als Anschauung meint. Wie aber kann das angehen, da Sprache doch nichts anderes ist als ein Prozeß der Bedeutungserzeugung? Wie kann Sprache, die nichts ist als Vermittlung, zur Plattform von Unmittelbarkeit werden? In diesen Fragen tritt uns sogleich das Grundproblem von Dichtung in der Moderne entgegen.

Bei den Versuchen seiner Bewältigung erlangt nun erneut die Nachbarschaft der Bildenden Kunst und des Bilds überhaupt, also auch von Erscheinungen wie Fotografie und Film, große Bedeutung. Fast könnte man von einer Erneuerung des Prinzips ut pictura poesis sprechen. Von Anbeginn der Moderne an setzen sich prominente Vertreter und kritische Begleiter der modernen Literatur intensiv mit Kunst und Bildkultur überhaupt auseinander, und dies nicht nur nebenher oder um bestimmter Motive oder Formzüge willen, sondern um sich grundsätzlich Rechenschaft von den Möglichkeiten der Literatur in der Moderne zu geben. Ob sich Zola mit Manet und den Impressionisten beschäftigt, ob Rilke mit Rodin und Cézanne, ob Apollinaire

---

von dem aus der Zusammenhang zwischen so unterschiedlichen Versuchen der Annäherung an die literarische Moderne wie die von Nietzsches Lebensvorstellung, Husserls Lebensweltbegriff, Heideggers Gedanken des Daseins und dem Existenzbegriff ausgehenden Deutungen sichtbar wird, also von Arbeiten wie P. Böckmann, Die Bedeutung Nietzsches für die Situation der modernen Literatur, in: DVjs. 27, 1953, S. 77–101, und K. Hamburger, Die phänomenologische Struktur der Dichtung Rilkes, 1966, in: Rilke in neuer Sicht, hg. v. Hamburger, Stuttgart 1971, S. 83–158, wie G. Martens, Vitalismus und Expressionismus, Stuttgart 1971, und F. Fellmann, Phänomenologie und Expressionismus, Freiburg 1982, oder wie P. Pütz' phänomenologischer Deutung von P. Handke im Kritischen Lexikon der Gegenwartsliteratur.

oder C. Einstein mit dem Kubismus – von Futuristen, Dadaisten und Surrealisten ganz zu schweigen, bei denen Kunst und Literatur ohnehin eine Symbiose bilden –, ob Brecht und Benjamin die filmische Montage diskutieren, ob Musil oder Auden das filmische Bild, ob Robbe-Grillet, Handke oder R. D. Brinkmann den Film überhaupt – stets ist es ihnen dabei um die innersten Prinzipien ihres Schreibens zu tun. Natürlich zielt ein solches Fragen gemäß der – freilich unausgesprochen bleibenden – Maxime ut pictura poesis nicht mehr auf Bedingungen und Wirkungsweise einer Kunst des schönen Scheins. Was Bild und Bildkunst zum Modell der Literatur werden läßt, ist nun eben der Versuch, unmittelbarer an das »Leben« heranzukommen, Anschauung nicht mehr nur um eines Veranschaulichens willen, sondern um ihrer selbst willen ins Spiel zu bringen, einen möglichst unmittelbaren Kontakt zwischen den dargestellten Aspekten der Lebenswelt und dem Leser zu ermöglichen. Denn das Bild – das entmimetisierte ebenso wie das dokumentarische Bild – hat immer schon ein solch unmittelbares Verhältnis zur anschaulichen Gegebenheit, insofern es selbst Anschauung ist, ja in gewissem Sinne ist es selbst dieser unmittelbare Kontakt.

Bis zum heutigen Tag stehen Kunst und Literatur im Banne jenes Intuitionismus, jener Aufwertung des Anschauens als Stätte des »Lebens«, der seit den Zeiten von Positivismus und Lebensphilosophie die historische Form der Erfahrung bestimmt, und dies in einem Maße, daß ihm selbst deren Gegner Tribut zu zollen haben. Ja seine Bedeutung scheint heute größer denn je. Diese Behauptung kann in ihrer Allgemeinheit natürlich noch nicht im Sinne erprobter philologischer Handwerklichkeit mit Belegen erhärtet werden. Aber jedem Leser neuerer und neuester Literatur sind sie geläufig, die Rede von den »Momenten des Erlebnisses«, in denen »die Sprache sich belebt« und auf die es eigentlich ankommt (P. Handke),[2] die Forderung, »den Vorwand zwischen Kunst und Leben« zu »beseitigen« (N. Born),[3] »auf Wörter oder Sätze oder Begriffe so lange draufzuschlagen, bis das in ihnen eingekapselte Leben (Dasein, einfach nur: Dasein) daraus aufspringt« (R. D. Brinkmann),[4] die Vorstellung: »Es gibt keine Poetik, und es kann keine geben, die verhindert, daß die lebendige Erfahrung ungezählter Subjekte in Kunst-Objekten ertötet und begraben wird« (Ch. Wolf),[5] das »gelebt / nicht gelebt« als Pointe und Fazit jedweden Darstellens (J. Gerz),[6] eben alle die Versuche, »das Buch des Lebens« zu schreiben (F. Roth).[7]

---

[2] Handke, Das Gewicht der Welt, Frankfurt 1979, S. 7.
[3] Born, Das Auge des Endeckers, Reinbek 1972, S. 114.
[4] Brinkmann, Der Film in Worten, Reinbek 1982, S. 246.
[5] Wolf, Voraussetzungen einer Erzählung: Kassandra, Darmstadt 1983, S. 8.
[6] Gerz, Die Zeit der Beschreibung, Das zweite Buch, Lichtenberg 1976; Das dritte Buch, Springe 1980.
[7] Roth, Das Buch des Lebens, Darmstadt 1983.

Im übrigen mag jeder für sich einmal die Probe aufs Exempel machen, indem er darauf achtet, wo überall im Gespräch und bei der Lektüre er dem Begriff Leben mit seinen Derivaten wie lebendig und erlebt begegnet. Hat er erst einmal begonnen, seine Aufmerksamkeit darauf zu richten, wird er sehr rasch feststellen können, daß es kaum eine über die Ebene des allerunmittelbarsten lebenspraktischen Austauschs hinausgehende Äußerung gibt, die sich nicht des Lebensbegriffs bediente, und zwar an entscheidender Stelle bediente, wo immer derjenige weltanschaulich stehen mag, der sie vorträgt, was auch die Plattform sein mag, auf der sie vorgetragen wird, und auf welchen Gegenstand sie sich beziehen mag. Ob es sich um Privates oder Öffentliches handelt, um Intimes oder Politisches, ob um Künstlerisches oder Wissenschaftliches – allem und jedem gegenüber wird die Forderung erhoben, es müsse »lebendig« sein, alles gewinnt erst dadurch Gewicht, daß es »lebendig« erfahren worden ist oder erfahren werden kann; und eben da, wo sich die Forderung der Lebendigkeit artikuliert, ist der jeweilige Sprecher bei seinem ureigensten Pathos angekommen.

Es ist sicher nicht übertrieben zu behaupten, was immer das 20. Jahrhundert an Pathos und Ethos entwickele, sei auf die eine oder andere Weise mit dem Begriff des Lebens verknüpft, verstanden als Inbegriff lebendiger Gegenwart, intensiver Bewußtheit. An diesem Intuitionismus kommt niemand vorbei, der gehört werden will, am wenigsten ein Autor von Literatur. Mit der Erwartung der Lebensunmittelbarkeit haben sich demgemäß die Autoren des 20. Jahrhunderts auseinandersetzen müssen und wollen, was immer im einzelnen ihre Ziele gewesen sein mögen, und je mehr diese Auseinandersetzung nicht nur auf der Ebene der Inhalte stattgefunden hat wie zum Beispiel bei Hesse oder Böll, sondern auch auf der der Form, desto mehr verdienen sie, wie es scheint, den Namen eines modernen Autors. Jedenfalls ist in dem Postulat der Lebensunmittelbarkeit der eigentliche Motor jener Entwicklung zu sehen, die wir oben als Entmimetisierung der Formen in ihren Grundzügen skizziert haben. Diese Entwicklung beginnt aber in der Literatur wie in der Kunst bereits um die Mitte des 19. Jahrhunderts.

Das Postulat der Lebensunmittelbarkeit

>   Du milchjunger Knabe
>
>   Du milchjunger Knabe,
>   Wie siehst du mich an?
>   Was haben deine Augen
>   Für eine Frage getan!
>
>   Alle Ratsherrn in der Stadt
>   Und alle Weisen der Welt

Bleiben stumm auf die Frage,
Die deine Augen gestellt!

Ein leeres Schneckhäusel,
Schau, liegt dort im Gras;
Da halte dein Ohr dran,
Drin brümmelt dir was![8]

---

[8] G. Keller, Du milchjunger Knabe, in: Keller, Sämtliche Werke, hg. v. J. Fränkel, Bd. 2, 1, Bern 1937, S. 93. – Der Interpret des Gedichts sieht sich mit einer Druckgeschichte konfrontiert, die ihm zunächst verwirrend scheinen muß, die sich beim zweiten Hinsehen jedoch auf ihre Weise als aufschlußreich erweist. In den meisten Keller-Ausgaben begegnet das Gedicht in der Abteilung »Vermischte Gedichte«, die diesen Namen sehr zu recht trägt, als drittes Gedicht eines Zyklus, den Keller mit »Alte Weisen« überschrieben hat. Ursprünglich hieß dieser Zyklus aber »Von Weibern«, und seine zwölf Gedichte waren jeweils mit Frauennamen überschrieben, »Du milchjunger Knabe« mit dem Namen »Therese« (vgl. dazu den Kommentar von J. Fränkel in Bd. 2, 2 seiner Ausgabe, Bern 1938, S. 194–195). Diese Namen kündigen die Gedichte jeweils als Rollengedichte an, ganz im Sinne der vielfach bemühten Äußerung Kellers über den Zyklus, es gehe in ihm um »bloß weibliche Marotten und Schicksale« (ebenda), also um die Bereitschaft zur Liebe und die Abwehr von Liebe, um Verlangen, Verlockung und Sprödigkeit, sowie um die »Schicksale«, die daraus erwachsen, etwa das Alleinbleiben bei welkender Schönheit. Der Charakter von Rollengedichten bleibt den meisten Gedichten auch nach der Veränderung der Titel erhalten, kaum jedoch dem Gedicht »Du milchjunger Knabe«. Bei ihm kann sich die stumme Frage des Knaben nach der Umarbeitung durchaus an jemand anderes als an eine Frau richten, zumal Ratsherren und Weise als mögliche Antwortgeber mit in Betracht gezogen werden, und damit kann sie sich dann auch nicht mehr nur auf Liebe, sondern allgemeiner auf Sinn und Erfüllung des Lebens überhaupt beziehen. Daß die letzte Strophe bei der Überarbeitung verändert wird und das leere »Schneckhäusel« im Gras an die Stelle einer »Meermuschel auf dem Schrank meiner Bas« tritt, hilft die Frage nicht entscheiden, wie man vielleicht meinen möchte; denn mit der Meermuschel wird keineswegs ein Element beseitigt, das die Deutung, wie G. Kaiser annimmt, auf den Bereich von Liebe und weiblicher Marotte festlegt (G. Kaiser, Gottfried Keller, Das gedichtete Leben, Frankfurt 1981, S. 623): wenn sie um des Rauschens willen eingeführt wird, das man hört, wenn man das Ohr an sie legt, dann kann sie nicht gleichzeitig auch noch für das weibliche Geschlecht stehen! Aber muß die Alternative, ob Rollengedicht oder nicht, ob bloß Liebe oder noch mehr, überhaupt aufgestellt werden? Läßt sich die von uns ins Auge gefaßte weitergehende Deutungsmöglichkeit nicht in den meisten Gedichten des Zyklus mehr oder weniger deutlich unter der Sinnschicht der »bloß weiblichen Marotten und Schicksale« greifen, die Keller ohnehin sogleich relativiert hat: »Und auch dies nicht ausdrücklich, sondern leichte, wunderliche Klänge, von denen ich selbst nicht recht weiß, wie sie entstanden«? Uns scheint, daß sich Keller in ihnen von Anfang an unter der doppelten Maskerade des Rollengedichts und des volksliedhaften Tons, auf den der zweite Titel »Alte Weisen« hinweist, mit einem Problem auseinandergesetzt hat, das sein ganzes Oeuvre durchzieht: mit der Macht und der Ohnmacht der sinnlichen Liebe als Prinzip erfüllter Diesseitigkeit, mit der Erreichbarkeit und Versäumbarkeit erfüllter Gegenwart, die beide wenn überhaupt, dann zugleich

Dieses Gedicht aus den fünfziger Jahren des 19. Jahrhunderts, eines der bekannteren Gedichte G. Kellers, spricht von einer Frage, die nicht mit Worten gestellt wird und die ebenso wortlos eine Antwort finden soll. Es sind die Augen, die sie stellen, und die Antwort wird dem Ohr gegeben, und zwar nicht als dem Organ des sprachlichen Austauschs, sondern als bloßer Instanz der sinnlichen Wahrnehmung. Die sich auf das Reden verstehen, die Ratsherrn und Weltweisen, wissen zu ihr nichts zu sagen. In wortloser Unmittelbarkeit, so wie sie sich im Blick des Knaben ausdrückt, soll sie sich ihm auch durch das Rauschen im Schneckenhaus beantworten.

Was ist das aber für eine Frage? Der Text erlaubt hierauf nur eine Antwort: es ist die Frage, die im Wesen des »milchjungen Knaben« liegt, eben darin, daß er Knabe und milchjung ist. Man könnte sie in schlechter Formelhaftigkeit das Verlangen nach Leben, die Sehnsucht nach erfülltem Dasein, die Frage nach dem Sinn des Lebens nennen. Das Gedicht erklärt, daß dabei von Ratsherren und Weltweisen nichts zu erwarten ist. Das Entscheidende ist weder die Lebensklugheit der Meister des Weltlaufs noch der Tiefsinn der Philosophen. Ein banales Schneckenhaus gibt mit seinem geheimnisvollen Rauschen zu erkennen, was sie immer nur verfehlen: daß es auf die unmittelbare Gegenwart ankommt, darauf, nicht an ihr vorbei zu streben, sondern ihrer in der rechten Weise innezuwerden. Das Leben, so wird postuliert, ist nicht in der Gewohnheit und nicht im Denken, es ist im Hier und Jetzt, in dem, was sich meiner aktuellen Lebendigkeit unmittelbar zeigt. Der Sinn des Lebens ist das Leben.

Ohne daß das Wort Leben fällt, spricht das Kellersche Gedicht damit den Grundgedanken der Lebensphilosophie aus, wie er von den Erben des zusammengebrochenen Idealismus, den Schülern Schellings und Schopenhauers, den Dühring und Hartmann, Dilthey und Nietzsche formuliert wird. Die unmittelbare Gegenwart des Lebens, meine Lebendigkeit hier und jetzt, ist das, worauf es eigentlich ankommt.[9] Von ihr geht alles aus, was der Mensch tut und denkt, und zu ihr führt alles wieder zurück. Charakteristisch ist insbesondere die Wendung gegen die Sphären des Denkens und der Gewohnheit:[10] das Leben ist nicht in der Reflexion, im reflektierenden Bewußtsein, sondern gleichsam darunter, im unmittelbaren, das Gegebene in seiner Gegebenheit auffassenden »objektiven« Bewußtsein; und es ist auch nicht in dem, was der Mensch in den gewöhnlichen Bahnen des Weltlaufs an Tätigkeit entfaltet, und sei sie auch noch so erfolgreich.

---

gegeben sind. Die Überarbeitung setzt also nur die von Anfang an gegebene Grundintention etwas deutlicher ins Licht. Der Druckgeschichte läßt sich mithin eigentlich nichts entnehmen, was gegen die hier vorgelegte Deutung spräche.
9 Vgl. H. Rickert, Die Philosophie des Lebens, a.a.O., S. 12, 35, 40f. u. ö.
10 Ebenda, S. 35 u. ö.

In der Pointe des Gedichts, dem Rauschen im Schneckenhaus, deutet sich an, was ein solcher Intuitionismus für die Dichtung als Dichtung bedeutet. Es handelt sich bei diesem Rauschen um das von Keller immer wieder, zum Beispiel in dem Gedicht »Stille der Nacht«[11] oder gegen Ende der Novelle ›Romeo und Julia auf dem Dorfe‹,[12] beschworene Lebensgeräusch, in dem sich die Gegenwärtigkeit des Lebens auf sinnlich wahrnehmbare Weise mitzuteilen scheint. Was da zu hören ist, ist natürlich nicht »das Meer (...) und wie die Brandung geht« (»Stille der Nacht«), sondern nur das strömende Blut des Horchenden selbst. Das Erleben ist in intuitionistisch-lebensphilosophischer Sicht wesentlich in sich selbst zurückgebogen; was erlebt wird, ist in erster Linie das Erleben selbst, die Lebendigkeit dessen, der da erlebt.

Das Postulat der Lebensunmittelbarkeit als entscheidende Instanz der Weltanschauung, ihre Setzung zusammen mit der Abwehr entsprechender Ansprüche der Reflexion einerseits und des bürgerlich-weltklugen, gewohnheitsmäßigen Weltlebens andererseits, die Rückbezogenheit des Erlebens auf sich selbst – diese wesentlichen Elemente der Lebensphilosophie sind in Kellers Gedicht bereits gedanklich vorhanden, ja sie machen geradezu seinen Gehalt aus. Aber in der Art und Weise, in der es sie ausspricht, ist es noch auf die formalen Mittel angewiesen, die die Dichtung vor der lebensphilosophischen Wende der Weltanschauung entwickelt hat, auch wenn zugleich deutlich wird, daß Keller ihnen eine höchst charakteristische und originelle Wendung gibt.

Das Gedicht gewinnt seine Anschaulichkeit vor allem durch das Bild des Schneckenhauses, und die Weise, in der es eingesetzt wird, verweist klar und deutlich auf die klassische Symbolkunst zurück. Ja in ihr und durch sie hindurch läßt sich sogar noch die Tradition der allegorischen Bildersprache erahnen, aus der sie hervorgewachsen ist. natura loquax: ein Naturding erlangt zeichenhafte Bedeutsamkeit und vermag so über menschliche Dinge aufzuklären. Das Schneckenhaus spricht mit seinem Rauschen und gibt dem Knaben sozusagen Antwort auf seine Frage. Aber das kann natürlich nicht wirklich allegorisch heißen. Diesen Namen verdient nur, was aus der Tradition der Allegorese hervorgegangen ist, und zwar nicht nur formal, sondern auch seinem Inhalt nach; was seinen besonderen Zeichensinn dieser Tradition

---

[11] »Das Urgebirge um mich her / Ist schweigend, wie mein Nachtgebet; / Weit hinter ihm hör ich das Meer / Im Geist und wie die Brandung geht«: G. Keller, Stille der Nacht, in: Keller, Sämtliche Werke, hg. v. J. Fränkel, Bd. 1, Bern 1931, S. 8.

[12] »Die Stille der Welt sang und musizierte ihnen durch die Seelen, man hörte nur den Fluß unten sacht und lieblich rauschen (...)«, und zwar eben in dem Moment der Geschichte, in dem es »unmittelbar« um »Sein oder Nichtsein«, »Tod oder Leben« der Liebenden geht: G. Keller, Romeo und Julia auf dem Dorfe, in: Keller, Sämtliche Werke, hg. v. J. Fränkel, Bd. 7, 1, Erlenbach-Zürich München 1927, S. 83–187, hier S. 182 u. 183.

verdankt. Das Schneckenhaus hingegen wird aus einer Laune des lyrischen Ichs heraus zum Zeichen; es ist der Akt einer individuell geprägten Subjektivität, was ihm Bedeutsamkeit zuweist.

Kann man es aber deshalb ein Symbol nennen? Das Gedicht scheint es wohl zum Symbol zu deklarieren, indem es von ihm mit der Gestik der Symbolsprache spricht, aber durch das humoristische »Brümmeln« distanziert es sich doch wieder davon:[13] es ist als Symbol nicht ganz ernst zu nehmen, sein Symbolcharakter ist nicht wörtlich gemeint. Das ist in der klassischen Symbolkunst anders. Die strukturellen Analogien von Ich und Welt, Geist und Natur, innerem und äußerem Leben, die es dem Symbolkünstler möglich machen, sein Inneres in der Begegnung mit der Natur zu fassen und an ihr und durch sie auszusprechen, sind durchaus ernst gemeint; der Idealismus hat ja nichts anderes getan, als diese Analogien zu exponieren und philosophisch zu begründen. Mit anderen Worten: ein nicht ganz ernst gemeintes Symbol ist keines.

Im übrigen ist zu fragen, ob es mit jenem Schneckenhaus tatsächlich darum zu tun ist, ein Inneres sich aussprechen, sich mit seiner Innerlichkeit in einem Äußeren wiederfinden zu lassen. Worin läge hier ein solches Wiederfinden? Steht das Schneckenhaus nicht zunächst einfach für sich selbst, als ein Ding der Außenwelt, das sich dem Bewußtsein gerade in seiner Andersheit entgegenstellt – sein Rauschen ist ja unverständlich! – und von ihm in seiner Fremdheit hingenommen werden will? Erlangt es mithin seine Bedeutsamkeit nicht einfach dadurch, daß es stellvertretend für Seinesgleichen steht: für das ebenso banale wie faszinierende, handgreifliche wie rätselhafte Wirkliche? Was es über anderes Wirkliches hinaushebt und zum Gegenstand des Gedichts prädestiniert, ist nichts als sein vielsagend-nichtssagendes »Brümmeln«, das aber nicht wirklich als Symbol, sondern als das – letztlich auf den Horchenden selbst zurückverweisende – Vexierspiel der Natur genommen werden soll, das es ist. Bei Keller artikuliert sich die lebensphilosophische Position also zunächst noch mit den Mitteln der Symbolsprache, die aber eben nur aufgenommen werden, um umgewendet zu werden, ja es ist gerade ihre Verkehrung, worin sie sich ausspricht. Die Form der Symbolsprache erweckt Erwartungen, die der Inhalt nicht erfüllt, die vielmehr ins Leere laufen. Mit der Aura des Symbols umgeben, verweist das Ding doch nur auf sich selbst – und stellt sich so als das unmittelbare Gegenüber des Bewußtseins dar, das sich ihm zuwendet.

An Kellers Gedicht wird mithin zweierlei deutlich. Zum einen zeigt es, daß der Gedanke der Lebensunmittelbarkeit bereits ins Zentrum der Weltdeutung gerückt ist, bevor sich jene Strömung der Philosophie recht formiert

---

[13] W. Preisendanz, Humor als dichterische Einbildungskraft, München 1963, z. B. S. 151.

hat, die ihn als Lebensphilosophie zum obersten Prinzip ihres Philosophierens macht; die ihn eingehend darlegt und mehr oder weniger systematisch auf alle Aspekte des Lebens hin entfaltet. Unschwer kann er selbst noch vor Keller nachgewiesen werden. Hier sei nur an das Junge Deutschland erinnert, dessen Denken vielfach schon auf lebensphilosophische Maximen hinausläuft und dessen Formensprache ein ganz ähnliches Verhältnis zur Tradition des Symbols hat wie die des Realismus; auch in ihr wird sie nur aufgenommen, um im Sinne einer lebensphilosophischen Pointe verkehrt zu werden, was sich bei ihr freilich als »Weltschmerz« und nicht als »Humor« artikuliert. Wenn wir uns also im folgenden von der Lebensphilosophie näher über den Gedanken der Lebensunmittelbarkeit aufklären lassen werden, so nicht weil sie die einzige oder auch nur die bedeutendste Plattform einer intuitionistischen Weltsicht wäre. Wir sehen in ihr lediglich eine von zahllosen Manifestationen des Intuitionismus, ein Glied in einer langen Kette, die bis in die Gegenwart hinein niemals abgerissen ist – wie anders könnten Nietzsche und Bergson heute wieder so beliebt sein wie eh und je! –, freilich eine Manifestation, in der sich seine Prinzipien auf besonders griffige, aufschlußreiche Weise darstellen, insofern hier aus ihnen so etwas wie eine Philosophie, ein gedankliches System gemacht werden soll, und die deshalb für die theoretische Durchdringung der Moderne besonders hilfreich ist.

Das zweite, was an Kellers Gedicht deutlich wird, ist, daß die Dichtung den Gedanken der Lebensunmittelbarkeit zunächst nur postuliert und noch nicht in einen neuen, andersartigen Darstellungsstil umsetzt; daß sie ihn in Abhängigkeit von den überkommenen Formen nur als Prinzip deklariert, indem sie die mit ihnen verbundenen Erwartungen aufnimmt und auf ganz bestimmte Weise enttäuscht. Ein Realismus wie der Kellers stellt somit lediglich den Ausgangspunkt jener Entwicklung dar, in deren Verlauf sich das Prinzip der Unmittelbarkeit gleichsam durch alle überkommen poetologischen Modelle und Kategorien hindurchfrißt, in der es alle Traditionen nach und nach auflöst und ihre Elemente, mit Neuem versetzt, anders wieder zusammenbaut. Eben als einen Text, an dem die Ausgangssituation dieser Revolutionierung des Darstellungsstils greifbar wird, haben wir uns sein Gedicht vor Augen gestellt.

Doch was heißt es, Keller ein bloßes Deklarieren des Intuitionismus zu attestieren! Sprache kann die Unmittelbarkeit des Lebens, auf das sie sich sprechend beziehen will, nie einfach und geradezu sich herstellen lassen, sie kann immer nur auf sie hindeuten, an sie heranführen, ihre Mittel auf sie abstimmen. Sie kann lediglich versuchen, den Leser in eine Kette von Vorstellungen hineinzuziehen, die ihm nichts anderes mehr übrigläßt, als seiner unmittelbaren Lebendigkeit innezuwerden; derlei wird etwa in Formen wie der des Dinggedichts, wie dem Sekundstil, der Simultaneität, der exzessiven Beschreibung, der Montage versucht. Allenfalls kann noch der Rahmen, in den der Text hineingestellt wird, im Sinne dieser Intention verändert werden – und das Manipulieren des kommunikativen Rahmens spielt in der Kunst der Moderne ja eine große Rolle. Bei alledem behält aber ein globales Hindeuten auf die Lebensunmittelbarkeit in der Weise, wie es in dem Gedicht »Du milchjunger Knabe« geschieht, seinen Stellenwert. Fast könnte man sagen, daß es durch die ganze Geschichte der Moderne hindurch unentbehrlich bleibt. Hierin ist auch einer der Gründe dafür zu sehen, warum die Reflexion in der modernen Literatur so besonders große Bedeutung hat; warum sie vielfach zum integrierenden Bestandteil des literarischen Texts wird, ja ihn gelegentlich geradezu ersetzen muß. Das Prinzip der Lebensunmittelbarkeit bedarf der Deklarationen, es bedarf ihrer, so paradox das klingen mag, gerade in der Form des theoretischen Diskurses; darauf wird noch einzugehen sein.

Eine weitere poetische Deklaration des Intuitionismus mag sich hier anschließen, das Eingangsgedicht von Rilkes ›Buch der Bilder‹. Im Gegensatz zu Kellers »Du milchjunger Knabe« ist es sicher kein besonders gutes Gedicht. Im Niemandsland zwischen Erlebnis- und Dinggedicht konnte offenbar nichts Rechtes gelingen. Gerade in seinem Mißlingen ist es aber aufschlußreich; in seiner poetischen Halbherzigkeit plaudert es aus, was in anderen, späteren Gedichten Rilkes Struktur wird.

> Eingang
>
> Wer du auch seist: am Abend tritt hinaus
> aus deiner Stube, drin du alles weißt;
> als letztes vor der Ferne liegt dein Haus:
> wer du auch seist.
> Mit deinen Augen, welche müde kaum
> von der verbrauchten Schwelle sich befrein,
> hebst du ganz langsam einen schwarzen Baum
> und stellst ihn vor den Himmel: schlank, allein.
> Und hast die Welt gemacht. Und sie ist groß
> und wie ein Wort, das noch im Schweigen reift.
> Und wie dein Wille ihren Sinn begreift,
> lassen sie deine Augen zärtlich los...[14]

In diesem Gedicht wird zwar nicht wie in dem Kellers eine Frage gestellt und eine Antwort gegeben, aber auch hier wird gleichsam Rede vernommen: »Sinn« wird »begriffen«, eine Erfahrung wird gemacht, die wie ein »Wort« ist, das »im Schweigen reift«. Wiederum ist es ein Reden, ohne daß ein Wort

---

[14] R. M. Rilke, Eingang, in: Rilke, Sämtliche Werke, hg. v. E. Zinn, Bd. 1, Frankfurt 1955, S. 371.

fiele, ein Verstehen, das einem Sinn – dem Auge – als Sinn zuteil wird, und wiederum geht es dabei um Allgemeinstes: die »Welt« wird »gemacht«. Die Parallele geht sogar noch weiter: solche Sinnerfahrung soll sich nur in Distanz zu bestimmten Sphären herstellen können, bei Keller zu der der Ratsherrn und Weisen, bei Rilke zu dem durch die »Stube, drin du alles weißt«, und die »verbrauchte Schwelle« gekennzeichneten Bereich. Das Ich muß erst aus dem Raum der Gewohnheit, des Bekannten, Vertrauten, Verbrauchten »hinaustreten«, um jene Erfahrung machen zu können. Ja um das Heraustreten aus der Gewohnheit scheint es Rilkes Gedicht recht eigentlich zu tun – liegt hier nicht ein Unterschied zu dem Gedicht Kellers, der seinen »milchjungen Knaben« an ein gewöhnliches Schneckenhaus verweist? Offensichtlich handelt es sich bei Rilke nur um eine andere Akzentuierung, denn was ins Auge gefaßt werden soll, ein Baum, ist nicht weniger alltäglich als Kellers Schneckenhaus. Auch hier geht es um nichts Ungewöhnliches, Besonderes; das unterstreicht gerade das zweimalige »Wer du auch seist«: jedermann steht offen, wovon die Rede ist.

Nicht auf das Gesehene kommt es an und nicht auf den, der da sieht, sondern nur auf das Sehen selbst. Und auch das trifft noch nicht ganz, worauf das Gedicht abzielt. Denn von dem Vorgang des Sehens selbst, wie er etwa durch farbliche Valeurs, durch die Auseinandersetzung mit Formen, durch Flimmern, Blenden oder ähnliches gekennzeichnet sein könnte, hören wir ebensowenig wie über jenen Baum und über den, der da sieht. Übrigens sollen die Augen die Welt am Ende ja auch wieder loslassen, und das können sie nur, weil es nicht auf den Vorgang des Sehens selbst ankommt. Wovon wir wirklich etwas erfahren, das ist zweierlei: zum einen ist es die Einstellung, die Haltung, in der da gesehen wird, und zum andern das, was ein solches Sehen demjenigen bedeuten kann, der so sieht. Es soll ein Sehen sein, das ein Heraustreten aus allem Befangensein, aller Gewohnheit zur Folge hat, ein aktives, bewußtes Sehen, nicht einfach nur ein empfangendes, teilnehmendes Sehen. Das zeigen die ungewöhnlichen Aktivitäten, die den Augen zugesprochen werden: sie »heben« den Baum, »stellen« ihn »vor den Himmel«. Ein solches nicht gewohnheitsgemäßes, aktives, bewußtes Sehen ist es, was »die Welt macht«.

Der bewußt gelebte, als Blick gewollte Blick wird zum Schöpfungsakt. Er ist das natürlich nicht im eigentlichen Verstande; man muß sich das, so trivial es ist, um seiner Konsequenzen willen nachdrücklich klarmachen. Ausschließlich dem, der da schaut, macht der Blick die Welt; ihm leistet er, wenn es denn ein wahrhaftes Schauen ist, sein In-der-Welt-Sein, sein Dasein, sein Leben. Von Leben darf, ja muß hier die Rede sein, insofern die Sinnerfahrung im »Willen« enden soll und damit bei der Instanz, die nach lebensphilosophischer Auffassung der eigentliche Sitz des Lebens ist. Mit anderen Worten: das schiere Haben von Anschauung soll das sein, worin der Mensch die Welt hat, worin er ist, was er ist, ja worin er Sinn erfährt. Es soll nicht die Gewohnheit, nicht das Wissen, nicht ein Reden aus solchem Wissen heraus sein. Vielmehr soll das wahre Leben und das Begreifen des wahren Sinnes gerade jenseits aller Gewohnheit und in einer Schicht unterhalb der Sprachlichkeit anzutreffen sein, auf einer Ebene, wo »Auge« und »Wille« gleichsam kurzgeschlossen sind, wo sich das Haben von Anschauung und das Lebendigsein als identisch erweisen.

Das eben ist der Gedanke der Lebensunmittelbarkeit, das Prinzip des Intuitionismus. Es wird in Rilkes frühem Gedicht wiederum nur deklariert, nicht eigentlich in Struktur umgesetzt. Das mag mit dessen Stellung als Eingangsgedicht des ›Buchs der Bilder‹ zu tun haben, dem die Aufgabe zufällt, ein Programm vorzustellen. Vor allem aber bedeutet es, daß Rilke sich noch nicht entschieden genug von dem Konzept des Erlebnisgedichts gelöst hat. Denn dazu reicht es nicht aus, die abendliche Situation des Heraustretens aus dem Haus durch den Gedanken der Wiederholbarkeit zu relativieren – so wird die Spannung des Erlebnishaften aufgehoben, ohne daß etwas anderes an ihre Stelle träte.

Zur Entstehung der Lebensphilosophie und zu ihren Voraussetzungen in der Philosophie des Idealismus

Daß in Rilkes Gedicht an zentraler Stelle mit dem Begriff des Willens ein Grundbegriff der Philosophie Schopenhauers und Nietzsches begegnet, und zwar in einer nur von ihrem Denken her verständlichen Bedeutung, zeigt an, daß sich in den Jahren zwischen Keller und Rilke jene Philosophie etabliert und Einfluß selbst auf die Lyrik gewonnen hat, die den Begriff des Lebens ins Zentrum rückt und es sich zur Aufgabe macht, den ganzen Bestand an überkommenen philosophischen Fragen im Licht des Gedankens der Lebensunmittelbarkeit zu bearbeiten.[15] Sie mag uns im folgenden dabei helfen, das Prinzip des Intuitionismus genauer zu fassen und gründlicher zu verstehen.

Wenn der Begriff des Lebens um die Mitte des 19. Jahrhunderts in das Zentrum von Weltanschauung und Weltanschauungsphilosophie rückt, so bedeutet das lediglich, daß er in eine neue Funktion eintritt, nicht daß er sich allererst als solcher konstituierte. Schon Plato bestimmt das Verhältnis von Leib und Seele mit Hilfe des Begriffs Leben, und das Christentum verkündigt seinen Gott als lebendigen Gott; in beiden Fällen ist dabei wesentlich an die Prinzipien der Selbstbewegung und Selbsterhaltung gedacht. In der Zeit des Idealismus nimmt der Lebensbegriff in Philosophie und Dichtung bereits überall eine höchst bedeutsame Stellung ein; er steht gleichsam auf dem zweiten Platz hinter dem jeweils postulierten obersten Prinzip in Bereitschaft.

---

[15] H. Rickert, Die Philosophie des Lebens, a.a.O., S. 5, 12, u.ö.

Hegel etwa leitet den letzten, krönenden Abschnitt seiner Logik mit einem Kapitel über das Leben ein, um von hier aus über die Ideen des Wahren und des Guten zur absoluten Idee aufzusteigen;[16] in eben dem Augenblick, in dem die Konzeption der absoluten Idee aufgegeben werden muß, wird sich der Blick wie von selbst auf die Kategorie des Lebens richten. Und Goethe wird nicht ohne Grund von allen Lebensphilosophen von Dilthey über Nietzsche bis zu Simmel als Kronzeuge angerufen, freilich auch nicht ganz zu recht, denn hinter und über der Kategorie des Lebens steht bei ihm immer noch die der großen Natur.

Immerhin sind lebensphilosophische Anschauungen und Argumentationsweisen in Idealismus, Klassik und Romantik bereits so präsent, so allgegenwärtig und alles durchdringend, daß man sich fragen kann, ob sie nicht weithin bereits ihre eigentliche Substanz ausmachten; ob sie nicht von den Vexierspielen der Spekulation, von Konzeptionen wie der absoluten Idee, der großen Natur, der absoluten Freiheit bloß verdeckt würden. Aber diese Annahme läßt sich nicht erhärten. Denn was die philosophische Spekulation mit Argumenten exponiert, die letztlich nicht Stich halten; was die dichterische »Ahndung«, von einem Enthusiasmus angefacht, der auch etwas von Selbstbetrug an sich hat, zu greifen meint, das ist doch überall gelebter Glaube, gesellschaftlich approbierte Hoffnung: man glaubt eben nicht nur, das Leben zu greifen, sondern die Welt als geordnetes Ganzes, nicht nur die eigene Lebendigkeit zu erleben, sondern an sich selbst des Allgemeinmenschlichen innezuwerden. In solch wertender Akzentuierung wird Erfahrung in der »Goethezeit« gelebt – davon zeugt gerade auch die Literatur.

Hier muß nicht eigens auf die Entwicklungen eingegangen werden, in denen sich der Lebensbegriff des Idealismus ausbildet, wie er dann zum Ausgangspunkt der Lebensphilosophie wird. Seine Voraussetzungen wären vor allem in der späteren Aufklärung zu suchen, etwa in jener Um- und Neudeutung des Naturbegriffs, die sich mit dem Konzept des organischen Ganzen verbindet, aber auch in der Weiterentwicklung des Begriffs der Psyche zu dem des Bewußtseins, für die der Name Kant steht. Ein Blick auf den Lebensbegriff des Idealismus selbst ist freilich unerläßlich, vermag er doch Voraussetzungen der Lebensphilosophie ins Licht zu setzen, ohne die sie nicht verständlich ist und die ihr im Laufe ihrer Geschichte allzu oft entglitten sind.

Denn es sind vor allem Erwartungen, wie sie sich vom Idealismus her mit dem Lebensbegriff verbinden, die die Entfaltung einer Philosophie des Lebens vorantreiben.[17] Das macht sich durch ihre ganze Geschichte hindurch

---

[16] Hegel, Wissenschaft der Logik, 2 Bde., Frankfurt 1969, Bd. 2, S. 469ff.

[17] Allgemeine Hinweise bei H. Rickert, Die Philosophie des Lebens, S. 17–18; für Nietzsche s. auch H. Noack, Die Philosophie Westeuropas, Darmstadt 1965, S. 46; für Bergson s. Rickert, S. 22.

immer wieder bemerkbar. So schlägt die Lebensphilosophie, wo sie zur Plattform einer Schulphilosophie wird, vielfach offen in einen Idealismus um, und wo im Zeichen des Intuitionismus Entstandenes zu wissenschaftlicher Darstellung gebracht werden soll, bleibt meist der Rekurs auf die Begrifflichkeit des Idealismus nicht aus. Das gilt vor allem für die Literaturgeschichtsschreibung. Schon das Œuvre W. Diltheys erweist sich bei näherem Zusehen als eine einzige Gratwanderung zwischen Lebensphilosophie und Idealismus. Und für das 20. Jahrhundert könnte man geradezu die Faustregel geben, daß eine schlechte Lebensphilosophie ganz von selbst in einen schlechten Idealismus übergeht, nämlich in einen unreflektierten Platonismus; in ein Postulieren idealistischer Positionen ohne jene systematische Grundlagenreflexion, die für den historischen Idealismus unabdingbar ist und die sein philosophisches Niveau ausmacht.

Was der Blick zurück auf den Idealismus zunächst und vor allem zeigt, das ist, daß die Lebensphilosophie eine Bewußtseinsphilosophie ist. So nennt man ja ein Denken, das in aller Wirklichkeit des Menschen, allem menschlichen Haben von Welt, allem, was ihm in Wahrnehmung, Empfindung, Urteil, Erfahrung gegeben ist, ein leistendes Bewußtsein mit am Werk weiß. Den Bewußtseinsstandpunkt durchgeführt zu haben, gilt als Errungenschaft der Aufklärungsphilosophie von Descartes bis Kant, wie sie zum Ausgangspunkt des Idealismus wird. Dieser geht insofern noch über Kant und sein Postulat einer transzendentalen Subjektivität hinaus, als er die Welt nicht nur der Form, sondern auch dem Inhalt nach als Leistung der Subjektivität sehen will; darum heißt er ja Idealismus.[18] Hiermit ist nun das Moment berührt, das dem Begriff des Lebens innerhalb der idealistischen Philosophie sein besonderes Gewicht verleiht und das überhaupt seinen Aufstieg und seine inhaltliche Füllung begründet: weil die Welt auch ihrem Inhalt nach immer schon dem Menschen angehören soll, muß sie wesentlich als sein »Leben« Thema des Idealismus sein, kann sie nur als »Leben« das Objekt sein, dessen Begriffenwerden die absolute Idee ausmacht.[19] Leben ist dabei der Inbegriff des vom Menschen lebendig ergriffenen Stoffs der Welt, der vom Bewußtsein her gedachten Welt.

In diesem Verständnis wird der Lebensbegriff zum Eckpfeiler der Lebensphilosophie, freilich nunmehr mit einem skeptischen Vorzeichen versehen. Die Welt als Leben aufzufassen, bedeutet, von ihr nicht mehr in dem Glauben zu handeln, sie könne als Ganzes begriffen werden, sondern stets dessen eingedenk zu sein, daß sie sich dem Menschen immer nur in einem Ausschnitt

---

[18] Hegel, Logik, Bd. 1, S. 36f.
[19] Dazu etwa W. Windelband, Lehrbuch der Geschichte der Philosophie, 17. Aufl., Tübingen 1980. S. 513ff.

zeigt, eben in dem, was nach und nach zu anschaulicher Gegenwart gelangt.[20] Aber auch so handelt es sich noch immer um den Bewußtseinsstandpunkt, ja in seiner lebensphilosophischen Fassung ist er im Grunde konsequenter realisiert als in der des Idealismus, der von einer Phänomenologie des Geistes aus eine Ontologie zu treiben versucht, die sämtliche Fragen der alten Metaphysik bearbeitet. Daß die Lebensphilosophie eine Bewußtseinsphilosophie ist und sinnvollerweise gar nichts anderes sein kann, ist mit aller Entschiedenheit festzuhalten, hat sich das Bewußtsein davon im Laufe ihrer Geschichte und Wirkungsgeschichte doch immer wieder aus dem Blick verloren.

Das gilt zunächst und vor allem für eine biologistisch gewendete Lebensphilosophie.[21] H. Rickert hat in seiner brillanten, bis heute nicht ersetzten kritischen Analyse der lebensphilosophischen Bewegung nachdrücklich auf den Unterschied von Intuitionismus und Biologismus hingewiesen und gezeigt,[22] daß und wie beides in den verschiedenen lebensphilosophischen Entwürfen durcheinandergeht, ja daß sich nicht wenige dieser Entwürfe überhaupt nur durch ein geschicktes Changierenlassen des Lebensbegriffs das Ansehen einer Philosophie zu geben wissen. Der Begriff des Lebens ist doppeldeutig. Zum einen bezeichnet er das Leben im Sinne der Biologie, das »Funktionieren« eines biologischen Systems, und zum anderen meint er das »lebendige« menschliche Bewußtsein, die Intensität der Bewußtheit. Rickert demonstriert die Doppeldeutigkeit zum Beispiel an Wendungen wie der von dem lebendigen Leben, das man führen solle. Dieses in der Lebensphilosophie allgegenwärtige Postulat ist nur dadurch nicht nichtssagend, daß einmal das biologische Leben gemeint ist – das als solches nicht steigerungsfähig ist; bei ihm gibt es nur die Alternative tot oder lebendig – und ein andermal auf das Bewußtseinsleben abgezielt wird: das biologische Leben, das dem Menschen zugemessen ist, soll er in intensiver Bewußtheit, Wachheit, Aktivität zubringen. Nun ist das biologische Leben wohl die ontische Bedingung des Bewußtseinslebens, doch ist beides scharf zu unterscheiden. Wenn von einer lebendigen Wissenschaft, einem lebendigen Kunstwerk, einem lebendigen Gemeinwesen, einer lebendigen Liebe die Rede ist, dann ist eben etwas von Grund auf anderes gemeint, als wenn eine Pflanze, ein Tier, ein Biotop, als wenn in medizinischem Sinne der Mensch lebendig genannt wird.

---

[20] Man denke etwa an den Nexus von »Nihilismus« und »Wille zur Macht« bei Nietzsche: H. Noack, Die Philosophie Westeuropas, S. 63–64 – bzw. an Nietzsches »Perspektivismus«: P. Pütz, Nietzsche, S. 26.

[21] Auch G. Martens, Vitalismus und Expressionismus, Stuttgart 1971, scheint uns – etwa S. 35f. – die Lebensphilosophie noch allzu sehr auf ihre biologistische Komponente zu reduzieren, auf Kosten des Intuitionismus, der sie erst möglich und sinnvoll macht und der auch den Biologismus erst verständlich macht.

[22] H. Rickert, Die Philosophie des Lebens, S. 35–36, S. 75 u. ö.

Diese Doppeldeutigkeit des Lebensbegriffs ist das Erbteil des Idealismus. Die idealistischen Systeme sind stets sowohl wesentlich biologistisch als auch wesentlich intuitionistisch. Das biologistische Denken ist recht eigentlich durch den Idealismus etabliert worden. Er weiß die Einheit des Weltganzen nurmehr mit Hilfe des Begriffs des organischen Ganzen zu erweisen, als eine Vielheit von Bestimmungen, deren Einheit sich nicht rational demonstrieren, sondern nur aus dem Lebensprozeß auffassen läßt.[23] In allen Seinsbereichen sieht er sich dementsprechend genötigt, das Konzept des lebendig bewegten organischen Ganzen durchzuführen, so daß eine durch und durch biologistische Theorie entsteht.[24] Zugleich ist der Idealismus aber auch wesentlich intuitionistisch. »Die Wahrheit ist immer konkret«: das Wissen, um das es ihm zu tun ist, soll nicht aus Begriffen erwachsen, die sich in einem einmaligen Abstraktionsprozeß über das anschaulich Gegebene erhoben haben und in reiner Abstraktheit erstarrt sind, sondern aus »lebendigen Begriffen«; aus Begriffen, die die Fülle der auf der Stufe der Unmittelbarkeit aufzufassenden Bestimmtheiten nicht hinter sich gelassen haben, die sich vielmehr bleibend davon erfüllt wissen. In dem Konzept des »lebendigen Begriffs«, wie es etwa Hegel in seiner Logik durchführt,[25] kommen Biologismus und Intuitionismus überein. »Lebendig« soll der Begriff sein, insofern er nicht abstrakt sein, sondern die Mannigfaltigkeit der Bestimmtheiten der Anschauung, auf die er sich bezieht, wahrhaft in sich enthalten soll, und er soll sie eben in der lebendig beweglichen Weise in sich haben, in der ein organisches Ganzes sie als seine Momente enthält, im Fluß seines Werdeprozesses, nicht als fixes Resultat.

So erfährt die Anschauung bereits im Idealismus eine entscheidende Aufwertung. Als »objektives« Bewußtsein, als Stufe der »Unmittelbarkeit« soll sie eine Stätte der »Idee« sein und im Prozeß des Begreifens zwar negiert, jedoch damit nicht gänzlich durchgestrichen, sondern nur »aufgehoben«, und das heißt auch: bewahrt sein – was immer man sich hierunter vorzustellen haben mag. Die Bewahrung der Anschauung im »Aufgehobensein« soll das Begreifen zum lebendigen Begreifen machen. So wird der Begriff des Begriffs mit dem des Lebens verknüpft, der andererseits auch die biologistische Vorstellung vom organischen Ganzen in den Prozeß des Begreifens einbringen soll. Hier mag dahingestellt bleiben, inwieweit Intuitionismus und Biologismus im Horizont der idealistischen Systembildung tatsächlich ineinander aufgehen. Jenseits der Grenzen dieses Systemgedankens jedenfalls erwächst aus ihrer Verbindung ein Doppelsinn des Begriffs Leben, der schädlich ist; der unter anderem verdunkelt, daß die Lebensphilosophie sinnvollerweise

---

[23] Dazu etwa Hegel, Logik, Bd. 2, S. 472–473.
[24] Windelband, Geschichte der Philosophie, S. 515.
[25] Hegel, Logik, Bd. 2, S. 243.

nur eine Bewußtseinsphilosophie sein kann.[26] Aus diesem fundamentalen Mißverständnis heraus kommt es dann zur Aufnahme darwinistischer Vorstellungen in die Lebensphilosophie, zu einer Kulturmorphologie wie bei Spengler, zu einer morphologischen Poetik wie bei G. Müller. Demgegenüber wird der Charakter der Lebens- als einer Bewußtseinsphilosophie da besonders nachdrücklich ins Licht gerückt, wo sie in eine Philosophie der Existenz übergeht. In ihr nimmt der Begriff des Daseins die Stelle des Lebensbegriffs ein; damit wird ein Changieren ins Biologistische unmöglich. Ähnliches gilt dort, wo sie durch eine Philosophie der Sprache ersetzt wird, in der sich die Kategorie des Bewußtseins auf die der Sprache reduziert.

Schließlich ist noch ein weiteres Moment hervorzuheben, in dem sich die Lebensphilosophie als Bewußtseinsphilosophie darstellt und das zugleich noch einmal ihren Zusammenhang mit dem Idealismus unterstreicht: die bereits mehrfach erwähnte Vorstellung von der Rückbezogenheit des Lebens auf sich selbst. Das Leben leben, das heißt: das Leben als Leben zu leben, einem Erleben wie dem der »Liebe alles Transitive zu nehmen« (Rilke),[27] im Erleben nicht so sehr das jeweils Erlebte, sondern vielmehr sein Erlebtwerden, und das wiederum bedeutet, das Lebendigsein als Lebendigsein zu greifen – nämlich das Bewußtsein, genauer: das Haben von Bewußtsein, dies: in Bewußtheit zu stehen und alle jene Inhalte des Erlebens bewußt haben zu können. Das Schneckenhaus des Kellerschen Gedichts von dem »milchjungen Knaben« verweist den Horchenden auf sein Horchen zurück und damit auf sein Lebendigsein im Hier und Jetzt, im Sinne von Stehen in Bewußtheit. Das Eingangsgedicht zu Rilkes ›Buch der Bilder‹ proklamiert ein Sehen, das nicht einfach nur gewohnheitsmäßiges, und das heißt: achtloses, seiner selbst nicht gewahr werdendes Sehen ist, sondern bewußtes, aktives, rückhaltloses, eben nichts als sich selbst wollendes Sehen – das »macht die Welt«, ist »gelebtes Leben«.

Diese Rückbezogenheit des Lebens auf sich selbst ist in dem idealistischen Gedanken des Selbstbewußtseins bereits vorgebildet, wie er von Fichte entwickelt, von Schelling mit dem Lebensbegriff versetzt und von Hegel enzyklopädisch ausgebaut wird und wie er dergestalt sowohl inhaltlich als auch methodisch der Eckpfeiler ihrer Philosophien ist. »Das Prinzip des Idealismus ist das Selbstbewußtsein«; aus dem Wesenszug des Bewußtseins, »sich selbst zuzusehen« (Fichte), in all seinem Handeln zu wissen, »daß und was es tut«, entwickeln die Idealisten ihre Systeme. Dabei ist ihnen wichtig zu zeigen, »daß alles Bewußtsein, auch wenn es, wie in der Erfahrung, auf ein Sein, auf Gegenstände, auf Dinge als auf seinen Inhalt gerichtet ist, in der ur-

---

[26] Vgl. etwa H. Rickert, Philosophie des Lebens, S. 176–177.
[27] R. M. Rilke, Die Aufzeichnungen des Malte Laurids Brigge, 1910, in: Rilke, Sämtliche Werke, hg. v. E. Zinn, Bd. 6, Frankfurt 1955, S. 707–946, hier S. 937.

sprünglichen Beziehung des Bewußtseins auf sich selbst wurzelt« (Windelband).[28] Auch auf der Stufe der Unmittelbarkeit, des »objektiven« Bewußtseins, in der es von nichts anderem ausgefüllt scheint als von seinem Gegenstand, im Anschauen, im unmittelbaren Leben ist es zugleich wesentlich bei sich selbst, wenngleich ihm das zunächst noch verborgen ist.

Dieses verborgene Bezogensein auf sich selbst soll allerdings lediglich im Vorgriff auf die Reflexion behauptet sein, die es über verschiedene Stufen des Innewerdens und Begreifens nach und nach exponiert und die schließlich in das »sich selbst wissende Wissen«, die Idee, einmündet, wie sie als werdende von Anfang an schon vollständig im Spiel war.[29] Hier mag dahingestellt bleiben, was man sich unter einem unbewußten Bewußtsein vorzustellen hat und was unter einem das Bewußtsein des Einzelnen transzendierenden sich wissenden Wissen. Es ist lediglich festzuhalten, daß der Gedanke der Rückbezogenheit des Lebens auf sich selbst, auf den die Lebensphilosophie setzt, schon im Idealismus entwickelt worden ist. Freilich ist er dort integraler Bestandteil des Gesamtsystems und auch nur als solcher, nämlich im Vorgriff auf den gesamten Prozeß der Reflexion, gerechtfertigt.

Eben von System und Reflexion will aber die Lebensphilosophie überhaupt nichts mehr wissen, ja mit dem Gedanken des zu lebenden Lebens will sie gerade gegen sie antreten.[30] Was mag man sich da, bei so massiv veränderten Prämissen, noch unter der Reflexivität des Lebens vorzustellen haben? Denn die Zäsur zwischen Idealismus und Lebensphilosophie ist vor allem durch die Abkehr vom Gedanken des Systems und die Wendung gegen die Reflexion markiert. Wie der Positivismus seit Comte eine Systematik verwirft, die auf einer Prinzipienreflexion basiert, und nurmehr von Positivem handeln will, von den in der Wahrnehmung gegebenen Phänomenen, um von ihnen aus induktiv unter Zuhilfenahme der Mathematik zu ihren Regularitäten, den Naturgesetzen, aufzusteigen, – ebenso will die Lebensphilosophie von Konkretem und nicht von Prinzipien ausgehen, wenngleich ihre »Fakten« nicht mathematisierbare Wahrnehmungen, sondern lebendig Erfahrenes, »Erlebnisse«, Lebensmomente, sozusagen lebendige Bewußtseinsfakten sind.

Die »Systeme« der Fichte, Schelling und Hegel sind ihr wie dem Positivismus »eine Kette von Verirrungen«, ein »wüster Traum«, und allenfalls als Ausdruck eines Lebensgefühls noch zu würdigen.[31] Ihr geht es im Gegenteil um »intuitive Anschauung«,[32] um »ursprüngliche Offenbarungen«, »unbe-

---

[28] Windelband, Geschichte der Philosophie, S. 500.
[29] Hegel, Logik, Bd. 2, S. 257: »Das Leben oder die organische Natur ist die Stufe der Natur, auf welcher der Begriff hervortritt; aber als blinder, sich selbst nicht fassender, d. h. nicht denkender Begriff; als solcher kommt er nur dem Geiste zu«.
[30] H. Rickert, Philosophie des Lebens, S. 142ff.: Der Kampf gegen das System.
[31] W. Dilthey, Basler Antrittsvorlesung, a.a.O., S. 6.
[32] Ebenda, S. 11.

einflußt von abstrakter Begriffsbildung«.³³ »Allgemeines« will sie deshalb nicht mehr wie die »Wissenschaft« haben, »in einer viele Fälle umfassenden Abstraktion«, sondern allenfalls noch »in der Anschauung eines Lebens«³⁴ aus einem »Lebensgefühl« heraus, dessen »Kern« lautet: »erfülle dich mit dem selbständigen Wert jedes Tages, der so nicht wiederkehrt, laß endlich ab davon, jeden gegenwärtigen Augenblick zum Mittel für einen folgenden zu machen«.³⁵ So Wilhelm Dilthey in seiner Basler Antrittsvorlesung von 1867.

Dilthey bringt damit auf seinen Begriff, was längst verbreitete Anschauung ist, und zwar nicht nur in Deutschland, sondern überall in Europa. »Seit zehn Jahren erörtern wir Fragen der Kunst und Literatur. (...) Wir haben furchtbare Gedankenberge umgewälzt, haben alle Systeme geprüft und verworfen und sind nach dieser angestrengten Arbeit zu der Erkenntnis gekommen, daß es außer dem kraftvollen und individuellen Leben nichts als Lüge und Dummheit gibt.« Dies schreibt am 20. Mai 1866 in einem berühmt gewordenen offenen Brief der – wie man vielleicht vereinfachend sagen darf – Vater der modernen Literatur an den Vater der modernen Kunst: Emile Zola an Paul Cézanne.³⁶ Am Anfang der modernen Kunst wie der modernen Philosophie und Wissenschaft steht die Abkehr vom Gedanken des geschlossenen Systems, von der Vorstellung, die Welt geradezu als Ganze haben zu können, und die Hinwendung zum »Leben«, die Konzentration auf das phänomenal Gegebene. Genauer gesagt, verläßt der Begriff des Systems nun vollends die Metaphysik und wird eine Kategorie der Methodologie. Denn in der Methode der Wissenschaften und in den sie begründenden, wenn nicht überhaupt sich als Methodologie verstehenden Philosophien wie dem Neukantianismus, der Phänomenologie Husserls oder der Wissenschafttheorie lebt der Gedanke der Systematizität ja fort, ja man möchte meinen, daß er hier erstmals in Reinheit gedacht und an seinem Platz sei.

Daß sich die Kunst eher an die lebensphilosophische als an die positivistische Variante des nachidealistischen Denkens anschließt, versteht sich von selbst, geht es ihr doch immer um die menschlichen Dinge und um die nichtmenschlichen Dinge nicht in ihrem Ansichsein, sondern nur insoweit, als sie dem Menschen begegnen, als sie Teil seiner Welt sind. Selbst wo sie ausdrücklich den Anschluß an den Positivismus sucht wie im Naturalismus eines Zola oder Holz entspricht das Resultat darum mehr dem, was die Lebensphilosophie dargelegt hat. Ohnehin ist die positivistisch-naturwissenschaftliche Darstellung der Welt im lebensphilosophischen Ansatz grundsätzlich mit berücksichtigt, in Form des oben angedeuteten »Wissenschaftsvorbehalts«, der der subjektiv-erlebnishaften Auseinandersetzung mit der

---

35 S. 13.   33 S. 15.   34 S. 11.
36 Im Widmungsbrief zu seinen Manet-Aufsätzen: P. Cézanne, Briefe, hg. v. J. Rewald, Zürich 1979, S. 107–109, hier S. 108.

Welt stets mit eingeschrieben ist und sie als »bloß subjektiv«, d. h. als reinen Bewußtseinsvorgang charakterisiert.

Im übrigen aber stellen sich die Lebensphilosophie und die aus lebensphilosophischer Einstellung erwachsende Kunst gegen den Positivismus und die positivistische Wissenschaft,[37] und dies mit einer Schroffheit, die leicht vergessen läßt, daß sie aus einer gemeinsamen Quelle hervorgehen. Je weiter sie in ihrer Geschichte fortschreiten, desto heftiger wird ihr Gegensatz. Hier wie dort will man nicht von einer Prinzipienreflexion ausgehen, sondern beim Konkreten ansetzen, beim phänomenal Gegebenen; aber die positivistische Wissenschaft nimmt es nur auf, um es dem lebendigen Bewußtsein des Menschen zu entreißen und es an eine Mathematisierung auszuliefern, die ihm um den Preis seiner Abtötung »objektive« Gestalt gibt, genauer: es allgemein verfügbar macht. Am bekanntesten ist wohl Bergsons Einspruch gegen die gemessene, nämlich mathematisierte Zeit, der er die gelebte Zeit, die »durée«, entgegenstellt, doch wird man bis in die Gegenwart hinein unschwer eine Fülle von Parallelen zu solcher Kritik finden, ja man darf wohl behaupten, daß seither kaum ein Argumentationsmuster im kulturellen Dialog so häufig betätigt worden ist wie dieses.

Die Lebensphilosophie verfährt bei ihrer Kritik so, daß sie die Wendung gegen den Systemgedanken, gegen Reflexion und abstrakte, »tote« Begrifflichkeit, mit der primär die Traditionen der abendländischen Metaphysik gemeint sind, auf den Positivismus ausdehnt. In maßvoller, gedanklich konziser Form entfaltet, ermöglichen solche Versuche, das Menschliche als Menschliches zu fassen, festzuhalten und in den gesellschaftlichen Austausch einzubringen, eine schärfere Bestimmung der Begriffe Natur und Kultur oder Geist, eine genauere Abgrenzung der Geistes- gegen die Naturwissenschaften und eine fundiertere Begründung der Geisteswissenschaften auf der Ebene der Methodologie, nämlich die Entwicklung der modernen Hermeneutik. Weniger maß- und sinnvoll vorgetragen, führt jene Kritik an der positivistischen Wissenschaft dazu, den Geist vollends zum »Widersacher der Seele« zu erklären und in allem Irrationalen allein schon um seiner Irrationalität willen etwas Menschliches erblicken zu wollen. Dabei wird dann die ursprüngliche Frontstellung, die gegen die idealistischen Systeme, ganz vergessen, und jedweder Rückgriff auf die Vorstellungswelt des Idealismus scheint wieder möglich. Freilich wird dabei stets übersprungen, was dem Idealismus selbst das Wichtigste war und was all seinen Vorstellungen erst ihren Sinn gibt: die Anstrengung des Systems.

Systematizität nicht des Vorgehens allein, sondern auch des Gegenstands, oder vielmehr beides in einem, war recht eigentlich das Pathos des Idealis-

---

[37] H. Noack, Die Philosophie Westeuropas, S. 31.

mus; seine Philosophie würde entweder ein geschlossenes System sein oder gar nicht. Eben gegen den Gedanken des geschlossenen Systems richtet sich die lebensphilosophische Wende des Denkens.[38] Eine auf das Positive zielende Erforschung der Natur und der Geschichte läßt um die Mitte des 19. Jahrhunderts bereits viele der natur- und geschichtsphilosophischen Thesen, die der Idealismus bei der Entfaltung seiner Systeme behauptet, auf den ersten Blick als absurd erscheinen. Der Anspruch auf Vollständigkeit ist, wie sich zeigt, nicht eingelöst und offensichtlich auch gar nicht einlösbar, ja hybrid. Mit den Systemen des Idealismus stürzt zugleich der Systembegriff überhaupt; anders als er vermag ihn erst der Neukantianismus wieder zu denken. Das bedeutet nicht nur, daß die Ziele der Geschlossenheit und Vollständigkeit aufgegeben werden, – in dem äußerlichen Sinne des vollständigen Zusammentragens in Form von Wissen, Bildung, Wissenschaft ebensowohl wie in dem weitergehenden Verständnis des durchgängigen argumentativen Zusammenhangs –, sondern auch, daß eine Prinzipienreflexion überhaupt in Frage gestellt wird, ja das Reflektieren schlechthin, jedwede Begriffsbildung als Systematisierungsleistung – bis dahin, daß das Herzstück allen systematisierenden Denkens negiert wird, der Gedanke der Widerspruchsfreiheit: lebt das Leben nicht in Widersprüchen? Übrigens entstammt selbst dieses Moment noch dem Idealismus, gründet doch die Hegelsche Logik und mit ihr das ganze Hegelsche System in der Leugnung des Satzes vom Widerspruch; freilich macht er eben sie in seiner Dialektik zum wichtigsten Instrument seines Versuchs, ein geschlossenes System zu geben.

Die Abkehr vom Systemgedanken erwächst natürlich nicht aus dem Scheitern der idealistischen Systeme allein. An ihr ist auch jene Grundströmung beteiligt, die seit der späteren Aufklärung das Leben der Gebildeten prägt und bis heute nicht abgerissen ist und die man das Leiden an der Reflexion, der Bildung, der Zivilisiertheit, der Intellektualität der Lebensbeziehungen nennen könnte. Hinzu tritt die Erziehung zum aufgeklärten, sachlich beobachtenden, rational kontrollierten Umgang mit der Natur, den Menschen und sich selbst, das sachliche Sehen, das alle Verrichtungen des Lebens durchdringt. Beides, das Leiden an der Reflexion und das sachliche Sehen, verleiht der Abkehr vom Systemgedanken ihr spezifisches Pathos.

Wenn im vorangehenden gezeigt worden ist, daß die zentralen Theoreme der Lebensphilosophie bereits weitgehend in der idealistischen Philosophie vorgebildet sind, so ist dabei stets hinzuzufügen gewesen: als integrierender Bestandteil ihrer Systembildungsversuche – und es ist zu fragen, was sie nach der Abwendung vom Systemgedanken, nach dem Zerfall der Systeme noch sein können. Das »Leben«, der dem Menschen unaufhörlich zuströmende Stoff der Welt, der in der Anschauung zu erlebnishafter Gegenwart gelangt,

---

[38] H. Rickert, Philosophie des Lebens, S. 16, S. 142ff.

ist nun nicht mehr die Plattform, auf der sich die »Idee« sich selbst darstellt. Der Lebensprozeß ist nurmehr noch ein Werden ohne telos, ein Strömen und Fortströmen ohne durchgreifendes inneres Gesetz, dessen Anfang und Ende nicht zu greifen sind, das überhaupt nicht als Ganzes zu begreifen und als begriffenes zu wissen ist; nur aus dem Hineingestelltsein ist es als solches zu erfahren, und mehr ist dem Menschen nicht möglich.[39]

Das Leben recht zu fassen, heißt darum, sich ein für allemal auf der Stufe der Unmittelbarkeit, des anschaulichen Gegebenseins, des objektiven Bewußtseins einzurichten; nicht immer schon über sie hinausstreben und sich auf einen Prozeß des Begreifens und Wissens einlassen zu wollen, sondern sich ihm in seiner strömenden Fülle hinzugeben.[40] Ein Begreifen, das sich nicht in den Prozeß der sich zu sich selbst entfaltenden Idee einbezogen wissen, sondern nichts als Begreifen sein kann, kann nurmehr als Depravierung des Lebens gelten. Insofern von keiner Idee, keinem sich wissenden Wissen als summum bonum mehr die Rede sein kann, auf das es grundsätzlich hingeordnet wäre, vermag es allenfalls noch gewisse Regularitäten des Lebens darzustellen, naturgesetzlich oder gewohnheitsmäßig Wiederkehrendes als solches zu benennen, nämlich abstrahierend hervorzuheben und zu fixieren, und wenn es damit dem Leben dienstbar werden kann, so mag es wohl seine Berechtigung haben.[41] Aber mehr als marginal kann seine Bedeutung so nicht sein, denn eben als Leben muß es das Leben verfehlen. Das Leben ist anschauliche Fülle und das Begreifen abstrahierende Reduktion, das Leben ist Bewegung, und das Begreifen fixiert. Als starres Abstraktum hat der Begriff mithin nicht einmal mehr einen Zipfel von der Wahrheit des Lebens.

Hieran wird sichtbar, was die Lebensphilosophie vom Idealismus unterscheidet. Daß die Wahrheit immer konkret sei, weil sie nur so lebendige Wahrheit sein könne, gilt wohl hier wie dort. Während damit im Idealismus aber gemeint ist, daß die Wahrheit lediglich *auch* konkret zu sein habe und daneben noch anderes, nämlich auch abstrakt, postuliert die Lebensphilosophie, das Konkrete sei bereits das Wahre. Was im Idealismus als Aufwertung von Anschauung, Unmittelbarkeit, objektivem Bewußtsein begonnen hat, setzt sich in der Lebensphilosophie als ihre Verselbständigung fort. Anders gesagt: die Lebensphilosophie knüpft an den Bewußtseinsstandpunkt des Idealismus an, engt den Bewußtseinsbegriff aber auf das »objektive« Bewußtsein ein.

Diesen Übergang von der Welt des Idealismus zu der der Lebensphilosophie stellt H. v. Hofmannsthal in seinem berühmten Brief des Lord Chandos

---

39 Dazu vgl. etwa G. Simmel, Der Konflikt der modernen Kultur, a.a.O., S. 7, 8, 15, 16 u. ö.
40 H. Rickert, Philosophie des Lebens, S. 40ff.
41 G. Simmel, Der Konflikt der modernen Kultur, S. 5ff.

als einen biographischen Vorgang dar, als persönlichen Entwicklungsgang des fiktiven Protagonisten. Am Anfang steht ein Zustand, in dem »das ganze Dasein als eine große Einheit« erscheint und »geistige und körperliche Welt« »keinen Gegensatz (...) bilden«: »in allem fühlte ich Natur«, »und in aller Natur fühlte ich mich selber«.[42] Dieser Zustand kommt nun bezeichnenderweise dadurch an sein Ende, daß der Protagonist die »Fähigkeit« verliert, »über irgend etwas zusammenhängend zu denken oder zu sprechen« – wohlgemerkt: nicht nur zu sprechen, sondern auch zu denken! Es wird ihm »unmöglich, ein höheres oder allgemeineres Thema zu besprechen«,[43] die »abstrakten Worte« zerfallen ihm »im Munde wie modrige Pilze«.[44] Er vermag die »Dinge« nicht mehr »mit dem vereinfachenden Blick der Gewohnheit zu erfassen«. »Es zerfiel mir alles in Teile, die Teile wieder in Teile, und nichts mehr ließ sich mit einem Begriff umspannen«. »Mein Geist zwang mich, alle Dinge (...) in einer unheimlichen Nähe zu sehen«. »Diese Begriffe, ich verstand sie wohl (...); aber sie hatten es nur miteinander zu tun, und das Tiefste, das Persönlichste meines Denkens, blieb von ihrem Reigen ausgeschlossen«.[45] Das kommt wenn überhaupt, dann in jener »unheimlichen Nähe« der »Dinge« zur Geltung, im Gegenüber »irgendeiner Erscheinung meiner alltäglichen Umgebung«, in besonderen »guten Augenblicken«,[46] Momenten der »vollsten erhabensten Gegenwart«,[47] in denen »die stummen Dinge zu mir sprechen«,[48] als »Denken in einem Material, das unmittelbarer, flüssiger, glühender ist als Worte«.[49]

Hier haben wir es nicht nur mit einer schöpferischen Krise des Autors, mit einer Sprachkrise oder mit einer Krise der Gesellschaft zu tun, deren Begriffe »lügenhaft« sind, die nämlich einem »lügenhaft« gewordenen Idealismus anhängt oder auch nur anzuhängen vorgibt.[50] Vielmehr geht es zunächst und vor allem um das, was im Text als Kern und eigentlicher Gehalt all dieser Krisen dargestellt wird: um den als schmerzhaft erlebten Übergang zu einer Form der Erfahrung, wie sie durch die lebensphilosophischen Positionen definiert ist.[51] Das Bewußtsein des großen Weltzusammenhangs, die Ver-

---

[42] H. v. Hofmannsthal, Ein Brief, 1902, in: Hofmannsthal, Gesammelte Werke in Einzelausgaben, hg. v. H. Steiner, Prosa II, Frankfurt 1951, S. 7–22, hier S. 10.
[43] S. 11.   [45] S. 13.   [47] S. 15.   [49] S. 19.
[44] S. 12.   [46] S. 14.   [48] S. 20.
[50] So der Tenor der Deutungen in der langen Interpretationsgeschichte des Textes, zuletzt etwa noch bei V. Žmegač in seiner Geschichte der deutschen Literatur vom 18. Jahrhundert bis zur Gegenwart, Bd. 2, 2, Kronberg 1980, S. 287. – Vgl. die kritischen Hinweise zur Forschungsgeschichte bei R. Tarot, Hugo von Hofmannsthal, Daseinsformen und dichterische Struktur, Tübingen 1970, S. 361ff.
[51] Ähnlich schon R. Tarot, Hofmannsthal, a.a.O., S. 371, der statt von einer Sprachkrise von dem »Übergang von der Daseinsform des mythischen Bewußtseins in die Krise des mythischen Bewußtseins« und der »Überwindung der Krise durch den Eintritt in die Existenz« spricht. Uns scheinen freilich die Begriffe des Sym-

fügbarkeit des Allgemeinen, wie sie von zusammenhängendem Denken getragen und durch glaubwürdige Gewohnheiten und abstrakte Begriffe gekennzeichnet ist, erweisen sich als nicht mehr gegeben, insofern diese nicht mehr in das »Tiefste« und »Persönlichste« hineinreichen, und das ist offensichtlich nun das Maß aller Dinge. Dementsprechend kann es für das Ich keinen anderen Anhaltspunkt mehr geben als das unmittelbar in der Anschauung Gegebene, als die nahen Dinge in ihrer unauflösbar reichen Individualität; allenfalls an ihnen vermag sich das Ich noch in seinem »Anteilnehmen«, »Fühlen«, in einem »Fluidum des Lebens und Todes, des Traumes und Wachens« »für einen Augenblick« zu finden.[52]

Lebensphilosophie und Dichtung (»Artistenmetaphysik«)

Leben ist Bewegung und anschauliche Fülle, das Hineingestelltsein des Bewußtseins in den Bewegungszug der stets wechselnden anschaulichen Gestalten. Das Leben als Leben zu fassen, bedeutet, es als Bewegung und anschauliche Fülle zu fassen. Gefordert sind mithin eine Auseinandersetzung mit dem Leben, ein Denken, ein Schreiben, eine Kultur, die beweglich und anschaulich sind. Beweglichkeit bedeutet Offenheit, Flexibilität, die Bereitschaft und Fähigkeit, dem Leben rückhaltlos durch die Fülle seiner Gestalten und alle seine Widersprüche zu folgen, seinen Weg durch Lebensformen und Lebensschablonen hindurch, alle Fixierungen, Gewohnheiten, Institutionalisierungen, »toten« Bildungs-, Wissens- und Wissenschaftssysteme energisch durchstoßend, zu immer wieder Neuem, immer wieder Anderem mitzugehen. Und Anschaulichkeit heißt, das Besondere und nicht das Allgemeine zu suchen, das Individuelle gerade in seiner Individualität fassen zu wollen, in der Fülle der Bestimmtheiten, in der es sich unmittelbar gibt, in seinem ursprünglichen Reichtum.

Beides, das Postulat der Beweglichkeit und das der Anschaulichkeit, unterstreicht noch einmal, daß mit dem Begriff des Lebens das Bewußtseinsleben gemeint ist; denn nur auf das Bewußtsein bezogen, machen sie Sinn. In ununterbrochener Bewegung zu sein, von Zeitpunkt zu Zeitpunkt unentwegt voranzuschreiten und dabei die unterschiedlichsten Inhalte in sich aufzuneh-

---

bols und des Lebens historisch und systematisch angemessener als der von E. Cassirers lebensphilosophischem Kantianismus inspirierte Begriff des »mythischen Bewußtseins« und der zeitgenössische Begriff der Existenz.
52 Hofmannsthal, Chandos-Brief, S. 15. – Schon Tarot gibt hier die Deutung: »Im intuitiven Erkennen (...) ist der erkennend Fühlende des Gefühlten in der Weise der Unmittelbarkeit teilhaftig« (Hofmannsthal, S. 379). Da er aber noch nicht über den präzisen Begriff des Intuitionismus verfügt, muß er diese Einsicht im Sinne der zwar populären, aber widersinnigen Vorstellung von der »Erkenntnisweise« der »reinen Subjektivität« entwerten (S. 375), die durch die Rede vom »mystischen Akt« (S. 379) auch nicht erhellender wird.

men, ist Wesenszug des Bewußtseins; gerade darin, alles und jedes in sich haben zu können, ja Widersprüchliches zu durchlaufen, bestätigt es sich in sich selbst. Und die unvorgreifliche Fülle der Anschauung, das Besondere, Konkrete, Individuelle ist als Besonderes, Konkretes, Individuelles, in seiner unmittelbar gegebenen, rational nicht auflösbaren Vielfalt das, woran das Bewußtsein seine Gegenwart und damit sich selbst hat.

Wenn es die Aufgabe aller Aufgaben ist, das Leben als Leben zu fassen, muß sich die Aufmerksamkeit notwendig auf den Diskurstyp richten, der seit jeher die Stätte der Anschaulichkeit und Beweglichkeit ist: auf die Dichtung. So kommt es, daß das Nachdenken über Dichtung, das Sich-Beziehen auf Dichtung für die gesamte Lebensphilosophie zentrale Bedeutung gewinnt, ja daß sie sich stets als eine ästhetizistische Philosophie realisiert. Seit Lessing – so Dilthey – wird unsere »Lebens- und Weltansicht (...) von den großen Schöpfungen unserer Dichter gebildet: diese Schöpfungen wirken inhaltlich wie eine neue Philosophie«.[53] »In der intuitiven Anschauung des Dichters erhält das Lebensideal (seither) seine volle und naturgemäße Verkörperung.«[54] Die Poesie ist es, die uns »das Verständnis des Lebens« »erschließt«,[55] indem sie uns lehrt, »das Leben aus ihm selbst zu verstehen und so in seiner Bedeutsamkeit und Schönheit« zu erkennen.[56] Denn nur sie vermag »die lebendigste Erfahrung vom Zusammenhang unserer Daseinsbezüge in dem Sinn des Lebens zum Ausdruck« zu bringen,[57] den »Gehalt an Leben in meinem Selbst, meinen Zuständen, den Menschen und Dingen um mich her« »sehen« zu lassen.[58] Dilthey kennt daneben zwar auch noch eine Wissenschaft, die es mit Wirkungszusammenhängen zu tun hat, die aber eben deshalb das Leben als Leben verfehlt, und auf dieses soll es ja ankommen. Philosophie des Lebens ist stets wesentlich Philosophie der Kunst, die allein das Leben als Leben, nämlich anschaulich und beweglich, zur Darstellung bringen kann – es ist eben dies, was in dem so außerordentlich mißverständlichen Begriff der Artistenmetaphysik[59] zum Ausdruck kommt: daß eine Philosophie, die nur noch das Leben kennt, auf die Mittlerschaft der Kunst als der eigentlichen Verwalterin der Anschauung angewiesen ist.

Wenn sich die Lebensphilosophie die Bestimmung gibt, wesentlich Artistenmetaphysik zu sein, so verpflichtet sie damit zugleich die Kunst auf das

---

53 W. Dilthey, Basler Antrittsvorlesung, a.a.O., S. 7.
54 Ebenda, S. 11.
55 W. Dilthey, Das Erlebnis und die Dichtung, a.a.O., S. 139.
56 Ebenda, S. 142.
57 S. 127.
58 S. 126.
59 Vgl. P. Pütz, Nietzsche, a.a.O., S. 28: bei Nietzsche »wird Ästhetik zur Philosophie des Lebens«.

Leben: »Poesie ist Darstellung und Ausdruck des Lebens« (Dilthey).[60] Der Künstler weiß von keinem anderen Bezugspunkt für seine darstellerischen Anstrengungen mehr als von »dem kraftvollen und individuellen Leben« (Zola).[61] »Die Dichtung ist in Wirklichkeit nichts anderes als ein höheres Leben, intensiver und gesammelter als das tägliche Leben« (Marinetti).[62] Was Dilthey, Zola und Marinetti damit aussprechen, ist freilich mehr als nur eine Anschauung der Lebensphilosophie. Auf die eine oder andere Weise gilt es für alle seither entstandene Kunst, auch wenn sie sich nicht, wie es hier geschieht, geradezu darauf reduziert sehen will, das »Leben« »darzustellen und auszudrücken«.

»Darstellung« und »Ausdruck« soll die Poesie nach Dilthey sein, beides in einem. Als »Ausdruck« soll sie »Darstellung« sein; es geht also um ein Darstellen im Zeichen von Unmittelbarkeit, denn mit dem Konzept des Ausdrucks verbindet sich die Vorstellung eines unmittelbaren Sichartikulierens von Erleben. Der Begriff der Unmittelbarkeit akzentuiert zudem, was bei Dilthey ohnehin stets deutlich ist, daß mit Leben Bewußtseinsleben, seiner selbst bewußtes Leben gemeint ist; nur auf das Bewußtsein bezogen, kann er ja Sinn machen.

Bekanntlich exemplifiziert Dilthey sein Konzept von Dichtung und Erlebnis an Goethe[63] – zu unrecht, wie wir glauben, wenn sein Irrtum auch verständlich ist, und jedenfalls mit verwirrenden Folgen für die Begriffsbildung der Literaturwissenschaft. Wohl kann Goethes Œuvre als Paradigma eines ausdruckshaften Dichtens gelten, also eines Sprechens unmittelbar aus subjektiv-erlebnishafter Haltung heraus. Aber bei ihm kann Welt so noch ergriffen werden, wie sie an sich ist, kann es – vermittelt durch die Kategorie des Allgemeinmenschlichen – dem Ich noch gelingen, sich in den großen Weltzusammenhang zu stellen.

Das meint Dilthey mit Erlebnis im Grunde nicht mehr. Er spricht zwar auch noch vom Allgemeinmenschlichen, reduziert es aber wesentlich auf das Individuum-Sein und auf die im Leben des einzelnen allmählich sich summierende individuelle Lebenserfahrung; diese soll als solche zu den anderen Individuen sprechen können, aber nicht mehr als Symbol, sondern nur noch als Paradigma. Im Erlebnis vermag er nurmehr das Ergreifen von Leben zu sehen. Das ausdruckshafte Sprechen erweist sich damit bei ihm als von der

---

[60] W. Dilthey, Das Erlebnis und die Dichtung, S. 126.
[61] E. Zola an P. Cézanne, s. o., S. 424.
[62] F. T. Marinetti, Zerstörung der Syntax – Drahtlose Phantasie – Befreite Wörter, 1913, in: Ch. Baumgarth, Geschichte des Futurismus, Reinbek 1966, S. 173–178, hier S. 174.
[63] Die grundsätzlichen Überlegungen dazu finden sich vor allem in dem Aufsatz über ›Goethe und die dichterische Phantasie‹, in: W. Dilthey, Das Erlebnis und die Dichtung, a.a.O., S. 124–186.

Rückbezogenheit des Lebens auf sich selbst regiert. »Im Leben«, so wie es die Dichtung zur Darstellung bringt, »ist mir mein Selbst in seinem Milieu gegeben, Gefühle meines Daseins, ein Verhalten und eine Stellungnahme zu Menschen und Dingen um mich her (...). (...) jedes Ding und jede Person (empfangen) aus meinen Lebensbezügen eine eigene Kraft und Färbung«; auf sie ist es abgesehen: »In allem, was mich umgibt, erlebe ich nach, was ich selbst erfahren habe«.[64]

Für ein Erlebnis, das derart von der Reflexivität des Lebens her gedacht ist, kann Goethe eigentlich nicht in Anspruch genommen werden. Daß es dennoch geschieht, hat in doppelter Hinsicht schädliche Folgen für die Literaturgeschichtsschreibung. Zum einen muß sich die Kontur der klassischen Symbolkonzeption bis zur Unkenntlichkeit verschleifen, wenn sie auf den subjektiv-erlebnishaften Aspekt reduziert wird. Und zum andern wird die neu entstehende moderne Dichtung, wenn ihr die klassische Symbolkunst als Muster eines Dichtens vom Leben her vorgerückt wird, Maßstäben unterworfen, etwa Erwartungen an eine innere Strukturierung, die sie als eine wirklich am Lebensgedanken ausgerichtete Kunst niemals erfüllen kann. Die Literaturgeschichte hat sich in dem merkwürdigen und folgenreichen Paradox gefallen, die Dichtung in eben dem Augenblick als »Ausdruck« von »Erlebnissen« zu bestimmen, in dem diese aufhört, wirklich Ausdruck von Erlebnissen sein zu können. Nicht als ob mit dem Beginn der Moderne die subjektiv-erlebnishafte Haltung ein für allemal verabschiedet wäre. Sie bleibt weiterhin ein entscheidender Ausgangspunkt literarischen Redens. Aber was die klassische Symbolkunst ausmachte, die Möglichkeit, in erlebnishafter Unmittelbarkeit »die« Welt zu haben, ist nun vorbei. Die Welt ist nicht zu durchschauen, nurmehr zu schauen.

Das Postulat der Lebensunmittelbarkeit und die Entmimetisierung der Formen

Unter dem Vorzeichen des Lebensbegriffs wird die subjektiv-erlebnishafte Haltung, das Unmittelbarkeitspostulat[65] zum Motor einer Entwicklung, die nach und nach alle Formen zerstört, in denen sich in der klassischen Symbolkunst das Haben »der« Welt vollzog, alle Prinzipien der Sinnbildung, an denen das Darstellen, das Herstellen von Anschaulichkeit ausgerichtet war. Zunächst sind die überkommenen Formen einem »Darstellen und Ausdrükken« des »Lebens« schon grundsätzlich suspekt; als überkommene, ja überhaupt als Formen sind sie etwas Totes, und es soll doch um das Leben gehen.[66]

---

[64] W. Dilthey, Das Erlebnis und die Dichtung, S. 126.
[65] G. Simmel, Der Konflikt der modernen Kultur, a.a.O., S. 18.
[66] Ebenda, S. 5–7.

Von daher rührt das antitraditionalistisch-innovatorische Pathos, das die moderne Kunst durch ihre ganze Geschichte vom Naturalismus bis in die Gegenwart hinein begleitet. »Jeder Wortkünstler bisher fand zwischen sich und dem, was er ausdrücken wollte, bereits immer etwas vor. (...) In eine ihm überlieferte Form preßte er willkürlich seinen Inhalt, statt umgekehrt, wie ich dieses verlange, die erst gesuchte, noch gar nicht vorhandene Form aus seinem Inhalt unwillkürlich, dafür aber um so notwendiger erst wachsen zu lassen« (A. Holz).[67] »Wir stehen auf dem äußersten Vorgebirge der Jahrhunderte! ... Warum sollten wir zurückblicken (...)? (...) Wir wollen die Museen, die Bibliotheken und die Akademien jeder Art zerstören (...)« (Manifest des Futurismus).[68] »Alle in den Schulen oder Ateliers gelernten Wahrheiten existieren nicht für uns. Unsere Hände sind frei und rein genug, alles von vorn anzufangen. (...) Deshalb haben wir uns für die Uranfänglichkeit einer gänzlich erneuerten Sensibilität erklärt.«[69] »Sehen Sie hin, packen Sie das mal an, was fühlen Sie? (...) Man muß vergessen, daß es so etwas wie Kunst gibt! Und einfach anfangen« (R. D. Brinkmann).[70]

Diese Wendung gegen die überkommenen Formen und Form überhaupt wird mancherorts freilich wieder relativiert; ja gerade vom Standpunkt der Lebensunmittelbarkeit aus vermag sich der Blick erneut und mit gesteigerten Erwartungen auf die Form zu richten: wie anders soll das ewig strömende und fortströmende Leben sich fassen können, als indem es sich an Formen bricht, die sich ihm entgegenstellen?[71] So bringt die Lebensphilosophie ebenso wie den grundsätzlichen Zweifel an der Form auch ein neues Pathos der Form, ja einen neuen Formbegriff hervor. Dieser neue Formbegriff, wie er sich zuerst im Symbolismus artikuliert, erwächst daraus, daß der Gebildecharakter der literarischen Form auf Kosten ihrer semantischen Funktionalität herausgekehrt wird; mit diesem ihrem Gebildecharakter soll sie Widerpart des ewig flutenden Lebens sein. Hier stellt sich freilich sogleich die Frage, was das denn sein könne, eine solche Form; inwieweit sie dem lebensphilosophischen Ausgangspunkt gerecht werde, ob sie nicht wesentlich ein Anknüpfen an die Kunstvorstellungen der Epigonen darstelle und also ein mehr oder weniger unkontrollierter Rückfall in eigentlich sinnlos gewordene idealistische Konzepte bedeute.

---

[67] A. Holz, Die befreite deutsche Wortkunst, 1918/19, in: Theorie des Naturalismus, hg. v. Th. Meyer, Stuttgart 1973, S. 177.
[68] Manifest des Futurismus, 1909, in: Ch. Baumgarth, Geschichte des Futurismus, a.a.O., S. 26–27, hier S. 26.
[69] Futuristen, Die Aussteller an das Publikum, in: Der Sturm 105, April 1912, S. 3 (mittlere Spalte).
[70] R. D. Brinkmann, Die Piloten, 1968, in: Brinkmann, Standphotos, Reinbek 1980, S. 185–186.
[71] G. Simmel, Der Konflikt der modernen Kultur, S. 7 u. ö.

Führt das Postulat der Lebensunmittelbarkeit mithin dazu, daß der Formbegriff grundsätzlich in Zweifel gezogen wird, so bedeutet es darüber hinaus vor allem auch, daß die einzelnen Formen in Frage gestellt werden, wie sie überkommen sind; daß sich nämlich jene Kategorien der Sinnbildung in sich selbst zersetzen, denen gemäß sich ein Darstellen im Sinne des mimetischen Illusionismus realisiert und in denen die überkommenen Formen gründen. Äußerlich findet das seinen Ausdruck darin, daß sich die traditionellen Gattungen bis zur Unkenntlichkeit verändern und die Grenzen zwischen den Gattungen verwischen, ja daß das ganze klassische Gattungssystem in sich zusammenbricht. Da entstehen nach und nach ein lyrisches und ein episches Theater, da wird Prosa lyrisch und Lyrik prosaisch, da nennt sich Novelle, was ein verkapptes Gedicht ist, und Gedichte beginnen zu erzählen, wenn nicht gar zu plaudern – bis dahin, daß der Unterschied von Poesie und Prosa gelegentlich geradezu für aufgehoben erklärt wird.[72]

Das ist aber nur der äußere Niederschlag dessen, daß sich die Kategorien der Sinnbildung zersetzen, durch die sich die klassischen Gattungen als besondere, in sich geschlossene Systeme zur Schaffung von schönem Schein definieren; Kategorien wie Handlung, Charakter, Ich, Natur, Szene, Erlebnis, Stimmung. Sie alle unterliegen nun der Forderung der Lebendigkeit. In eben dem Maße, in dem sie ihr unterworfen werden, müssen sie aber ihren ursprünglichen Sinn verlieren und sich schließlich auflösen. »Mit einem unerklärlichen Zorn (...) erfüllte es mich, dergleichen zu hören, wie: diese Sache ist für den oder jenen gut oder schlecht ausgegangen; Sheriff N. ist ein böser, Prediger T. ein guter Mensch; Pächter M. ist zu bedauern, seine Söhne sind Verschwender; ein anderer ist zu beneiden, weil seine Töchter haushälterisch sind; eine Familie kommt in die Höhe, eine andere ist im Hinabsinken. Dies alles erschien mir so unbeweisbar, so lügenhaft, so löcherig wie nur möglich. Mein Geist zwang mich, alle Dinge, die in einem solchen Gespräch vorkamen, in einer unheimlichen Nähe zu sehen (...)« (H. v. Hofmannsthal).[73]

Das gilt zunächst und vor allem für die Kategorie der Handlung. In der Form, in der sie bis zum Ende des 19. Jahrhunderts die epische und dramatische Literatur prägt, kann sie der lebensphilosophischen Auffassung nurmehr als toter Mechanismus erscheinen. Das unendlich reiche, vielfältige, schillernde Leben wird durch sie auf den Nexus von Wirkung und Gegenwirkung reduziert, wird gewaltsam zum bloßen System der Kausalzusammenhänge zusammengestutzt. Seinem ewigen Strömen und Fortströmen wird der Raster von uranfänglichem Beginnen, konsequentem Sich-Entfalten und defini-

---

[72] Wie etwa in der Programmatik der Konkreten Poesie, z. B. bei G. Rühm, der neue textbegriff, 1965, in: Theoretische Positionen zur Konkreten Poesie, hg. v. Th. Kopfermann, Tübingen 1974, S. 93–94, hier S. 93.
[73] H. v. Hofmannsthal, Chandos-Brief, a.a.O., S. 12–13.

tivem Enden, sei es in der Katastrophe oder dem Happy-End, aufgedrungen. Der lebendige Mensch, wie er sich im fortfließenden Strom der Eindrücke, Stimmungen, Aufschwünge, Wünsche, Erinnerungen, Gedanken, Leidenschaften, Entschließungen, Halbherzigkeiten und Zerstreuungen hin- und hergeworfen fühlt, wird zur bloßen Marionette von Intentionen, zur Charaktermaske, zum Motivationsmechanismus. Die Situation, die als »Lebenslage« durch Vieldeutigkeit, durch die Gegenwart einer unendlichen Fülle von Bestimmungen und also von Unbestimmtheit gekennzeichnet ist, erhält mit Gewalt jene Eindeutigkeit und Bestimmtheit, die sie zur Plattform von Entschlüssen tauglich macht. Der Dialog wächst nicht aus der lebendigen Sprache der Menschen hervor, sondern ist bloße Motivationsrhetorik. »Das Leben« ist stets mehr und anderes als Kausalzusammenhang, es ist gerade nicht, wofür es ein Beginnen und Enden gibt; der Mensch ist als »lebendiger« mehr als nur der Exekutor seiner Zwecke, die »lebendige« Situation ist ein Hineingestelltsein, das alles mögliche Reagieren übersteigt.

Die lebensphilosophische Einstellung kann Geschehen, Begebenheit, Prozeß im Grunde nur noch in einer Form kennen: in der des ewig werdenden Lebens – das aber heißt: in der des Bewußtseinsstroms; denn mit Leben ist hier ja immer das Bewußtseinsleben gemeint. Das wiederum bedeutet, daß für ein Dichten, wie es den lebensphilosophischen Anschauungen entspricht, die Kategorie des Bewußtseinsstroms an die Stelle der Kategorie des Handlungszusammenhangs treten muß; daß sich die literarische Sinnbildung nicht mehr in einem Handlungszusammenhang kristallisieren kann, sondern am Leitfaden des Bewußtseinsstroms zu vollziehen hat. »Ich kenne nichts außer meiner Empfindung, und ich kenne vor allen Dingen keine Causalität, nur Aufeinanderfolge meiner Empfindungen; ob sie logisch sich abwickeln oder nicht, das ist nicht meine Sache« (Przybyszewski).[74] Damit ist nicht gesagt, daß die Kategorie der Handlung, das Konstruieren von Handlungszusammenhängen nun jegliche Bedeutung verlöre. Es heißt lediglich, daß sich ein Darstellen nicht mehr geradezu als ein Entwickeln von Handlungszusammenhang entfalten kann. Dargestellt wird auf der hier umrissenen Grundlage primär am Leitfaden des Bewußtseinsstroms – wobei nach und nach durchaus auch ein Handlungszusammenhang sichtbar werden kann, aber eben nur indirekt.

Bei der Suche nach einer »neuen Kunstform«, »die sich triebsicherer senkt in das Leben um uns, keimtiefer als die bisherige, uns überliefert gewesene«,[75] die »das Leben in einer Unmittelbarkeit geben wird, in einer Treffsicherheit,

---

[74] S. Przybyszewski, Totenmesse, 1893, 2. Aufl., Berlin 1900, S. 16; »Empfindung« ist hier im Sinne der zeitgenössischen Psychologie und Philosophie in der weiteren Bedeutung von Bewußtseinsinhalt zu verstehen.
[75] A. Holz, Evolution des Dramas, in: Holz, Werke, hg. v. W. Emrich u. A. Holz, Bd. 5, 3. Teil, Neuwied 1962, S. 47ff., hier S. 53.

von der wir heute vielleicht noch nicht einmal eine entfernte Vorstellung besitzen«;[76] bei solchem Streben, »mehr unmittelbar wirkende Menschendarstellung zu geben«,[77] kommt der »konsequente Naturalismus« zu dem Ergebnis: »Handlung (ist) nicht das Gesetz des Theaters« (A. Holz).[78] Er mag zwar zögern, denen Recht zu geben, die ihm als seine Maxime ein »Fort mit der Intrige, den bunten Abenteuern, der Konzentration, fort mit der Handlung!«[79] unterstellen – aber daß sich in seinen »kleinen, völlig absichtslosen Studien direkt nach der Natur, (...) durch die man in ein Stück Leben wie durch ein Fenster (sieht)«,[80] die Sinnbildung nicht mehr am Leitfaden der Kategorie der Handlung vollzieht, daß sie von anderem regiert wird und die Handlung nurmehr einen untergeordneten Stellenwert hat, liegt auf der Hand.

Rilkes Malte nennt sich beim Gedanken an sein Jugenddrama einen »Narren«, weil er »eines Dritten bedurfte, um von dem Schicksal zweier Menschen zu erzählen, die es einander schwer machten«,[81] jenes »Unersetzlichen, der die Handlung selbst war«.[82] Darin liegt für ihn eine Täuschung darüber, »wo unser Geschehen kocht und sich niederschlägt und die Farbe verändert«. Nur in inneren »Vorgängen« »war jetzt das Leben, unser Leben, das in uns hineingeglitten war, das sich nach innen zurückgezogen hatte«:[83] »Aber innen und vor Dir, mein Gott, innen vor Dir, Zuschauer: sind wir nicht ohne Handlung?«[84] »Nirgends (...) wird Welt sein, als innen«[85] – was sich in solchen und ähnlichen Wendungen vollzieht, ist nichts anderes als das Setzen des Bewußtseinsstandpunkts. Wenn er hier bei Rilke sogleich einen Akzent von Innerlichkeit erhält, so zeigt der Naturalismus, daß dies keineswegs notwendig, nur eine individuelle Zutat ist. Wo es darum geht, Leben im Sinne von Bewußtseinsleben zu fassen, muß alle äußere Handlung als etwas Sekundäres erscheinen.

»Nirgends (...) wird Welt sein als innen« – das kann auch so gesagt werden: »wir bewegen uns mehr in unserer zerebralen Sphäre als in unserer sexuellen oder intestinalen oder muskulären. Uns beschäftigen Gedanken, die brennen (...)« (Benn).[86] Muskeln, Eingeweide und Sexus kennzeichnen hier ironisch die Sphäre der Tätigkeit und der Leidenschaften, also der Handlung; ihr wird die »zerebrale Sphäre«, das aber heißt: das Bewußtsein, entgegengesetzt. Aktion vermag allenfalls noch als »Parallelaktion« Gegenstand von Dichtung zu sein, als jenes »Seinesgleichen geschieht« nach dem »Prinzip des

---

[76] Ebenda, S. 48.
[77] S. 55.
[78] Ebenda.
[79] S. 54.
[80] S. 53.
[81] Rilke, Malte, a.a.O., S. 725.
[82] Ebenda, S. 726.
[83] S. 784–785.
[84] S. 920.
[85] Rilke, Duineser Elegien, 7. Elegie, in: Rilke, Sämtliche Werke, hg. v. E. Zinn, Bd. 1, Frankfurt 1955, S. 711.
[86] G. Benn, Doppelleben, 1950, in: Benn, Gesammelte Werke, hg. v. D. Wellershoff, Wiesbaden 1968, Bd. 8, S. 1935–2038, hier S. 2029.

unzureichenden Grundes«, das einen »Mann ohne Eigenschaften«, einen Menschen, der sich nur in seinem »Möglichkeitssinn« zu Hause weiß, mit seiner Beliebigkeit in das »Tausendjährige Reich« einer wie auch immer zu fassenden Innerlichkeit treibt (Musil).[87] »Was solle man denn zu einem Geschehen sagen? Geschähe es nicht so, geschähe es ein wenig anders. Leer würde die Stelle nicht bleiben. Er aber möchte nur leise vor sich hinsehn und in seinem Zimmer ruhn« (Benn).[88]

Mit der Auflösung der Kategorie Handlung ist die der Kategorie Person – sowohl in ihrer Fassung als Ich als auch in der als Er, als Charakter – untrennbar verknüpft, ja sie bildet recht eigentlich ihre Pointe, oder vielmehr ihren Kern, ihr innerstes, bewegendes Zentrum. Wenn die klassische Ästhetik Handlung als das »wahre Ziel der dichterischen Weltauffassung« bestimmt,[89] so weiß sie, daß Handlung »die Auffassung der Welt unter dem Standpunkt der ausgesprochenen Persönlichkeit« ist.[90] Eine in sich geschlossene Handlung kann sie sich nur als Manifestation einer in sich geschlossenen Persönlichkeit, eines Charakters, denken, wie er anderen, anders gearteten Charakteren gegenüber- und mit ihnen in Wechselwirkung tritt. Das aber heißt, daß Handlung im Sinne einer Ästhetik des schönen Scheins nur solange möglich ist, als der Mensch sich selbst und sein Gegenüber als Persönlichkeit zu sehen in der Lage ist. Das wiederum bedeutet, daß der tragende Boden des Glaubens an das Allgemeinmenschliche weiterhin gegeben sein muß. Denn es ist die Gewißheit des Allgemeinmenschlichen, die das Ich sich selbst als geschlossene Persönlichkeit erleben und die es sein Gegenüber als Charakter überschauen, als in sich geschlossenes System fester Eigenschaften erfahren und festhalten läßt. Das Allgemeinmenschliche erscheint dabei gleichsam als Grammatik der dichterischen Charakterologie.

Eben die im Postulat des Allgemeinmenschlichen gründende und im Gedanken der Persönlichkeit sich manifestierende Menschendarstellung sieht sich von der Forderung der Lebensunmittelbarkeit in Frage gestellt. Der lebendige Mensch soll jetzt zur Darstellung kommen, nichts anderes als er, der Mensch, wie er sich selbst in seinem Bewußtseinsleben unmittelbar erfährt und wie er als Gegenüber im Bewußtseinsleben zu unmittelbarer Gegenwart gelangt. Als solcher ist er gerade der nicht überschaubare, von keiner Charakterologie zu erschöpfende, jedwede Vorstellung von einem Allgemeinmenschlichen hinter sich lassende – mit einem Wort: der Mann ohne Eigenschaften. »(...) ein Charakter, Beruf, eine feste Wesensart, das sind (...) Vorstellungen, in denen sich schon das Gerippe durchzeichnet, das zuletzt

---

[87] R. Musil, Der Mann ohne Eigenschaften, in: Musil, Gesammelte Werke, hg. v. A. Frisé, Reinbek 1978, Bd. 1–5.
[88] G. Benn, Gehirne, hg. v. J. Fackert, Stuttgart 1974, S. 6.
[89] F. Th. Vischer, Ästhetik, a.a.O., Bd. 3, S. 1184.
[90] Ebenda, S. 1185.

von ihm übrig bleiben soll« (Musil).[91] Es mag wohl immer noch so etwas wie Charakter zu beobachten sein, als Resultat von Biographie, sozialer und psychologischer Bestimmtheit. Aber in dem Augenblick, in dem die Lebendigkeit als das Eigentliche des Menschseins gesetzt ist, kann eine solche »feste Wesensart« nurmehr am Rand der Person gesehen werden; und wenn sie in das Zentrum der Person hineinreicht, so muß sie als Depravierung des Menschlichen gelten, nämlich als Resultat eines Erstarrungsprozesses, eines Ersterbens des inneren Menschen. Eine lebendige Dichtung muß aber den lebendigen Menschen zu geben suchen, muß den Charakter als tote Schablone entlarven und den Menschen in seiner unvorgreiflichen Beweglichkeit und Lebensfülle zur Darstellung bringen; sie muß dem »Menschen als Niederschrift, als Wirklichkeit und Charakter« den Menschen »als Inbegriff seiner Möglichkeiten«, den »potentiellen Menschen« (Musil) entgegenstellen.[92]

In der Form des Er, als lebendig erfahrenes Gegenüber, ist mir der wahrhaft lebendige Mensch zunächst und vor allem der »Fremde« (Camus). Ich habe keinen direkten Einblick in sein Inneres, verfüge über keine Formel, die mir sein Wesen erschließt, kenne seine Vergangenheit wenn überhaupt, so nur in Ausschnitten und kann somit allenfalls versuchen, mir von ihnen aus in der Weise der »Mutmaßung« (U. Johnson) ein Bild zu machen; ich weiß auch nichts Genaues über seine Absichten und Wünsche, und ich kann wohl aus dem, was ich von ihm weiß, vermute und vor mir sehe, am Leitfaden meiner Menschenkenntnis sein zukünftiges Handeln kalkulieren, aber sicher kann ich mir seiner niemals sein, und je lebendiger er ist, desto öfter und desto entschiedener wird er mein Kalkül durchkreuzen. So begegnet mir der Mensch, und so muß er dargestellt werden, wenn denn eine »lebendige Menschendarstellung« das Ergebnis sein soll.

Ja selbst wo es um das Ich geht, heißt lebendige Menschendarstellung nun wesentlich, der Fremdheit Rechnung zu tragen. Denn als lebendiges erfährt das Ich sich zunächst nur in seinem unmittelbaren Bewußtseinsleben hier und jetzt. Alles, was darüber hinausgeht, auch und gerade das, was es selbst anbelangt, ist ihm schon nicht mehr mit der gleichen Gewißheit gegeben, hebt sich durch einen minderen Grad der Gewißheit davon ab. Wohl weiß ich von einer Vergangenheit, einem Lebensweg, der hinter mir liegt, aber mit welchem Recht kann ich sagen, daß es »meine« Vergangenheit ist, in welcher Form »habe« ich sie? Bin ich mir hier und jetzt geradezu das Fazit meiner Biographie, im Sinne jenes »Ich-Sparkassensystems« (Musil), nach dem das Vergangene in Form von Einlagen zusammengetragen und zusammengehalten wird? Blicke ich aus meiner Gegenwart auf meinen Lebensweg nicht vielmehr als auf ein Ferngewordenes zurück? Liegt er für mich nicht in einem

---

[91] R. Musil, Der Mann ohne Eigenschaften, a.a.O., Bd. 1, S. 250.
[92] Ebenda, S. 251.

Zwielicht des Fremdwerdens, Vergessens, Umdeutens, Nicht-mehr-Verstehens? Muß ich mich nicht unentwegt darüber wundern, was alles ich von einer Vergangenheit in mir vorfinde, was alles da zusammengekommen ist, ja daß ich überhaupt derlei in mir vorfinde – so daß mit dem Begriff Lebensweg eigentlich schon ein Zuviel an Zusammenhang suggeriert ist und die Reise in die eigene Vergangenheit, die »recherche du temps perdu« (Proust) zu einer wahrhaften Aufgabe, zu einem unabsehbaren Abenteuer wird?

Wohl sehe ich mich in der Gesellschaft stehen und handeln, in kleinen Gruppen wie im großen gesamtgesellschaftlichen Zusammenhang eine Position einnehmen und Funktionen ausfüllen, an ihrem geregelten Leben teilnehmen, an ihren Entwicklungen teilhaben – aber was davon »bin ich«, wenn ich mich als Ich von meinem unmittelbaren Bewußtseinsleben her bestimme? Je weiter die Ebene von diesem unmittelbaren Bewußtseinsleben entfernt ist, auf der meine Rolle und mein Anteil am Handeln definiert werden, je geringer mithin meine unmittelbare Mitwirkung daran ist, desto fremdartiger müssen sie in mein Leben hineinstehen und desto nachdrücklicher stellt sich die Frage, ob ich mich damit identifizieren, mir meinen Anteil wahrhaft zu eigen machen kann.

Wohl erlebe ich mich als wahrnehmenden, fühlenden, denkenden, planenden, wünschenden, handelnden, aber je entschiedener ich mich von meinem aktuellen Bewußtsein hier und jetzt her bestimme, desto mehr muß sich mir die Frage aufdrängen, wo mir meine Wahrnehmungen, mein Fühlen, Denken, Planen, Wünschen, Handeln herkommen; ich erlebe sie ja doch unmittelbar nur als etwas, das »durch mich hindurchgeht« (Benn). Wo kommen sie also her, und wo gehen sie hin? Da fällt der Blick dann etwa auf den geschichtlich-gesellschaftlichen Bereich, in dem Weisen des Wahrnehmens, Modelle des Denkens und Fühlens, Wünschens und Handelns gleichsam umtreiben und die ich in meiner Sozialisation und im sozialen Austausch nolens volens angenommen habe. Insofern es sich dabei um Schablonen, Modelle, »Allgemeinvorstellungen« handelt, erhebt sich ihnen gegenüber freilich sogleich die Forderung nach Authentizität, nach dem mir wirklich gemäßen, mir eigenen, wahrhaft lebendigen Sehen, Fühlen, Denken, Wünschen, Handeln.

Sodann richtet sich der Blick aber auch auf das, was nun das Unterbewußte heißt. Der Bewußtseinsstandpunkt, das Ausgehen von meinem Bewußtsein hier und jetzt, erzeugt notwendig die Kategorie des Unterbewußten aus sich. Was ich jeweils bewußt habe, ist in einem steten Strömen und Fortströmen begriffen und hat als solches zunächst keinen anderen Zusammenhang in sich als eben den des Strömens. Damit ein Bewußtseinsinhalt auch nur Wahrnehmung sein kann, muß er aber noch in einen darüber hinausgehenden, zusätzlichen Zusammenhang hineingestellt werden, muß ein Erinnern und ein Festhalten in die Zukunft hinein hinzutreten, muß also ein

Unter-Bewußtes, ein Vor-, Außer-, Überbewußtes zum aktuell Bewußten hinzukommen; denn Wahrnehmung ist immer ein Wahrnehmen und Fixieren als... Dasselbe gilt natürlich vom Fühlen, Denken, Wünschen, Handeln. Man kann das Unterbewußtsein als Komplement und Basis des Bewußtseins mit dem Bergsonschen Begriff des Gedächtnisses oder mit dem Husserlschen Horizontbegriff fassen, kann es auf soziologische oder psychologische Vorstellungen zentrieren, diese auf mechanistische Modelle reduzieren oder ins Mythische überhöhen. Auf all dies kann sich der Blick richten, wenn gefragt wird, wo denn herkomme, was »durch mich hindurchgeht« und so mein unmittelbares Ichsein ausmacht. Ja hier, im Unterbewußten, wird mit Vorliebe die Quelle der Authentizität vermutet, das, woraus ein authentisches Wahrnehmen, Fühlen, Denken, Wollen erwächst. Insofern sie aus dem Unterbewußten aufsteigen, müssen sie aber für mein bewußtes Ich etwas Überraschendes, wenn nicht gar Befremdendes haben.

Mit anderen Worten: wo sich die lebensphilosophische Maxime, »(s)einen Sinnen mehr zu trauen als der Vernunft«,[93] durchgesetzt hat, da muß das »Ich« als »unrettbar« gelten,[94] kann es allenfalls noch ein »Name« heißen »für die Elemente, die sich in ihm verknüpfen« (H. Bahr).[95] Es mag dann geklagt werden: »Etwas ist verlorengegangen; der mystische Oscillationspunct, auf den sich alle meine Kräfte beziehen (...). Meine Gedanken nehmen etwas Eigenwilliges an, sie gehen und kommen spontan, willkürlich, zügellos« (Przybyszewski).[96] Oder es mag der »Tod des literarischen Ichs« geradezu gefordert, die »Besessenheit des Ichs, das die Dichter bis heute beschrieben, besungen, analysiert und ausgespien haben«, »bekämpft« und dazu aufgerufen werden, »sich dieses quälenden Ichs zu entledigen« (Marinetti).[97] Hier wie dort ist der Befund derselbe: daß »die Auflösung des anthropozentrischen Verhaltens (...) endlich beim Ich angelangt (ist)«; daß »der Glaube, am Erleben sei das wichtigste, daß man es erlebe, und am Tun, daß man es tue, (...) den meisten Menschen als eine Naivität zu erscheinen (anfängt)« (Musil).[98] »(...) daß ich überhaupt etwas bin, (...) bezweifle ich, es geht nur etwas durch mich hindurch« (Benn).[99]

Natürlich ist, was hier über die Auflösung von Kategorien wie Handlung, Charakter, Ich gesagt wird, für die Literaturgeschichte nichts Neues. Wer

---

93 H. Bahr, Das unrettbare Ich, 1904, in: Bahr, Zur Überwindung des Naturalismus, a.a.O., S. 183–192, hier S. 186.
94 Ebenda, S. 190.   95 S. 191.
96 S. Przybyszewski, Totenmesse, a.a.O., S. 12.
97 F. T. Marinetti, Zerstörung der Syntax, a.a.O., S. 175.
98 R. Musil, Mann ohne Eigenschaften, Bd. 1, S. 150. – Aus dem Kontext wird deutlich, daß damit nicht das Erleben als solches, sondern in der Tat die Vorstellung, es komme auf die besondere Person an, die da erlebe, auf das Individuell-Persönliche des Erlebens, als überholt gekennzeichnet werden soll.
99 G. Benn, Doppelleben, S. 2026.

sich je mit moderner Literatur beschäftigt hat, der weiß von ihr und von der Auflösung vieler anderer auf Aufklärung und Klassik zurückgehender Kategorien. Was allerdings bisher nicht hinreichend gewürdigt worden ist, ist die entscheidende Rolle, die dem Unmittelbarkeitspostulat bei diesem Auflösungs- und Umprägungsprozeß zukommt. Denn daß man die Entwicklung zur Moderne allzu oft nur als Auflösung, als Prozeß der Negation, als Übergang zu einer Ästhetik der Negativität und nicht zu etwas von Grund auf Neuem, Eigenem hat beschreiben können, liegt vor allem daran, daß die Kategorie der Lebensunmittelbarkeit und die an sie sich knüpfenden neuen, andersartigen Möglichkeiten der Sinnbildung ignoriert, übersprungen, ja einfach nicht wahrgenommen worden sind.

Daß die klassischen Konzeptionen des Handlungszusammenhangs, des Charakters, des Ichs als Persönlichkeit nicht mehr durchgehalten werden konnten, hat man fast immer unmittelbar auf historische Gründe, etwa geistesgeschichtliche oder soziohistorische Wandlungen, zurückführen wollen, und in der Tat sind die angedeuteten Entwicklungen außerhalb dieser Zusammenhänge nicht zu verstehen. Aber sie müssen methodisch richtig in diese Zusammenhänge hineingestellt werden. Das bedeutet, sich klarmachen zu müssen, daß, was immer man an historischen Gründen für die genannten Veränderungen beigebracht hat – die Kompliziertheit der menschlichen Interaktion in den modernen Industriegesellschaften, die Erlebnisarmut des modernen Menschen, den Metaphysikverlust, die Ausbildung der modernen wissenschaftlichen Psychologie, die Identitätsprobleme des Menschen in der forciert arbeitsteiligen Gesellschaft –, sich zunächst und vor allem, nämlich in einer das Schreiben als Schreiben, das Darstellen als Darstellen bestimmenden Weise, in dem Unmittelbarkeitspostulat konkretisiert; daß sie primär in ihm und durch es für die literarische Produktion, für die Literatur als Literatur wirksam werden.

Die Form, in der sie dem Autor im Augenblick des Schreibens präsent sind, in der sie ihm die Feder führen, ist auch bei dem reflektiertesten Autor nicht die einer rational konstruierenden Umsetzung, sondern eine, in der sie ihm sozusagen in Fleisch und Blut übergegangen sind und sich so beständig in sein Schreiben hinein auswirken, und das ist die des Unmittelbarkeitspostulats, des Bestrebens, das »Leben« möglichst unmittelbar zu geben, der Erwartung einer lebensunmittelbaren Durchschlagskraft zu genügen. Darauf müssen sich die historischen, geistesgeschichtlichen, soziohistorischen Erklärungsversuche deshalb vor allem richten. Damit das geschehen kann, muß freilich zunächst die Instanz des Darstellungsstils gedacht, muß Literatur wesentlich als Versuch eines anschaulichen Redens begriffen und die besondere Weise des Veranschaulichens als fundamentaler Akt der literarischen Formgebung erkannt sein.

Das Befremden als Grundzug der Bewußtseinspoesie

Der Intuitionismus, die Forderung der Lebensunmittelbarkeit, ist der Motor der Entmimetisierung und damit des Wegs in die ästhetische Moderne. Dieser Weg stellt sich freilich nicht nur als Auflösung der Darstellungskategorien des mimetischen Illusionismus, der Formen dar, in denen sich die Sinnbildung einer Kunst des schönen Scheins vollzieht, sondern zugleich auch als das Sich-Konstituieren neuer Formen der Sinnbildung, neuer Darstellungskategorien. Im Zentrum der neuen Kategorien steht das Prinzip des Befremdens.

Wir haben die lebensphilosophische Wende in der Mitte des 19. Jahrhunderts als das Sich-Durchsetzen des Gedankens charakterisiert, das Entscheidende am »Leben« sei nicht so sehr das jeweils Erlebte, der besondere Inhalt des Erlebens, sondern vielmehr sein Erlebt- und Gelebtwerden. Es komme vor allem darauf an, »das Leben zu leben«; der Sinn des Lebens sei das Leben. Wir haben gezeigt, daß dieser Gedanke, die Vorstellung von der Reflexivität des Lebens, auf das idealistische Konzept des Selbstbewußtseins zurückgeht. Der Idealismus gründet in dem Wesenszug des Bewußtseins, »sich selbst zuzusehen« (Fichte). Er konzediert ihm ein solches Bei-sich-Sein sogar auf der Stufe des »objektiven« Bewußtseins, der Unmittelbarkeit, des bloß anschaulichen Habens von Gegenständlichkeit, freilich nur im Vorgriff auf den im Begreifen sich vollziehenden Übergang zum »sich selbst wissenden Wissen« (Hegel). Die Lebensphilosophie übernimmt nun zwar im Gedanken der Reflexivität des Lebens die idealistische Vorstellung von einem Selbstbewußtsein auf der Stufe der Unmittelbarkeit, aber sie leugnet seine Prämisse, die Reflexion, die Möglichkeit eines reflektierenden Aufsteigens zum sich selbst wissenden Wissen. Wie kann es für sie eine Rückbezogenheit des Lebens auf sich selbst ohne Reflexion, auf der Stufe des »objektiven« Bewußtseins, im bloßen Anschauen geben?

Der Schlüssel zur Lösung dieses Problems liegt nun eben im Begriff des Befremdens. Das Aufkommen von Fremdheit, das Befremdetsein ist die Grundform, in der sich das Bewußtsein unmittelbar vor sich selbst gebracht sieht, in der das Bewußtseinsleben seiner selbst innewird, und zwar unmittelbar, ohne Vermittlung von Reflexion. Alles, was das einfache Bewußthaben des Gegebenen in »einstrahliger« Ausrichtung auf die Gegenständlichkeit stört, von der minimalen Irritation eines solchen Habens bis hin zum Gedanken des vollkommenen Herausfallens aus allem Habenkönnen, dem des Todes, stößt das Bewußtsein in sich selbst zurück, läßt es sich selbst unmittelbar als Bewußtsein erfahren, macht, daß es sich selbst als Bewußtsein greifen und haben kann.

Das Befremden kann im Gegenstand gründen, der als »ungeheurer« (Rilke) alles Habenwollen von sich weist. Es kann aber auch – und das ist der charakteristischere, prägnantere Fall – ohne einen solchen Grund im Gegenstand eintreten, als ein Fremdwerden des Bekannten, ein Unvertrautwerden des Vertrauten, und zwar gerade als des Vertrauten. Prägnanter ist letzteres, weil sich an ihm jene »Zweistrahligkeit« des Bewußtseins deutlicher darstellt, um die es hier zu tun ist: jenes Haben und doch nicht Haben, das das Bewußthaben »eigentlich« ist und in dem sich das Bewußtsein als solches unmittelbar erfährt. In dem Augenblick, in dem mir das seit jeher Bekannte plötzlich – sei es im Blick auf den Tod als Ende des Bewußtseins oder auf andere Weise – als gänzlich unbekannt vor Augen steht, in dem mich alle Gewohnheit im Stich läßt oder ich willentlich aus der Gewohnheit heraustrete, in dem mir das seit jeher Begriffene in seiner ganzen Unbegreiflichkeit aufgeht, das immer schon Verstandene womöglich gar zum schlechthin Unverständlichen wird – in eben diesem Moment, wie ich ihn in einem »Fluidum des Lebens und des Todes, des Traumes und des Wachens« (Hofmannsthal) erlebe,[100] werde ich meiner Bewußtheit als solcher inne, komme ich bei mir selbst in meinem Bewußtsein hier und jetzt an.

Hofmannsthals Wendung von dem »Fluidum des Lebens und des Todes, des Traumes und des Wachens«, in dem sich das Erleben der »vollsten, erhabensten Gegenwart« vollzieht und ein »Verhältnis zum ganzen Dasein« möglich wird, kann dementsprechend als ein entscheidendes Stichwort gelten, von dem aus sich die moderne Literatur als eine Bewußtseinspoesie im Sinne des Intuitionismus erschließt. »Mein Subject (...) ist das Gravitationscentrum, um das das illusorisch Seiende oscillirt; (...) in der Souveränität Meines Subjects erlaube Ich Mir zu denken, daß alles nur ein Traum ist und das ›Wirkliche‹ nur eine besondere Form des Traumes und Ich Mir selbst so fremd wie Euch« (Przybyszewski).[101] Die Gedichte von A. Holz sind unter dem Namen des ›Phantasus‹ versammelt, der im antiken Mythos ein Sohn des Schlafgottes Somnus und Bruder des Morpheus ist und wie dieser ein artifex simulator.[102] An St. Georges »Teppich des Lebens« schließen sich – fast möchte man sagen: selbstverständlich – »Lieder von Traum und Tod« an.[103]

Schon diese wenigen Beispiele machen deutlich, auf wie unterschiedliche Weise die Akzentuierung des Bewußtseinslebens als Bewußtseinsleben vor sich gehen kann. Sie realisiert sich keineswegs nur stimmungshaft als träumerische Unbestimmtheit, als Auflösung ins Traumhaft-Unwirkliche wie viel

---

[100] Hofmannsthal, Chandos-Brief, S. 15.
[101] S. Przybyszewski, Totenmesse, S. 16–17.
[102] Ovid, Metamorphosen 11, 634; vgl. G. Schulz im Nachwort der Faksimileausgabe der Erstfassung des ›Phantasus‹, Stuttgart 1968, S. 129.
[103] St. George, Der Teppich des Lebens und die Lieder von Traum und Tod, 1899, in: George, Werke, hg. v. R. Boehringer, 3. Aufl., ND München 1983, Bd. 1, S. 171–225.

fach in der »impressionistischen« Literatur.[104] Sie kann sich geradezu auch auf lakonische Weise manifestieren wie im »Depeschen-« oder »Sekundenstil« des Arno Holz. Sie kann in einer Steigerung ins Visionäre liegen wie im Expressionismus, kann sich überhaupt als Entfesselung von im Unterbewußtsein gründenden Traumwelten vollziehen wie im Surrealismus, kann die rational-trockene Form des Absurden annehmen wie im Existentialismus, kann sich im Zeitalter der Medien zur Vorstellung vom »Leben als Film« verdichten wie bei der Generation Handkes. Einerseits vermag ihr mithin eine sachlich registrierende, auf ein genaues Wahrnehmen ausgerichtete Haltung durchaus zu genügen. Sie kann sich andererseits aber auch der überlieferten Modelle der Ekstase und des Enthusiasmus bedienen, kann die Auflösung ins Traumhafte als »taghelle Mystik« fassen wie Musil oder als rauschhafte Entgrenzung auf physiologischer Basis im Stile Benns betreiben. Das negative Gegenstück dazu mit gleicher Funktion, gleichsam ein negativer Enthusiasmus, eine negative Mystik, wären die Angst und der Ekel, wie sie sich etwa in Rilkes Malte-Roman oder Sartres ›La Nausée‹ manifestieren.

Hierbei sei sogleich betont, wie wichtig es ist, die Reden von Mystik und Ekstase, vom Leib als »metaphysischem Massiv« und vom »Fanatismus zur Transzendenz«, vom Unterbewußten und vom Absurden, wenn nicht gar vom Mythos und vom Okkulten nicht wörtlich zu nehmen, sondern als »Redensarten«, als literarische Figuren. »Es wäre sehr zu beklagen, wenn diese Beschreibungen den Eindruck eines Geheimnisses hervorrufen würden«, schreibt Musil.[105] Auch wenn die Autoren selbst, die anders als Musil vielfach keine Philosophen und Wissenschaftler sind und ja auch gar nicht zu sein haben, mit ihren theoretischen Auslassungen einer solchen Auffassung Vorschub leisten sollten, haben wir sie doch nur als das zu nehmen, was sie sind und für einen aufgeklärten Menschen auch nur sein können: literarische Formen, in denen sich jene Irritation, jenes Sich-selbst-fremd-Werden, jener Übergang in einen Zustand »des Traumes und des Wachens« vollziehen kann, in denen das Bewußtsein sich selbst unmittelbar erfahren kann, jene »Gleichgewichtsstörung des Wirklichkeitsbewußtseins«, die nach Musil »jedes Kunstwerk« geradezu »bedeutet«.[106] Die Kunst gründet in einem »interesse«; sie steht »zwischen dem Sein, nämlich zwischen seinem Dunkel und seinem Schimmer – ›Olymp des Scheins‹« (Benn).[107]

Die Bewußtseinspoesie der Moderne muß also, um Bewußtseinspoesie zu sein, um lebendiges Bewußtsein sich selbst darstellen zu lassen, gerade die

---

[104] Vgl. W. Iskra, Die Darstellung des Sichtbaren in der dichterischen Prosa um 1900, Münster 1967, S. 12ff.: Verundeutlichung des Gegenstandes.
[105] Musil, Mann ohne Eigenschaften, Bd. 1, S. 254.
[106] Musil, Ansätze zu neuer Ästhetik, 1925, in: Musil, Gesammelte Werke, a.a.O., Bd. 8, S. 1140.
[107] G. Benn, Doppelleben, S. 2030.

entgegengesetzte Tendenz haben wie die klassische Symbolkunst: während diese das Fremde als das Vertraute erweist, nämlich den Menschen sich als Teil des großen Weltzusammenhangs erfahren macht, läßt sie das Vertraute zum Fremden werden. Dieses Unvertrautwerden des Vertrauten hat natürlich etwas mit dem zu tun, was man die Entfremdung des Menschen in den modernen Industriegesellschaften genannt und mit soziohistorischen, sozioökonomischen, sozialpsychologischen Mitteln näher bestimmt hat, aber es wäre unseres Erachtens falsch, in ihm nichts anderes als den unmittelbaren Niederschlag der Entfremdung sehen, es geradezu auf diesen Aspekt reduzieren zu wollen. Denn die Erfahrung, »daß wir nicht sehr verläßlich zu Haus sind / in der gedeuteten Welt« (Rilke),[108] wird nicht immer und überall nur erlitten – sie wird vielfach auch gesucht, ja mit Neugier und Lust angestrebt.

Daß Leben mehr sein müsse als bloß Leben, daß wahrhaftes Leben nur in der Lebenssteigerung liegen könne, ist eine Vorstellung, die die Lebensphilosophie überall durchzieht, und sie besagt eben, daß der Lebendige aus allem Vertrauten und Gewohnten heraustreten muß, um sich selbst ganz in seinem Lebendigsein erfahren zu können.[109] Zarathustra »schifft« »den Menschen ein auf seine (!) hohe See« und setzt ihn damit bewußt dem »großen Schrecken«, dem »großen Um-sich-Sehen«, dem »großen Ekel«, der »großen See-Krankheit« aus.[110] Neugier und Lust beim Aufbruch ins Unvertraute sind bei Futurismus, Dadaismus und Surrealismus besonders deutlich, aber sie fallen natürlich an Ulrichs »Möglichkeitssinn« und »Essayismus« in R. Musils Roman ›Der Mann ohne Eigenschaften‹ nicht weniger ins Auge.[111] Und selbst Rilkes Malte begreift sein »Fortgeworfensein« nicht nur als etwas, das er erleiden muß. Aus allen gesellschaftlichen und gedanklichen Ordnungen herauszufallen, sich dem Unbegreiflichen, Unvertrauten rückhaltlos zu überlassen, ist für ihn der Weg, auf dem er immer »seiender« wird, und es wäre schon ziemlich banausisch zu meinen, hier würde bloß aus einer Not eine Tugend gemacht. »Wie lange können wir den Zustand der Unsicherheit, der einer ungewohnten Erfahrung folgt, ertragen? Je länger wir uns weigern, eine solche Erfahrung in unserem Begriffssystem unterzubringen (zu rationalisieren), um so schärfer trainieren wir unsere Imagination, um so entschiedener durchstoßen wir die Lufthülle unseres Elends« (N. Born).[112]

Natürlich ist das alles meist von kritischen und utopischen Intentionen mitgetragen. Das Vertraute und Gewohnte ist auch das schlechte Alte, das im

---

[108] R. M. Rilke, Duineser Elegien, 1. Elegie, a.a.O., S. 685.
[109] H. Noack, Die Philosophie Westeuropas, a.a.O., S. 64f.; H. Rickert, Die Philosophie des Lebens, a.a.O., S. 67f. u. ö.
[110] F. Nietzsche, Also sprach Zarathustra, in: Nietzsche, Sämtliche Werke, hg. v. G. Colli u. M. Montinari, Bd. 4, München 1980, S. 267.
[111] R. Musil, Der Mann ohne Eigenschaften, etwa Bd. 1, S. 16ff., S. 247ff. u. ö.
[112] N. Born, Das Auge des Entdeckers, a.a.O., S. 113.

Aufbruch zu einem noch unbekannten, aber besseren Neuen verlassen werden soll. Es geht hier nicht darum, das in Abrede zu stellen, nur darum zu zeigen, daß dies nicht alles ist. Über die kritischen und utopischen Intentionen hinaus, die sich ihrer leichten Identifizierbarkeit wegen in der Diskussion stets in den Vordergrund drängen, ja durch sie hindurch ist in dem Unvertrautwerden und Unvertrautmachen des Vertrauten eben jene andere Intention wirksam: die des sich in seiner Lebendigkeit selbst darstellenden und sich selbst greifen und manifestieren wollenden lebendigen Bewußtseins. »Eine sich vertiefende Verständnislosigkeit für das Menschsein« als Voraussetzung eines »vertieften Verständnisses des einzelnen Menschen« (Musil) – das ist der Weg der Bewußtseinspoesie.[113] Mit anderen Worten: der Verlust der geschlossenen, allgemein akzeptierten Systeme der Weltdeutung, wie er in der lebensphilosophischen Wende des Denkens seinen Ausdruck findet, die vielberufene »transzendentale Unbehaustheit« (Lukács) wird in der modernen Literatur nicht nur erlitten – sie wird öfter noch von ihr gesucht. Als Bewußtseinspoesie, der es zunächst und vor allem um das lebendige Bewußtsein hier und jetzt zu tun ist, muß sie jene »Unbehaustheit« suchen, insofern sie es so und gerade so unmittelbar zur Darstellung bringen kann.

Die Prinzipien des intuitionistischen Darstellungsstils

Der Intuitionismus löst nicht nur die Darstellungskategorien der mimetisch-illusionistischen Kunst auf – er begründet auch einen neuen Darstellungsstil, neue Formen des Darstellens und damit der literarischen Sinnbildung. Sie alle leiten sich von dem Prinzip her, Bewußtseinsleben als Bewußtseinsleben, Leben im Licht des seiner selbst innewerdenden, sich auf sich selbst zurückbeziehenden Bewußtseins zur Darstellung zu bringen. Nun umfaßt Bewußtseinsleben natürlich vielerlei, nicht nur Wahrnehmungen, sondern auch Stimmungen, Gedanken, Erinnerungen, Wünsche, und dies in den unterschiedlichsten Graden von Bewußtheit und Bestimmtheit und in den verschiedensten Formen des Aufeinanderfolgens, wenn nicht gar der Überlagerung.

Soll all das als Bewußtseinsleben gefaßt werden, so müssen die angeführten Unterschiede als sekundär gesetzt werden gegenüber dem alles beherrschenden Moment, Inhalt des Bewußtseins zu sein. Das heißt zum einen, daß die besondere inhaltliche Dignität dessen, was jeweils bewußt ist, etwa ob es sich um einen Reflex der »Außenwelt« oder um eine Gestalt der »Innenwelt« handelt, ob um Faktisches oder Eingebildetes, ob es sich auf Gegenwärtiges, Vergangenes oder Zukünftiges bezieht, ob es Impression oder Gedanke ist, hinter der Tatsache zurücktreten muß, daß es bewußt wird. Und zum andern

---

[113] R. Musil, Triëdere, in: Musil, Gesammelte Werke, Bd. 7, S. 518–522, hier S. 522.

bedeutet es, daß die Form ihrer Verknüpfung, ihres Aufeinanderfolgens die ihres Bewußtwerdens sein soll und nicht irgendeine in ihrem Inhalt gründende Systematik; so muß zum Beispiel eine untergeordnete Rolle spielen, wie sich das, was jeweils Gegenstand der Wahrnehmung, Anlaß des Gestimmtseins, Inhalt des Denkens, Erinnerns, Wünschens ist, in Raum und Zeit und nach Gesetzen der Kausalität zueinander ordnet. Man könnte dieses oberste Prinzip der Bewußtseinspoesie das Immanenzprinzip nennen.

Mit ihm kann man freilich nur zum Ziel kommen, wenn es sich mit einem zweiten Prinzip verbindet, dem Prinzip der Aktualisierung. Denn wenn das, was sich nach dem Immanenzprinzip an Bewußtseinsinhalten zueinanderstellt, als Bewußtseinsleben dastehen soll, so muß es einen Akzent von erlebnishafter Gegenwart erhalten. Wahrnehmungen, Stimmungen, Gedanken, Erinnerungen, Wünsche werden von der Sprache, die nach ihnen greift, im allgemeinen auf ihren Inhalt reduziert und damit der Sphäre erlebnishafter Aktualität entrückt. Das muß verhindert werden, wenn das Wichtigste an der Wahrnehmung das Wahrnehmen, an der Stimmung das Gestimmtsein, am Gedanken das Gedachtwerden, an der Erinnerung, dem Wunsch dies sein soll, über den Erinnernden, den Wünschenden zu kommen – und so will es die Bewußtseinspoesie. Es gilt also, die erlebnishafte Gegenwart der jeweiligen Bewußtseinsinhalte zu akzentuieren. Das aber heißt, die Anschauung, in der sie sich geben, als Anschauung zu fixieren. Und das wiederum bedeutet, ins Einzelne zu gehen, den betreffenden Inhalt in der Fülle seines Details zu entfalten, und zwar in einem Maße, das über alle Detaillierung hinausgeht, die je im Dienst eines bloßen Veranschaulichens und nicht wie hier eines Greifens von Anschauung als Anschauung vorgenommen worden ist. Die Bewußtseinspoesie enthält dementsprechend in fast all ihren Formen ein Element des exzessiven Beschreibens, ja sie hat Formen hervorgebracht, die man geradezu hat unter dem Begriff der Beschreibungsliteratur zusammenfassen können.

Bei solchem Ins-Einzelne-Gehen wird zunächst den Aspekten besondere Aufmerksamkeit zuteilwerden, in denen ein Inhalt sich als erlebnishaft gegenwärtig darzustellen vermag, Momenten, die bei seiner Wahrnehmung – wenn es ein Gegenstand der Wahrnehmung ist – besonders ins Auge springen, die im Augenblick des Bewußthabens als ansprechende oder abstoßende, schöne oder häßliche, absonderliche, musterhafte, reizvolle, geheimnisvolle, interessante Betroffenheit auslösen. Übrigens sind Aufmerksamkeit und Betroffenheit natürlich relative Begriffe; sie können von Exorbitantem, Spektakulärem hervorgerufen werden, aber sie können sich auch auf Nicht-Exorbitantes, Nicht-Spektakuläres erstrecken, auf scheinbar Gleichgültiges, Alltägliches, Geringfügiges, Banales, Triviales. Auch solche Gegenstände oder Aspekte von Gegenständen können erlebnishafte Gegenwart erlangen, können Lebensunmittelbarkeit mit definieren.

Ja der Konzeption der Bewußtseinspoesie wohnt eine Tendenz zu »nichtexorbitanter« Gegenständlichkeit geradezu inne. Das ergibt sich zunächst schon aus der Aufgabe, ins Detail zu gehen: je breiter die Detaillierung, je mehr Raum die Darstellung ein und desselben Gegenstands einnimmt, desto dünner wird notwendigerweise das begrifflich faßbare inhaltliche Substrat solchen Darstellens. Darüber hinaus wird eine Bewußtseinspoesie aber auch grundsätzlich zu nicht spektakulären Anlässen und Inhalten tendieren. Daß es ihr weniger um das Erlebte als um das Erleben, weniger um diesen oder jenen Inhalt als um sein Bewußt-gehabt-Werden zu tun ist, wird um so deutlicher, je geringer das Gewicht ist, das dem Inhalt als Inhalt zukommt, je weniger er die Aufmerksamkeit um seiner selbst willen auf sich zieht.[114] Die Geringfügigkeit des Gegenstands treibt sein Gegenstandsein heraus. Insofern wohnt der Bewußtseinspoesie eine Tendenz zur Minimierung der Anlässe und Stoffe inne.

Ferner wird sie beim Ins-Detail-Gehen stets darauf ausgehen, das Gegebene in seiner rational nicht aufzulösenden individuellen Fülle, in seinem nicht auf den Begriff zu bringenden weil mehr oder weniger zufälligen Bestimmungsreichtum festzuhalten – nicht mit allen Bestimmungen natürlich, denn das wäre unmöglich, wohl aber in einigen Momenten von exemplarischer Disparatheit. Das ist die Pointe aller Individualisierung, gleichsam das unauslöschliche Siegel der Lebensunmittelbarkeit. Dieses Moment ist um so bedeutsamer, als mit der Tendenz zu nicht-exorbitanter Gegenständlichkeit die Gefahr der Langeweile verbunden ist. Was durch sie an Spannung verlorengeht, kann durch die Betonung des Disparaten in gewissem Maße wieder wettgemacht werden. Das Prinzip der Aktualisierung erweist sich mithin bei näherem Zusehen als Prinzip sowohl der Individualisierung als auch der Minimierung und Irrationalisierung des Stoffs.

Einer derartigen Aktualisierung bieten sich grundsätzlich zwei Ansatzpunkte: zum einen der bewußte Augenblick und zum andern der Bewußtseinsstrom, wenn man so will der Lebensmoment und der Lebensfluß. Daneben ist noch eine dritte Möglichkeit denkbar, daß nämlich eine Reihe von Lebensmomenten aus dem Lebensfluß herausgegriffen und – zum Beispiel in der Art eines Tagebuchs – unverbunden aneinandergereiht werden.

Im ersten Fall wird ein Augenblick ihrer selbst bewußt werdender Lebendigkeit festgehalten, indem eine Reihe von Gegebenheiten, auffälligen oder geringfügigen, jedenfalls aber disparaten benannt werden, die gleichzeitig im Bewußtsein zusammentreffen und einen Moment »des Traumes und des Wachens« definieren:

---

[114] Hier darf ich auf die ausführlichere Darstellung dieses Prinzips verweisen, die ich selbst an anderer Stelle vorgelegt habe: G. Willems, Großstadt- und Bewußtseinspoesie, Tübingen 1981, S. 87ff. u. S. 125ff.

Ich liege noch im Bett und habe eben Kaffee getrunken.
Das Feuer im Ofen knattert schon,
durchs Fenster,
das ganze Stübchen füllend,
Schneelicht.

Ich lese.

Huysmans. Là Bas.

... Alors,
en sa blanche splendeur,
l'âme du Moyen Age rayonna dans cette salle...

Plötzlich,
irgendwo tiefer im Hause,
ein Kanarienvogel.

Die schönsten Läufe!

Ich lasse das Buch sinken.

Die Augen schliessen sich mir,
ich liege wieder da, den Kopf in die Kissen – –
(A. Holz)[115]

Die unspektakuläre, intime Morgensituation im »Stübchen«, das fremd hereinleuchtende »Schneelicht«, die Lektüre jenes Hauptwerks der Dekadenz mit seinem ästhetisierten Okkultismus, der Durchblick auf den strahlenden Geist des Mittelalters, der trillernde Kanarienvogel von fern – das alles trifft im Bewußtsein des lyrischen Ich auf befremdliche Weise zusammen, und ihm schließen sich darob die Augen: das Alltäglich-Wunderbare schafft einen Moment des Innewerdens.

Neben dem Lebensmoment kann der Bewußtseinsstrom insgesamt zur Plattform von Aktualisierungen werden. Dann ist es nicht so sehr das gleichzeitige Zusammentreffen des Ungleichartigen, sondern dessen unvermitteltes Aufeinanderfolgen im Bewußtsein, was es unmittelbar vor sich selbst bringt. Übergangslos schließen sich im Bewußtseinsleben die unterschiedlichsten Inhalte aneinander an, Gegenstände der verschiedensten Dignität und Provenienz, ja Widersprüchliches geht, bald von außen auf das Bewußtsein eindringend, bald aus dem Unterbewußten in es aufsteigend, durch es hindurch, ohne daß es darum in sich selbst einen Sprung, einen Riß verspürte. Die Diskontinuität der Gegenstände treibt die Kontinuität der Instanz heraus, die all das bewußt hat. Beispiele dafür findet man überall, wo am Leitfaden des

---

[115] A. Holz, Phantasus, Faksimiledruck der Erstfassung, Stuttgart 1968, S. 8.

»stream of consciousness« erzählt, »erlebte Rede« oder »innerer Monolog« gestaltet wird.

Die Entfaltung des Prinzips der Aktualisierung hat ganz von selbst auf ein Moment geführt, das in der Selbstreflexion und der Geschichtsschreibung der modernen Literatur eine bedeutende und gelegentlich sogar dominierende Rolle gespielt hat und das auch hier schon berührt worden ist; meist wird es mit den Begriffen der Simultaneität, der Collage oder Montage bezeichnet. »Die Gleichzeitigkeit der Seelenzustände in unserem Kunstwerk: das ist der berauschende Zweck unserer Kunst«,[116] eben »vielseitige und gleichzeitige Bewußtseinslagen in ein und derselben Person« (Marinetti).[117] Wo »das primitivste Verhältnis zur umgebenden Wirklichkeit« angestrebt wird – wir würden sagen: das unmittelbarste Verhältnis –, da hat man sich der Tatsache zu stellen, daß »das Leben (...) als ein simultanes Gewirr von Geräuschen, Farben und geistigen Rhythmen (erscheint)« (Dadaistisches Manifest).[118] »Mensch ist simultan, Ungeheuer von Eigen und Fremd, jetzt, vorher, nachher und zugleich – platzender Buffalo-Bill von Apachenromantik grenzenlosester Realität des fortwährend widersprüchigste Komplexe umfassenden Erlebens, Beziehungen« (R. Hausmann).[119] Anders gesagt: »der Stil der Zukunft« ist »Montagekunst«;[120] »nichts wird stofflich-psychologisch mehr verflochten, alles angeschlagen, nichts durchgeführt. Alles bleibt offen. Antisynthetik. Verharren vor dem Unvereinbaren« (Benn).[121] Wo es darauf ankommen soll, »spontan erfaßte Vorgänge und Bewegungen, eine nur in einem Augenblick sich deutlich zeigende Empfindlichkeit konkret als snapshot festzuhalten«, da entsteht ein »sehr präzises, festes, zugleich aber auch durchsichtiges Bild (...), hinter dem nichts steht als scheinbar isolierte Schnittpunkte« (R. D. Brinkmann).[122]

Futuristen, Expressionisten und Dadaisten, junge und altgewordene, und hier wiederum besonders Lyriker, haben sich am eingehendsten dazu geäußert. Aber das, worauf sie abzielen, findet sich auch jenseits der Lyrik und vor und unabhängig von den genannten literarischen Strömungen. So trifft man etwa schon in A. Holz' und J. Schlafs frühem experimentellen Text »Die papierne Passion« auf Passagen wie die folgenden: »Dröhnend wird unten gegen eine Tür geschlagen. Ein lautes Stöhnen. Dazwischen wieder die Kin-

---

[116] Futuristen, Die Aussteller an das Publikum, in: Der Sturm 105, April 1912, S. 3 (rechte Spalte).
[117] F. T. Marinetti, Zerstörung der Syntax (...), in: Wir setzen den Betrachter mitten ins Bild, Futurismus 1909–1917, Katalog Düsseldorf 1974 (unpaginiert).
[118] Dadaistisches Manifest, in: Dada Berlin, Texte, Manifeste, Aktionen, hg. v. K. Riha, Stuttgart 1977, S. 22–25, hier S. 23.
[119] R. Hausmann, Synthetisches Cino der Malerei, ebenda, S. 29–32, hier S. 30.
[120] G. Benn, Doppelleben, S. 2028.
[121] Ebenda, S. 2030.
[122] R. D. Brinkmann, Die Piloten, 1968, in: Brinkmann, Standphotos, a.a.O., S. 185.

der. Die Weiber unten kreischen, hinten in der Fabrik stampfen und quietschen die Maschinen. Dazwischen in einem der Hinterhäuser bläst jemand ruhig allerlei Läufe auf einem Tenorhorn. Jetzt, ein furchtbares Krachen! Sie haben die Tür eingebrochen«, usw. Oder: »Endlich ist der Hof wieder leer. Alles ist wieder still. Nur ein paar Weiber stehen vor dem Budikerkeller und schwatzen. Ganz deutlich sind wieder die Ziehharmonika und dazwischen die Billardkugeln zu hören. In der Parterrewohnung gehen ein paar Leute hin und her. – Ein Fenster nach dem andern wird wieder zugeschlagen. Auf dem zertrampelten Schnee liegen breite, gelbe Lichtstreifen von den hellen Hoffenstern und die roten, unsteten Reflexe der großen Laterne. Das Stampfen, Dröhnen und Quietschen der Maschinen und, von den Hinterhäusern her, noch immer, melodisch, das Tenorhorn...«[123]

Nach demselben Prinzip, das in diesem naturalistischen Text wirksam ist, ist auch eine Passage wie die folgende aus Rilkes Malte-Roman gebaut, den man doch meist als extremen Gegenpol zu alldem hat sehen wollen, wofür der Naturalismus steht: »Daß ich es nicht lassen kann, bei offenem Fenster zu schlafen. Elektrische Bahnen rasen läutend durch meine Stube. Automobile gehen über mich hin. Eine Tür fällt zu. Irgendwo klirrt eine Scheibe herunter, ich höre ihre großen Scherben lachen, die kleinen Splitter kichern. Dann plötzlich dumpfer, eingeschlossener Lärm von der Seite, innen im Hause. Jemand steigt die Treppe. Kommt, kommt unaufhörlich. Ist da, ist lange da, geht vorbei. Und wieder die Straße. Ein Mädchen kreischt: Ah, tais-toi, je ne veux plus. Die Elektrische rennt ganz erregt heran, darüber fort, fort über alles.«[124]

Die strukturelle Parallele in den Texten zweier Autoren, die man als künstlerische Antipoden zu sehen gewohnt ist, springt – bei allen unterschiedlichen Akzentuierungen, die zugleich mit wahrzunehmen sind – zu deutlich ins Auge, als daß über sie hinweggesehen werden könnte. Zu ihrer Erklärung bietet sich das Schlagwort von der Großstadtwahrnehmung an,[125] die nun einmal die Wahrnehmungsweise des modernen Menschen sei und sich deshalb unabhängig von allen besonderen künstlerischen Intentionen eines Autors unmittelbar in seinen Texten manifestieren müsse. Aber das Leben in der Großstadt gebiert nicht einfach unmittelbar das Formprinzip der Simultaneität aus sich, sondern es wird erst durch die Entscheidung für

---

[123] A. Holz, J. Schlaf, Die papierne Passion, 1890, in: Prosa des Naturalismus, hg. v. G. Schulz, Stuttgart 1973, S. 97–122, hier S. 119–120.
[124] Rilke, Malte, S. 710.
[125] Vgl. S. Vietta, Großstadtwahrnehmung und ihre literarische Darstellung, Expressionistischer Reihungsstil und Collage, in: DVjs. 48, 1974, S. 354–373. – Wichtiger Bezugspunkt dieser Theorie ist G. Simmel, Die Großstädte und das Geistesleben, 1903, in: Simmel, Brücke und Tür, Essays, hg. v. M. Landmann, Stuttgart 1957, S. 227–242.

den Bewußtseinsstandpunkt möglich, als Manifestation und Vehikel des Prinzips der Aktualisierung. Das wird durch die Tatsache ebenso verdeutlicht, daß der Gedanke der Simultaneität wie im Fall des oben zitierten Gedichts aus dem Holzschen ›Phantasus‹ auch ohne einen prägnant großstädtischen Stoff strukturbestimmend werden kann, wie es von den angeführten poetologischen Texten bezeugt wird: das Streben nach dem »primitivsten Verhältnis zur umgebenden Wirklichkeit«, das Abzielen auf »Seelenzustände«, »Bewußtseinslagen«, »spontan erfaßte Vorgänge«, »in einem Augenblick sich zeigende Empfindlichkeit« ist es, was für die Formen der Simultaneität zunächst und vor allem verantwortlich gemacht wird.

Wo man sich das nicht mit aller Entschiedenheit klarmacht, läuft man Gefahr, von den Begriffen der Simultaneität, der Collage und der Montage auf eine Weise Gebrauch zu machen, bei der man bald wesentliche Möglichkeiten verschenkt, die in ihnen liegen, und bald Doppeldeutigkeiten aufsitzt, die aus ihrer Geschichte erwachsen. Das Wesentliche des Prinzips, das mit dem Begriff der Simultaneität benannt ist, liegt nicht auf der Ebene positiver Chronometrie, ist nicht eine physikalisch, physiologisch oder psychologisch zu definierende Gleichzeitigkeit. Die wenigsten Texte, die man mit Hilfe des Begriffs der Simultaneität deutet, würden diesem Kriterium standhalten; meist vergeht auch in ihnen eine gewisse Spanne Zeit, ist zumindest das Vergehen von Zeit nicht ausgeschlossen oder wäre sein Ausgeschlossensein für das Verständnis des Textes nicht wichtig. Im übrigen ist eine faktisch verstandene Gleichzeitigkeit des Ungleichartigen zu allen Zeiten an jedem Ort dieser Welt anzutreffen gewesen, ohne daß daraus ein entsprechendes Strukturprinzip von Literatur entsprungen wäre. Nicht die Gleichzeitigkeit ist das Wesentliche, sondern die Ungleichartigkeit dessen, was dem Bewußtsein zum Inhalt wird, was ihm gleichermaßen zum Inhalt wird – in einem wie lang auch immer zu bemessenden Zeitraum. Denn in der Überlagerung und dem Wechsel ungleichartiger Inhalte erfährt es sich selbst, und darauf soll es nun ankommen.

Besonders wichtig ist eine sorgfältig reflektierte, differenzierende Handhabung der Begriffe Montage und Collage. Im Raum von Futurismus und Dadaismus und auch später noch können sie zunächst zur Kennzeichnung derselben Gegebenheiten dienen, auf die der Begriff der Simultaneität abzielt. Collage- oder Montagekunst heißt dann eine Literatur, deren Struktur aus dem Versuch resultiert, »Leben« als »simultanes Gewirr« zu begreifen, »vielseitige und gleichzeitige Bewußtseinslagen« wiederzugeben. Hiervon hebt sich bereits jene Verwendung des Begriffs Montage deutlich ab, bei der es in Analogie zur filmischen Montage um das »Aneinanderschneiden« von Segmenten des Bewußtseinsstroms geht, wie es oben an einem Beispiel aus dem Bereich der unterhaltenden Literatur demonstriert worden ist. In dem einen Fall zielt das Montieren auf das Sich-Konstituieren des Bewußtseins im Lebensmoment oder Lebensfluß ab, im anderen bezeichnet es eine bestimmte Weise des Umgangs mit dem Bewußtseinsstrom als eines bereits konstituierten. Beide Möglichkeiten haben aber immerhin dies noch gemein, daß sie auf dem Boden der Konzeption einer Bewußtseinspoesie stehen und deren subjektiv-erlebnishaftes Moment mit leisten helfen.

Das gilt für die nächste Bedeutungsvariante von Montage, die hier ins Auge zu fassen ist, nicht mehr. Es ist vielleicht die wichtigste Variante, diejenige, die vor allem gemeint ist, wo mit Blick auf die moderne Literatur von Montage die Rede ist, etwa in der Kunst- und Kinodebatte der zwanziger und dreißiger Jahre, bei Brecht und Benjamin, später bei Adorno und den von ihm abhängigen Theoretikern der Moderne.[126] Sie ist grundsätzlich vom Montieren im Sinne einer Bewußtseinspoesie zu unterscheiden, obgleich sie durch sie erst möglich geworden ist und auch wieder in sie einzumünden vermag und obwohl sie im konkreten Fall aus Gründen, die in der Natur der Sprache liegen, vielfach von ihm nicht zu unterscheiden ist. Der Montagekünstler wird hier als konstruierender Artist gedacht, der in bewußter Abkehr von der subjektiv-erlebnishaften Haltung und in dezidierter Wendung gegen das Kunstwerk als organisches Ganzes – das aber heißt: als Vehikel des »reinen und vollen Scheins« (Vischer) – isolierte Realitätsfragmente montiert, um auf diese Weise, mit Benn zu reden, das »Phänotypische als Bild« zu geben.[127]

Das Prinzip der Immanenz des Bewußtseins, nämlich die Auffassung aller Bewußtseinsinhalte als prinzipiell gleichrangig, ihre Aktualisierung durch das exzessive Detaillieren der zugehörigen Anschauung, durch ihre Minimierung als Anlaß und Stoff, die Tendenz zum »Nicht-Exorbitanten«, sowie durch das dezidierte Verharren vor ihnen in ihrer rational nicht aufzulösenden individuellen Fülle, also das Prinzip der Simultaneität – das sind die wesentlichen Momente, die die moderne Bewußtseinspoesie in ihrem Versuch eines anschaulichen Redens definieren. Die Pointe der Sinnbildung, die sich in solch detaillierendem Reden vollzieht, ist die Lebensaktualität, das Innewerden, die erlebnishafte Inbesitznahme meiner Lebendigkeit hier und jetzt, meines Daseins, meiner Existenz, des Seins, wie sie sich im Augenblick des Befremdens unmittelbar vollzieht. Alle Sinneröffnung ist auf sie zentriert; alles Werten, alles Als sinnvoll oder sinnlos Erfahren von Dingen des Lebens, der Wirklichkeit, der Natur, der Gesellschaft, der Welt geht von der Möglichkeit aus und führt auf die Möglichkeit zurück, sie unmittelbar im Hier und Jetzt lebendig haben oder nicht haben zu können. Und um eine Sinneröffnung, ein Werten ist es natürlich auch in der modernen Literatur zu tun, wohnt es doch allem Reden und Bereden notwendig inne. Selbst wo es um nichts anderes als

---

[126] Vgl. P. Bürger, Theorie der Avantgarde, Frankfurt 1974, S. 98ff.
[127] G. Benn, Doppelleben, S. 2031.

um die Leugnung jeder Möglichkeit von Sinn ginge, vollzöge sich doch Sinneröffnung. Denn im Akt des Redens selbst und durch ihn würde die Leugnung von Sinn als sinnvoll gesetzt, insofern solch leugnendes Reden einem schweigenden Versinken in der Sinnlosigkeit vorgezogen würde.

Die innere Grenze der Bewußtseinspoesie und die Kunstmittel der Proklamation und der Provokation von Lebensunmittelbarkeit

Um zwei weitere Momente greifen und charakterisieren zu können, die fast überall mit anzutreffen sind, wo eine Bewußtseinspoesie versucht wird, die also offenbar dabei nicht zu entbehren sind, ist hier an ein Problem zu erinnern, das bereits mehrfach gestreift worden ist und das man das Grundproblem einer intuitionistischen Literaturkonzeption nennen könnte. Wie sehr auch immer ein Autor sich um das »lebendige Leben« bemühen und mit welchen Mitteln er sich ihm nähern mag – was er dem Leser letztendlich zwischen zwei Buchdeckeln zu unterbreiten hat, kann doch nie mehr sein als ein Text, und das heißt: eine jedweder unmittelbaren Anschauung und Beweglichkeit entbehrende, restlos fertige und festgelegte, »starre«, »tote« Manifestation in Sprache. Wir begegnen damit erneut dem Problem, das sowohl die Krux als auch das Pathos von Literatur als anschaulicher Rede bezeichnet: daß Sprache Anschauung nie unmittelbar geben, sondern sich lediglich im Zuge der ihr eigenen Bedeutungserzeugung auf sie beziehen kann. Dieses Problem erfährt in der modernen Bewußtseinspoesie insofern eine Zuspitzung, als anschauliches Reden hier nicht mehr nur ein veranschaulichendes, sondern ein überhaupt auf nichts anderes als Anschauung abzielendes Reden sein soll; als das ihm eigene Erzeugen von Bedeutungszusammenhängen sozusagen nur noch Vorwand für das Sich-Beziehen auf Anschauung ist.

G. Simmel hat diese Problematik in seiner Rede über den »Konflikt der modernen Kultur« für die kulturellen Hervorbringungen des Menschen überhaupt und für das Kunstwerk insbesondere dargelegt: »wenn die schöpferische Bewegung des Lebens gewisse Gebilde hervorgebracht hat, an denen sie ihre Äußerung, die Formen ihrer Verwirklichung findet«,[128] so zeigen sie »eine eigene Logik und Gesetzlichkeit, einen eigenen Sinn und Widerstandskraft, in einer gewissen Abgelöstheit und Selbständigkeit gegenüber der seelischen Dynamik, die sie schuf; im Augenblick des Schaffens entsprechen sie vielleicht dem Leben, aber im Maße seiner Weiterentfaltung pflegen sie in starre Fremdheit, ja in Gegensätzlichkeit zu ihm zu geraten«.[129] Wo der Sinn

---

[128] G. Simmel, Der Konflikt der modernen Kultur, S. 5.
[129] Ebenda, S. 6.

der Kunst »der Kampf des Lebens um sein Selbst-Sein« ist,[130] da zeigt sich, »nachdem die Gestaltung dasteht, der zeugende Lebensprozeß sie verlassen hat (...), daß sie den eigenen Sinn und Wert nicht besitzt, den man von dem objektiv Dastehenden (...) fordert, den aber dieses, nur sich selbst ausdrückende Leben, gleichsam eifersüchtig, dem Gebilde nicht gegönnt hat«.[131]

Auch wenn ein Text noch so konsequent gemäß den Prinzipien einer Bewußtseinspoesie gestaltet, wenn alles in ihm auf das Moment der Lebensunmittelbarkeit ausgerichtet ist, so bleibt er doch ein Text, und das heißt: er kann selbst nie mehr sein als ein unlebendiger Vermittler. Lebendigkeit kann sich erst wieder beim Leser herstellen. Darauf ist der Text mit seiner ganzen Faktur abgestimmt, aber damit es auch tatsächlich geschieht, bedarf es offensichtlich einer besonderen Leistung des Lesers, einer besonderen Bereitschaft und einer Anstrengung, die über das hinausgeht, was von dem Leser älterer anschaulicher Texte gefordert ist. Zu dieser besonderen Leistung muß er eigens aufgerufen werden. Das kann auf eine doppelte Weise geschehen: zum einen durch ein explizites Proklamieren des Bewußtseinsstandpunkts und zum andern durch die Provokation der Lebendigkeit des Lesers als Gegenüber des Artefakts. Beide Momente sind dem oben skizzierten Darstellungsstil der Bewußtseinspoesie immanent; damit sie nachhaltig wirksam werden können, müssen sie aber offenbar aus der Latenz heraustreten.

Dementsprechend macht sich die Bewußtseinspoesie den Bewußtseinsstandpunkt, den Gedanken der Lebensunmittelbarkeit meist explizit zum Thema; dem Leser wird ausdrücklich gesagt, worum es ihr zu tun ist. Das kann sich in den unterschiedlichsten Formen vollziehen und die verschiedensten Dimensionen haben. Der ganze Text kann zum Beispiel nichts anderes sein als eine Deklaration der Lebensunmittelbarkeit wie das Eingangsgedicht von Rilkes ›Buch der Bilder‹. In diesem Sinne würden wir auch so umfangreiche Werke wie Rilkes Malte-Roman oder Benns Novelle ›Gehirne‹ deuten. Die Reihe derartiger Texte ist übrigens bis in die Gegenwart hinein nicht abgerissen; hier sei nur auf das Eingangsgedicht von P. Handkes ›Die Innenwelt der Außenwelt der Innenwelt‹ mit dem Titel »Die neuen Erfahrungen« hingewiesen.[132]

Der Text kann aber auch nur diskrete Hinweise auf die Lebensunmittelbarkeit enthalten, so wenn sich in dem oben zitierten dritten Gedicht aus Holzens ›Phantasus‹ dem lyrischen Ich »die Augen schließen«;[133] wenn es im Eingangsgedicht der ganzen Sammlung im Anschluß an die Verse »Nacht. /

---

[130] S. 21.
[131] S. 22.
[132] P. Handke, Die neuen Erfahrungen, in: Handke, Die Innenwelt der Außenwelt der Innenwelt, Frankfurt 1968, S. 7–13.
[133] A. Holz, Phantasus, a.a.O., S. 8.

Der Ahorn vor meinem Fenster rauscht, / Von seinen Blättern funkelt der Thau ins Gras« heißt: »und mein Herz schlägt«;[134] wenn in der Mitte des zweiten Gedichts gesagt wird: »In mir, langsam, steigt ein Bild auf«,[135] und in der Mitte des vierten Gedichts: »Und sonnenlos, wie den Himmel, fühl ich mein Herz«.[136] Deutlicher ist der Hinweis auf die Lebensunmittelbarkeit in R. D. Brinkmanns Gedicht »Westwärts«, wo es mehrfach heißt: »Und plötzlich, da war ich, an dieser Stelle, in meinem Leben«,[137] oder auch in N. Borns Gedicht »Einfach dasein«: »Hier überall / sehen wir uns beim Leben zu / und sind einfach da«.[138] Diskreter wiederum ist er in Borns Gedicht »Geschichte«, wo das lyrische Ich nach dem Erwachen »das Licht der Welt (erblickt)«, »alles Licht in (s)einen Augen (vereinigt)«, »alles Licht auf sich vereinigt«.[139]

Der Bewußtseinsstandpunkt kann aber auch innerhalb der poetischen Texte eine ausführliche theoretische Darlegung erfahren wie in R. Musils ›Mann ohne Eigenschaften‹[140] oder in A. Huxleys ›Kontrapunkt des Lebens‹.[141] Und P. Handkes Journal ›Das Gewicht der Welt‹ mag zumindest auf eine »Vornotiz« nicht verzichten, in der ausdrücklich dargelegt wird, daß es im folgenden um »die spontane Aufzeichnung zweckfreier Wahrnehmungen«, »Eindrücke«, »Erlebnismomente«, »Bewußtseins-Ereignisse« gehe und das Ganze als »die unmittelbare, simultan festgehaltene Reportage« »von einem Bewußtsein« aufzufassen sei.[142] Gerade das letzte Beispiel macht deutlich, daß der Bewußtseinsstandpunkt, je radikaler er durchgeführt wird, desto mehr einer ausdrücklichen Proklamation bedarf, ja geradezu seine theoretische Explikation erheischt.

Neben solchen mehr oder weniger prägnanten, mehr oder weniger umfangreichen ausdrücklichen Hinweisen darauf, daß es dem Text auf die Lebensunmittelbarkeit ankomme, kann schließlich auch der Appell an die unmittelbare Lebendigkeit des Lesers als Leser, des Zuschauers als Zuschauer stehen, um ihn damit zu jener besonderen, aktiven Leistung aufzureizen, ohne die eine Bewußtseinspoesie nicht ans Ziel kommen kann. In gewisser

---

[134] Ebenda, S. 5.
[135] S. 7.
[136] S. 9.
[137] R. D. Brinkmann, Westwärts, in: Brinkmann, Westwärts 1 & 2, Reinbek 1975, S. 42ff., hier S. 42 u. 44.
[138] N. Born, Einfach dasein, in: Born, Gedichte 1967–1978, Reinbek 1978, S. 146.
[139] N. Born, Geschichte, ebenda, S. 121–122.
[140] Hier sei nur allgemein auf die Essay-Teile des Romans verwiesen.
[141] A. Huxley, Kontrapunkt des Lebens, 1928, dt. Übers., München 1976; das durchweg positiv gezeichnete Sprachrohr der Lebensphilosophie ist hier die Figur des Mark Rampion, hinter der sich D. H. Lawrence verbergen soll; vgl. z. B. seine Gesprächsbeiträge im 16. Kapitel, etwa S. 226–227.
[142] P. Handke, Das Gewicht der Welt, Frankfurt 1979, S. 7–8.

Weise geht es aller Literatur als anschaulicher Rede um »proviziertes Leben« (Benn), insofern sie anschauliche Vorstellungen erregen will, die der Leser nur aus seinem eigenen Leben nehmen kann und die er in sich selbst zu aktueller Gegenwart zu bringen hat. Darüber hinaus gehört aber zu dem Modell der Bewußtseinspoesie eine Fülle von zusätzlichen »lebensprovozierenden« Elementen. Dazu zählt etwa die Beunruhigung, die eintritt, wenn sie das Vertraute fremd macht, die gewohnheitsmäßigen Ordnungssysteme auflöst, die Aufmerksamkeit des Lesers auf das Unvereinbare heftet, aber auch die Geduld, die sie ihm abverlangt, wenn sie ihn mit »Nicht-Exorbitantem« beschäftigt, und die Souveränität, die gegenüber dem Durchlaufen des Disparaten gefordert ist. Sie kann freilich auch noch ein Äußerstes wagen, den Leser in seinem aktuellen Leser-Sein, den Zuschauer in seinem Zuschauer-Sein aufstören und so mitten in sein Hier und Jetzt hineinzielen.

Wiederum zeigt sich eine Fülle von Formen und Dimensionen, in denen sich eine derartige »Provokation des Lebens« zu manifestieren vermag. Zunächst ist hier alles das zu nennen, worin Kunst zum Skandalon wird, genauer: worin sie sich mit Entschiedenheit zum Skandalon gestaltet. Natürlich hat das »épater le bourgeois«, wie es von allen Avantgardebewegungen des 20. Jahrhunderts kultiviert wird, meist gute Gründe, die der Literarhistoriker um ihrer selbst willen zu würdigen hat. Er darf darüber jedoch nicht das formale Prinzip versäumen, das stets mit wirksam ist und das da besonders deutlich ans Licht kommt, wo es – wie im Umkreis des Futurismus, Dadaismus und Surrealismus – fast schon zum Selbstzweck, jedenfalls aber zur selbstverständlich geübten künstlerischen Methode wird: das Ziel, aus dem petrifizierten »Spießer«, wie er in seinem Lehnstuhl oder Theatersessel sitzt, noch einen Funken Leben zu schlagen. Das »beschimpfte Publikum« (Handke) ist das aus dem Versinken im Schummerlicht der Leselampe bzw. des Theatersaals herausgerissene und in seine lebendige Anwesenheit gezerrte Publikum.

Den Gegenpol zu diesen lauten Möglichkeiten stellt jene leise »Provokation des Lebens« dar, die zum Beispiel im Kult des schönen Buchs liegt, wie ihn der Symbolismus pflegt. Druckbild, Typografie, Papier, Einband bilden diejenige Seite, nach der der Leser das literarische Kunstwerk unmittelbar vor Augen und unter den Händen hat, nach der es sich ihm in seiner zur Sammlung auf das »Lebensrätsel« aufrufenden Besonderheit, Erlesenheit, Gehobenheit, Schönheit unmittelbar darstellt und mithin lebendig erfahrbar wird – und »lebendig« soll »das werk« schon auch hier werden, kann es doch nur so »die lösung« bringen (St. George), ja sein Lebendigwerden soll recht eigentlich die Lösung des Lebensrätsels sein.[143] An dieser Stelle ist nun auch noch einmal an den Komplex der Konkreten Poesie zu erinnern. Sie »provoziert

---

[143] St. George, Der Teppich, in: George, Werke, Bd. 1, S. 192.

Leben«, insofern sie die unmittelbare Gegenwart der Wirklichkeit Sprache, sei es als akustisch oder optisch präsentes Sprachzeichen oder als zugleich damit realisierte Bedeutung, akzentuiert und damit den Rezipienten in die Gegenwart seines Daseins als Sprachbenutzer, als sprachlich verfaßtes Bewußtsein hineinstellt.

Diese wenigen Beispiele lassen bereits erkennen, daß jenes Äußerste an Appell, das die Literatur sich abverlangt, um ihren Rezipienten in seiner unmittelbaren Lebendigkeit zu treffen, nicht anders denn als Manipulation des kommunikativen Rahmens ins Werk zu setzen ist, innerhalb dessen Literatur überkommenerweise präsentiert wird: das Buch hört auf, bloßes Gehäuse zu sein, und wird als Buch zum künstlerischen Ereignis, der Text wird als Text zum Bild, er gibt sich selbst als Textkontinuum auf und verstreut sich über die Textfläche, er verbindet sich mit dem Bild, er verwandelt sich in eine Geräuschcollage und wandert auf die Bühne, das theatralische Geschehen verläßt die Isolation der Bühne und geht ins Publikum. Die Kunst muß aus dem Rahmen und über ihr Publikum herfallen – nur so kann sie es in seinem Lebendigsein hier und jetzt treffen.

Dieser Nexus ist bereits weiter oben konstatiert worden, wenngleich der Zugang zu ihm dort ein anderer war. Bei der Frage nach der Geschichte der Wort-Bild-Formen war für die moderne Kunst und Literatur eine immer wieder sich erneuernde Tendenz zum Gesamtkunstwerk festgestellt worden, die sodann auf das Postulat der Einheit von Kunst und Leben zurückgeführt worden war. Hier hat sich nun umgekehrt gezeigt, daß sich die Forderung nach der Einheit von Kunst und Leben – nichts anderes liegt aber dem Gedanken des »provozierten Lebens« zugrunde – nur als Tendenz zum Gesamtkunstwerk realisieren kann. Die Forderung, daß die Kunst Leben provozieren solle, ist ein Aspekt, eine Variante des umfassenden Themas der Einheit von Kunst und Leben. Insofern sich eine Bewußtseinspoesie in letzter Konsequenz erst in der Provokation von Leben erfüllen kann, muß mithin auf ihrem Boden immer wieder die Forderung nach der Einheit von Kunst und Leben neu entstehen.

In der Tat durchzieht sie wie ein Leitmotiv die Geschichte der modernen Kunst und Literatur; sie ist gleichsam die Quintessenz des Modernismus. Zu Beginn realisiert sie sich im Versuch einer umfassenden Ästhetisierung des Lebens, später dann umgekehrt in der Forderung, die Kunst habe sich in Leben aufzulösen, um etwa bei J. Beuys eine Form anzunehmen, in der die Ästhetisierung des Lebens von der Verlebendigung der Kunst nicht mehr zu unterscheiden ist. Das Postulat der Einheit von Leben und Kunst ist vielleicht der markanteste Indikator des Modernismus überhaupt. Vor Beginn der Moderne hat es zwar auch schon die Forderung nach einer lebendigen Kunst gegeben, aber niemand wäre doch auf die Idee gekommen, das Prädikat lebendig anders denn als Metapher zu verstehen. Allen Ernstes eine Vereinigung von Kunst und Leben zu verlangen, ist erst nach der lebensphilosophischen Wende, nach der Durchsetzung des Bewußtseinsstandpunkts sinnvoll, hier aber nun geradezu unausweichlich. Solange sich die Kunst als Plattform eines anschaulich zu gewinnenden Wahren, eines sinnlichen Scheinens der »Idee« versteht, ist sie, insofern sie das Wahre, die »Idee«, das Allgemeinmenschliche hat, auch immer schon beim Leben. Erst wenn sie mit ihrem schönen Schein nicht von vorneherein schon immer beim Wahren ist, wenn nurmehr das »Leben« ihr Wahres sein kann, und zwar gerade in seiner Lebendigkeit, steht sie als Kunst eigens vor der Aufgabe, sich mit dem Leben zu vereinigen.

10. Kapitel

Das Formenspektrum der Moderne im Spannungsfeld von mimetischem Illusionismus, Intuitionismus und Artistik

Die innere Grenze des literarischen Intuitionismus und die Entwicklung artistisch-montierender Formen (Remimetisierung)

Der Übergang von der Literatur des 19. Jahrhunderts zu der der Moderne ist wesentlich als der Prozeß zu begreifen, in dem sich eine Bewußtseinspoesie heranbildet. Das Postulat der Lebensunmittelbarkeit führt zur Auflösung der Darstellungskategorien des mimetischen Illusionismus und begründet einen neuen, andersartigen Darstellungsstil, eben den einer intuitionistischen Literatur. Freilich können deren Prinzipien nur innerhalb der Grenzen Geltung erlangen, die ihnen durch die Natur der Sprache gesteckt sind.

In letzter Konsequenz verwirklicht, würden sie nämlich bedeuten, Literatur als Literatur aufzuheben, insofern sie der Natur der Sprache als Stätte der Entfaltung von Bedeutungszusammenhängen widerstreiten. Das aber heißt, daß ihre Realisation nach den Möglichkeiten der Sprache notwendig mit ihrer Relativierung einhergeht. Und das wiederum bedeutet, daß ein gewisser Spielraum für ein Darstellen im überkommenen Sinne über das bloße Sichselbst-Darstellen von Lebensunmittelbarkeit hinaus bleibt.

Auch wo das Wichtigste am Erlebnis sein Erlebtwerden sein soll, vermag es sich nur an einem Etwas zu fassen, das da erlebt wird, und das muß auf die eine oder andere Weise zur Darstellung gebracht werden. Bewußtsein als Bewußtsein darzustellen, heißt nicht nur, das Immanenzprinzip zu postulieren, sondern zugleich auch, es zu relativieren, insofern immer nur ausgewählte Bewußtseinsinhalte benannt werden können und damit über alle nicht benannten herausgehoben werden müssen. Auch das exzessivste Detaillieren im Dienste der Aktualisierung kann immer nur eine begrenztes sein. So radikal kann der Stoff nicht minimiert werden, daß sich jedweder Aspekt eines Interessanten, Exorbitanten verflüchtigte. So disparat kann das simultan präsentierte Detail nicht sein, daß sich nicht doch gewisse Sinnbeziehungen herstellen könnten. Als absolut fremde kann die Welt nicht in den Blick der Bewußtseinspoesie treten, insofern immer noch etwas über sie gesagt und sie nicht bloß angeschwiegen wird. Ganz in Lebensunmittelbarkeit kann sie sich nicht auflösen, denn das wäre mit Sprachlosigkeit gleichbedeutend.

So weit die Entmimetisierung also auch immer vorangetrieben werden mag – solange sich ein Kunstwille der Sprache bedient, Sprache als Sprache fungiert, bleibt Mimesis zumindest als Möglichkeit gegeben; und in dem Maße, in dem mit sprachlichen Mitteln Inhalte entfaltet und substantiiert werden müssen, und das heißt: in dem sich ein Spielraum abzeichnet, der mit einem darstellenden Gestalten zu füllen ist, bleibt Mimesis eine Aufgabe. Nur erweist sich solche Mimesis hier als gebrochene. Wo sich mehr oder weniger umfangreiche darstellende, wenn nicht gar illusionierende Passagen ausbilden, bleiben sie doch stets deutlich umgrenzte Inseln des Scheins. Auch eine entmimetisierte Kunst kann mithin über scheinhafte Elemente verfügen, nur ist dieser Schein kein »reiner«, sondern ein gebrochener Schein, ist er kein »voller Schein«, sondern nurmehr Aspekt.

Daß die Realisation des Programms einer Bewußtseinspoesie in Sprache notwendig mit seiner Relativierung einhergeht, wird unter anderem daran sichtbar, daß bei ihren literarischen Manifestationen meist eines der genannten Prinzipien deutlich im Vordergrund steht und die anderen nur sehr viel weniger nachdrücklich mit berücksichtigt sind. Schon hieraus erwächst eine Vielfalt von literarischen Modellen, ein Spektrum von Typen.

Zunächst ist auf die beiden Grundformen hinzuweisen, in denen sich der Immanenzstandpunkt zugleich gestaltet und relativiert. Um eine gewisse Kontinuität des Darstellens zu erreichen, kann es sich – womit die prinzipielle Gleichstellung aller möglichen Bewußtseinsinhalte natürlich eingeschränkt wird – entweder am Leitfaden der »Außenwelt« entfalten, wie sie ins Bewußtsein fällt, oder an dem des »inneren Lebens«, wie es in die »Außenwelt« hinein ausgreift. Schon sehr früh hat man die Erscheinungen der modernen Literatur nach den Prinzipien von »Eindruck« und »Ausdruck« zu ordnen versucht; man denke etwa an O. Walzel.[1] In diesem Begriffspaar wird die Bewußtseinspoesie erstmals als solche begriffen, erweist sich in beiden die Darstellung doch eben als auf das Bewußtsein zentriert. Das Überwiegen der Komponente Eindruck bedeutet im allgemeinen, daß die Prinzipien des exzessiven Detaillierens und der Minimierung des Stoffs die Oberhand gewinnen. Eine entsprechende Reihe von Formtypen läßt sich etwa vom naturali-

---

[1] O. Walzel, Geschichte der deutschen Dichtung seit Goethes Tod, Berlin 1920, S. 208ff.

stischen »Sekundenstil« über die filmischen Romane eines Dos Passos oder Hemingway und die glimpse-Gedichte W. C. Williams' bis hin zu den beschreibenden Texten des Nouveau roman und dem Erzählen P. Handkes sowie zum Gedicht als snapshot (R. D. Brinkmann), zur beschreibenden Alltagslyrik der sechziger und siebziger Jahre verfolgen. Steht die Komponente Ausdruck im Vordergrund, wird meist das Prinzip der Simultaneität forciert, und die Aspekte des exzessiven Beschreibens und der Minimierung des Stoffs treten zurück. Beispiele dafür findet man in der expressionistischen Lyrik und Prosa.

Radikalisiert sich der Gedanke der Lebensunmittelbarkeit, kann das darstellende Element immer weiter zurückgedrängt und ganz auf die Elemente gesetzt werden, die ihn dem Publikum geradezu aufzwingen. Dann kann man sich zum Beispiel darauf konzentrieren, das Prinzip der Lebensunmittelbarkeit zu proklamieren, etwa in Form eines literarischen Manifests oder einer poetologischen Demonstration, oder man kann versuchen, beim Publikum in den oben angedeuteten Formen »Leben zu provozieren«, so wie wir das vor allem von Futuristen, Dadaisten und Surrealisten sowie von der neodadaistischen Kunst der sechziger und siebziger Jahre her kennen.

Aus dem Versuch, eine Bewußtseinspoesie zu schaffen, erwächst ein ganzes Spektrum unterschiedlicher Formen, die jeweils verschiedenen und nur im Ausnahmefall des avantgardistischen Experiments allen Aspekten des Intuitionismus zur Geltung verhelfen – schon hierin dokumentiert sich, daß er, um nach den Möglichkeiten der Sprache realisiert werden zu können, eine gewisse Relativierung erfahren muß. Vor allem manifestiert sich die innere Grenze des Intuitionismus aber auf eine zweite Weise. Wenn es ihm bei allem Erleben auch in erster Linie um sein Erlebtwerden zu tun ist, so kann das Erlebte darüber doch nicht vollends zum Nichtigen werden; es muß als ein Etwas greifbar bleiben, das da erlebt wird. Es muß mithin eine eigene Kontur aufweisen, und sei sie auch noch so schemenhaft, diese oder jene Bestimmung, in der sich bezeugt, daß es über den Raum der aktuellen Wahrnehmung und des aktuellen Erlebens hinausreicht, daß es auch außerhalb des unmittelbaren Bewußtseinslebens ein Dasein hat, ja daß es noch auf eine andere Weise als die, Gegenstand des Bewußtseinslebens sein zu können, Bedeutung für den Menschen besitzt: daß es nämlich auch naturgesetzlichen oder geschichtlich-gesellschaftlichen Zusammenhängen angehört. Der Standpunkt der Lebensunmittelbarkeit kann die Zeichen der Mittelbarkeit und das Bewußtsein dieser Mittelbarkeit nicht vollends ausmerzen.

Sobald die Zusammenhänge, in denen die Gegenstände des Erlebens außerhalb des Bewußtseinslebens stehen, nicht einfach ignoriert, sondern bei der Entwicklung bestimmter darstellerischer Verfahren mit berücksichtigt werden, tritt das ein, was wir Remimetisierung nennen: es bilden sich erneut umfassende mimetische Strukturen heran. Die Formen, die so entstehen, erinnern in vielem an die der älteren mimetisch-illusionistischen Kunst, sind jedoch keineswegs mit ihnen identisch. Wie im mimetischen Illusionismus dienen auch hier die Kategorien der Handlung, des Charakters und des Ichs wieder zur Organisation mimetischer Strukturen. Während ihre Verwendung dort aber von der Vorstellung bestimmt ist, daß sie als solche im subjektiven Erleben unmittelbar zu erreichen seien, werden sie hier als Kategorien gehandhabt, die sich ausschließlich auf das erstrecken können, was sich dem subjektiv-erlebnishaften Zugriff entzieht. Die Sinnbildung, die sie organisieren, betrifft das Detail gerade nicht als authentischen Bestandteil von Bewußtseinsleben, sondern als auf diese oder jene Weise ausgewiesenes Symptom dieses oder jenes naturgesetzlichen oder geschichtlich-gesellschaftlichen Zusammenhangs; und dieser sein Charakter als Symptom wird dabei stets deutlich bewußt gehalten.

Die Weise, in der ein Besonderes hier allgemeine Geltung erlangt, ist mit Begriffen wie Satire, Didaxe, Parabel angedeutet worden, und auch der Begriff des Allegorischen ist hier wieder ins Gespräch gebracht worden.[2] Aber diese Termini treffen das Wesen einer solchen Kunst des Symptomatischen, Typischen, Generischen, wie sie sich in Form eines artistischen Kombinierens, Konstruierens und Montierens derartiger Elemente entfaltet, noch nicht ganz; sie sind noch zu sehr von der Kunst des schönen Scheins her gedacht, gehen noch nicht entschieden genug auf ihre spezifische Eigenart aus. Dazu bedarf es eben einer präzisen Bestimmung des Intuitionismus als ihrer Voraussetzung; nur wo er als Motor der Entmimetisierung erkannt ist, kann ein zutreffendes Bild der Remimetisierung gezeichnet werden.

Bei der Analyse der Entmimetisierung haben wir uns klargemacht, wie das Postulat der Lebensunmittelbarkeit die Darstellungskategorie der Handlung zersetzt: das Bewußtseinsleben kann niemals ganz von einer Handlung ausgefüllt sein; und umgekehrt gilt, daß Handlung als Kausalzusammenhang nicht unmittelbar zu haben ist, daß sie das »objektive Bewußtsein« grundsätzlich transzendiert. Wenn wir mithin auch »innen ohne Handlung sind« (Rilke), so wissen wir natürlich dennoch, daß die Welt voller Handeln ist; wir selbst partizipieren daran, im engeren Rahmen unseres Lebenskreises ebenso wie in dem weiteren des gesamtgesellschaftlichen Handelns. Aber als Kausalzusammenhang ist Handlung eben nur mittelbar zu haben; nur Wissen, Begreifen, Erfahrung, Gewohnheit vermögen sie uns als solche darzustellen. »Dadurch, daß (die Dichter) herumgehen und die Augen offenhalten, werden sie kaum genug in Erfahrung bringen«;[3] um »die großen verwickelten Vor-

---

[2] Etwa bei P. Bürger, Theorie der Avantgarde, Frankfurt 1974, S. 92ff. – Vgl. z. B. auch G. Reiss, ›Allegorisierung‹ und moderne Erzählkunst, München 1970 (bezogen auf Th. Mann).

[3] B. Brecht, Vergnügungstheater oder Lehrtheater? 1936, in: Brecht, Schriften zum Theater, hg. v. W. Hecht, Bd. 3, Frankfurt 1963, S. 51–67, hier S. 60.

gänge in der Welt«⁴ darstellen zu können, ist ein »tieferes Eindringen in die Dinge« vonnöten (Brecht).⁵

Das heißt, daß da, wo ein Handlungszusammenhang aufgerollt werden soll, auf Instanzen zu rekurrieren ist, die ihn als solchen kenntlich werden lassen und damit darstellbar machen; und das sind eben Erscheinungen, die die Lebensphilosophie als Inbegriff des Unlebendigen perhorresziert hat: Theorie und Gewohnheit. Wie Menschen handeln, was Handeln in der Gesellschaft bedeutet, zeigt zunächst und vor allem die Theorie, und das heißt im 20. Jahrhundert: die Wissenschaft. Darüber hinaus gibt es so etwas wie einen gesellschaftlichen Fundus von Wissen, der nicht unbedingt die Form von Theorie oder gar von wissenschaftlicher Theorie haben muß und der sich im Zuge der Sozialisation, insbesondere der Bildung, sowie auf anderen Ebenen gesellschaftlicher Kommunikation mitteilt. Hierauf muß Bezug nehmen, wer Handlung darstellen will – aber heißt das nicht, daß sie nur auf eine mehr oder weniger abstrakte begriffliche Weise zu fassen ist, daß die eigentliche Plattform ihrer Darstellung der theoretische Diskurs ist? Bleibt hier überhaupt Raum für ein künstlerisches Darstellen, verstanden als anschauliches Vergegenwärtigen?

Die Antwort ist bekannt: der Künstler muß den darzustellenden Zusammenhang verkürzen und dabei auf solche Elemente reduzieren, die sich herzeigen lassen, und zwar auf eine Weise, die sowohl den Zusammenhang als auch seine Verkürzung erkennen läßt. Das eben ist das Prinzip der Montagekunst. Was an Detail dargeboten wird, muß auf irgendeine Weise paradigmatisch sein, und es muß dieses sein Paradigma-Sein stets klar und deutlich mit vorzeigen können: »der Ausdruck des Gemaltwerdens muß immer hervortreten« (Benn).⁶

Dieser »Ausstellungscharakter« (Brecht)⁷ kann auf eine doppelte Weise erreicht werden. Zum einen kann das Paradigmatische durch Steigerung ins Schablonenhafte herausgekehrt werden; und zum andern kann es an seinem Fragmentcharakter, an den Spuren seines Herausgerissenseins aus einem übergreifenden Zusammenhang abzulesen sein. Im ersten Fall können etwa die Personen Typen, Vertreter von Haltungen, Verkörperung typischer Verhaltensweisen von bestimmten Schichten sein, der Handlungsverlauf kann den Nexus von Wirkung und Gegenwirkung mit Blick auf soziale oder psychologische Regeln ins Mechanische übertreiben, die Motivation kann auf sozialen und psychologischen Stereotypen beruhen, und der Dialog kann sich im Phrasenhaften bewegen. Im zweiten Fall kann zum Beispiel sprachlich vorgeprägtes Material, können Zitate und Dokumente in den Text hineinge-

---

4 Ebenda, S. 59.
5 S. 62.
6 G. Benn, Doppelleben, a.a.O., S. 2029.
7 B. Brecht, Vergnügungstheater oder Lehrtheater? a.a.O., S. 64.

nommen werden, oder der Autor kann sich der unterschiedlichsten Formen und Medien bedienen und sie unverbunden nebeneinanderstellen. Hier wie dort mag das, was trotz solcher Anstrengungen zum Verständnis des darzustellenden Handlungs- und Problemzusammenhangs noch fehlt, mit den Mitteln des theoretischen Diskurses ergänzt werden, wie dabei überhaupt wesentlich auf ein explizites Theoretisieren gesetzt werden kann.

Welches sind nun näherhin die Instanzen jenseits des subjektiven Erlebens, auf die der Autor rekurrieren muß, wenn er einen Handlungszusammenhang oder überhaupt einen umfassenden Problemzusammenhang geben will? Woher nimmt er das Wissen um das Allgemeine, das er dazu braucht? Was sind für ihn die Quellen des Generischen, Typischen, Gesetzmäßigen, auf die er sich als montierender Artist bezieht? Zwei große Gruppen von Quellen zeichnen sich hier ab: die Wissenschaft und der Mythos; und der wiederum zerfällt in zwei Untergruppen: den klassischen Mythos und das, was man Trivialmythen nennt.

Brechts Hinweis auf »die unschätzbaren Dienste (...), die die moderne Wissenschaft, richtig verwendet, der Kunst (...) leisten kann«,[8] sein Bekenntnis, »ohne Benutzung einiger Wissenschaften nicht auskommen« zu können, kennzeichnet nicht nur seine Kunst. Schon der französische Naturalismus hat es wie Brecht abgelehnt zu »singen, wie der Vogel singt«, und sich zu einer Kunst »auf der Höhe der wissenschaftlichen Erkenntnis« bekannt, und von Döblin und Musil bis Broch und Sartre ist es eine Selbstverständlichkeit, »daß die großen verwickelten Vorgänge in der Welt von Menschen, die nicht alle Hilfsmittel für ihr Verständnis herbeiziehen, nicht genügend erkannt werden können«.[9] Die Ergebnisse von Psychologie, Soziologie, Ökonomie und Geschichte zu benutzen, die Brecht in diesem Zusammenhang nennt,[10] versteht sich für sie von selbst.

Die zweite wesentliche Quelle des Allgemeinen jenseits des Subjektiv-Erlebnishaften ist die Welt des Mythos vom klassischen Mythos bis hin zum Trivialmythos, also bis zu den Stereotypen von Kolportage, Film und Oper. Daß und wie sich Autoren wie Joyce und Th. Mann, Broch und Sartre, aber auch Benn, Loerke und Lehmann mit dem Mythos auseinandergesetzt haben, ist bekannt.[11] Der Suche nach dem Generischen bietet sich hier ein Kosmos

---

[8] Ebenda, S. 58.
[9] S. 59.
[10] S. 60–61.
[11] Allgemein hierzu etwa G. Schmidt-Henkel, Mythos und Literatur, in: Neues Handbuch der Literaturwissenschaft, hg. v. K. v. See, Bd. 20, Zwischen den Weltkriegen, hg. v. Th. Koebner, Wiesbaden 1983, S. 269–288. – Als Beispiel sei hervorgehoben: K. Kerényi, Romandichtung und Mythologie, Ein Briefwechsel mit Thomas Mann, Zürich 1945; vgl. z. B. H. Kurzke, Thomas-Mann-Forschung 1969–1976, Frankfurt 1977, S. 141ff.: Mythos und Psychologie.

von Gestalten dar, in der Allgemeines bereits in ein anzuschauendes Besonderes umgesetzt ist. Ähnliches gilt für die Bezirke der »Trivialmythen«; auch in den Stereotypen der Kolportage, deren generischer Rang sich im Widerhall bei einem breiten Publikum bezeugt, hat Allgemeines bereits anschauliche Gestalt angenommen, und in diesem Sinne werden sie etwa von H. Mann und C. Sternheim benutzt. Ernst nehmen kann die moderne Kunst all das freilich nur, insofern es wissenschaftlich durchdrungen, insofern nämlich das Allgemeingültige an ihnen im Rückgriff auf die Wissenschaft gesichert ist, und das heißt vor allem: im Rückgriff auf die Psychologie, sei es als Psychoanalyse oder als Sozialpsychologie. Die Hereinnahme des Mythos in die Literatur geht deshalb immer mit seiner Entmythologisierung einher, jedenfalls da, wo sich diese Literatur der Moderne stellt und ihr nicht mit Hilfe von Mythen entfliehen will. Zur Entmythologisierung gehört aber auf formaler Ebene im allgemeinen mit dazu, daß das Typisierende des Mythos auf irgendeine Weise betont und dadurch als solches denunziert wird.

Das Verfahren, mit dem auf solche Art gewonnenes Allgemeines zur Darstellung gebracht, d. h. dem Anschauen unterbreitet wird, haben wir artistisch-montierend genannt, und wir haben sogleich darauf hingewiesen, daß damit eine große Bandbreite von Möglichkeiten angedeutet ist, deren beide Pole die Steigerung ins Typische und Schablonenhafte einerseits und die Montage aussagekräftiger Fragmente andererseits bezeichnen. In dem einen Fall wird eine Fülle von Detail, das als typisch für eine bestimmte Haltung, ein bestimmtes Problem erkannt ist, in eine Gestalt, in einen Handlungsnexus eingebracht, und dies keineswegs mit dem künstlerischen Takt und der Diskretion etwa des späten Realismus, sondern in aller Offenheit, auf eine forcierte, outrierte Weise; so etwa wenn H. Mann im Advokaten Belotti den Prototyp des lavierenden Liberalen und in Diederich Heßling den Untertan gibt. Das künstlerische Verfahren ist dabei das eines Kombinierens von als typisch Bekanntem, Stereotypem, ja Schablonenhaftem, das als solches gemeint und, was es ist, auch bleiben soll. Man kann dieses Vorgehen mit Th. Mann eine »Steigerung« nennen, nämlich eine »Steigerung« der erzählten »Geschichte« »in sich selbst«: sie geht dann »beständig über das Realistische hinaus, indem sie es symbolisch steigert und transparent macht für das Geistige und Ideelle«.[12] Das Resultat kann trotz alledem ein Text von großer sprachlicher Einheitlichkeit, ästhetischer Glätte und Eingängigkeit sein, so daß sich die Tatsache, daß er Stereotypen vorführt, äußerlich allenfalls in einer übermäßigen Elaboriertheit und Manieriertheit des Stils zu erkennen geben mag.

---

[12] Th. Mann, Einführung in den Zauberberg, 1939, in: Th. Mann, Schriften und Reden zu Literatur, Kunst und Philosophie, hg. v. H. Bürgin, Bd. 2, Frankfurt 1968, S. 326–338, hier S. 334.

Beides, Kombinatorik und Manieriertheit des Stils, liegt im Begriff der Artistik mit darin, aber zunächst verbindet sich mit ihm natürlich die Vorstellung von einem Zurücktreten des Interesses an den jeweiligen Inhalten der Rede zugunsten der Auseinandersetzung mit ihren formalen Mitteln. Diese Distanz ist freilich – so zeigt sich hier – nicht einfach eine Gleichgültigkeit gegenüber den betreffenden Inhalten, ist keineswegs immer schon Ausdruck weltanschaulicher Gebrochenheit, der Erfahrung des Weltverlusts, der transzendentalen Obdachlosigkeit, der sich dann die Form als ein letzter Halt darböte; sondern sie kann eine ganz bestimmte Funktion innerhalb des hier umrissenen Darstellungsstils haben, und das heißt, daß sie geradezu dabei mithelfen kann, Welt greifbar zu machen. Dann bezeichnet sie nämlich den Spielraum, innerhalb dessen sich die Steigerung des entfalteten Besonderen ins Generische vollzieht, und damit zugleich den Abstand, über den hinweg ein Leser es als generisch erkennen kann.

Die artistisch-montierende Kunst erweist sich als moderne, entmimetisierte Kunst, insofern sie die Zusammenhänge, die sie veranschaulicht, zugleich als Zusammenhang und als verkürzt zu erkennen gibt, paradigmatisches Material nicht nur entfaltet, sondern auch in seinem Paradigma-Sein vorführt. Im Fall der sprachlich einheitlichen, kontinuierlich eingängigen Werke eines Heinrich oder Thomas Mann vollzieht sich die Selbstdenunziation des Scheins unter der ästhetisch glatten Oberfläche der virtuos eingesetzten Sprache von innen her, aus dem Inhalt, der – bei dem einen mehr, bei dem anderen weniger – darauf angelegt ist, als typisch durchschaut zu werden.[13] Gerade umgekehrt ist das Vorgehen in den Werken, die den Gegenpol im Spektrum der Möglichkeiten einer artistisch-montierenden Kunst bezeichnen, in Arbeiten wie den Stücken des Brechtschen Lehr- und epischen Theaters oder Döblins ›Berlin Alexanderplatz‹. Sie treten ihrem Publikum mit aller Entschiedenheit als Montagekunst entgegen, zeigen ihm eine zerklüftete Außenseite, stellen sich ihm auf den ersten Blick bereits als aus vielerlei höchst Verschiedenartigem – sprachlich, inhaltlich, formal, ja medial Unterschiedlichem – zusammengesetzt dar, und nur die aktive Auseinandersetzung mit alledem führt den Rezipienten zu dem Punkt, dem Problem, in dem das vor ihm ausgebreitete Material koinzidiert.

Diese Variante der artistisch-montierenden Kunst ist erst möglich, nachdem Kubismus, Futurismus und Dadaismus die Collage entwickelt haben; sie gehört also einer späteren Entwicklungsphase an. Auch ist der Film hier wohl nicht ohne Einfluß geblieben, jedenfalls wenn man den Selbstzeugnissen der

---

[13] In diesem Zusammenhang dürften die »Leitmotiv«- und die Montage-Technik Th. Manns zu sehen sein, die in der Forschung starke Beachtung gefunden haben; vgl. dazu die Arbeiten von R. Peacock, H. Koopmann, H. Wysling und G. Reiss.

Autoren und der zeitgenössischen kritischen Diskussion glauben darf.[14] Und zwar hat er für die beiden hier umrissenen Möglichkeiten auf je besondere Weise Bedeutung erlangt. Der Zwang, komplexe Handlungszüge, Charaktere, innere Vorgänge, Probleme im Filmbild zu geben, bringt – nicht nur im expressionistischen Stummfilm – eine Typenbildung in Gang, die den an der Stilisierung ins Typische arbeitenden Literaten ermutigen und anregen kann. Und die Art und Weise, wie etwa die Griffithsche Parallelmontage Unterschiedlichstes hart aneinanderschneidet, kann ein Anstoß für den Montagekünstler sein.[15]

Kennt die artistisch-montierende Kunst mithin umfassende inhaltliche Zusammenhänge und können sie sich in epischen und dramatischen Werken in Handlungszusammenhängen kristallisieren, so verfügt sie naturgemäß auch über den Menschen als Charakter – keine Handlung ohne Charakter! Aber wie für die Handlung gilt für den Charakter, daß er sich hier wesentlich von dem der mimetisch-illusionistischen Kunst unterscheidet. Er ist keineswegs mehr das Individuum als in sich geschlossene Persönlichkeit, als individuelle Verkörperung des Allgemeinmenschlichen, der »Idee«, vielmehr Typus, wenn nicht gar Charaktermaske – und »Maske« kann er denn auch tatsächlich heißen (Sternheim).

Erscheint der Mensch im Horizont der Bewußtseinspoesie als »Mann ohne Eigenschaften«, so stellt ihn die artistisch-montierende Poesie vom Gedanken der »Eigenschaften ohne Mann« aus dar (Musil);[16] er ist hier der »Mensch in Anführungszeichen« (Benn),[17] zumindest »Exponent, Repräsentant und Sendbote geistiger Bezirke, Prinzipien und Welten« (Th. Mann).[18] Die Eigenschaften und Erlebnisse haben sich für sie »vom Menschen unabhängig gemacht«, »sind aufs Theater gegangen, in die Bücher, in die Berichte der Forschungsstätten (...), in die Gesinnungs- und Religionsgemeinschaften«, und sofern sie »sich nicht gerade in der Arbeit befinden, liegen sie einfach in der Luft«. So »ist eine Welt von Eigenschaften ohne Mann entstanden, von Erlebnissen ohne den, der sie erlebt (...)« (Musil).[19] Dementsprechend muß der Mensch, wo er als Charakter, als Träger von Eigenschaften dargestellt wird, »zusammengesetzt werden«, sei es unmittelbar »aus Redensarten, Sprichwörtern, sinnlosen Bezügen, aus Spitzfindigkeiten, breit basiert,«

---

14 Vgl. etwa P. Bürger, Theorie der Avantgarde, a.a.O., S. 98ff.
15 Dazu etwa A. Kaes in der Einführung seiner Anthologie Kino-Debatte, Texte zum Verhältnis von Literatur und Film 1909–1929, Tübingen 1978, S. 29ff.: Ansätze einer neuen Poetik.
16 R. Musil, Der Mann ohne Eigenschaften, a.a.O., Bd. 1, S. 148ff.
17 G. Benn, Doppelleben, a.a.O., S. 2029.
18 Th. Mann, Einführung in den Zauberberg, a.a.O., S. 334.
19 R. Musil, Der Mann ohne Eigenschaften, Bd. 1, S. 150.

(Benn)[20] oder auf andere Weise. Das Ergebnis können natürlich in jedem Fall nur »Schatten und wandelnde Allegorien« sein, auch wenn sich der Autor der Hoffnung hingeben mag, daß der Leser sie »als wirkliche Menschen erlebt, deren er sich wie wirklich gemachter Bekanntschaften erinnert« (Th. Mann).[21] Aber freilich macht es einen Unterschied, ob ein Autor etwa noch der Personendarstellung des Realismus nachhängt und halb und halb auf ein »Mitgehen, Miterleben, Mitfühlen«[22] des Publikums zählt oder ob er ganz und gar auf die Distanz gegenüber den von ihm entworfenen Figuren setzt, also »die auf Basis der Suggestion hergestellte Einfühlung des Zuschauers (...) in die Personen«[23] grundsätzlich verwirft, »anstelle der Einfühlung die Verfremdung« haben will (Brecht)[24] und insgesamt den kritisch-distanzierten, begutachtenden Blick des Publikums auf seine Figuren fordert.

Brechts Konzeption des experimentellen Theaters ist ein besonders markantes Beispiel für die artistisch-montierende als entmimetisierte Kunst. »Nicht-aristotelisch« nennt er sein Theater – das aber heißt: entmimetisiert;[25] denn die Wendung gegen die aristotelische Poetik meint eben die Mimesis als ihre zentrale Kategorie. Freilich vermag Brecht Mimesis nur im Sinne des in der Aufklärung etablierten mimetischen Illusionismus zu verstehen. Dessen inneren Mechanismus bringt er allerdings noch einmal exakt auf seinen Begriff, wenn er von der »auf Basis der Suggestion hergestellten Einfühlung des Zuschauers (...) in die Personen und Vorgänge« spricht[26] und das »Mitgehen, Miterleben, Mitfühlen«[27] auf das Postulat des Allgemeinmenschlichen bezieht.[28] Sein Gegenentwurf, ein Theater, das nicht illusionieren, sondern demonstrieren will, ist zu bekannt, als daß es eigens erläutert werden müßte.

Die moderne Literatur zwischen Ent- und Remimetisierung

Die Formen der modernen Literatur lassen sich auf drei Prinzipien des Darstellens zurückführen, drei verschiedene Methoden anschaulichen Redens, als Weisen, in denen das jeweils ausgebreitete Detail allgemeine Bedeutung erlangt, bzw. als Möglichkeiten der Sinnbildung, auf die hin sich die Detailgebung vollzieht: auf den mimetischen Illusionismus, den Intuitionismus und die Artistik. Vor dem Hintergrund der mimetisch-illusionistischen Kunst, die

---

[20] G. Benn, Doppelleben, S. 2029.
[21] Th. Mann, Einführung in den Zauberberg, S. 334–335.
[22] B. Brecht, Über experimentelles Theater, 1939, in: Brecht, Schriften zum Theater 3, S. 79–106, hier S. 91.
[23] Ebenda, S. 96.
[24] S. 101.
[25] J. Knopf, Brecht-Handbuch Theater, Stuttgart 1980, S. 383–385.
[26] B. Brecht, Über experimentelles Theater, S. 96.
[27] Ebenda, S. 91.
[28] S. 101; vgl. J. Knopf, Brecht-Handbuch Theater, S. 404ff.

in Rückblick und Rückgriff beständig präsent ist und der sich im Bereich der Unterhaltungsliteratur sogar neue Möglichkeiten eröffnen, entfaltet sich die moderne Literatur im Spannungsfeld von Bewußtseinspoesie und artistisch-montierender Poesie.

Am Beginn der Entwicklung hin zur modernen Literatur steht das Postulat der Lebensunmittelbarkeit. Es bleibt durch ihre ganze Geschichte hindurch der entscheidende Antrieb für all das, was die Theorie der modernen Kunst mit Begriffen wie denen der Abstraktion, der »Entkunstung« (Adorno), der Enthumanisierung und der Negativität zu fassen suchte. Wir haben hier stets dem Begriff der Entmimetisierung den Vorzug gegeben, und so ist nun abschließend noch einmal nach seiner präzisen Bedeutung zu fragen. Zunächst und vor allem bezeichnet er die Abkehr vom mimetischen Illusionismus, von der Kunst des schönen Scheins, ob sie sich unbewußt vollzieht, gleichsam bloß einschleicht, etwa weil künstlerische Probleme in den Vordergrund treten, die das Ziel der Illusionierung vergessen machen wie im Naturalismus, oder ob sie bewußt und entschieden herbeigeführt wird wie in Kubismus, Futurismus und Dadaismus. Nun haben wir den Begriff der Mimesis aber seiner Geschichte gemäß nicht nur in diesem engeren Sinne gebraucht, bei dem die Illusionierung stets mit gemeint ist, sondern auch in einem weiteren Sinne, dem von darstellendem Reden überhaupt, also von anschaulichem Reden – muß das, was wir Entmimetisierung nennen, als auch hierauf sich erstreckend gedacht werden?

Auf den ersten Blick scheint das ausgeschlossen, denn wo nicht mehr in jenem weitesten Sinne dargestellt wird, da ist alle Kunst am Ende; im übrigen ist es uns unter dem Titel der Bewußtseinspoesie gerade darum gegangen, die im Intuitionismus gründenden Strukturen als Formen eines anschaulichen Redens zu erweisen. Dennoch betrifft der Prozeß der Entmimetisierung bei ihnen auch die Mimesis im weitesten Sinne. Das zeigt sich da besonders deutlich, wo sich die Forderung der Lebensunmittelbarkeit zu der der Einheit von Kunst und Leben zuspitzt: sie herbeizuführen, bedeutet im strengen Sinne die Selbstaufhebung der Kunst, das Ende allen Darstellens. Aber auch wo diese Extremposition noch nicht erreicht ist, heißt Entmimetisierung stets mehr als nur die Abkehr vom Gedanken des mimetischen Illusionismus als einer bestimmten historischen Form des Darstellens, bedeutet es eine tiefergehende, einschneidendere Veränderung, die das Wesen des Darstellens selbst tangiert.

Selbstdarstellung des Bewußtseins als Bewußtsein kann nur gelingen mit Hilfe der Negation der dargestellten Bewußtseinsinhalte, als Rückwendung von den besonderen Bewußtseinsinhalten auf das Bewußtsein, das sie hält, also dadurch, daß die Inhalte, indem sie darstellend gesetzt werden, zugleich als nichtig vorgeführt werden, und das heißt ja doch, daß die darstellende Bemühung, die an ihnen sich abmüht, in einem bestimmten Maße zugleich mit negiert wird. Das darstellende Entfalten und Fixieren begrifflich faßbarer Inhalte soll bloß ein Vorläufiges sein, bei dem nicht zu verweilen ist – dazu kann Literatur nicht übergehen, ohne daß dem Darstellen als solchem in seinem Impetus auf den vergegenwärtigten Gegenstand in einem bestimmten Maße Eintrag getan würde. Insofern zielt Entmimetisierung hier in der Tat in die Mimesis im allgemeinsten Sinne von Darstellen überhaupt mit hinein. Auf der anderen Seite muß aber auch hier Mimesis erst als solche gesetzt werden, um aufgehoben werden zu können. Bewußtsein ist immer Bewußtsein von etwas (Husserl), und dieses Etwas muß darstellend entfaltet werden. Deshalb kann eine entmimetisierte Kunst, solange sie noch Kunst ist, im allgemeinsten Sinne von Mimesis immer nur relativ entmimetisiert, kann sie im strengen Sinne nur eine entmimetisierende Kunst sein.

Anders verhält es sich da, wo ein artistisch-montierendes Darstellen die Struktur eines Werks prägt. Im engeren Verstand des Begriffs haben wir es natürlich auch hier mit entmimetisierter Kunst zu tun: mimetischer Illusionismus, schöner Schein, der als Schein bezwingt, ist nicht mehr das wichtigste Wirkungsziel, ja wird als Wirkungsziel so weit wie möglich konterkariert oder zumindest unterlaufen. Das artistisch-montierende Darstellen hat dazu seine eigenen Mittel, die von der Steigerung des Typischen bis zur Montage von Wirklichkeitsfragmenten reichen. In der weitergehenden Bedeutung des Begriffs, die Mimesis als Darstellen, anschauliches Reden überhaupt meint, kann hier jedoch von Entmimetisierung keine Rede sein – im Gegenteil: der Impetus auf den dargestellten Gegenstand, die stoffliche Seite wird befestigt und damit das Darstellen als solches gestärkt, und dies in einem Maße, daß man von Remimetisierung sprechen muß.

Damit ist gemeint, daß wir es hier wieder und mehr denn je mit einem veranschaulichenden Reden zu tun haben, das bereits vorab über das zu Veranschaulichende verfügt und an seiner Darstellung in der Tat als an seiner Veranschaulichung arbeitet. Demgegenüber ist die Eigenart der intuitionistischen Literaturkonzeption gerade dadurch gekennzeichnet, daß es sich bei ihr weniger um ein veranschaulichendes als um ein Anschauung als Anschauung, genauer: Anschauen als Anschauen, Wahrnehmen als Wahrnehmen ins Spiel bringendes Reden handelt. Der artistisch-montierenden Kunst hingegen geht es wesentlich um den dargestellten Stoff, das vorgezeigte Material. Das Typische, das sie erarbeitet, die Konstellationen, die sie montierend aufzeigt, meint sie als typische, paradigmatische mit großem Ernst, und auch wenn sie das organische Kunstwerk ablehnt,[29] so glaubt sie doch an das darstellende Bauen, dessen Resultat sie sind. Sie setzt sich mithin selbst mit aller Entschiedenheit als Darstellung, Form, Kunst.

---

[29] Dazu P. Bürger, Theorie der Avantgarde, S. 92, S. 95 u. ö.

Das manifestiert sich auch darin, daß sie das Verhältnis von Kunst und Leben nicht von der Idee ihrer Vereinigung her beschreibt, sondern von vorneherein als unüberbrückbare Kluft bestimmt: die Kunst blickt zwar auf das Leben, ist grundsätzlich auf es hingeordnet, aber sie weiß, daß sie ihm fern ist und immer fern bleiben wird; sie bekennt sich dazu und richtet sich in ihrer Lebensferne ein. Sie will hier also nicht mit dem Leben verschmelzen, sondern es nur aus der Distanz abspiegeln, wobei sie sich damit tröstet, daß das Leben nur aus solcher Distanz zu fassen sei.

Wenn die artistisch-montierende Poesie in der Frage des Verhältnisses von Kunst und Leben mithin auch die Gegenposition zu der des Intuitionismus verkörpert, so erweist sie sich doch gerade darin als von ihm abhängig: es ist seine Grundfrage, die sie damit aufnimmt, und das heißt, daß sie sich mit ihr auf alle die Prämissen einläßt, die ihr vorausliegen. Die lebensphilosophische Wende hat auch für sie stattgefunden, für sie Gültiges bewirkt, wenngleich sie zu anderen Schlüssen kommt als die intuitionistische Poesie, ja sich gerade von den Erfahrungen des künstlerischen Intuitionismus zu ihren eigenen Versuchen angeregt sieht und sich in ihnen immer wieder durch sie bestärkt fühlt. Beide Modelle definieren sich vom Leben – und das heißt: von der Spannung von Kunst und Leben her. Während die intuitionistische Kunst aber deren Aufhebung als ihre eigentliche Aufgabe begreift, an der sie sich abmüht, nimmt die artistisch-montierende Kunst sie als unaufhebbar hin und macht sich gerade so an die Arbeit. Das ist ihr Fazit der Erfahrungen, die mit dem künstlerischen Intuitionismus gemacht worden sind. Sie sammelt gleichsam die Fragen, Probleme, Aspekte wieder ein, die er übrigläßt, die bei seinem experimentierenden Vorpreschen auf der Strecke bleiben. Aber mit ihren eigenen Lösungen gibt sie auch nur wieder Anlaß, den ursprünglichen intuitionistischen Impuls zu erneuern. Gegenüber ihren ausgeklügelten Formen ist erneut an das grundsätzliche Hingeordnetsein auf das lebendige Leben zu erinnern, und zwar so, daß sie selbst zum Gegenstand einer neuerlichen Entmimetisierung wird. Dementsprechend ist die literarische Entwicklung fast ununterbrochen zwischen den beiden Polen der Ent- und Remimetisierung unterwegs. Nur in Ausnahmefällen stellen sich das intuitionistische und das artistisch-montierende Modell einmal rein dar. In den einzelnen Werken begegnen sich die beiden Modelle auf die unterschiedlichste Weise und gehen dabei die verschiedensten Verbindungen ein. Der Ursprung dieser Dynamik liegt letztlich natürlich in der Spannung von Kunst und Leben, genauer: in den beiden polaren Möglichkeiten, sich ihr zu stellen; noch genauer gesagt, liegt er darin, daß jede der beiden Möglichkeiten, je konsequenter sie ergriffen wird, desto deutlicher offen läßt, was nur mit Hilfe der anderen Möglichkeit zur Darstellung gebracht werden kann, und so selbst zum Anlaß wird, sie erneut ins Spiel zu bringen.

Um den für die Systematisierung der Formen entscheidenden Punkt noch einmal zu benennen: wenn die Kunst dazu übergeht, sich vom »Leben« her zu definieren, so stellt sie sich damit sowohl in den Dienst des »Lebens«, als sie sich dann auch in einem Gegensatz zum »Leben« sehen muß. Das »Leben« soll ihre Letztrechtfertigungskategorie sein. Was sie leistet, will sie ihm gegenüber leisten; ihm zu dienen, es zu fassen, darzustellen, zu steigern, zu provozieren, erkennt sie als ihre eigentliche Aufgabe. Zugleich damit erkennt sie aber auch ihre eigene unabdingbare Lebensferne, und womöglich erkennt sie sie sogar als Bedingung ihrer Hinwendung zum Leben. Denn was immer sie als Kunst unternimmt, kann sich, so sehr sie dabei auch auf das Leben blicken mag, nur als Text, Sprache, Form manifestieren, als Entfalten von Bedeutungszusammenhängen und nicht als unmittelbares Leben. Der emphatische Formbegriff, den der Ästhetizismus entwickelt, und das Konzept der Artistik, wie es die Literatur der Moderne vielfach bestimmt, sind allererst möglich, nachdem sich der moderne Lebensbegriff konstituiert hat und aufgrund dieser seiner Konstituierung.

Die beiden konträren Möglichkeiten, die sich einer vom Lebensbegriff her gedachten Kunst eröffnen, bestehen darin, sich entweder mit Strukturen zu durchdringen, die ihre Selbstaufhebung als Kunst in eine Lebensunmittelbarkeit hinein bewirken sollen, oder aber auf den Aspekt der Lebensunmittelbarkeit von vorneherein zu verzichten, sich ausschließlich von ihrem lebensfernen Kunstcharakter her durchzuführen und eben so, durch ihre konsequente Lebensferne, auf das Leben hinzudeuten. In dem einen Fall, dem des Intuitionismus, läuft sie dabei Gefahr, als Darstellung Schaden zu nehmen, so daß ein kontinuierlicher Duktus des Darstellens nicht mehr aufkommen und ein Dargestelltes kaum noch Konsistenz gewinnen kann, und sich so in Formlosigkeit, Unverständlichkeit, Beliebigkeit, Farblosigkeit aufzulösen. In eben dem Maße, in dem diese Gefahr Wirklichkeit wird, wird man wieder substantiellere Inhalte und festere, klarere Formen fordern – mithin all das, was eine artistisch-montierende Kunst zu bieten hat. Bei dieser wiederum besteht die Gefahr, daß sie sich in ihrer Lebensferne auf eine Weise einrichtet, die zur Ferne gegenüber dem Leser wird und sie ihm gleichgültig werden läßt, sei es, daß sie sich ins Esoterische verflüchtigt oder daß sie im Kunsthandwerklichen erstarrt. Dann wird man erneut Lebendigkeit und Unmittelbarkeit verlangen und damit die Rückkehr zum Intuitionismus.

So entfaltet sich die moderne Literatur in einem vielfältig verschlungenen Wechselspiel von Entmimetisierung und Remimetisierung, von Intuitionismus und Artistik. Im Naturalismus sehen wir wie in der impressionistischen Malerei einen ersten entscheidenden Schub der Entmimetisierung, einen ersten Aufbruch zu einem intuitionistischen Darstellungsstil. Wie der Impressionismus das Bildsujet für sekundär erklärt und sich zu einer Kunst des lebendigen Sehens gestaltet, so sucht die naturalistische Literatur vor allem das lebendige Gegenüber der Wirklichkeit, breitet sie den Stoff der Welt detailgenau und gleichsam wahllos aus, nämlich gleichgültig gegenüber seiner Provenienz und Dignität; sein Stoffsein ist ihr genug.

Aber schon der Zolasche Roman selbst sucht nach einer Instanz, die es ihm möglich macht, die dabei eintretende Entstrukturierung des Gegenstands aufzufangen, und er findet sie in der Naturwissenschaft. Der Rekurs auf das Naturgesetz, insbesondere das der Biologie, soll es erlauben, Zusammenhänge zu sehen und Allgemeines darzulegen. Entschiedener ist die Reaktion des Symbolismus auf die intuitionistische Öffnung der Kunst für den Stoff der Welt in seiner ganzen Fülle und Breite. Gegen die Formlosigkeit, Gehaltlosigkeit, Beliebigkeit, Flüchtigkeit, Zerstreutheit, die sie aus ihr erwachsen sieht, setzt sie die strenge Auslese, die Reduktion, die Sammlung auf das Wesentliche, das genaue Gebilde. Aber bereits der junge Hofmannsthal empfindet die Gebilde des Ästhetizismus wieder als tot und will demgegenüber erneut einer ursprünglichen Lebendigkeit zur Geltung verhelfen, ohne in einen Naturalismus oder Impressionismus zurückzufallen.

Heinrich Mann, der anfangs wie Hofmannsthal und viele andere seiner Generation den Widerspruch zwischen lebensphilosophischem Ausgangspunkt und ästhetizistischem Kunstanspruch sozusagen durch Unentschiedenheit zu lösen versucht,[30] findet seinen eigenen Weg durch die Negation eines bestimmten Moments des Intuitionismus, das Naturalismus und Impressionismus entfaltet haben: der Tendenz zur Individualisierung. Gegen die Vertiefung ins Konkrete, Einmalige, Einzigartige setzt er – ohne sich damit vom Lebensbegriff zu lösen – das Herausarbeiten des Typischen, Kollektiven, vermeintlich Gemeinen als des eigentlich Humanen.[31] Man könnte seinen Darstellungsstil einen symbolistisch gebrochenen Intuitionismus nennen, wie auf seine Weise auch den des Expressionismus.

Gegen das Symbolistische, Artistische am Expressionismus opponiert wiederum der Dadaismus und verschafft dem Gedanken der Lebensunmittelbarkeit neue Geltung, und dies in einer zuvor nicht gekannten Radikalität.[32] Er bezeichnet in gewisser Weise den Endpunkt der Entmimetisierung, aber

---

[30] Zu den Anfängen H. Manns im Ästhetizismus s. R. Werner, Skeptizismus, Ästhetizismus, Aktivismus. Der frühe Heinrich Mann, Düsseldorf 1972; zu seiner Entwicklung zum Moralisten s. H. König, Heinrich Mann, Dichter und Moralist, Tübingen 1972; ein Versuch, zur »Darstellungsweise« H. Manns vorzudringen: F. Trapp, ›Kunst‹ als Gesellschaftsanalyse und Gesellschaftskritik bei Heinrich Mann, Berlin 1975, besonders S. 287ff.
[31] Bekannt ist die Stellungnahme H. Manns gegen die »Überschätzung des Einzelfalles« und für den »gleichmacherischen Geist« (H. Mann, Geist und Tat, 1910, in: Mann, Geist und Tat, Frankfurt 1981, S. 9–16, hier S. 16), gegen das »Übermenschentum« und für eine »Menschlichkeit« im Zeichen der »Gleichheit« (ebenda, S. 14).
[32] Dadaistisches Manifest, a.a.O., S. 22, S. 23–24.

eben so, gerade weil er die Selbstaufhebung der Kunst in die Lebensaktualität des Publikums hinein am weitesten treibt, wird er zum Ausgangspunkt einer Remimetisierung, einer Entwicklung, bei der das Darstellen wieder konsistenter und das Dargestellte substantieller, für sich selbst gewichtiger wird. Dabei werden die Formen, die er im Sinne des Intuitionismus entwickelt hat, die verschiedenen Möglichkeiten der Collage und Montage, zum Mittel einer artistischen Kunst. Gerade montierend sollen nun Zusammenhänge, wie sie etwa die Gesellschaftsanalyse exponiert, zur Darstellung gebracht werden.

Auf vielfältige Weise verweist die nachdadaistische Montagekunst aber immer noch auf den intuitionistischen Ausgangspunkt zurück. Insofern sie dokumentarisches Material einmontiert, setzt sie auf das intuitionistische Prinzip der Authentizität: unmittelbar soll der Leser mit den dargestellten Realitäten konfrontiert werden, unmittelbar soll er sie sehen, fühlen, zum Gegenstand seiner Erfahrung und seines Nachdenkens machen. Wo das montierte Material nicht dokumentarisch ist, kann sie wenigstens das aktivierende Moment der Montage beibehalten. An den Schnittstellen wird das Publikum aus der Darstellung heraus- und in sich selbst zurückgeworfen. Fühlend, denkend muß jeder für sich selbst den Zusammenhang des Montierten herausfinden, und insofern er ihn so erkennt, hat er ihn auf eine aktive Weise. Die Montagekunst kann sich aber auch – trotz aller Artistik – wieder ganz auf den Boden eines Intuitionismus stellen: wo sie nämlich als Großstadtpoesie versucht, das Leben in den großen Städten in subjektiv-erlebnishafter Perspektive, das »Leben aus zweiter Hand« als Raum der Lebensunmittelbarkeit darzustellen.[33] Das Montierte erweist sich dabei sowohl als gesellschaftlich vorfabriziert wie auch als Moment erlebnishafter Gegenwart. Es ist natürlich nicht richtig, was gelegentlich behauptet worden ist, daß die Großstadt damit immer schon zur Natur verklärt und so der Veränderung entrückt würde. Zunächst bedeutet es nichts anderes als dies, daß der Bewußtseinsstandpunkt gegenüber dem Leben in der Großstadt durchgeführt wird – ein weiteres Beispiel dafür, wie wichtig es ist, den intuitionistischen Darstellungsstil zu konzipieren und zu exponieren.

Die Entwicklung der modernen Literatur muß hier nicht weiterverfolgt werden. Was zu zeigen war, dürfte deutlich geworden sein: daß und wie sich das Spektrum der modernen Formen vor dem Hintergrund des überkommenen mimetischen Illusionismus im Spannungsfeld von Intuitionismus und Artistik entfaltet; daß bald die intuitionistischen Prinzipien in den Vordergrund treten und bald die artistischen; daß keines der beiden Modelle einen endgültigen Sieg erringen kann, vielmehr die Stärkung der einen Seite des

---

[33] Dazu etwa S. Vietta, Großstadtwahrnehmung und ihre literarische Darstellung, in: DVjs. 48, 1974, S. 354ff., hier S. 367; ferner z. B. G. Willems, Großstadt- und Bewußtseinspoesie, a.a.O., S. 78ff.

Spektrums stets einen Gegenschlag auslöst, der zur Entfaltung der entgegengesetzten Prinzipien führt; wie sich Momente der beiden Modelle dabei durchdringen und wie so die Vielfalt der Formensprachen entsteht, die für die Moderne charakteristisch ist. Was das Wechselspiel von Ent- und Remimetisierungstendenzen zusätzlich verstärkt, ist das stets im Hintergrund gegenwärtige Modell des mimetischen Illusionismus. Vor der Folie einer Kunst, die sowohl subjektiv-erlebnishaft ist als auch den großen Weltzusammenhang vermittelt, muß jeder entschiedene Pendelschlag nach der Seite des Intuitionismus als des sich verselbständigenden Subjektiv-Erlebnishaften oder der Artistik in ihrer Ferne zum Erlebnishaften hin sogleich als Heraustreiben einer Einseitigkeit dastehen, die nach Korrektur verlangt.

Um Mißverständnissen vorzubeugen, sei betont, daß mit den Überlegungen zum Wechselspiel von Ent- und Remimetisierung die Entwicklung der Literatur in der Moderne keineswegs auf die Konkurrenz der beiden Darstellungsstile reduziert werden soll, die gleichsam als inneres Gesetz des Prozesses der Moderne die Formenvielfalt selbsttätig aus innerliterarischen Bedingungen hervorwachsen ließe. Selbstverständlich liegen die Quellen der Veränderung vor allem außerhalb der Literatur, in der Wissenschaft, im gesellschaftlichen Bereich, im politischen, im literarischen Leben, in der Biographie der Autoren, eben in all dem, was bei den verschiedenen Literaten das spezifische Pathos ihres Schreibens ausmacht und was es bedingt. Ebenso selbstverständlich ist aber – oder sollte es doch sein –, daß solches Pathos nicht unvermittelt in Literatur umschlägt, die Ebene krudester Inhaltlichkeit ausgenommen; und so muß denn nach der Instanz gefragt werden, vor der sich entscheidet, wie sich Veränderungen im Bedingungsgefüge der Literatur in literarische Veränderungen, nämlich in Wandlungen der Formensprache umsetzen. Diese Instanz ist aber zunächst und vor allem die des Darstellungsstils. Das Wechselspiel von Ent- und Remimetisierung ist also wohl stets im Zusammenhang mit den berührten übergreifenden Wandlungen zu sehen, aber eben als der Ort, an dem diese Veränderungen Literaturgeschichte machen.

Zur Revision des Bilds der ästhetischen Moderne

Nur wo die Instanz des Darstellungsstils ausdrücklich gedacht wird, wo man sowohl über den Begriff des Intuitionismus als auch über den der Artistik verfügt, wo man die grundsätzliche Bedeutung des Intuitionismus für die Kunst der Moderne erkannt und die eigentümliche Wechselbeziehung zwischen den intuitionistischen und den artistisch-montierenden Formen bestimmt hat, kann, wie uns scheint, das Formenspektrum der modernen Kunst mit seinen ungeheuren Gegensätzen als Zusammenhang gewürdigt, können die extremen Pendelschwünge der Ent- und Remimetisierung, die ihre Entwicklung prägen, auf befriedigende Weise gedeutet werden.

Dennoch ist die fundamentale Bedeutung des Intuitionismus bisher noch kaum in den Blick der Wissenschaft getreten, von einer systematischen Entfaltung seiner Prinzipien und seines Verhältnisses zu den artistisch-montierenden Formen ganz zu schweigen. Allenfalls mag man in der Rede von der Subjektivität der modernen Kunst einen Versuch sehen, sich den Manifestationen des Intuitionismus zu nähern. Freilich handelt es sich dabei um einen äußerst vagen Annäherungsversuch, der es nicht erlaubt, die genannten Aspekte des Intuitionismus präzise zu entwickeln, und der letztlich in eine falsche Richtung führt. Meist hat die Theorie der ästhetischen Moderne nur von der Artistik zu handeln gewußt, obwohl sich das augenfälligste Phänomen der Moderne, der Prozeß der Entmimetisierung, von ihr aus überhaupt nicht erklären läßt. So hat man an der Entmimetisierung denn auch nur das negative Verhältnis zur überkommenen Kunst des schönen Scheins erkennen können, hat aus der Erkenntnisnot eine Tugend gemacht und, gestützt auf die kulturkritische Modephilosophie der letzten hundert Jahre, von einer negativen Ästhetik gesprochen. Aber die Negation der überlieferten Kunst ist, wie gezeigt, nur die Folge des Intuitionismus. Wenn W. Schulz noch 1985 festzustellen hat, die Begriffe der Negativität und der Subjektivität seien die beiden Bestimmungen, die in der Theorie der modernen Kunst am meisten genannt würden,[34] so bezeichnet er mithin exakt das Defizit an Theoriebildung, von dem wir sprechen.[35]

Wie ist es zu erklären, daß bei der theoretischen Bemühung um die ästhetische Moderne bisher fast ausschließlich von den artistisch-montierenden Formen die Rede war? Wir möchten in solcher Bevorzugung der Artistik vor allem ein idealistisches Vorurteil am Werk sehen, einen Idealismus freilich, der auf eine stets mehr oder weniger ungeklärt bleibende Weise mit lebensphilosophischen Vorstellungen versetzt ist. Die Theorie von Kunst und Literatur hat sich ja auch im 20. Jahrhundert nie ganz von der klassischen Ästhetik zu lösen vermocht. Zumal in ihren grundlegenden systembildenden Vorstellungen bleibt sie weiterhin in einem erstaunlichen Maße von ihr abhängig. Daß es im 20. Jahrhundert keine systematische Ästhetik mehr gibt, besagt nur, daß diese grundlegenden Vorstellungen nicht mehr systematisch reflektiert werden, und nicht, daß sie außer Kurs gesetzt worden wären.

---

[34] W. Schulz, Metaphysik des Schwebens, Untersuchungen zur Geschichte der Ästhetik, Pfullingen 1985, S. 416.
[35] Als repräsentativ für diesen Stand des Nachdenkens über die künstlerische Moderne sei noch einmal genannt: P. Bürger, Theorie der Avantgarde, a.a.O.; seine wichtigsten Gewährsmänner sind Th. W. Adorno, W. Benjamin, H. Friedrich, P. Szondi, u. a. – Eine andersartige Position schon bei W. Emrich, Die Struktur der modernen Dichtung, Versuch ihrer Abgrenzung und Wesensbestimmung, in: Wirk. Wort 3, 1952/53, S. 213–223.

Das gilt – und das kann man denn doch nicht anders als sonderbar nennen – auch für die Beschäftigung mit der literarischen Moderne. Es ist äußerlich bereits an einer auffälligen Präsenz vor allem Hegels, aber auch anderer Theoretiker der idealistischen Epoche wie etwa F. Schlegel in Abhandlungen über die moderne Kunst abzulesen, die man nur ein Herumgeistern von Hegel- und Schlegelzitaten nennen kann; denn ein systematisches Anknüpfen, eine systematische Auseinandersetzung findet dabei meist nicht statt. Auch das Nachdenken über die Kunst der Moderne wird mithin noch in erheblichem Maße von ästhetischen Anschauungen des 19. Jahrhunderts getragen. Dabei muß dann notwendig die artistische Seite der Moderne in den Vordergrund treten, läßt sich mit jenen ästhetischen Vorstellungen doch, wenn überhaupt, dann allenfalls noch bei artistischer und nicht bei intuitionistischer Kunst etwas anfangen. Bei ihr gibt es immerhin ein entschiedenes Bekenntnis zur Kunst, eine ausgeprägte Vorstellung von ihrer Eigenart und ihrem Eigenrecht, einen emphatischen Formbegriff, und zumindest in den Anfängen der Artistik, in Ästhetizismus und Symbolismus, ist auch noch viel vom Schönen die Rede.

Aber man wird weder der klassischen Ästhetik noch der modernen artistischen Kunst gerecht, wenn man sie auf solche Art zusammenbringt. Artistische Kunst und eine Kunst des schönen Scheins sind zweierlei. Artistik bedeutet bewußt konstruierendes, von Kunstverstand kontrolliertes Bauen und Hinstellen des Kunstwerks als gebautes, und das heißt, daß das artistische Gebilde, so sehr an seiner Entstehung auch unbewußte Momente beteiligt sein mögen, sich als Ganzes nicht schöpferischer Unmittelbarkeit verdankt und auch nicht als Ausgeburt unmittelbaren Schöpfertums, als organisch gewachsenes Ganzes vor seinem Publikum dastehen will, um es zu einem unmittelbaren Sich-Einleben einzuladen. Es kann deshalb allenfalls noch in einem vagen, umgangssprachlichen Sinn schön heißen, nicht mehr in dem präzisen Sinne der klassischen Ästhetik.

Denn für sie ist schön nur, was Schein ist im handfesten Sinne von mimetischem Illusionismus, was als Ganzes ein einziges, einheitlich Scheinendes ist, das sein Publikum ganz und gar in sein Scheinen aufnimmt. Daß dieses Scheinen keine wirkliche Täuschung ist, vielmehr eine jederzeit als Schein gewußte und bewußte, ist von Anbeginn des mimetischen Illusionismus an eine Selbstverständlichkeit und keineswegs eine Entdeckung Hegels oder der Frühromantiker, die auf die Entmimetisierung vorausweist: nur und gerade als immer schon durchschauter Schein soll der klassischen Konzeption gemäß der Schein der Kunst schöner Schein sein. Die artistische Kunst der Moderne hingegen will als entmimetisierte Kunst nicht einmal in diesem Sinne mehr scheinen. Was an ihr Schein ist, soll jederzeit als ein bloß punktuelles Scheinen dastehen, und was sie an umfassenden Zusammenhängen entwickelt und an Allgemeinem vermittelt, eben was sie an Sinnbildung leistet, will sie gerade nicht auf dem Wege des Scheinens erreichen; will sie gerade nicht dadurch bewirken, daß sie als Ganzes – und das würde heißen: als organisches Ganzes – Schein ist.

Insofern ist es abwegig, mit Blick auf artistische Kunst von »Versöhnung« im Sinne des klassischen Konzepts des Schönen zu sprechen. Was in der idealistischen Ästhetik Versöhnung heißen könnte, erwächst aus jener Doppelgesichtigkeit des mimetischen Illusionismus, daß als Schein gewußter und bewußter Schein tatsächlich scheinen, als Illusion bezwingen kann; damit kann die Kunst als ein eminentes Paradigma des »sich selbst zusehenden Bewußtseins«, der Einheit von objektivem und subjektivem Bewußtsein gelten, und anderes soll hier nicht versöhnt werden. Wie soll nun in diesem Sinne versöhnen, oder vielmehr: versöhnen können wollen, was nicht als Ganzes aus der schöpferischen Unmittelbarkeit kommt, als organisches Ganzes reiner Schein weder sein kann noch will? Wie soll insbesondere jene globale Versöhnung leisten können, was Zusammenhang und Allgemeingültigkeit im Rekurs auf ein vor- und außerliterarisch gegebenes Allgemeines gewinnen will und dieses Rekurrieren auch mehr oder weniger deutlich in sein Darstellen mit hineinnimmt?

Natürlich hat die mittelbar oder unmittelbar auf der idealistischen Ästhetik fußende Theorie der Moderne vielfach nicht übersehen, daß das artistische Kunstwerk nicht organisch ist und in ihm »der falsche Schein der Totalität ausgeht« (Benjamin). Ja sie ist im Sinne einer »negativen Ästhetik« geradezu dazu übergegangen, das Nicht-organisch-Sein und das Ausgehenlassen des Scheins als ihr Wesentliches auszugeben. Das hat sie jedoch nicht davon abgehalten, weiterhin gerade unter Berufung auf Hegel vom Schönen und von Versöhnung zu reden. Es kommt aber darauf an, die moderne Kunst nicht von dem her zu deuten, was sie nicht ist, sondern von dem aus, was sie ist. Und sie ist überall mehr als bloß das Nicht-mehr-leisten-Können einer höchst fragilen, inzwischen überständigen Utopie vom Anfang des 19. Jahrhunderts.

Bleibt zu fragen, wie es kommt, daß man die idealistische Ästhetik und die artistische Kunst der Moderne trotz dieser eklatanten Diskrepanzen hat zusammenbringen und das Ergebnis lange als plausibel empfinden können. Die Antwort scheint sich uns aus demselben Moment zu ergeben, das auch dafür verantwortlich ist, daß das Konzept der Bewußtseinspoesie, der intuitionistischen Kunst noch nicht im Zusammenhang entwickelt worden ist: aus jenem Bodensatz von lebensphilosophischen Anschauungen, die die Kunst des 20. Jahrhunderts ebenso wie ihre Theorie prägen. Sie sind so weit verbreitet, verstehen sich so sehr von selbst, werden in einem Maße für »die Sache selbst« genommen, daß es nicht als notwendig empfunden worden ist, sie darzustellen; daß es an den Zweifeln, Friktionen, Kontroversen, eben an der Distanz gefehlt hat, aus der heraus eine Darstellung allererst möglich und dringlich wird. So haben intuitionistische Prinzipien zwar überall betätigt, aber kaum je als solche erkannt und schon gar nicht im Zusammenhang entwickelt werden können. Und so haben sich die Begriffe der idealistischen Ästhetik, wo sie nicht zum Gegenstand einer dezidiert historischen Darstellung gemacht, sondern einer auf die ästhetischen Probleme der Gegenwart gerichteten Theoriebildung einfach amalgamiert worden sind, stillschweigend in lebensphilosophische Vorstellungen verwandelt.

Um nur ein Beispiel zu nennen: Adornos Begriff des Scheins kann trotz häufiger Berufung auf den Idealismus Hegels allenfalls als der lebensphilosophische Scheinbegriff Nietzsches gelten. Denn da soll mit »schön« nicht mehr gemeint sein, daß Literatur dem »sinnlichen Scheinen der Idee« diene, daß sie mit dem Mittel der mimetischen Illusionierung das Innewerden des Allgemeinmenschlichen am eigenen Leibe bewirke, daß sie Sprache konsequent auf diese Aufgabe hin durchforme.[36] Was mag es dann wohl noch bedeuten als irgendein Schönsein, gleich wie, irgendein Geformtsein, irgendein Versöhnlich-Scheinen, das Herausgehobensein aus dem Kontext der Wirklichkeit durch irgendein Geschlossensein in sich? In einem derart vagen Sinne mag dann auch die artistisch-montierende Kunst schön heißen.

So erwachsen aus den hier vorgelegten Ergebnissen eine Reihe von Fragen an das Bild der modernen Literatur, das ihre Theorie gezeichnet hat – Fragen, die zu weiterem Nachdenken einladen, wie überhaupt die hier ausgebreiteten Überlegungen zu einer historischen Ästhetik der Literatur als Versuch verstanden werden wollen, eine Plattform zu schaffen, von der aus über die mannigfaltigen Fragen der künstlerischen Mimesis, der Beziehungen von Wort und Bild, der Anschaulichkeit der Literatur und des historischen Wandels der Darstellungsstile auf sinnvolle Weise nachgedacht werden kann.

---

[36] Vgl. etwa Th. W. Adorno, Ästhetische Theorie, Frankfurt 1970, S. 121–122, wo jedwede »Abbildung der Natur«, »alle partikulare Ähnlichkeit« mit der Natur als »der Kunst fremd und dinghaft« abgelehnt und das Kunstwerk ausschließlich von der »Macht seiner Geschlossenheit«, der »Evidenz seines So-und-nicht-anders-Seins« her verstanden wird; dementsprechend soll »Anschaulichkeit« dann ja auch »der Kunst aporetisch« sein (S. 146). Auf Hegel kann sich eine Konzeption von Kunst ohne die handfeste Seite eines »sinnlichen Scheinens« nicht berufen. Im übrigen bleibt zu fragen, was das »Kunstwerk« als »Vorwegnahme eines Ansichseins, das noch gar nicht ist«, ohne jedwede »Imitation eines Wirklichen« (S. 122) überhaupt noch sein könne.

Literaturverzeichnis

> Alle Männer vom Fach sind darin sehr übel dran, daß ihnen nicht erlaubt ist, das Unnütze zu ignorieren.
> (Goethe)

Addison, Joseph: The Pleasures of the Imagination (1712). In: The Spectator. Hg. v. D. F. Bond. Bd. 3. Oxford 1965. S. 535–582.
Adler, Jeremy; Ernst, Ulrich: Text als Figur. Visuelle Poesie von der Antike bis zur Moderne. Katalog Wolfenbüttel 1987.
Adorno, Theodor W.: Ästhetische Theorie. Frankfurt 1970.
Albersmeier, Franz-Josef: Die Herausforderung des Films an die französische Literatur. Entwurf einer »Literaturgeschichte des Films«. Bd. 1: Die Epoche des Stummfilms (1895–1930). Heidelberg 1985.
Alberti, Leon Battista: De pictura (1435). Basel 1540. ND Portland 1972.
Albertsen, Leif Ludwig: Das Lehrgedicht. Eine Geschichte der antikisierenden Sachepik in der deutschen Literatur. Aarhus 1967.
Alciatus, Andreas: Emblematum Libellus (1542). ND Darmstadt 1967.
Alewyn, Richard: Anatomie des Detektivromans. In: Der Kriminalroman. Hg. v. J. Vogt. 2 Bde. München 1971. Bd. 2. S. 372–403.
Alewyn, Richard; Sälzle, Karl: Das große Welttheater. Die Epoche der höfischen Feste. Hamburg 1959.
Alker, Ernst: Die deutsche Literatur im 19. Jahrhundert. Stuttgart 1961.
Althaus, Horst: Laokoon. Stoff und Form. Bern 1968.
Apel, Karl-Otto: Von Kant zu Peirce: die semiotische Transformation der transzendentalen Logik. In: Apel, Transformation der Philosophie. Bd. 2. Frankfurt 1973. S. 157–177.
Aristoteles: Rhetorik. Griech.-engl. Ausg. v. H. Rackham. London 1957.
– Poetik. Griech.-dt. Ausg. v. M. Fuhrmann. Stuttgart 1982. – Dt. Übers. v. O. Gigon. Stuttgart 1961.
Arnheim, Richard: Anschauliches Denken. Zur Einheit von Bild und Begriff. Köln 1972.
Arntzen, Helmut: Der Literaturbegriff. Geschichte, Komplementärbegriffe, Intention. Münster 1984.
Assmann, Aleida: Die Legitimität der Fiktion. Ein Beitrag zur Geschichte der literarischen Kommunikation. München 1980.
Assunto, Renato: Die Theorie des Schönen im Mittelalter (1963). Köln 1982.
Auerbach, Erich: Mimesis. Dargestellte Wirklichkeit in der abendländischen Literatur. 2. erw. Aufl. Bern 1959.
Augustin: Confessiones. Lat.-dt. Ausg. v. J. Bernhart. München 1955. – Dt. Übers. v. W. Thimme. München 1982.
– De doctrina christiana. Hg. v. W. M. Green. Leipzig 1963. – Dt. Übers. v. S. Mitterer. München o. J.
Bätschmann, Oskar: Einführung in die kunstgeschichtliche Hermeneutik. Darmstadt 1984.

Bäumler, Alfred: Das Irrationalitätsproblem in der Ästhetik und Logik des 18. Jahrhunderts bis zur Kritik der Urteilskraft (1923). 2. Aufl. Tübingen 1967.
- Ästhetik (1934). ND Darmstadt 1972.
Bahr, Hermann: Zur Überwindung des Naturalismus. Hg. v. G. Wunberg. Stuttgart 1968.
- Die Überwindung des Naturalismus (1891). Ebenda. S. 85–89.
- Das unrettbare Ich (1904). Ebenda. S. 183–192.
Barner, Wilfried: Barockrhetorik. Untersuchungen zu ihren geschichtlichen Grundlagen. Tübingen 1970.
Batteux, Charles: Les Beaux Arts réduits à un même principe (1773). ND Genf 1969.
Baumgart, Fritz: Idealismus und Realismus 1830–1880. Die Malerei der bürgerlichen Gesellschaft. Köln 1975.
Baumgarten, Alexander G.: Meditationes philosophicae de nonnullis ad poema pertinentibus (1735). ND Walluf 1977.
Baumgarth, Christa: Geschichte des Futurismus. Reinbek 1966.
Bauschinger, Sigrid, u.a. (Hgg.): Film und Literatur. Literarische Texte und der neue deutsche Film. Bern München 1985.
Bausinger, Hermann: Formen der »Volkspoesie«. Berlin 1968.
Bayer, Udo: Lessings Zeichenbegriffe und Zeichenprozesse im ›Laokoon‹ und ihre Analyse nach der modernen Semiotik. Stuttgart 1975.
Bebermeyer, Gustav: Literatur und bildende Kunst. In: Reallexikon der deutschen Literaturgeschichte. 2. Aufl. Bd. 2. Berlin 1965. S. 82–103.
Beilenhoff, Werner (Hg.): Poetik des Films. Die filmtheoretischen Texte der russischen Formalisten. München 1974.
Bender, Wolfgang: J. J. Bodmer und J. J. Breitinger. Stuttgart 1973.
- Rhetorische Tradition und Ästhetik im 18. Jahrhundert: Baumgarten, Meier und Breitinger. In: ZDP 99. 1980. S. 481–506.
Benjamin, Walter: Ursprung des deutschen Trauerspiels (1925). In: Benjamin, Gesammelte Schriften. Hg. v. R. Tiedemann u. H. Schweppenhäuser. Bd. 1. Frankfurt 1974. S. 203–430.
- Kleine Geschichte der Photographie (1931). Ebenda. Bd. 2. Frankfurt 1977. S. 368–385.
- Das Kunstwerk im Zeitalter seiner technischen Reproduzierbarkeit (1935/39). Ebenda. Bd. 1. Frankfurt 1974. S. 471–508.
Benn, Gottfried: Gehirne. Novellen. Hg. v. J. Fackert. Stuttgart 1974.
- Doppelleben (1950). In: Benn, Gesammelte Werke. Hg. v. D. Wellershoff. Bd. 8. Wiesbaden 1968. S. 1935–2038.
Bense, Max: Zeichen und Design. Semiotische Ästhetik. Baden-Baden 1971.
Białostocki, Jan: Skizze einer Geschichte der beabsichtigten und der interpretierenden Ikonographie. In: Bildende Kunst als Zeichensystem 1. Hg. v. E. Kaemmerling. Köln 1979. S. 15–63.
Birken, Siegmund v.: Teutsche Rede- bind- und Dicht-Kunst (1679). ND Hildesheim 1973.
Blair, Walter: Dashiell Hammett. In: Der Kriminalroman. Hg. v. J. Vogt. 2 Bde. München 1971. Bd. 1. S. 147–164.
Blümner, Hugo: Einleitung. In: Lessing, Laokoon. Hg. u. erl. v. H. Blümner. 2. Aufl. Berlin 1880. S. 1–140.
Boccioni, Umberto: Die Futuristische Malerei. Technisches Manifest (1910). In: Ch. Baumgarth, Geschichte des Futurismus. Reinbek 1966. S. 181–183.
Bodmer, Johann Jakob; Breitinger, Johann Jakob: Discourse der Mahlern (1721–1723). ND Hildesheim 1969.

Böckmann, Paul: Formgeschichte der deutschen Dichtung. Von der Sinnbildsprache zur Ausdruckssprache (1949). 4. Aufl. Darmstadt 1973.
- Die Bedeutung Nietzsches für die Situation der modernen Literatur. In: DVjs. 27. 1953. S. 77–101.
- Das Laokoonproblem und seine Auflösung in der Romantik. In: Bildende Kunst und Literatur. Hg. v. W. Rasch. Frankfurt 1970. S. 59–73.

Boesch, Bruno: Die Beispielerzählung vom Helmbrecht. In: DU 17. 1965. H. 2. S. 36–47.

Böttcher, Ingrid: Der Nürnberger Georg Philipp Harsdörffer. In: Deutsche Dichter des 17. Jahrhunderts. Hg. v. H. Steinhagen u. B. v. Wiese. Berlin 1984. S. 289–346.

Bohnert, Christiane: Brechts Lyrik im Kontext. Zyklen und Exil. Königstein 1982.

Boileau, Nicolas: L'Art Poétique (1674). Hg. v. A. Buck. München 1970.

Bollnow, Otto Friedrich: Die Lebensphilosophie. Berlin 1958.

Bonfatti, Emilio: Vorläufige Hinweise zu einem Handbuch der Gebärdensprache im deutschen Barock. In: Virtus und Fortuna. Fs. f. H.-G. Roloff. Bern Frankfurt New York 1983. S. 393–405.

Borchmeyer, Dieter: Der Naturalismus und seine Ausläufer. In: Geschichte der deutschen Literatur vom 18. Jahrhundert bis zur Gegenwart. Hg. v. V. Žmegač. Bd. 2, 1. Königstein 1980. S. 153–233.

Borinski, Karl: Die Antike in Poetik und Kunsttheorie. Bd. 1: Mittelalter, Renaissance, Barock (1914). ND Darmstadt 1965.

Born, Nicolas: Das Auge des Entdeckers. Gedichte. Reinbek 1972.
- Gedichte 1967–1978. Reinbek 1978.

Bourdieu, Pierre: Zur Soziologie der symbolischen Formen (1970). 2. Aufl. Frankfurt 1983.

Brecht, Bertolt: Vergnügungstheater oder Lehrtheater? (1936). In: Brecht, Schriften zum Theater 3. Frankfurt 1963. S. 51–67.
- Über experimentelles Theater (1939). Ebenda. S. 79–106.
- Kriegsfibel. Berlin 1955.

Breitinger, Johann Jakob: Critische Dichtkunst (1740). 2 Bde. ND Stuttgart 1966.

Brink, C. O.: Horace on Poetry. The ›ars poetica‹. 2 Bde. Cambridge 1963–1971.

Brinkmann, Richard: Wirklichkeit und Illusion. Studien über Gehalt und Grenzen des Begriffs Realismus für die erzählende Literatur des 19. Jahrhunderts. 2. Aufl. Tübingen 1966.

Brinkmann, Rolf Dieter: Standphotos. Gedichte 1962–1970. Reinbek 1980.
- Westwärts 1 & 2. Gedichte. Reinbek 1975.
- Der Film in Worten. Prosa, Fotos, Collagen 1965–1974. Reinbek 1982.
- Rom, Blicke. Reinbek 1979.

Brinkschulte, Eduard: Julius Caesar Scaligers kunsttheoretische Anschauungen und deren Hauptquellen. Bonn 1914.

Brockes, Barthold Hinrich: Auszug der vornehmsten Gedichte aus dem Irdischen Vergnügen in Gott (1738). ND Stuttgart 1965.

Brown, Milton W.: Realismus in den Vereinigten Staaten zwischen den Kriegen. In: Realismus 1919–1939. Katalog Paris Berlin 1981. S. 246–264.

Brückner, Wolfgang: Populäre Druckgraphik Europas: Deutschland. Vom 15. bis zum 20. Jahrhundert. München 1969.

Brunhölzl, Franz: Geschichte der lateinischen Literatur des Mittelalters. Bd. 1. München 1975.

Buch, Hans Christoph: Ut pictura poesis. Die Beschreibungsliteratur und ihre Kritiker von Lessing bis Lukács. München 1972.

Buck, August: Dichtungslehren der Renaissance und des Barocks. In: Neues Handbuch der Literaturwissenschaft. Hg. v. K. v. See. Bd. 9. Frankfurt 1972. S. 28–60.
Bühler, Karl: Sprachtheorie. Die Darstellungsfunktion der Sprache (1934). 2. Aufl. Stuttgart 1965.
– Von den Sinnfunktionen der Sprache. In: Sinn und Sein. Hg. v. R. Wisser. Tübingen 1960. S. 95–112.
Bürger, Peter: Theorie der Avantgarde. Frankfurt 1974.
– Zur Geschichtlichkeit von Anschauung / Anschaulichkeit. In: Kolloquium Kunst und Philosophie 1. Ästhetische Erfahrung. Hg. v. W. Ölmüller. Paderborn 1981. S. 41–49.
Campenhausen, Hans v.: Die Bilderfrage als theologisches Problem der alten Kirche. In: Campenhausen, Tradition und Leben. Tübingen 1960. S. 216–252.
Cassirer, Ernst: Philosophie der symbolischen Formen. 3 Bde. (1923–1929). ND Darmstadt 1953–1954.
Cervantes Saavedra, Miguel de: Novelas ejemplares (1613). Dt. Übers. v. A. Keller u. F. Notter. München 1958.
Cézanne, Paul: Briefe. Hg. v. J. Rewald. Zürich 1979.
Cicero: De oratore. Lat.-engl. Ausg. v. H. Rackham. London 1948.
– Orator. In: Cicero, Opera rhetorica. Lat.-engl. Ausg. v. H. M. Hubbell. Bd. 2. London 1952.
Cramer, Thomas: Das Groteske bei E. T. A. Hoffmann. München 1966.
Dadaistisches Manifest (1918). In: Dada Berlin. Hg. v. K. Riha. Stuttgart 1977. S. 22–25.
Daemmrich, Horst S.: Illusion. Möglichkeiten und Grenzen eines Begriffs. In: Lessing-Yb. 1. 1969. S. 88–98.
Daly, Peter M.: Goethe and the emblematic tradition. In: JEGP 74. 1975. S. 388–412.
Diderot, Denis: Brief über die Taubstummen (1751). In: Diderot, Ästhetische Schriften. Hg. v. F. Bassenge. Frankfurt 1968. Bd. 1. S. 27–97.
– Aus dem Salon von 1767. Ebenda. Bd. 2. S. 7–217.
Dieckmann, Herbert: Die Wandlung des Nachahmungsbegriffs in der französischen Ästhetik des 18. Jahrhunderts. In: Nachahmung und Illusion. Hg. v. H. R. Jauß. 2. Aufl. München 1969. S. 28–59.
Diederichsen, Diedrich: Theaterwissenschaft und Literaturwissenschaft. In: Euph. 60. 1966. S. 402–414.
Dilthey, Wilhelm: Die dichterische und philosophische Bewegung in Deutschland 1770–1800. Antrittsvorlesung in Basel 1867. In: Dilthey, Die Philosophie des Lebens. Hg. v. H. Nohl. Frankfurt 1946. S. 5–24.
– Das Erlebnis und die Dichtung (1865–1877). 15. Aufl. Göttingen 1970.
Doderer, Klaus; Müller, Helmut (Hgg.): Das Bilderbuch. Geschichte und Entwicklung von den Anfängen bis zur Gegenwart. Weinheim 1973.
Dolce, Lodovico: Aretino oder Dialog über Malerei (1557). Dt. Übers. Wien 1871.
Dovifat, Ernst (Hg.): Handbuch der Publizistik. 3 Bde. Berlin 1968–1969.
Dryden, John: A Parellel of Poetry and Painting (1695). In: Dryden, Essays. Hg. v. W. P. Ker. Bd. 2. New York 1961. S. 115–153.
Dubos (Du Bos), Jean Baptiste: Réflexions critiques sur la poésie et la peinture (1719). Dt. Übers. 3 Bde. Kopenhagen 1760–1761.
Durzak, Manfred: Der junge Stefan George. Kunsttheorie und Dichtung. München 1968.
Dvoretzky, Edvard: Lessing. Dokumente zur Wirkungsgeschichte 1755–1968. 2 Bde. Göppingen 1971.
– Lessing heute. Stuttgart 1981.

Dyck, Joachim: Ticht-Kunst. Deutsche Barockpoetik und rhetorische Tradition. 2. Aufl. Bad Homburg 1969.
- Die Rolle der Topik in der literarischen Theorie und Praxis des 17. Jahrhunderts in Deutschland. In: Toposforschung. Hg. v. P. Jehn. Frankfurt 1972. S. 121–149.

Eco, Umberto: Einführung in die Semiotik. München 1972.
- Zeichen. Frankfurt 1977.

Eichendorff, Joseph v.: Ahnung und Gegenwart (1815). Hg. v. C. Rauschenberg. München 1982.

Einstein, Carl: Bebuquin oder Die Dilettanten des Wunders (1906/09). Frankfurt 1962.

Ejchenbaum, Boris: Probleme der Filmstilistik (1927). In: Poetik des Films. Hg. v. W. Beilenhoff. München 1974. S. 12–39.

Elliger, Walter: Die Stellung der alten Christen zu den Bildern in den ersten vier Jahrhunderten. Leipzig 1930.

Emrich, Wilhelm: Die Struktur der modernen Dichtung. Versuch ihrer Abgrenzung und Wesensbestimmung. In: Wirk. Wort 3. 1952/53. S. 213–223.

Faulstich, Werner (Hg.): Kritische Stichwörter zur Medienwissenschaft. München 1979.

Faust, Wolfgang Max: Bilder werden Worte. Zum Verhältnis von bildender Kunst und Literatur im 20. Jahrhundert. München 1977.

Fellmann, Ferdinand: Phänomenologie und Expressionismus. Freiburg 1982.

Fischel, Lilli: Bilderfolgen im frühen Buchdruck. Studien zur Inkunabel-Illustration in Ulm und Straßburg. Konstanz Stuttgart 1963.

Fischer, Anita: Die Buchillustration der deutschen Romantik. Berlin 1933.

Folkierski, Wladislaw: Entre le Classicisme et le Romantisme. Etude sur l'esthétique et les esthéticiens du XVIIIe siècle (1925). ND Paris 1969.

Foucault, Michel: Die Ordnung der Dinge. Eine Archäologie der Humanwissenschaften (1966). Frankfurt 1974.
- Dies ist keine Pfeife. Frankfurt 1983.

Fresnoy, Charles du: De arte graphica (1667). Hg. v. W. Mason. 1783. ND New York 1969.

Friedländer, Paul: Johannes von Gaza und Paulus Silentiarius. Kunstbeschreibungen Justinianischer Zeit. Leipzig 1912.

Friedrich, Hugo: Die Struktur der modernen Lyrik (1956). 9. Aufl. Reinbek 1967.

Frühmorgen-Voss, Hella: Text und Illustration im Mittelalter. Hg. v. N. H. Ott. München 1975.

Fuhrmann, Manfred: Die lateinische Literatur der Spätantike. In: Antike und Abendland 13. 1967. S. 56–79.
- Einführung in die antike Dichtungstheorie. Darmstadt 1973.

Futuristen. Die Aussteller an das Publikum. In: Der Sturm. Nr. 105. April 1912. S. 3.

Gabriel, Gottfried: Fiktion und Wahrheit. Eine semantische Theorie der Literatur. Stuttgart 1975.

Gaede, Friedrich: Humanismus, Barock, Aufklärung. Geschichte der deutschen Literatur vom 16. bis zum 18. Jahrhundert. Bern 1971.

Gebauer, Gunter (Hg.): Das Laokoon-Projekt. Stuttgart 1984.

Geck, Elisabeth: Grundzüge der Geschichte der Buchillustration. Darmstadt 1982.

Gellinek, Janis L.: Die weltliche Lyrik des Martin Opitz. Bern 1973.

George, Stefan: Werke. Hg. v. R. Boehringer. Ausgabe in vier Bänden. München 1983.
- Über Dichtung. Ebenda. Bd. 2. S. 310–311.

Gerz, Jochen: Die Zeit der Beschreibung. 3 Bde. Lichtenberg bzw. Spange 1974–1980.

Geßner, Salomon: Brief über die Landschaftsmalerei (1770). In: Geßner, Idyllen. Hg. v. E. Th. Voß. Stuttgart 1973. S. 170–199.

Goethe, Johann Wolfgang v.: Werke. Hamburger Ausgabe in 14 Bänden. Hamburg 1948ff.
Gombrich, Ernst H.: Kunst und Illusion. Eine Studie über die Psychologie von Abbild und Wirklichkeit in der Kunst. 5. Aufl. Stuttgart 1978.
- Lessing. In: Proceedings of the British Academy 43. 1957. S. 133–156.
Goodman, Nelson: Sprachen der Kunst. Ein Ansatz zu einer Symboltheorie. Frankfurt 1973.
Gottsched, Johann Christoph: Versuch einer Critischen Dichtkunst (1730). 4. Aufl. 1751. ND Darmstadt 1962.
Grabar, André: Die Kunst des frühen Christentums. München 1967.
Grassi, Ernesto: Die Theorie des Schönen in der Antike (1962). Köln 1980.
Grimminger, Rolf (Hg.): Hansers Sozialgeschichte der Literatur. Bd. 3. 1680–1789. München 1980.
Grubmüller, Klaus: Meister Esopus. Untersuchungen zu Geschichte und Funktion der Fabel im Mittelalter. München 1977.
Gründung und Manifest des Futurismus (1909). In: Ch. Baumgarth, Geschichte des Futurismus. Reinbek 1966. S. 23–27.
Gundolf, Friedrich: Goethe. Berlin 1916.
Guntermann, Georg: Barthold Hinrich Brockes' »Irdisches Vergnügen in Gott« und die Geschichte seiner Rezeption in der deutschen Germanistik. Bonn 1980.
Guthke, Karl S.: Gotthold Ephraim Lessing. 3. Aufl. Stuttgart 1979.
Haftmann, Werner: Malerei im 20. Jahrhundert. 2. Aufl. München 1957.
Hamburger, Käte: Die Logik der Dichtung. 2. Aufl. Stuttgart 1968.
- Die phänomenologische Struktur der Dichtung Rilkes. In: Rilke in neuer Sicht. Hg. v. K. Hamburger. Stuttgart 1971. S. 83–158.
Hamm, Heinz: Die Argumentation des ›Laokoon‹ zum »eigentlichen Gegenstand der Poesie« im wirkungsgeschichtlichen Kontext. In: Bausteine zu einer Wirkungsgeschichte G. E. Lessings. Hg. v. H.-G. Werner. Berlin 1984. S. 23–49.
Hammett, Dashiell: Der Malteser Falke (1930). Zürich 1974.
Handke, Peter: Die Innenwelt der Außenwelt der Innenwelt. Frankfurt 1968.
- Ich bin ein Bewohner des Elfenbeinturms. Frankfurt 1972.
- Als das Wünschen noch geholfen hat. Frankfurt 1974.
- Das Gewicht der Welt. Frankfurt 1979.
Harms, Wolfgang, u.a. (Hgg.): Illustrierte Flugblätter des Barock. Tübingen 1983.
Harsdoerffer, Georg Philipp: Poetischer Trichter (1648–1653). ND Darmstadt 1969.
- Der Grosse Schauplatz jämmerlicher Mord-Geschichte (1656). ND Hildesheim 1975.
- Der Grosse Schauplatz Lust- und Lehrreicher Geschichte (1664). ND Hildesheim 1978.
Harth, Dietrich; Gebhardt, Peter (Hgg.): Erkenntnis der Literatur. Stuttgart 1982.
Harthan, John: The History of the Illustrated Book. The Western Tradition. London 1981.
Haßelbeck, Otto: Illusion und Fiktion. Lessings Beitrag zur poetologischen Diskussion über das Verhältnis von Kunst und Wirklichkeit. München 1979.
Haug, Walter (Hg.): Formen und Funktionen der Allegorie. Stuttgart 1979.
Hauser, Arno: Sozialgeschichte der Kunst und Literatur. München 1953.
Hausmann, Raoul: Synthetisches Cino der Malerei. In: Dada Berlin. Hg. v. K. Riha. Stuttgart 1977. S. 29–32.
Hebbel, Friedrich: Das Komma im Frack (1858). In: Hebbel, Sämtliche Werke. Hg. v. R. M. Werner. 1. Abt. Vermischte Schriften IV. Kritische Arbeiten III. Berlin o.J. S. 189–193.

Heckscher, William S.: Art and Literature. Studies in Relationship. Hg. v. E. Verheyen. Baden-Baden 1985.
Hegel, G. W. F.: Wissenschaft der Logik. 2 Bde. Frankfurt 1969.
- Vorlesungen über die Ästhetik. 3 Bde. Frankfurt 1970.
Heimrich, Bernhard: Fiktion und Fiktionsironie in Theorie und Dichtung der deutschen Romantik. Tübingen 1968.
Heitz, Paul; Ritter, Franz: Versuch einer Zusammenstellung der deutschen Volksbücher des 15. und 16. Jahrhunderts. Straßburg 1924.
Heller, Heinz-B.: Literarische Intelligenz und Film. Zu Veränderungen der ästhetischen Theorie und Praxis unter dem Eindruck des Films 1910–1930 in Deutschland. Tübingen 1985.
Hellgardt, Ernst: Erkenntnistheoretisch-ontologische Probleme uneigentlicher Sprache in Rhetorik und Allegorie. In: Formen und Funktionen der Allegorie. Hg. v. W. Haug. Stuttgart 1979. S. 25–37.
Henrich, Dieter; Iser, Wolfgang (Hgg.): Funktionen des Fiktiven. München 1983.
Herder, Johann Gottfried: Kritische Wälder. Erstes Wäldchen, Herrn Lessings ›Laokoon‹ gewidmet. In: Herders Werke. Hg. v. H. Düntzer. 20. Teil. Berlin o. J. S. 5–150.
Hermand, Jost: Literaturwissenschaft und Kunstwissenschaft. 2. Aufl. Stuttgart 1971.
Herrmann, Hans Peter: Naturnachahmung und Einbildungskraft. Zur Entwicklung der deutschen Poetik von 1670 bis 1740. Bad Homburg 1970.
Herzog, Reinhart: Die Bibelepik der lateinischen Spätantike. München 1975.
Hillebrand, Bruno (Hg.): Nietzsche und die deutsche Literatur. 2 Bde. Tübingen 1978.
Hillmann, Heinz: Bildlichkeit der deutschen Romantik. Frankfurt 1971.
Hilscher, Elke: Der Bilderbogen im 19. Jahrhundert. München 1977.
Hjelmslev, Louis: Prolegomena zu einer Sprachtheorie. München 1974.
Hoffmann, E. T. A.: Phantasiestücke in Callots Manier. In: Hoffmann, Werke. Hg. v. G. Ellinger. Bd. 1. Berlin 1912.
- Der Sandmann. Ebenda. Bd. 3. Berlin 1912. S. 23–52.
Hofmann, Werner: Grundlagen der modernen Kunst. Stuttgart 1966.
- Von der Nachahmung zur Erfindung der Wirklichkeit. Die schöpferische Befreiung der Kunst 1890–1917. Köln 1970.
- (Hg.): Luther und die Folgen für die Kunst. Katalog Hamburg 1983. München 1983.
Hofmannsthal, Hugo v.: Ein Brief (1902). In: Hofmannsthal, Gesammelte Werke in Einzelausgaben. Hg. v. H. Steiner. Prosa II. Frankfurt 1951. S. 7–22.
- Der Dichter und diese Zeit (1906). In: Hofmannsthal, Gesammelte Werke in zehn Einzelbänden. Hg. v. B. Schoeller. Reden und Aufsätze I. Frankfurt 1979. S. 54–81.
Holz, Arno: Phantasus (1898/99). ND Stuttgart 1968.
- Die Revolution der Lyrik (1899). Hg. v. A. Döblin. Wiesbaden 1951.
- Evolution des Dramas. In: Holz, Werke. Hg. v. W. Emrich u. A. Holz. Bd. 5, 3 Neuwied 1962. S. 47–61.
- Die befreite deutsche Wortkunst (1918/19). In: Theorie des Naturalismus. Hg. v. Th. Meyer. Stuttgart 1973. S. 176–178.
Holz, Arno; Schlaf, Johannes: Die papierne Passion (1890). In: Prosa des Naturalismus. Hg. v. G. Schulz. Stuttgart 1973. S. 97–122.
Horaz: Sämtliche Werke. Lat.-dt. Ausg. v. H. Färber u. W. Schöne. München 1957.
- Epistulae. Hg. u. komm. v. A. Kießling u. R. Heinze. 6. Aufl. Berlin 1959. – Hg. u. komm. v. A. S. Wilkins. London 1965.
- Ars poetica. Lat.-dt. Ausg. v. H. Rüdiger. Zürich 1961.
Huelsenbeck, Richard (Hg.): Dada. Eine literarische Dokumentation. Reinbek 1964.

Husserl, Edmund: Logische Untersuchungen (1900/01). 2. Aufl. 2 Teile in 3 Bänden. Tübingen 1913–1921.
- Philosophie als strenge Wissenschaft (1910/11). Hg. v. W. Szilasi. Frankfurt 1965.
- Erfahrung und Urteil. Untersuchungen zur Genealogie der Logik (1939). Hg. v. L. Landgrebe. Hamburg 1972.
- Die Krisis der europäischen Wissenschaften und die transzendentale Phänomenologie. Hg. v. W. Biemel. Den Haag 1954.
- Phantasie, Bildbewußtsein, Erinnerung (1898–1925). Hg. v. E. Marbach. Den Haag 1980.

Huxley, Aldous: Kontrapunkt des Lebens. (1928). München 1976.

Iconographie et littérature. D'un art à l'autre. Hg. v. Centre d'étude et de recherche d'histoire des idées et de la sensibilité. Paris 1983.

Imdahl, Max: Bildautonomie und Wirklichkeit. Zur theoretischen Begründung der modernen Malerei. Mittenwald 1981.

Iser, Wolfgang: Der Akt des Lesens. Theorie ästhetischer Wirkung. München 1976.

Iskra, Wolfgang: Die Darstellung des Sichtbaren in der deutschen Prosa um 1900. Münster 1967.

Jäger, Hans-Wolf: Lehrdichtung. In: Hansers Sozialgeschichte der Literatur. Bd. 3. München 1980. S. 500–544.

Jauß, Hans Robert (Hg.): Nachahmung und Illusion. 2. Aufl. München 1969.
- Literaturgeschichte als Provokation der Literaturwissenschaft. In: Jauß, Literaturgeschichte als Provokation. Frankfurt 1970. S. 144–207.

Jean Paul: Flegeljahre. In: Jean Paul, Werke. Hg. v. N. Miller. 3. Aufl. München 1970. Bd. 2. S. 579–1088.

Jöns, Dietrich W.: Das Sinnen-Bild. Studien zur allegorischen Bildlichkeit des Andreas Gryphius. Stuttgart 1966.

Jürgens-Kirchhoff, Annegret: Technik und Tendenz der Montage in der Bildenden Kunst des 20. Jahrhunderts. Gießen 1978.

Kaemmerling, Ekkehard (Hg.): Bildende Kunst als Zeichensystem 1. Ikonographie und Ikonologie. Köln 1979.

Kaes, Anton (Hg.): Kino-Debatte. Texte zum Verhältnis von Literatur und Film 1909–1929. Tübingen 1978.

Kästner, Erhart: Das Malerbuch des 20. Jahrhunderts. In: Antiquariat 19. 1969. S. 1–31.

Kaiser, Gerhard: Gottfried Keller. Das gedichtete Leben. Frankfurt 1981.
- Bilder lesen. Studien zu Literatur und bildender Kunst. München 1981.

Kauffmann, Georg: Sprache und bildende Kunst. In: Kunst als Bedeutungsträger. Gedenkschrift f. G. Bandmann. Berlin 1978. S. 541–549.

Kayser, Wolfgang: Die Klangmalerei bei Harsdörffer (1932). 2. Aufl. Göttingen 1962.
- Das sprachliche Kunstwerk (1948). 12. Aufl. Bern 1967.

Keller, Gottfried: Sämtliche Werke. Hg. v. J. Fränkel u. C. Helbling. 22 Bde. Bern 1926–1949.

Keller, Heinrich: Goethe und das Laokoon-Problem. Frauenfeld 1935.

Keller, Werner: Goethes dichterische Bildlichkeit. München 1972.

Kemp, Wolfgang: Perspektive als Problem der Malerei des 19. Jahrhunderts. In: Kunst als Bedeutungsträger. Gedenkschrift für G. Bandmann. Berlin 1978. S. 405–416.

Kemper, Hans-Georg: Vom Expressionismus zum Dadaismus. Eine Einführung in die dadaistische Literatur. Kronberg 1974.
- Gottesebenbildlichkeit und Naturnachahmung im Säkularisierungsprozeß. 2 Bde. Tübingen 1981.

Kerényi, Karl: Romandichtung und Mythologie. Ein Briefwechsel mit Thomas Mann. Zürich 1945.
Ketelsen, Uwe-K.: Barthold Hinrich Brockes. In: Deutsche Dichter des 17. Jahrhunderts. Hg. v. H. Steinhagen u. B. v. Wiese. Berlin 1984. S. 839–851.
Keuls, E. C.: Plato and Greek Painting. London 1978.
Kindermann, Balthasar: Der Deutsche Poet (1664). ND Hildesheim 1973.
Klein, Albert: Unterhaltungs- und Trivialliteratur. In: Grundzüge der Literatur- und Sprachwissenschaft. Hg. v. H. L. Arnold u. V. Sinemus. Bd. 1. München 1973. S. 431–444.
Kleinschmidt, Erich: Die Wirklichkeit der Literatur. Fiktionsbewußtsein und das Problem der ästhetischen Realität von Dichtung in der frühen Neuzeit. In: DVjs. 56. 1982. S. 174–197.
Klopsch, Paul: Einführung in die Dichtungslehren des lateinischen Mittelalters. Darmstadt 1980.
Klopstock, Friedrich Gottlieb: Von der Darstellung (1779). In: Klopstock, Ausgewählte Werke. Hg. v. K. A. Schleiden. München 1962. S. 1031–1038.
Klotz, Volker: Zitat und Montage in neuerer Literatur und Kunst. In: Sprache im technischen Zeitalter 1976. S. 259–277.
Klussmann, Paul Gerhard: Andachtsbilder. Wackenroders ästhetische Glaubenserfahrung und die romantische Bestimmung des Künstlertums. In: Fs. f. F. Kienecker. Heidelberg 1980. S. 69–96.
Knapp, Fritz Peter: Historische Wahrheit und poetische Lüge. Die Gattungen weltlicher Epik und ihre theoretische Rechtfertigung im Hochmittelalter. In: DVjs. 54. 1980. S. 581–635.
Knilli, Friedrich: Die Schwierigkeiten beim Einbau der Massenmedien in die Literaturwissenschaft. In: Literaturwissenschaft – Medienwissenschaft. Hg. v. H. Kreuzer. Heidelberg 1977. S. 122–129.
– Medium. In: Kritische Stichwörter zur Medienwissenschaft. Hg. v. W. Faulstich. München 1979. S. 230–251.
Knörrich, Otto: Die deutsche Lyrik seit 1945. 2. Aufl. Stuttgart 1978.
Knopf, Jan: Brecht-Handbuch Theater. Stuttgart 1980.
Koch, Hugo: Die altchristliche Bilderfrage nach den antiken Quellen. Göttingen 1917.
Köhn, Lothar: Entwicklungs- und Bildungsroman. Ein Forschungsbericht. Stuttgart 1969.
König, Hanno: Heinrich Mann, Dichter und Moralist. Tübingen 1972.
Kohlschmidt, Werner: Geschichte der deutschen Literatur vom Barock bis zur Klassik. Stuttgart 1965.
Koller, Hermann: Die Mimesis in der Antike. Bern 1954.
Kopfermann, Thomas (Hg.): Theoretische Positionen zur Konkreten Poesie. Tübingen 1974.
Koschorreck, Walter; Werner, Wilfried (Hgg.): Codex Manesse. Die Große Heidelberger Liederhandschrift. Kommentar. Kassel 1981.
Kracauer, Siegfried: Theorie des Films (1960). 3. Aufl. Frankfurt 1979.
Kranz, Gisbert: Das Bildgedicht in Europa. Paderborn 1973.
– Das Bildgedicht: Theorie, Lexikon, Bibliographie. 2 Bde. Köln Wien 1981.
Krebs, Jean-Daniel: Georg Philipp Harsdoerffer (1607–1658). Poétique et poésie. 2 Bde. Bern 1983.
Kreuzer, Helmut (Hg.): Literaturwissenschaft – Medienwissenschaft. Heidelberg 1977.
Kreuzer, Ingrid: Nachwort. In: Lessing. Laokoon. Hg. v. I. Kreuzer. Stuttgart 1964. S. 215–230.

Kristeller, Paul O.: Das moderne System der Künste. In: Kristeller, Humanismus und Renaissance. Bd. 2. München 1976. S. 164–206.
Krummacher, Hans-Henrik: Der junge Gryphius und die Tradition. München 1976.
Kuhn, Hugo: Struktur und Formensprache in Dichtung und Kunst. In: Kuhn, Dichtung und Welt im Mittelalter. Stuttgart 1959. S. 15–21.
Kultermann, Udo: Kleine Geschichte der Kunsttheorie. Darmstadt 1987.
Kunisch, Hermann: Rainer Maria Rilke. 2. Aufl. Berlin 1975.
Kunst bleibt Kunst. Aspekte internationaler Kunst am Anfang der siebziger Jahre. Katalog Köln 1974.
Kunze, Horst: Geschichte der Buchillustration in Deutschland. Das 15. Jahrhundert. 2 Bde. Leipzig 1975.
Kurzke, Hermann: Thomas-Mann-Forschung 1969–1976. Frankfurt 1977.
Kutscher, Arthur: Grundriß der Theaterwissenschaft (1932/36). München 1946.
Lämmert, Eberhard: Bauformen des Erzählens. 3. Aufl. Stuttgart 1968.
Laktanz: Divinae Institutiones. Hg. v. S. Brandt. Prag Wien Leipzig 1890 (CSL 19).
Langen, August: Anschauungsformen in der deutschen Dichtung des 18. Jahrhunderts (1934). ND Darmstadt 1965.
– Die Wechselbeziehungen zwischen Wort- und Bildkunst in der Goethezeit. In: Wirk. Wort 3. 1952/53. S. 73–86.
Langer, Susanne K.: Philosophie auf neuem Wege. Das Symbol im Denken, im Ritus und in der Kunst (1942). Frankfurt 1965.
Les langues et littératures modernes dans leurs relations avec les Beaux-Arts. Actes du cinquième congrès international des langues et littératures modernes. Florenz 1955.
Laserstein, Käte: Die Gestalt des Bildenden Künstlers in der Dichtung. Berlin 1931.
Lausberg, Heinrich: Handbuch der literarischen Rhetorik. 2. Aufl. München 1973.
Lee, Rensselaer W.: Ut pictura poesis. The Humanistic Theory of Painting (1940). New York 1967.
Lehmann, Ernst Herbert: Bild in der Presse. Die Entwicklung bis zur Mitte des 19. Jahrhunderts. In: Handbuch der Zeitungswissenschaft. Hg. v. W. Heide. Leipzig 1940. Sp. 593–600.
Leonardo da Vinci: Libro di Pittura. It.-dt. Ausg. v. H. Ludwig. 3 Bde. Wien 1888.
Lessing, Gotthold Ephraim: Fabeln. Vorrede. Abhandlungen (1759). In: Lessing, Werke. Hg. v. H. G. Göpfert. Bd. 5. Bearb. v. J. Schönert. München 1973. S. 352–419.
– Laokoon: oder über die Grenzen der Malerei und Poesie (1766). Ebenda. Bd. 6. Bearb. v. A. v. Schirnding. München 1974. S. 7–187.
– Hamburgische Dramaturgie (1767/68). Ebenda. Bd. 4. Bearb. v. K. Eibl. München 1973. S. 229–707.
Lévy-Bruhl, Lucien: Les fonctions mentales dans les sociétés inférieures. Paris 1910.
Lex, Egila: Peter Handke und die Unschuld des Sehens. Untersuchungen zum Verhältnis von Sehvorgängen und Sprache in P. Handkes Prosa und Gedichten. Thalwil 1984.
Lobsien, Eckhardt: Theorie der literarischen Illusionsbildung. Stuttgart 1975.
Lowry, E. D.: Dos Passos' ›Manhattan Transfer‹ und die Technik des Films. In: Der amerikanische Roman des 19. und 20. Jahrhunderts. Hg. v. E. Lohner. Berlin 1974. S. 238–255.
Lublinski, Samuel: Die Bilanz der Moderne. 1904. ND Tübingen 1974.
Lukács, Georg: Erzählen oder beschreiben? (1936) In: Lukács, Werke. Bd. 4. Neuwied 1971. S. 197–242.
Mahal, Gunter: Naturalismus. München 1975.

Maier, Karl Ernst: Jugendliteratur. Formen, Inhalte, pädagogische Bedeutung. 8. Aufl. Bad Heilbrunn 1980.
Mandowsky, Erna: Einleitung. In: C. Ripa, Iconologia. ND Hildesheim 1970.
Mann, Heinrich: Geist und Tat (1910). In: Mann, Geist und Tat. Frankfurt 1981. S. 9–16.
Mann, Thomas: Einführung in den Zauberberg (1939). In: Mann, Schriften und Reden zu Literatur, Kunst und Philosophie. Hg. v. H. Bürgin. Frankfurt 1968. Bd. 2. S. 326–338.
Manthey, Jürgen: Wenn Blicke zeugen könnten. Eine psychohistorische Studie über das Sehen in Literatur und Philosophie. München 1983.
Marinetti, Filippo Tommaso: Zerstörung der Syntax – Drahtlose Phantasie – Befreite Wörter (1913). In: Wir setzen den Betrachter mitten ins Bild. Futurismus 1909–1917. Katalog Düsseldorf 1974 (ohne Paginierung). – Auszug in: Ch. Baumgarth, Geschichte des Futurismus. Reinbek 1966. S. 173–178.
Martens, Gunter: Vitalismus und Expressionismus. Stuttgart 1971.
Martini, Fritz: Dinggedicht. In: Reallexikon der deutschen Literaturgeschichte. 2. Aufl. Bd. 1. S. 266–269.
Marx, Werner: Die Phänomenologie Edmund Husserls. Eine Einführung. München 1987.
Masen, Jakob: Palaestra eloquentiae ligatae (...). Köln 1664.
Matthaei, Renate (Hg.): Grenzverschiebung. Neue Tendenzen in der deutschen Literatur der sechziger Jahre. Köln 1970.
May, Gerhard: Die Kirche und ihre Bilder. In: Die Kunst und die Kirchen. Hg. v. R. Beck u. a. München 1984. S. 57–67.
May, Kurt: Lessings und Herders kunsttheoretische Gedanken in ihrem Zusammenhang. 1923. ND Nendeln 1967.
Medicus, Fritz: Das Problem einer vergleichenden Geschichte der Künste. In: Philosophie der Literatur. Hg. v. E. Ermatinger. Berlin 1930. S. 188–239.
Meid, Volker: Barocknovellen? Zu Harsdörffers moralischen Geschichten. In: Euph. 62. 1968. S. 72–76.
Meier, Christel: Überlegungen zum gegenwärtigen Stand der Allegorie-Forschung. In: Frühmittelalterliche Studien 10. 1976. S. 1–69.
– Zwei Modelle von Allegorie im 12. Jahrhundert. Das allegorische Verfahren Hildegards von Bingen und Alans von Lille. In: Formen und Funktionen der Allegorie. Hg. v. W. Haug. Stuttgart 1979. S. 70–89.
Meier, Christel; Ruberg, Uwe (Hgg.): Text und Bild. Aspekte des Zusammenwirkens zweier Künste in Mittelalter und früher Neuzeit. Wiesbaden 1980.
Melot, Michel: L'illustration. Histoire d'un Art. Genf 1984.
Mendelssohn, Moses: Von der Illusion. In: Lessing, Werke. Hg. v. H. G. Göpfert. Bd. 4. München 1973. S. 833–836.
Merleau-Ponty, Maurice: Phänomenologie der Wahrnehmung. Berlin 1966.
– Das Auge und der Geist. Reinbek 1967.
Metken, Günter: Die Präraffaeliten. Köln 1974.
Metz, Christian: Sprache und Film. Frankfurt 1973.
– Semiologie des Films. München 1972.
Meyer, Herman: Zarte Empirie. Studien zur Literaturgeschichte. Stuttgart 1963.
– Goethes ›Kleine Blumen, kleine Blätter‹. Ebenda. S. 160–178.
– Rilkes Cézanne-Erlebnis. Ebenda. S. 244–286.
– Die Verwandlung des Sichtbaren. Die Bedeutung der modernen bildenden Kunst für Rilkes späte Dichtung. Ebenda. S. 287–336.

Meyer, Theo (Hg.): Theorie des Naturalismus. Stuttgart 1973.
- Nachwort. In: A. Holz, J. Schlaf, Papa Hamlet. Frankfurt 1979. S. 143–171.

Meyer, Theodor A.: Das Stilgesetz der Poesie. Leipzig 1901. ND Darmstadt 1968.

Michel, Paul: Tiere als Symbol und Ornament. Möglichkeiten und Grenzen der ikonologischen Darstellung, gezeigt am Beispiel des Zürcher Großmünsterkreuzgangs. Wiesbaden 1979.

Minnesinger in Bildern der Manessischen Liederhandschrift. Hg. v. W. Koschorreck. Frankfurt 1974.

Mösslang, Franz H.: Das Foto als publizistisches Mittel. In: Handbuch der Publizistik. Hg. v. E. Dovifat. Bd. 2. Berlin 1969. S. 91–104.

Monaco, James: Film verstehen. Reinbek 1980.

Moos, Peter v.: Poeta und Historicus im Mittelalter. Zum Mimesis-Problem am Beispiel einiger Urteile über Lucan. In: PBB (Tübingen) 98. 1976. S. 93–130.

Morris, Charles W.: Zeichen, Sprache und Verhalten. Hg. v. K.-O. Apel. Düsseldorf 1973.
- Zeichen, Wert, Ästhetik. Hg. v. A. Eschbach. Frankfurt 1975.

Muckenhaupt, Manfred: Text und Bild. Grundfragen der Beschreibung von Text-Bild-Kommunikation aus sprachwissenschaftlicher Sicht. Tübingen 1986.

Müller-Hofstede, Justus; Vekeman, Herman (Hgg.): Wort und Bild in der niederländischen Literatur des 16. und 17. Jahrhunderts. Katalog Erftstadt 1984.

Musil, Robert: Gesammelte Werke. Hg. v. A. Frisé. 9 Bde. Reinbek 1978.
- Der Mann ohne Eigenschaften. Ebenda. Bd. 1–5.
- Ansätze zu neuer Ästhetik (1925). Ebenda. Bd. 8. S. 1137–1154.
- Triëdere. Ebenda. Bd. 7. S. 518–522.

Neumark, Georg: Poetische Tafeln (1667). ND o. O. 1971.

Neusüss, Floris M. (Hg.): Fotografie als Kunst – Kunst als Fotografie. Das Medium Fotografie in der bildenden Kunst Europas seit 1968. Köln 1979.

Newhall, Beaumont: The History of Photography. New York 1964.

Nietzsche, Friedrich: Sämtliche Werke. Kritische Studienausgabe in fünfzehn Bänden. Hg. v. G. Colli u. M. Montinari. Berlin 1980.
- Also sprach Zarathustra. Ebenda. Bd. 4.

Nivelle, Armand: Kunst- und Dichtungstheorien zwischen Aufklärung und Klassik. Berlin 1960.
- Literaturästhetik der europäischen Aufklärung. Wiesbaden 1977.

Noack, Hermann: Die Philosophie Westeuropas. Darmstadt 1965.

Novotny, Fritz: Cézanne und das Ende der wissenschaftlichen Perspektive. Wien 1938.

Nusser, Peter: Der Kriminalroman. Stuttgart 1980.

Ölmüller, Willy (Hg.): Kolloquium Kunst und Philosophie 1. Ästhetische Erfahrung. Paderborn 1981.

Ohly, Friedrich: Schriften zur mittelalterlichen Bedeutungsforschung. Darmstadt 1977.
- Vom geistigen Sinn des Worts im Mittelalter (1958). Ebenda. S. 1–31.

Opitz, Martin: Buch von der Deutschen Poeterey (1624). Hg. v. C. Sommer. Stuttgart 1970.
- Weltliche Poemata (1644). 2 Bde. ND Tübingen 1975.

Oppert, Kurt: Das Dinggedicht. Eine Kunstform bei Mörike, Meyer und Rilke. In: DVjs. 4. 1926. S. 747–783.

Pächt, Otto: Kritik der Ikonologie. In: Bildende Kunst als Zeichensystem 1. Hg. v. E. Kaemmerling. Köln 1979. S. 359–376.

Panofsky, Erwin: Idea. Ein Beitrag zur Begriffsgeschichte der älteren Kunsttheorie (1924). 4. Aufl. Berlin 1982.
- Studien zur Ikonologie (1939). Köln 1980.
- Die Renaissancen der europäischen Kunst (1960). Frankfurt 1979.

Paul, Arno: Theater. In: Kritische Stichwörter zur Medienwissenschaft. Hg. v. W. Faulstich. München 1979. S. 316–355.

Peirce, Charles: Schriften. Hg. v. K.-O. Apel. 2 Bde. Frankfurt 1967–1970.

Penkert, Sibylle (Hg.): Emblem und Emblematikrezeption. Darmstadt 1978.

Petzoldt, Leander: Bänkelsang. Stuttgart 1974.

Pfister, Manfred: Das Drama. Theorie und Analyse. München 1974.

Philostrat: Eikones. Griech.-dt. Ausg. v. O. Schönberger. München 1968.
- Das Leben des Apollonios von Tyana. Griech.-dt. Ausg. v. V. Mumprecht. München 1983.

Pickering, F. P.: Literatur und darstellende Kunst im Mittelalter. Berlin 1966.

Platon: Sämtliche Werke. In der Übers. v. F. Schleiermacher. Hg. v. W. F. Otto, E. Grassi u. G. Plamböck. 6 Bde. Hamburg 1957–1959.

Platz-Waury, Elke: Drama und Theater. Eine Einführung. 2. Aufl. Tübingen 1980.

Plutarch: Moralia. Griech.-engl. Ausg. v. F. C. Babbitt u. a. 15 Bde. London 1949ff.
- Wie soll der Jüngling die Dichter lesen? Dt. Übers. v. J. Ch. F. Bähr. In: Plutarchs Werke. Bd. 20. Stuttgart 1828. S. 44–106.

Pochat, Götz: Geschichte der Ästhetik und Kunsttheorie. Von der Antike bis zum 19. Jahrhundert. Köln 1986.

Polheim, Karl Konrad: Die Arabeske. Ansichten und Ideen aus Friedrich Schlegels Poetik. München 1966.
- Zur romantischen Einheit der Künste. In: Bildende Kunst und Literatur. Hg. v. W. Rasch. Frankfurt 1970. S. 157–178.

Postman, Neil: Wir amüsieren uns zu Tode. Urteilsbildung im Zeitalter der Unterhaltungsindustrie. Frankfurt 1985.

Praz, Mario: Mnemosyne. The Parallel Between Literature and the Visual Arts. Princeton 1974.

Preisendanz, Wolfgang: Humor als dichterische Einbildungskraft. Studien zur Erzählkunst des poetischen Realismus. München 1963.
- Die Auseinandersetzung mit dem Nachahmungsbegriff in Deutschland und die besondere Rolle der Romane Wielands. In: Nachahmung und Illusion. Hg. v. H. R. Jauß. 2. Aufl. München 1969. S. 72–95.
- Mimesis und poiesis in der deutschen Dichtungstheorie des 18. Jahrhunderts. In: Rezeption und Produktion zwischen 1570 und 1730. Fs f. G. Weydt. Bern München 1972. S. 537–552.

Przybyszewski, Stanislas: Totenmesse (1893). 2. Aufl. Berlin 1900.

Pseudo-Longin: Vom Erhabenen. Griech.-dt. Ausg. v. R. Brandt. 2. Aufl. Darmstadt 1983.

Pudowkin, Wsewolod: Über die Montage. In: Theorie des Kinos. Hg. v. K. Witte. Frankfurt 1972. S. 113–127.

Pütz, Peter: Friedrich Nietzsche. 2. Aufl. Stuttgart 1975.
- Peter Handke. In: KLG.

Quintilian: Institutio oratoria. Lat.-dt. Ausg. v. H. Rahn. 2 Bde. Darmstadt 1972–1975.

Rasch, Wolfdietrich (Hg.): Bildende Kunst und Literatur. Beiträge zum Problem ihrer Wechselbeziehungen im 19. Jahrhundert. Frankfurt 1970.

Read, Herbert: Geschichte der modernen Malerei. München 1959.

Realismus. Zwischen Revolution und Reaktion 1919–1939. Katalog Paris Berlin 1981. München 1981.
Rebhun, Paul: Ein Hochzeit Spiel auff die Hochzeit zu Cana (...) (1538). In: Paul Rebhuns Dramen. Hg. v. H. Palm. ND Darmstadt 1969.
Reiss, Gunter: »Allegorisierung« und moderne Erzählkunst. Eine Studie zum Werk Thomas Manns. München 1970.
Rhetorica ad Herennium. Lat.-engl. Ausg. v. H. Caplan. London 1954.
Richter, Hans: Dada. Kunst und Antikunst. 4. Aufl. Köln 1978.
Richter, Karl: Literatur und Naturwissenschaft. Eine Studie zur Lyrik der Aufklärung. München 1972.
Rickert, Heinrich: Die Probleme der Geschichtsphilosophie. 3. Aufl. Heidelberg 1924.
– Die Philosophie des Lebens. 2. Aufl. Tübingen 1922.
Rieck, Werner: Johann Christoph Gottsched. Berlin 1972.
Riegl, Aloys: Spätrömische Kunstindustrie. 3. Aufl. Darmstadt 1964.
Riha, Karl (Hg.): Dada Berlin. Texte, Manifeste, Aktionen. Stuttgart 1977.
– Bilderbogen, Bildergeschichte, Bildroman. In: Erzählforschung 3. 1978. S. 176–192.
Rilke, Rainer Maria: Sämtliche Werke. Hg. v. E. Zinn. 6 Bde. Frankfurt 1955–1966.
– Die Aufzeichnungen des Malte Laurids Brigge (1910). Ebenda. Bd. 6. Frankfurt 1955. S. 707–946.
Ripa, Cesare: Iconologia. 3. Aufl. 1603. ND Hildesheim 1970.
Rollenhagen, Gabriel: Sinn-Bilder (Nucleus Emblematum. 1611). ND Dortmund 1983.
Rosenfeld, Hellmut: Das deutsche Bildgedicht. Leipzig 1935.
– Der mittelalterliche Totentanz. 2. Aufl. Köln 1968.
Roth, Friederike: Das Buch des Lebens. Darmstadt 1983.
Rotth, Albrecht Christian: Vollständige Deutsche Poesie in drey Theilen. Leipzig 1688.
Rotzler, Walter: Objektkunst. Von Duchamp bis zur Gegenwart. Köln 1975.
Rühm, Gerhard: der neue textbegriff (1965). In: Theoretische Positionen zur Konkreten Poesie. Hg. v. Th. Kopfermann. Tübingen 1974. S. 93–94.
– Gesammelte Gedichte und visuelle Texte. Reinbek 1970.
Rümann, Arthur: Das illustrierte Buch des 19. Jahrhunderts in England, Frankreich und Deutschland. Leipzig 1930.
Sauerbier, S. D.: Wörter Bilder Sachen. Grundlegung einer Bildersprachlehre. Heidelberg 1985.
Scaliger, Julius Caesar: Poetices libri septem (1561). ND Stuttgart 1964.
Schaar, Eckhardt: Courbet und die Fotografie. In: Courbet und Deutschland. Katalog Hamburg Frankfurt 1978 bzw. 1979. S. 524–528.
Schanze, Helmut: Friedrich Schlegels Theorie des Romans. In: Deutsche Romantheorien. Hg. v. R. Grimm. Frankfurt 1968. S. 61–80.
– Medienkunde für Literaturwissenschaftler. München 1974.
– Literaturgeschichte als Mediengeschichte? In: Literaturwissenschaft – Medienwissenschaft. Hg. v. H. Kreuzer. Heidelberg 1977. S. 131–144.
Schiller, Friedrich: Über die ästhetische Erziehung des Menschen in einer Reihe von Briefen (1795). In: Schiller, Sämtliche Werke. Hg. v. G. Fricke u. H. G. Göpfert. Bd. 5. 5. Aufl. München 1975. S. 570–669.
Schilling, Jürgen: Aktionskunst. Identität von Kunst und Leben? Luzern 1978.
Schilling, Michael: Rota Fortunae. Beziehungen zwischen Bild und Text in mittelalterlichen Handschriften. In: Deutsche Literatur des späten Mittelalters. Hg. v. W. Harms u. L. P. Johnson. Berlin 1975. S. 293–313.

- Imagines Mundi. Metaphorische Darstellungen der Welt in der Emblematik. Frankfurt 1979.
Schings, Hans-Jürgen: Consolatio Tragoediae. Zur Theorie des barocken Trauerspiels. In: Deutsche Dramentheorien. Hg. v. R. Grimm. Frankfurt 1971. Bd. 1. S. 1–44.
Schlegel, Johann Adolf: Von den höchsten und allgemeinsten Grundsätzen der Poesie. In: Ch. Batteux, Einschränkung der Schönen Künste auf einen einzigen Grundsatz. Übers. u. erl. v. J. A. Schlegel (1770). ND Hildesheim 1976. 2. Teil. S. 185–248.
Schmidt, Horst-Michael: Sinnlichkeit und Verstand. Zur philosophischen und poetologischen Begründung von Erfahrung und Urteil in der deutschen Aufklärung. München 1982.
Schmidt, Siegfried J.: Zum Ableben der Konkreten Dichtung. Mit einem Kapitel über Konzept-Literatur – Konzept-Kunst. In: Sprachen jenseits von Dichtung. Katalog Münster 1979. S. 163–171.
- Grundriß der Empirischen Literaturwissenschaft. 2 Bde. Braunschweig 1980–1982.
Schmidt-Henkel, Gerhard: Mythos und Literatur. In: Neues Handbuch der Literaturwissenschaft. Bd. 20. Zwischen den Weltkriegen. Hg. v. Th. Koebner. Wiesbaden 1983. S. 269–288.
Schneede, Uwe M.: George Grosz. Köln 1975.
- René Magritte. Köln 1978.
Schneider, Carl: Das Christentum. In: Propyläen Weltgeschichte. Bd. 4. Rom. Die römische Welt. Frankfurt 1963. S. 429–486.
Schneider, Irmela: Der verwandelte Text. Wege zu einer Theorie der Literaturverfilmung. Tübingen 1981.
Schöne, Albrecht: Emblematik und Drama im Barock. 2. Aufl. München 1968.
- Literatur im audiovisuellen Medium. München 1974.
Scholte, Jan Hendrik: Probleme der Grimmelshausenforschung. Groningen 1912.
Scholz, Bernhard F.: ›Emblematice scribere‹. Zu den zeichentheoretischen Grundlagen eines Emblemindexes. In: Wolfenbütteler Barock-Nachrichten 1982. S. 397–402.
Schottenloher, Karl: Flugblatt und Zeitung. Berlin 1922.
Schramm, Percy Ernst: Die Anerkennung Karls des Großen als Kaiser. In: HZ 172. 1951. S. 449–515.
- Die Geschichte des mittelalterlichen Herrschertums im Lichte der Herrschaftszeichen. In: HZ 178. 1954. S. 1–24.
Schug, Albert: Kunst – Sprache – Denken – Wirklichkeit. Über einen Aspekt konzeptueller Kunst. In: Kunst bleibt Kunst. Katalog Köln 1974. S. 38–51.
Schulz, Gerhard: Nachwort. In: A. Holz, Phantasus. Stuttgart 1968. S. 129–155.
Schulz, Walter: Metaphysik des Schwebens. Untersuchungen zur Geschichte der Ästhetik. Pfullingen 1985.
Schuster, Peter-Klaus: Bildzitate bei Brentano. In: Clemens Brentano. Hg. v. D. Lüders. Tübingen 1980. S. 334–348.
Schweikle, Günther: Versuche wechselseitiger Erhellung mittelalterlicher Dichtung und Kunst. In: Fs. f. K. H. Halbach. Göppingen 1972. S. 35–53.
Schweizer, Nikolaus R.: The ut pictura poesis Controversy in 18th Century England and Germany. Bern 1972.
Schwietering, Julius: Sigune auf der Linde. In: ZfdA 57. 1920. S. 140–143.
Schwind, Peter: Schwulst-Stil. Bonn 1977.
Sedlmayr, Hans: Architektur als abbildende Kunst. In: Sitzungsber. Österr. Akad. Wiss. Phil.-hist. Klasse. Bd. 225. Abh. 3. Wien 1948.
- Verlust der Mitte. Die Bildende Kunst des 19. und 20. Jahrhunderts als Symptom und Symbol der Zeit. 7. Aufl. Salzburg 1955.
Seeßlen, Gert; Kling, Bernd: Lexikon der populären Kultur. 2 Bde. Reinbek 1977.

Segebrecht, Wulf: Das Gelegenheitsgedicht. Stuttgart 1977.
Sengle, Friedrich: Biedermeierzeit. 3 Bde. Stuttgart 1971–1980.
Siegrist, Christoph: Das Lehrgedicht der Aufklärung. Stuttgart 1974.
Sieveke, Franz Günter: Topik im Dienst poetischer Erfindung. (Omeis – Richter – Harsdoerffer). In: Jb. Int. Germ. 8. 1976. H. 2. S. 17–48.
Simenon, George: Intime Memoiren. Zürich 1982.
Simmel, Georg: Die Großstädte und das Geistesleben (1903). In: Simmel, Brücke und Tür. Hg. v. M. Landmann. Stuttgart 1957. S. 227–242.
– Der Konflikt der modernen Kultur. München 1918.
Sörbom, Göran: Mimesis and Art. Studies in the Origin and Early Development of an Aesthetic Vocabulary. Uppsala 1966.
Sörensen, Bengt A.: Symbol und Symbolismus in den ästhetischen Theorien des 18. Jahrhunderts und der deutschen Romantik. Kopenhagen 1963.
Spielhagen, Friedrich: Beiträge zur Theorie und Technik des Romans (1883). ND Göttingen 1967.
Spies, Werner: Max Ernst. Collagen. Köln 1974.
Sprachen jenseits von Dichtung. Katalog Münster 1979.
Stahl, August: Rilke-Kommentar zum lyrischen Werk. München 1978.
Stahl, Karl-Heinz: Das Wunderbare als Problem und Gegenstand der deutschen Poetik des 17. und 18. Jahrhunderts. Frankfurt 1975.
Staiger, Emil: Grundbegriffe der Poetik (1946). München 1971.
Stammler, Wolfgang: Schrifttum und Bildkunst im deutschen Mittelalter. In: Deutsche Philologie im Aufriß. 2. Aufl. Bd. 3. Berlin 1962. Sp. 613–698.
– Wort und Bild. Studien zu den Wechselbeziehungen zwischen Schrifttum und Bildkunst im Mittelalter. Berlin 1962.
Stanzel, Franz K.: Theorie des Erzählens. 2. Aufl. Göttingen 1982.
Steidle, Wolf: Studien zur ars poetica des Horaz (1939). ND Hildesheim 1967.
Steinmetz, Horst (Hg.): Lessing – ein unpoetischer Dichter. Dokumente aus drei Jahrhunderten zur Wirkungsgeschichte Lessings in Deutschland. Frankfurt 1969.
Stiehler, Heinrich: Versuch über den Fotoroman. In: Akzente 22. 1975. S. 458–477 u. 560–575.
Stierle, Karlheinz: Das bequeme Verhältnis. Lessings ›Laokoon‹ und die Entdeckung des ästhetischen Mediums. In: Das Laokoon-Projekt. Hg. v. G. Gebauer. Stuttgart 1984. S. 23–58.
Strelka, Joseph: Methodologie der Literaturwissenschaft. Tübingen 1978.
Stutzinger, Dagmar: Die Einschätzung der bildenden Kunst. In: Spätantike und frühes Christentum. Katalog Frankfurt 1984. S. 223–240.
Suchomski, Joachim: »Delectatio« und »utilitas«. Ein Beitrag zum Verständnis mittelalterlicher komischer Literatur. Bern 1975.
Sulzer, Dieter: Poetik synthetisierender Künste und Interpretation der Emblematik. In: Geist und Zeichen. Fs. f. A. Henkel. Heidelberg 1977. S. 401–426.
Summerfield, Ellen: Die Kamera als literarisches Mittel. Zu Peter Handkes »Die Angst des Tormanns beim Elfmeter«. In: Mod. Austrian Lit. 12. 1979. S. 95–112.
Symons, Julian: Am Anfang war der Mord. Eine Geschichte des Kriminalromans. München 1972.
Szeemann, Harald (Hg.): Gesamtkunstwerk. Katalog Zürich 1983.
Tarot, Rolf: Hugo von Hofmannsthal. Daseinsformen und dichterische Struktur. Tübingen 1970.
Tatarkiewicz, Wladislaw: Geschichte der Ästhetik. Bd. 1. Die Ästhetik der Antike. Basel 1979. Bd. 2. Die Ästhetik des Mittelalters. Basel 1980.
Tausk, Pietr: Die Geschichte der Fotografie im 20. Jahrhundert. Köln 1979.

Text-Foto-Geschichten. Katalog Heidelberg Bonn Krefeld 1979. In: Kunstforum 33. 1979. S. 5-243.
Thomas von Aquin: Summa Theologica. Lat.-dt. Ausg. Salzburg 1934ff.
Thomasin von Zerclaere: Der welsche gast. Hg. v. H. Rückert. Quedlinburg 1852.
Tieck, Ludwig: Franz Sternbalds Wanderungen. In: Tieck, Frühe Erzählungen und Romane. Hg. v. M. Thalmann. Darmstadt 1972. S. 699-986.
Tittmann, Julius: Die Nürnberger Dichterschule. Harsdörfer, Klaj, Birken (1847). ND Wiesbaden 1965.
Träger, Jörg: Philipp Otto Runge und sein Werk. Monographie und kritischer Katalog. München 1975.
- Philipp Otto Runge oder Die Geburt einer neuen Kunst. München 1977.
Trapp, Frithjof: »Kunst« als Gesellschaftsanalyse und Gesellschaftskritik bei Heinrich Mann. Berlin 1975.
Tucholsky, Kurt; Heartfield, John: Deutschland, Deutschland über alles. Ein Bilderbuch (1929). ND Reinbek 1973.
Ueding, Gert: Wilhelm Busch. Das 19. Jahrhundert en miniature. Frankfurt 1977.
Ulrichs, Timm: Die Ausbeutung konkreter Poesie durch Konzeptkunst. In: Konkrete Poesie. Kolloquium Lille 1972. S. 94-96.
Vierhuff, Hans Gotthard: Die Neue Sachlichkeit. Köln 1980.
Vietta, Silvio: Großstadtwahrnehmung und ihre literarische Darstellung. Expressionistischer Reihungsstil und Collage. In: DVjs. 48. 1974. S. 354-373.
- Literatur- und Medienwissenschaft. In: Erkenntnis der Literatur. Hg. v. D. Harth u. P. Gebhardt. Stuttgart 1982. S. 298-320.
Vinken, P. J.: Die moderne Anzeige als Emblem. In: Emblem und Emblematikrezeption. Hg. v. S. Penkert. Darmstadt 1978. S. 57-71.
Vischer, Friedrich Theodor: Ästhetik. 3 Teile. Reutlingen Leipzig Stuttgart 1846-1857.
Vogt, Jochen (Hg.): Der Kriminalroman. 2 Bde. München 1971.
Vossius, Gerhard Johannes: Poeticarum institutionum libri tres. Amsterdam 1657.
Vossler, Karl: Über gegenseitige Erhellung der Künste. In: Festschrift f. H. Wölfflin. Dresden 1935. S. 160-167.
Wäscher, Hermann: Das deutsche illustrierte Flugblatt. 2 Bde. Dresden 1955-1956.
Wagner, Richard: Das Schauspiel und das Wesen der dramatischen Dichtkunst. In: Wagner, Gesammelte Schriften und Dichtungen. 3. Aufl. Leipzig 1898. Bd. 4. S. 1-103.
Wais, Kurt: Symbiose der Künste. Stuttgart 1936.
Waldberg, Patrick: Der Surrealismus. 4. Aufl. Köln 1978.
Walther von der Vogelweide: Werke. Hg. v. J. Schaefer. Darmstadt 1972.
Walzel, Oskar: Wechselseitige Erhellung der Künste. Berlin 1917.
- Die deutsche Dichtung seit Goethes Tod. Berlin 1920.
Wappenschmidt, Heinz-Toni: Allegorie, Symbol und Historienbild im späten 19. Jahrhundert. München 1984.
Warning, Rainer: Rezeptionsästhetik als literaturwissenschaftliche Pragmatik. In: Rezeptionsästhetik. Hg. v. R. Warning. München 1975. S. 9-44.
Weidlé, Wladimir: Vom Sinn der Mimesis. In: Eranos-Jb. 31. 1962. S. 249-273.
Weiss, Peter: Laokoon oder Über die Grenzen der Sprache. In: Weiss, Rapporte. Frankfurt 1968. S. 170-186.
Weitzmann, Kurt: Illustrations in Roll and Codex. 2. Aufl. Princeton 1970.
Wellek, René; Warren, Austin: Theorie der Literatur (1949). Frankfurt 1971.
Wellek, René: Geschichte der Literaturkritik 1750-1830. Neuwied 1959.
Werner, Renate: Skeptizismus, Ästhetizismus, Aktivismus. Der frühe Heinrich Mann. Düsseldorf 1972.

Wernher der Gärtner: Helmbrecht. Hg. v. F. Panzer. 8. Aufl. v. K. Ruh. Tübingen 1968.
Wescher, Herta: Die Geschichte der Collage. Köln 1974.
Weydt, Günther: Nachahmung und Schöpfung im Barock. Studien um Grimmelshausen. Stuttgart 1968.
Widhammer, Helmut: Realismus und klassizistische Tradition. Zur Theorie der Literatur in Deutschland 1848–1860. Tübingen 1972.
Willems, Gottfried: Großstadt- und Bewußtseinspoesie. Über Realismus in der modernen Lyrik, insbesondere im Spätwerk G. Benns. Tübingen 1981.
Wilpert, Gero v.: Deutsche Literatur in Bildern. Stuttgart 1957.
Winckelmann, Johann Joachim: Versuch einer Allegorie, besonders für die Kunst (1766). ND Baden-Baden 1964.
Windelband, Wilhelm: Lehrbuch der Geschichte der Philosophie. 17. Aufl. Tübingen 1980.
Windfuhr, Manfred: Die barocke Bildlichkeit und ihre Kritiker. Stuttgart 1966.
Wir setzen den Betrachter mitten ins Bild. Futurismus 1909–1917. Katalog Düsseldorf 1974.
Wissmann, Jürgen: Collagen oder Die Integration von Realität im Kunstwerk. In: Immanente Ästhetik – ästhetische Reflexion. Hg. v. W. Iser. München 1966. S. 327–360.
Witte, Karsten (Hg.): Theorie des Kinos. Frankfurt 1972.
Wölfflin, Heinrich: Kunstgeschichtliche Grundbegriffe. München 1915.
Wolf, Christa: Voraussetzungen einer Erzählung: Kassandra. Darmstadt 1983.
Wolfram von Eschenbach: Parzival. Hg. v. K. Lachmann. 6. Aufl. ND Berlin 1965.
Zesen, Philipp v.: Assenat (1670). Hg. v. V. Meid. Tübingen 1967.
Ziehen, Julius: Kunstgeschichtliche Erläuterungen zu Lessings »Laokoon«. Bielefeld 1899.
Zielske, Harald: Die Anfänge des Renaissance-Theaters in Italien. In: Propyläen Geschichte der Literatur. Bd. 3. Berlin 1984. S. 121–130.
Zimmermann, Hans Dieter (Hg.): Vom Geist des Superhelden. Zur Theorie der Bildergeschichte. Berlin 1970.
Žmegač, Viktor (Hg.): Geschichte der deutschen Literatur vom 18. Jahrhundert bis zur Gegenwart. 3 Doppelbände. Königstein 1978–1985.
– Ästhetizistische Positionen. Ebenda. Bd. 2, 2. Königstein 1980. S. 303–341.
Zola, Emile: An meinen Freund Paul Cézanne. In: Cézanne, Briefe. Hg. v. J. Rewald. Zürich 1979. S. 107–109.

Register

Namen und Werke

Die Namen zeitgenössischer Wissenschaftler werden nur aufgeführt, wenn ihre Arbeiten zitiert oder diskutiert werden.

Achleitner, Friedrich 198
Addison, Joseph 272, **276–279, 280**, 281, 290–291, 293–294, 299^{103}, 324, 327, **331**, 332, 352
Adorno, Theodor W. 6^3, 345, 415, 431, 438^{35}, **441**, 441^{36}
Alberti, Leon Battista 105, 315
Alciatus, Andreas 271^{205}
Anton Ulrich v. Braunschweig-Wolfenbüttel 208
Apollinaire, Guillaume 192, 197, 369–370
Aristoteles 49, 56, 67, 213^{11}, 216, 218^9, 221^{19}, **222, 225–226**, 233, 235, 236, 243, 244, 244–245, 246, 273, 274, 278, 279, 283^{48}, 288–289, 293, 294, 295, 305, 309, 327–328, 333, 334, 343, 430
Arnheim, Richard 62^{33}, 63, 93^{22}, 111$^{2-4}$, 123^{32}
Assunto, Rosario 113^7, 213
Auden, Wystan Hugh 370
Auerbach, Erich 8^6, 10^8, 80^{64}
Augustin 117, 213^{11}, **228–229**, 231, **238–239**, 240, 249, 252, 262

Bacon, Francis 277
Bätschmann, Oskar 107–108
Bäumler, Alfred 213^{11}, 272^1, 297^{98}
Bahr, Hermann 342, 402
Ball, Hugo 186, 197
Balzac, Honoré de 191
Batteux, Charles 212^8, 214^{13}, 288^{63}, 291^{73}, 295, 296^{96}
Baudelaire, Charles 158

Baumgarten, Alexander Gottlieb 5^2, 297
Bausinger, Hermann 337
Bebermeyer, Gustav 21^1, 44^{58}, 81^1
Beckmann, Max 177^{41}
Bellori, Giovanni Pietro 55, 298
Benjamin, Walter 15–16, **35^{24}**, 74, 107^{43}, 157^{99}, 162^2, 164, **165^{11}**, 166^{15}, 167^{18}, 190, 349, 370, 415, 438^{35}, 440
Benn, Gottfried 102, 209, 398, 399, 401, 402, 406, 412, 415, 417, 419, 425, 426, **429–430**
Bense, Max 25^3
Bergson, Henri 187, 188, 376, 380^{17}, 387, 402
Beuys, Joseph 420
Białostocki, Jan 54^{18}, 55$^{20, 21}$, 105, 113^{7a}, 124$^{34, 35}$, 125^{39}, 131^{48}
Bibel 115, 117, 228, 230, 231–232, 239, 251, 252, 254, 255, 264, 265
Bill, Max 198
Birken, Siegmund v. 239, 242–243
Bloch, Marc 73^{54}
Blümner, Hugo 203^1, 204^2, 206^{19}, 212^7, 334–335
Blumenberg, Hans 221^{19}
Bodmer, Johann Jakob
 s. Breitinger
Böckmann, Paul 6^3, 10, 208^{31}, **214–215**, 345, 368^1
Böll, Heinrich 371
Boileau, Nicolas 326, 327, 328
Borchmeyer, Dieter 341^1
Borinski, Karl 272^1
Born, Nicolas 370, 407, 418
Bourdieu, Pierre **73^{54}**, 74^{55}

461

Braque, Georges 174³⁴, 183
Brecht, Bertolt 6³, 98, 102, 103, 167¹⁸, 199, 370, 415, 424–425, 426, 428, 430
Kriegsfibel 180–182
Breitinger, Johann Jakob 212, 212⁸, 272, 276, 277, 280, 282–283, 285, 286, 288, 289⁷⁰,⁷¹, 291, 292, **293–294**, 298, 299–300, **312–314**, 324, 325, 327, **331**, 332
Brentano, Clemens 336
Breton, André 195
Brink, C. O. 216¹, 217⁶, 218⁹, 219¹¹,¹², 221²⁰
Brinkmann, Rolf Dieter 42, 83, 102, 181, 370, 395, 412, 414, 418, 423
Rom, Blicke 181–182
Broch, Hermann 426
Brockes, Hinrich Barthold 127, 318–319, **322–323**, 324, 332
Buch, Hans Christoph 212⁹, 342⁴
Bühler, Karl 88, 92, 286⁶⁰
Bürger, Peter 415¹²⁶, 424², 429¹⁴, 432²⁹, 438³⁵
Burdach, Konrad 121²³
Busch, Wilhelm 42, 42⁴⁸

Callot, Jacques 136, 138
Camus, Albert 400
Carrà, Carlo 192
Cassirer, Ernst 73⁵⁴, 390⁵¹
Caylus, Anne Claude Philippe de Tubières de 55, 211²
Cervantes Saavedra, Miguel de 266, 266¹⁹⁴
Die betrügliche Heirat (Novelas ejemplares) 266, **267–271**, 324
Cézanne, Paul 53, 66⁴³ᵃ, 83, 173, 187, 369, 386
Chandler, Raymond 353, 353³¹
Chodowiecki, Daniel Nikolaus 136, 138
Cicero 5, 218⁹, 233⁸³, 249¹³³, 250¹⁴⁷, 329
Clemens v. Alexandrien 227, 229
Comte, Auguste 385
Corneille, Pierre 310–311
Courbet, Gustave 163
Croce, Benedetto 347
Cysarz, Herbert 347

Dada 193
Dadaistisches Manifest 188, 189, 412, 414, 435³²

Daly, Peter M. 128⁴³
De Carlo, Andrea 82⁴
Demuth, Charles 177⁴²
Der blutige Ernst 193
Der Dada 193
Descartes, René 331, 381
Diderot, Denis 55, 214, 290, 296⁹⁵, 300¹¹¹,¹¹², 306, 315, 331, 332
Die futuristische Malerei – Technisches Manifest 188⁷³
Dilthey, Wilhelm 150, 334, 368¹, 373, 380, 381, **385–386**, **392–394**
Dix, Otto 177
Döblin, Alfred 102, 103, 199, 426, 428
Dos Passos, John R. 102, 423
Dryden, John 294–295, 298, 300
Dubos, Jean Baptiste 55, 212⁸, 230–231, 272, 276, 277, **280–282**, 282, **284**, 285, 290–291, 294, 298–300, 305, **306**, 307¹²⁴, **314–317**
Duchamp, Marcel 54, 173³², 174, 174³⁵, 196
Dühring, Eugen 373
Dürer, Albrecht 140, 208
Durzak, Manfred 152⁸⁷, 155⁹⁴, 156⁹⁶,⁹⁷
Dyck, Joachim 238¹⁰⁷, 241¹¹⁰, 251¹⁵³, 263¹⁷⁸

Eco, Umberto 27⁶,⁷, 58²⁵,²⁶, 68⁴⁷
Eichendorff, Joseph v. 140, 141
Einstein, Carl 370
Eisenstein, Sergej M. 167¹⁸
Ejchenbaum, Boris 91¹⁸
Elster, Ernst 345
Epikur 227
Ermatinger, Emil 346, 347
Ernst, Max 174, 175³⁶, 176, 193, 195
Ernst, Paul 345

Fassbinder, Rainer Werner 100
Faulstich, Werner 25³
Febvre, Lucien 73⁵⁴
Fichte, Johann Gottlieb 384, 385, 404
Fontane, Theodor 337
Foucault, Michel 33²³, **73⁵⁴**, 75⁶³, 184⁶¹, 193⁹⁰, 194–195
Fresnoy, Charles du 294–295
Friedrich, Caspar David 169
Friedrich, Hugo 155⁹⁵, 438³⁵

Futuristen. Die Aussteller an das Publikum (Der Sturm) 188, 188⁷⁴, 189, 395⁶⁸, 412¹¹⁶

Gappmayr, Heinz 198
Geibel, Emanuel 157⁹⁸
Gellert, Christian Fürchtegott 208
George, Stefan 35²⁴, 151–152, 152⁸⁸, 156⁹⁶, 157⁹⁸, 340, 346, 405, 419
Gerson, Jean 113
Gerz, Jochen 182, 370
Geßner, Salomon 211², 324
Goethe, Johann Wolfgang 1, 21, 43⁵¹, 109, 128⁴³, 132, 135⁵⁶, 142, 142⁷⁶, 146, 206, 210, 214, 295–296, 334, 335, 345, 358, 380, 393–394
  Wilhelm Meister 101, **136–137**, 138, 140, 141
Gogh, Vincent van 173
Gombrich, Ernst H. 63, 63³⁶, 64, 64³⁸⁻⁴⁰, 74–75, 95²⁴, 122³¹, 126⁴⁰, 173³⁰
Gomringer, Eugen 198
Goncourt, Edmond u. Jules 337, 368¹
Goodman, Nelson 64³⁹
Gorgias 222
Gottsched, Johann Christoph 272, 274, 276, 282, 285, 287⁶², 288, 295, 307, **308**, **310–311**, 312, **321–322**, 325¹⁸⁵, 326¹⁹¹
Gregor I. 113, 231
Griffith, David W. 429
Grillparzer, Franz 335
Grimmelshausen, Hans Jakob Christoffel v. 208, 237
Gris, Juan 183
Grosz, George 177, 184⁶⁴,⁶⁵
Grubmüller, Klaus 319¹⁶⁴
Gründung und Manifest des Futurismus 188, 395
Gryphius, Andreas 63
Gundolf, Friedrich 8⁴, 16

Haller, Albrecht v. 127, 324
Hamburger, Käte 32²¹, 53¹⁵, 286⁶⁰, 368¹
Hamm, Heinz 203¹
Hammett, Dashiell
  Der Malteser Falke **355–361**
Handke, Peter 101, 181, 182, 199, 351²⁸, 368¹, 370, 406, 417, 418, 419, 423

Harsdoerffer, Georg Philipp **241–271**
  Christus ist der Wunder-Trauben (Poetischer Trichter) **253–257**, 258, 260, 261, 311, 312
  Der Gegen-Betrug (Großer Schauplatz Lust- und Lehrreicher Geschichte) 237, **267–271**, 324
  Poetischer Trichter 49, 117¹⁷, 118¹⁸, 232, **241–252**, **262–266**, 287, 289, 304, 307, 325, 326
Harth, Dietrich; vom Hofe, Gerhard 21¹, 287⁶¹
Hartmann, Eduard v. 373
Hauptmann, Gerhart 341
Hauser, Arno 272¹
Hausmann, Raoul 189⁷⁹, 412
Heartfield, John 175, 180, 195
Hebbel, Friedrich 335, **342–344**
Heckscher, William S. 128⁴³
Hegel, Georg Wilhelm Friedrich 61³², 130⁴⁶, 135⁵⁶, 144⁸², 147⁸⁴, 187, 335, 338, 345, 380, 381¹⁸, 383, 384, 385⁷⁹, 388, 404, 439, 440, 441, 441³⁶
Heidegger, Martin 368¹
Heinse, Wilhelm 133
Heißenbüttel, Helmut 182⁵⁴
Hemingway, Ernest 101, 423
Herder, Johann Gottfried 128, 205–206, 208, 301, 333, 335
Herrmann, Hans Peter 235⁹¹, 282⁴³
Hesse, Hermann 371
Hieronymus 230
Hildebrand, Adolf 345
Hildegard v. Bingen 115
Hillmann, Heinz 137⁶³
Hjelmslev, Louis 64⁴¹, 75
Höch, Hannah 175
Hoffmann, E. T. A. 136, 138, 143, 336
Hofmann, Werner 171²³, 172²⁶, 173²⁸,³¹⁻³², 176³⁷, 185⁶⁷, 186⁶⁸, 199
Hofmannsthal, Hugo v. 187, 346, 435
  Chandos-Brief **389–391**, 396, 405, 410
Holz, Arno 340, 341, 386, 395, 397–398, 405, 406, 412–413, 422–423
  Phantasus **410–411**, 414, 417–418
Homer 8⁶, 82, 229, 230, 321, 327, 332
Hopper, Edward 177
Horaz
  Ars poetica 49, 212, 215, **216–219**, 233–234, 293, 294, 295, **296**

463

Huelsenbeck, Richard 196
Hugo v. St. Viktor 113
Humboldt, Wilhelm v. 335
Husserl, Edmund 6^3, 25^3, 38, 40, 52^{12}, 58^{26}, 62^{33}, 63, 64^{41}, 73^{54}, 75^{62}, 150, 153^{91}, 346, 362^{42}, 368^{17}, 386, 402, 432
Huxley, Aldous 418
Huysmans, Joris-Karl 411

Imdahl, Max 64^{40}, 66^{43a}, $172^{26,27}$
Immermann, Karl Leberecht 337
Ingarden, Roman 52^{12}, 286^{60}
Irenäus v. Lyon 114
Iser, Wolfgang 52^{15}
Isidor v. Sevilla 234–235, 235^{89}

Jauß, Hans Robert 362^{42}
Jean Paul 190–191, 290, 335
Jöns, Dietrich W. 114^{10}, 115^{13}, 250^{145}, 251^{151}, 256
Johnson, Uwe 400
Joyce, James 410, 412, 426
Jünger, Ernst 365

Kaiser, Gerhard 372^8
Kandinsky, Wassily 173^{32}, 174, 186
Kant, Immanuel 62, 62^{33}, 66, 66^{43}, 73^{54}, 380, 381
Kayser, Wolfgang 6^3, 345
Keller, Gottfried 70, 133, $374^{11,12}$, 379
  Du milchjunger Knabe **371–377**, 372^8, 378, 384
Keller, Werner 135^{56}, 137^{63}, 142^{76}
Kemper, Hans-Georg 228^{65}, 322^{178}
Kindermann, Balthasar 236, 238
Klages, Ludwig 387
Klee, Paul 193
Klein, Yves 66
Klopstock, Friedrich Gottlieb 85, 295
Kracauer, Siegfried 30^{19}, $40^{28,29}$, 90^{16}, 91^{17}, 92^{19}, 97^{25}, 104^{35}, 163^6, $164^{8,10}$, 166^{12-14}, 167^{17}, 168^{19}, 351^{27}
Kranz, Gisbert 21^1, 53^{14}
Krebs, Jean-Daniel 241^{110}
Kristeller, Paul O. 132^{50}, 213^{11}, 220^{17}, 298^{99}
Kubrick, Stanley 100
Kunze, Horst 28^{12}
Kutscher, Arthur 29^{17}

Lacerba 193
Lämmert, Eberhard 58, 265
Laktanz 235, 235^{89}, 236
La Motte-Houdart, Antoine de 319
Langer, Susanne K. $59^{27,28}$, 65^{42}, 183
La révolution surréaliste 193, 194
Lauretus, Hieronymus 251
Lausberg, Heinrich 67, 325^{187}, 328
Le Bossu, René 322, 326, 327, 328
Lee, Rensselaer W. 122^{31}, 212^7
Lehmann, Wilhelm 426
Leibniz, Gottfried Wilhelm 288, 297
Leonardo da Vinci 35^{24}, 58^{23}, 122^{31}, 298, 298^{100}
Lessing, Gotthold Ephraim
  Fabelabhandlung **319–321**
  Hamburgische Dramaturgie 280, 306, 307–308, **309–310**
  Laokoon 14–15, 49, 55, 60–61, 78, 129, 139, **203–214**, 276, 295, 298, 299, 300, 302, 327, **331–333**, 334–337, 339–340, 340–348, 349, 392
Lévi-Strauss, Claude 73^{54}
Lévy-Bruhl, Lucien 73^{54}
Lichtenberg, Georg Christoph 191
Lipps, Theodor 345
Littérature 193
Lobsien, Eckhardt 153^{91}
Locke, John 278
Loerke, Oskar 426
Lohenstein, Daniel Caspar v. 310–311, 312
Lublinski, Samuel 345, 368^1
Lukács, Georg 207, 209, 210, 212^9, 343, 346, 408
Luther, Martin 228

Maffei, Scipione Francesco 211^2
Magritte, René **194–195**
Mallarmé, Stéphane 35^{24}, 192
Manessische Liederhandschrift 112, 121
Manet, Edouard 369, 386^{36}
Mann, Heinrich 133, 427, 435, $435^{30,31}$
Mann, Thomas 133, 354, 426, 426^{11}, 427, 428^{13}, 429–430
Marinetti, Filippo Tommaso 185^{67}, 187, 189, $189^{76,77}$, 192, 197, 393, 402, 412, 414
Martens, Gunter 368^1, 382^{21}
Masen, Jakob 234, 303–304

Medicus, Fritz 347
Meier, Georg Friedrich 276
Mendelssohn, Moses 276, 295, 297, 300, 308–309
Metz, Christian 90[16], 92, 350[26]
Meyer, Theodor A. 6[3], 147[83], **344–345**, 346
Michel, Paul 107–108, 110[1], 115[10], 118[19]
Michelangelo Buonarotti 208
Milton, John 332
Monaco, James 94, 99[26], 351[28], 360[40]
Moos, Peter v. 235[89]
Moréas, Jean 156[96]
Müller, Günther 346, 384
Muratori, Ludovico Antonio 272
Musil, Robert 289, 370, 398–399, 399–400, 400, 402, 406, 407, 408, 418, 426, 429

Neumark, Georg 235, 235[91], 236[97], 243
Nicolai, Friedrich 308–309
Nietzsche, Friedrich 153[90], 187, **368**[1], 373, 376, 379, 380, 380[17], 382[20], 392[59], 407[110]
Nivelle, Armand 208[30], 272[1], 274[11], 293[75], 296, 297[98]

O'Hara, Frank 181
Ohly, Friedrich 83, 105, 110[1], 114[10, 11], 116[15], 117[16], 251, 262[172]
Opitz, Martin 289, 298[100], 312
  Vom Wolffesbrunnen bey Heydelberg **260–262**, 312
Origenes 227, 229
Ovid 82, 405[102]

Palladio, Andrea 305
Panofsky, Erwin 55[19], 73[54], 110[1], 111[5], 122[31], 123[33], 124[34]
Paulus 228
Peirce, Charles 77[6], 58[25]
Perrault, Charles 283[48], 327, 328
Petersen, Julius 346
Petsch, Robert 208
Pfister, Manfred 88[14]
Philostrat 82, 85[11], 220, **223–224**, 226
Physiologus 319
Picasso, Pablo 183
Pickering, F. P. 110[1]
Platon 213[11], 218[9], 219, 222, **224–225**, 227, 228, 229, 244, 246, 379

Plotin 213[11]
Plutarch 140, 222, **223**, 224, 226, 293
Pope, Alexander 274, 327, 328
Postman, Neil 180[44]
Preisendanz, Wolfgang 80[64], 266[194], 338, 375[13]
Proba 230
Proust, Marcel 401
Przybyszewski, Stanisław 397, 402, 405
Pseudo-Longin *(Vom Erhabenen)* 220
Pudowkin, Wsewolod 91[18]

Quintilian 67, 233[82, 83], 245[124], **249**, **263**, 282[40], 325, 328, 329[209]

Racine, Jean Baptiste 310–311
Rebhun, Paul 236–237, 238
Renan, Ernest 368[1]
Rhetorica ad Herennium 224, 325
Richardson, Jonathan 55, 211[2]
Richer, David Henry 319
Richter, Hans 185[67]
Rickert, Heinrich 25[3], 340, 368[1], 373[9, 10], 379[15], 380[17], **382**, 384[26], 385[30], 388[38], 389[40], 407[109]
Rilke, Rainer Maria **53–54**, 83, 155[95], 209, 346, 368[1], 369, 384, 404, 406, 407, 413, 417, 424
  Eingang **377–379**, 384, 417
Ripa, Cesare 253
Robbe-Grillet, Alain 82[4], 101, 370
Rodin, Auguste 53, 83, 369
Roetteken, Hubert 345
Rollenhagen, Gabriel 271[205]
Rosenfeld, Hellmut 43[55], 44[59, 61, 64], 60[31], 106[41], 133[52]
Roth, Dieter 198
Roth, Friederike 370
Rotth, Albrecht Christian 236, **273–274**, 303[114], 304
Rubens, Peter Paul 55, 66, 308, 317
Rühm, Gerhard 184[62], 396[72]
Runge, Philipp Otto 85, 134
Ruttmann, Walter 102

Sand, George 337
Sartre, Jean-Paul 406, 415–416, 426
Scaliger, Julius Caesar 2, 243, 244[119, 120], 276–277, 279–280, 282[44], 289, 319, 325
Schad, Christian 177

465

Schanze, Helmut 27[7], 51[10]
Schelling, Friedrich Wilhelm Joseph 368[1], 373, 384, 385
Schiller, Friedrich **275–276**, 279, 291, 335, 364
Schings, Hans-Jürgen 216[16], 234[87], 265
Schlaf, Johannes
  s. Holz, Arno
Schlegel, Friedrich 143, 439
Schlegel, Johann Adolf 214, 276, 296, 300
Schlegel, Johann Elias 276
Schlichter, Rudolf 184[66]
Schmidt, Siegfried J. 25[3], 198[104]
Schneede, Uwe M. 194–195
Schneider, Irmela 50[9], 52[13], 204[2]
Schöne, Albrecht 43[56], 59[29], 121[29], 242[112], 256
Scholte, Jan Hendrik 237
Schopenhauer, Arthur 368[1], 373, 379
Schramm, Percy Ernst 71[51], 72, 72[52,53]
Schulz, Walter 438
Schwietering, Julius 121[23,24]
Schwind, Moritz v. 134
Schwind, Peter 311[141]
Schwitters, Kurt 176, 197
Scott, Walter 337
Sedlmayr, Hans 11[11], 27[9], 28[10], 54[18]
Sengle, Friedrich 337
Severini, Gino 192
Sheeler, Charles 177[42]
Simenon, George 352–353, 353[31], 365
Simmel, Georg 190, 362[42], 380, 389[39,41], 394[65,66], 395[71], 413[125], **416–417**
Simonides 224
Sörensen, Bengt A. 272[1], 293[75]
Solger, Karl Wilhelm Ferdinand 335
Sophokles 321
Spengler, Oswald 384
Spielhagen, Friedrich 339
Stahl, Karl-Heinz 284[53]
Staiger, Emil 8[4], 207–208, 209, 210, 343, 346
Stammler, Wolfgang 21[1], 44[61], 81[1,2], 106[40], 114
Stanzel, Franz K. 209, 265, 354, 354[33,34]
Sterne, Laurence 290
Sternheim, Carl 427, 429
Stifter, Adalbert 342–343
Strelka, Joseph 21[1]
Strich, Fritz 347

Sulzer, Dieter 21[1], 43[56], 107[43], 121[29], 131[49], 210[1]
Sulzer, Johann Georg 276
Szondi, Peter 438[35]

Tarot, Rolf 390[50,51], 391[52]
Tatarkiewicz, Wladislaw 113[6a], 213, 220[13], 227[54], 231[75]
Tertullian 229
The Spectator 276, 294[77]
Thomas v. Aquin **231–232**
Thomasin v. Zerclaere 113
Thomson, James 209, 211, 211[2], 324
Tieck, Ludwig 140, 141
Tischbein, Johann Heinrich Wilhelm 69
Tittmann, Julius 241[110]
Trunz, Erich 137[65], 140[71], 141[73]
Tucholsky, Kurt 180
Tzara, Tristan 196, 197

Ueding, Gert 42[48]
Ulrichs, Timm 198, 198[104]

Vergil 82, 303, 305, 308, 327
Vierhuff, Hans Gotthard 177[41]
Vietta, Silvio 24[6], 190[80,82,83], 204[4], 413[125]
Vischer, Friedrich Theodor 6[3], 42[44], 49, 129–130, **206–207**, 333, 338, 339, 345, 399[89,90], 415
Volkelt, Johannes 345
Voltaire 208, 309–310
Vossius, Gerhard Johannes 236

Wagner, Richard 185, 204, 335
Walther von der Vogelweide 121
Walzel, Oskar 12, 21–22, 345, **346–348**, 368[1], 422
Warhol, Andy 350
Warren, Austin
  s. Wellek, René
Weidlé, Wladimir 220[14], 221, 221[21]
Weitzmann, Kurt 29[13], 44[62,64]
Wellek, René 6[3], 21[1], 272[1]
Wernher der Gärtner 70–71, 77
Wertow, Dsiga 167[18]
Weydt, Günther 237
Wieland, Christoph Martin 266[194], 290, 335

Williams, William Carlos 423
Wilpert, Gero v. 121[26]
Winckelmann, Johann Joachim 55, 144[82], 318
Windelband, Wilhelm 381[19], 383[24], 385
Wölfflin, Heinrich 9, 12, 22, 74, 347
Wolf, Christa 370
Wolff, Christian 297, 300

Wolfram v. Eschenbach 120–121
Wundt, Max 345

Zesen, Philipp v. 237
Zeuxis 222
Zola, Emile 187, 191, 369, 386, 393, 426, 435
Zwerenz, Gerhard 100

Sachen

Abbild s. Zeichen: Ikon
Abstraktion, abstrakte Kunst 64[40], 66[43a], 111, 172[27], 173–175, 178, 194, 198–199, 431
Absurdes, Kunst des Absurden 406, 415–416
actio 69
Ästhetik 21, 25[3], 38–40, 49, 73[54], **132–133**, **144**[81, 82], **213–214**, 275–276, 291–292, **297–298**, 300, 334–335, 438–439
  klassische 2–3, 5, 6[3], 14–17, 21, 37, 42–43, 49, 61, 73[54], 129–130, **132–133**, **144–146**, 148, 151–153, 156, 203–208, **213–214**, 218[9], 220–221, 224, **275–276**, 291–292, 295–296, 298[99], 300–302, 307, 332–335, 339–342, **343–344**, 345–349, 364, 392, 399, 438–441
  negative 154, 172[27], 190, 343–344, 366, 387, 390, **403**, 404–408, 424, 428, 431–434, **437–441**
Ästhetizismus 16–17, **147–152**, **156–157**, 171, 172[27], 188–189, 346, **392**, 420–421, 435, 439
Affekt, Affekterregung 275, 276, 279, **281–282**, 284–285, 292, 300, 302, 304, 314–315
Akademismus 169, 395
Aktionskunst 41–42, 174, 178, 196, 420
Allegorese 71–72, 75–76, 82–83, 104, **114–116**, **114**[10], 118, 122, 126–128, 209, **238–240**, 247, 249–252, 255, **258–259**, 262, 271, 274, 282, 296–297, 300–302, 304, 307, **309**, 316–319, 332, 367–368, 374
Allegorem, allegorisches Zeichen **114–118**, 120, 124–125, 127, **238–239**, **247–250**, 252, 259, **262–263**, 265, 268, 300, 303–305, 309–310, 314–317, 320, **322–323**, 332
Allegorie 14, 55, 70–72, 75–76, 104, **114**[10], **115**, 118, 120, 124, 127–128, 134–135, 208–209, 215–216, 240, 242, 245, **247–250**, **255–256**, **260**, **265**, 268–271, 282, 287, 290, 296–297, 300–302, 309–310, 312–314, **316–320**, 326, 332–333, 366, 374, 424, 430
Allegoriekritik **127**, 205, 208–209, 274, **300–302**, 303–317, 320–324
Allgemein-Menschliches 127, 154, 222, **274–276**, 278–279, 282, 292, 309, 311, 315, 333–335, 338, **343–344**, 363–365, 380, 393, **399–400**, 421, 430, 441
Alltag 177, 342, 345, 377–378, 390, 405, 409, 411, 423
Alltagslyrik 423
Analphabeten und Bild 113, 231
Anmerkungen im literarischen Text 237, 290
Anschauende Erkenntnis 144[82], 148–150, 297–298, 300–301, 314, 320–322
Anschaulichkeit **4–5**, **6**[3], 9–11, 15, 47, 60–61, **66–68**, 71–72, **77–79**, 139–142, 146–147, **257–260**, 300–301, **324–326**, 328–329, 332–333, 430–434, 441[36]
  allegorisch 119–120, 231–233, 237–238, 240, **255–257**, 264–265, 269–271
  mimetisch-illusionistisch 128–129, **153–154**, 159, **290–292**, **296–297**, 312–313, 328–329, **332–333**
  intuitionistisch **369–370**, 392, 403, 416–419
  artistisch-montierend **425–426**, 429–430
Anschauliche Plausibilität **257**, 258, 261, 265–267, 271, 302, 306, 312–314, 317
Anschauung 6[3], **62–63**, 101, 215, 230–231, **232–233**, 238, 256–260, **300–301**, 312–314, 317, 324, **365–368**, 383
Antike 5, 28, 44, 49, 82, 85, 110, 115, 133, 141, 144[81, 82], 213, **215–227**, 228–229, 233, 240, 244–246, 249, 252–253, 263, 272, 279, 283, 288–289, 292–293, 296–297, 307, 309, 325–329, 333, 379, 430
Anzeichen s. Zeichen: Index
Arabeske (Romantik) 83, 106, 143

Architektur 25, **27–28**, 32, 34, 42–44, 114, 220
Artefakt 3, 25³, 27⁶, 37, **38–39**, 220, 348
Artistenmetaphysik 368¹, 369, **392**
Artistik 14, 85, 174–175, 178, 182–183, 188–189, 367, 415, 424–425, 428, **432–434**, 435–438, **439–440**
Artistisch-montierende Formen 41–42, 102–103, 178, 188–189, 194–195, 367, 369–370, **415, 424–425, 427–428**, 432–434, 436, 438, 441
  Montage 2, 15, 41–42, 102–103, 178, 191, 354–355, 357, 360, 369–370, 376, 410, 412, **414–415, 424–425**, 427–429, 432, 436
  Fragment 3, 41, 103, 415, 425, 427
  Dokument 2, 15, 166–167, **367**, 425, 436
  Paradigma, Symptom 360–361, **393**, 424–425, 427–429, 432
  Typen, Typenbildung 81–82, 84, 96, 100, 349–350, **362–364**, 424, **425–430**, 432, 435–436
  Steigerung ins Generische 349–350, 362–364, 424–425, 428, 435–436
Attribut (Bildende Kunst) 55, 111–112, 124, 318
Aufklärung 2, 14–15, 37, 43, 49, 54–55, 79, 106, 108, 125–129, 132–133, 136, 139–140, 152, 154, 186, 191, 200, 208–216, 221–223, 228, 230–231, 240, 244, 250, 257–261, 266, 269–271, **272–334**, 336, 341, 352, 365, 380–381, 388, 403
Aufschrift 24, 28, 44, 180, 184, 193, 195
Augenblick, fruchtbarer 60, 131, 205, 208, 299–300
augere 233, **234–235**, 236–238, 243, 247–248, 266, 273, 313
Aura des Kunstwerks 157–158
Ausdruck 1–2, 5, 8–9, 17, **392–394**, 422–423
Authentizität s. Unmittelbarkeit
Autochthones Darstellungsverfahren 86, 87, 88¹⁴, 97–99
Autonomie der Kunst 2–4, 7, 15, 132–134, 146, 148–149, 151–152, 157–158, 172, **172**²⁷, 188–189, 275–276, **290–292**, 300–301, 335,

343–344, 346, 392, 395, 415–417, 420–421, 431–434, 439–441
auxesis s. *augere*
Avantgarde 22, 41–42, 83, 102–103, **160–161**, 186–188, 192, 195–196, **348–349**, 353, 407, 419, 423, 431–433

Barock 2, 14, 16, 24, 29, 33²³, 43, 55, 69–70, 75–76, 78–79, 82–83, 85, 98, 100, 104–105, 114, 119, 121–122, 124–126, 131, 180, 208–209, 212, 215–216, 228, 232, **235–271**, 272–274, 278–279, 286–287, 290, 294–297, 302–322, 326–328
Bauhaus 174
Bedeutungsbild s. Bild
Befremden s. Bewußtseinspoesie
Begriff, Begriffsbildung 31, 37, 57–61, **62–65**, 67–70, 75–76, 78, 108, 110–112, 116–117, 126, 194–195, 205, 209, 256–257, 300–301, 370, 383, 385–391, 405, 407, 409–410, 424–425
Begriffskritik s. Intuitionismus
Beiwort, poetisches 67, 267, 327–329, 331
Belehrung 2, 3, 78–79, 98, 222, 229, **231–234**, 238, 263–264, 271, 273–275, **276–281**, 283, 290–291, 300, 309, 319–322, 424
Beschreibende Poesie, Beschreibungsliteratur 106, **127–128**, 205, 209, 211, 291, **322–324**, 343, 345, 376, 406, **409**, 423
Beschreibung 4, 7, 11, 47, 52, 59, 127–128, 136, 205, 207, 211, 248, 265–267, 302, **323–326**, 329, 331, 343, 345, 376, 409, 423
Bewegung s. Darstellungskategorien
Bewußtsein 171–172, 186, 189, 195, 340, 353–354, 356–361, 366, 373–374, **380–382**, 384–385, 389, **391–393**, 398, 401, **404–405**, 408, 411, 421, 431–432
  fiktives 353–355, **356–357**, 358, **359**, 361
Bewußtseinsillusionismus 340, 351, **354–355**, 358–359, 361

Bewußtseinsphilosophie 380–384, 389
Bewußtseinspoesie 79, 101, 187–189,
    351, **353–354**, 355, 361, 369–371,
    376–377, **392–394**, 397–402,
    405–406, **408–410**, **415**, 417,
    420–422, 429, 431–434, 436–437
  Aktualisierung **189–191**, 355–358,
    369, 390, 392, 405, **409–410**,
    411–415, 421
  Befremden, Unvertrautmachen des
    Vertrauten 194, 366–367, 375,
    390, 400, **404–405**, 407, 411,
    415, 419, 422, (Absurdität) 406,
    415–416, (Angst) 406–407,
    (Ekel) 406–407, (Tod) 404–405,
    (Traum und Wachen) 405–406,
    410
  Exzessive Detaillierung 155,
    337–343, 355, 357, 365–366,
    389–392, **409–410**, 415,
    421–423
  Immanenzprinzip 354, 357,
    408–409, 415, 421–423
  Minimierung des Stoffs 177, 342,
    345, 378, **409–410**, 415, 419,
    421–423
  Proklamation der Lebensunmittel-
    barkeit 188, 376–377, 379,
    416–418, 423
  Provokation der Lebensunmittelbar-
    keit 188, 192, 194, 416–417,
    418–420
  Simultaneität 41, 176, 189–191, 342,
    357, 376, 392, 397, 410–411,
    412, 413, **414–415**, 419, 422–423
Bewußtseinsstrom 351, 354, **358**, 360,
    391–392, 397, 408–410, **411–412**,
    414–415
Bibelwörterbuch, allegorisches 122,
    251–252, 264
Biblische Geschichte 54, 81, 136–137,
    230–231, 234, 236–237
Bild 11, 27[6], 30–32, 55–56, **57–59**,
    63–65, 87, 89–90, **91–96**, 104,
    107–108, 110–112, 122–124,
    126–127, 134, 146, 161–162, 164,
    167–171, 179, 208–209, 240, 245,
    247–248, 253, 257, 293, 296–301,
    315, 365, 369–370
  Bedeutungsbild 68–69, 106–107,
    110–113, 118, 122–124,
    126–127, 233, 314–316
  illusionistisches **122–124**, 126–127,
    146, 161–162, 164–171, 179,
    293, 314–316
  dokumentarisches 162, 163,
    164–165, 166, 179, 182, 195,
    349–350, 370
  entmimetisiertes 66[43a], 168,
    171–178, 183–186, 192–196,
    199, 209, 365–366, 369–370
  filmisches 30–31, 51–52, **89**, 90–91,
    93–96, 97, **164–167**, 349–351,
    370
Bild, Lebendes 92, 96, 99, 102, 140
Bild, Stehendes 92, 96, 99
Bildbericht 40, 165, **179–182**
Bildbeschreibung 82, 84–85, 133,
    140–142, 226
Bildende Kunst s. Kunst, Bildende
Bilderbogen 24, 42, 135
Bildergeschichte 21, 31, 40, 42, 50, 86
Bildgedicht 21, **53–54**, 80, 82, 84–85,
    106, 133, **142**, 181, 254
Bildillusion s. illusionistisches Bild
Bildlichkeit, literarische, bildliche Rede
    7, 11, 47, **67–68**, 70, 121–122, 139,
    216, **231–232**, 234–235, 239,
    242–243, 245, **247–250**, 252–253,
    256–257, 262–263, 271, 273–274,
    293[75], 294, 302, 309–310, **311–314**,
    318, 326, 329
Bildlichkeit, innere, des Worts
    s. Anschaulichkeit
Bildsequenz 31, 179
Bildtitel, Bildunterschrift 24, 44,
    164–165, 180–181, 184, **193–194**
Biologismus 382–384
Buch 25, 27–29, 35–36, 51, 419–420
  illustriertes 21, 24–25, **28–29**,
    32–33, 40–44, 80, 86, 108, **131**,
    135, 152, 179
Bühne 30, 32, 35, 90, 97, 305–306, 420
Bürgerliches Trauerspiel 302, 309

Cabaret 41, 185[67], 189, 191
camera-eye-Technik 354, 358
carmen figuratum 43–44, 58, 130
Charakter s. Darstellungskategorien
Christentum und Kunst 112–114,
    227–236, 238–240, 252, 255, 262,
    272–273, 283, 319, 379

Code 73[54], 104, 116
  fiktiver 320–321
  filmischer 52, 90[16], 95–97, 350–351, 360
  ikonischer **58–59**, 91, 95–97, 102, 104, 110–112, **111**[5], 116, 179, 193
  ikonologischer 52, **54–55**, 69, 72, 96, 107–108, 111–112, **111**[5], 123–124, 315, 318
  mimisch-theatralischer 88[14], 95–97
Collage 12, 41, 50, 103, **174–175**, 182–183, 190–193, 195, 197, 412, **414–415**, 425–426, 428, 436
colores 232, 243, 266, 329–330
Comic strip 24, 40, 192
Commedia dell'arte 34, 84, 98
constantia 309

Dadaismus 41, 103, 173[32], 174–176, 184–185, **187–192**, 193, **196**, 197, 370, 407, 412, 414, 419, 423, 428, 431, **435–436**
Darstellung 7, **8**[6], 15, **47**, **55–56**, 57–59, 62, **78–79**, 84, 87, 143, 148–149, 162, **165–167**, 172[27], 174–175, 188, 197, 199, 220–221, 230, 232, 237, 240, 242–243, 247, 253, 263, 265–266, 271, 280, 282, 299, 332–333, 340, 351, 353, 358, **392–393**, 404, **421–422**, 423–425, 428, 430, **431–432**, 434, 436, 441[36]
  Zeigen als Darstellen 58, 162, 164, 165[11], 166, 174–175, 182–184, 188, 197, 419–420
  Kritik des künstlerischen Darstellens s. Intuitionismus
Darstellungskategorien 10, 139–140, 153–154, 170, 205–206, 241, 271, **333**, 338–340, 344, 361–362, 364, 376, **396**, 397–402, **403–404**, 408, 410–412, 424
  Raum 60, 71, 163, 173, 189, 205, 207–208, 263, 306, 308, 355, 357, 360, 422
  Zeit 60, 71, 139, 163, 176, 189, 205, 207–208, 263, 299, 306, 308, 355, 357–358, 360, 391, 410–412, 414, 423
  Simultaneität 41–42, 60, 176, **189–191**, 205, 207, 342, 357,

376, 392, 397, 410–411, **412**, 413, **414–415**, 419, 422–423
Sukzession 60, **139**, 205, 207, 332
Körper 60, 112, 129, 139, 173, 205, 207, 209, 263, 299, 332, 355, 357, 422
Bewegung 31, 89–91, **94–96**, 176, 188, 205, 299, 379, 383, 388–389, 391, 395, **396–397**, 400
Person 10, 51–52, 59, 79, 93, 96, 129, 143, 153–154, 170, 265–266, 303, 308–311, 333, 399, 425, 430
Geschehen, Begebnis 10, 58, 60, 79, 154, 205, **262–263**, 265, 286, 308, 355, 360–361, 363, **397–399**
Handlung 10, 51–52, 71, 79, 104, 129, **139–140**, 143, 153–154, **205–206**, 207–209, 235–236, **262–263**, 265, 268, 271, **273–274**, 286, 299–300, 303, 306, 308, **321–322**, 332–333, 338–340, 344, 350, 357, 360–362, **363–364**, 367, **396–399**, **424–425**, 427, 429
Charakter 51–52, 88, 93, 96, 143, 153–154, 170, 266, 306, **308–309**, 310–311, 333, 338–340, **343–344**, 349–350, 357–358, 360–361, **362–363**, 364, 367, 396–397, **399–400**, 424–425, 427, **429–430**
Ich 170, 268, 333, 340, 396, 399, **400–402**, 424
Erlebnis 10, 79, **186**, 333, 338, 340, 344, 364, 367, 377, 379, 385, **393–394**, 396, 409–410, 415, 422, 424
Dialog 10, 52, **57** 58, 88 89, **97** 99, 104, 139, 155, 235, 265–266, 268, 302, 306, 310–311, 397, 425
Situation 306, 308, 397
Szene, Schauplatz 10, 51–52, 60, 71, 84, 93, 112, 129, 143, 153–154, 170, 208–209, 265, 268, 324, 333, 338, 349–350, 354–355, 357, 360, 363, 396–397
Ding 52, 54, 95, 112, 123, 142, 169, 207, 349–350, 374, 375, 390
Darstellungsstil **10–11**, 12–13, 15, 70,

471

72–73, 75–76, 81, 106–107, 109, 123, 143, 162–163, 170–171, 172²⁷, 260, 266, 269, 271–272, 300–301, 312–313, 324, 334–335, 342, 347–348, 353, 361, 368¹, 369, 376, 403–404, 408, 419, 424, 428, 430–431, 436–437
Darstellungsverfahren, autochthones 86, **87**, 88¹⁴, 97–99
Dasein 378, 384, 390, 394, 405, 407, 415
decorum 217–219, 233, 237–238
deixis s. Darstellung: Zeigen
delectare 2, 238, 276–281, 291–292, 300, 322
descriptio 127, 248, 266, **324–327**
Detail, sinnenfälliges 4, **67**, 79, 325, 329, 332
    umständliches 236–238, 243, 266–268
    überflüssiges (détail inutile) 267, **326–330**, 332
    lebhaftes 330–332
    suggestives 330–332, 341
    exotisches 337
    charakteristisches 338
    empirisches 155, 163, 317, 337, 341, 357–358, 365–366
    lebendiges 155, 366, 394, 409, 424
    überreiches 123, 155, 190, 337–338, 341–343, 355, 389, 391–392, 396–397, 409–410, 421–422
    vielschichtiges, disparates 59–60, 123, 155, 189–191, 300, 342–343, 357, 383, 389–392, 396–397, 409–410, 421–422
    paradigmatisches, symptomatisches 360–361, 424–425, 427
Detailgebung, Detaillierung **4–5**, 51–52, 56–57, **67–68**, 78–79, 127–128, 135–136, 139, 142, **153–154**, 236–237, 265–269, 299–300, 313–314, **324**, 325–326, **329–333**, 338–339, 341, 343, 357–358, **365–366**, 396–397, **415–416**, 421–422, **424–425**, 427, 430–431
    beim Bild 59, 111, 123, 163–164, 168, 179
Deus ex machina 307
Dialog s. Darstellungskategorien
Dichterbild 82, 112
Dichtung s. Literatur

Didaktische Literatur 42, 135
Didaxe s. Belehrung
Ding s. Darstellungskategorien
Dinggedicht 53–54, 142, 375–377
Distanz s. Rezeptionshaltung
Distributionsform 26, 28–31, 34–36
docere, docere cum delectatione 2, 78–79, 238, **276–281**, 290–291, 300, 302, 320, 322
Dokumentarische Formen 2, 15, 40, 162, **164–165**, **167**, 174–175, **179**, 182, 195, 349–351, **367**, 425, 436
Dorfgeschichte 337–338
Drama 79, 97–101, 103, 155, 219–220, 234, 236, 290, 302–312, 396, 398, 419–420, 427, 429–430, 434–435
Drei Einheiten (Drama) 306, 308

Einbildungskraft 5, 6³, 49–50, 122³¹, 136–137, 139, 141–143, 146–147, 206–207, 211–212, 223–224, 229–231, **275–278**, 281–282, 290–294, 299–300, 313–316, 323–324, **330–332**, 335–336, 341, 352, 364–365, 405
Einfühlung 156, 164–165, 175, 237–238, 261, 265, 271, 275, 280, 282, 304, 306, 309, 313–315, 430
Einheit (Metaphysik) 149, 153–156, 170, 190, 301, 343–344, 366–367, 383, 386–391, 393–394, 403–408, 412, 428, 438
Einheiten, drei (Drama) 306, 308
ekphrasis s. *descriptio*
elocutio 249–250
Emblem, Emblematik 12, 21, 24, 43, 59, 115, 116¹⁵, **121–122**, 125, 128⁴³, 180, 242¹¹², 253, 297
Empirismus 25³, 39
enargeia 5, 233, 282⁴⁰, 292, 325, 328
Entfremdung 103, 190, 366, 388, 403, 407, 428, 431, 439–440
Enthusiasmus 243, 246, 406
Entmimetisierung 14–15, **152–153**, 154–156, **159–161**, 162, 164, 166–169, **170–171**, 172–175, 178, 182–183, 185–186, 188, 195–197, 199, 209, 339–341, 344, 348–349, **351–352**, **364**, 371, 376, **395–396**, **403**, 404, 415, **421–422**, 423–424, 428, 430, **431–434**, 435–440

épater le bourgeois 419
Epigonen 149, 156–157, 344–346, 395
Epigramm 24, 44, 80, 82, 85
Epik 207, 339, 396
Episierung des Films 99, 102–104
Epitheton, pleonastisches 67, 267, **327–329**, 331
Epoche 8⁴, 12, 22, 73⁵⁴, 346
Epos 44, 54, 56, 82, 84–85, 120–121, 225, 228–230, 302–303, 305, 321, 326–328
Erbauung 238, 323
Erfahrung 57–58, **62–63**, **73**⁵⁴, 75–76, **78–79**, 83, 89–90, 257–260, 269, 274–275, 300–301, 337
   historische Form der Erfahrung 9, 11–12, **72–76**, 83, 101, 106–107, 109, 123, 163, 170, 172²⁷, 190, 215, 238–240, **257–260**, 300–301, 316, 324, 336–337, 353, 358, 361, **365–368**, 370, 403–404
Erfindung 49, 222, 229, **233–239**, **242–244**, **246–247**, 248, 265–266, **273–274**, 287, 290
Erkenntnis, anschauende 144⁸², 148–150, 297–298, 300–301, 314, 320–322
Erleben, subjektives 61, 79, 128, 145, 147, 149, 152–153, 155, 163, 167, 169–170, 172, 175–176, **186–187**, 197, 206, 214–215, **257–258**, 268, 312–313, 333, 362, 365, **366–367**, **370–371**, 375, **384–387**, 390–391, **393–394**, 408–410, 415, 423–424, 436, 438
   Reflexivität des Erlebens, Erleben des Erlebens 155, 171–172, **186**, 195, **366–367**, 369, 374, 378, **384–385**, **392–394**, **404–405**, 409–410, 415, 421, 423, 434–435
   Wissenschaftsvorbehalt des Erlebens 170, 366–367, 386–387, 423
Erlebnis s. Darstellungskategorien
Erlebnisgedicht 344, 377, 379
Erlebnisunmittelbarkeit s. Unmittelbarkeit
Erlebte Rede 354, 412
Erzähltechnik 52, 58, 99, 101–104, 264–271, 324, 354, 356–360, 397, 410–412, 414–415, 425–429

Erzählung 70–71, 78–79, 84, 106, 133, 136–138, 237, 263–271, 326, 336, 354
evidentia 5, 233, 282⁴⁰, 292, 325, 328
Exempel 78–79, 234–235, 241, **262–264**, 265–266, 270–271, 302, 309
Existentialismus 351, 406–407
Existenz 368¹, 384, 390⁵¹, 405–406, 415
Exorbitanzerlebnis 409–410, 415, 422
Experimentelle Kunst 2, 83, 160, 174, 423, 433
Expressionismus 190, 406, 412, 422–423, 435

Fabel (Tierfabel) 291, **319–321**
fabula docet 302, 320
Fernsehen 22, 27, 30, 359
Figur s. Darstellungskategorien: Person, Charakter
Figurengedicht 43–44, **58**, 130, 192
Fiktion, Fiktionalität, Fiktionalitätsbewußtsein 1–2, 5, 56, 85, 128, 141, 223, 226, 231, 234, 235⁸⁹, 273–274, 279, 283, **286–290**, 322, 359
Film 12, 21–22, 24, 27, 30–34, 35²⁴, 40–41, 46, 50–52, 81, 85–86, **89–97**, **99**, 161, 165¹¹, **166–167**, 349–351, 359, 370, 406, 426, 428–429
   Episierung des Films 99, 102–104
   Theatralisierung des Films 92, 99, 102
Filmadaption 100
Filmbild s. Bild
Filmisches Schreiben 101–103, 106, 340, 349, **351**, 354–355, **357–360**, 406, 414–415, 423
fingere fabulas 226, 229, 235–236, 274
Flaneur 191
Flugblatt, Flugschrift 24, 29, 33, 43–44, 257
Fluxus s. Aktionskunst
Form 1–2, **5–9**, 16–17, 46–47, 51, 53, 81–85, 101–104, 106–107, 131–132, 135–136, **146–152**, 157–158, 187, 199, 235⁸⁹, 346, **394–396**, 397, 403, **416–417**, 428, 432–435, 439, 441
   äußere 1, 146, **147–149**, 150, 157–158
   innere s. Struktur

Formenspektrum der Moderne 178, 196, 346, 422–424, **430–437**
Formensprache 1, 7–8, 10, 13, 17, 437
Formgeschichte 10, 12
Fotografie 30–31, 83, 91[17], **162–164**, 165[11], 166–168, 179, 182, 195
Fotomontage 175, **195**
Fotoroman 40
Fotosequenz 42
Fragment 3, 41, 103, 174, 179, 183, 415, 425, 427
Fruchtbarer Augenblick 60, 131, 205, 208, 299–300
Futurismus 41, 174, **175–176**, 183, 185, 187–190, 192–193, 196, 370, 407, 412, 414, 419, 423, 428, 431

Ganzes, organisches 3, 103, 144[82], **146–150**, 164, 166, 170, 218[9], 261–262, 344, 380, **383**, 415, 432, **439–440**
Gartenbaukunst 132–133
Gattung, literarische 8[4], 16, 38, 147, 196, 198–199, 319[164], 346, 396
Gebilde, schönes (Literatur) 1–2, 5–8, 16–17, 135, 142, 144–148, **149–151**, 152, 157–158, 187, 235[89], **395**, 416–417, 435, 439–441
Gebrauchsformen 40, 45, 126, 135, 160, 198
Gedicht s. Lyrik
Geistesgeschichte 8[4], 12, 346–348
Gelegenheitsgedicht 261
Gemälde 35[24], 133, 136, 140, 169, 192, 205, 217, 281–282
Genrekino 96, 100, 103, 350, 359
Genreliteratur 100, 103, 352–353, 359, **363–364**
Genreszene 337, 343
Gesamtkunstwerk 41, 130, 159, 183, **185–189**, 191–192, 196–199, 204, **419–421**
Geschehen s. Darstellungskategorien
Geschichte als Stoff der Kunst 54, 81, 84, 105, 169, 215–216, 221[19], 230–231, **234–237**, 238–239, **262–263**, 265, 273–274, **286**, **289–291**, 305, 308, 315–316, **317**, 318, 322
Geschichte, Biblische 54, 81, 136–137, **230–231**, 234, 236–237

Geschichtlichkeit der Literatur s. Literatur
Gesellschaftskritik s. Zivilisationskritik
Gesetz, inneres 7, 8[4], 16, 144[82], 147, 346, 367, **383**, 389, 437, 441[36]
Gestik 68–70, 88, 96, 112, 350
Gewohnheit, Kritik der Gewohnheit s. Intuitionismus
Gleichnis 216, **231–232**, 239, 241, 245, 247, **248–249**, **262–263**, 264, 271
Gott, Götter 72, 114–115, 221, 225, 227–232, 236, 238–239, 307, 318, 321–324, 379–380
Großstadt 102–103, 170, 177, 185, 190–191, 403, 414, 436
Großstadtpoesie 436
Großstadtwahrnehmung 103, 190–191, 413–414
Guckkastenbühne 32, 305–306

Habitus, mentale 73[54], 75[63]
Handlung s. Darstellungskategorien
Handschrift 28–29, 35–36, 45
Happening s. Aktionskunst
Heiterkeit der Kunst 364
Held, mittlerer 308–309
Hermeneutik 73[54], 286[60], 387
historia 105, 215–216, **234–237**, 238–239, 262, 273–274, 289, 315, 322
Historienbild 81, 84, 126, 169, 314–317
Historische Form der Erfahrung s. Erfahrung
Historischer Roman 337–338
Historizität der Literatur s. Literatur
Hollywood-Kino 350–351
Horizont 402
Horizontwandel 362
Humanismus 43–44, 49, 132, 215–217, **235–253**, 262–266, 272–274, 278–280, 282–283, 286–289, 292–300, 303–304, 312, 319
Humor (Realismus) 42, 338, 375–376

Ich s. Darstellungskategorien
Idealistische Philosophie 3, 5, 6[3], 15–17, 49, 61, 73[54], 144[82], 147, 151, 156, 186–187, 218[9], 275–276, 291–292, 296, 301, 333, 335, 343–346, 368[1], 373, 375, 379–380, **381–385**, 387–388, 390–391, 404, 438–441

Identifikation s. Rezeptionshaltung
Ikon s. Zeichen
Ikonoklasmus 227
Ikonographie, Ikonologie 47, 50, 54, 69, 72, 96, 105, 107–108, 111–112, 122–124, 136–137, 142, 172, 251–253, 297, 315, 318
Illusionismus 122–124, 135–136, 142, **145–146, 152–153**, 159, **162–164**, 165[11], **168–169**, 171, 173–175, **176–177**, 184, **185**, 188, 194–195, 208, 211–212, 219, 230, 244–246, 275–276, 283–285, **286, 289–292**, 293–297, 299–301, **304–306**, 307, 312–315, 317, 324–326, 328–329, 333–334, **335–336**, 341–342, 349–351, **352**, 354–355, 358–359, **361–364**, 422, 430–432, 438, **439–441**
  mimetischer 8[6], 14, 107, 122[31], 127–128, 135–136, 141–143, 144[82], **145–146, 152–154**, **159–160**, 162–164, **170**, 171, 177–178, 199, **204–206**, 208–209, **211**, 212–214, 219, **221–224**, 225–227, 229–231, 244–245, 266, 271–272, **275–276, 279–280**, 281–285, **286**, 288, **290–293**, 294–296, **297**, 300, **301–302**, 304, 306–307, 312–315, 324, 329, **332–333**, 334–341, 349–350, 352, 354, 358, 361–365, 396, 399, 404, 421–424, 430–432, 437, **439–441**
  filmischer 349–351
Illustration s. Buch, Zeitschrift
Imagination s. Einbildungskraft
imago rerum 216, 235, 238, 241, **262–263**, 271, 273, 319, 325
imitatio Christi 228
Immanenzprinzip s. Bewußtseinspoesie
Impressionismus 108, 126, 160, **171–172**, 369, 405–406, **422–423**, 434–435
Improvisation 34, 98
Index s. Zeichen
Individualität, Individualisierung 59, 107, 112, 123, 155, 187, 383, 386, 389–394, 396, 410, 435
Innerer Monolog 354, 412

Inschrift, *inscriptio* 24, 28, 44, 180, 184, 193, 195
Inszenierung 96, 100–102, 167, 349–350
Interieur 123, 131, 350
Intuitionismus 64[40], 101, 126, 155, 163, 165–167, 186–187, 191, 301, 340, 343–344, 351, 353–354, 358, 361–362, **367–368**, 369–371, 373–379, 381, **382–383**, 384–390, **391–392, 403–405**, 406–408, **416**, 421–424, 430–432, **433–434**, 435–438, 440–441
  Lebensunmittelbarkeit 64[40], 108, 166, 167[18], 180–182, 186, 188, 191, 195–196, 341, 343–344, 351, 353–354, 356–357, **361**, 364, **367–369**, 370–379, 383, **385–386**, 389–391, 393–396, 399, 401, 403–405, 410, 416–420, 424–425, 431, 434, 436, 439
  Individualisierung 155, 187, 383, 386, 389–394, 396, 410, 435
  Irrationalismus 189, 301, 387–388, 392, 407, 410, 415
  Kritik des Begriffs 39, 64[40], 107–108, 194–195, 300–301, 370, 383, 385–391, 405, 407, 409–410, 424–425, der Logik 189, 194–195, 373–374, 383, 385–391, 405, 424–425, der Reflexion 39, 194, 373–374, 377, 385, 387–389, 404, 424–425, des Systems 186–187, 194–195, 381–382, 385–391, 407–409, 419, des Wissens 379, 386, 391, 424, 426
  Kritik der Gewohnheit 188, 373–374, 378–379, 389–391, 405, 407–408, 424–425, der Tradition 376, 395–396
  Kritik des künstlerischen Darstellens 166–167, 180, 182–183, 186, 188, 194–197, 359, 364, 394–397, 403, **431–432**, 434–436, 438
  Grenzen des Intuitionismus s. Grenzen der Unmittelbarkeit
inventio 49, 226, 229, **233–239**, **242–244, 246–247**, 248, 265–266,

475

273–274, 287, 290
Irrationalität 59, 189, 301, 387–388, 392, 407, 410, 415
Jahrhundertwende 79, 151, 158, 185, 346, 406
Jesuitendrama 98, 303–304
Jugendstil 41, 171, 185
Junges Deutschland 376

Kalender 29, 33, 43
Kalligramm 192
Kamera 31, 90, 164, 165[11], 167, 176, 179, 356–358
Kausalität 79, 361, 363–364, 396–397, 409, 424–425
Kinder- und Jugendbuch 41–42, 135
Kino 25, 30, 96, 103, 348, 350–351, 359, 415
Kirchenväter 112, 219, 228–232, 234–236, 262
Klassik s. klassische Symbolkunst, klassische Ästhetik
Klischee s. Typenbildung
Körper s. Darstellungskategorien
Kommunikation 25[3], 26, 36–37, 40, 88[14], 114, 118, 161, 377, 419–420
Kommunikationstheorie 25[3], 88[14], 286[60]
Komödie 225, 237, 291
Konkrete Malerei 198
Konkrete Poesie 12, 22–23, 42, 50, 58, 184, **197–199**, 419–420
Konstruktivismus 173–175
Konventialisierung s. Code, Zeichen
Konzeptkunst 41, 83, 178, 184, 198
Kriminalgenre 100, 103, 160, 350, 352–353, 362[41], 363
Krise (Moderne) 73[54], 154, 343–344, 366, 390, 403, 428, 438
Kubismus 41, **173–176**, 183, 192, 197, 370, 428, 431
Künstlerbild 82, 134
Künstlerroman, Künstlernovelle 82, 85, 101, 133–134, 140–142
Kulturgegenstand 3, 25[3], 27[6], 37, **38–39**, 348
Kulturkritik s. Zivilisationskritik
Kunst, Künste 12, 14–15, 23–25, 35[24], 36–44, **47–48**, 49–50, 60–61, 66–69, **77–80**, 82, 85–86, 100–101, 106–107, 120, 129–130, **132–134**, 136, 144–146, 152–153, 157,

160–161, 165–166, **170–171**, 183, **185–189**, 191–199, 203–211, **213–216, 219–226**, 227–229, **230–233**, 240, **275–276**, 277–278, 281–284, 293–295, **296–303**, 324, 334–335, 343, 346–348, 362, **364**, 369–370, 392–393, 406–407, 415–417, 419–421, 424, 426, 428–429, **431–432, 434**, 436–437, **439–441**
Selbstthematisierung der Kunst 82, 85, 100–101, 133–135, 140–143
Selbstreflexion der Kunst 85, 126, 133–135, 141–143, 174, 182–183, 192, 194, 300–301, 367, 377, 417–418, 423, 425, 431
Kunst und Leben 15, 41, 133, 182, **186–189**, 191, 196, 199, 370, 392–393, 416–417, 420–421, 431, **433–434**
Kunst, Bildende 13, 28, 35[24], 47–48, 53–54, 56–57, 68–69, **78–80**, 87, 93, 105–107, **110**, 114, **118**, 120, **122–123, 125–126**, 131, 134, 141–142, 144–146, 149–152, 157, 159–160, **162–165**, 168, **170–172**, 173–178, 188, 192–193, 196, 198, **204–205**, 206–212, 217–218, **219–226**, 228–230, 240, 242–243, 245–248, 251–253, 257, 271, 277–278, 293–303, 305, 334, 347, 369–370, 420
Kunstwerk 16–17, 25[3], 51, 83–85, 110[1], 144[81,82], 147, **149–152**, 157–158, 165[11], 172[27], **188**, 192, 213[11], 218[9], 300–301, 415–422, 432, 434, 439, 441[36]
Kunstwissenschaft 21, 50, 64[40], 66[43a], 78–79, 107–108, 172[27], 178, 199, 203–204, 346–347, 369–370, 431, 438–441

Lakonismus 406
Landschaft 52, 112, 123, 131, 169, 350
Laokoon-Ästhetik s. klassische Ästhetik
Lautgedicht 197, 420
Lautmalerei 57
Leben 79, 155, 158, 182, **186–187**, 188–191, 340–341, 354, 364, **367–371**, 373–375, 378, **379–382**, 383, **384**, 385–387, **388–392**,

393–408, 410–412, 414–421, 432–435
Lebensmoment 155, 189, 357, 366, 390, 394, 397, **410–411**, 414–415, 424
Lebensrätsel 156, 158, 375, 419
Lebenssteigerung 407–408
Lebenswille 378–379
Lebensphilosophie 16, 108, 155–156, **186–187**, 190, 353, 366, 368, 370, 373–376, 378–380, **381–382**, 383, **384–386**, 387–390, **391–392**, 395–397, 404, 407–408, 425, 433, 435, 438, 440
Lebendes Bild 92, 96, 99, 102, 140
Leerstelle 51–52
Legende 81, 84, 106, 234
Lehrgedicht 106, 127–128, 211, **291**, 322–323
Lettrismus 192–193
Literarisierung des Theaters 92, 97–99
Literatur **1–10**, 13, 35[24], 37–40, 47–48, 51, 66–68, **78–80**, 87, 120, 134–135, 139–142, **144–149**, 151–152, 157–160, 170, 196, 204–209, 219–227, 229, **233–234**, 237–238, 242–243, **247–250, 273–275**, 286[60], 298–301, 318, 324–326, 328–329, 332–334, 362, **364**, 369, 370–371, **392–393**, 403, **406–407**, 415–417, 421–422, 432, **434**, 436–437
Historizität der Literatur 2–4, 9–10, 13, **37–40**, 68–73, **73**[54], 77, 79, 80[64], 106–109, 258–260, 286[60], 300–301, 324, 336–337, 361, 367–369, 403, 406–407, 433, 436–437
Literaturpsychologie 16–17, 190–191, 403, 407, 413–414
Literatursoziologie 16–17, 35[24], 51, 73[54], 103, 190–191, 403, 407, 413–414
Literaturverfilmung **50–52**, 100, 103–104
Literaturwissenschaft 3–7, 8[4], 15–17, 21, 25[3], 35[24], 37–40, 49–51, 73[54], 75[63], 76, 78–79, 101, 120, 190–191, 198–199, 203–204, 216[16], 301–302, 307, 346–348, 366, 368[1], 370, 393, 403, 406–408, 424, 428, 431, 438–441

Wissenschaftlichkeit der Literaturwissenschaft 25[3], 39–40, 49–50, 61, 72, 73[54], 75[63]
locutio impropria 234, 247–248, **249**, 287, 326
locutio propria 234, 243, 247–248, **249**, 266, 287, 325–327
Logik s. Wort-Bild-Beziehungen: logische Grundlagen
Logikkritik s. Intuitionismus
Lyrik 21, 24, 42, 44, 53–54, 80–85, 106, 112, 121, 133, 142, 155, 180–181, 190, 195, 197, **198**, 225, 241, 253–257, 260–261, 302, 311–312, 323, 371–379, 384, 396, 398, 401, 405, 407, 409–412, 414, 417–418, 423, 426, 435–436

Malerbuch 41
Malerei 35[24], 53–54, 68–69, 93, 105, **110–111**, 112, 122[31], **124–126**, 131, 134–135, 160, **162–164**, 168–169, **171–178**, 188–189, 193–194, **204–205**, 208–212, 214–215, **218–227**, 229, 242–243, 245–248, 251–253, 257, 271, 277, 281, 284, 293–295, 299–305, **314–318**, 334–343
Malerei, poetische 49, 205, 207, **211**, 212, 242–243, 266, **293–294**, 302, 324–325, 329, **330–332**
Manifest 423
medicina mentis 277
Medien 13, 21[1], 25, **26–27**, 28–30, 32, 35–37, 46, 51, 82, 87–90, 96, 106–107, 114, 132, 161, 204, 349, 359, 426
Medienkritik 166–167, 180–182, 416–417, 419–420
Medientheorie 25[3], 51, 204
Melancholie 277
Menschennatur, allgemeine s. Allgemein-Menschliches
Mentalität 73[54], 75[63]
Metapher s. literarische Bildlichkeit
Metaphysik 39–40, 346, 382, 386, 403, 406, 408
Mimesis 8[6], 49, 56, **79–80**, 80[64], 135–136, 142–143, 144[81], 145–146, 148–149, 152–154, 165[11], 208, 212–213, 215–216, 219, **220–221**,

222–226, 229–231, 233–236,
  240–241, 243–246, 272, 279, 283,
  288–289, **293**, 294–295, **296–298**,
  301–302, 333–334, 341, 422, 430,
  431–432
  Kritik der Mimesis 112–113,
    153–154, 166, 194–196,
    215–216, **221–223**, 225,
    227–232, 234, 359, 364,
    430–432, 438
Mimik 68–70, 88, 96
Mimisch-theatralische Formen 12,
  24–25, 27, **29–30**, 31–35, 40–43,
  46, 81, 86, **87–99**, 185^{67}, 189, 191,
  220–221, 302–312, 420
Mimus 29^{17}, 87–89, 91, 97–98, 421
Minimierung des Stoffs s. Bewußtseinspoesie
mise en scène 96, 100–102, 167,
  349–350
Mitleid 79, 265, 267, 278, **280–282**, 302,
  304, 309
Mittelalter 21^{1}, 24, 29, 34, 44–46, 68,
  70–72, 75–76, 78–79, 83, 98, 105,
  108, 110–121, 144^{81}, 171, 212–213,
  217, 227, **231–235**, **239–240**,
  251–252, 257, 304, 319
Moderne 2, 14–16, 22–25, 35^{24}, 36,
  40–42, 50, 66^{43a}, 79, 83, 101–103,
  106, 108, 145–146, **151–200**,
  207–209, 289, 301, 335, **339–441**
Mögliche Welten 283, 288–289
Monolog 97, 99
Monolog, Innerer 354, 412
Montage 2, 15, 41–42, 90, **91**^{18},
  102–103, 167, 174–176, 178,
  182–183, 191, 195, **350–351**,
  354–355, 357–358, 360, 370, 376,
  410, 412, **414–415**, **424–425**,
  427–429, 432, 436
Moral 79, 98, 264, 266, 268–269,
  273–274, 280, 290–291, 300, 302,
  319–323
Moritat 30
Morphologische Poetik 384
movere 238, 243, 246, 292
Multimediakunst 41
Multivision 33
Mysterienspiel 98
Mystik 116, 406
Mythos 53–54, 81–82, 84, 221–226,
  228–231, 239–240, 252, 283, 390^{51},
  402, 406, 426–427

Nachahmung der Natur 8^{6}, 15, 49, 56,
  80^{64}, **122**^{31}, **122–123**, 172^{27}, 186^{68},
  212–215, **220–221**, 222–225,
  228–229, 241, **242–246**, **248**,
  272–274, 278, 281, **282–283**,
  284–286, **287–288**, 289, **291–292**,
  293–297, 302, 311, 322, 324–325,
  327–329, 336, **341**, 345, 441^{36}
  Natürlichkeit 212, 247, 258–260,
    269–270, 287^{61}, 288, 294, 310,
    313
  Wahrscheinlichkeit 212, 222,
    225–226, 269–270, 283,
    284–285, 286, 289, 292, 302,
    304, 307–308, 311, 313, 315,
    335–336, 352–353
  Wunderbares 265, 267, 277,
    284–285, 292, 302, 307, 336,
    352–353, 411
Natürlichkeit s. Nachahmung der Natur
Natur 122, **127**, 170, 186, 190, 214–215,
  220, 223, **238–239**, 247, 259–260,
  262–263, **274–276**, 278–279, 287^{61},
  288, 291, 309, 311, 313, **318–320**,
  322–323, 324, 337–338, 341,
  343–344, 361, 364–365, **366**,
  374–375, 380, 387–388, 390, 398,
  423, 435–436, 441^{36}
Naturalismus 16, 145–146, **154–155**,
  171, 190, **340–342**, 344–345, 365,
  386, 395, 398, 412–413, 422–423,
  426, 431, 434–435
Naturgeschichte 215, 238, 262–263,
  273, 291, **319–321**, 322–323
Naturnachahmung s. Nachahmung der Natur
Naturwissenschaften s. moderne Wissenschaften
Negativität 190, 403–408, 431–432, 438
Neodadaismus 423
Neorealismus 174, 177–178, 182
Neue Sachlichkeit 174, 176–177, 184, 190
Neue Welle (Film) 351
Neuidealismus 346, 381, 387, 395, 438, 440–441
Neukantianismus 25^{3}, 73^{54}, 346, 386–388

Neuromantik 187
Niederländische Malerei 124–125
Nouveau roman 101, 352²⁹, 370, 423
Novelle 70, 82, 140, 209, 237, 241, 263, 266–271, 324, 396, 417

Oberfläche, Kunst der Oberfläche 166, 180–181
Objektivität der Darstellung 9, 74–75, 80⁶⁴, 89–90, 94, 101, 135, **145–147**, 152, 155, 162–163, **165–167**, 167¹⁸, 169–170, 180–182, 258–260, 313–314, 317, 321–322, 337, 351, 353–354, 357, 364–367, 370, 373, **383**, 388–390, 404
Objektkunst 174, 178, 196
Ode 302
Öffentlichkeit 25–30, 34–36
Off 52, 99
oratio s. *locutio*
Organisches Ganzes s. Ganzes
Ornament 143, 171
ornatus 215, **234–237**, 242–243, 248–249, 265–266, 273, 286–287, 313, 328

Pantomime 91
Parabel 263, 424
Paradigma s. Exempel, artistisch-montierende Formen
Paragone 298–300
Patristik 112, 219, 228–232, 234–236, 262
  Kunstkritik 112–113, **227–231**, 232, 234, 236
Performance s. Aktionskunst
Persönlichkeit s. Darstellungskategorien: Charakter
Person s. Darstellungskategorien
Personifikation 134, 235, 242, 302, **303–307**, 315, 317–318
Perspektive (Malerei) 123, 162–163, 173, 176–177, 227, 305
Perspektivismus (Erzählen) 266¹⁹⁴, 267–269, 271, **354–357**, 358–359, 397, 411–412, 414–415
Phänomenologie 73⁵⁴, 346, 368¹, 386
Phantasie s. Einbildungskraft
Physiko-Theologie 291, 322–323
Physiognomie 107, 111–112, 122–125, 168, 171

physis 220, 223
Plakat 33, 41, 179, 183–185, 195, 197–198
Plastik 28, 31–32, 56–57, 93, 144⁸², 174, 220, 229, 231, 251–253
Plausibilität, anschauliche **257**, 258, 261, 265–267, 271, 302, 306, 312–314, 317
Poesie s. Literatur
Poesie, beschreibende, malende 106, **127–128**, 205, 209, 211, 291, **322–324**
Poetik 4–5, 11, 14, 38–40, 49, 67, 203–204, 208–209, 214–215, 348
  antike 67, 215–219, 222–223, 225–226
  christlich-humanistische 215–216, 233–253, 262–264, 266–267
  aufklärerische 203–205, 210–212, 214–216, 272–296, 303–314, 319–322, 324–333
  klassische 16, 142–151, 204–209, 332–333, 335, 339, 343–344, 393–394, 399
  moderne 149–152, 156–157, 209, 339–348, 370, 389–402, 406–408, 412, 424–427, 429–430
Poetische Malerei s. Malerei
Pop Art 178
Porträt 59, 112, 123–124, 131, 164, 165¹¹, 169
Positivismus 6³, 16, 21, 23, 25³, 27⁶, 38–40, 73⁵⁴, 75⁶³, 154–155, 286⁶⁰, 345–346, 353–354, 358, 362, **366–367**, 370, 385–388
Postmoderne 178
Potenzierung des Poetischen (Romantik) 130, 141, 188
Präraffaeliten 171
Präsentation, präsentative Kunst 58, 162, 164–166, 174–175, 182–184, 188, 197, 419–420
prodesse 238, 276–277
Programm, literarisches (Malerei) 54–55, 80, 82, 84–85, **105**, 106–108, **111**, 119, 124–125, **131–132**, 134–135, 169, **171–172**, 434
Publikum 25–30, 34–36, 113, 154, 231, 435–436

Proklamation der Lebensunmittelbarkeit s. Bewußtseinspoesie
Provokation des Lebens s. Bewußtseinspoesie

Querelle des Anciens et des Modernes 327

Raum s. Darstellungskategorien
Realismus (Epoche) 15, 42, 70, 79, 98, 126, 129–131, 133, 142, 160, 163–164, 169, 191, 206–207, 333, 335–339, 343–344, 352–353, 363, 371–377, 384, 396–403, 427
Rede, bildliche s. literarische Bildlichkeit
Rede, direkte s. Darstellungskategorien: Dialog
Rede, Erlebte 354, 412
Reden des Bilds s. innere Sprachlichkeit des Bilds
Reflexion und Kunst 2, 38–40, 85, 126, 134, 148, 174, 194, 314, 366–367, 373–374, 377, 385, 387–389, 404, 418, 423–425
Reflexivität des Lebens s. Erleben
Regie 31, 167
Reihe, literarische 3, **37–40**
Remimetisierung 161, 174–175, **176**, 177–178, 184–185, 194–195, **421–424, 432**, 433–437
Renaissance 43–44, 69, 82, 105, **122–124**, 133, 144[81], 212–213, 293
Reproduktion, Reproduzierbarkeit 15, 26–31, 34–36, 87–90, 98–99
res gestae 216, 235, 238, 241, **262–263**, 271, 273, 325
Reyen (Barockdrama) 305–306
Rezeption 31–34, 36, 56–57, 66, 86–87, 93–96, 115–116, 118, 164–165, 169, 175–177, 180–182, 188, 194, 254, 261–262, 265–267, 269–271, 275–276, 280–282, 304, 306, 308–309, 313–315, 349, 355, 359, 362, 418–420, 430, 439
Rezeptionshaltung 79, 118, **164–165**, 169, 175–177, 180–182, 188, 194, **265–267**, 269–271, 278, **280–282**, 302, 304, 309, 349, 430
　　Distanz 118, **164–165**, 169, 175, 180–182, 188, 194, **265–267**, 269–271, 304, 309, 349, 430
Identifikation 79, 156, 164–165, 175, 188, 194, 237–238, 254, 261–262, 265, 267, 269–271, **275–276**, 278, **280**, 281–282, 304, 306, 308–309, 313–315, 349, 355, **359**, 430, 439
Rhetorik 2, 67, 215–216, **233–234**, 235[89], **239**, 246–249, 263, 286, 289[72], 292–293, 310–311, 314, 325, 327
Roman 51–52, 79, 82, 84–85, 94, 100–101, 103, 133, 136–138, 140–143, 154, 160, 190–191, 195, 208–209, 237, 266, 268, 290, 302, 327, 337–339, 343–344, 352–353, 355–364, 398–403, 406–407, 410–413, 417–418, 423, 426–430, 435–436
Romantik 43, 82–83, 106, 130, 134, 138, 140–141, 143, 147, 160, 169, 185, 188, 259–260, 291, 335–336, 380

Sachliches Sehen s. Wahrnehmung
Säkularisation 127, 132
Salonmalerei 126, 169
Satire 42, 135, 424
Schablone, Schablonenbildung 362, 425, 427
Schatzkammer, poetische 122, 242, 249–252
Schauplatz s. Darstellungskategorien
Schein 124, 129–130, 135–136, 142–143, 144[82], **145–147, 153, 156**, 169, 204, 208[31], **213–214, 225**, 245, **275–276, 279–280**, 283, **286**, 289, **291–292**, 313–314, 324, 330, 338–339, 341, 347, 363, 406, 415, 422, 432, **439–441**
Schein, schöner 6[3], 15, **144**[81,82], **145–147, 151–153, 156–157**, 204–206, 208[31], 209, **213–214**, **275–276**, 334–335, 338–341, **344**, 347–348, 362, 364, 396, 399, 415, 424, 431–432, 439
Schilderung s. Beschreibung
Schnappschuß 83, 164, 176, 181, 412, 423
Schönheit 1–2, 113, 129, 144[81,82], 145–147, 151–153, 156–157, 205–206, 208[31], 209, 213–214, 235[89],

277–278, 295, 297–298, 323, 419, 439–441
Schönes Gebilde s. Gebilde
Schöner Schein s. Schein
Schuldrama 98, 308
Schwank 237
Schwulst 253, 302, 310, **311–313**, 315
Sehen, sachliches s. Wahrnehmung
Sein 374[12], 384, 407, 415
Sekundenstil 376, 406, 422–423
Selbstbewußtsein 186, 367, 373–374, **384–385**, 392–394, 404–405, 408, 431–432, 440
Semiotik **25**[3], 27[6], 52[13], 116, 286[60]
Semiotisierung der Umwelt 185
sensus allegoricus, sensus historicus s. Allegorem
similitudo 216, **231–232**, 239, 241, 245, 247, **248–249**, 262–263, 264, 271
simulacrum 216, 245
Simultaneität s. Darstellungskategorien, Bewußtseinspoesie
Simultangedicht 41, 190–191, 196, 410–412
Sinn 5, **25**[3], **27**[6], **39–40**, 52, 63–64, 67–68, **73**[54], 75, 127, 135, 139–140, 142, 153–158, 170, 206, 221–222, 227–228, 232, 238–239, **258–260**, 262, 274–276, **300–301**, 314–317, 323, 332–333, 341, 343–344, **364**, 365–366, 371, 378–379, 404–408, **415–416**, 417, 422
Sinnbildung **4–5**, 51–52, 56–57, **67–68**, 78–79, 127–128, 135–136, 139, 142, **153–154**, 158, 206, 221–222, 227–228, 238–239, 265–267, 313–314, 316, 321–323, **332–333**, 338, 341, 343, 357–358, 361–362, **365–366**, 396–397, **415–416**, **424–425**, 427, 430–431
beim Bild 58–59, 91, 95, 110, 124, 163–164, 169–170, 174, 177–178
beim fotografischen Bild 91[17], 163–164, 179–180
beim Filmbild 91[18], 94–96, 349–350
bei Wort-Bild-Formen 97, 165, 179
Situation s. Darstellungskategorien
Skandal 419
snapshot 83, 164, 176, 181, 412, 423
Spätantike 44, 68, 110, 112, 215–217,
219, **227–235**, 238–239, 249, 262–263, 272, 283
Spannung 79, 267–268, 353, 363
Spiel 275–276, 290, 362–364
Sprachkrise (Moderne) 390–391
Sprache s. Wort
Sprachlichkeit, innere, des Bilds 13, **47**, 48–49, 52, 54–55, 60–61, **68–69**, 72, **77–79**, 81, 108, 110–112, 114–115, 118, 123–126, 134, 159, 163–164, 166–167, 179, 240, 247, 251, 297–300, 315–316, 318
Star 350
Stationenbild 83, 135
Steckbrief 60
Stehendes Bild 92, 96, 99
Steigerung ins Generische s. artistisch-montierende Formen
Stilleben 131, 169
Stoa 273, 309
Story Art 42
stream of consciousness s. Bewußtseinsstrom
Struktur, literarische 1–2, 7–8, 16–17, 46–47, **51**, 52[13], 53, 146, **147–149**, 150, 157–158, 187, 432
Strukturalismus 16–17, 39–40, **73**[54], 74[55], 75[63]
Stummfilm 30, 33
sub oculos subiectio 5, 233, 282[40], 292, 325, 328
Subjektivität des Darstellens s. Erleben, Subjekt-Objekt-Spaltung
Subjekt-Objekt-Spaltung 149, 153–156, 170, 190, 301, 343–344, 366–367, 386–390, 391[52], 394, 403–408, 412, 428, 438
Sukzession s. Darstellungskategorien
Surrealismus 174–178, 187–188, 193–195, 197, 370, 406–407, 419, 423
Symbol s. Zeichen
Symbolkunst, klassische 15–17, 61, 79, 85, **128–129**, 132–134, **135**, 136–140, **141–142**, **144–149**, 151–159, 170, 186–187, 198, 213–214, 237–238, 257–260, 275–276, 291–292, 300–301, 312–313, 318, 332–333, 335–336, 339, 341–344, 348, 362–368, 374–376, 380, 392–394, 396, 403,

407, 415, 421, 424, 430–431, 436–440, 441³⁶
Symbolismus 151, 154, **155–159**, 171, 342, 346, 348, 365, 395–396, 413, 419, 435, 439
Symmetrie (Schönheit) 144⁸¹,⁸², 145–148, 213
Symptom s. artistisch-montierende Formen
Systemkritik, Kritik des Systematischen s. Intuitionismus
Szene s. Darstellungskategorien
Szientismus s. Positivismus

Täuschung (Illusionismus) **176–177**, 204–205, 208, 222–223, **225**, 230, 244–245, 283, 293–295, **306**, 338–339, **362–364**, 439
Tafelbild 28, 31
Tautologie, poetische 67, 70, 267, 326, 328
techne 220, 223, 225
Teichoskopie 97
Textbild 58, 174, 184, 192–193, 196–198, 420
Textwahrnehmung 31, 33, 181, 183–184, 192, 196, 420
Theater 12, 24–25, 27, 29–35, 40, 43, 46, 81, 86, **87–99**, 185⁶⁷, 189, 191, 220–221, **302–312**, 420
 Literarisierung des Theaters 92, 97–99
Theaterbilder 82
Theatralisierung des Films 92, 99, 102
Thesaurus 122, 242, 249–252
Tiefenstruktur 4, 17, 73⁵⁴
Tierfabel 291, **319–321**
tituli 44, 114
Ton (Film) 30, 32, 89, 91–92, 97
Tonfilm 30
Totalität 60–61, 79, 144⁸², **146–150**, 164, 165¹¹, 170, 275–276, 344, 380–383, **390–391**, 440
Totentanz 44
Tradition, Traditionszusammenhang 3–4, **37–40**
 Kritik der Tradition s. Intuitionismus
Tragödie, Trauerspiel 15, 222, 225, 237, 279–282, 302, 305–306, 309–311, 321

Trivialmythen 82, 100, 352, 365, 426–427
Tugend 266, 273, 275–276, 290–291, 302, 309
Typus, Typenbildung, typologisierende Reduktion 12, 84, 96, 107, 121, 125, 255–256, 320–321, 349–350, **362–364**, 424, **425–430**, 432, 435–436
Umstände (Detail) **236–238**, 243, **266–267**, 268, 326–330, 332
Unbewußtes, Unterbewußtes 1–2, 73⁵⁴, 170, 194–195, 366–367, 381–382, 384, 400, **401–402**, 406
Universalpoesie 43, 130, 141, 188
Unmittelbarkeit 64⁴⁰, 108, 166, 167¹⁸, 180–182, 186, 188, 191, 195–196, 259–260, 341, 343–344, 351, **353–354**, 356–357, **361**, 364, **367–369**, 370–371, 373, 375–379, 383, **385–386**, 389–391, 393–396, 399, 401, 403–405, 410, 416–420, 424–425, 431, 434, 436, 439
 Grenzen der Unmittelbarkeit (Bild) 9, **63–64**, 74–75, **166–167**, 180–182, 194–195, 259–260, (Wort) 57–58, 139–140, 142, **146–149**, 259–260, **366–367**, 369, 376–377, 379, 390, 395, 404, **416–417**, 419–425, **431–432**, 434
Unterhaltung 78–79, 98, 222, 229, 238, 276, 282, 291, 322–323, **352**, 364–365
Unterhaltungsliteratur 160, 340, 349, **351–353**, 360, **361–365**, 430
 Genreliteratur 100, 103, 352–353, 359, **363–364**
ut pictura poesis 14, 49, 130–131, 133, 206, 210, **212**, 213–214, **215–219**, **224–226**, 227, **240–242**, 243–246, **247**, 271, **272**, 283, **293**, **296–298**, 324, 334, 348, 369–370
Utopie 289, 399, 407–408

Variété 41, 185⁶⁷, 189, 191
Vedute 123–124, 131, 169
Vergegenwärtigung s. Bewußtseinspoesie: Aktualisierung
Vergleich s. literarische Bildlichkeit
Vergnügen 78–79, 98, 222, 229, 238,

276–282, 291, 322–323, 352
an tragischen Gegenständen
279–282, 302
Verlust der Einheit (Metaphysik) 149,
153–156, 170, 190, 301, 343–344,
366–367, 383, 386–391, 393–394,
403–408, 412, 428, 438
Versöhnung durch die Kunst 440–441
Verwunderung 265–267, 269–271, 304,
309
Visuelle Poesie 42, 50, 58
Volksbücher 43

Wahrheit, poetische Wahrheit 8[6], 15,
112–115, 124, 127, 133, 135,
141–142, 145, 152–158, 165–167,
169–170, 180–182, 186–187, 194,
221–240, 262, 265, 272, **273–276**,
277–278, 286, 289–292, 300–301,
312–313, 317, 321–323, 332–333,
340, 344, 352–353, 362–364,
367–369, 371, 373, 378–383, 386,
388–393, 404, 406–407, 415–417,
421, 424–427, 434, 440
Wahrnehmung 9, 33–34, 58, **62–64**,
64[40], 74–75, 89–90, 95, 101, 123,
163, 170, 176, 190–191, 258–260,
269, 299, 313, 317, 351, 353–354,
357, 362, 365–368, 373, 390
natürliche Wahrnehmung 33–34, **63**,
89–92, 94–95, 170, 186,
258–260, 366–367
sachliches Sehen 127, 155, 163,
169–170, 258, **259–260**,
313–314, 322, 337, **365–367**,
388, 390
Wahrscheinlichkeit s. Nachahmung der
Natur
Wappen 59, 112, 124
Wechselbeziehungen der Künste 12–13,
21–24, 50, 57, **80–81**, 85–86,
104–108, 109, 120–122, 125, 127,
130–132, 133–135, 159, 369–370
von Wort- und Bildkunst 13,
53–57, **81–85**, 105–107,
136–151, 152, 197–198,
210–212, 221, 224, 226,
229–230, **240**, 242–243,
250–253, 271, **297**, 302–303
von Wort- und Bildkunst und
Wort-Bild-Formen 13, 50–52,

92, 96, 98, **99–104**, 305, 349,
351, **357–360**, 414–415, 423,
426–429
Wechselseitige Erhellung der Künste 12,
21–22, 23[2], **346–348**
Weltbild 74
Weltschmerz (Junges Deutschland) 376
Werbung 40, 50, 198
Werk s. Kunstwerk
Werkimmanente Methode 8[4], 16–17,
346
Wirklichkeit, Kunst und Wirklichkeit
8[6], 12, 15, 49, 56–58, 60–61, **62–63**,
74, 78, **80**[64], 87–90, 101, 122–123,
127, 141–142, 162–163, 165–168,
172[27], 180–182, 186, 188–189, 191,
197, 227, 231–232, 234–240,
244–247, 257, **259–260**, 262,
264–265, 273–274, 282–285, **286**,
288–292, 299–301, 313, 317,
322–323, 337, 341, 343, 345,
352–353, 361, 364–367, 383,
387–388, 420–421, 423, 434–435,
441
Wissenschaften, moderne 127, 132, 163,
170, 190, 259–260, 322–323, 337,
364, **366–367**, **386–388**, 392, 403,
423, 425–427, 435
Wissenschaftstheorie 386
Witz 278
Wort 1–11, **27**[6], 30–33, 55–56, **57–58**,
59, **62–65**, 78, 87, 91–92, 97–98,
111–112, 120, 134, 139–140,
146–151, 158, 182–185, 197,
205–208, 240, 247–248, 292,
298–301, 325–326, 359, 369–370,
376, 409, 415–417, 419–422, 434
Wort-Bild-Beziehungen **12–14**, 21–24,
44–45, **46–48**, 49–62, **65–68**,
69–70, 72, 76, **77–80**, 81, 83,
101–103, 106–109, 116, 118, 125,
127, 129, 136, 138–139, 141–142,
152, 159–161, 170–171, 182–183,
185–186, 188–192, **203–206**,
208–209, 212–215, 219, 221, 224,
229–230, **240**, 242–243, **247–248**,
250–253, 271, 293–296, **297**,
298–303, 346–348, 357–360,
369–370
innere 12–13, 21[1], 24, **46–48**,
49–54, **55–57**, 61–62, **65–69**,

483

70, 72, **77–80**, 81, 83, 101–103,
106–108, 109, **119–120**, 125,
127, 129, 136, 138–139,
141–142, 152, 159, 165–166,
170–171, 188–192, 203–206,
208–209, 212–215, 219, 221,
224, 229–230, **240**, 242–243,
247–248, 250–253, 271,
293–296, **297**, 298–303,
347–348, 358, 369–370
logische Grundlagen 31, 37, 55–59,
61, **62–66**, 70, 73^{54}, 75–76, 78,
110, 189, 194, 256–257,
300–301, 370, 373–374,
380–382, **383**, 384–391,
404–405, 407, 409–410,
424–425
Wort-Bild-Formen 12–14, 21^1, 22–25,
32–34, 36, 40–48, 50, 57, 80,
85–99, 100–104, 109, 114, **118–120**,
121–122, 125–127, **129–130**, 131,
134–135, 152, 159–161, 164–165,
174–176, 179–181, **182–183**,
184–186, **188–189**, 191–195, 197,
203, 240, 297, 305, 349–351, 358,
420
innere Faktur der Wort-Bild-Form
24, 33–34, **44–46**, 85–99, 109,
119, 164–165, 180–185,
188–189, 192–195
Wunderbares s. Nachahmung der Natur

Zeichen 21^1, 25^3, **27^6**, 33^{23}, **55–59**,
60–61, 63–64, 68–70, 72, 73^{54}, 78,
87–88, 91–92, 95–97, 104,
106–108, 110, 112, 114–118, 120,
123–124, **139**, 146–151, 158, 162,
168–169, 174–175, 179, **182–185**,
188, 192–195, 197, 205, 207–208,
238–240, 247–250, 252, 259,
262–263, 268, 286^{60}, 292, 299–300,
314–316, 320, 323, 332, 350–351,
360, 362–363, 369, 409, 416–417,
419–420
Ikon (Abbild) 27^6, **57–59**, **63–65**,
91, 94–97, 104, 110–112,
123–124, 139, 146, 151, 162,
168–169, **174–175**, 179,
183–184, 192–195, 240
Index (Anzeichen) 27^6, 68–70,
88–89, 96, 112, 350
Symbol 27^6, 64, 111–112, 139–140,
174, 183–185, 192–195, 240
allegorisches s. Allegorem
Zeichentheorie 25^3, 27^6, 52^{13}, 116, 286^{60}
Zeigen s. Darstellung
Zeit s. Darstellungskategorien
Zeitschrift 25, 27, 29, 174, 183–185,
197–198
illustrierte 24, 29, 32–33, 40–41,
43–44, 179–180
Zivilisationskritik 103, 177, 190, 229,
260, 366, 388, 403, 407–408, 428,
431, 436, 438–440